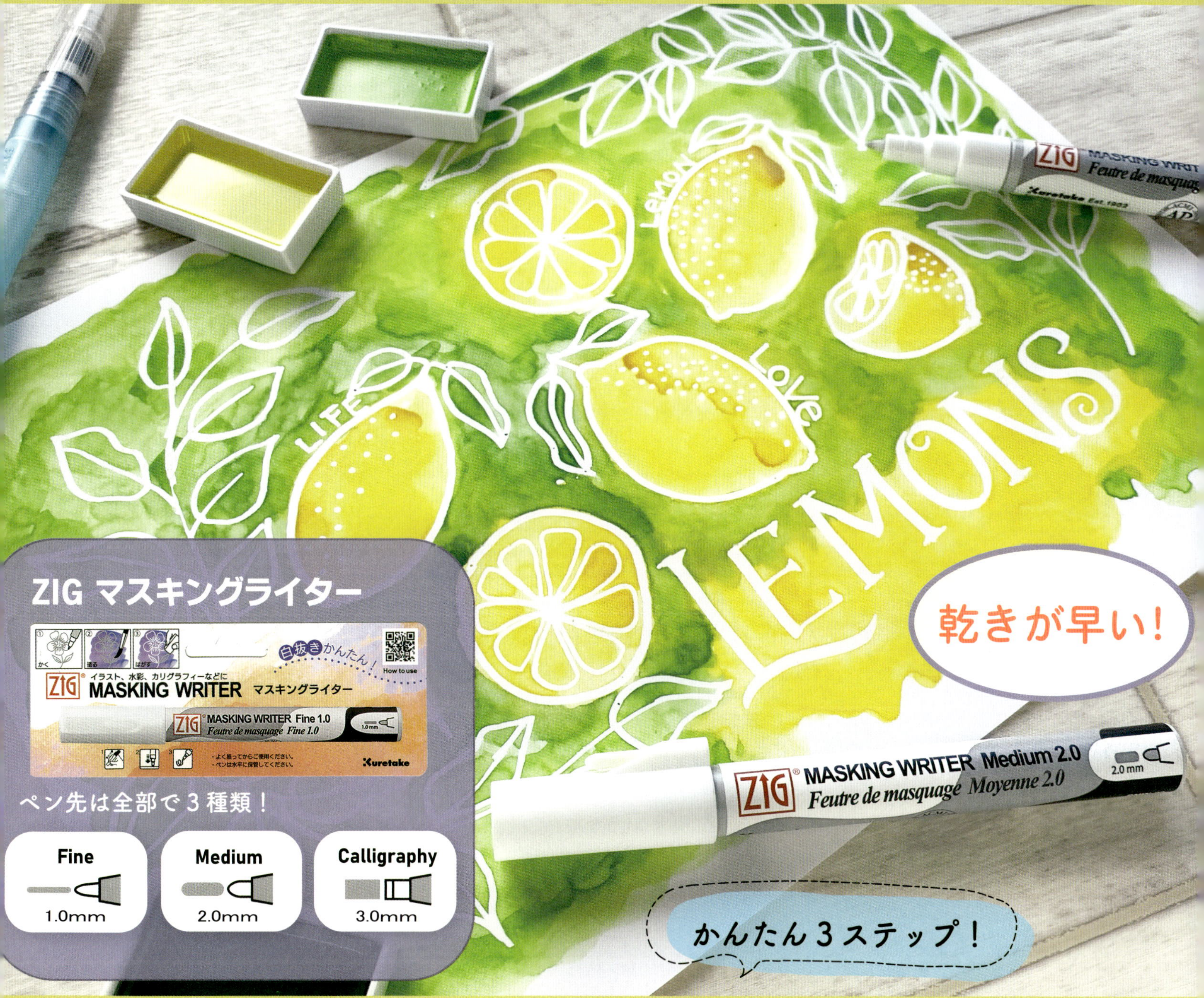

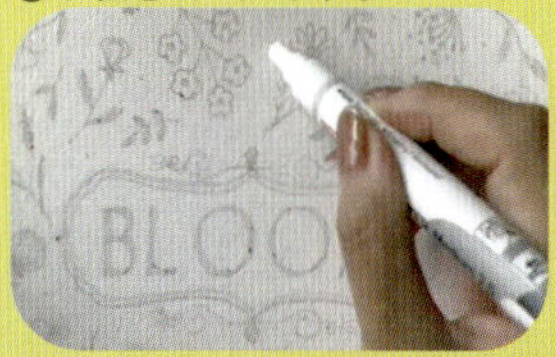

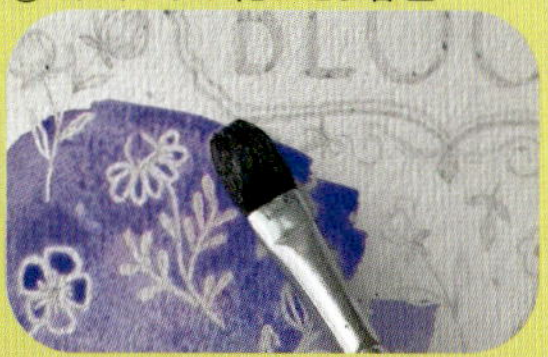

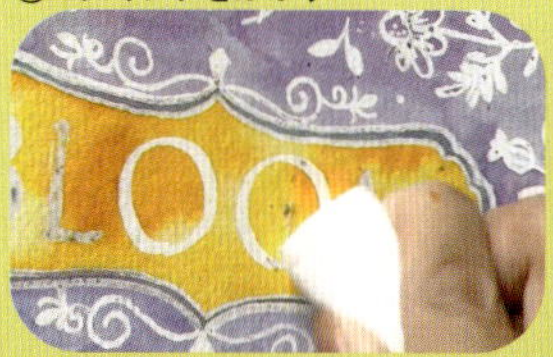

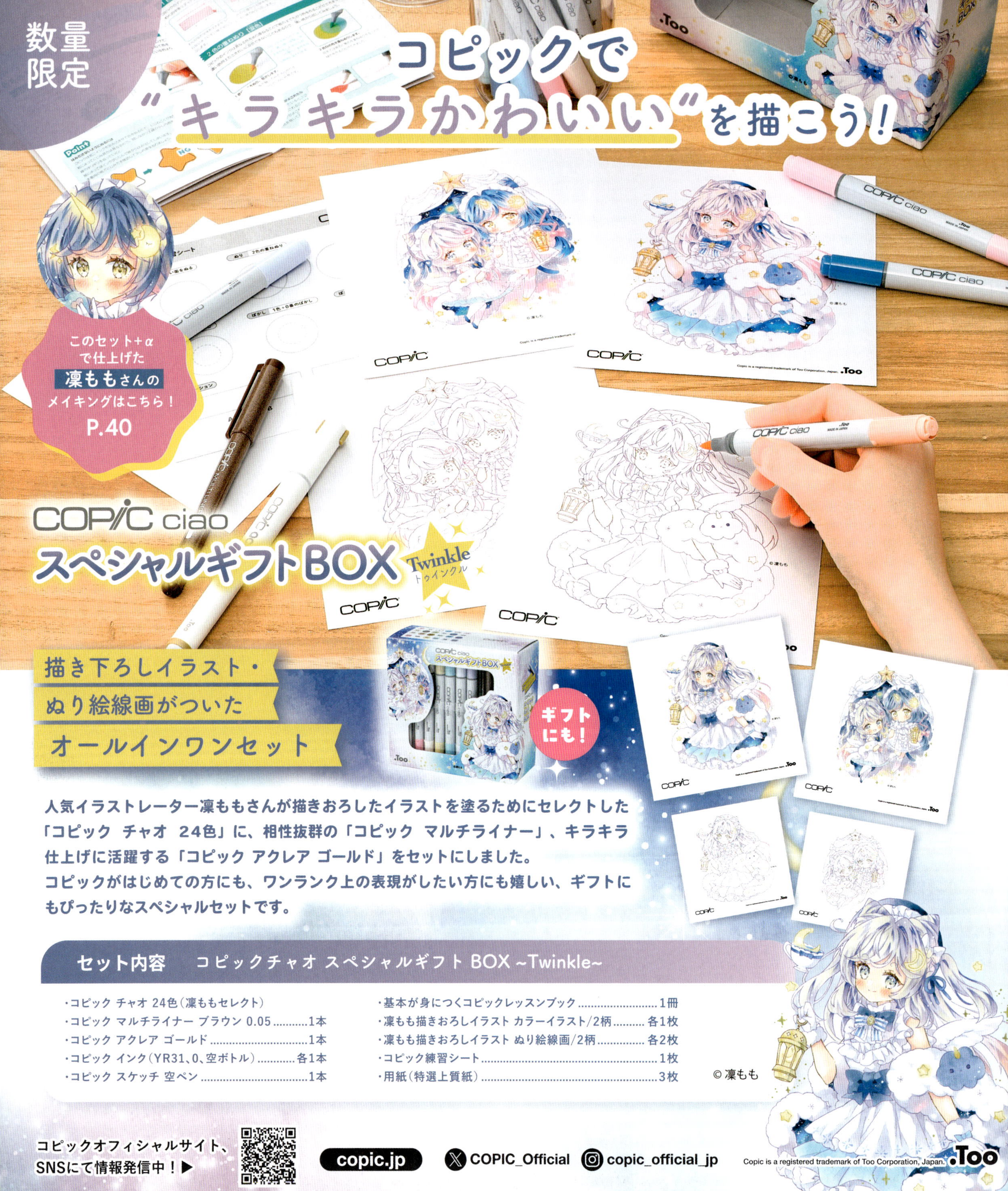

数量限定
コピックで
"キラキラかわいい"を描こう!
このセット+α
で仕上げた
凜ももさんの
メイキングはこちら!
P.40
COPIC ciao
スペシャルギフトBOX
Twinkle
トゥインクル
描き下ろしイラスト・
ぬり絵線画がついた
オールインワンセット
ギフトにも!
人気イラストレーター凜ももさんが描きおろしたイラストを塗るためにセレクトした「コピック チャオ 24色」に、相性抜群の「コピック マルチライナー」、キラキラ仕上げに活躍する「コピック アクレア ゴールド」をセットにしました。
コピックがはじめての方にも、ワンランク上の表現がしたい方にも嬉しい、ギフトにもぴったりなスペシャルセットです。
セット内容 コピックチャオ スペシャルギフト BOX ~Twinkle~
・コピック チャオ 24色(凜ももセレクト)
・コピック マルチライナー ブラウン 0.05……1本
・コピック アクレア ゴールド……1本
・コピック インク(YR31、0、空ボトル)……各1本
・コピック スケッチ 空ペン……1本
・基本が身につくコピックレッスンブック……1冊
・凜もも描きおろしイラスト カラーイラスト/2柄……各1枚
・凜もも描きおろしイラスト ぬり絵線画/2柄……各2枚
・コピック練習シート……1枚
・用紙(特選上質紙)……3枚
© 凜もも
コピックオフィシャルサイト、
SNSにて情報発信中!▶
copic.jp
COPIC_Official
copic_official_jp
Copic is a registered trademark of Too Corporation, Japan.
.Too

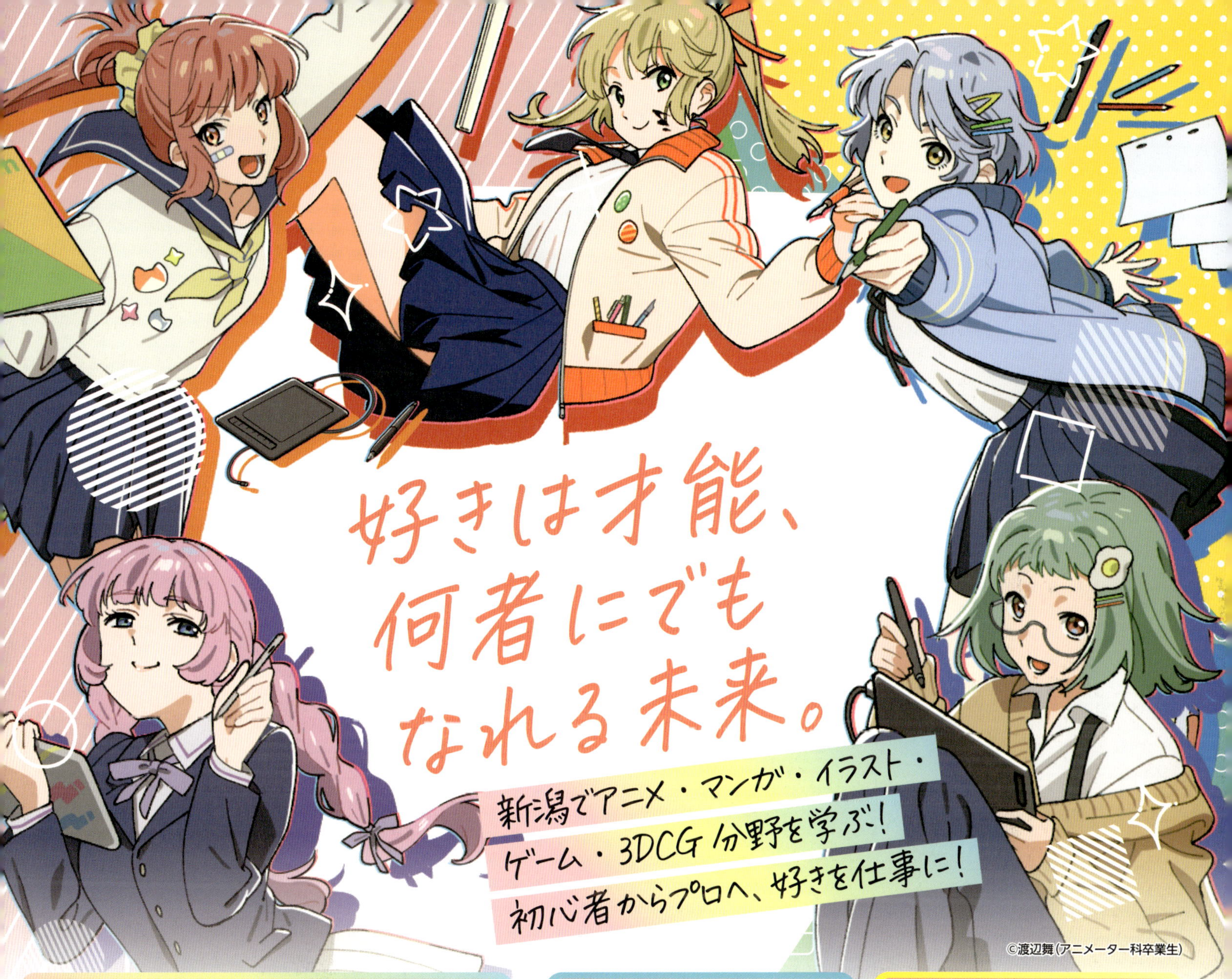

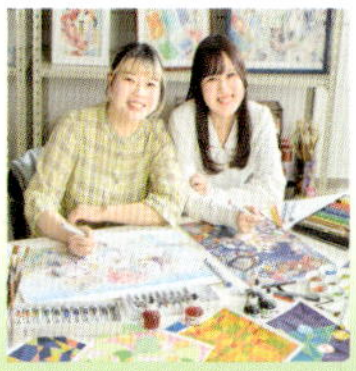

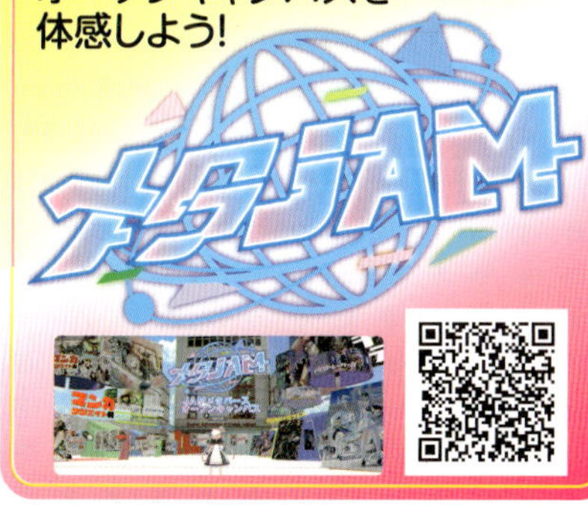

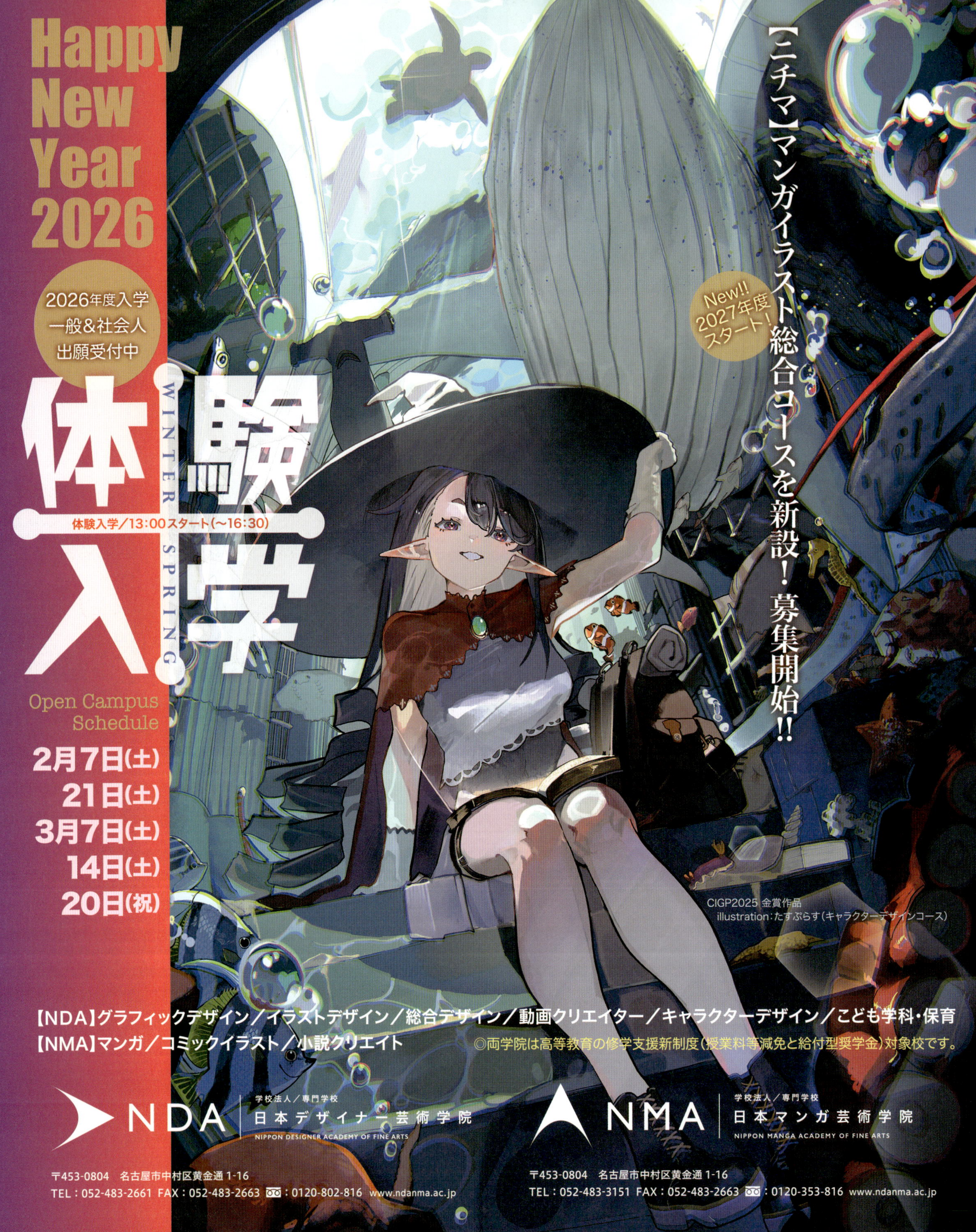
Happy New Year 2026
2026年度入学
一般&社会人
出願受付中
体験入学
WINTER SPRING
体験入学／13:00スタート（～16:30）
Open Campus Schedule
2月7日(土)
21日(土)
3月7日(土)
14日(土)
20日(祝)
【ニチマ】マンガイラスト総合コースを新設！募集開始!!
New!! 2027年度スタート！
CIGP2025 金賞作品
illustration：たすぷらす（キャラクターデザインコース）
【NDA】グラフィックデザイン／イラストデザイン／総合デザイン／動画クリエイター／キャラクターデザイン／こども学科・保育
【NMA】マンガ／コミックイラスト／小説クリエイト
◎両学院は高等教育の修学支援新制度（授業料等減免と給付型奨学金）対象校です。
NDA
学校法人／専門学校
日本デザイナー芸術学院
NIPPON DESIGNER ACADEMY OF FINE ARTS
〒453-0804　名古屋市中村区黄金通 1-16
TEL：052-483-2661 FAX：052-483-2663 ：0120-802-816 www.ndanma.ac.jp
NMA
学校法人／専門学校
日本マンガ芸術学院
NIPPON MANGA ACADEMY OF FINE ARTS
〒453-0804　名古屋市中村区黄金通 1-16
TEL：052-483-3151 FAX：052-483-2663 ：0120-353-816 www.ndanma.ac.jp

第23回

高校生マンガ・イラストグランプリ

結果発表

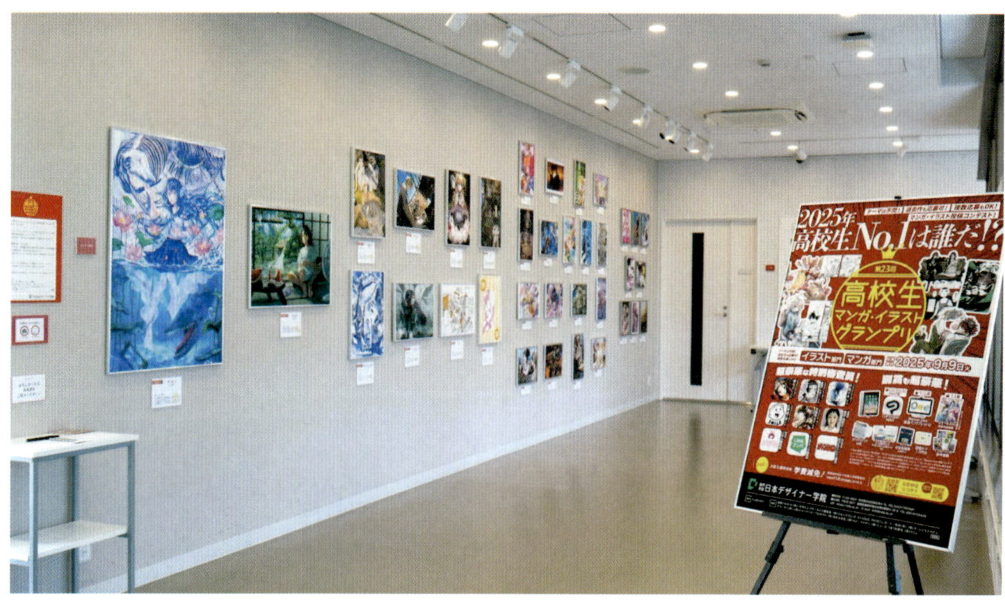

今年も専門学校日本デザイナー学院東京校・九州校の主催による高校生を対象にした漫画とイラストのコンテストである「高校生マンガ・イラストグランプリ」が行われました。第23回目となる本コンテストの審査員には、漫画家で学院顧問の里中満智子先生をはじめ、スモールエスでもお馴染みの夏目レモンさんや芦屋マキさんなど専門学校日本デザイナー学院の講師たちも担当。特別審査員としてイラストレーターの藤ちょこさんも参加しました！　また、応募前に学校のオープンキャンパスで開催されている体験授業を受け、絵を描くコツやポイントを身につけながら制作することも可能。ブラッシュアップのために、制作途中の作品に講師からのアドバイスを受けることもできます。興味のある方は次回の応募に向けてチャレンジしてみてはいかがでしょうか。

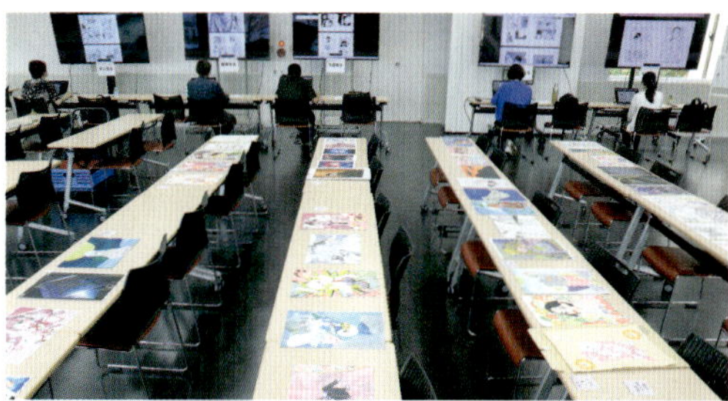

授賞作品展示会の様子

専門学校日本デザイナー学院東京校にあるギャラリーにて、受賞した作品を展示。応募作品は、12ページマンガ部門と8ページマンガ部門、4コママンガ部門、イラスト部門があり、部門ごとに作品が並びます。アナログ・デジタル両作品が揃う賑やかなイラストと、全ページ読めるように展示される漫画作品をじっくりと見ることができます！　高校生マンガ・イラストグランプリのXアカウント【@M_ILLGP】では、過去の受賞作品をはじめ、本コンテストに関する情報が随時更新されています。

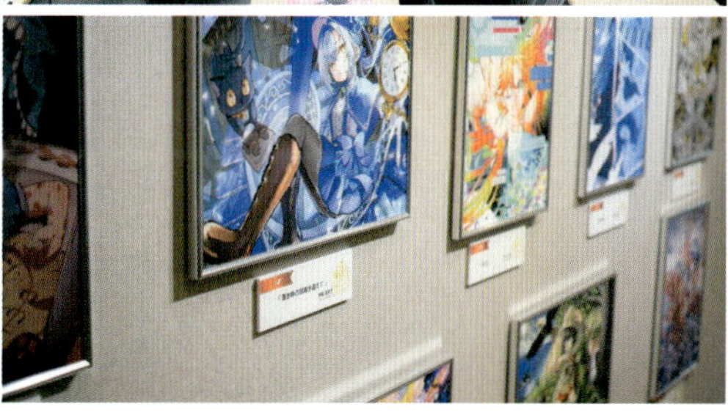

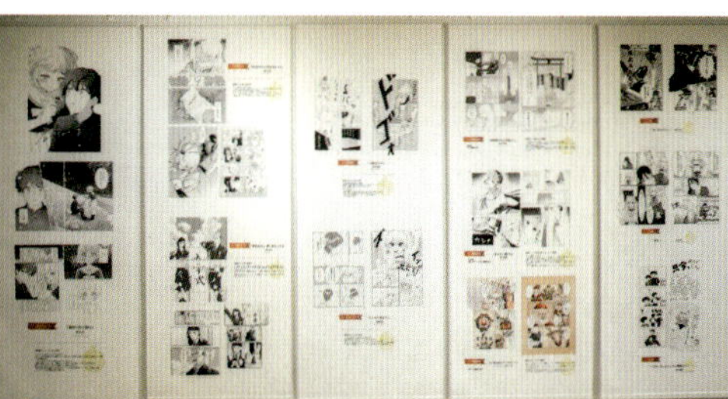

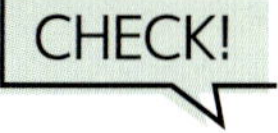

次回予告

次回の高校生マンガ・イラストグランプリ作品募集！

高校生マンガ・イラストグランプリ

詳細は4月以降に発表します。学校パンフレットまたは、学校のホームページをご確認ください。

HP

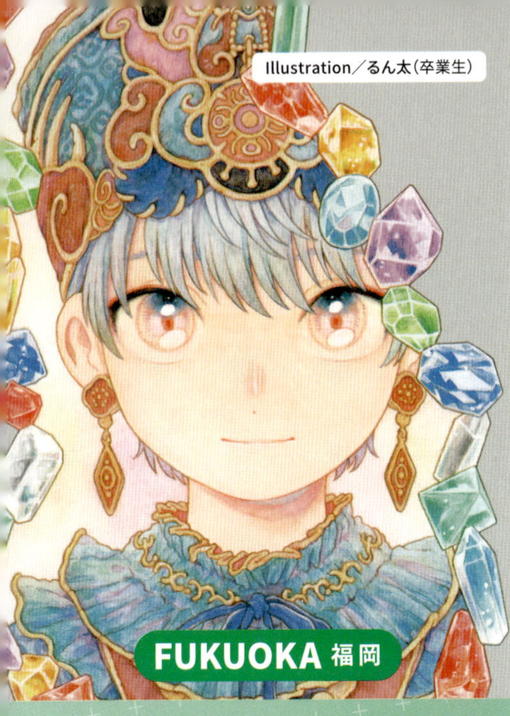

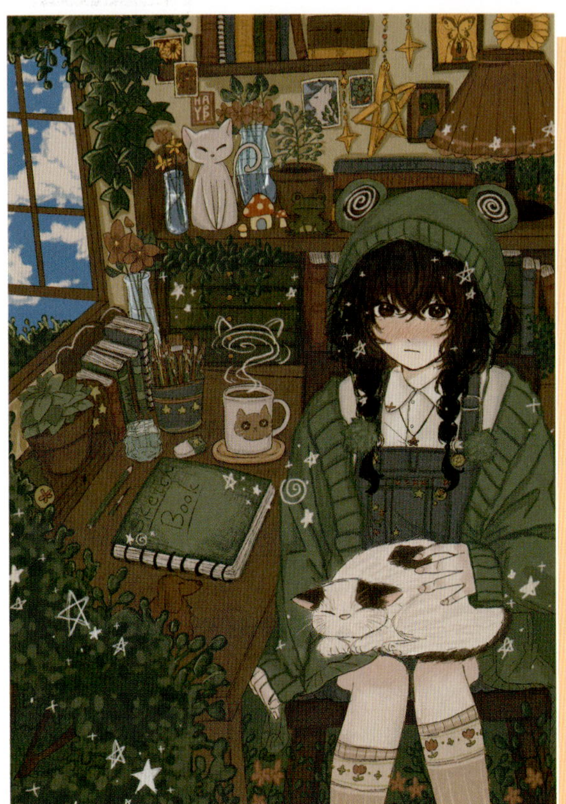

受賞作品

愛知県立春日井泉高等学校 2年生

山田菜々美さん

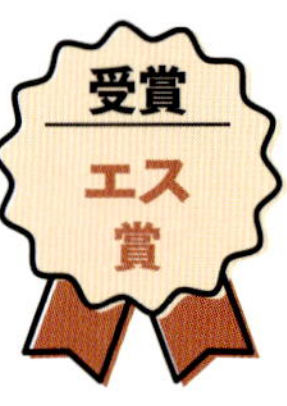

タイトル

「私の好き」

この作品は、私自身の“好き”をぎゅっと詰め込んだ一枚です。自然や猫といった自分の好きを中心に、自分だけの世界観を広げてみました。特に背景にはこだわり、部屋に置かれた植物や本、飾りなど細かいところも頑張って描きました。制作の中で最も難しかったのは、画角や体の形、遠近感のバランスを取ることでした。試行錯誤を繰り返しながらも、自分の世界観を形にできたことが大きな収穫だと思っています。見てくださる方に、少しでも穏やかで心地よい空気を感じ取っていただけたら嬉しいです。

画材
iPad・Procreate

【TikTok】@no2su2ke6

山田菜々美さんへ受賞作品についてお話を伺いました！

――受賞おめでとうございます！　今回、応募された「私の好き」というイラストは、ご自身にとっての〝好き〟を詰め込んだ作品だと伺っております。まずは、今回の作品について、どのようなところから着想を得て、描いていったのかについて教えてください。

山田　お題が自由だったため、自分自身の「好き」を素直に詰め込んだ作品にしようと思いました。机に座ると目の前に空が広がっていて、自然に囲まれた部屋があったら素敵だな、というイメージが浮かび、そこから今回の空間を描いていきました。また、草木などの緑に彩られた空間が好きなことと、現在は猫を飼っているということもあり、家では机や壁に造花を飾って楽しんでいます。自然に包まれた世界を描きたいと思った背景には、自然が好きという気持ちはもちろん、私が尊敬し、憧れているイラストレーターのKOPAKUさんの影響も大きくあります。

――作品を描く際に、気をつけたことや意識されたことなどはありますか？

山田　私がこの作品を描くにあたり、特に意識したのは背景です。部屋の随所に配置した植物や、自分の好きなものをどのように背景に溶け込ませるかを考えながら、試行錯誤して描いていきました。特に「ごちゃっとしているけれど、どこか落ち着く空間」を意識しています。制作のなかで苦戦したのは植物の表現です。一枚一枚異なる葉をどのように描き分けるか悩みました。配色は派手になりすぎないよう全体を落ち着いた色合いにし、主軸となる緑色を中心に色を重ねていきました。

――「私の好き」について、構想から完成までどのくらいの制作時間がかかりましたか？

山田　日々の生活の合間に少しずつ制作していたため正確ではありませんが、全体としては一か月ほどかけて完成させました。時間があるときや気分が向いたときに、少しずつ描き進めていった形です。

――山田さんは普段どのような絵を描くのが好きですか？　描くのが好きなモチーフや世界観についてお聞かせください。

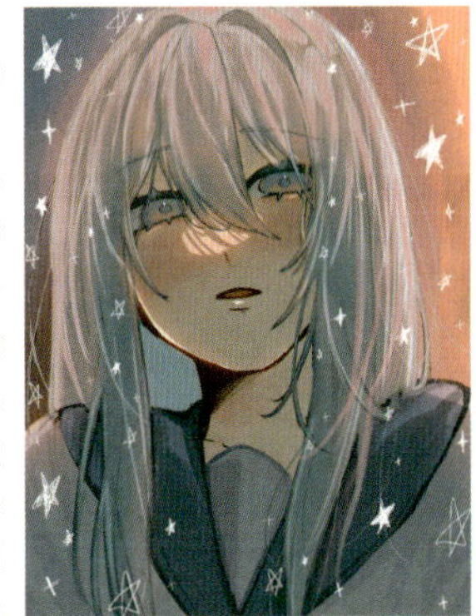

山田　普段は二次創作や人物を中心に描くことが多く、特に儚さのある女の子を描くのが大好きです。ですが、今回の作品のように背景をしっかりと描き込んだイラストも、気が向いたときに制作しています。自然や植物に囲まれた世界観は個人的に一番好きなのですが、細かい描写が多く時間がかかるため、つい避けてしまうこともあります。それでも、またじっくり描いていきたいと思っているテーマのひとつです。

――今後、描いてみたい作品やテーマ、モチーフなどがありましたら伺いたいです。

山田　いつか漫画を描いてみたいです。以前、友人と一次創作の漫画を少しだけ考えたことがあるのですが、キャラクターを考えるだけで終わってしまいました。漫画は絵をたくさん描くだけでなく物語も作らないといけないので大変そうですが、また挑戦したいと思っています。普段は二次創作が中心なので、今回のイラストをきっかけに、自分のキャラクターや世界観を広げていけたら嬉しいです。

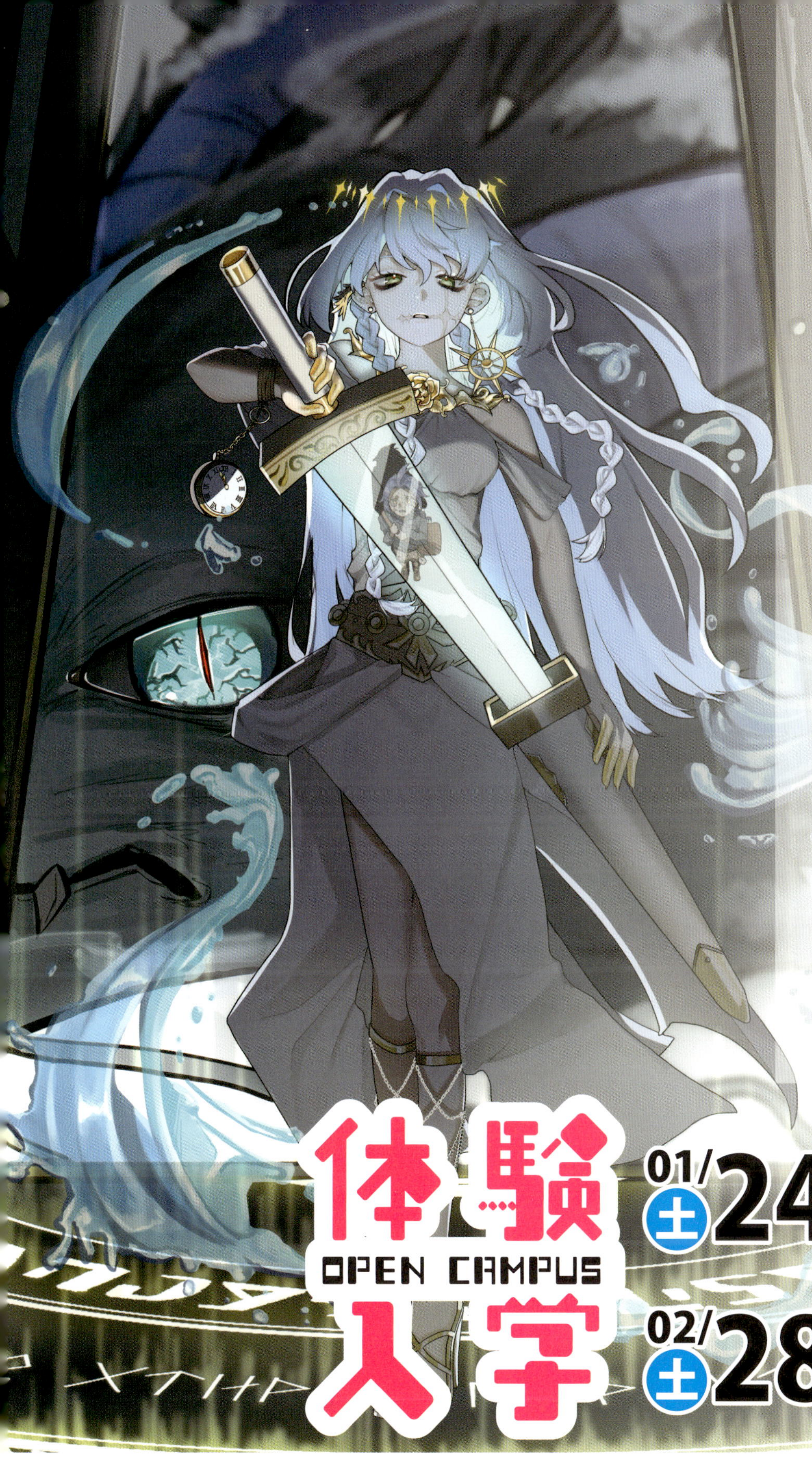

イラストが大好き! 描いてみたい! という人たちに送る メイキング＆投稿マガジン

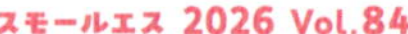

イラストメイキング

イラスト講座

SS84号もくじ

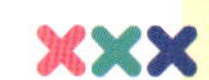
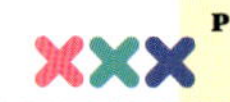

S式零號（通称・えすまる）

絵澄えす

SSナビゲーター

キャラクターデザイン：水谷ゆたか

スモールエス 2026 Vol.84
SS第84号／2026年3月1日発行 年4回発行（1,4,7,10月発売）

SSは季刊エスの「妹」雑誌です。小さなSでスモールエス。1号目はSS(エスエス)と表記してましたが、正式名はスモールエス。通称はこれまで通りSS(エスエス)です。よろしくお願いします～。

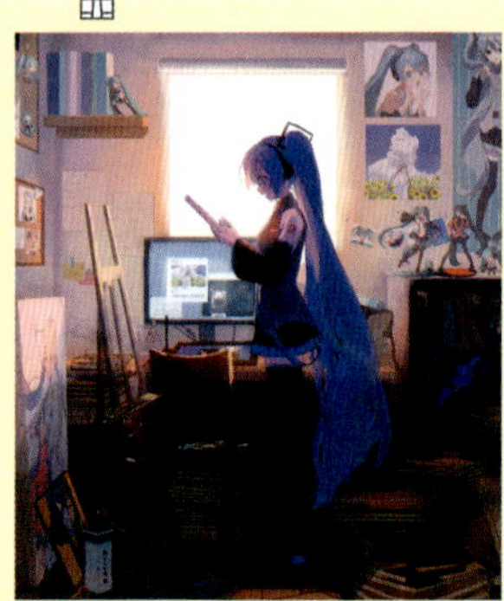

©Crypton Future Media, INC. www.piapro.net piapro

表紙イラスト

えくぼかよ

「初音ミク×スモールエス」ピアプロ公式コラボ【イラスト】・【オンガク】コンテストの「イラスト部門」で、1等を受賞したえくぼかよさんが今回の表紙。

SSの背表紙に掲載されるえす丸は投稿イラストのなかから採用しています！
今号は【神奈川県・るりるり】さんが描いてくださった、たくさんのチョコレートに囲まれたえす丸です。とびきり大きい20年周年のお祝いチョコをガブリ♥ 可愛いラッピングのお菓子は誰からもらったのかな？ そして、20周年のお祝いをありがとうございました。引きつづき季節にまつわるえす丸をお待ちしています！

今号のえす丸背表紙

《STAFF》

Editor-in-Chief
天野昌直

Editor
高橋祐美
水谷文香
草野友美加
中村穂乃香

Design
佐々木弥生　大城麻優見

Support Staff
今井野乃歌　紺野恵未
新井日和　斎藤真帆
石黒陽南　吹野文要
夢島好美　大倉唯

Public Relations
杉本歩美

Publisher
三芳寛要

Printing Director
加藤弘貴（広済堂ネクスト）

●発売＝株式会社 パイ インターナショナル
〒170-0005
東京都豊島区南大塚2-32-4
TEL：03-3944-3981（代表）

●制作＝株式会社 パイ インターナショナル　エス編集部
〒150-0041
東京都渋谷区神南1-13-3アーク神南ビル2F
TEL：03-6455-0223（編集部直通電話）

●印刷＝株式会社広済堂ネクスト

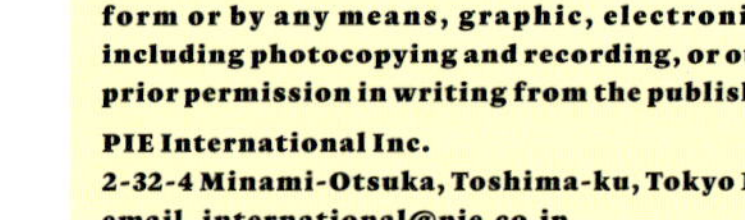

PIE International Inc.
2-32-4 Minami-Otsuka, Toshima-ku, Tokyo 170-0005
email international@pie.co.jp
www.pie.co.jp/english

Printed in Japan

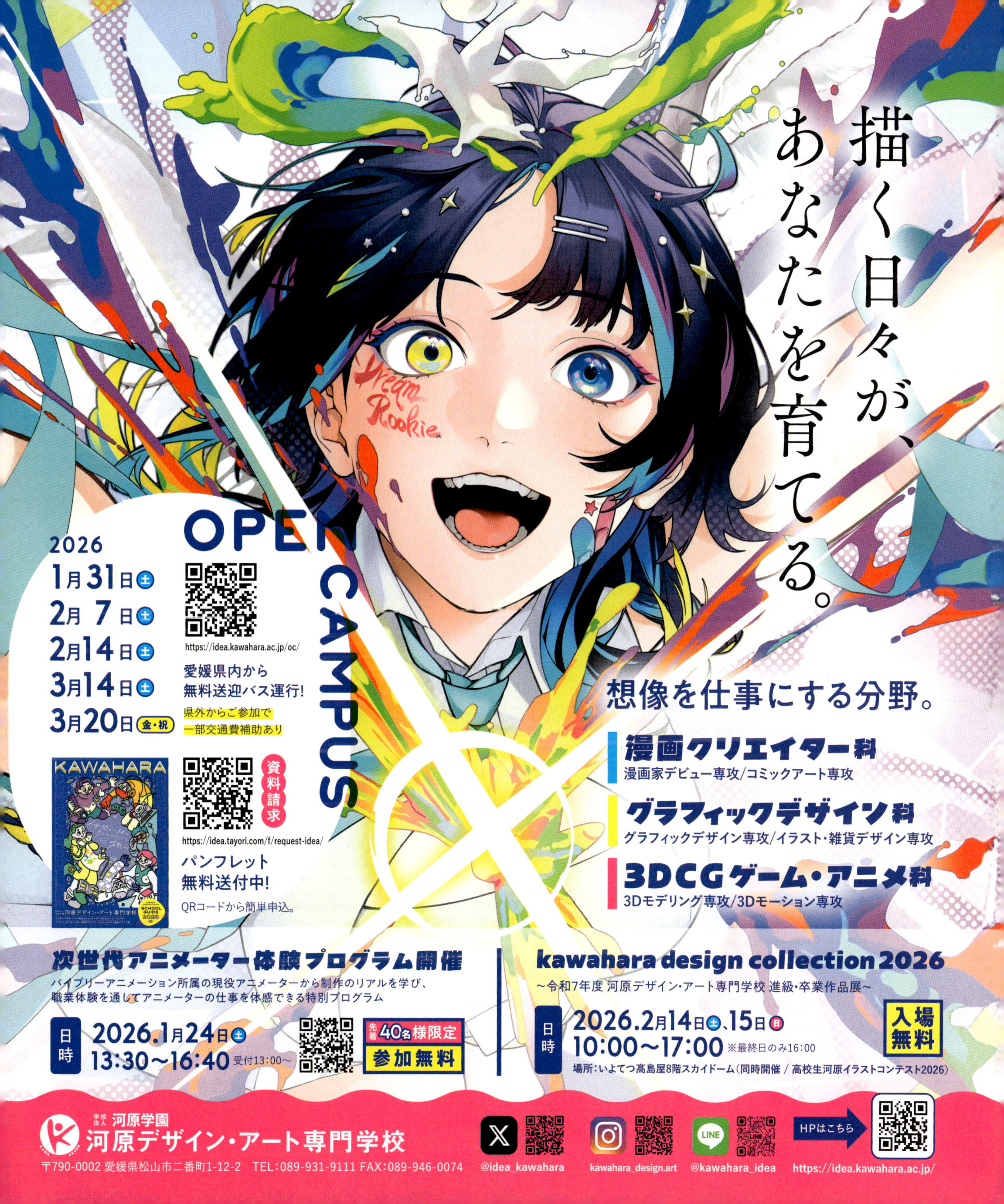

(株)さんぽう *Presents* 高校生イラストコンテスト

全国各地で美術・デザイン系進学相談会と同時開催。

共通テーマのもと、オリジナルのデザイン画を募ります。審査方法は、進学相談会の来場者および講師による投票で、得票数の多い作品が入賞となります。

後援/協賛

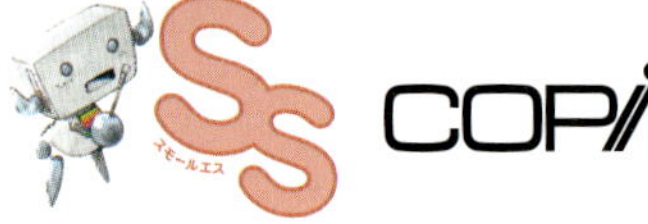

会場ごとのテーマ

- **12月16日(火)徳島会場**　テーマ「無限大∞」
- **12月19日(金)岡山会場**　テーマ「さんぽうくんと岡山県」
  「さんぽうくん」を入れて岡山県のPR、好きなところを描いてみよう!
- **12月20日(土)梅田会場**　テーマ「私からみた関西」

梅田会場　最優秀賞

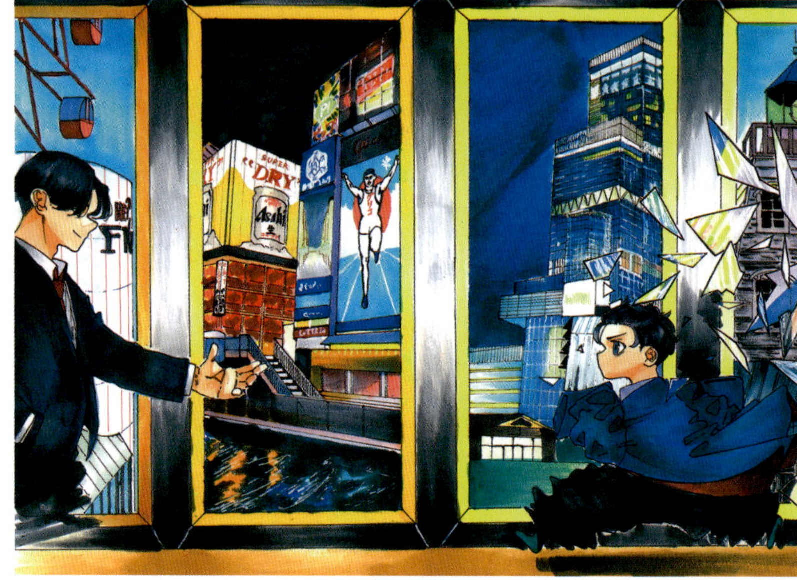

タイトル「夢と広がる世界」　浪速高等学校

岡山会場　最優秀賞

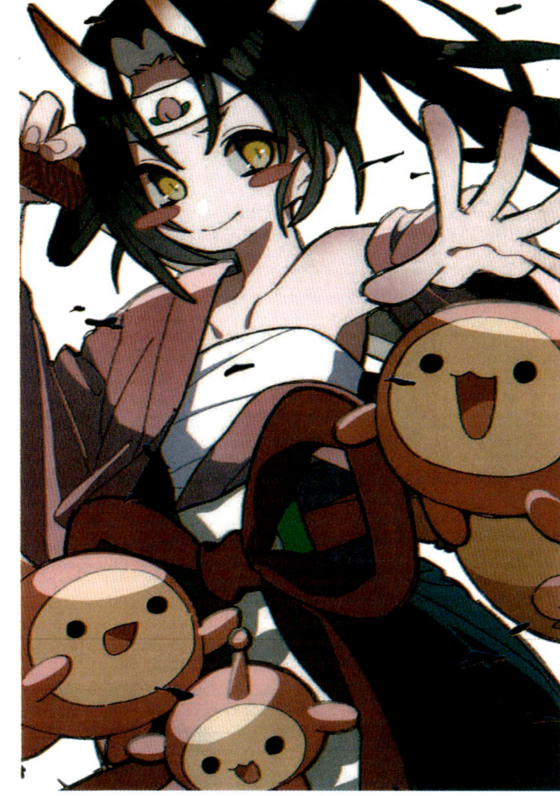

タイトル「桃太郎」　クラーク記念国際高等学校 岡山キャンパス

徳島会場　最優秀賞

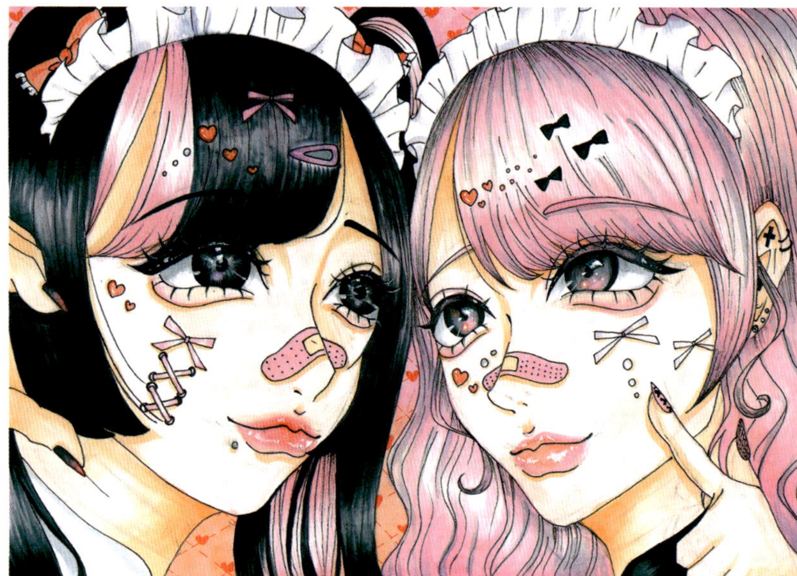

タイトル「うちらが最強!!!!」　徳島県立徳島商業高等学校

高校生イラストコンテスト
2026大会

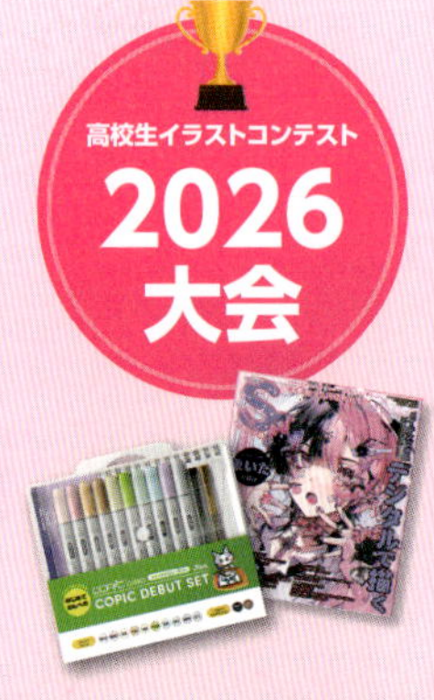

応募資格	高校生・中学生・予備校生
募集作品	オリジナルのデザイン画(イラストレーション)
テーマ	「四季～私の好きな季節～」
応募規定	●用紙サイズ:A4(デジタル作品はプリントアウトしてください) ●応募数:1人2作品まで(但し、未発表作品に限ります)
応募方法	**各会場のイラストコンテスト受付へ、作品受付時間内に作品・応募用紙を応募者本人がご提出ください。特典として「オリジナルクリアファイル」1枚と「SS(スモールエス)」1冊を進呈します。**
審査/発表	●**進学相談会の来場者及び講師による投票にて、最優秀作品を決定します。** 特典として「コピックデビューセット」を進呈、後日賞状を郵送します。 ●応募総数に応じて最大5作品を選考します。(特典・賞状あり) ●入賞作品は「SS(スモールエス)」「あっと!デザイン!クリイエティ部!」と各種SNSに掲載します。 ●全会場終了後、東日本エリア最優秀賞・西日本エリア最優秀賞に選ばれると「コピックチャオスタート24色セット」を進呈、また作品を転写したクリアファイルも作成します。

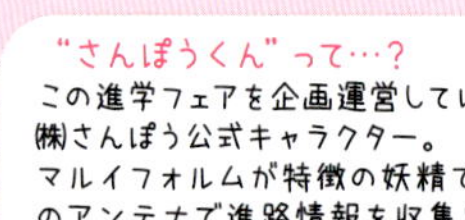

2025大会最優秀作品の「オリジナルクリアファイル」をプレゼント

"さんぽうくん"って…?
この進学フェアを企画運営している㈱さんぽう公式キャラクター。
マルイフォルムが特徴の妖精で頭のアンテナで進路情報を収集しているよ!

(株)さんぽう公式キャラクター　さんぽうくん

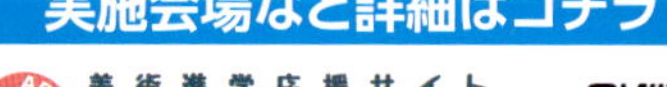

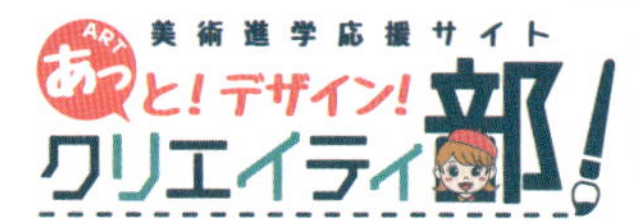

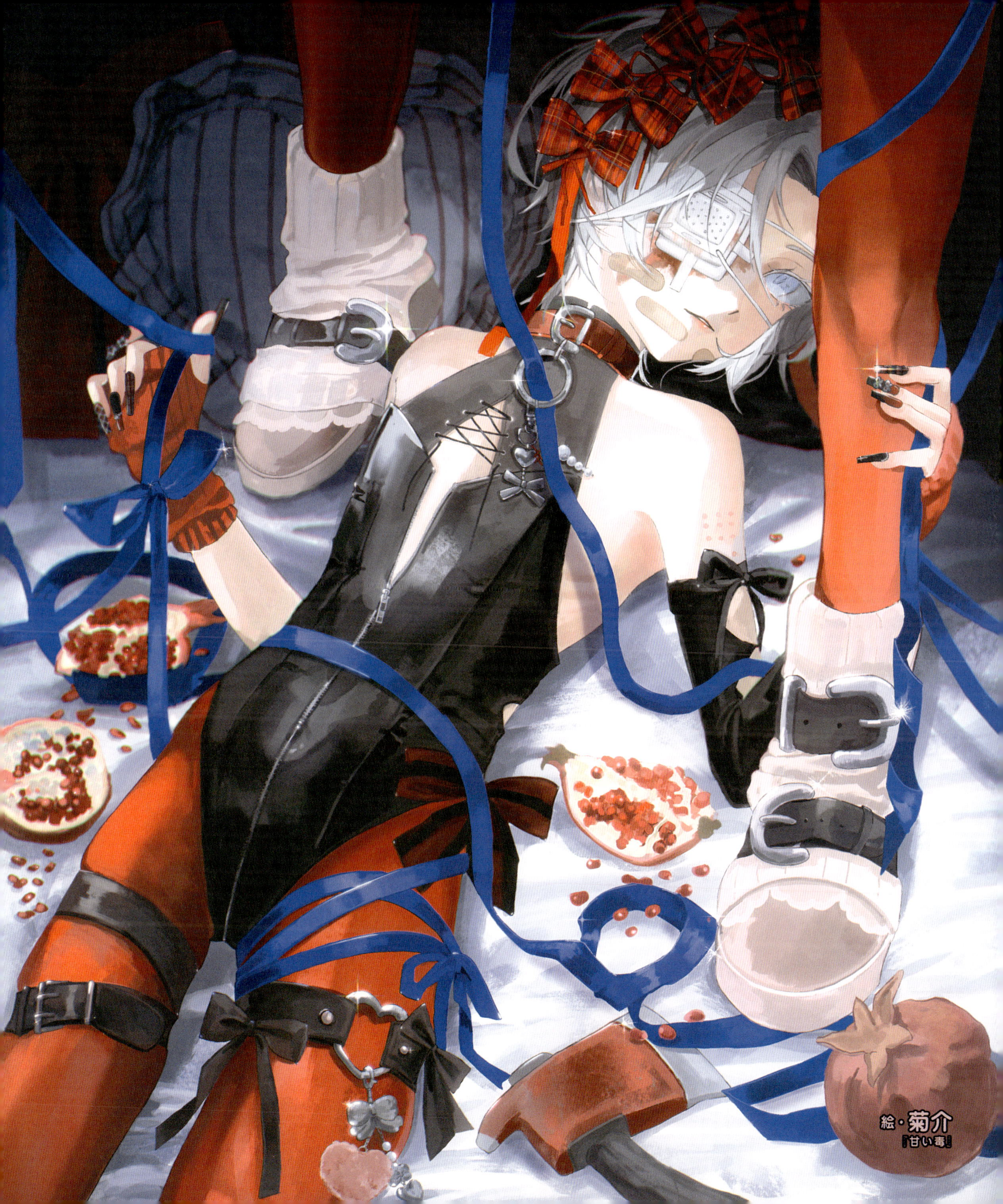

絵・菊介
『甘い毒』

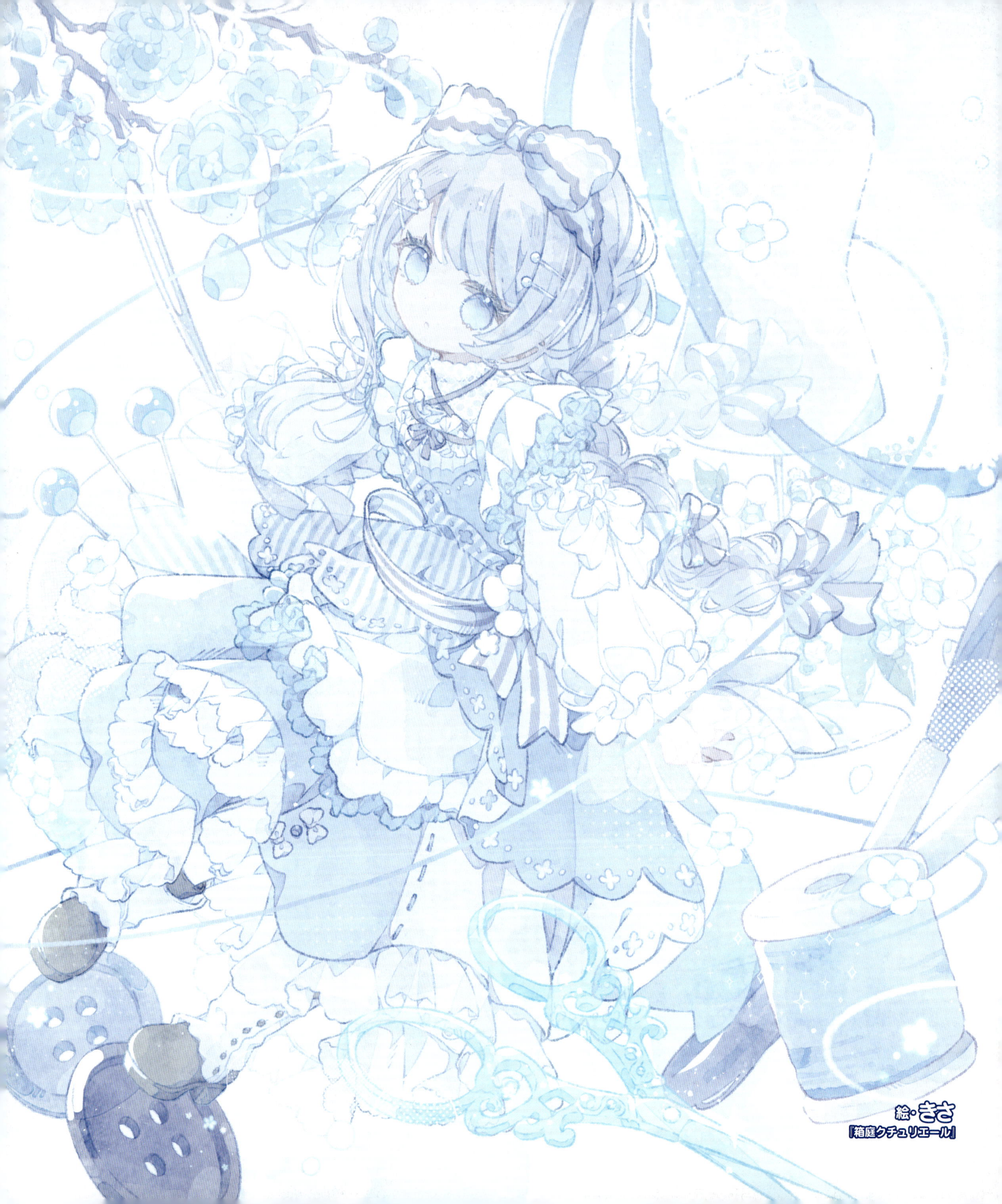
絵・きさ
『箱庭クチュリエール』

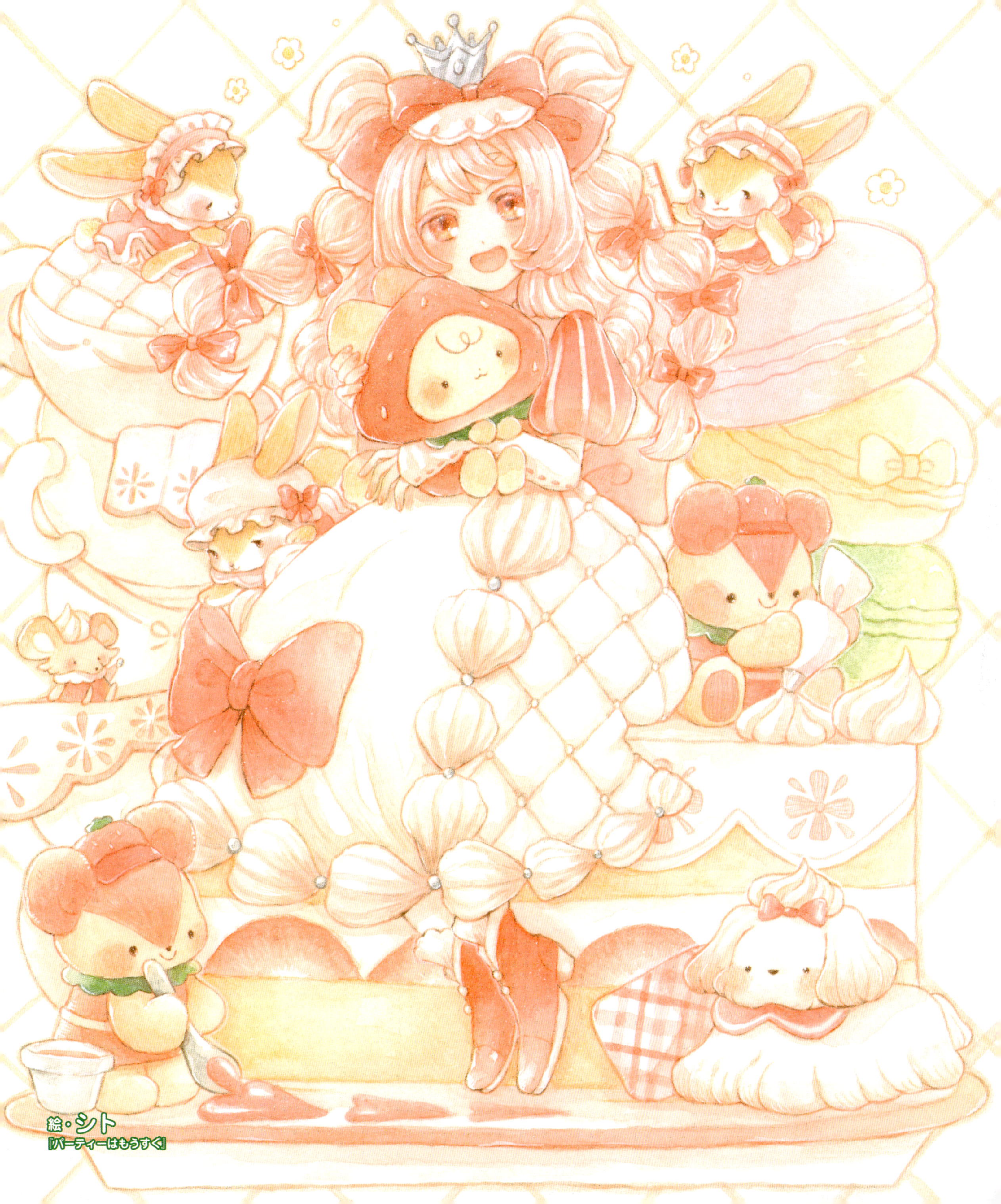

絵・シト
『パーティーはもうすぐ』

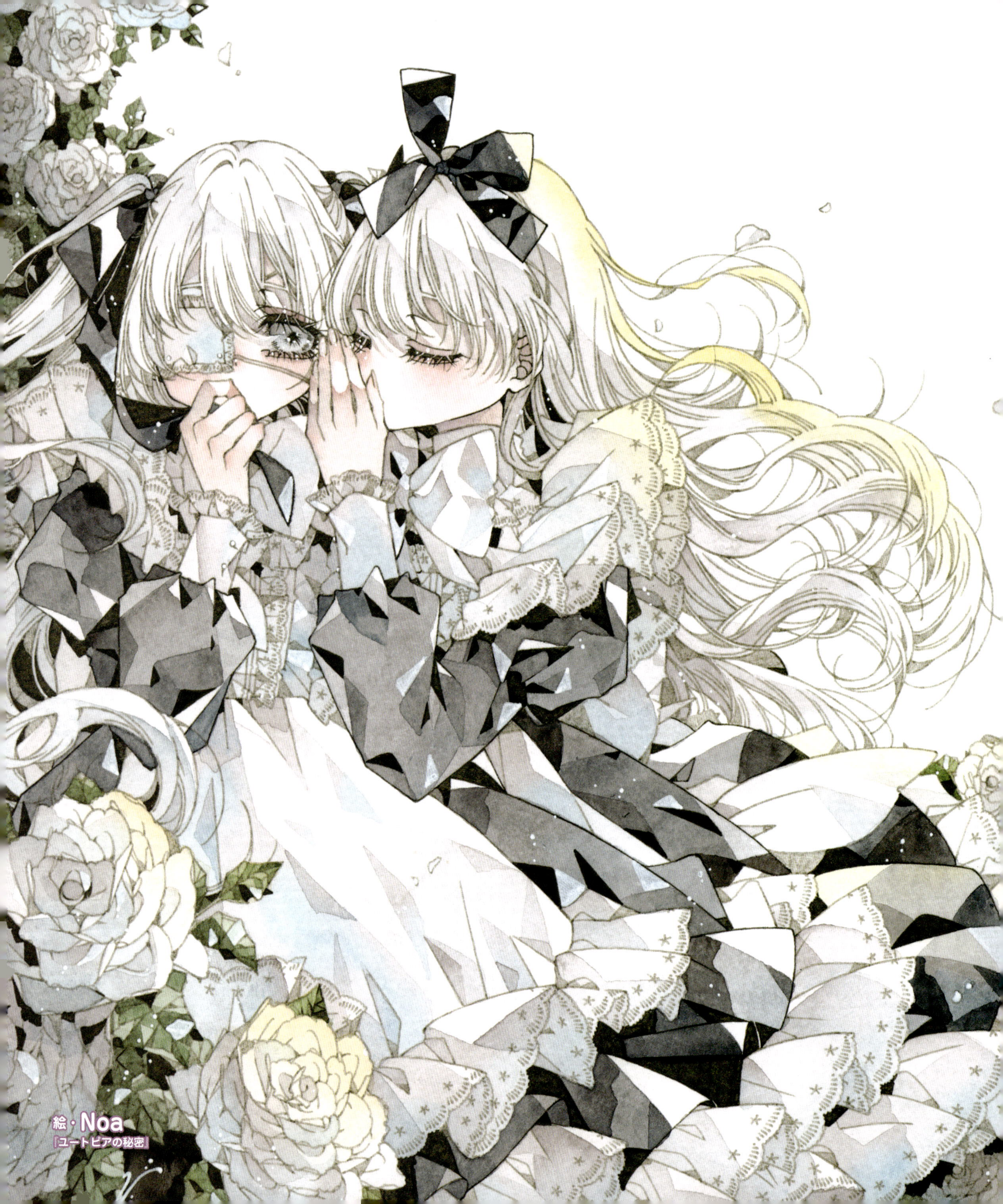

絵・Noa
『ユートピアの秘密』

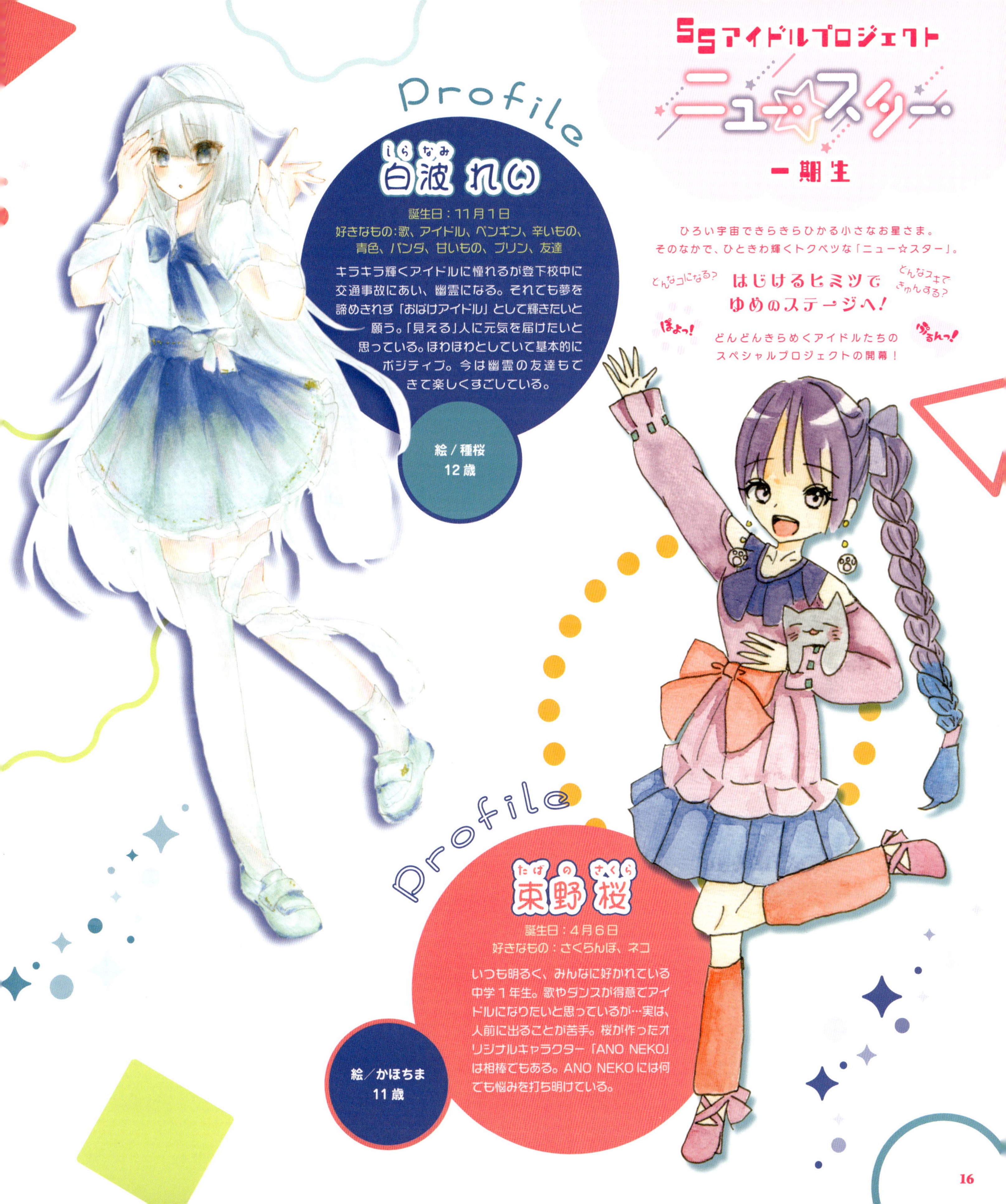
SSアイドルプロジェクト
ニュー☆スター
一期生
ひろい宇宙できらきらひかる小さなお星さま。
そのなかで、ひときわ輝くトクベツな「ニュー☆スター」。
どんなコになる?
はじけるヒミツで
ゆめのステージへ!
どんなスキできゅんする?
ぽよっ!
ぷるんっ!
どんどんきらめくアイドルたちの
スペシャルプロジェクトの開幕!
Profile
白波 れい
誕生日：11月1日
好きなもの：歌、アイドル、ペンギン、辛いもの、青色、パンダ、甘いもの、プリン、友達
キラキラ輝くアイドルに憧れるが登下校中に交通事故にあい、幽霊になる。それでも夢を諦めきれず「おばけアイドル」として輝きたいと願う。「見える」人に元気を届けたいと思っている。ほわほわとしていて基本的にポジティブ。今は幽霊の友達もできて楽しくすごしている。
絵／種桜
12歳
Profile
東野 桜
誕生日：4月6日
好きなもの：さくらんぼ、ネコ
いつも明るく、みんなに好かれている中学1年生。歌やダンスが得意でアイドルになりたいと思っているが…実は、人前に出ることが苦手。桜が作ったオリジナルキャラクター「ANO NEKO」は相棒でもある。ANO NEKOには何でも悩みを打ち明けている。
絵／かほちま
11歳

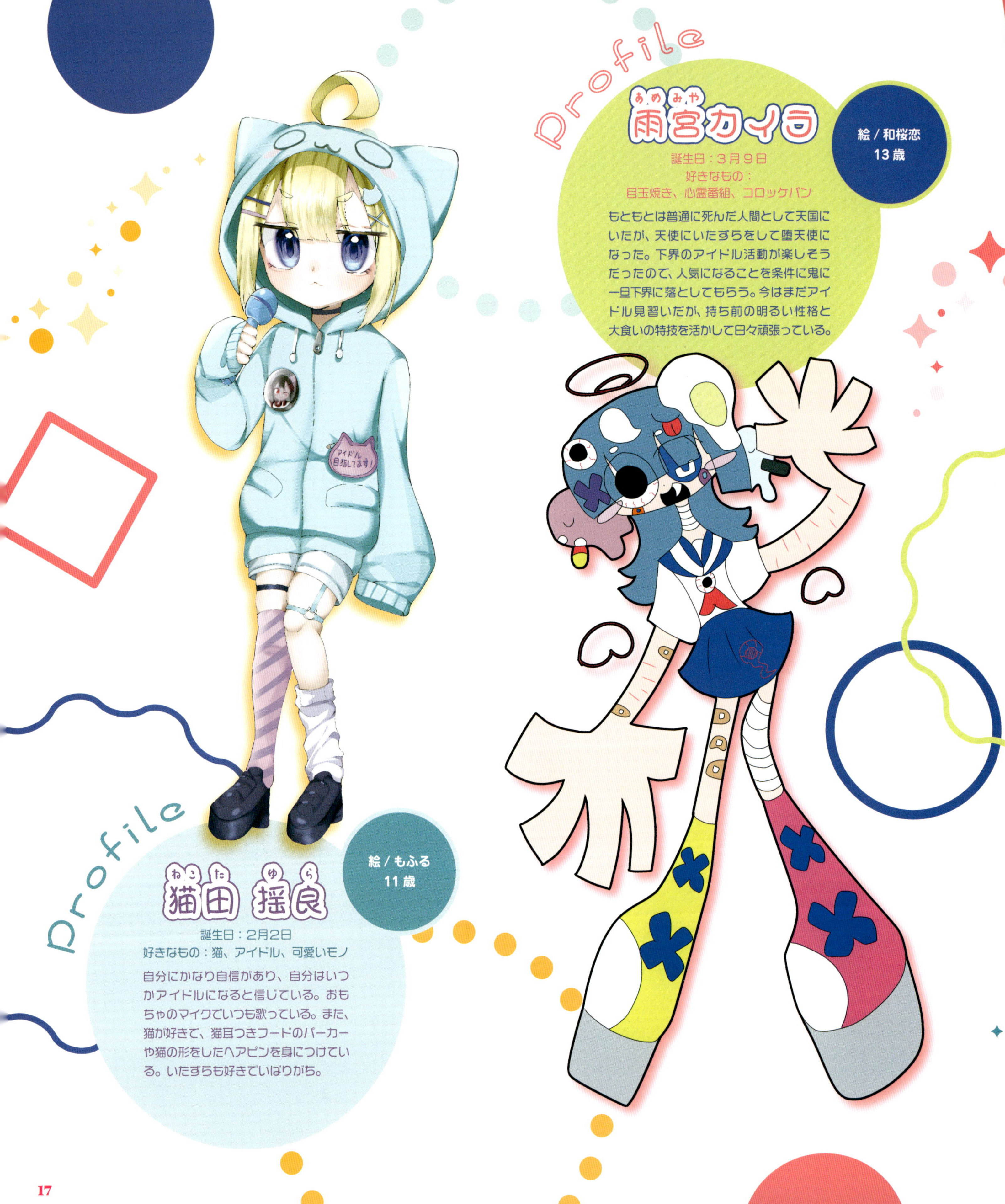
Profile
雨宮カイラ
あめみや
絵／和桜恋
13歳
誕生日：3月9日
好きなもの：
目玉焼き、心霊番組、コロッケパン
もともとは普通に死んだ人間として天国にいたが、天使にいたずらをして堕天使になった。下界のアイドル活動が楽しそうだったので、人気になることを条件に鬼に一旦下界に落としてもらう。今はまだアイドル見習いだが、持ち前の明るい性格と大食いの特技を活かして日々頑張っている。
アイドル目指してます!
Profile
猫田 揺良
ねこた ゆら
絵／もふる
11歳
誕生日：2月2日
好きなもの：猫、アイドル、可愛いモノ
自分にかなり自信があり、自分はいつかアイドルになると信じている。おもちゃのマイクでいつも歌っている。また、猫が好きで、猫耳つきフードのパーカーや猫の形をしたヘアピンを身につけている。いたずらも好きでいばりがち。

2025年に、「初音ミク」をはじめとする「ピアプロキャラクターズ」*1 を題材にしたコンテストを、「初音ミク×スモールエス」ピアプロ公式コラボとして、「イラスト部門」と「オンガク部門」で開催いたしました。イラスト部門の１等作品は、「スモールエス」の表紙にもなるという企画で、審査員にはイラストレーターの中村佑介さんも参加されました。今号ではその結果を特別付録の小冊子にて発表しています。日本国内の募集では１等〜10 等まで、中国の「POPPRO」*2 では１等〜５等までが選ばれました。日本で、ピアプロに投稿された作品はピアプロのサイトにて、スモールエスに投稿された作品はスモールエスの公式サイトにて公開されています。皆様、ご応募ありがとうございました。そしてこのページでは、日本の「イラスト部門」応募者の１等〜３等の方々を紹介し、受賞コメントを掲載いたします。

「初音ミク×スモールエス」ピアプロ公式コラボ
イラスト・オンガク コンテスト結果発表

イラスト部門・オンガク部門共通募集テーマ

「ものづくりをする人を元気づけ、自分を表現することを楽しむ」

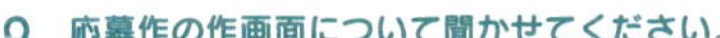

1等 えくぼかよ

Q　応募作のテーマや構想について教えてください。

A　イラストコンテストのテーマが「ものづくりをする人を元気づけ、自分を表現することを楽しむ」でしたので、“クリエイターを元気づけられることは何か”を考えることから構想が始まりました。私が創作をしていて元気づけられるのは、作品を誰かの心に響かせることができたときです。そこで、初音ミクがクリエイターの作品に感動している絵を描くことに決めました。「どんな活動をする上でも応援は力になる。クリエイターの一人としてみんなを元気づけている初音ミクのように、私も誰かを作品で元気づけたい。創作活動を続けることで、巡り巡って元気をくれた人に届くかもしれない。そしてそれは今までの積み重ねが重要で、それこそが誰かを応援する力の源になっているのではないだろうか。」そんな思いがこの作品には込められています。クリエイターは創作者であると同時に鑑賞者でもあります。映像や立体、文章など様々なものに影響を受け、感動したり創作意欲に繋がったりします。そこから生まれた新しいものが誰かに影響を与えて……といった循環が人々に広がっていくことに魅力を感じたので、このイラストの部屋からもそれを感じ取っていただけたら嬉しいです。

Q　応募作の作画面について聞かせてください。

A　案出しや構図決めなど作品の骨格となる部分はクロッキー帳にメモし、完成までの描き込みは Procreate で厚塗りをして完成させました。作品制作で一番気を付けていることは案出し〜ラフの工程で、作品の方向性を決めておくことです。何を伝えたいか、鑑賞者にどのように感じてほしいかという感情のイメージを最大限に伝えるために、どのような構図、シチュエーション、シルエット……が必要か練っていきます。今回の絵では、表紙に採用された場合見栄えがするか、遠くから見てもコントラストで目を惹くことができるかなども検討しました。大体の案が固まったらカラーラフ〜完成までは、カメラアプリで撮影したラフを Procreate に取り込み清書しました。ラフで決めたシルエットを損なわないように意識しつつ、カラーラフを行います。次に、制作をする上でのガイドとして人物やパースの利いた立体など、複雑な造形の物は線画のラフを描き、完成までひたすら描き込みます。シルエットが重要な場合は、線画を描かずにシルエットのままアタリを取り、線画を描いた時と同様に描き込んでいきます。デジタルでの制作はテクスチャの入ったブラシで厚塗りをすることが多いです。厚塗りで制作する理由は直感的な操作が可能であることと、修正がしやすいためです。偶然出来た色を追加したり、その時感じた新しい要素を追加したりして、いつまでも新鮮で楽しく制作をできるところが厚塗りの好きなところです。

Q　初音ミクとご自身の関わりを教えてください。

A　初音ミクは小学校低学年の頃に知りました。初めて聞いたボカロは「メルト」か「ブラック★ロックシューター」だったと思います。ボカロを知ってすぐ友達に初音ミクをオススメしたのですが「オタクっぽい」という言葉にショックを受け、ボカロから少し距離を置いてしまいました。しかし、数年経ってもう一度聞いてみようと思い、レンタルショップでCDを借りたり、YouTubeでMV を含めて曲を聞いたりしてボカロにハマっていきました。中学生の時はOrangestarさんとn-bunaさんの曲をよく聞いていました。お二人が共同で制作された「スターナイトスノウ」が大好きで今でも繰り返しよく聞きます。また、同じ頃に「カゲロウデイズ」、「脳漿炸裂ガール」、「告白予行練習」などのボカロ曲から派生した小説をよく読んでいました。その後、しばらくボカロを聞いていない期間もあったのですが、最近また2000年代、2010 年代の頃のボカロを中心に聞くようになりました。初音ミクというキャラクターが存在しているのではなく、初音ミクというアーティストが存在しており、曲だけではなく小説やゲーム、ファン活動としてはファンアート、踊ってみたや歌ってみたなど少しずつ形を変えて人々に愛されてどんどん広がっていくボカロ文化に目が離せません。初音ミク自身も雪ミク、桜ミクなど公式の派生があったり、ボカロＰそれぞれの色の初音ミクが生まれていて、どのミクにも魅力があるので、新しい作品が生まれるたびに魅了され、エールを貰っています。

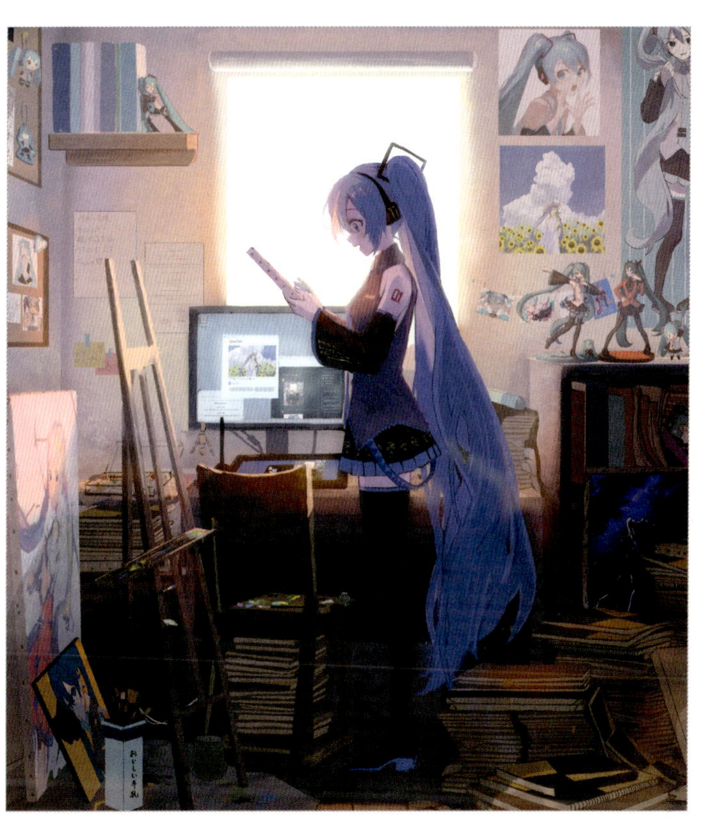

Q　思い出深いボカロ楽曲を教えてください。

A　n-bunaさんの「白ゆき」がとても心に沁みています。初めてこの曲を聴いた時の衝撃は忘れられません。合成音声であるはずの初音ミクの声が人間のように感じられ、繊細で壊れてしまうのではないかと思うような歌声が曲の雰囲気とも合っており聞き惚れました。歌詞に出てくる主人公が心を失くしてしまった人間で、それを心を吹き込まれたボーカロイドの初音ミクが歌うという対比も美しく、人間ではないからこそ歌って寄り添うという世界もあるのだと思いました。この曲をきっかけにさらに n-bunaさんの曲を聴くようになり、中学校からの帰り道でよく歌いながら帰っていました。また、この時には一緒にボカロを聞いてくれる友達もでき、「白ゆき」をオススメしてボカロについて語り合っていました。MVイラストも魅力的で、アナログタッチの密度の高いイラストが魅力なのですが、様々な仕掛けや意味合いが込められていて「私もこんな風に1枚でたくさんのことを伝えられるイラストが描きたい！」と思いました。自分の好きになったボカロに「白ゆき」のMVイラストを担当されたDMYM/No.734さんが携わられていることが多く、世界観やマルチに活躍されている姿にとても憧れています。「白ゆき」は曲として魅力的なのは勿論ですが、他のボカロやイラストに興味を持つきっかけになったり、友達と話すきっかけになったりと私の世界を大きく広げてくれたとても思い出深い曲です。

Q　絵の活動や今後やってみたいことについて教えてください。

A　自分の作品の強みは思考の「独自性」だと思います。そのため、表現方法や手法、流行りに流されず、「自身の考えを深め、作品に反映していく」という創作活動を続けていきたいです。具体的にやってみたいことは、個展を開いたり同人誌を作ったりして、自分の頭の中にある世界を手に取れる形にして楽しんでもらうことです。また、SNSでの作品の発表やイラストコンテストにも継続的に応募し、作品を見てもらえる機会を増やしていきたいです。

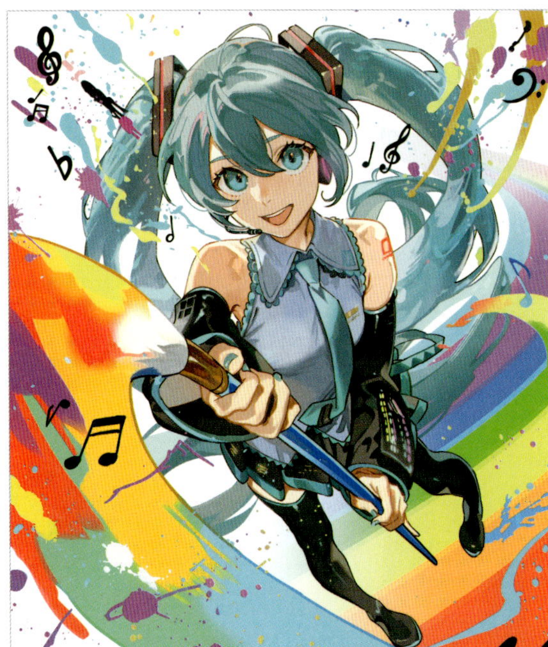

2等 48円

Q　応募作の構想と、作画で気をつけたことを教えてください。

A　ミクは、歌うだけのキャラクターではありません。描く人がいるかぎり、未来に向かって伸び続ける「創造の手」だと思っています。筆を掲げる姿には、喜びも迷いも熱も、ぜんぶ詰めこみました。創作の苦しさを知っていて、それでも前に進む人の顔です。色の軌跡は虹となり、制作の痕跡がそのまま道になります。絵具の飛沫は音の広がりです。歪んだ黒い音符は、失敗や苦しみ。遠くから見れば、ミクが歩く道は美しい虹に見えます。でも、実際はそうでもない(笑)。この一枚は、誰かが描く理由を祝うための絵です。創り続ける人へ、「進め」というエールになればうれしいです。

Q　初音ミクとご自身の関わりを教えてください。

A　ミクを知ったのは、一枚の絵でした。学校の友達がノートに描いたミク。その小さな絵から、どこまでも広がる世界に出会いました。ネットで楽曲や作品に触れるたび、創作がめぐり続ける景色を見た気がします。ひとつの表現が、次の表現を呼び、その先に未来が生まれる。そんな文化に魅力を感じています。

Q　絵の活動や今後やってみたいことについて教えてください。

A　今は別の仕事をしていますが、創作の時間はずっと続けています。いつかは、イラストや漫画を軸に、物語が立ち上がる絵に挑戦したい。誰かが創作を始める理由になるような作品が描けたら、うれしいです。

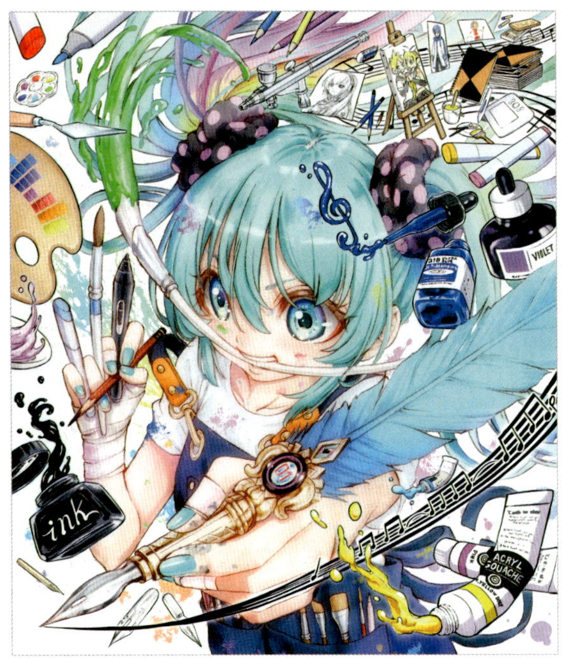

3等 Kodue Sakiyama

Q　応募作の構想と、作画で気をつけたことを教えてください。

A　創る喜びに出会い、そこから現在に至るまでの変遷を、ひとつの画面の中で演出したイラストを描きたい」という思いから構想をスタートしました。「スモールエス」に作品を投稿されている方には、アナログ画材で制作されている方も多い印象があったため、アナログ・デジタルどちらで描く方にも響く内容であること、そして本誌の表紙になった際に目を引く勢いのある画面になることを意識してレイアウトを考えました。昔から「スモールエス」を購読されている読者の方も多いだろうという点も踏まえ、廃盤になっているものや近年デザインが変わった画材もいくつかあえて旧デザインのものを取り入れています。また、やはりミクさんということでキャラクター性を踏まえ、音楽的なモチーフも画面内に自然に組み込み、全体のバランスを取ることも意識しました。ちなみに、画面右上から左下にかけて、歴代ボーカロイドたちを「時代ごとに異なる画材」で描いていく演出も取り入れています。MEIKO、KAITO、リン･レン、ルカといったキャラクターを、最初は幼少期に使うような紙にクレパスのような画材で描き、画材も変化していきそこからキャンバスへ、さらに鉛筆による精密な描写へと、画材や描き方が変化していく構成にしました。絵を描く人たちが辿ってきた成長や歴史、そして「描き続けてきた時間」そのものが重なって見えるような表現を意識しています。作画面では、多くの画材やモチーフを配置する中で、雑然とし過ぎた印象にならないよう注意し、情報量が多くなりすぎて主役が埋もれてしまわないよう、色や線の強弱によって視線が自然とミクの表情に集まるよう調整しています。また、モチーフ同士が重なり合う部分でも印象がぼやけないよう、それぞれが映える描写を心がけました。ミクの衣装は「お絵描き娘」をイメージしたものにしていますが、キャラクターとしての印象が損なわれすぎないよう、その点にも配慮しています。

Q　初音ミクとご自身の関わりを教えてください。

A　私はニコニコ動画全盛期に当時のニコニコ動画にだいぶはまっており、みっくみっくにされてた一人だったので、ちょうど初音ミクが登場し多くの楽曲が生まれ、多くのファンアートやコンテンツが作られた当時の熱量と、そしてその後もさらに存在が大きくなっていくところをリアルタイムで見てきている世代なので、現在でも大きなIPとのコラボも多く、まさに世界に羽ばたき世界中で愛され続ける存在になったことに、非常に感慨深いものを感じています。ミクさんマジ天使。

Q　絵の活動や今後やってみたいことについて教えてください。

A　絵の活動については、現在ありがたいことに微力ながら漫画のアシスタントやイラストのお仕事もさせていただいております。その一方で、以前から物語性のある作品や、自分の世界観を一から作り上げて展開していく表現にも強い関心があり、今後はそれこそ漫画や、ちょっとした絵本のような形での制作にも、より積極的に取り組んでいきたいと考えています。

「初音ミク×スモールエス」ピアプロ公式コラボ【イラスト】･【オンガク】コンテスト結果発表は、付録の小冊子をご覧くださいませ。

あわせて、ピアプロのサイト、スモールエスの公式サイトでは、応募作品の一覧も見ることができます。応募者の皆様の描いた作品をぜひ楽しんでくださいませ。

スモールエス
公式サイト

piapro とは？

『ピアプロ』は、ネットに分散しているクリエイター同士がお互いの得意なコンテンツ（音楽、歌詞、イラストなど）を投稿し合い、協業して、新たなコンテンツを生むための " 創造の場 " を提供するサイトです。https://piapro.jp/intro/

ピアプロ
公式コラボページ

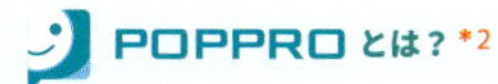

POPPRO とは？*2

『POPPRO』は、初音ミクの公式中国語投稿サイトとしてクリプトン・フューチャー・メディア株式会社の正式ライセンスを取得し、中国語圏のクリエイターが初音ミクの二次創作を共有できる唯一の公式プラットフォームです。

*1「ピアプロキャラクターズ」とは、「初音ミク」「鏡音リン」「鏡音レン」「巡音ルカ」「MEIKO」「KAITO」の総称です。

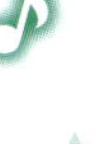

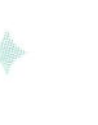
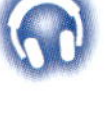

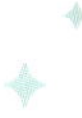

ここでは、数々の魅力的なキャラクターを生み出してきたゑいたさんに、お話を伺いました。オリジナルキャラクターであるElay(エイラ)、Eito(エイト)、B(ビー)、Haku(ハク)、Fumi(フミ)、笑迫(エミサコ)、イチをたっぷりと紹介します。さらに、小・中学生の頃に描いた初期設定を振り返りながら、キャラクターのビジュアルや性格、関係性をより深く掘り下げます。そしてキャラクターをどのようにイメージし、生み出していったのかを紐解くほか、小物の選び方などをミニメイキング形式でお届け！

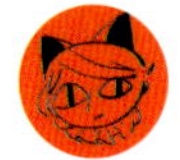

今でも描いているエイラをはじめとしたキャラクターたちは、ほとんどが小中学生の頃に思いつくままに描いて生まれました。どのように考えていったのかをまとめて話す機会は初めてです！　当時を色々と振り返りながら、キャラクターのイメージや特徴を紹介します～！

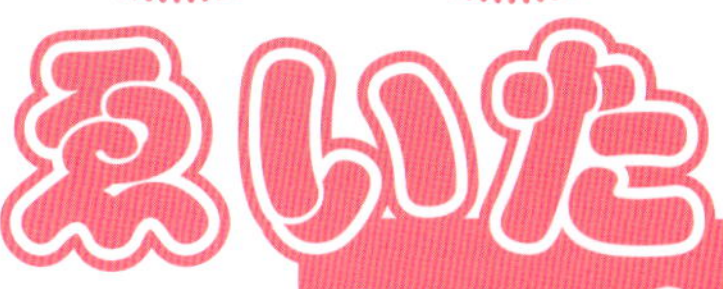

@eita_789  @eita_789

ゑいたさんのオリジナルキャラクターであるEyla&Eitoを紹介！

Eitoの初期登場作品

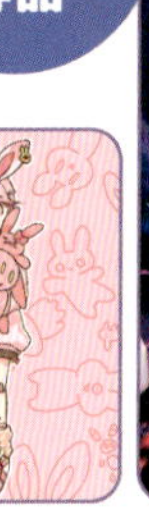

▲ゑいたさんが中学生の頃に描いたエイト。三つ目のウサギがお供。現在よりも可愛らしい印象だ。

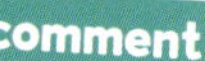

エイトはうさぎがモチーフになっていて、瞳が赤いです。気分で自分の好きなように身体を変えることができます。カッコいいファッションが好きな子で、メインのカラーがダーク寄りなので描くのが難しいキャラクターです(泣)。本当はもっと描いてあげたい～!!

◆Eito(エイト)

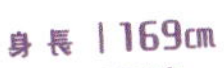

身長｜169cm
種族｜悪魔
一人称｜俺
好き｜流行のファッション
嫌い｜虫

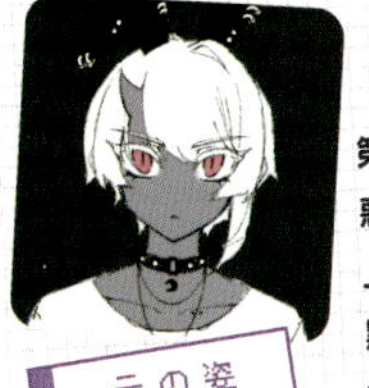

元の姿

第三千十四時代哺乳類混血型悪魔。育ちが良く言葉づかいが上品で、挨拶が「ごきげんよう」。黒うさぎの執事がいる(無能)。世界一虫が苦手。

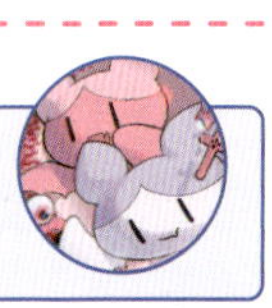

エイラの部屋に住み着いた、ハチワレ柄をしたナゾのいきもの。エサ(虫)をあげたら増殖した。

comment

ピンク色と黒色のツートンヘアーでパッツン前髪、左右対称のホクロが特徴です。悪魔なので耳も尖っています。最近はえりあしが長くなって、身体も伸びた、ナマイキな男の子に育ちましたねぇ…。女の子と間違われるぐらい可愛い男の子であるギャップを出したくて、ボディは細身(骨格ナチュラル)で高身長にしました！　また、男性を象徴するネクタイを付けてみたり。スクールライクなファッションにしています。エイラは何を着ても似合うし、配色も可愛いしで、とても描きやすい子ですね～。ピアス穴の数だけは決まってないです。

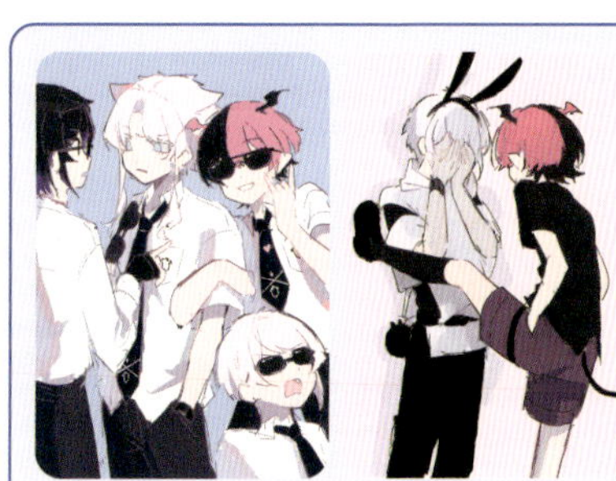

ハクやフミ(22ページで紹介)とも仲良しなエイラ。ハクとは同じ悪魔同士で絡みがある。エイトは足で壁ドンするほどの仲良し♡

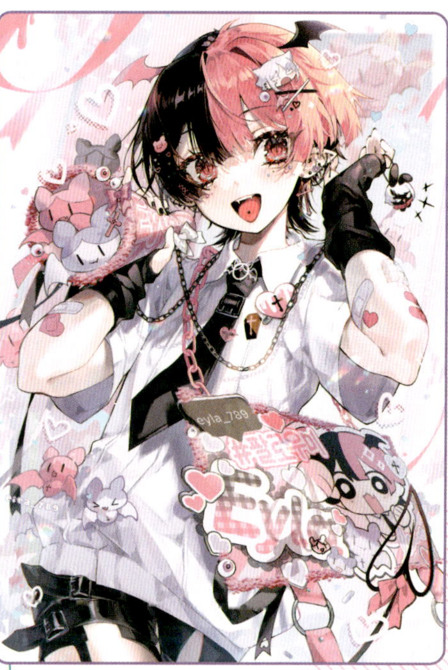

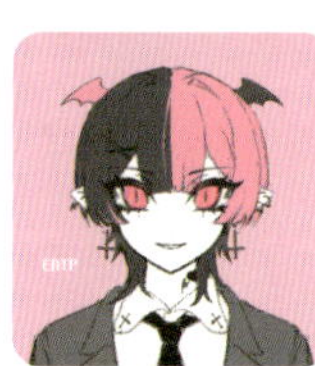

◆Eyla(エイラ)

身長｜171cm
種族｜悪魔
一人称｜僕(俺)
好き｜焼肉、自分、流行りもの
嫌い｜太ること、映えないもの

第三千十四時代翼手類混血型悪魔であり、地獄に住んでいるインフルエンサー。兵器として作られたため、実の親がいない。将来、兵役をしないといけないため、現在は学校生活をエンジョイしている。頭に生えている小さな翼は感情によってパタパタと動くらしい。自分のことを可愛いと思っている、元気な男子高校生そのもの。Eitoは親友。

当時、中学3年生の頃、リモート授業中にエイラは生まれました。ゴシックファッションやコウモリの羽、ホクロなど、私の大好きが詰まった子です！　描いた最初は悪魔といった設定は全くありませんでした。前髪もナチュラル寄りで、描くうちにM字前髪に進化しました。多分、M字前髪にすることで余白を生み出して、アイメイクをハッキリ見せたかったんだと思います。ペットみたいなマスコットを忍ばせたくて、エイラの周りにはコウモリのようないきものたちがぬいぐるみになっていたりします。

Eylaの初期イラスト

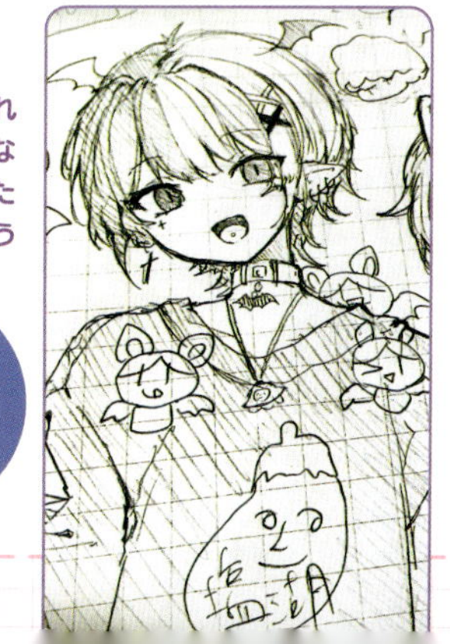

ゑいたさんのオリジナルキャラクター、B&プリンちゃん！

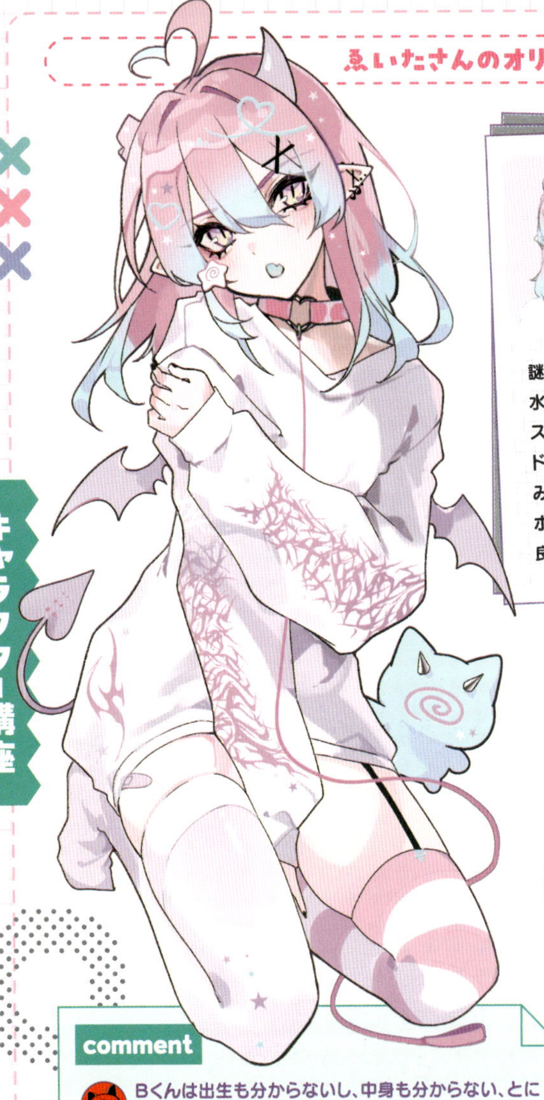

◆B（ビー）

身長｜179㎝
種族｜悪魔（インキュバス）
一人称｜俺
好き｜SEX、男、金
嫌い｜秩序

誕生日 11月18日

謎多き存在、B。右ツノが折れており、ピンク色に毛先が水色のグラデーションとなっているドリーミーなヘアスタイルが特徴。Bの住む世界では、空間に電子ウィンドウを表示することができ、自身を映してAI女性の読み上げ機能を通じて周りと会話をしている。読み上げボイスのせいもあってか、よく女性と間違えられる。仲良くならないと地声で喋ってくれない。

comment

私が描くキャラクターは「猫目」が共通しているデザインなのですが、Bくんは特に猫目度が高いです。実は、瞳に物体のハートが入っているんですよ♡

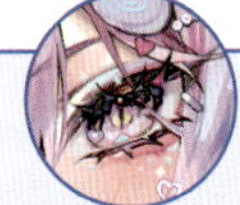

切れ長なまつ毛、鋭い猫目が美しいBくんの目元。涙袋ラインもあり、よりパッチリとしている。瞳の下部には物体ハートのハイライトが！♡

Bはインキュバスなので相手の欲望通りの身体になることができます。女性ホルモンも多く出てるし、しなやかな肌質でお尻や太ももが大きい！　身長が高く、うちの子の中でもスタイルが良いです。素材が透けて肌が見えていたりと、ボディを強調する服をよく着ていますね～。

comment

Bくんは出生も分からないし、中身も分からない、とにかく不思議な存在です。そういう不思議な子が描きたかったんです。実は、エイトの初恋相手がBくんなんです（笑）。Bくん自身は全く貞操観念が無いので、誰とでもしちゃいます。ただ、プリンちゃんと出会ったことで、タチからネコに目覚めました。インキュバスのくせに…。

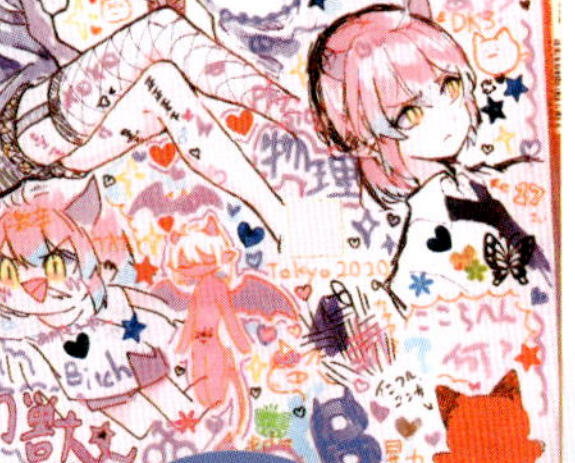

ボディハーネスや網タイツファッションからもBくんのセクシーさをより感じられる。また、インキュバスそのものの姿をしたBくんのイメージもある。

Bくんはエイラより前に、中学1年生か2年生の頃に生まれました。当時めちゃめちゃパステルカラーの「デコラファッション」にハマっていて、たくさん見ていました。とにかくパステルカラーのショタを描きたかったんですよねぇ。インキュバスとBLのイメージもたくさん膨らませて…。この頃はまだ、プリンちゃんが「幻獣」という名前ですね。

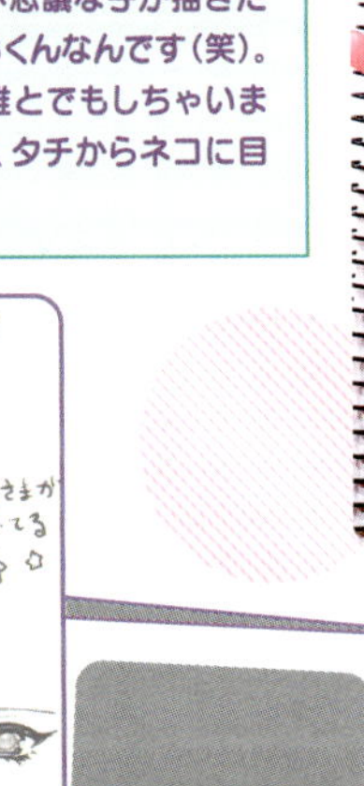

◆プリンちゃん

no image

身長｜185㎝
種族｜幻獣（ユニコーン）
一人称｜俺
好き｜女、B
嫌い｜労働

水色の髪色をベースに、毛先がピンク色のグラデーションとなっており、Bとツインを思わせるスタイル。また、額に長いツノが生えており、耳はふわふわになっていたりとユニコーンらしさもある。Bの彼氏（セフレ）。

B&プリンちゃん（幻獣）の初期イラスト

ゑいたさんが小学生の頃に描いたプリンちゃんのイラスト。初期のデザインでは、ユニコーンのツノがアイスクリームで、髪にはチョコスプレーもあしらわれて今よりスウィートなビジュアル。血の涙を流す表情は、当時、ゑいたさんがユニコーンのイメージを膨らませていた模様。

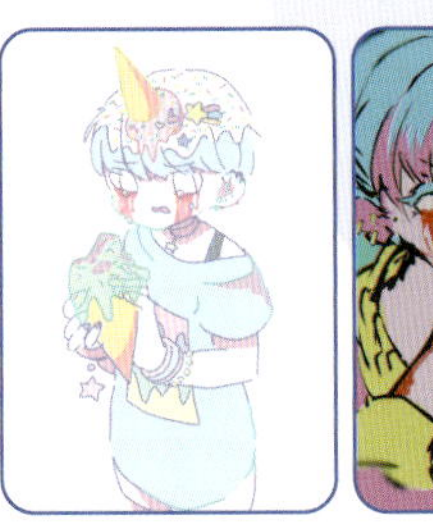

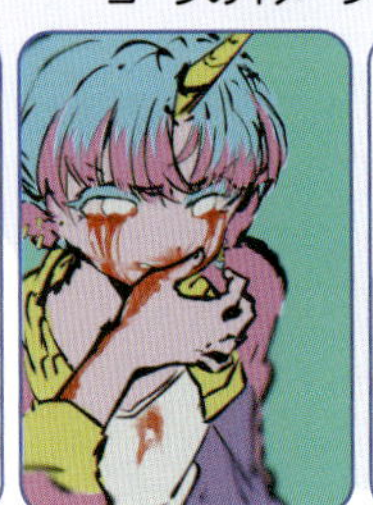

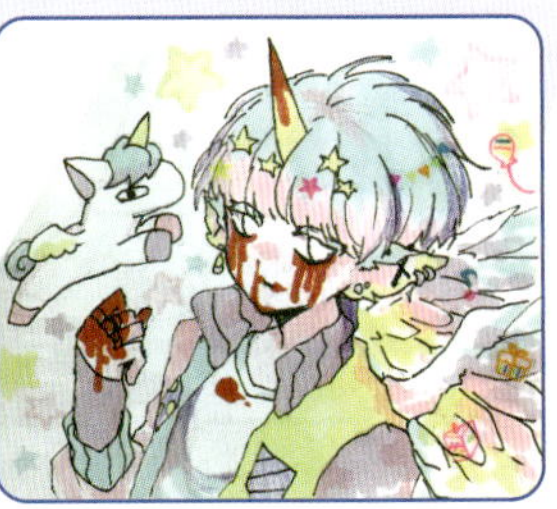

ゑいたさんのオリジナルキャラクター、Haku&Fumiを紹介!

◆Haku(ハク)

身長｜165cm
種族｜完璧な悪魔
一人称｜僕
好き｜コーヒー、悪夢、フミ
嫌い｜睡魔

プミちゃん

完璧な悪魔。悪夢を食べるのが好き。小さい頃に食べたフミの悪夢の味が忘れられないでいる。親は大金持ちのお坊っちゃま。
学校の成績もトップで優秀、友だちもたくさんいてモテる。将来も安定が約束されていたが、フミのことを好きになってしまったせいで今までの完璧が全て狂った。が、今の方が楽しいと思っている。あだ名は無表情皆無星人。親戚に獏(バク)のプミちゃんがいてたまに遊んでいる。

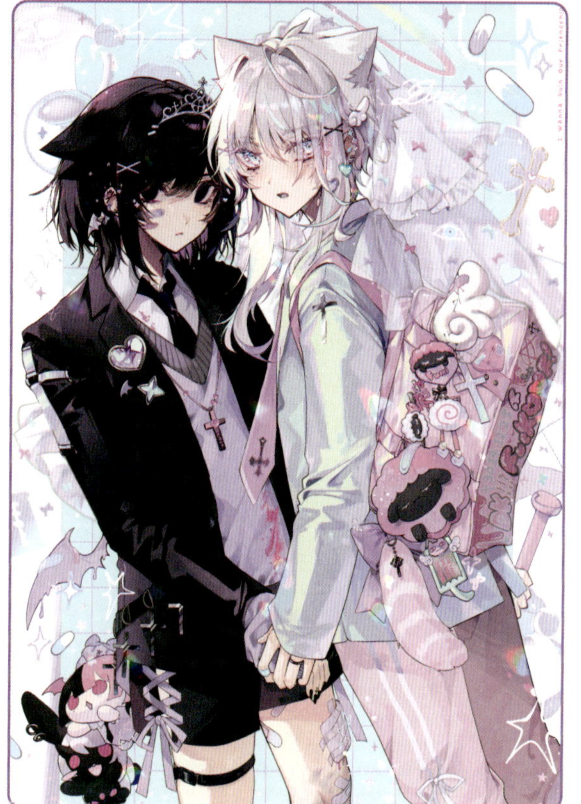

◆Fumi(フミ)

身長｜167cm
種族｜堕天使
一人称｜俺
好き｜スイーツ、寝ること
嫌い｜悪夢、辛いもの

酷い悪夢に悩まされている堕天使。卵性で生まれており、家族はいない。悪魔を好きになっちゃったせいでもう天使の力は残っていない。素直でなく無愛想で一匹狼。甘いものが大好きで、生活費のほとんどを食費にもってかれている。また、両手に傷がある。ヒツジのぬいぐるみはゲーセンで手に入れた。

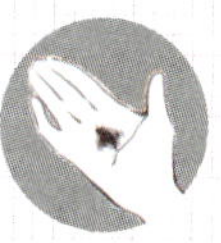

comment

ハクは真っ黒な瞳を持ち、太めの眉でキリッとしたビジュアルにしてます。「emo boy」ですね。フミと並んだときにも可愛らしく見えるよう、イメージカラーはフミがピンク色、ハクをムラサキ色に設定しました。体型は細身のガリガリで、筋肉も全然ありません。ハクはフォーマル寄りのゴシックなファッションを好んでおり、本人も中二病気質なことから、そうした装いを好んでます。フミの方がカジュアルなファッション(Y2K)ですね。フミの涙や体液までもが甘くて、大変な悪夢ほどとても美味しいと感じています。フミに対して距離感がかなり近いです。ハク本人はコミュ力があるので、エイラたちとも仲良くしてます。

comment

中学2年生の頃に生まれた、ヒツジをモチーフにしたキャラクターです。酷い悪夢に悩まされており不眠であることから、名前をフミと名付けました。目元はとても小さい瞳孔にジト目寄りのツリ目。ギムナジウムに通っているような美少年を描きたくて…。後ろ髪が短く、触覚だけが長い髪型への憧れも反映されています。フミは甘いものの食べ過ぎで身体に少し脂肪が付いてます。フワフワ！　フミの周りにいる黒ヒツジたちは悪夢かもしれない…？

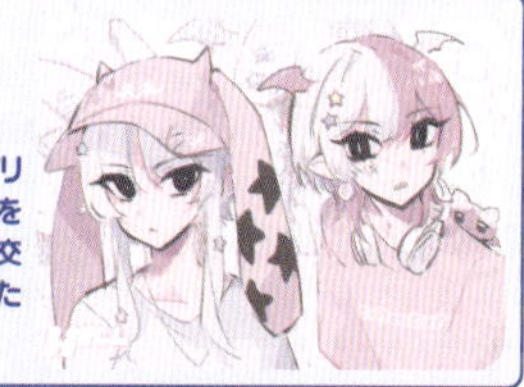

エイラとのプリクラ。ハクをキッカケに交流が生まれた模様。

ハク&フミの関係性

実はフミのほうはあまり当時のことを覚えていませんが、二人は幼い頃に一度出会っており、その際、ハクはフミの悪夢を食べたことがありました。その味がどうしても忘れられず、成長してからようやくフミと再会できたんです。再会してから最初はフミも「なんだコイツ…」と警戒していましたが、少し思い出してきて、話すようになりました。

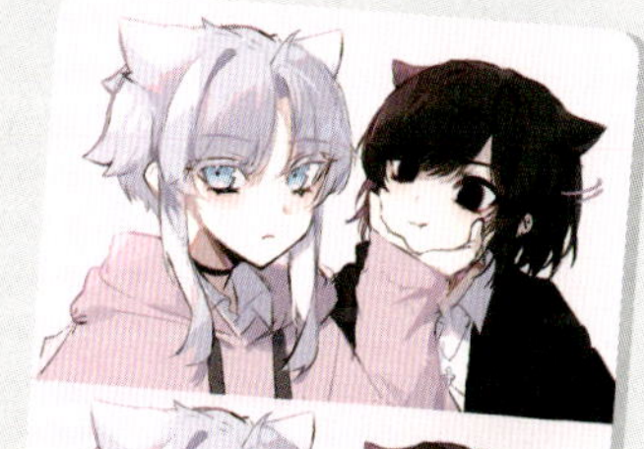

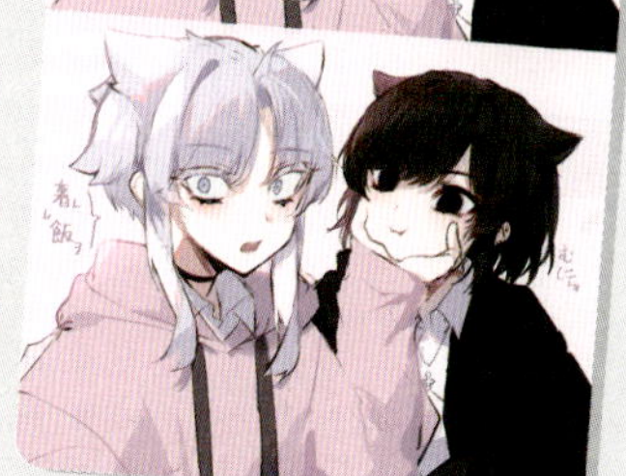

▲三白眼で「飯ヲ奢レ」と圧をかけるフミ。ほっぺはむにゅむにゅ。

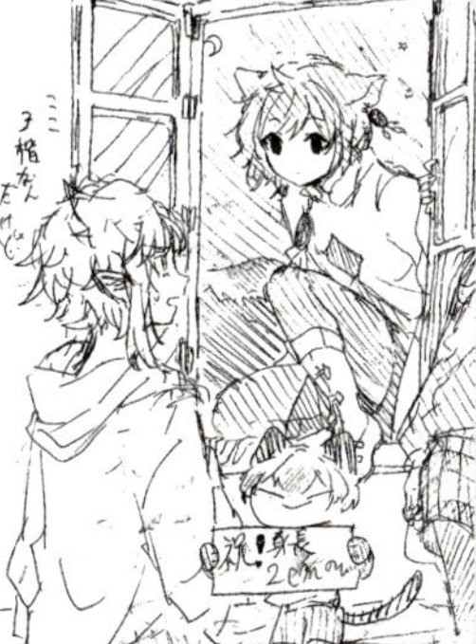

◀三階の窓を外から開けて身を乗り出すハクにドン引きするフミ。ハクの耳や胸元には「ドリームキャッチャー」が付けられている。

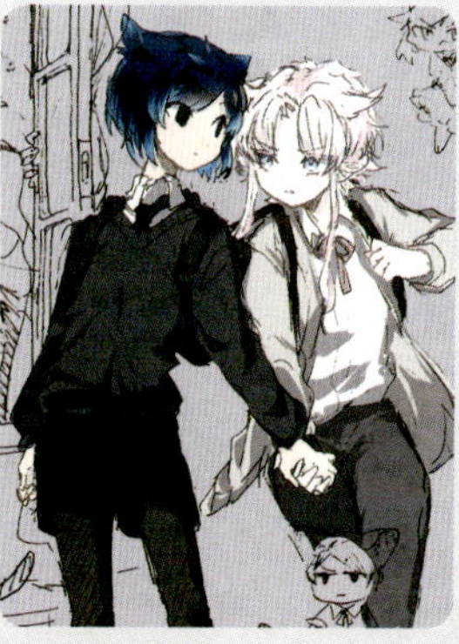

◀ハクを追いかけるように手を繋ぐフミ。ツンデレ気味なフミが可愛らしい。

ハク&フミの初期イラスト

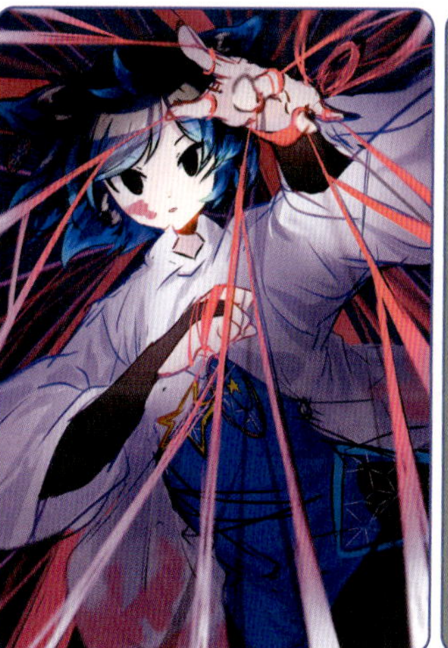

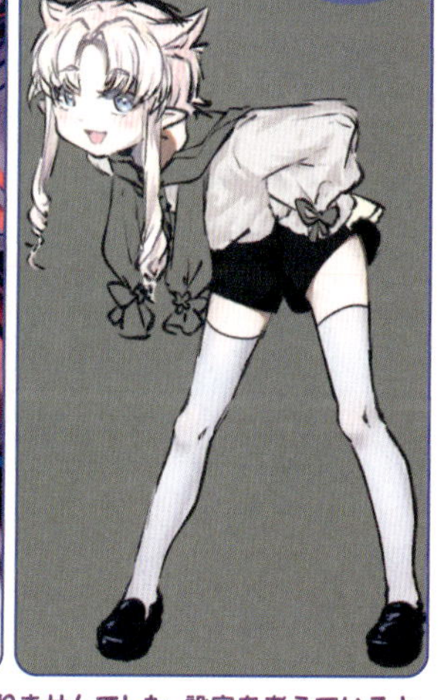

フミは最初、人外という設定はありませんでした。設定を考えているときに、ヒツジの悪夢から生まれたイメージができました。触覚は最初、クルクルでしたが、現在はサラサラな髪質です。ハクは当初から獏(バク)をイメージして描いていたので、ケモミミが生えています。寝ることが大好きなので、前髪の上あたりに寝癖がついています。フミの悪夢を食べるということから、「ドリームキャッチャー」を操るイメージもたくさん描いてました。

ゑいたさんのオリジナルキャラクター、笑迫&イチを紹介!

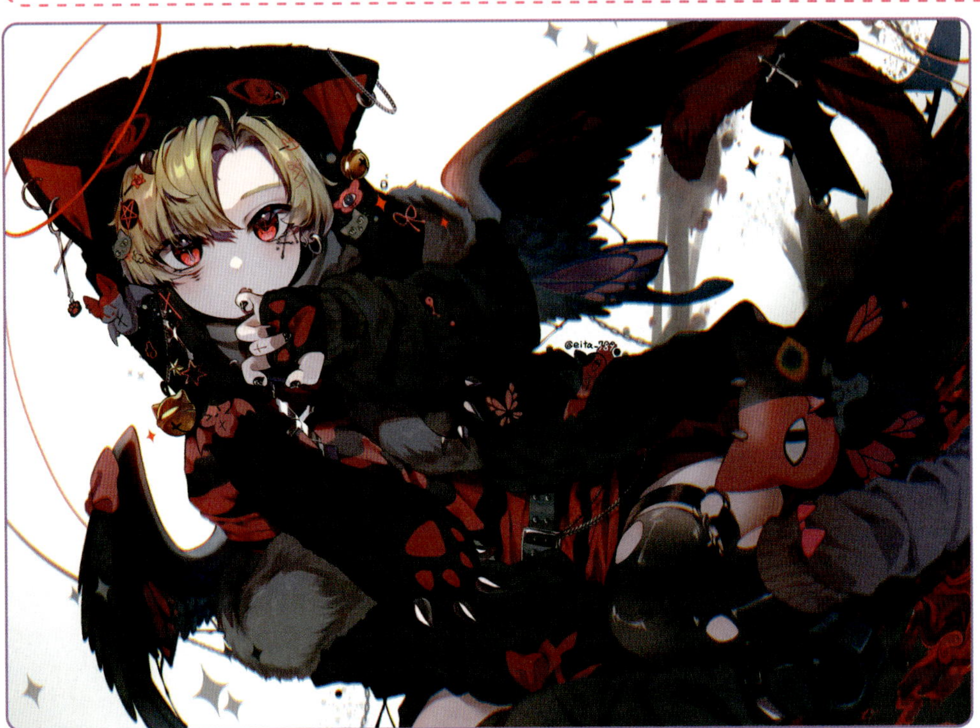

comment

ブロンドで掻き分け前髪の美少年をとにかく描きたくて笑迫が生まれました。当時、映画「ターミネーター2」に登場していた俳優、エドワード・ファーロングに衝撃を受けて、ビジュアルにかなり影響を受けてますね(笑)。笑迫は堕天使の代表的な人物にしたかったんです。赤色と黒色のロックファッションであれば血も存分に描けるなと思って。最近は後輩のイチに身長を抜かれました。

◆笑迫(エミサコ)

身長 | 149.8㎝
種族 | 堕天使
一人称 | 俺
好き | ねこ
嫌い | 勉強

イチと天使時代を過ごしている。また、自分の家にイチを居候させている。瞳にはクロス模様があり、腕にはネコの引っ掻き傷がたくさんある。身長が低いことを悩んでいる。笑迫のそばにはダークマターの身体に星雲の瞳を持つ「ボイドちゃん」がいる。

ボイドちゃん

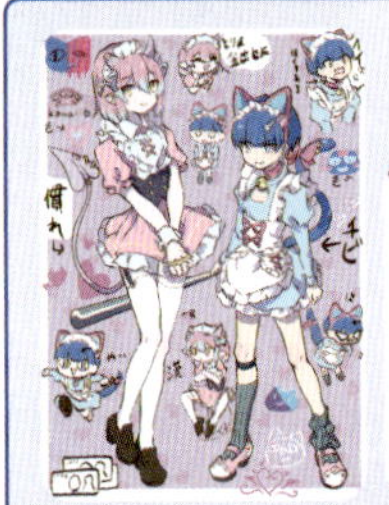

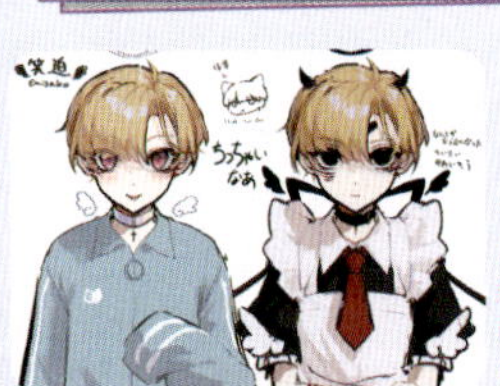

◀初期から小さいイメージがある二人。笑迫のピンク色の瞳の姿は、かつて天使だった頃の姿だ。

イチ&笑迫の初期イラスト

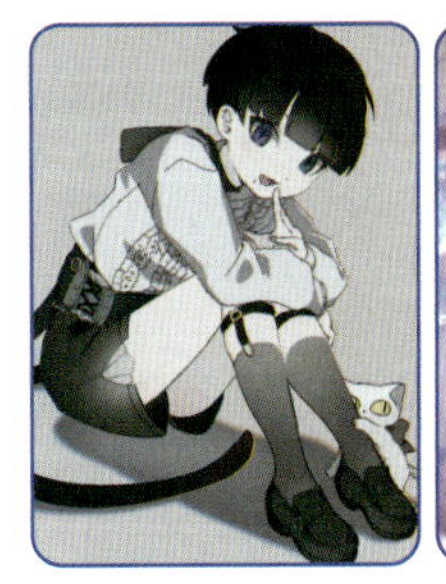

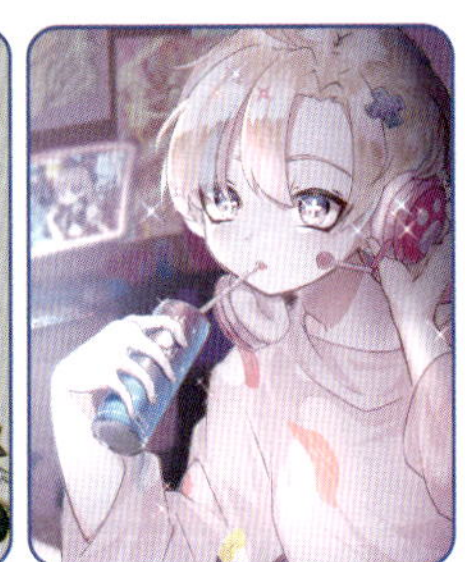

とにかく生足の男の子を描きたくてイチが生まれました。不憫枠でもあります。最近のイチは成長して身長も伸びたし、ガッシリしてきたなぁと思いました(しみじみ)。

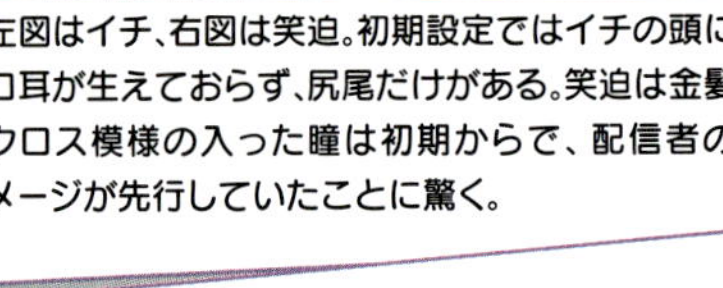

左図はイチ、右図は笑迫。初期設定ではイチの頭にネコ耳が生えておらず、尻尾だけがある。笑迫は金髪にクロス模様の入った瞳は初期からで、配信者のイメージが先行していたことに驚く。

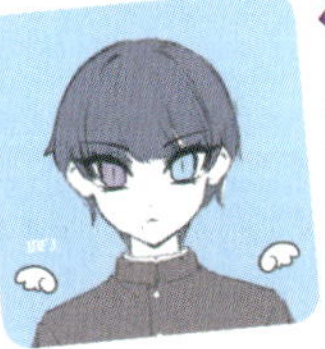

◆イチ

身長 | 160㎝
種族 | 天使
一人称 | 僕
好き | 笑迫、ねこ
嫌い | 実家

ネコの血が流れている天使・イチ。真面目で几帳面、気弱な性格。家庭環境があまり良くない。瞳がオッドアイで、片目がキトンブルーのまま成長した。笑迫の二個年下で後輩。

comment

イチ本人が着たいわけではないのですが、メイド服を着せています!! ネコでパッツン前髪で、男の子ということは最初から決めていました。最初はカチューシャのネコ耳でしたが、最近は生えていますね。中性的な雰囲気に色気を出したくて口元にホクロを入れました。ちなみに、ネコが由来なので身体がとっても柔らかいです! Y字バランスや開脚などなど、いろんなポーズができます。

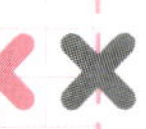

キャラクターのビジュアルやファッションをイラストごとに変化させる

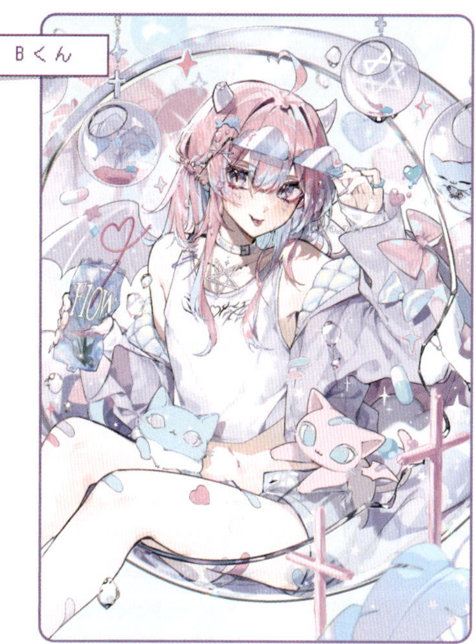

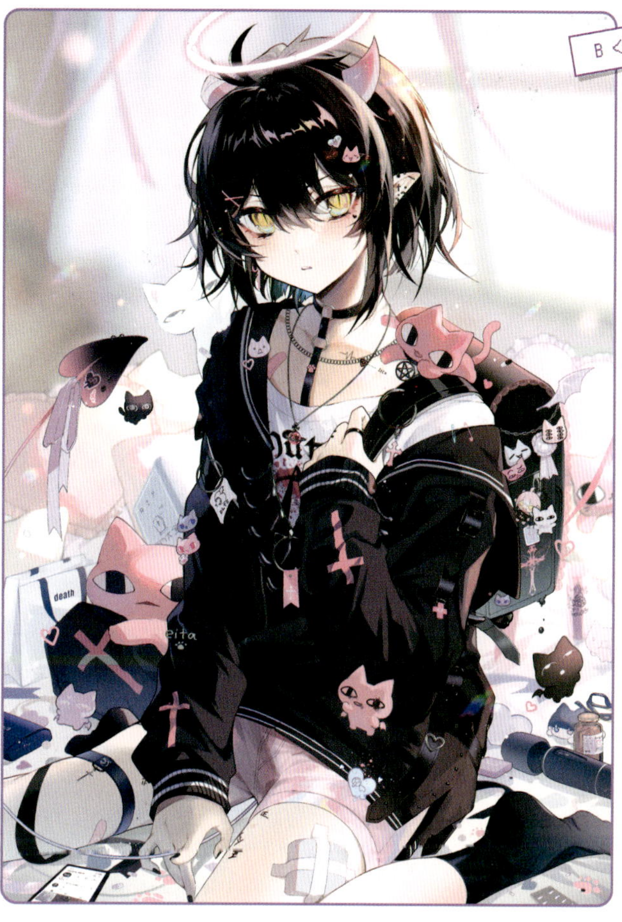

ゑいたさんは、描くイラストのテーマやそのときの気分によって、基本のキャラクターデザインからビジュアルを変化させることがある。例えば右図に登場するBくんは、髪色がピンクベースから黒髪へと変わっている。下図では瞳に青系が取り入れられ、インナーカラーも黒髪に合わせたピンク色になっていた。「片方のツノが折れている」「鋭い猫目」「しなやかな体型」といった基本デザインの決まった要素が押さえられていれば、キャラクターの存在感は損なわれない。そのうえで、自由にファッションやデザインを描くことができ、Bくんが相手の欲望に合わせて身体を変化させられるといった性質など、より多面的なキャラクターの魅力を表現できる。

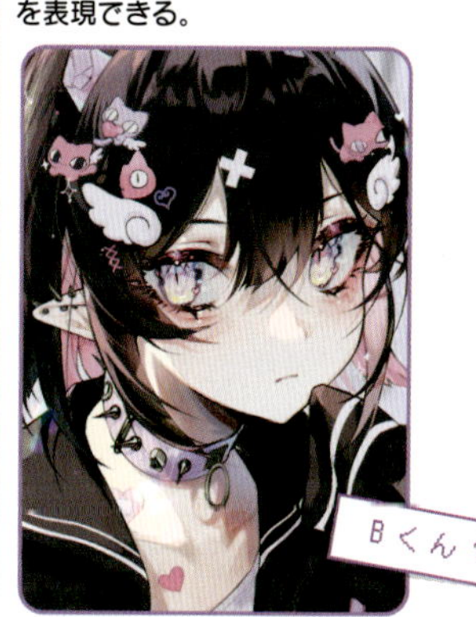

普段のBくんの姿（左図）と、黒髪のBくん（右図）を見比べると、同じ人物でありながら、ファッションや色の変化によって印象が大きく異なって見える。黒髪のBくんは、肌の露出度も普段より控えめで、ダボっとしたシルエットのセーラー服風セーターを羽織っており、清楚で幼なげな印象を抱かせる。また、表情も控えめで、内に何かを秘めているような神秘性も感じられる。一方、左図では、普段のBくんよりも襟足などの髪がやや長めに描かれており、こちらを誘惑してくるような表情が印象的だ。その表情とドリーミーな色合いが相まって、より色っぽい、インキュバスとしての側面を強く感じさせるビジュアルとなっている。

キャラクターの個性に合わせたゑいたさんのお気に入りのアイテムを紹介！

ゑいたさん注目のアイテム

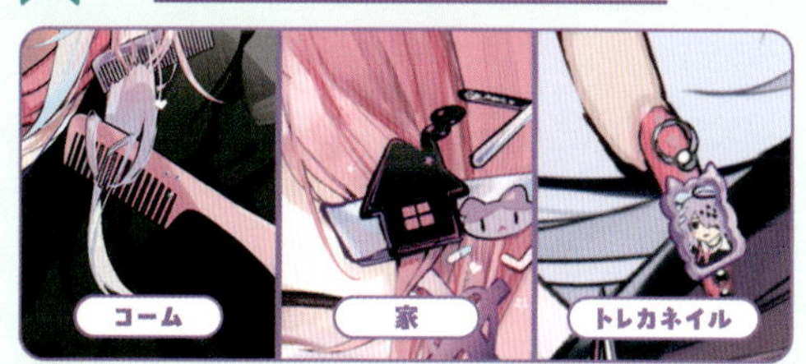

ここ最近、「家」モチーフがお気に入りですね～。このシルエットがな～んか可愛くて。「家」。韓国の雑貨でも、よく「家」のモチーフを見かけます。「なると」も流行ってますね。あとは「コーム」も可愛くて、最近のイラストでたくさん描いたなー。「トレカネイル」もお気に入り。

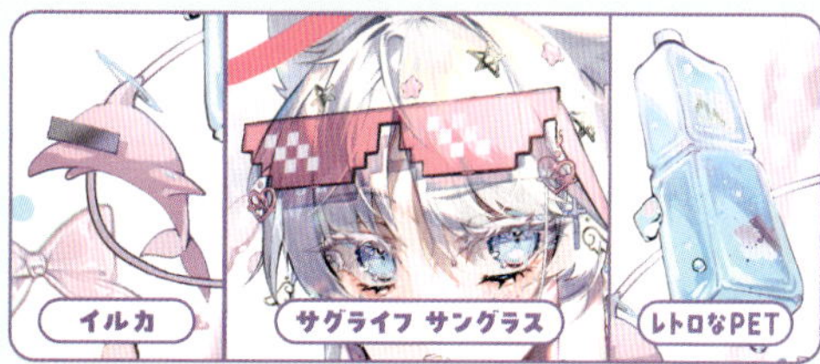

「フルティガー・エアロ」や「ヴェイパーウェイヴ」の世界観が超～大好きなので、電子ウィンドウやイルカなど、ついつい描いちゃいます。

描きたいものが思いついたときは、単語でメモをするようにしています。寝る前とか出かけ先でパッと思いつくときがめっちゃ大事で、メモしないと忘れちゃうから…。メモはざっくりとジャンル分けしておいて、描くものに迷ったときに振り返ってます。いま見返してみても「これも描きたかったな～」ってなりますね（笑）。キャラにまつわる物以外でも、「リボン」「安全ピン」「絆創膏」「キズ」「液体」「カプセル」は追加しやすいアイテムです！

ゑいたさんのイラストは、どこをアップして切り取っても、細部にまで魅力がたっぷりと詰め込まれている。これまでに数多くのキャラクターを描いてきたゑいたさんだが、ここでは各キャラクターに登場する特徴的なアイテムやいきもののミニキャラクター、そしてゑいたさんお気に入りのモチーフを紹介する！

笑迫にまつわるアイテム

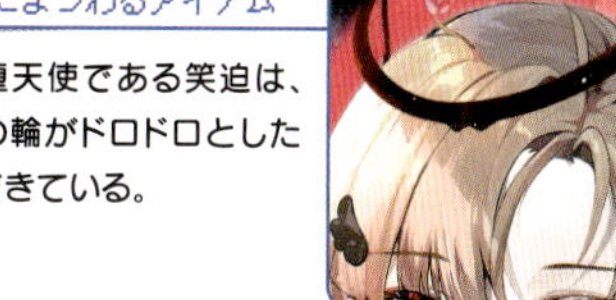

血の堕天使である笑迫は、天使の輪がドロドロとした血でできている。

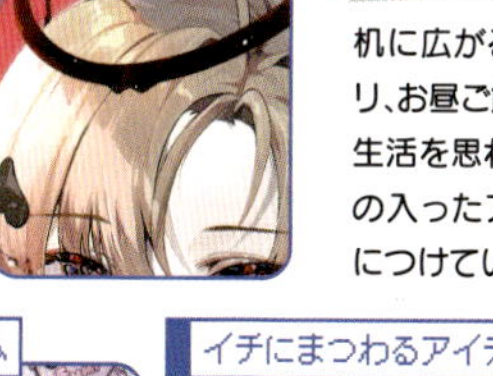

エイラにまつわるアイテム

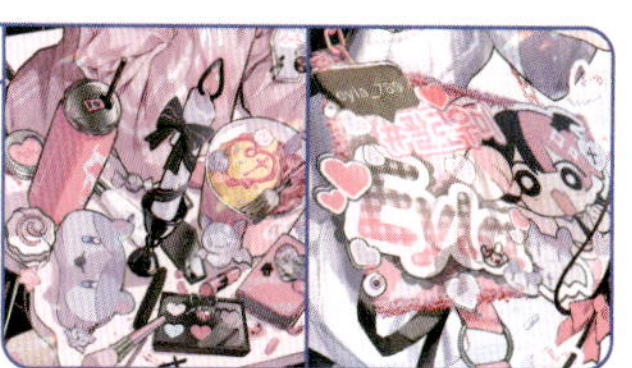

机に広がるコスメやエナドリ、お昼ご飯など楽しい学生生活を思わせる。また、名前の入ったアイテムをよく身につけている。

ハク&フミにまつわるアイテム

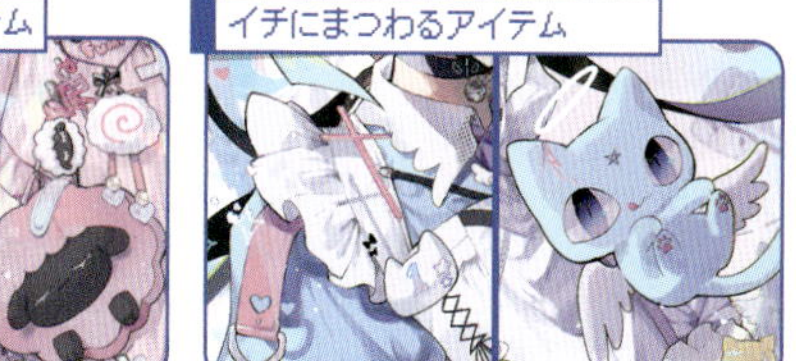

フミが大好きなハクの持ち物には「フミのチェキ」キーホルダーが！　フミの悪夢が詰められたパックや、「黒ヒツジ」も。

イチにまつわるアイテム

天使であるイチのイラストには、「天使のネコ」、「天使の羽」「クロスモチーフ」が登場する。

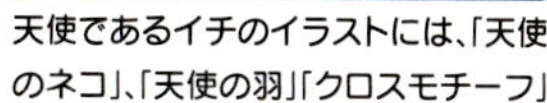

Bにまつわるアイテム

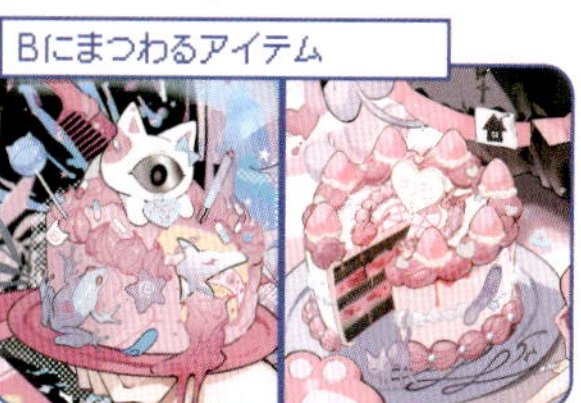

「一つ目のネコ」など不気味ないきものがいる。また、バースデーイラストでは毎年、様々なケーキが描かれる。

キャラクター講座

キャラクターをより魅力的に見せるために、小物が加えられていく様子をメイキング！　～Eyla～

一枚のイラストを仕上げる中で、ゑいたさんは感覚的に小物をどんどん追加している。小物が増えて、キャラクター性や世界観がより深まっていく様子を流れで紹介する。

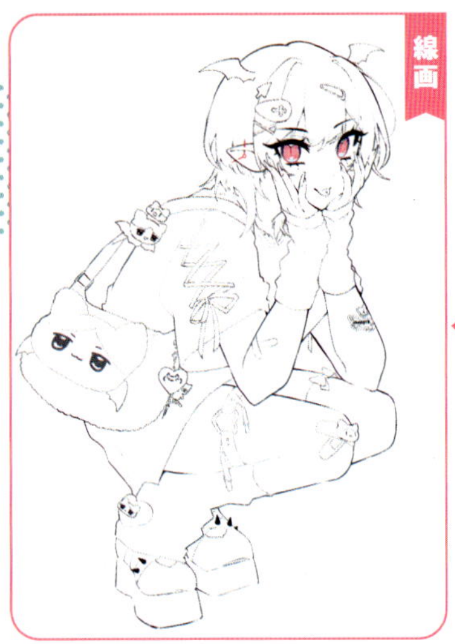

線画の段階では、細かい小物はまだありません。最初はピアスもこんなにシンプルでした。着彩をしながら密度を高めていきます。つい余白を埋めたくなってしまうんですよね～。

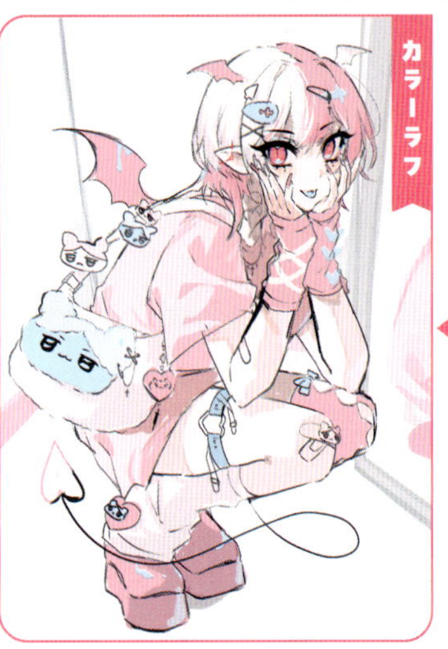

メインのカラーをざっくりと塗った状態です。色のバランスを見ながらアクセサリーやマスコットを足します。手袋にハートとクロスリボンをあしらいました。

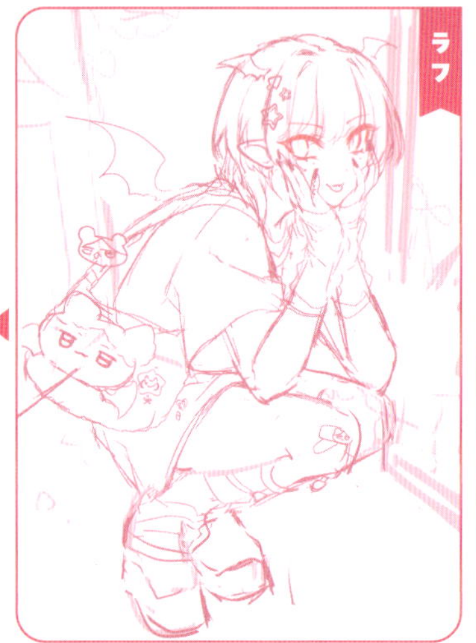

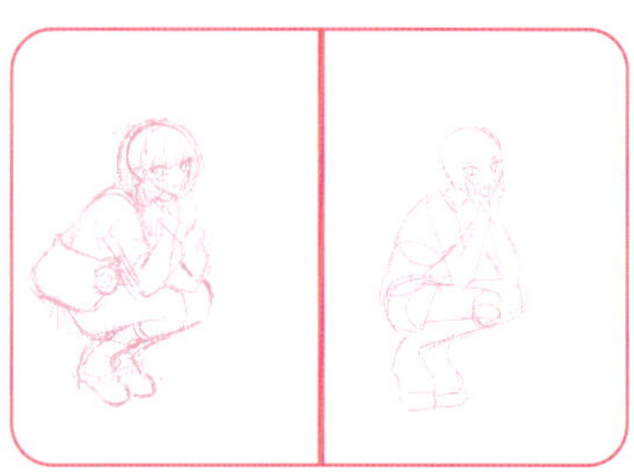

最初はポーズを色々と描き試して気に入ったものを進めます。全体のシルエット感やファッションなど、目立つ部分からまとめていきます。この時点では部屋の中ですね。

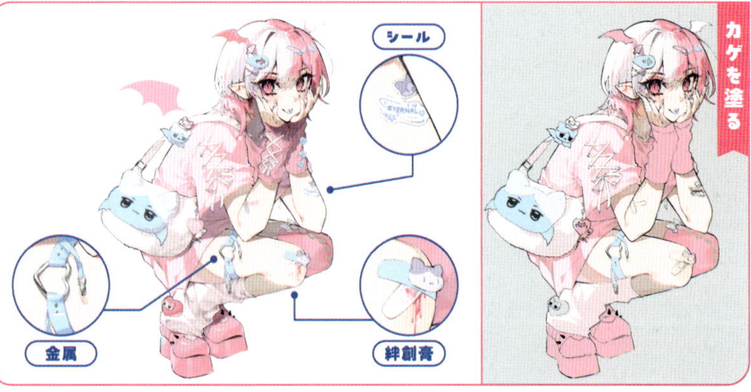

顔周りと服の全体のカゲをざっくりと塗ります。カゲを入れると、何が足りないか見えてきやすいです。金属や靴など、素材感をしっかり描くと画面の密度も上がります！　また、お腹の内側に濃いめのカゲを入れてコントラストを付けました。

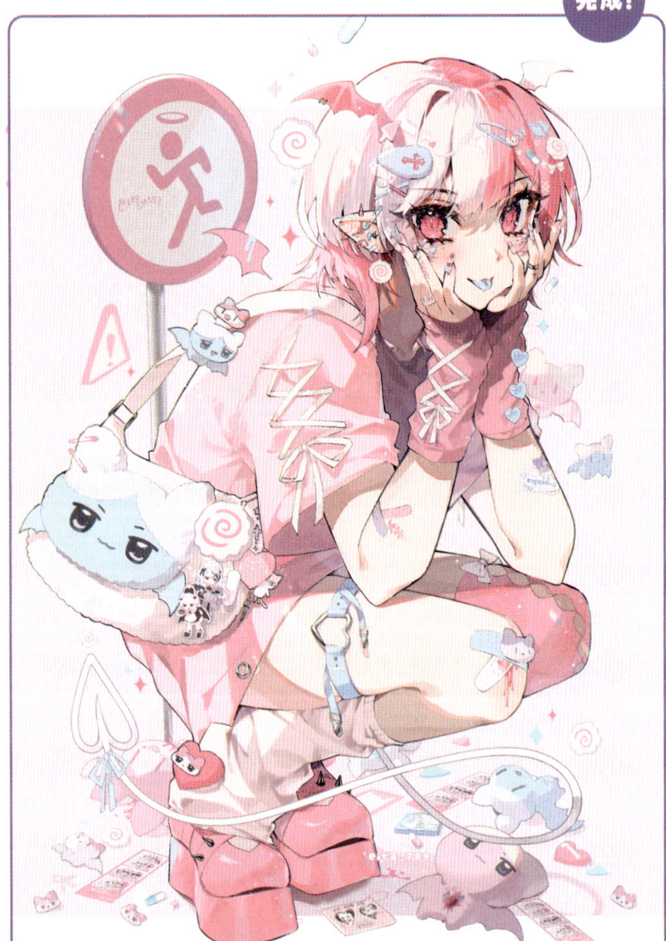

仕上げではエイラの背中の羽を小さくして、看板を立てました！　空間がまとまった気がします。プリクラ（フミとのツーショット）や写真を入れられるキーホルダーなどを描いてあげると、キャラクター自身の生活や関係性が盛り込める気がします。ぬいぐるみも好き勝手しているので、どんな子がいるのか探してみてください！

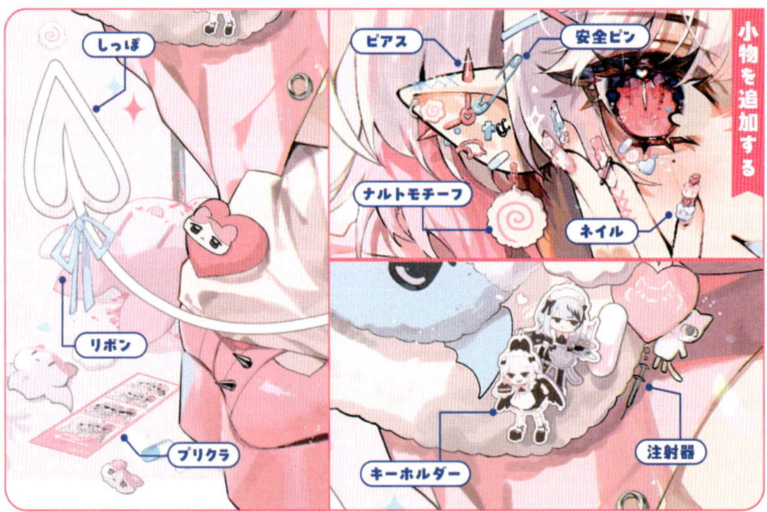

全体に手が入ったら、細かい小物を足します！　顔周りに指先があると指輪やネイルも描けるし、視線を誘導しやすいです。今回のイラストでは「デコラファッション」がテーマでは無いので、盛りすぎないようにバランスを気をつけました。また、足元が寂しかったので、プリクラやぬいぐるみを散らしました。

前号の巻頭イラストコーナーにて、翼を持つ麗しき乙女の姿を、凛々しく幻想的に描いた杜ラヴェ子さんが、CLIP STUDIO PAINTを用いたイラストメイキングで早くも登場！　ラヴェ子さんらしいドラマチックな光の演出から、印象的なブラシやエフェクトの使い方などまで、雪が舞い散る神秘的な銀色の世界が完成するまでの模様をたっぷりレポートいたします！

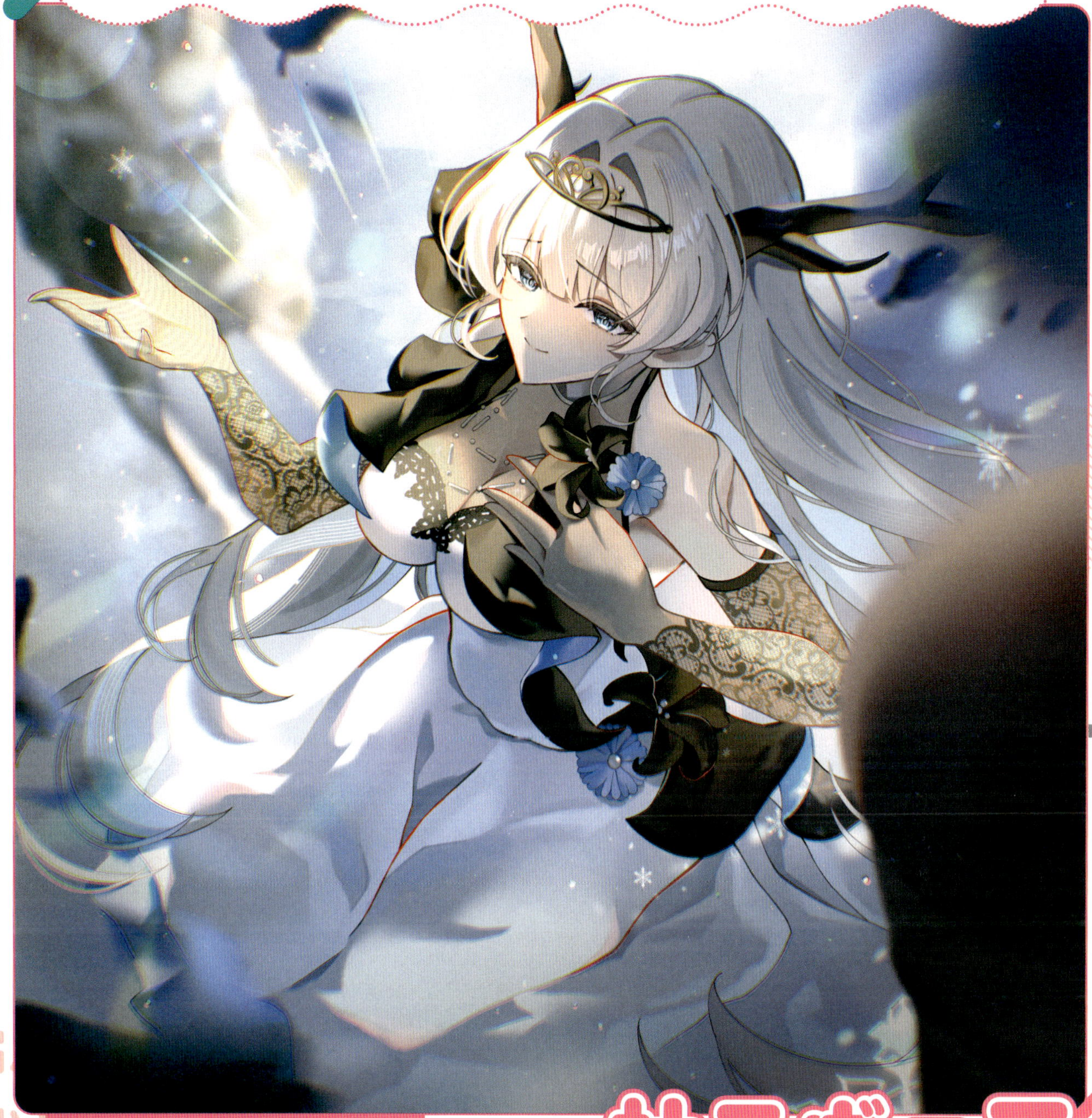

杜（もり）ラヴェ子

作業環境	CLIP STUDIO PAINT EX iPad

X @Rave_1875
Instagram @rave_1875

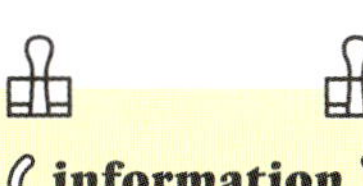

information

発売元
株式会社セルシス
https://www.celsys.com

【X】@clip_celsys

作業環境

iPadをスタンドに立てかけて、指で手描きするスタイル。

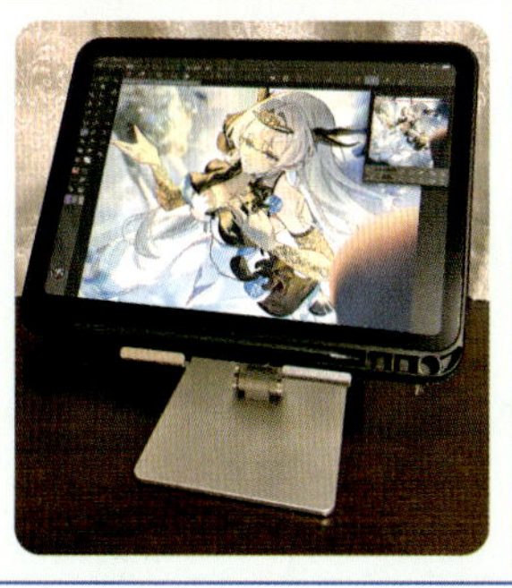

今回のメイキングで杜ラヴェ子さんが使用しているブラシの一部を紹介！

塗り-ペインタ水彩風

厚塗りっぽいタッチの水彩風ブラシ。まつげや髪の塗り込みなどに使用。

コンテンツID:1477237
制作者:renta

情報量が増えるペン改_

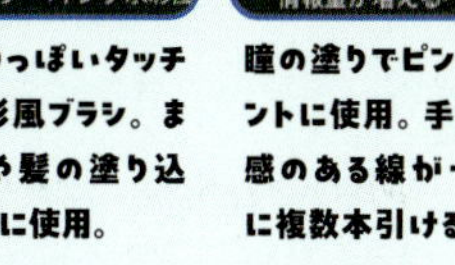

瞳の塗りでピンポイントに使用。手描き感のある線が一気に複数本引ける。

コンテンツID:2015432
制作者:シーボーギウム

Gペン

初期搭載。シンプルなベタ塗りに使用。使用頻度は高め。

がたんこペン

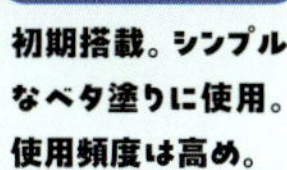

がたがたとしたタッチがつくペン。主に線画を描くのに使用。

コンテンツID:1685949
制作者:×ェ×

ラフ

雪の降る空間と白いドレスに身を包んだツノの乙女というモチーフは全てのラフに共通。そこから、スカートを摘んで振り返る横構図のラフ①、バストアップのラフ②、座りの俯瞰構図のラフ③、広がるスカートと背中を大胆にとらえたラフ④を描いてくれたラヴェ子さん。この中から③の構図に①のやや切なげな表情を組み合わせて描いてもらうことに。

ラフ①

ラフ②

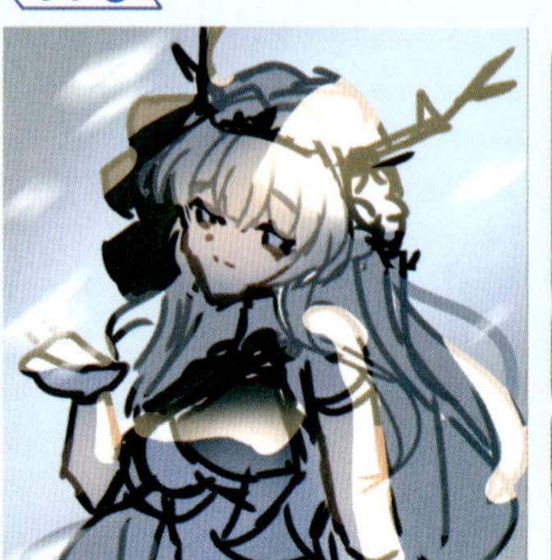

ラフ③

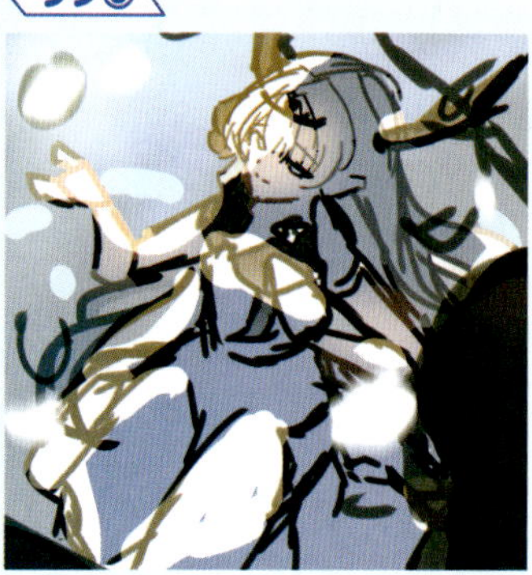

ラフ④

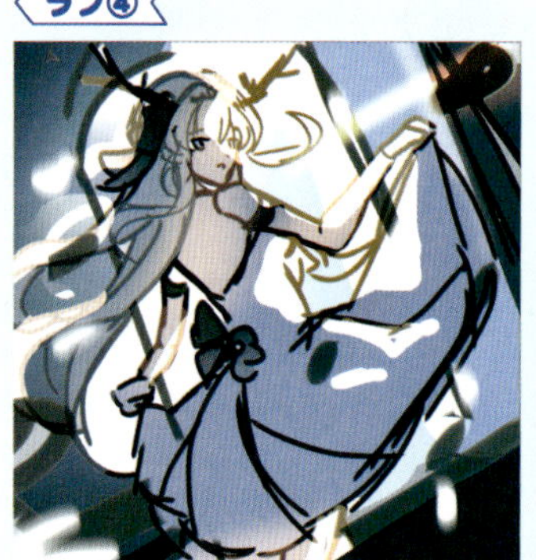

細部を詰めたラフ

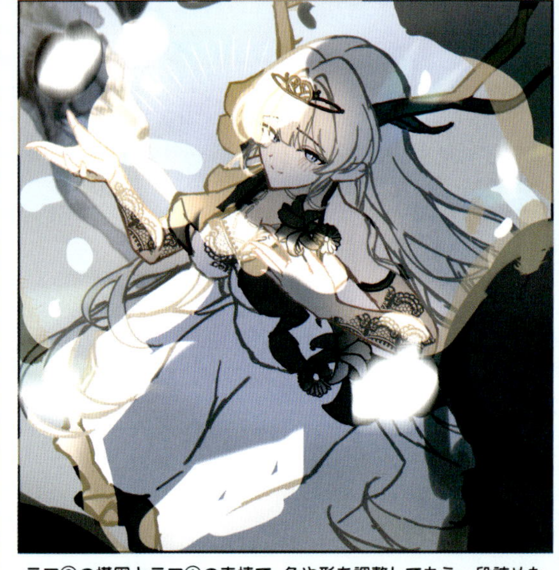

ラフ③の構図とラフ①の表情で、色や形を調整してもう一段詰めた完成ラフ。最初のラフから狼や鳥のモチーフも追加され、自然の厳しさ雄大さ、神秘性などがいっそう際立った。なお、このラフの段階でライティングなども、かなり明確に固まっている。この完成ラフから、光やカゲ、エフェクトなどのレイヤーを非表示にしたものを、線画を描く際の下書きとして使用する。

線画を描く

1 がたんこペン

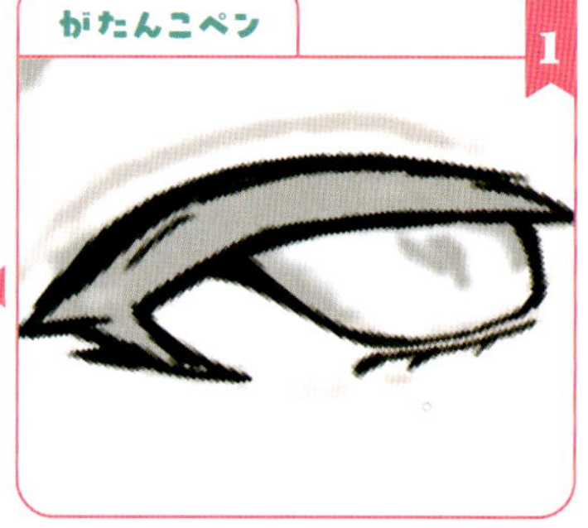

完成ラフから光やエフェクトを非表示にした「下書き」をアタリにして、まずは目を描く。均一な線にならないよう、基本は「がたんこペン」を使用。線を重ねて太くしたり、消しゴムで削って形を整えたり。

2 なげなわ選択／移動

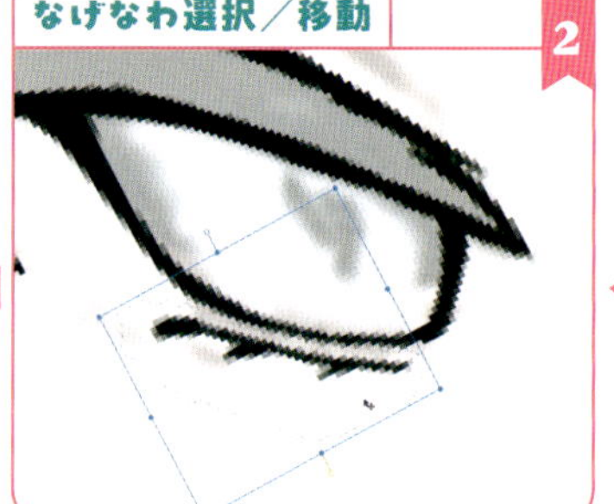

描いている途中に、位置や角度、サイズなどが気になったら、その都度気になるパーツをなげなわ選択で選択して調整。ここでは、下まつげを少しだけ瞳から離した。

3 Gペン

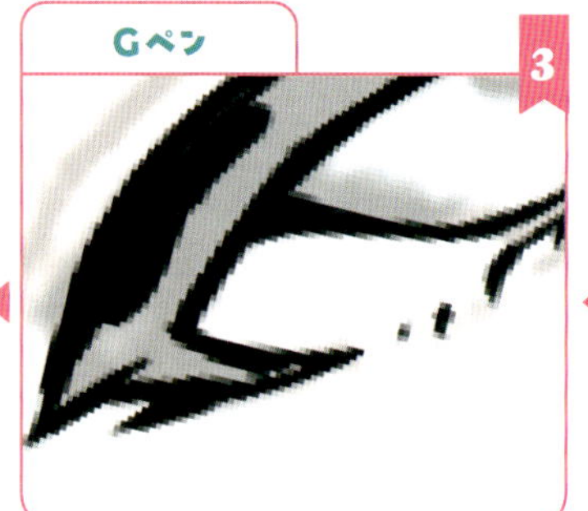

目のアウトラインを描き終えたら、Gペンに変え、ブラシサイズも大きくして、まつげの黒ベタを塗りつぶしていく。

4 なげなわ選択／自由変形

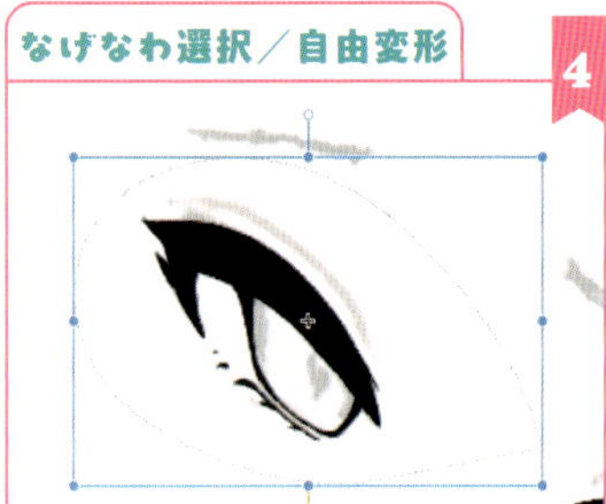

一通り目を描き終わったら、目全体をなげなわ選択で選択し、自由変形。納得のいく形になるまで整える。

5 Gペン／消しゴム

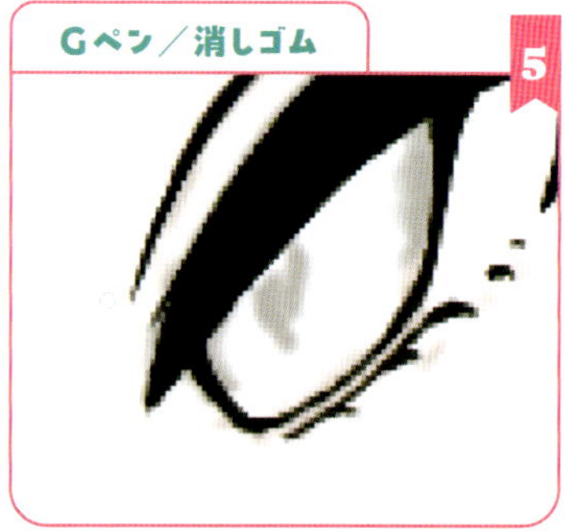

二重のラインはなめらかに引きたいので、ブラシサイズの小さいGペンで描く。さらに目頭と目尻に入りと抜きをつくるため、消しゴムで削って調整。

6 がたんこペン

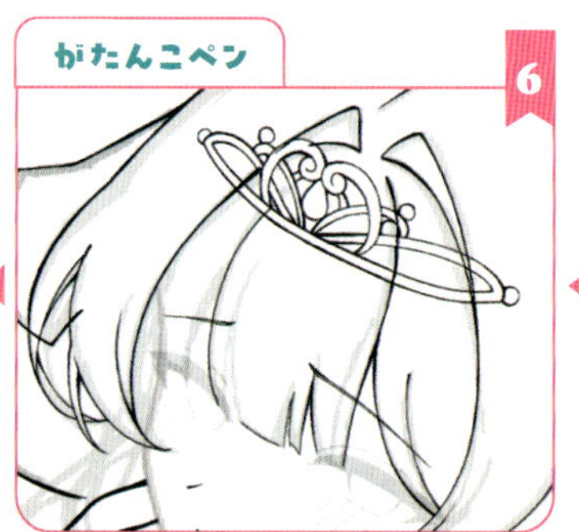

目を描き終えたら、他のモチーフに進む。モチーフ同士が重なっている箇所でも気にせずはみだすくらいに描く。そのほうが気持ちよく線を引くことができる。

7 消しゴム

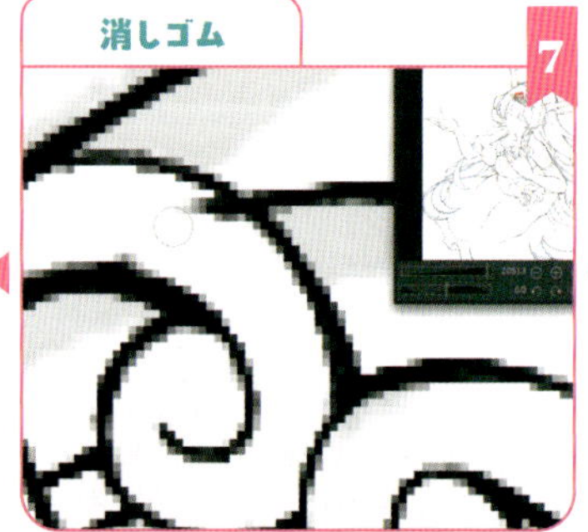

一通り描き終わったら、はみ出し部分を消しゴムで消して整える。ここではティアラにはみ出した髪の線画を消した。

8 線画完成

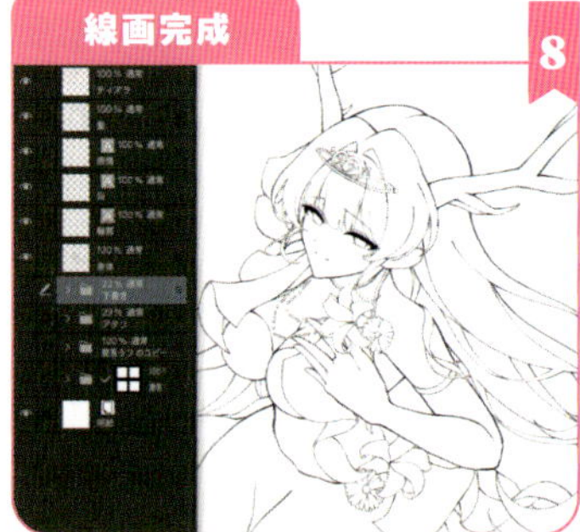

線画を描き終えた状態。レイヤーはモチーフごとに分かれており、上から「ティアラ」「髪」「表情」「目」「輪郭」「身体」となっている。全て不透明度100％の通常レイヤー。

ベースレイヤー作成+線画の色変え

1 隙間無く囲って塗るツール

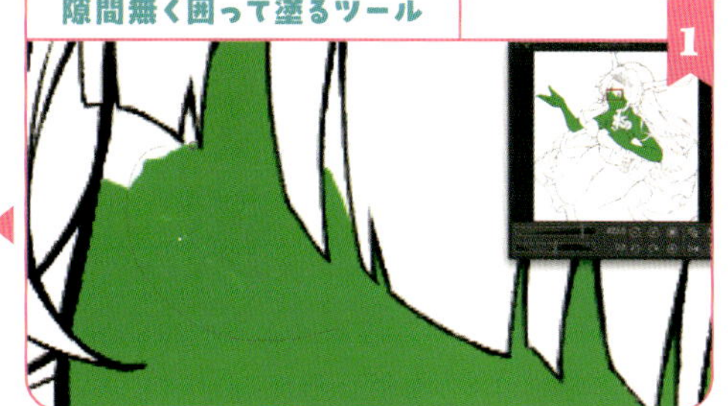

線画レイヤーの下に、肌のベースレイヤーをつくる。まずはバケツツールで視認しやすい緑色に塗りつぶし、はみ出した部分は消しゴムで消す。塗り残しは「隙間無く囲って塗るツール」で埋める。目、表情の線画レイヤーは非表示に。

2 スポイト／色変更

肌を緑色に塗り終えたら、下書きレイヤーから肌の色をスポイトで取り、「線の色を描画色に変更」で色を変更する。これで肌のベースレイヤーが完成。

3 隙間無く囲って塗るツール／色変更

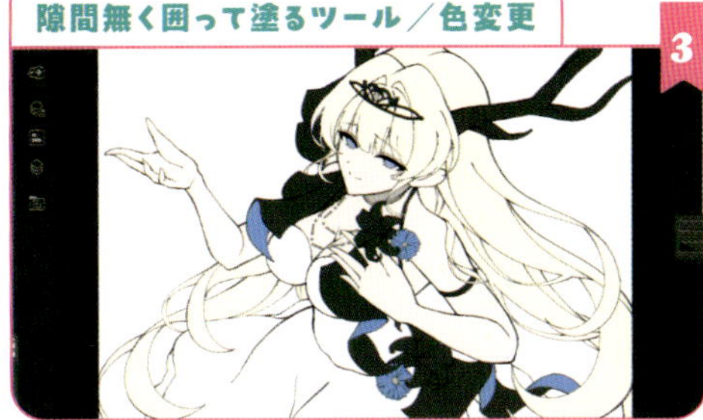

肌と同じやり方で、モチーフや色ごとにベースレイヤーをつくる。「白(ドレス)」「黒(ツノやティアラ)」「髪」「目」「青(ショールの裏地・マーガレット)」「金属(首と胸元の装飾)」のベースレイヤーが完成した状態。

4 隙間無く囲って塗るツール／色変更

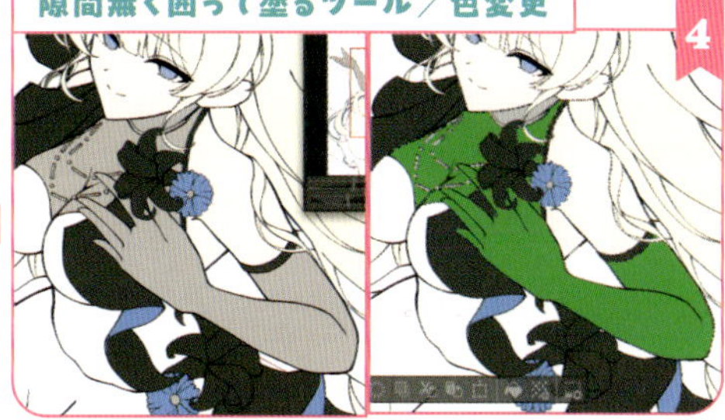

肌レイヤーから選択範囲を作成し、レース生地のベースレイヤーをつくる。他のモチーフと同様に緑色に塗りつぶしたら黒色に変更。シースルー素材なのでレイヤーの不透明度は30%にする。

5 色相・彩度・明度

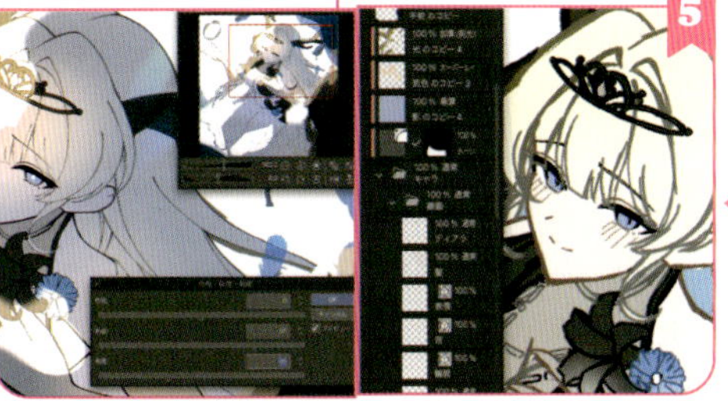

ここからは線画の色変え。まずは髪の主線を下書きレイヤーからスポイトで取った色に変更。さらに、下書きレイヤーからコピーして上層に配置した光やカゲのエフェクトレイヤーを表示・確認しながら「色相・彩度・明度」で色みを調整。

6 透明ピクセルをロック

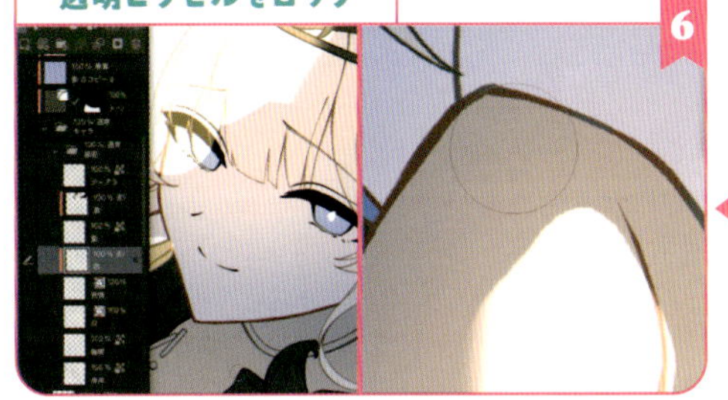

ライティングに合わせて部分的に線画の色を変える場合は「透明ピクセルをロック」し、ブラシで塗って調整。また、ベクターレイヤーは色を変えられないので、「目」と「表情」の線画の色変えは、新規レイヤー「色」をクリッピングして行う。

全体のライティング

1 Gペン／消しゴム／色混ぜツール

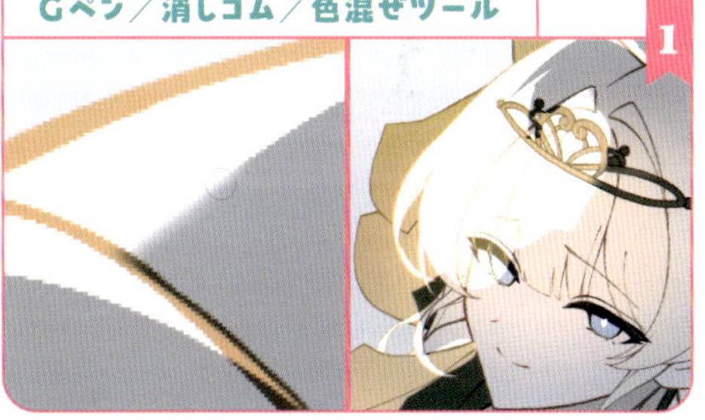

下書きレイヤーからコピーした、全体の光をざっくりと置いた「光レイヤー【加算(発光)】」で、陰影を整える。Gペンで光を加筆したり、消しゴムで下層の「カゲレイヤー【乗算】」のカゲ色を出したり。光とカゲの境界は色混ぜツールでぼかす。

2 Gペン／消しゴム

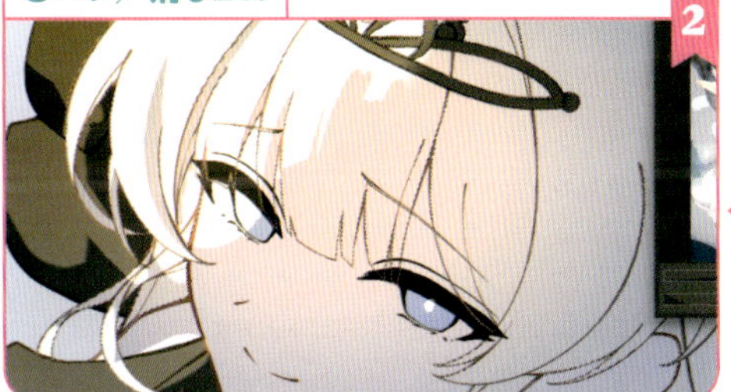

髪のベースレイヤーから選択範囲を作成し、髪以外へのはみ出しを防いでから、さらに細かく光とカゲを髪に描き込んでいく。なお、光レイヤーは各パーツごとにコピーを作成。

3 Gペン／消しゴム／色混ぜツール

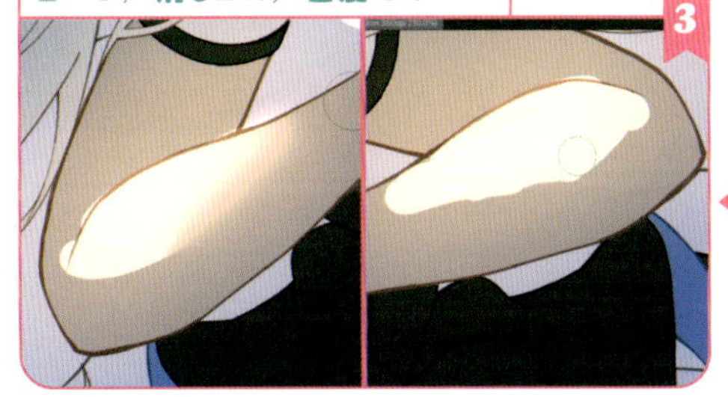

腕も髪同様に、光レイヤーを下書きレイヤーからコピーして、陰影を整える。Gペンでざっくりと光を描いては、柔らかめ消しゴムで消したり、色混ぜツールでぼかしたり。

4 Gペン／消しゴム／色混ぜツール

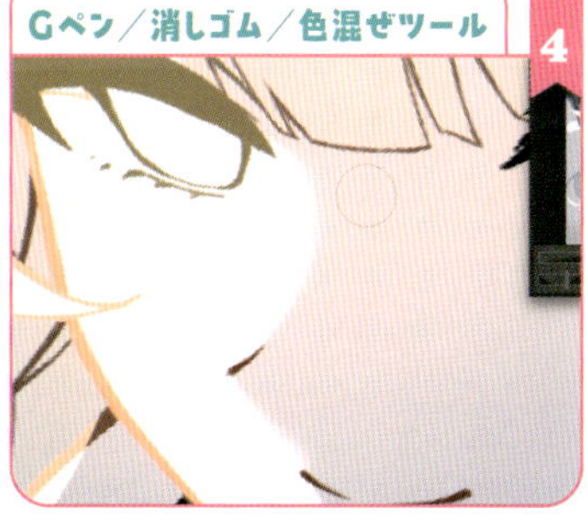

その他のパーツもどんどん陰影を整えていく。目元は向かって左側に強い光が当たるので、線画も黒から明るい茶色に変更。

5 色相・彩度・明度

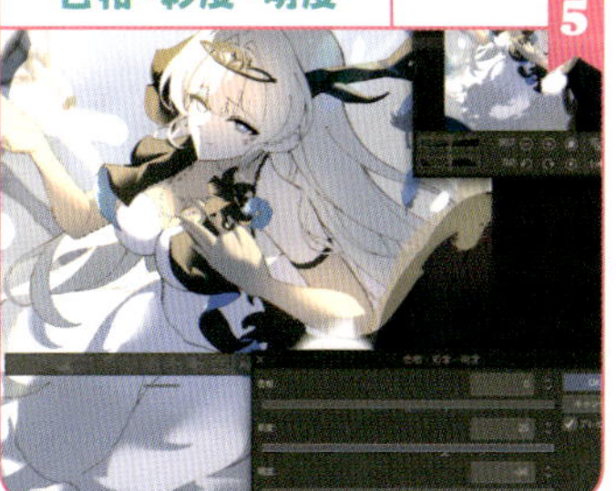

肌レイヤーから選択範囲を作成し、光レイヤーの肌の色みを調整。胸元は暗く、顔はやや明るくしてメリハリをつける。

6 エアブラシ

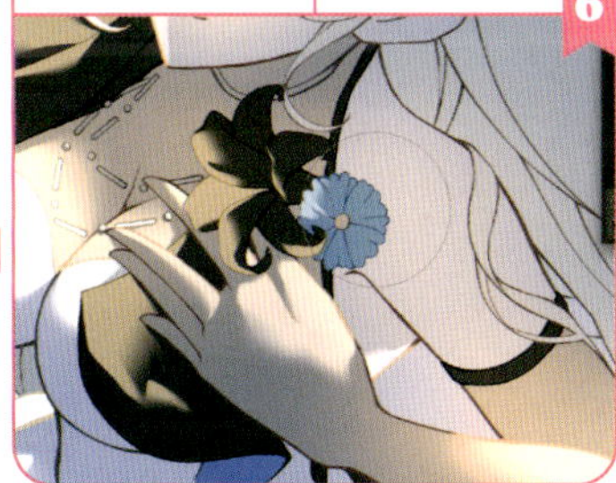

オーバーレイレイヤーで、顔や肩など、肌にエアブラシでふわっと赤みを入れる。

7 色相・彩度・明度

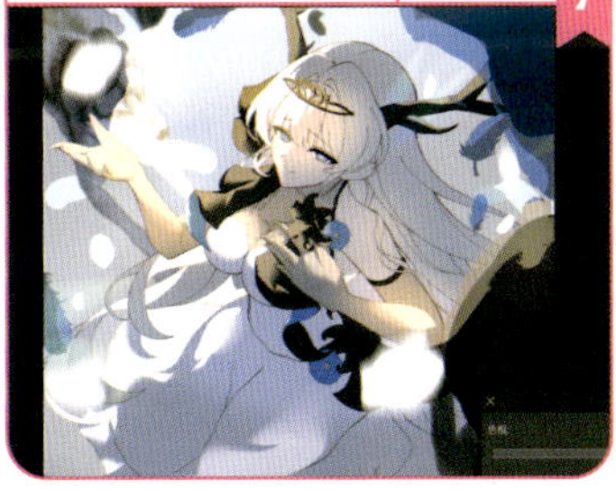

最後に、各パーツごとの光レイヤーの「色相・彩度・明度」を調整。納得のいく色みや明るさに変更する。

目を塗る

1 Gペン／色混ぜツール

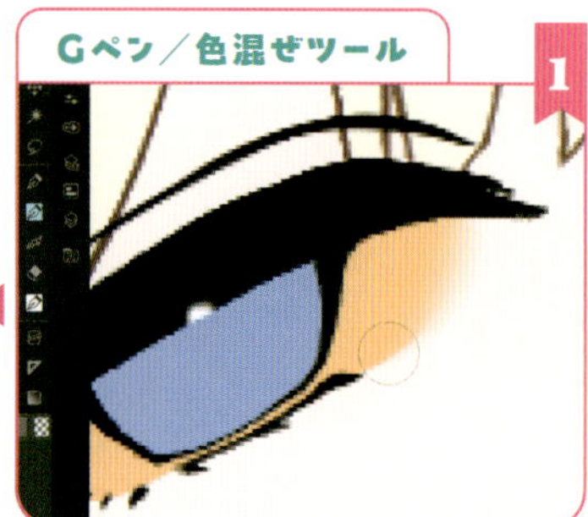

白目のベースレイヤーをつくるために、視認しやすいオレンジ色で白目を塗る。肌との境界は色混ぜツールでぼかしてなじませたら、白色に変更。

2 消しゴム

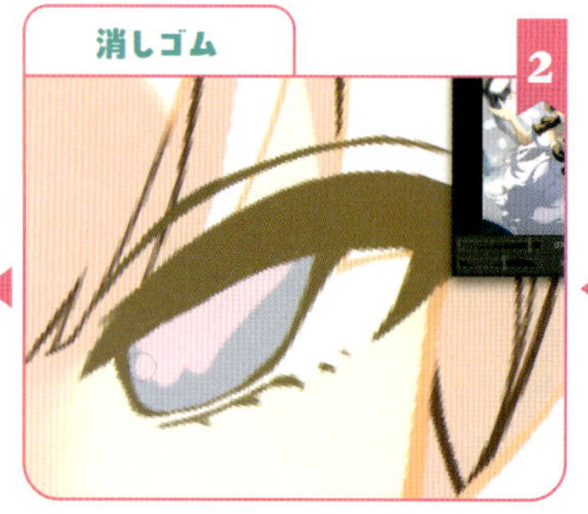

瞳の着彩を始める前に、「カゲレイヤー【乗算】」の瞳部分を消しゴムで消して、瞳に乗っていたカゲを消す。

3 色相・彩度・明度

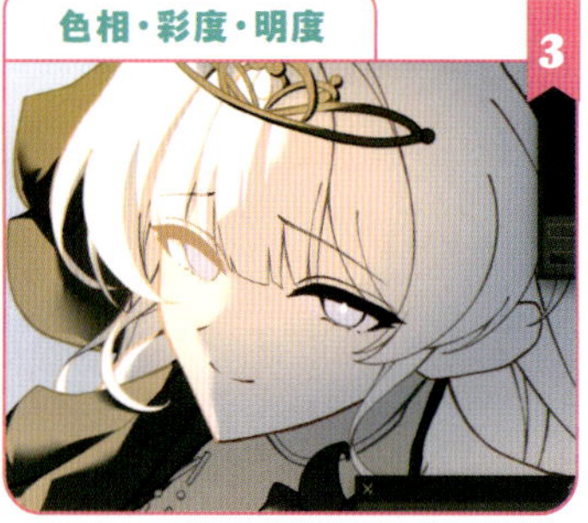

目の線画レイヤーの上に色用レイヤーをクリッピングし、ライティングに合わせて、左右のまつげの色を「色相・彩度・明度」で少し明るくする。

4 Gペン／色混ぜツール

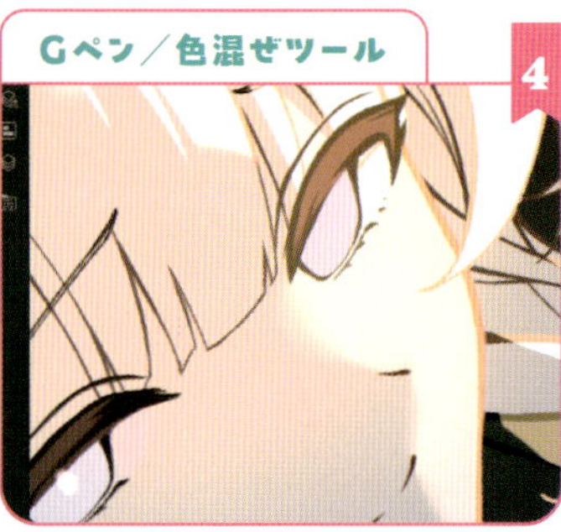

さらにクリッピングレイヤーを作成し、明るい茶色でまつげを描き込む。消しゴムで形を整え、ベースの茶色は輪郭線として残す。目頭側はややぼかし、不透明度は80%に。

5 エアブラシ

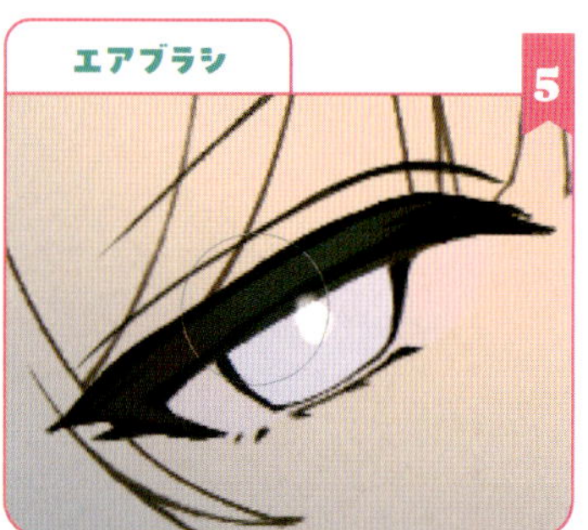

「色相・彩度・明度」でまつげの色をやや暗くしたあと、透明ピクセルをロックし、エアブラシで瞳の上あたりに暗い青色を乗せる。

6 Gペン／消しゴム

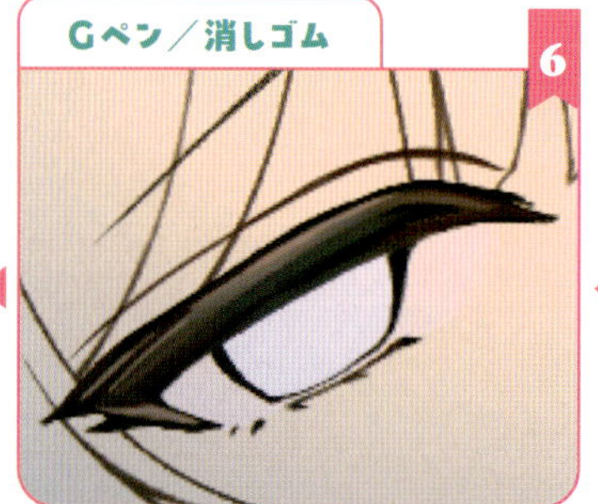

さらにクリッピングレイヤーをもう1枚重ねて明るい茶色、もう1枚重ねて赤色、ベージュとどんどん描き込み、色調整もする。

7 なげなわ選択

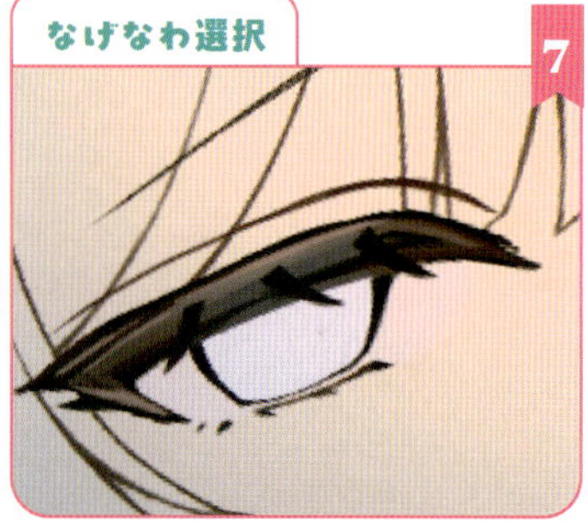

光レイヤーの上に通常レイヤーを作成し、なげなわ選択でまつげの束を描き、消しゴムで削って形を整える。

8 Gペン／消しゴム／色混ぜツール

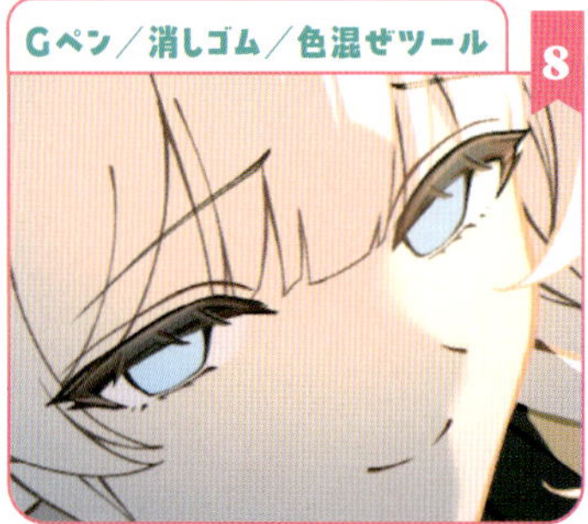

まつげが際立つよう、さらに濃い色、明るい色で地道に描き込みを重ねたら、瞳の下地の色を「色相・彩度・明度」で水色に変更。

9 Gペン／消しゴム

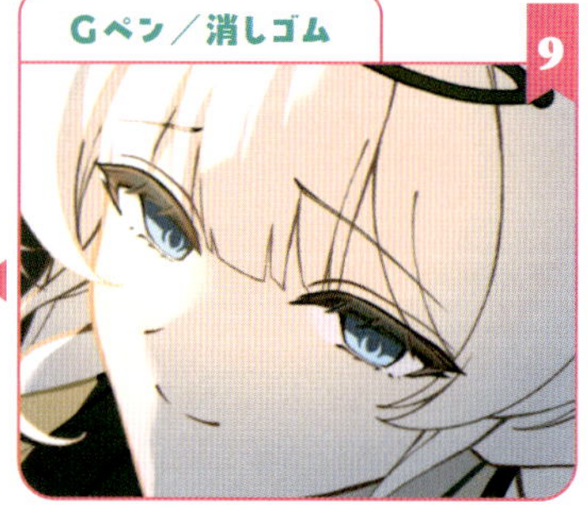

Gペンと消しゴムで、瞳の中にカゲや瞳孔を描き込み、「色相・彩度・明度」で色みを調整する。

10 塗り-ペインタ水彩風

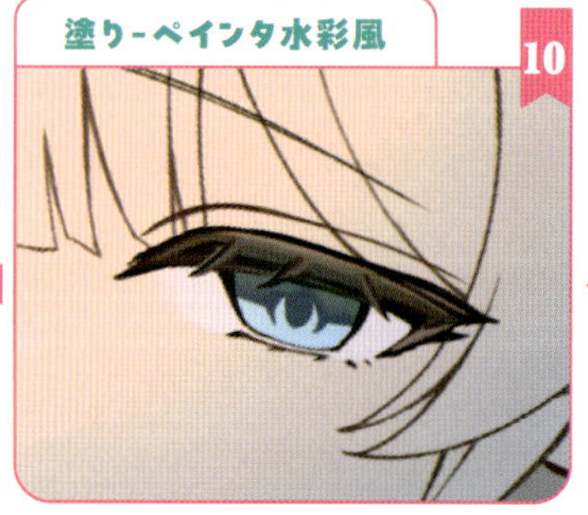

そのままGペンで瞳を描き込み、さらに「塗り-ペインタ水彩風」で、瞳上部に黄土色を重ねたら、「色相・彩度・明度」で調整。

11 情報量が増えるペン改_

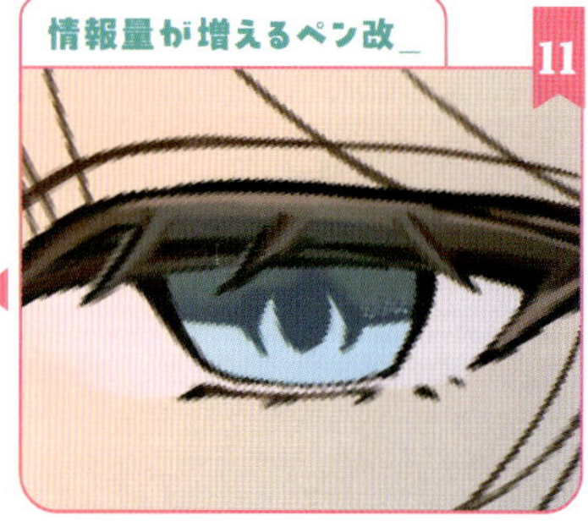

「情報量が増えるペン改_」で、瞳の上部と下部の色の境目部分をなぞる。タッチがついて、瞳に奥行きが出た。

12 Gペン／消しゴム

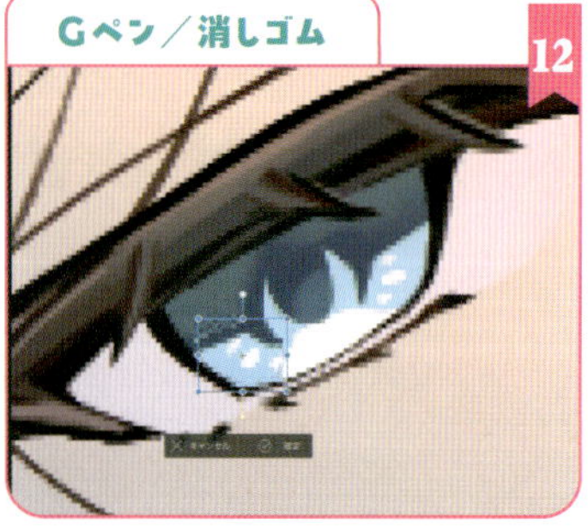

「塗り-ペインタ水彩風」で瞳上部をさらに塗り重ねたら、オーバーレイレイヤー(57%)に、Gペンで白のハイライトを入れる。消しゴムとなげなわ選択で調整。

13 Gペン／消しゴム

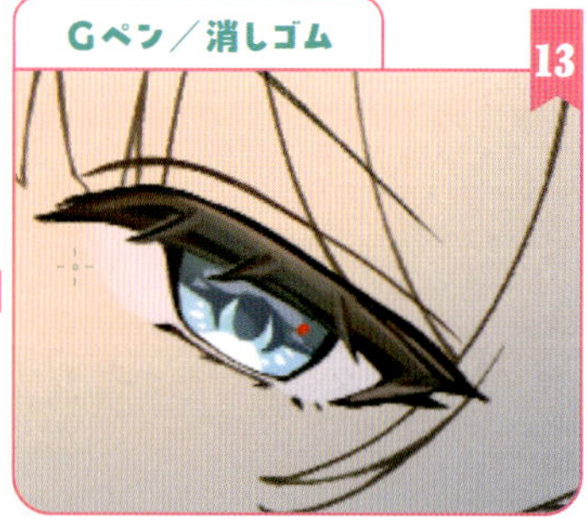

白以外のハイライトも描き入れる。瞳孔の上部を囲むように水色の横長のハイライトを入れ、さらに上から小さく赤色の点を加える。

14 Gペン／塗り-ペインタ水彩風

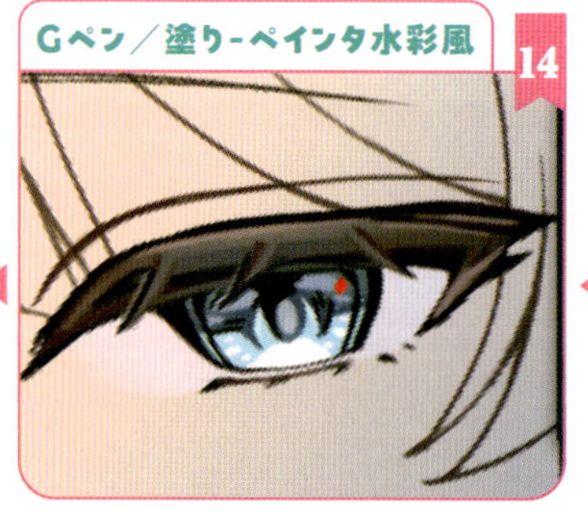

まつげの一番暗い色をスポイトで取り、瞳や瞳孔を縁取ったり、描き込みを増やしたりする。さらに瞳孔の上に「塗り-ペインタ水彩風」でふわっと水色を重ねた。

15 Gペン／エアブラシ

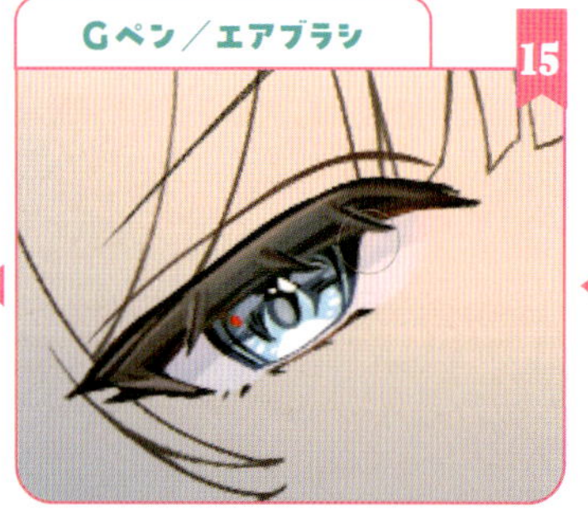

瞳の着彩が終わったら、瞳上部に落ちるマツゲのカゲを入れる。乗算レイヤーで青いカゲを入れ、さらに上からエアブラシで紫色のカゲを重ねる。

16 消しゴム

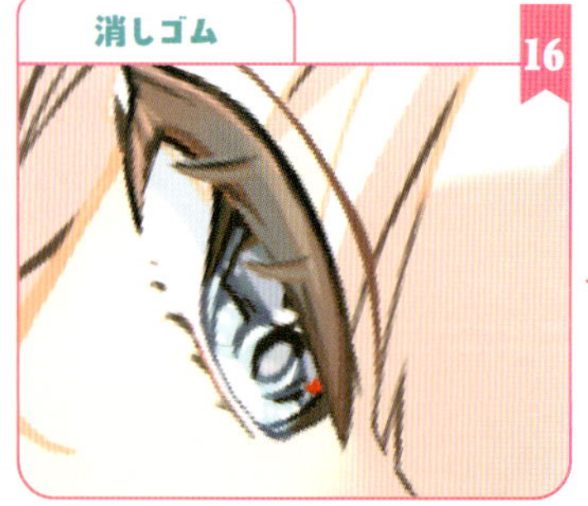

乗算レイヤーをコピーして、光レイヤーの上に移動。色を調整してカゲ色が見える状態にしたら、瞳にかかるカゲを消しゴムで消す。このあと境界線をなじませて色調整。

肌を塗る

1 Gペン／色相・彩度・明度

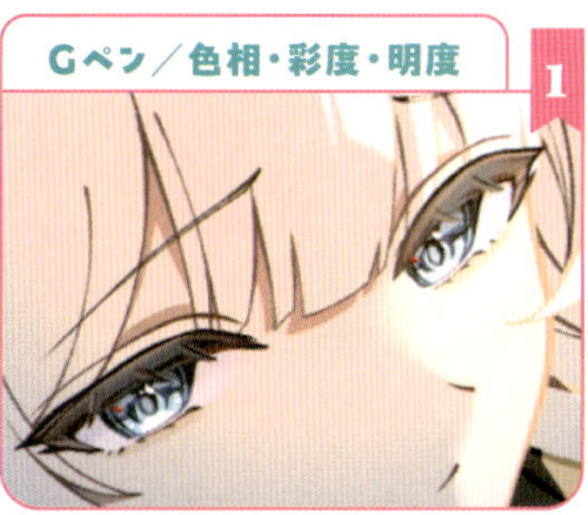

乗算レイヤーで、目元や前髪の下などにGペンでカゲを入れる。消しゴムで形を整え、なげなわ選択で配置を整えるなどしたら「色相・彩度・明度」でさらに色みを調整。

2 エアブラシ・がたんこペン

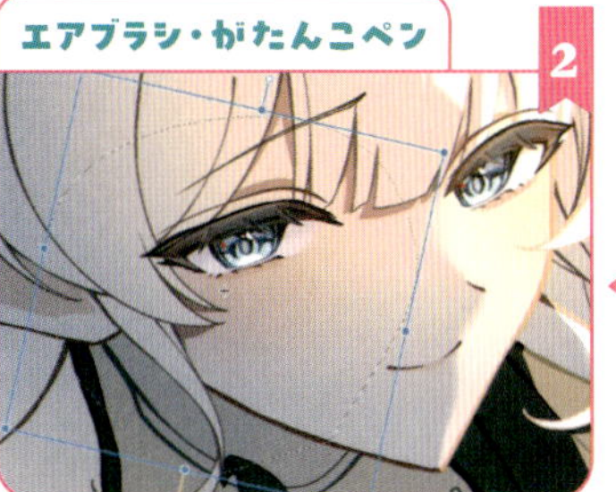

乗算レイヤーで頬にエアブラシで赤みを入れる。なげなわ選択、「色相・彩度・明度」、レイヤー移動などで、配置や色みを調整。さらに斜線をがたんこペンで描き、同様に調整。

3 塗り-ペインタ水彩風

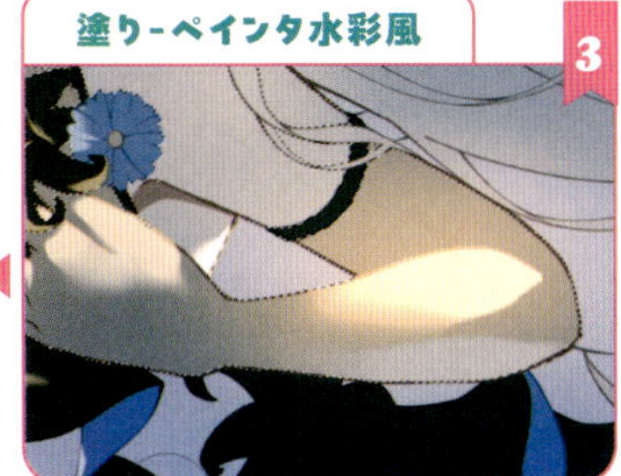

光レイヤーの上に反射光レイヤー【リニアライト】をつくり、腕に反射光を入れる。そのあと肌レイヤーから選択範囲をつくり「塗り-ペインタ水彩風」で明るい色をのせて端をぼかす。

4 塗り-ペインタ水彩風

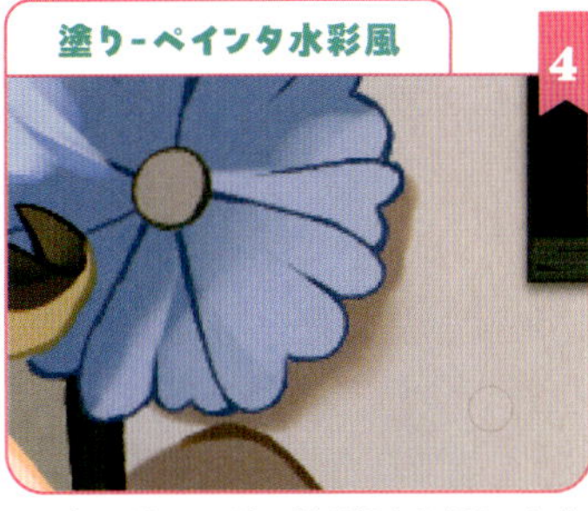

カゲレイヤーで腕の付け根あたりに、お花の落ちカゲを入れる。「塗り-ペインタ水彩風」で塗ったら、フチを色混ぜツールでぼかしてなじませる。

髪を塗る

1 塗り-ペインタ水彩風

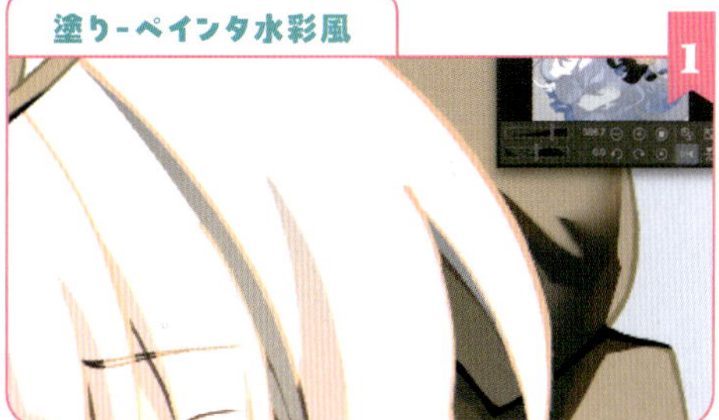

乗算で「締め色」レイヤーをつくり、濃いカゲを入れる。毛束間の細い隙間を「塗り-ペインタ水彩風」でくすんだ青色に塗っていく。

2 Gペン

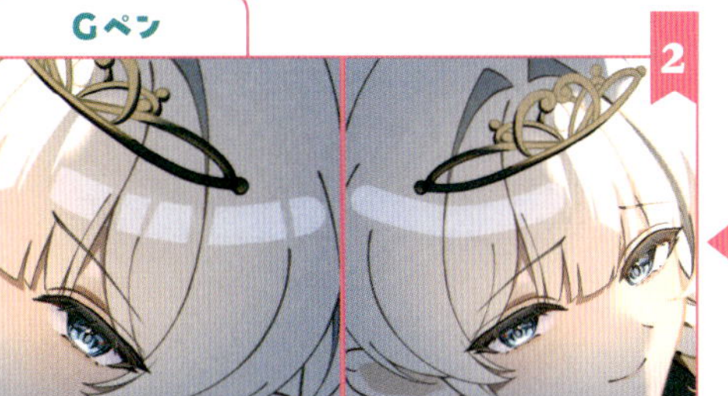

前髪に反射光のハイライトを入れる。まずはハードライトレイヤーを作成して、頭の形に沿うように太い1本線を描いたら、消しゴムでまばらに消す。

3 消しゴム／Gペン

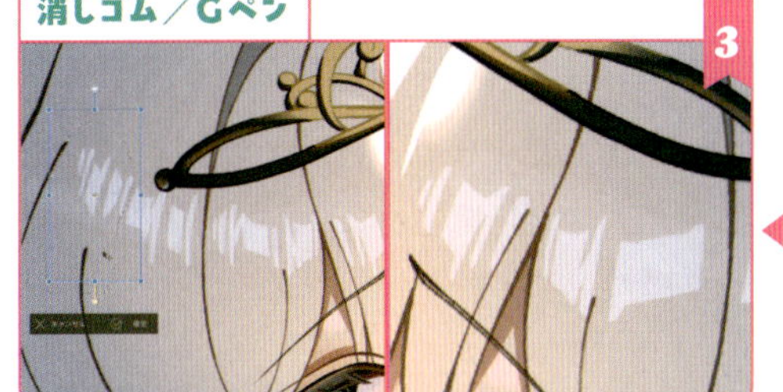

消しゴムとGペンを使って、ジグザグとハイライトの形をつくっていく。全体的に形が整ったら、なげなわ選択で細かく配置を調整する。

4 エアブラシ

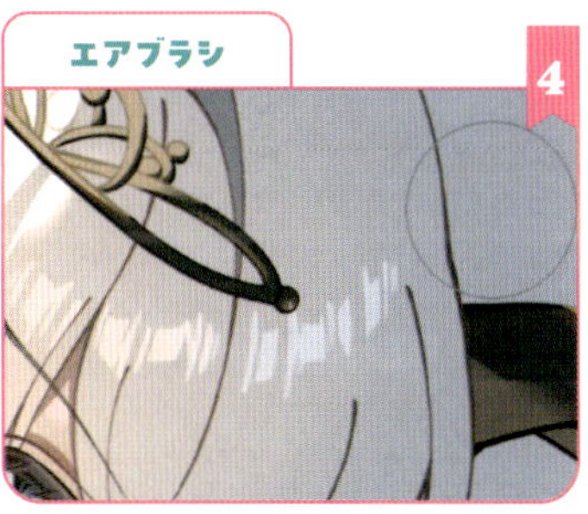

「色相・彩度・明度」でハイライト全体の色みを調整したら、エアブラシでライティングに合わせて、ゆるやかな明暗、色みの変化をつくる。最後にもう一度、色調整。

5 エアブラシ

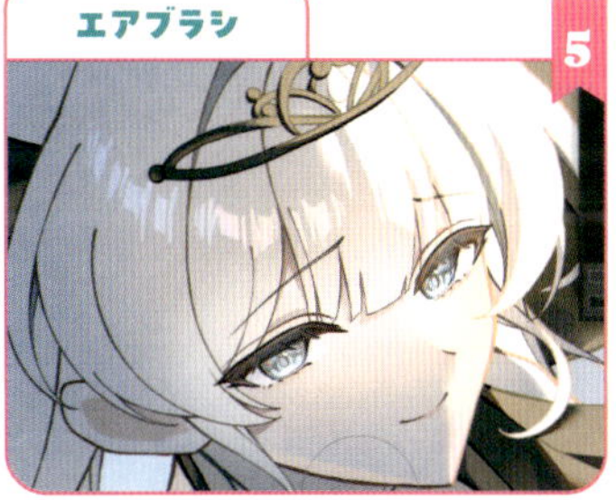

リニアライトレイヤーをつくり、顔まわりの髪をエアブラシの大サイズのブラシでふわっと明るくする。

6 Gペン

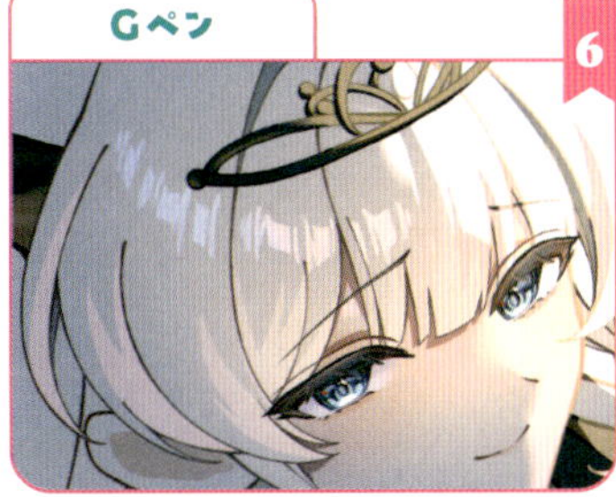

⑤のリニアライトレイヤーを色調整して、不透明度を下げたら複製。Gペンでピンク色や薄茶色の明るい毛束を描いていく。

7 消しゴム／色相・彩度・明度

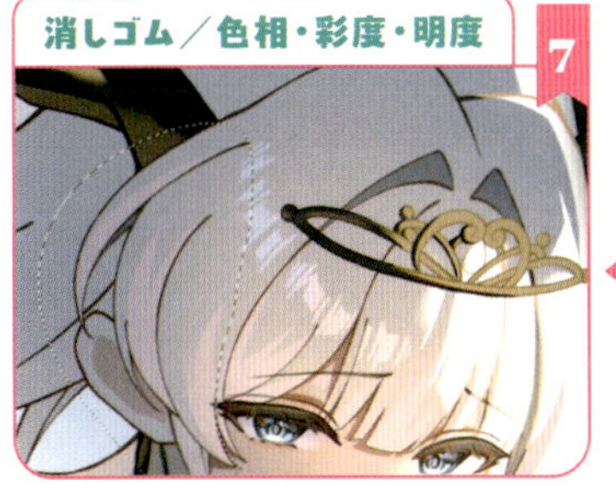

工程⑥で描いた毛束の形を消しゴムで整えたら、全体、そして部分的にもなげなわ選択で選択して、色調整する。

8 塗り-ペインタ水彩風

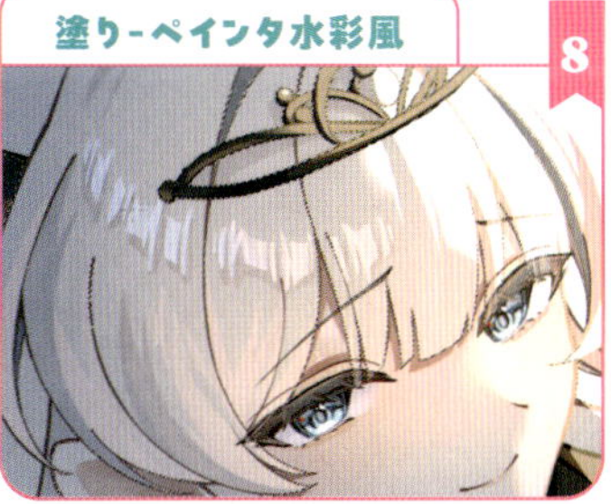

「塗り-ペインタ水彩風」でカゲ色や反射光の色をスポイトで取りながら、細かく描き込んでいく。

9 ハッチング風

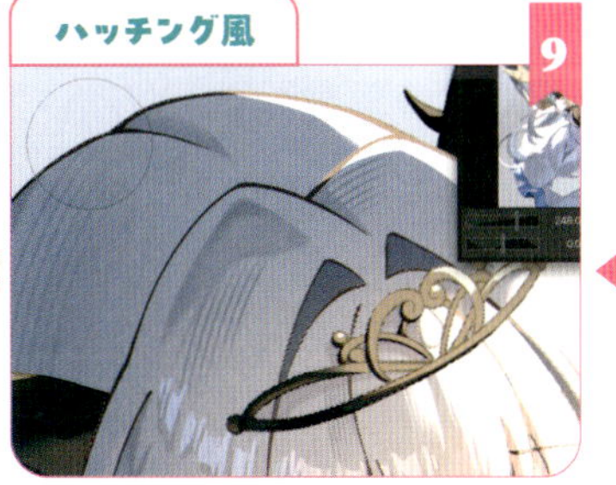

複数の斜線を引ける「ハッチング風」ブラシで髪の毛の流れを描いたら、端は柔らかめ消しゴムで消してなじませる。

10 髪の毛ペン

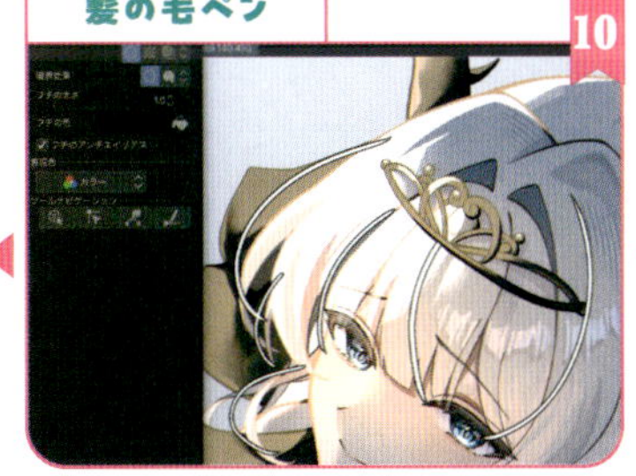

「髪の毛ペン」の黒色で後れ毛を描いたら、色を白色に変更。さらにレイヤー効果で黒いフチをつける。

11 Gペン／バケツツール

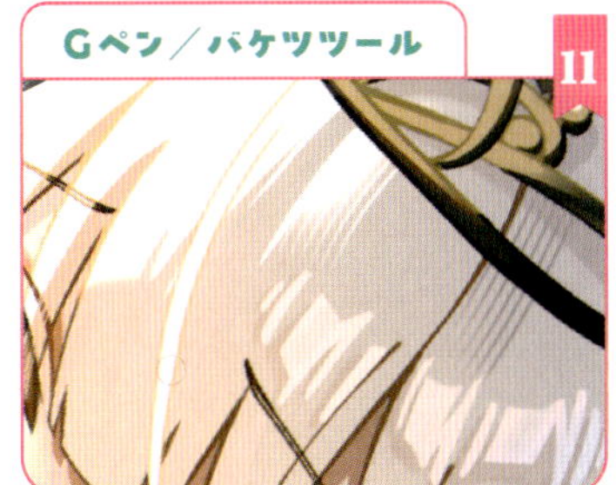

「輝度を透明度に変換」で後れ毛のなかを白から透明にし、周りの髪の色をスポイトで取って塗る。さらに線画レイヤーの透明ピクセルをロックし、線画の色も変える。

レースの装飾を塗る

1 縁飾り1

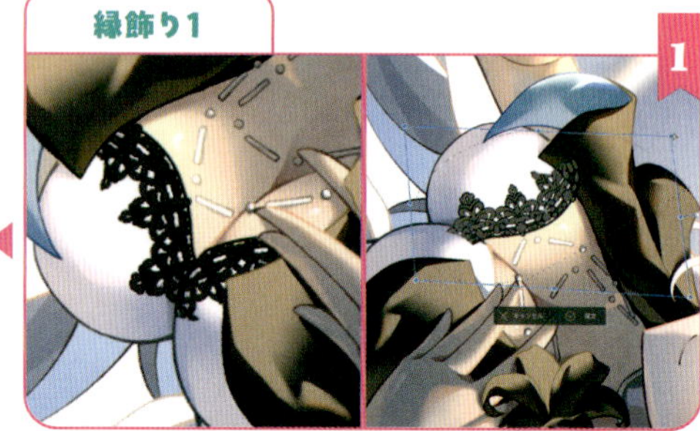

ドレスの胸元に「縁飾り1」でレースの装飾を入れる。変形ツールで胸の形に合わせたら、はみ出た部分を消しゴムで消して、「色相・彩度・明度」で色調整。

2 塗り-ペインタ水彩風

①の上に通常レイヤーを作成し、「塗り-ペインタ水彩風」で光が当たる部分を明るい茶色で塗る。光のフチは「塗り-ペインタ水彩風」でオレンジ色に塗って、色調整。

3 穴埋めレース(濃)／メッシュ変形

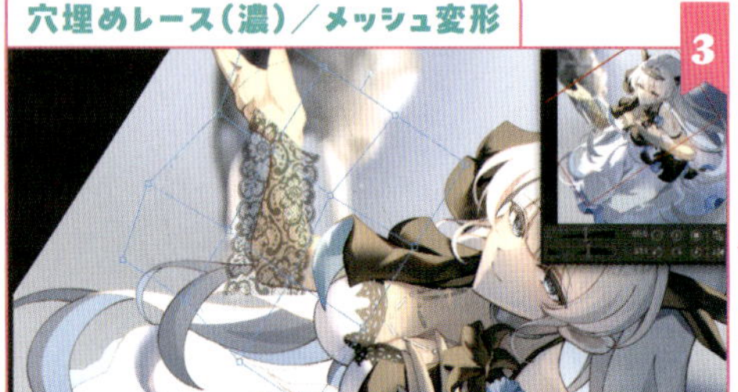

乗算レイヤーに「穴埋めレース(濃)」で、腕にもレースの装飾を入れる。不透明度を下げたあと、メッシュ変形で腕の形に合わせる。

4 消しゴム／Gペン

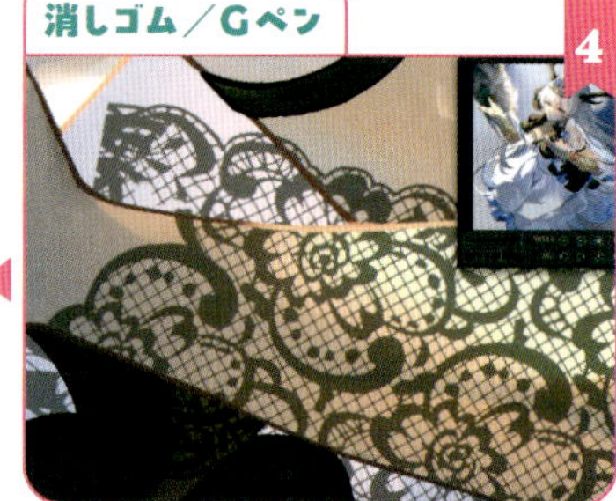

腕からはみ出した余分なレースは消しゴムで消し、違和感が出ないようにGペンで加筆する。

5 塗り-ペインタ水彩風

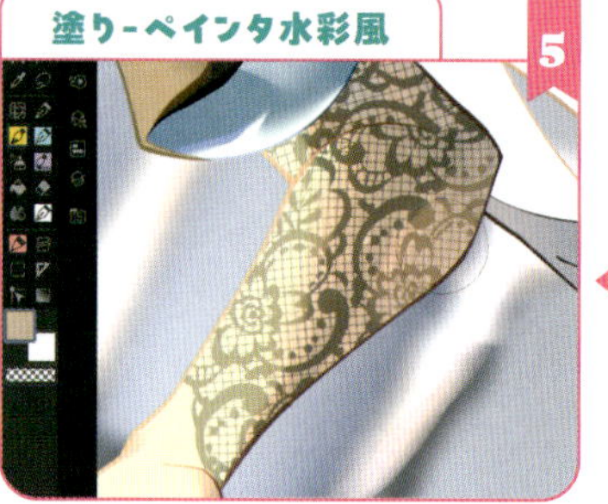

③の乗算レイヤーの上にリニアライトレイヤーをクリッピングし、「塗り-ペインタ水彩風」で、光と反射光を入れる。最後に「色相・彩度・明度」で色調整。

6 タイツカラー

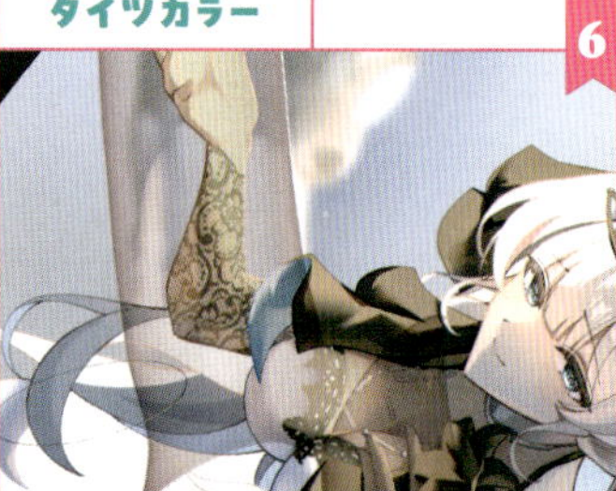

新たに乗算レイヤーをつくり、レース生地全体に「タイツカラー」でテクスチャを入れる。

7 消しゴム／なげなわ選択

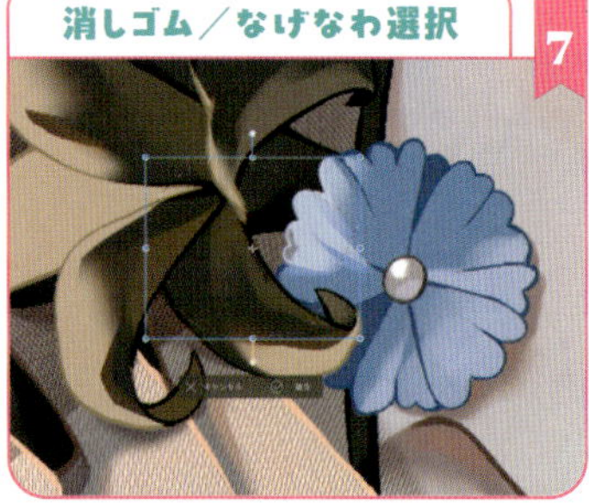

余分なテクスチャは消しゴムで消し、テクスチャが足りない部分は、なげなわ選択で選択・配置して、隙間を埋めたら色調整。

仕上げ

1 cloud soft

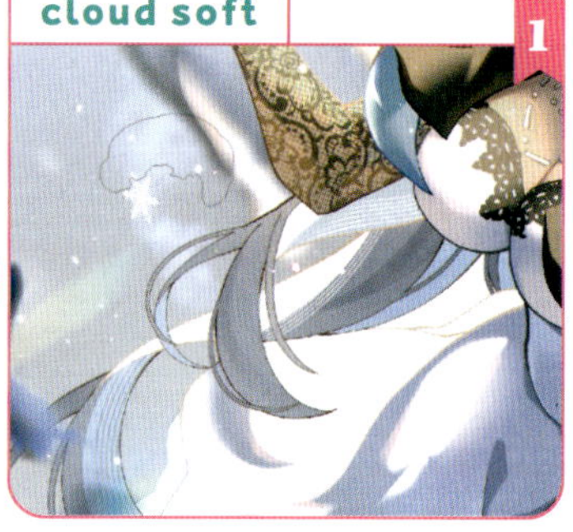

雲のような質感が出せるブラシ「cloud soft」で背景にモヤのようなテクスチャを描いたら「色相・彩度・明度」で色調整。

2 がたんこペン

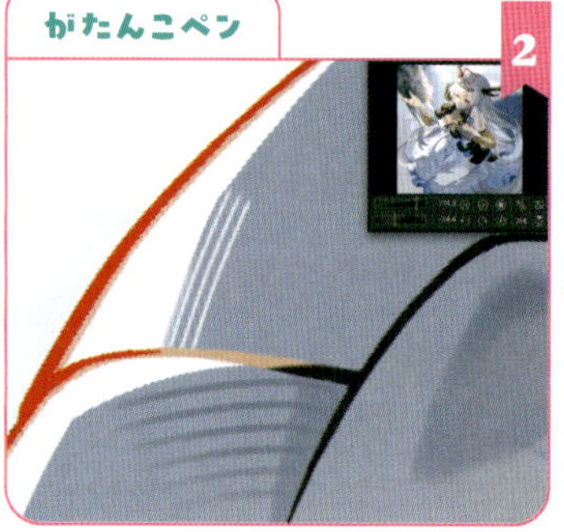

通常レイヤーを作成し「がたんこペン」で輪郭線の一部を赤色で強調する。ちょうどいいアクセントにもなる。

3 エアブラシ

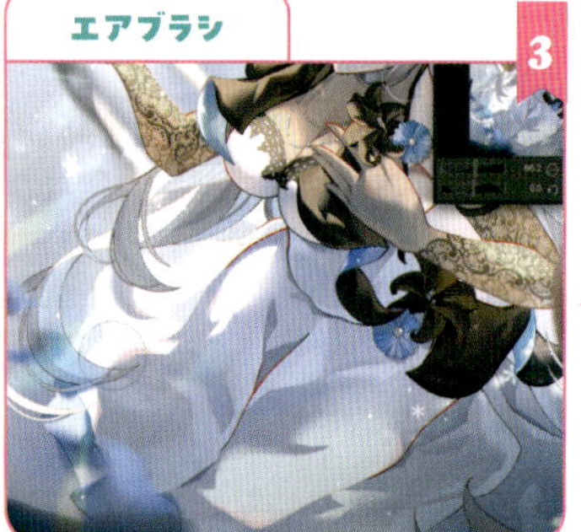

「エアブラシ」の白色で人物の周りをふわっと明るくして、人物を自然に際立たせる。

4 ノイズ

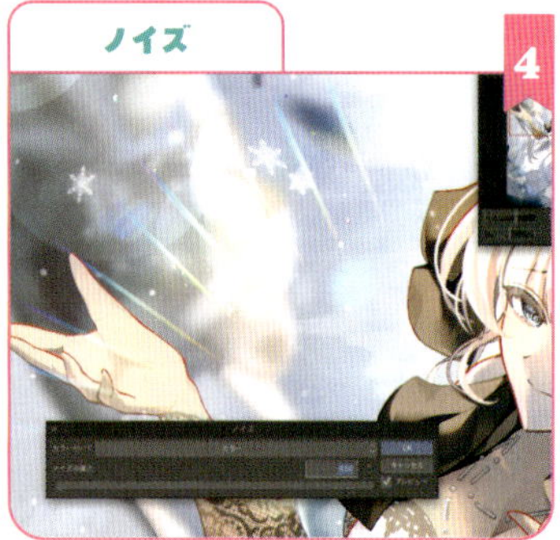

背景のコピーを結合し、フィルター効果の「ノイズ」をかける。

5 ノイズ・色収差(色ずれ)

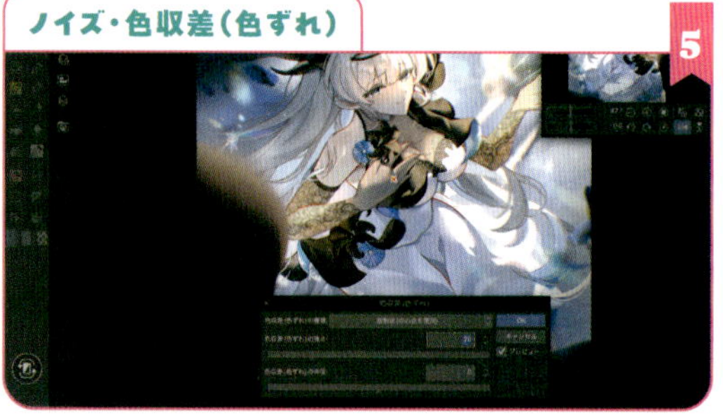

さらに表示レイヤーのコピーを結合し、全体にもノイズをかけたら、④⑤をコピーして、フィルター効果の「色収差(色ずれ)」をかける。フィルム撮影したような独特の質感になった。

6 グラデーション

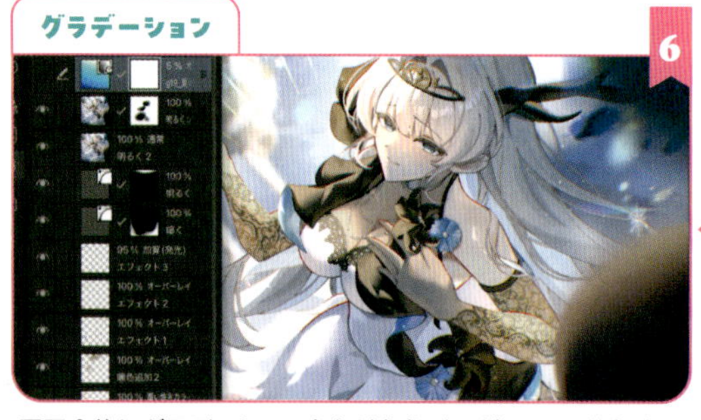

画面全体にグラデーションをかけたら、レイヤーモードをオーバーレイに変換。過剰にならないよう、不透明度は5%まで下げて落ち着かせる。

精霊のような乙女と雪が舞い散る神秘的な銀色の世界を描いたドラマチックなイラストが完成！　光の演出が印象的なラヴェ子さんは、モチーフごとの着彩の前に、まずは全体のライティングを決めるのが特徴です。また基本的には地道な塗り重ねをしていますが、そのなかで、なげなわ選択を使った配置調整、着彩のたびに「色相・彩度・明度」で行う色調整で、細かく軌道修正しながら塗り進めていたのも印象的でした。

サイン色紙プレゼント

the making of ステッドラー ピグメントブラッシュペン

今回はなつきさんに「ステッドラー　ピグメントブラッシュペン」をつかい、吸血鬼をイメージした女の子を描き下ろしていただきました。なつきさんは主に、クリアファイルにインクを乗せて、ウォーターブラシ（水筆）でインクを取って着彩しています。そうすることで、濃淡をコントロールしたり、混色をしたりして、やわらかなタッチやにじみをつくり出していました。今回は、なめらかな肌の塗り、鮮やかで繊細なグラデーションの瞳、美しいにじみを活かした衣装やバラの描き方を紹介します。

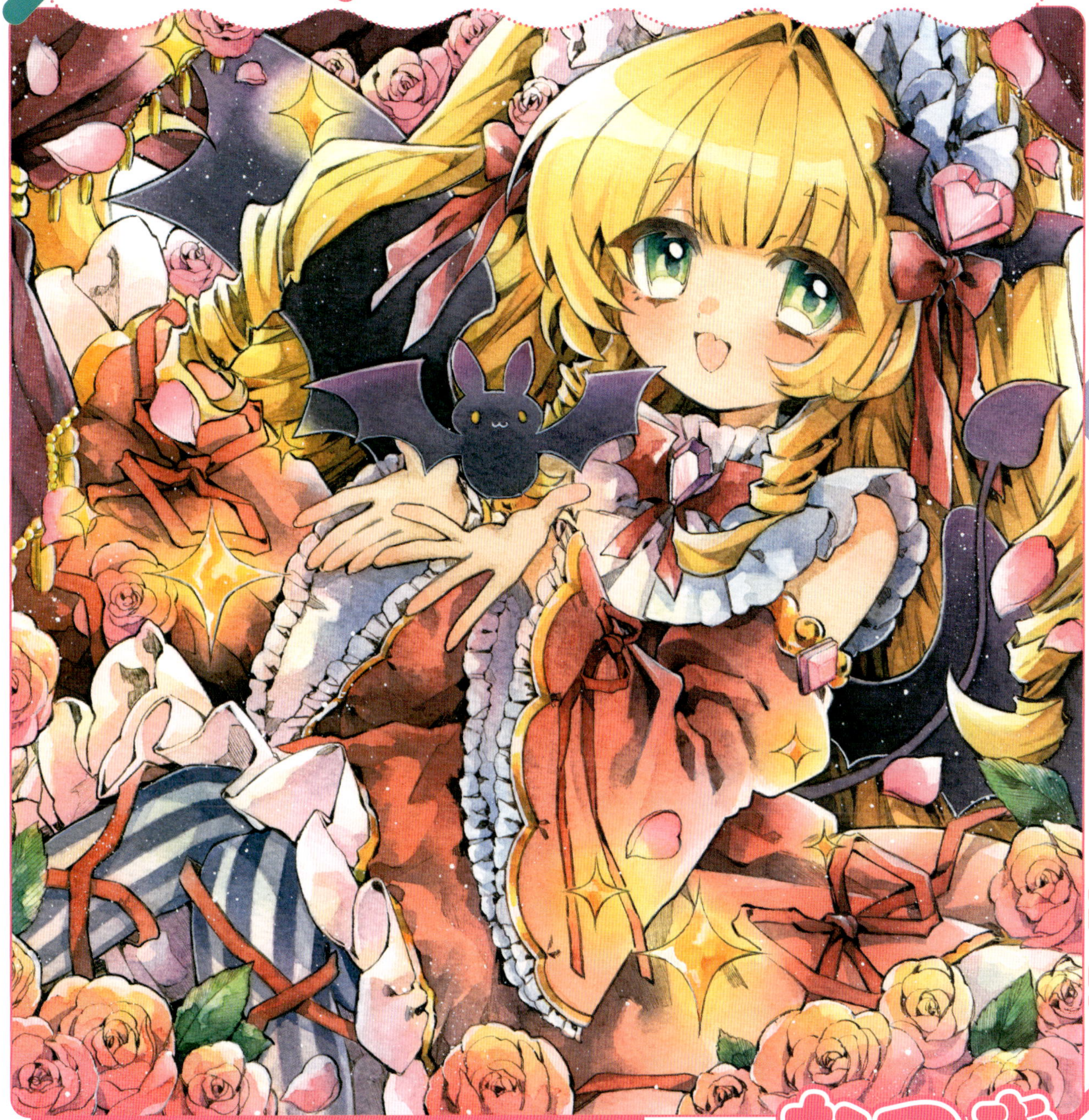

なつき

画材 ステッドラー ピグメントブラッシュペン、ステッドラー ウォーターブラシ（水筆）、リキテックス リキッド（233・セピア）、デリーター ホワイト2、丸ペン

用紙 ホルベイン ウォーターフォード水彩紙（ホワイト、細目）

X @natuki1016

Instagram natuki10.16

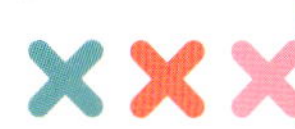
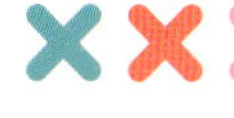

今回使用する画材はコチラ!

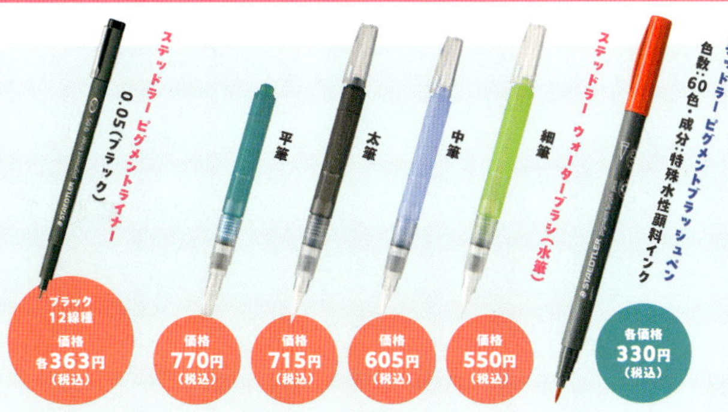

ステッドラー ピグメントブラッシュペン

- 長期間日光に当たっても色褪せない脅威の耐光性。
- 描いてすぐに乾き、乾燥後は耐水性に。
- 重ねて塗っても鮮やかな発色で、一本で美しいグラデーションが可能。
- 細かい描写がしやすいブラッシュ芯。
- 紙以外にも木材、ガラスなど様々な素材に描くことができ、裏写りしない。

information

発売元
ステッドラー日本株式会社
https://www.staedtler.jp

※価格は税込表示です

ラフ〜線画

ラフ

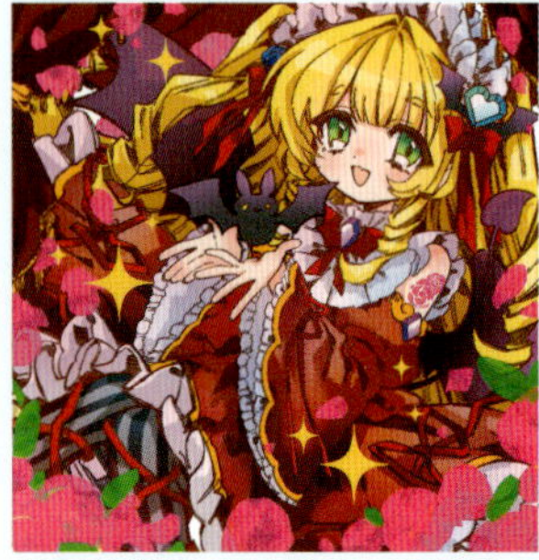

巻頭の描き下ろしのテーマである「コスチューム」に合わせて、クラシカルな装いの女の子を描いていただいた。ラフはiPadを使用して描いたそう。

なつき「この女の子は吸血鬼をイメージしています。そのため、リボンやバラは赤色にしようと思いました。また、制作サイズはSSに合わせて正方形の依頼でしたので、膝まで入るポージングにチャレンジしてみました」

転写

おもて

うら

なつきさんはラフを描く際、線と色でレイヤーを分けていた。線画は、最終的にペン入れをするが、その前に下絵を描く。下絵はラフの線だけを印刷して、裏面を鉛筆(3B)で塗り潰したものを転写して作成。これをベースにシャープペンシルで下絵を整える。

close up

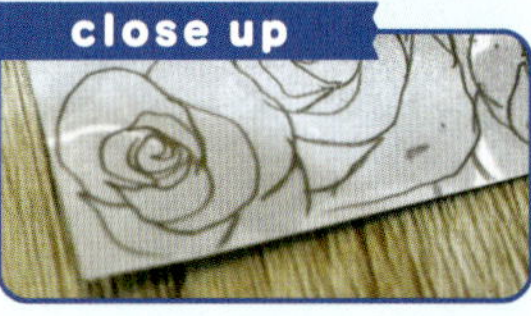

↑バラはおおまかなアタリを取り、アドリブで描いて転写した。

完成線画

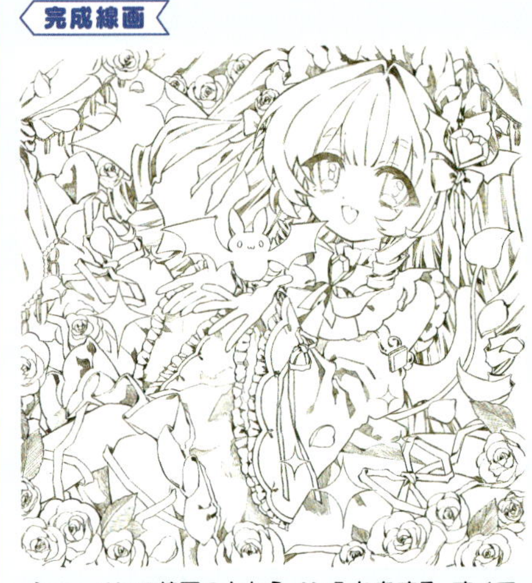

シャーペンの線画の上からペン入れをする。すべて丸ペンで、「リキテックス リキッド(セピア)」をつかって描いた。リキテックスのインクは、強く消しゴムをかけても色が薄まらないので良いそうだ。

メイキングではステッドラー ウォーターブラシは「水筆」と表記する。今回はインクをクリアファイルに置いて、水筆でインクを取って着彩している。

肌を塗る

使用色…コーラル(420)、ライトピーチ(431)、チェリーレッド(229)、アイスブルー(310)

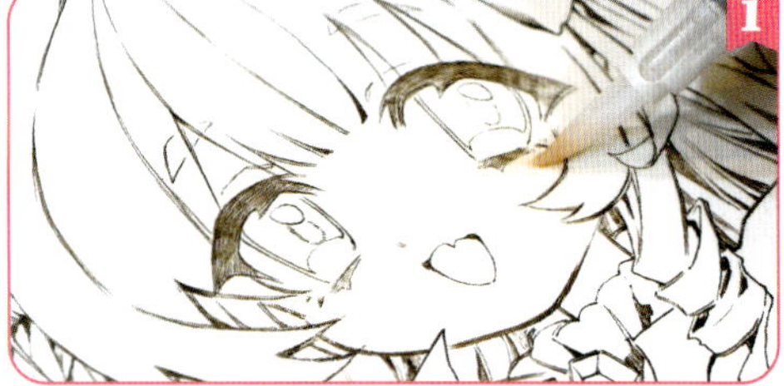

まずは肌の下塗りをする。コーラル(420)とライトピーチ(431)を混ぜて、たっぷりの水で溶かした淡いベージュ色をつくり、肌全体に乗せていく。

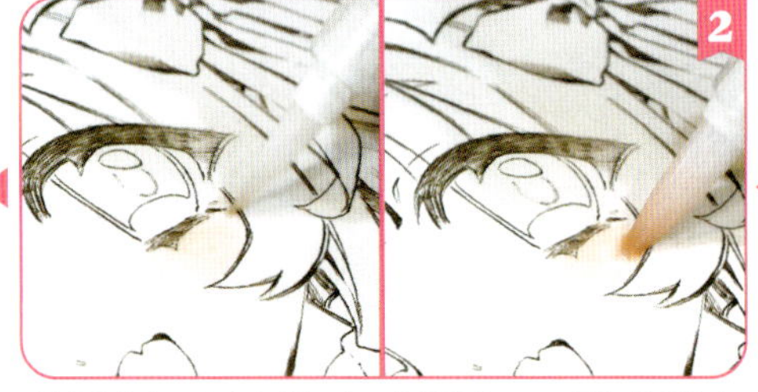

紙が乾かないうちに頬に赤みを添える。コーラル(420)を淡く乗せた。この段階もまだ下塗りのため色は薄くて良い。何度も色を重ねて濃くしていくのがなつきさんの描き方。

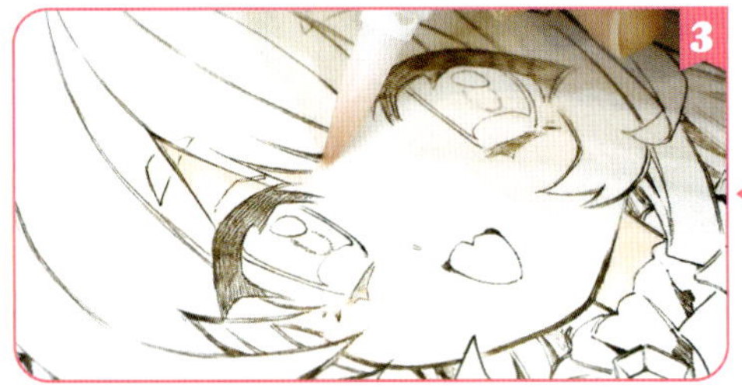

②までに塗った色は黄みが強かったため、赤みを肌に加える。コーラル(420)を濃く取り、前髪によってひたいに落ちるカゲなど、肌のカゲを描いた。

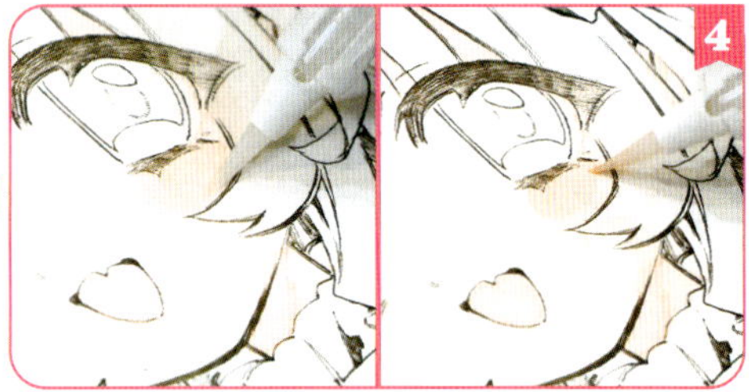

頬の赤みを強くした。②で乗せたコーラル(420)に、チェリーレッド(229)を少し混ぜてつくったサーモンピンク色で頬の色を濃くする。同じ色でくちのなかも塗った。

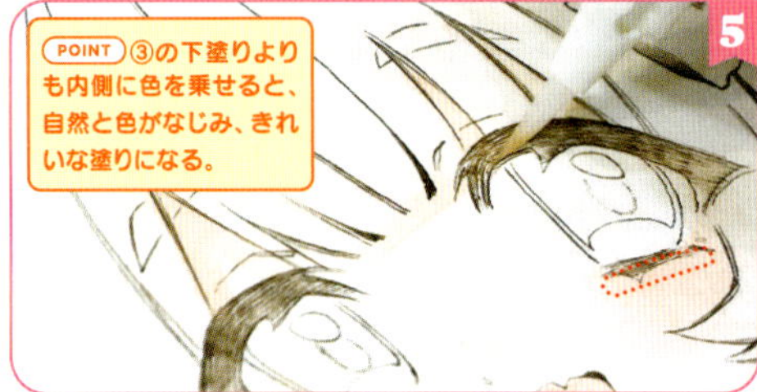

④と同じサーモンピンク色で鼻の上にカゲを描いた。コーラル(420)を少し濃く取って、ひたいに落ちるカゲに色を重ねる。下まつげの線画の下にも色を乗せて赤みをたす。

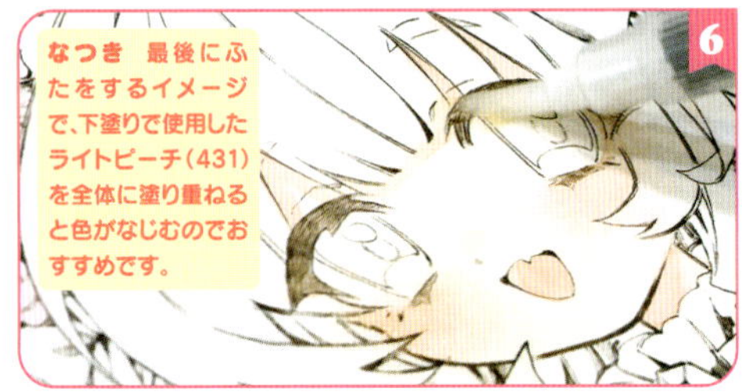

仕上げに肌の色をなじませる。⑤までに乗せた色が完全に乾いたら、ライトピーチ(431)を肌全体に塗る。顔の下部にはアイスブルー(310)を少量だけ重ねた。

瞳を塗る

使用色…メイグリーン(513)、ブライトイエロー(110)、ファーグリーン(539)、ライトブルー(30)

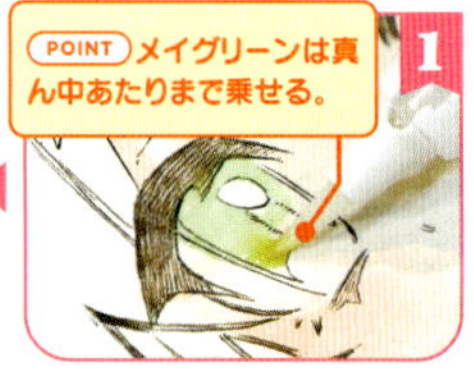

上部にはメイグリーン(513)を塗り、下部に向かってブライトイエロー(110)をなじませながら乗せる。

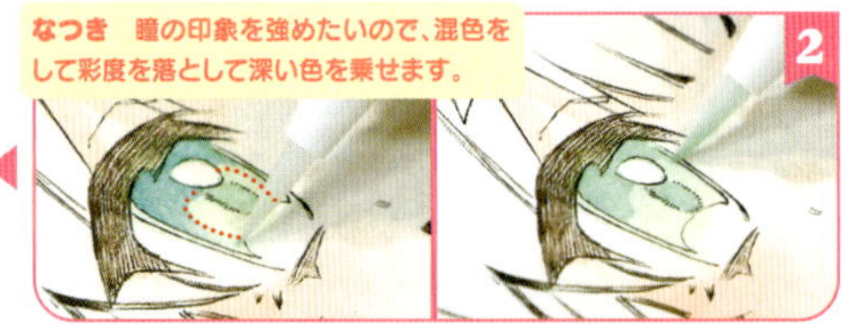

工程①が乾いたら、メイグリーン(513)とファーグリーン(539)を混ぜてつくったターコイズグリーン色を上部に乗せる。瞳孔を塗り、左右の線画の内側にも色を引き、下部に向かって色が淡くなるようにグラデーションをつくる。

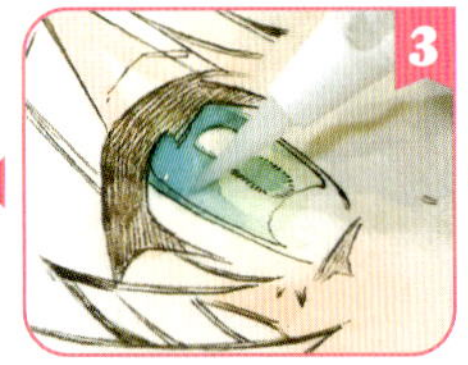

②で乗せた色の上に、重ね塗りをする。上部にはファーグリーン(539)、左右にはライトブルー(30)を塗った。

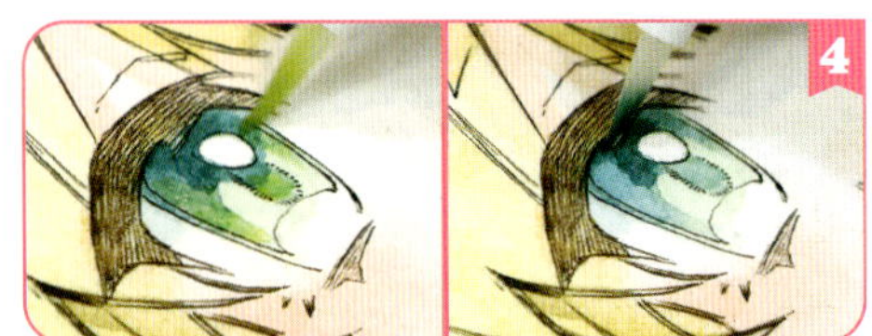

ハイライトが引き立つように、瞳をさらに濃くする。上部にはファーグリーン(539)を重ねた。瞳の左右のラインは、ブライトイエロー(110)を乗せる。下の色が透けて黄緑色になった。白目はライトブルー(30)で上部にカゲを描いた。

衣装を塗る

使用色…ハジーブルー(308)、チェリーレッド(229)、ブライトイエロー(110)、カーマインレッド(29)、ライトブラック(90)、ローズピンク(208)、スカーレットレッド(24)、ライトローズ(21)

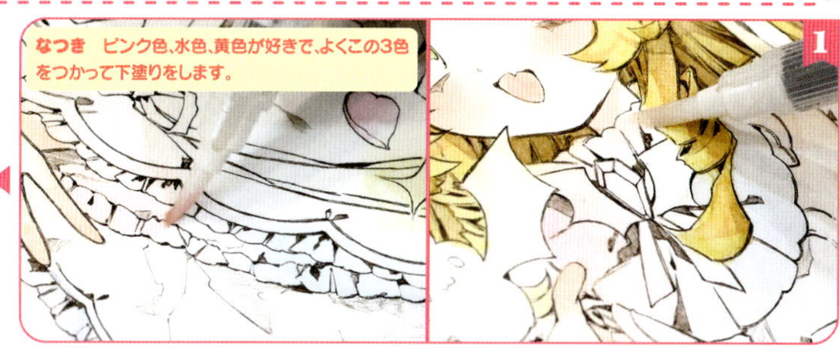

まずは下塗り。首周りの白いシャツと袖の白いフリルに、ピンク色と水色を乗せる。水色はハジーブルー(308)、ピンク色はライトローズ(21)を使用した。乾いたあと色が薄いと感じたため、ピンク色の上にはローズピンク(208)、水色の上にはハジーブルー(308)を重ねた。
なつき「白い布だけど色が欲しいので、かわいい色でタイツやスカートも下塗りします」

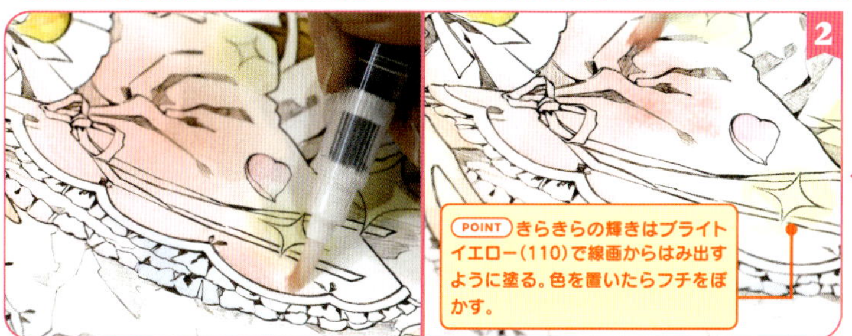

赤い布の袖やスカートも下塗りをする。袖は、たっぷりの水で薄めたチェリーレッド(229)をつかって、シワが寄った腕あたりから、すそに向かって色を敷く。色は2回ほど重ねて濃くする。このとき、黄色いダイヤの周りや、すその方に向かって色を薄めながら塗ると、ダイヤが輝いている表現に繋がるので意識すると良い。

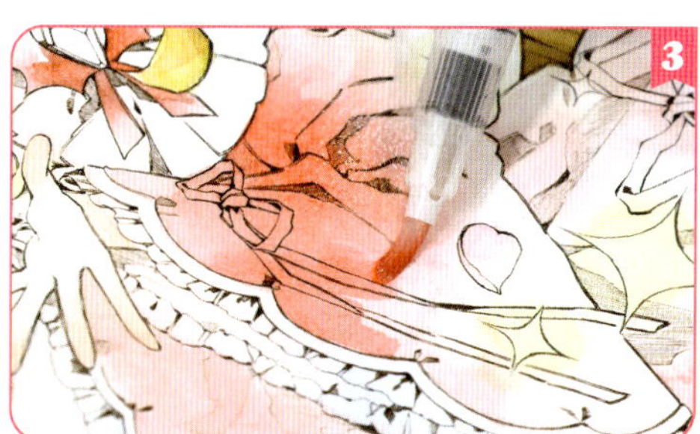

②で乗せたチェリーレッド(229)が乾いたら、上から鮮やかな赤色としてカーマインレッド(29)を重ねてにじませる。腕の内側は布が寄るためなるべく色を濃くする。

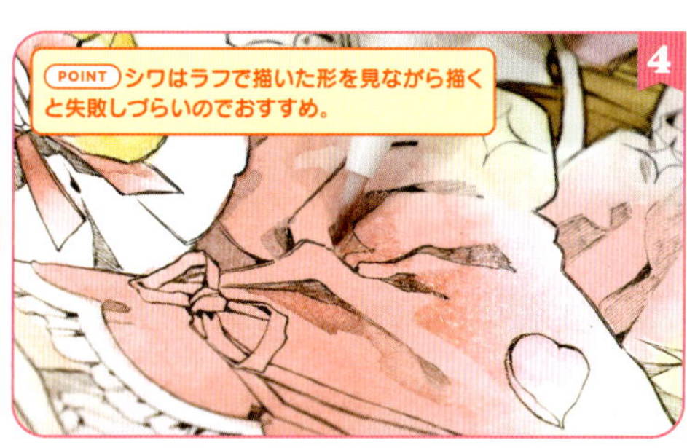

服のシワは、カーマインレッド(29)とライトブラック(90)を混ぜてつくった、くすんだ赤色で描いた。下に向かってぼかしながら塗ると布のやわらかさが表現できる。

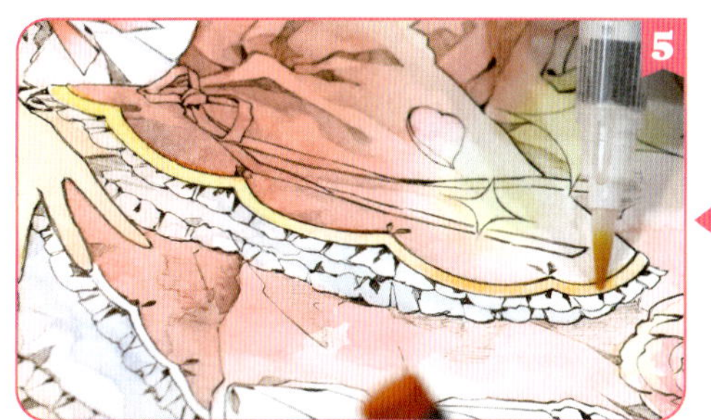

袖のラインを塗る。ブライトイエロー(110)にスカーレットレッド(24)を混ぜたオレンジ色で下部を塗り、上部はブライトイエロー(110)を乗せた。あえて色ムラをつくる。

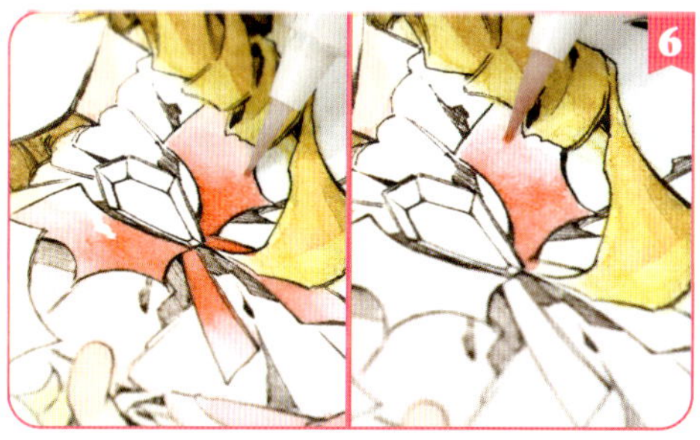

胸元のリボンはカーマインレッド(29)をつかう。中央から端に向かって色を塗り伸ばす。端の方は、水でぼかしながら塗り広げて淡くしたり、白抜きをする。髪飾りの赤いリボンも同じ色をつかって描いた。単色でも、にじみの質感を加えることで見応えをつくることができる。

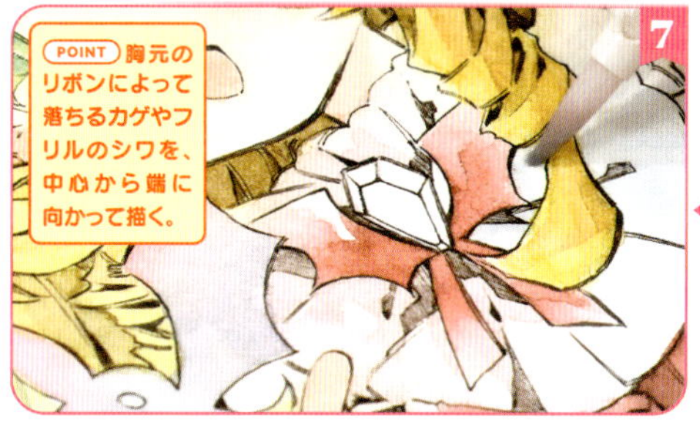

胸元の白いシャツにカゲを描く。①でピンク色で下塗りをした場所は、ローズピンク(208)にライトブラック(90)を少し混ぜてつくった、くすんだピンク色をつかう。水色を乗せた場所は、ハジーブルー(308)にライトブラック(90)を少し混ぜてつくった、くすんだ水色を使用する。

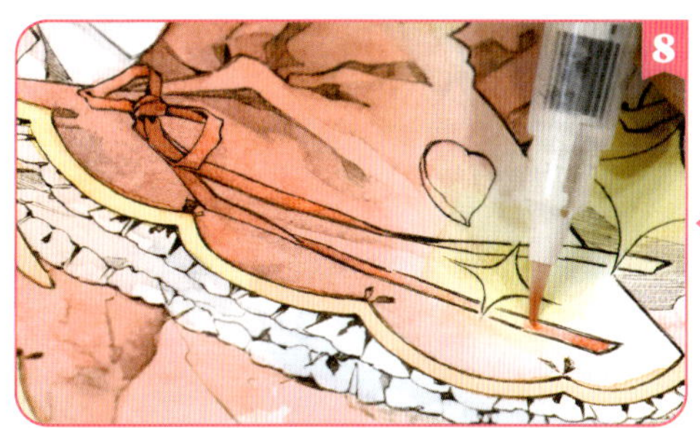

袖のリボンはカーマインレッド(29)で塗る。きらきらのダイヤの近くは色を淡くするのがポイント。袖の赤色はくすんでいるため、手前にあるリボンはあえて単色で、鮮やかな色をつかって塗ることで、絵になじみながらもしっかりとモチーフの前後感を表現することができる。

コウモリを塗る

使用色…マゼンタ(20)、インディゴ(36)、ライトブラック(90)、ブライトイエロー(110)

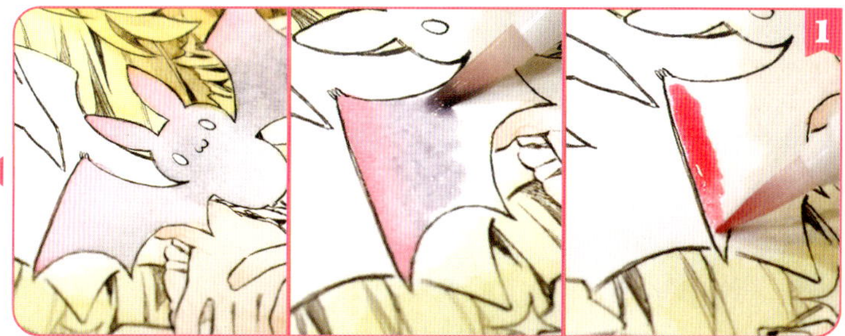

羽の端には、まずマゼンタ(20)を乗せる。続いて、マゼンタとなじませながら、紫色を塗り広げていく。紫色は、マゼンタ(20)＋インディゴ(36)＋ライトブラック(90)の3色を混ぜてつくった。マゼンタ(20)は、耳の先端にも乗せて紫色とグラデーションにする。女の子の背中から生えるコウモリの羽やヘアアクセサリーの羽も同じ色で同じように描く。

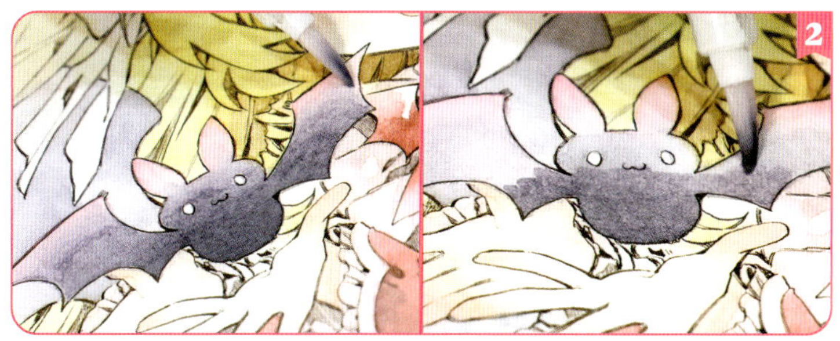

コウモリの色を濃くする。①でつくった紫色を下から上に向かって塗り広げる。何度か色を重ねて濃くしながら、周囲のモチーフとのバランスを見る。また、羽の端のマゼンタ(20)ともグラデーションになるように意識しながら、水をつかって塗り伸ばす。仕上げにコウモリの瞳はブライトイエロー(110)でベタ塗りすれば完成!

メイキングではステッドラー ウォーターブラシは「水筆」と表記する。今回はインクをクリアファイルに置いて、水筆でインクを取って着彩している。

バラの花びらを塗る

使用色…ボルドーレッド(23)、ブライトイエロー(110)、ワインレッド(269)

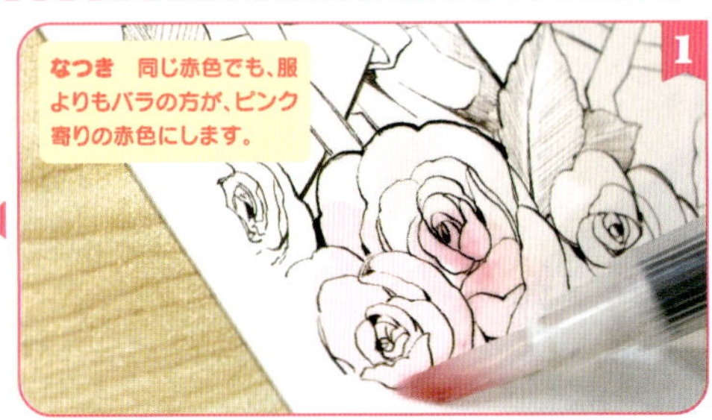

はじめに下塗りをする。バラの花びらは、たっぷりの水で薄めたボルドーレッド(23)をつかう。上の方は白抜きするのがポイント。

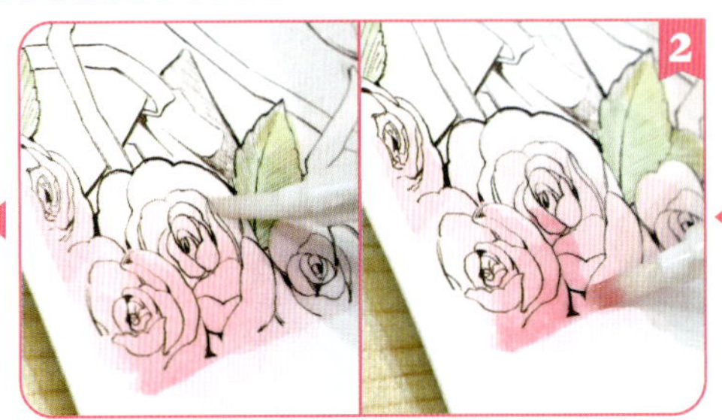

①と同じボルドーレッド(23)を中央部に重ねて色を濃くする。色を乗せるときは丸を描くようにくるくると筆を動かし、エッジが立つように塗る。パキッとしたカゲが生まれた。

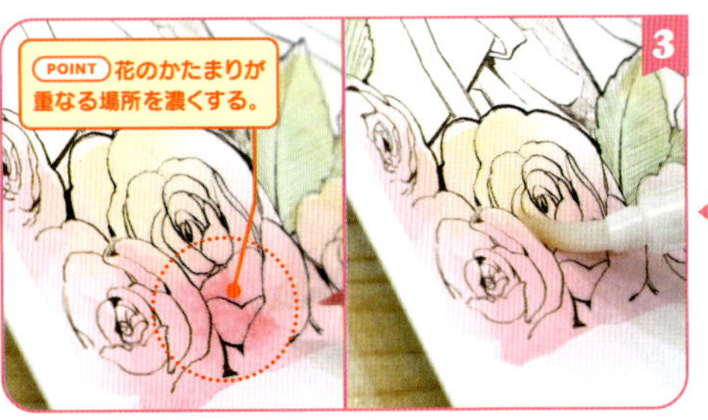

①で白抜きをしていた場所にブライトイエロー(110)を乗せる。黄色を置くことでやわらかな印象になる。バラの色を濃くするために下部に再びボルドーレッド(23)を重ねた。

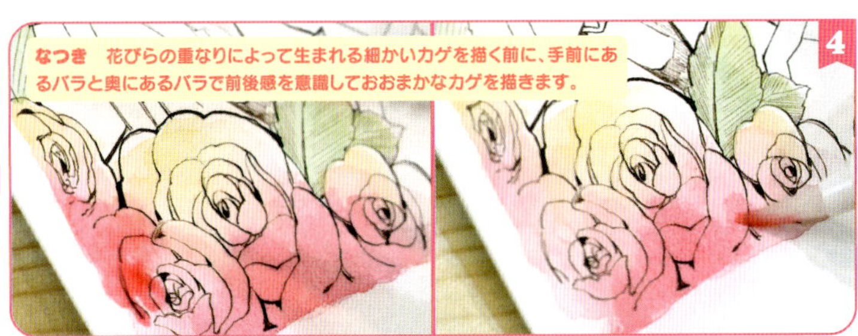

バラに大きなカゲを落とす。ボルドーレッド(23)にワインレッド(269)を少しだけ混ぜて、ルビー色をつくり、バラが重なる内側(奥)に色を重ねる。黄色を敷いたところにはルビー色を乗せないように注意する。

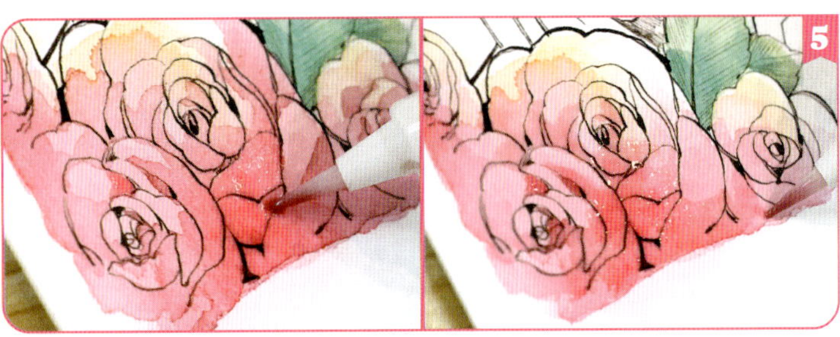

④でつくったルビー色をバラの下部に再び濃く乗せた。最後に花びらの中央部に、花びらが重なったことで生まれる小さなカゲを少しだけ描く。バラの花びらや葉は、あえて大胆なにじみをつくることで、生き生きとした雰囲気を表現することができる。

バラの葉を塗る

使用色…メイグリーン(513)、ブライトイエロー(110)、ファーグリーン(539)、ライトブラック(90)

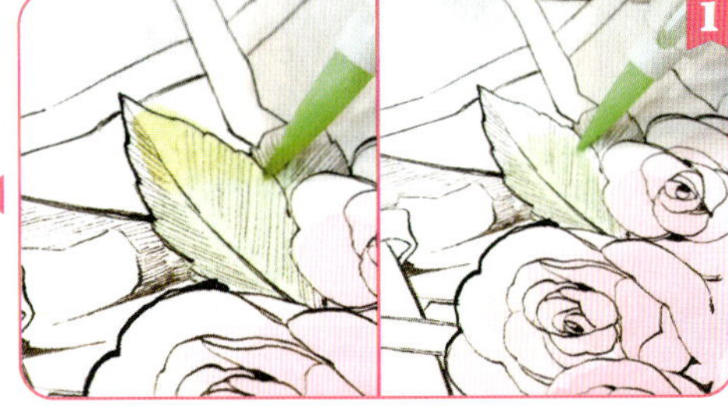

まずはベースの色を塗る。根本からメイグリーン(513)を塗り、葉先にだけブライトイエロー(110)を乗せた。2色の境目をこすってなじませながら塗る。

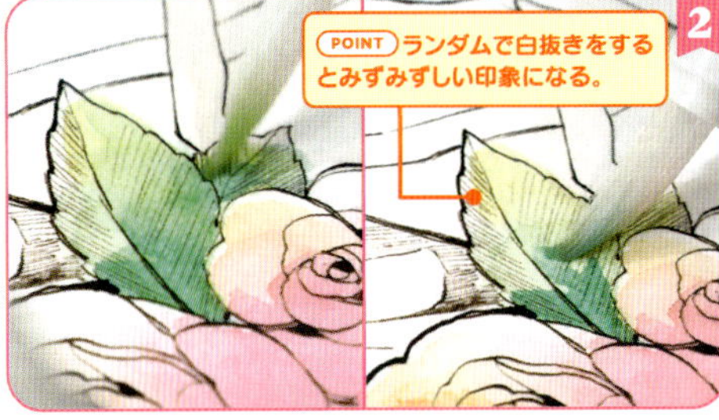

①の色が乾いたら葉の色を濃くする。ファーグリーン(539)とメイグリーン(513)を混ぜてエメラルドグリーン色をつくり、根本から先に向かって水でぼかしながら塗り伸ばす。

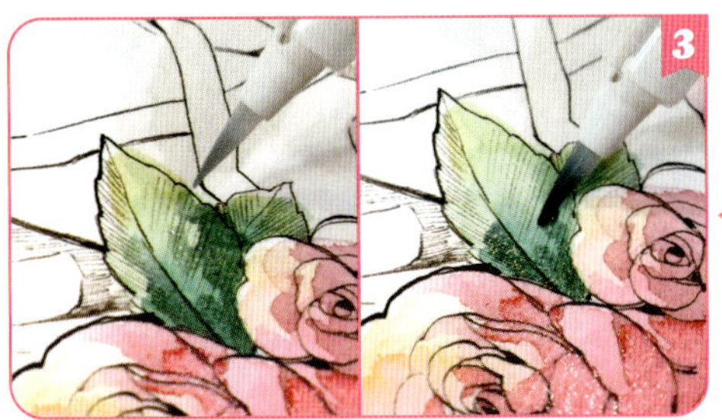

さらに葉の色を濃くする。ファーグリーン(539)とライトブラック(90)を混ぜて深い緑色をつくり、白抜きしながら葉先に向かって色を重ねた。2回色を重ねて濃さを調整する。

サイン色紙プレゼント

なつきさんは根気強く何度も淡い色を繰り返し重ねることで理想の絵力を放つ発色になるよう着彩をしていました。最初は淡い色だったとしても、完全に紙にインクが定着したあとであれば、上から色を重ねることで濃い色や深い色になります。重ね塗りをしても色が落ちないところも、ピグメントブラッシュペンの良いところです。また、淡い色で下塗りをしたあとに、同系色だけど異なる鮮やかな色や、濃い色を重ねる。そして仕上げに下塗りと同じ色でモチーフ全体を塗ることで、まとまりのある作品づくりをしていたのも印象的です。みなさんもぜひ、なつきさんのメイキングを見てイラストを描いてみてくださいね！

なつきさんのお気に入りの色と使用した感想

■コーラル(420)／ローズピンク(208)／ハジーブルー(308)

なつき「どの色も鮮やかでとても綺麗です。色数はたくさんあるので原色のままでも良いのですが、色数があるからこそ複数を混ぜて自分だけの色をつくり出すのも良いと思います。特に黄色が綺麗で、とても楽しく金髪を塗ることができました。また、ペンタイプなので、直接紙に塗り込むことができるのもとても良かったです。薄い色は直接紙に塗ることもありました。また、使用する紙にもよると思いますが、しっかりと乾く前に次の色を重ねると、水彩と同じようににじみができます。定着する前に色を重ねると、色が落ちてしまうので、しっかりと乾いてから塗るのがおすすめです」

POINT 着彩のコツ

なつき クリアファイルにインクを出して、水筆で色をつくって塗りましたが、時間が経つとファイルの上で色が固まってしまうので「紙に広げるスピード」ではなく、「つくった色を使い切るスピード」が必要です。

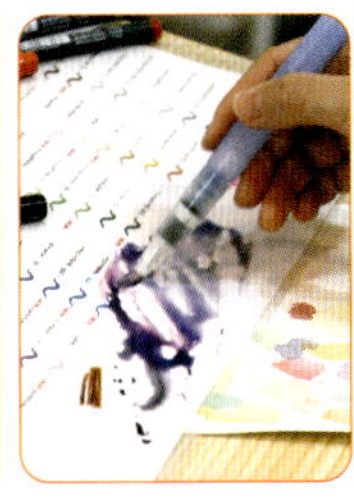

なつきさんは主にクリアファイルにインクを乗せて、水筆をつかって色を薄めたり、混ぜたりしていた。クリアファイルのなかに白い紙をいれると、つくった色が見えやすくなるので、おすすめ。また理想の色をつくるためには試し塗りが必須。本番と同じ水彩紙に、混色してつくった色や水で薄めた色を試し塗りし、丁寧に色を見ることが大切です。

レモンの色んな画材をつかってみよう!
ZIG マスキングライター&リアルブラッシュ

夏目レモンさんに色々な画材でイラストを描いてもらう画材試し連載・第34回！ 今回は、ZIGマスキングライターとZIGクリーンカラーリアルブラッシュの24色セットを使って、編み物でつくられた可愛くてあたたかそうな「アイシングクッキーのクッキー缶」のイラストをメイキング！ マスキングライターを使うことで、複雑な模様や細かいハイライトの白抜きも効率的に進めながら、カラフルでドリーミーなアイシングクッキーと女の子の世界を塗っていきます！

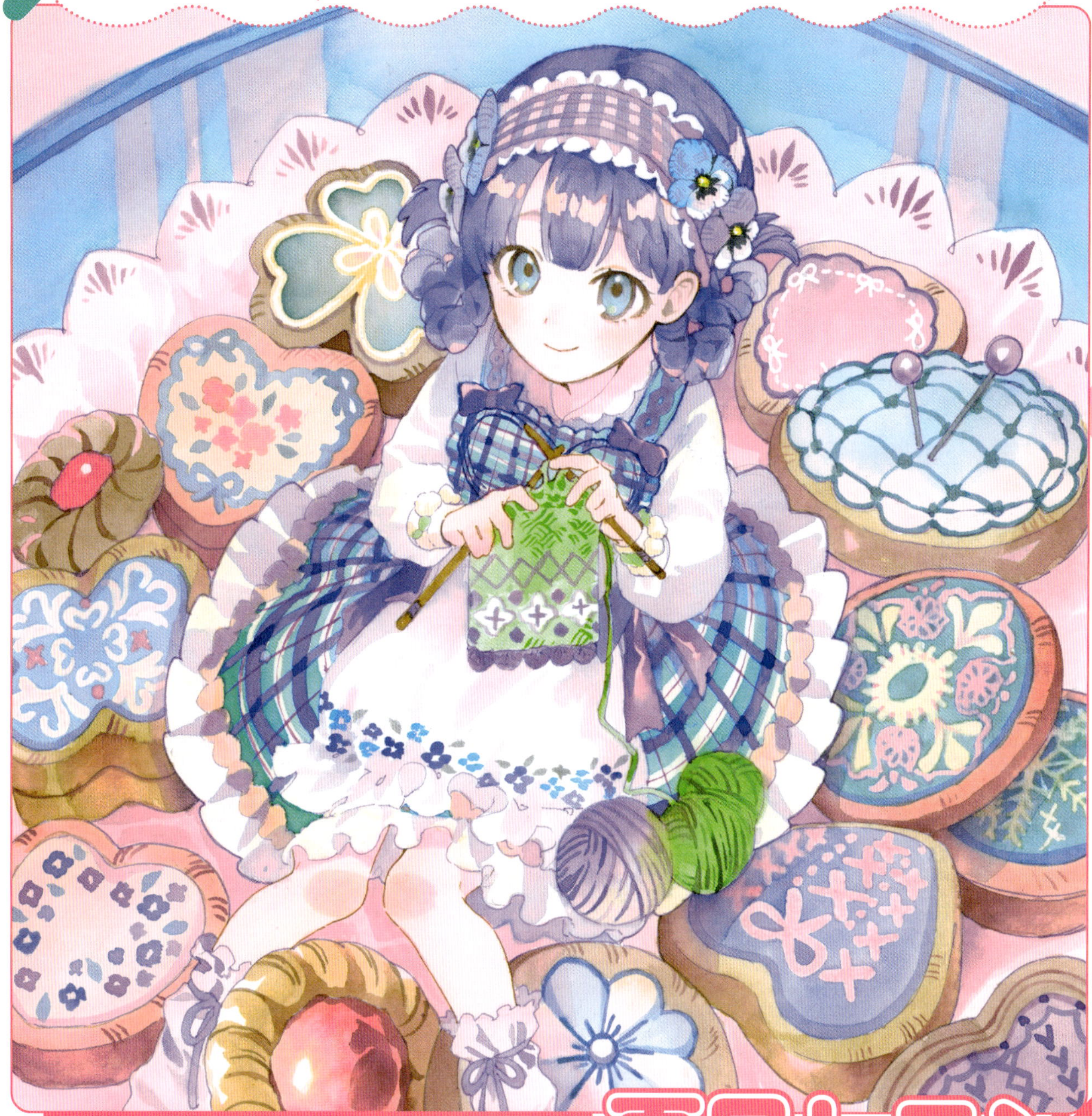

夏目レモン（なつめ）

画材 ZIG マスキングライター・ZIG クリーンカラーリアルブラッシュ 24色セット・呉竹フィス水筆ぺん 小・コピックマルチライナー

用紙 アルシュ水彩紙（極細目）

X @Natsume_Lemon0
Instagram natsume_lemon0
YouTube 夏目レモン

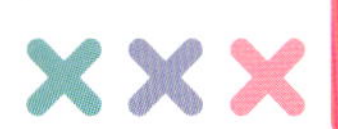

発売元
株式会社呉竹
https://www.kuretake.co.jp

※価格は税込表示です

今回使用する画材はコチラ!

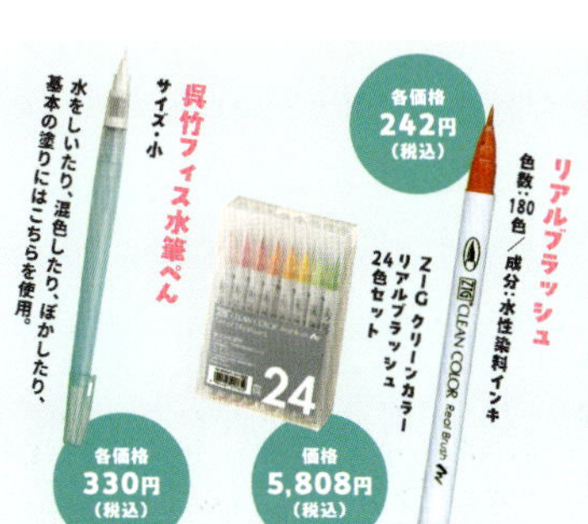

- 豊富な色数でイラストやデザイン、漫画など幅広い用途に使える。
- 毛筆タイプのカラーペンなので細描き、ベタ塗り自由自在！
- インクの伸びが良く、テクニック要らずでグラデーションができる。

ZIG マスキングライター&リアルブラッシュ

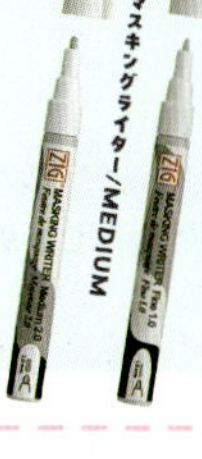

マスキングライター

ZIG マスキングライター／MEDIUM

ZIG マスキングライター／FINE

各価格 770円（税込）

- 着色後にはがすと綺麗に白抜きできるマスキングペン。
- 絵具、マーカー、インクなど、いろんな画材と組み合わせて楽しめる。
- ペン型で描きやすい！ 選べる芯先で細い線も引ける。替え芯付き。

ラフ～線画

線画

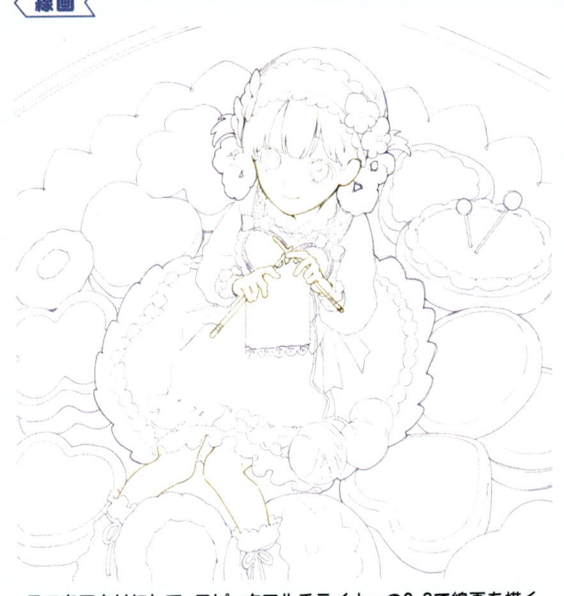

ラフをアタリにして、コピックマルチライナーの0.3で線画を描く。肌まわりはセピア、その他はラベンダーを使用。基本は塗りで表現するので、線画を描くのはアウトラインのみ。

ラフ①

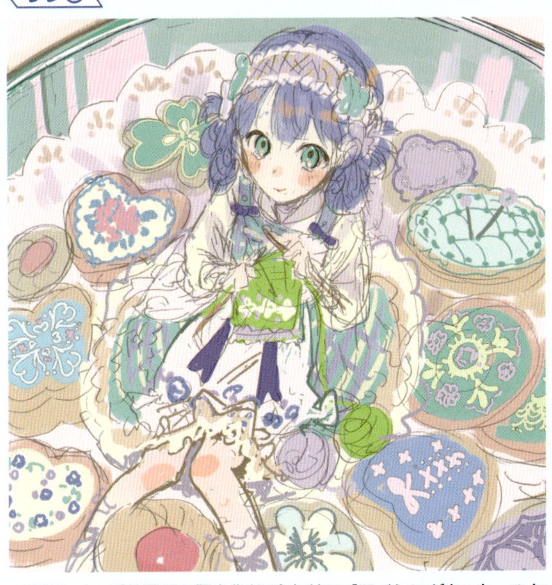

ラフ②

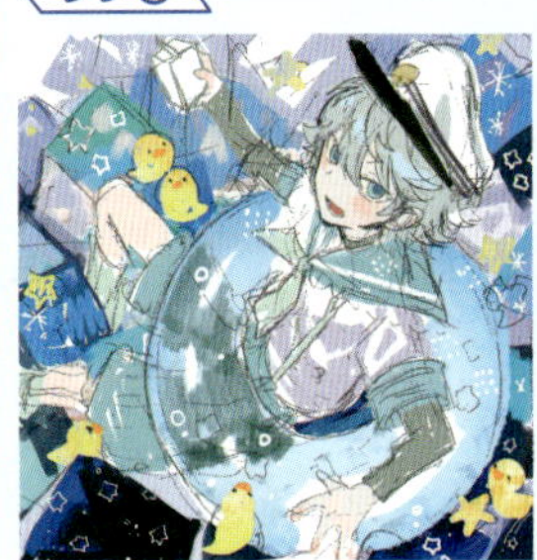

投稿テーマの「お菓子の擬人化」に合わせて、「アイシングクッキーのクッキー缶」をテーマにしたラフ①と、「ソーダゼリーフロート」をテーマにしたラフ②を描いてくれたレモンさん。どちらもドリーミーで可愛らしいけれど、アイシング部分を女の子が毛糸で編んだという設定のあたたかそうなラフ①が決定稿に。

顔まわりを塗る

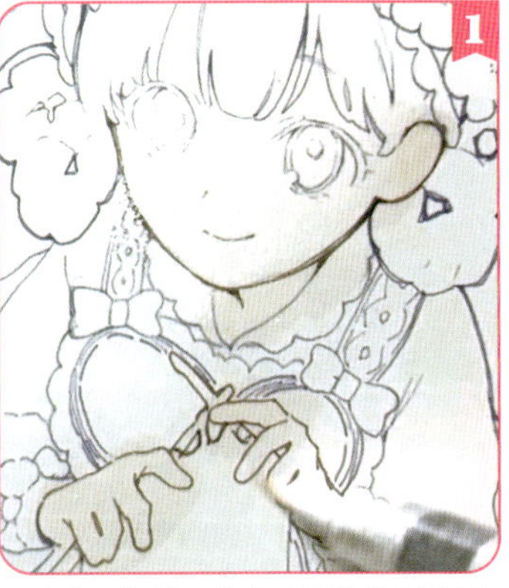

1 肌全体に水をしいたら、071NATURAL BEIGEと026LIGHT PINKを混ぜたオレンジ色を水筆ぺんに取り、耳、首、手を淡く色づける。これが肌のベース。

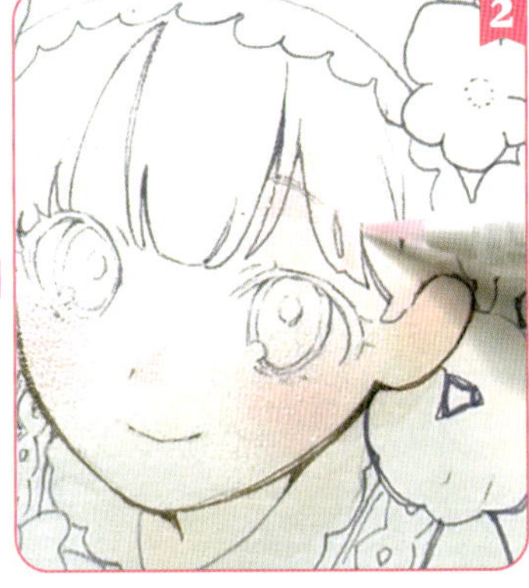

2 赤みを入れる。052BRIGHT YELLOW、025PINK、081LIGHT VIOLETを混ぜたピンク色を水筆ぺんに取って頬に伸ばし、鼻や耳、前髪の間にもふわっと広げる。

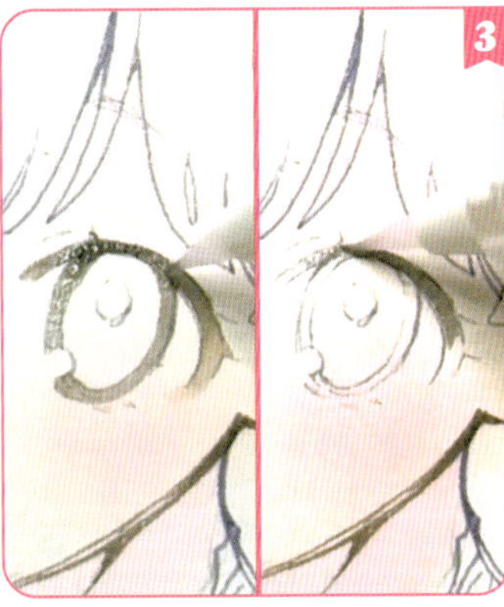

3 まつげと瞳の輪郭をなぞる。まつげ中央に062DARK BROWNを置き、目尻、目頭にいくにつれて072BEIGEで薄く。瞳の輪郭も同じ2色で、上にいくほど濃くする。

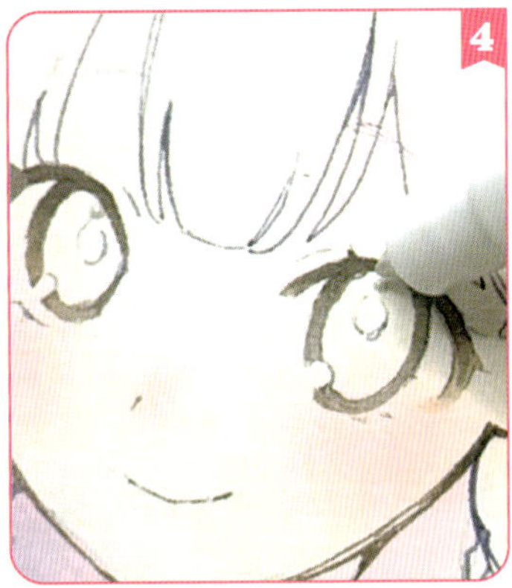

4 マスキングライター / FINEで瞳の上部に小さく丸いハイライトを描き入れて、マスキングする。

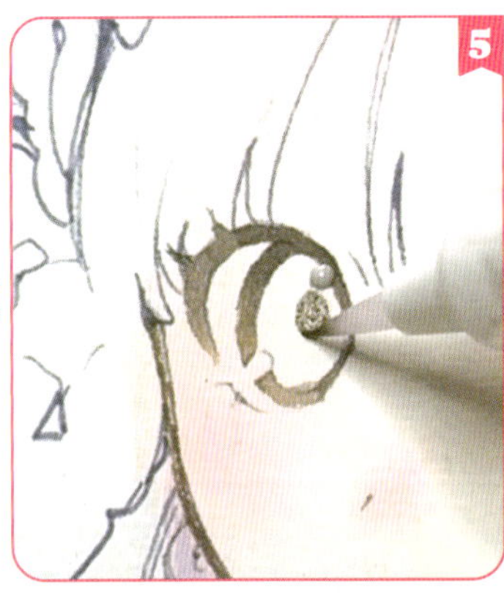

5 瞳孔を描く。③の工程で、主線(＝まつげと瞳の輪郭)をなぞるのに使った062DARK BROWNと072BEIGEを混ぜた茶色で、瞳中央を丸く塗りつぶす。

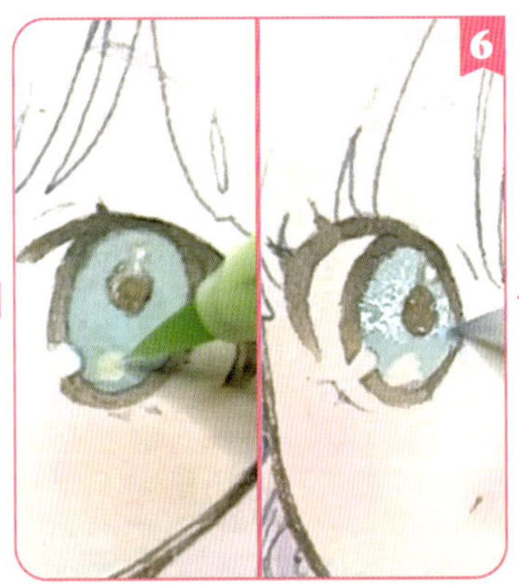

6 瞳全体を031COBALT BLUEで塗る。下部は丸くハイライトを塗り残し、045PALE GREENをペンで直接塗る。薄い黄緑色なので、そのまま塗るとちょうどいい発色に。

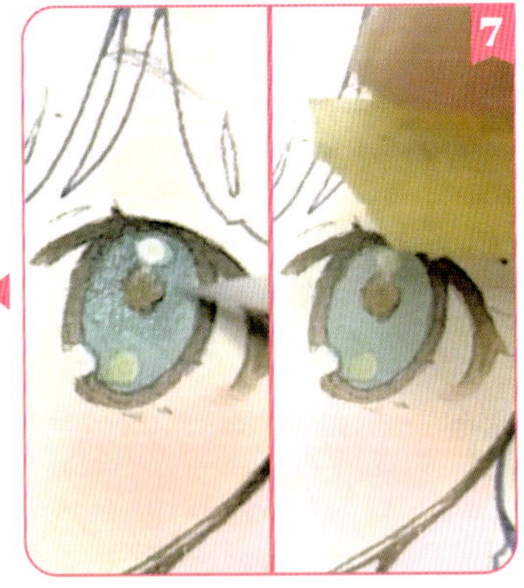

7 インクが乾いたら、④のハイライトのマスキングを剥がして、瞳上部にカゲを入れる。031COBALT BLUEに092BLUE GRAYを足して、やや暗くくすませる。

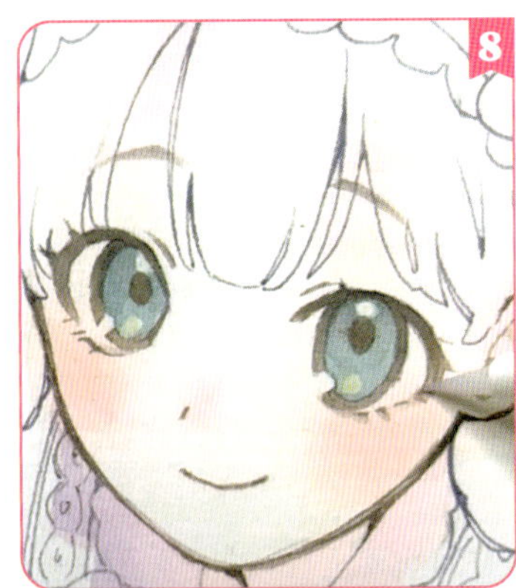

8 工程③と⑤で使用した062+072の茶色で主線をさらに濃くする。下まつげ、二重のライン、まゆげ、顔の輪郭、耳の中など。下まつげは少しぼかして、柔らかなニュアンスに。

髪を塗る

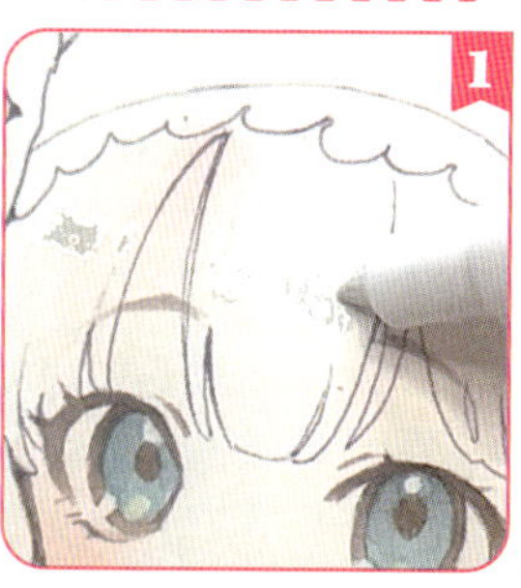

1 マスキングライター / FINEで前髪のハイライトをギザギザと描き込んで、マスキングする。

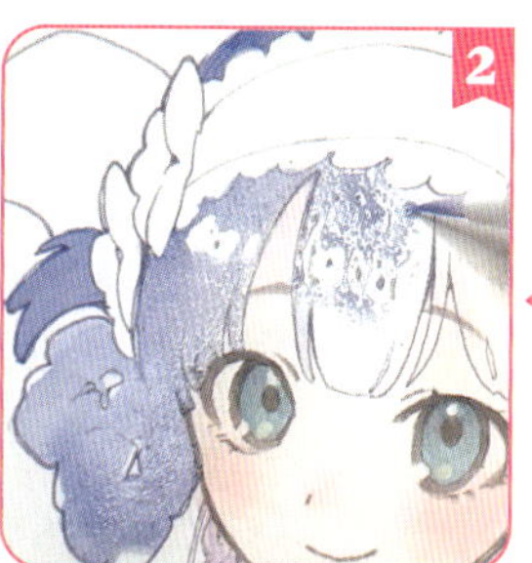

2 030BLUEと081LIGHT VIOLETを混ぜた青紫色で、髪を塗る。たっぷりの水で溶いて、淡く塗り重ねていく。

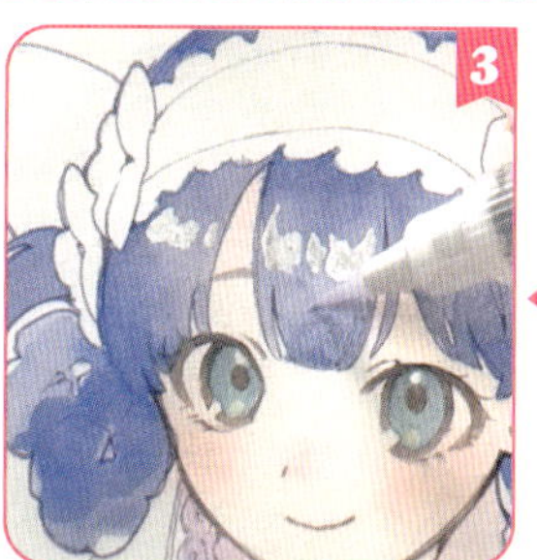

3 工程②のインクが乾いたら、030BLUEと090GRAYを混ぜた暗い青紫色を重ねて、髪に立体感を出していく。

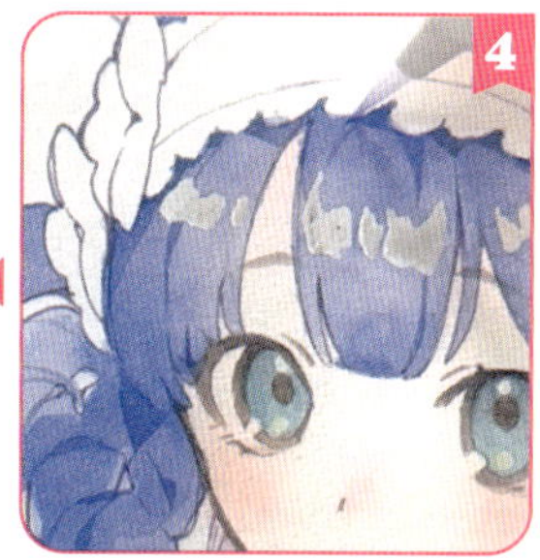

4 工程③のインクが乾いたら、カゲを入れていく。③と同じ、030+090の青紫色だが、少なめの水で溶いて濃く描く。

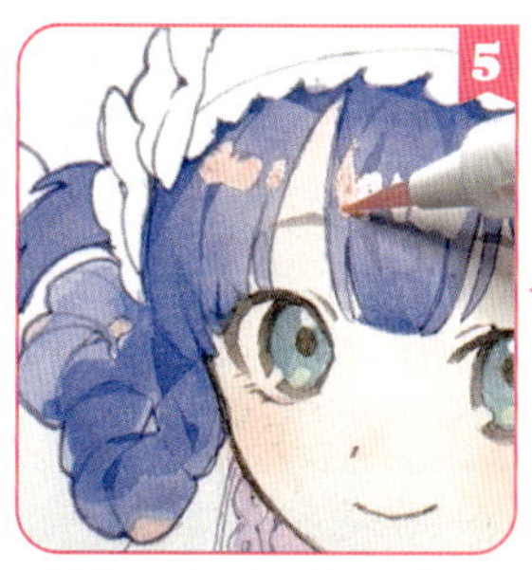

5 工程④のインクが乾いたら、マスキングを剥がして、025PINK+070ORANGEの鮮やかなピンク色でハイライトを塗る。

パンジーの髪飾りを塗る

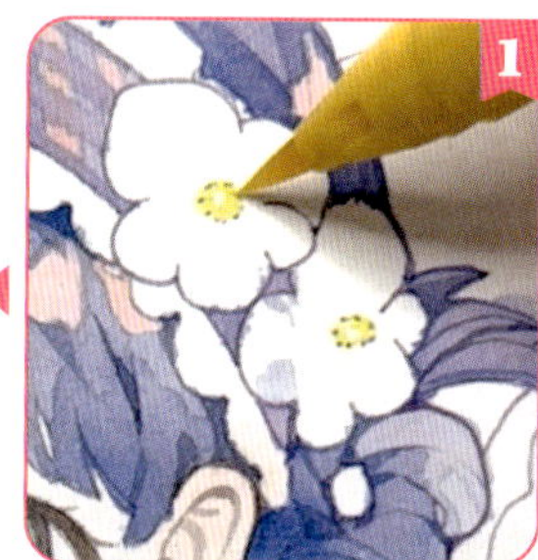

1 中心部分は、050YELLOWをペンで直塗りする。丸くふちどって、ハイライトは塗り残す。

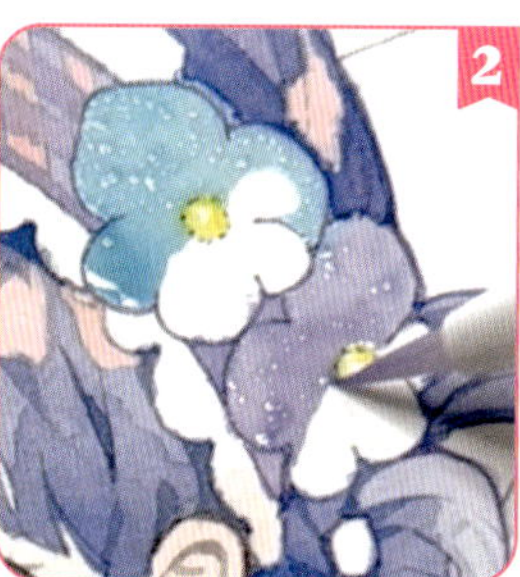

2 花びらを塗る。上のお花には、031COBALT BLUE、下のお花には髪のベースと同じ、030+081の青紫色を広げる。

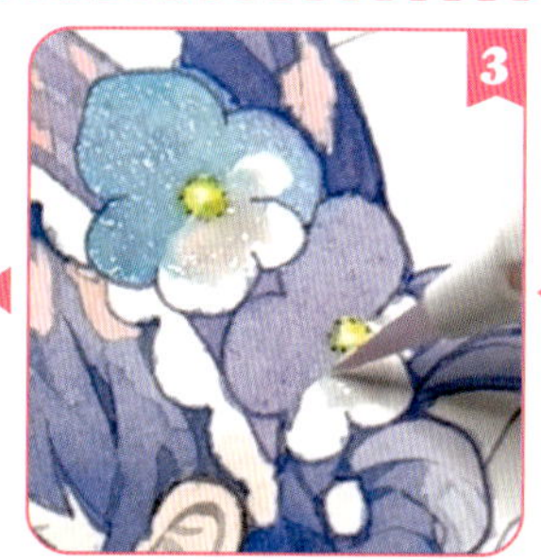

3 中心部分にカゲを入れる。髪のハイライトと同じ、025+070の鮮やかなピンク色を使用。花びらの色と混ざっても気にしない。

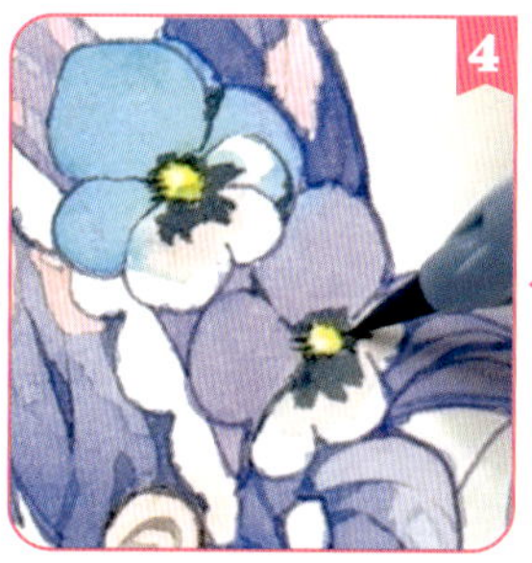

4 092BLUE GRAYで模様を入れる。花の形にあ合わせてペンで直接描き込む。

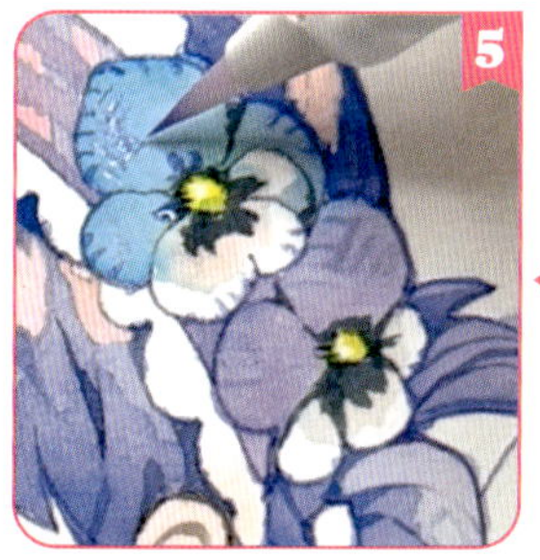

5 編み物のお花なので、毛糸っぽいタッチを描き込む。下の花びらと同じ030+081の青紫色で、ハッチングするように。

チェック模様のジャンパースカートを塗る

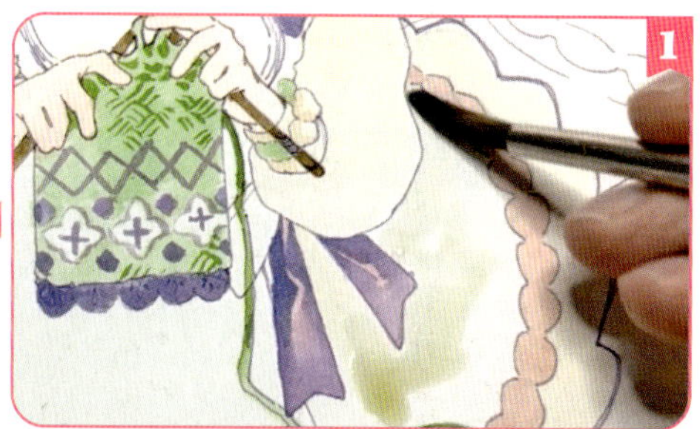

1 071NATURAL BEIGEと045PALE GREENを混ぜたやや青みのある黄色を全体に下塗り。範囲が広いので通常の筆を使用。これがベースの生地の色。

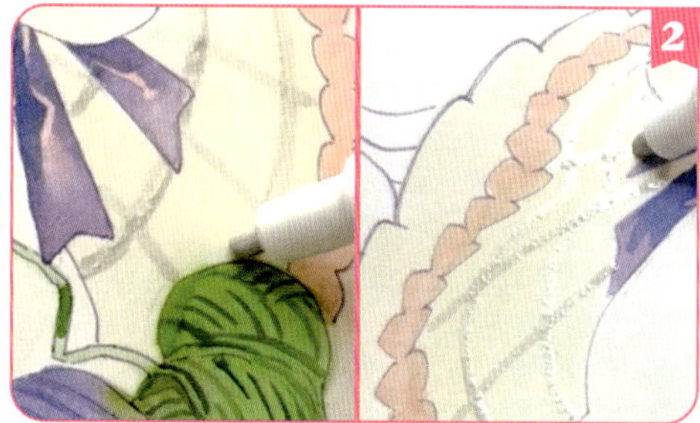

2 工程①が乾いたら、マスキングライター / MEDIUMで生地の地色を残す部分をマスキングしていく。スカートの立体感に合わせて、線を歪ませるのがポイント。

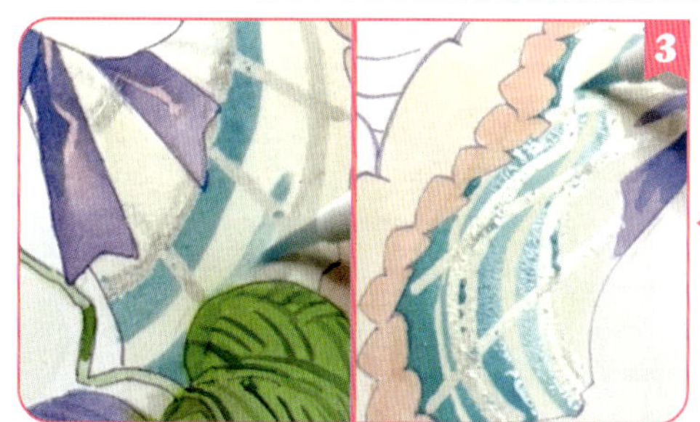

3 031COBALT BLUEと041LIGHT GREENを混ぜた青緑色で縞を描いていく。後から青紫色の縞も入れるので、その部分も塗り残す。

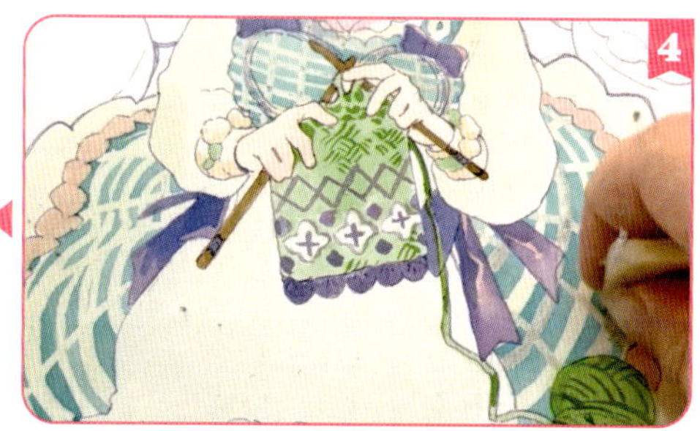

4 全体に青紫色の縞を入れ終わった状態。インクが乾いたら、マスキングを剥がす。

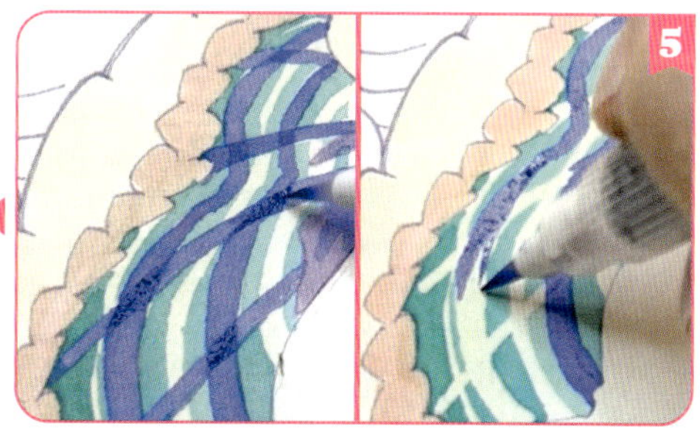

5 工程③で塗り残した部分に、030BLUEと081LIGHT VIOLETを混ぜた青紫色で縞を入れていく。縞が交差する部分は重ね塗りして濃くする。

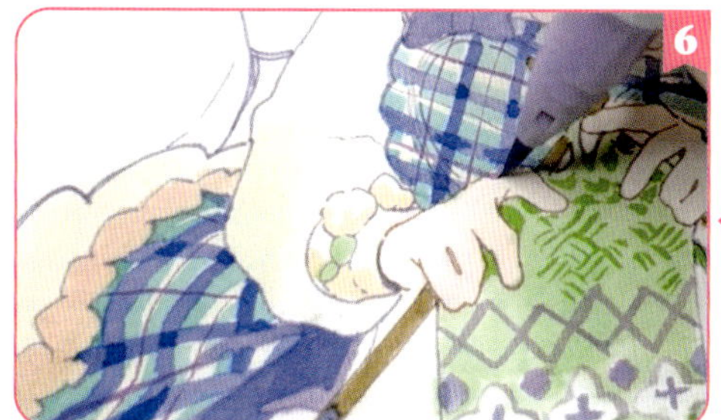

6 最後に081LIGHT VIOLETで細い縞を入れる。ペンで直接描くことで細い線もきれいに引くことができる。

編み物のアイシングクッキー缶を塗る

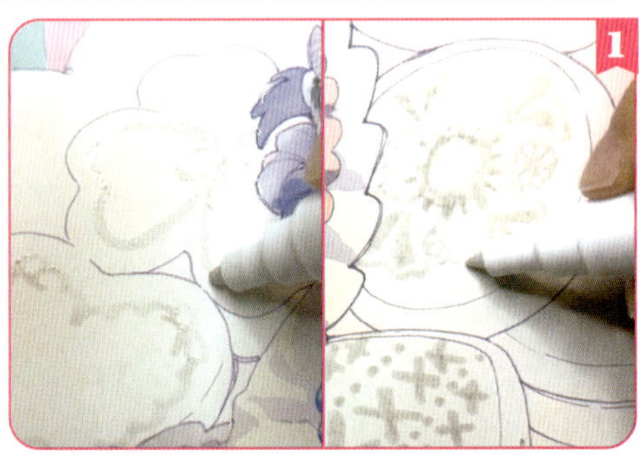

クッキー表面のアイシング模様をマスキングライターで描いて白抜きにする。模様が細かいところはFINE、そうでもないところはMEDIUMを使用する。

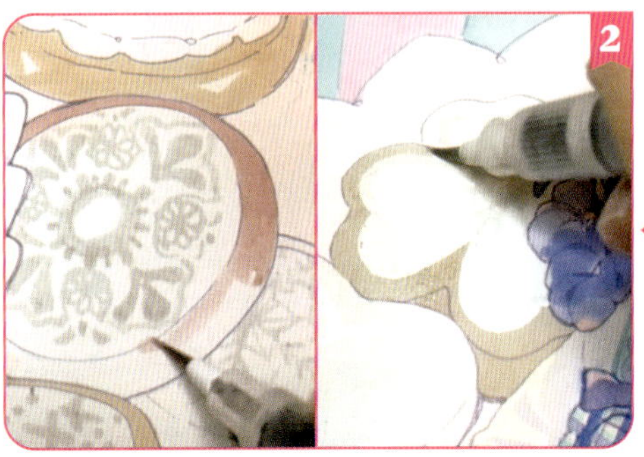

クッキー缶の側面を塗る。クローバー型は072BEIGE＋032PERSIAN BLUE＋080VIOLETのくすみベージュ。丸型、ハート型は072BEIGE＋025PINKのくすみピンク。

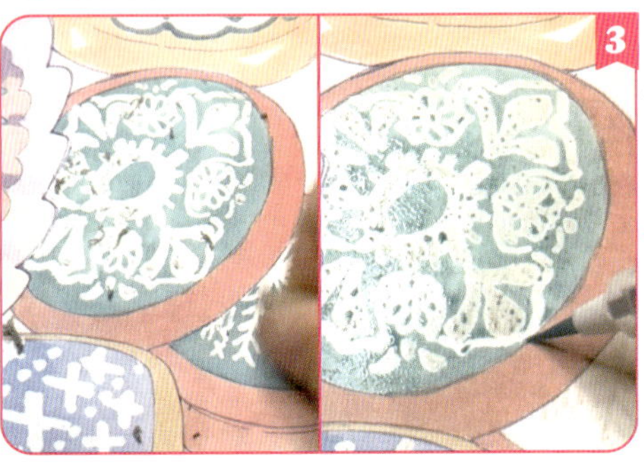

丸型のクッキー缶の表面部分を塗る。072BEIGEと031COBALT BLUEを混ぜたくすんだ青緑色を淡く何度か塗り重ね、インクが乾いたらマスキングを剥がす。

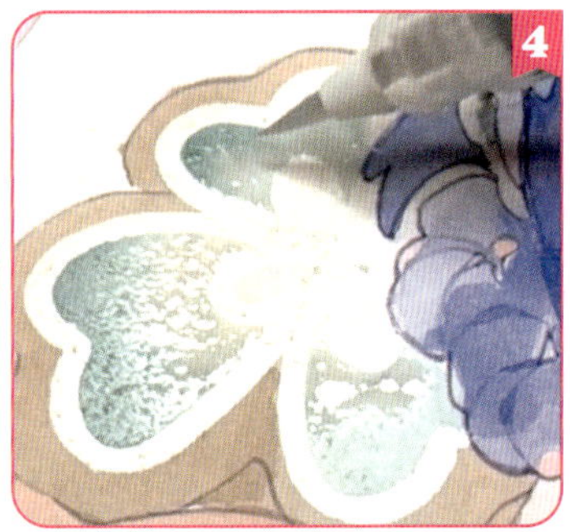

クローバーのアイシングは、外側が工程③と同じ072＋031の青緑色で、内側は072BEIGE。水を多めにすることで、なめらかなグラデーションをつくる。

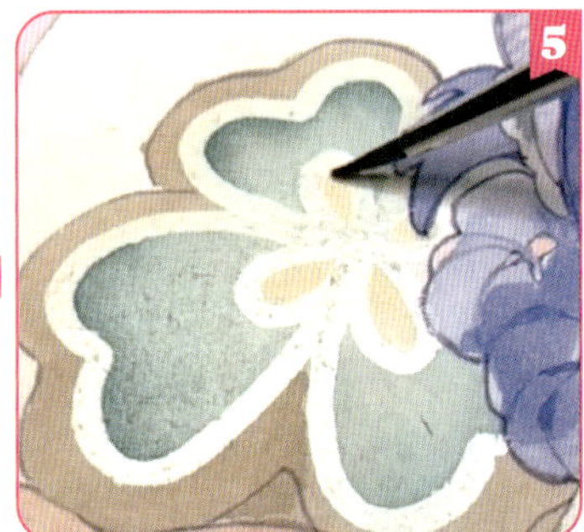

クローバーの中心部分は、071NATURAL BEIGEをペンで直接塗ったあと、極細筆で伸ばして整える。

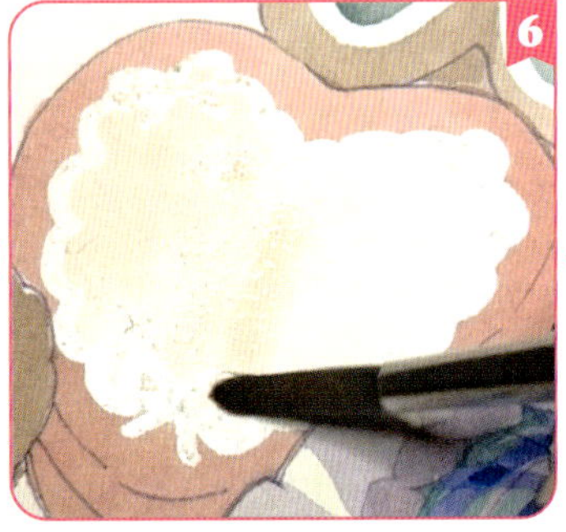

ハート型のクッキー缶の表面を塗る。マスキングしたリボンの内側を071NATURAL BEIGE＋072BEIGE＋025PINKのミルキーなピンク色でベタ塗りする。

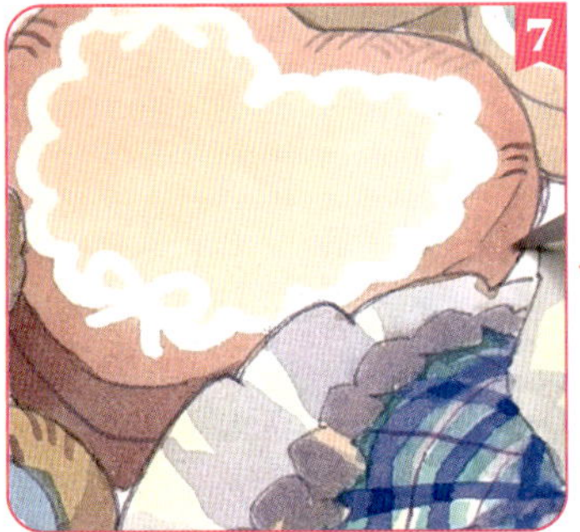

ハート型のクッキー缶の側面に、カゲと編み物のタッチを入れる。062DARK BROWN＋080VIOLET＋022CARMINE REDのくすんだ赤紫色で塗る。丸型も同様に。

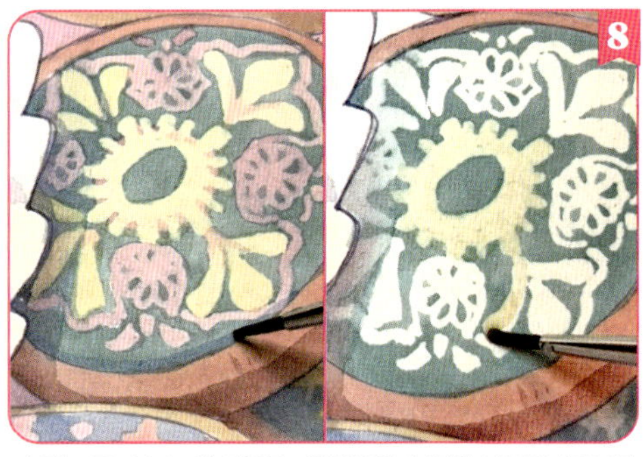

丸型のアイシングを塗る。050YELLOW＋041LIGHT GREEN＋025PINKの黄色、062DARK BROWN＋081LIGHT VIOLETの紫色に塗り分け。立体感を出すために工程⑦と同じ赤紫色でフチのカゲも追加。

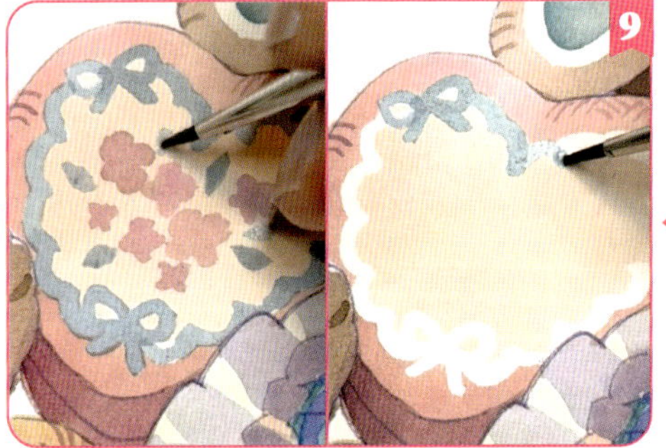

ハート型のアイシングを塗る。マスキング部分は030BLUE＋062DARK BROWNのくすんだ青色でリボンを描き、中にお花を描く。お花は丸型のアイシングと同じ081＋062の紫色で描き、葉っぱリボンと同じくすんだ青色で描く。

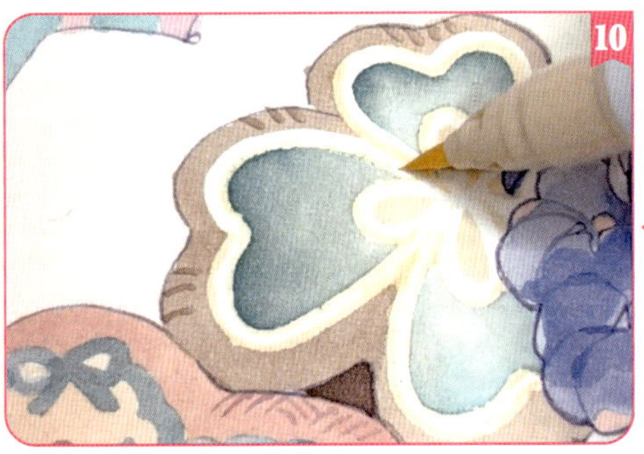

クローバーの仕上げ。072BEIGE＋062DARK BROWNの茶色でカゲとタッチを入れ、乾いたらマスキングを剥がす。白く抜かれた部分をふちどるように、071NATURAL BEIGEで塗って立体感を出す。

カラフルでドリーミーな編み物のアイシングクッキー缶と女の子のイラストが完成！　今回はZIGクリーンカラーリアルブラッシュの24色セットに、ZIGマスキングライターを組み合わせて、効率的に白抜きをしながら、カラフルで複雑な模様をたくさん描いてくれました。チェック模様を描く時や、ハイライトを入れる時、また複雑な柄を白抜きしたい時など、手軽に試せるので、みなさんもぜひ参考にしてみてくださいね！

サイン色紙プレゼント

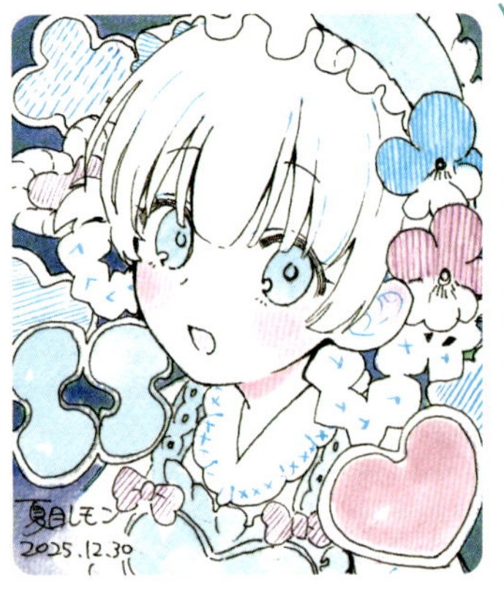

夏目レモンさんの「ZIG マスキングライター」の感想

夏目「普段はマスキングインクを筆に取って使っているのですが、すぐに筆がダメになるので、ペンで手軽にマスキングできるのはとても便利だと思いました。ペン先のサイズにバリエーションがあるので、細かいハイライトを描きたい時も広範囲を白抜きしたい時も、モチーフに合わせて使い分けが可能です。また、剥がしたあとに紙が毛羽立つこともありません。ペンタイプなので丸いラインになりがちですが、シャープにしたい場合も、リアルブラッシュのペン先だと形を整えやすいし、水筆ぺんの毛先も小回りが効くので相性がいいと思います」

■ZIG マスキングライター / FINE……小さなハイライトや複雑な模様など、細かい部分を白抜きするのに便利です。よく使いました。

■ZIG マスキングライター / MEDIUM……髪の毛の大きいハイライトや、スカートのチェック模様など、少し広めの範囲や太い線を引きたい時に便利でした。

the making of コピックチャオ スペシャルギフトBOX -Twinkle-

今号の「スモールエス　SS」では、メルヘンファンタジーなきらめく女の子を描く、凜ももさんが登場！　2025年11月に発売された『コピックチャオ スペシャルギフトBOX - Twinkle - 』のパッケージを手がけた凜ももさんが、セットに含まれるコピックチャオ24色に、さらにコピックスケッチを数色加えて、ミッドナイトのゆめ色に包まれた女の子を描いてくださいました♡　青色をメインに、淡いピンク色を効かせたファンタジックな色づかいや、美しいグラデーションを生み出すニブ先の繊細なテクニックに注目です！

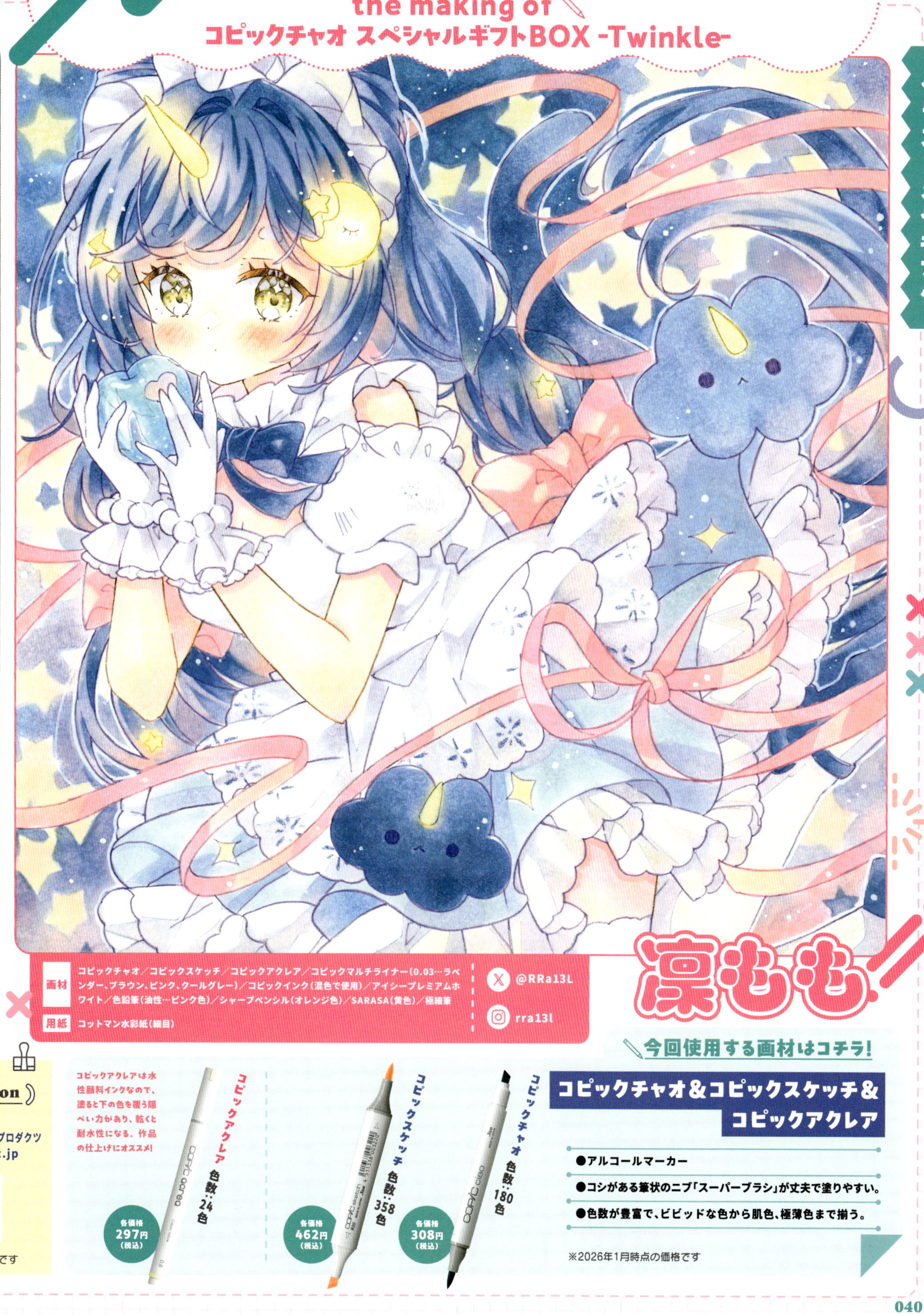

凜もも

画材 コピックチャオ／コピックスケッチ／コピックアクレア／コピックマルチライナー（0.03…ラベンダー、ブラウン、ピンク、クールグレー）／コピックインク（混色で使用）／アイシープレミアムホワイト／色鉛筆（油性…ピンク色）／シャープペンシル（オレンジ色）／SARASA（黄色）／極細筆

用紙 コットマン水彩紙（細目）

X @RRa13L

Instagram rra13l

今回使用する画材はコチラ！

コピックチャオ＆コピックスケッチ＆コピックアクレア

- アルコールマーカー
- コシがある筆状のニブ「スーパーブラシ」が丈夫で塗りやすい。
- 色数が豊富で、ビビッドな色から肌色、極薄色まで揃う。

コピックアクレアは水性顔料インクなので、塗ると下の色を覆う隠ぺい力があり、乾くと耐水性になる。作品の仕上げにオススメ！

コピックアクレア　色数：24色　各価格 297円（税込）

コピックスケッチ　色数：358色　各価格 462円（税込）

コピックチャオ　色数：180色　各価格 308円（税込）

※2026年1月時点の価格です

information

発売元
株式会社トゥーマーカープロダクツ
https://copic.jp

※価格は税込表示です

ラフ〜線画

線画

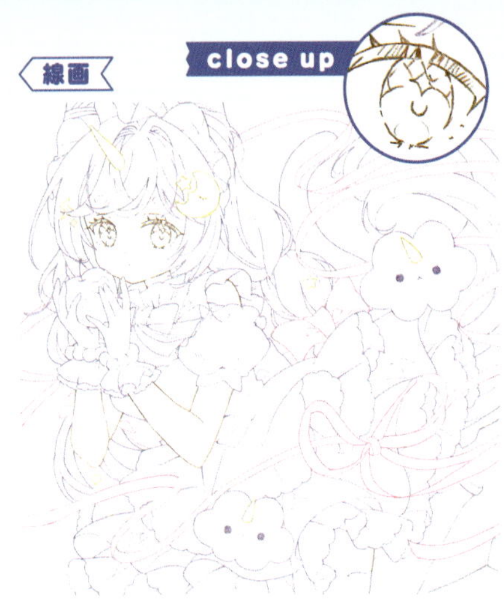

コピックマルチライナーをつかい描かれた線画。目立たせたい瞳はブラウン、髪はラベンダー、リボンはピンク、瞳の下部にあるハイライトはクールグレーで色分けされている。また、SARASAの黄色で月や星のりんかくを描き、ほわっとした輝きを表現。

凛もも　ラベンダーをつかうと、デジタルっぽい印象にまとまります。顔周りは極細の0.03で慎重に描いているのですが、表情が気に入らなかった場合は最初から描き直しです…。また、インクのにじみを防ぐために、消しゴムをかけて表面のインクを極力剥がしています。

ラフ

今回のメイキングでは、『コピックチャオ スペシャルギフトBOX -Twinkle-』でミニキャラとして登場した青い髪の子を、等身大の姿で描いた。猫耳を取り入れたヘアスタイルやユニコーンのツノがとてもキュートで、フリルたっぷりのワンピースが似合っている。また、月や星が夜空にきらめき、ガラスのりんごを手にするなど、メルヘンファンタジーのムードもたっぷりと盛り込まれている。

凛もも　周りに浮遊している子たちは「雷雲ちゃん」というマスコットキャラクターです！

今回使用する画材はコチラ！

コピックチャオ スペシャルギフトBOX -Twinkle-

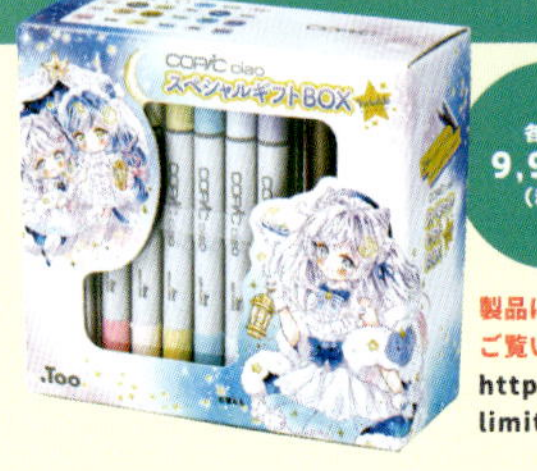

各価格 9,900円（税込）

製品についてはHPからもご覧いただけます。
https://copic.jp/limited/giftset2025/

☆セット内のコピックチャオを実際に使用して描いたイメージイラストが目印の限定ボックス。ギフトにも最適な華やかなパッケージです。

☆コピックチャオ　スタート12色、24色セットとの色の被りは0番（カラーレスブレンダー）以外はありません。コピックチャオ　スタート12色、24色セットをすでにお持ちの方の買い足しにもおすすめです。

コピックチャオ 凛ももセレクト24色／コピックアクレア ゴールド／コピックマルチライナー ブラウン(0.05)／コピックインク(YR31、0番、空ボトル(各1本))／コピックスケッチ 空ペン／基本が身につくコピックレッスンブック／描きおろしイラスト カラーイラスト 2柄各1枚／描きおろしイラスト／ぬり絵線画 2柄各2枚／コピック練習シート 1枚／無地用紙（特選上質紙）3枚

肌を塗る

使用色…コピックチャオ（E000、R00、R11、V000）／コピックスケッチ（E0000、R000）／アイシープレミアムホワイト／筆／シャープペンシル／色鉛筆／消しゴム

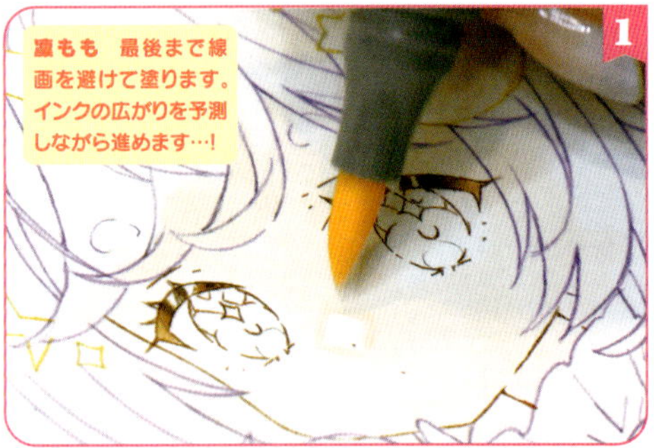

極めて淡いベージュ色E0000をつかい、肌を塗る。線画をニブ先で擦るとインクで線画がにじんでしまうため、注意して塗り進める。塗り残した鼻のハイライトは、とても淡いベージュ色E000でフチ取り、E0000でなじませる。

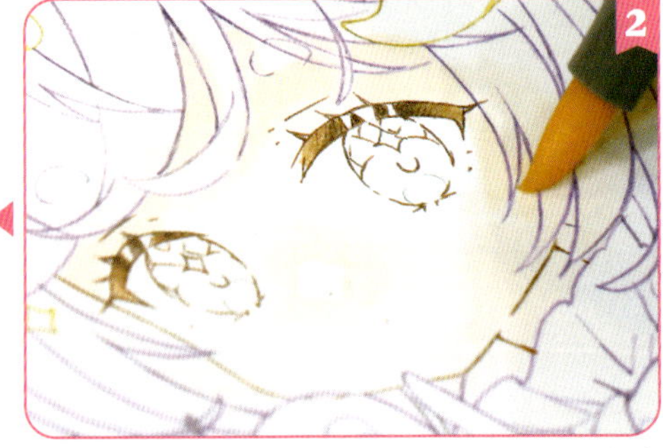

カゲや赤みを加える。E000をつかい、顔に落ちる髪のカゲをベタ塗りで描き込む。また、E000とE0000で鼻周りに血色感を与え、あたたかみのある肌を表現する。

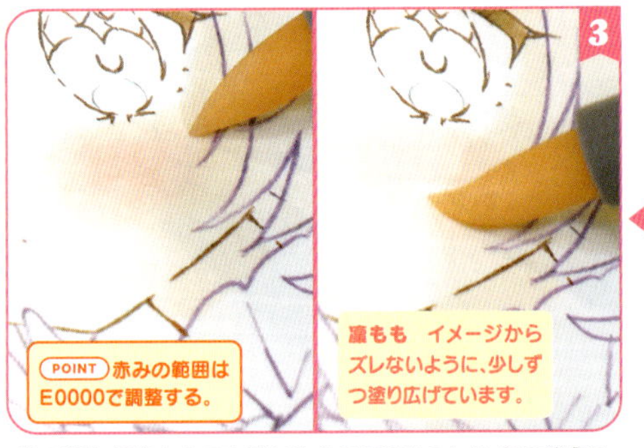

頬の赤みを描く。とても淡い朱色R000をつかい、頬の膨らみをイメージして横長の丸を描く。R000のフチはE0000で外側に向かって伸ばし何度か重ねてなじませている。続いて淡い朱色R00や朱色R11を頬の中央に重ね、R000でなじませる。より柔らかな頬に仕上げていく。

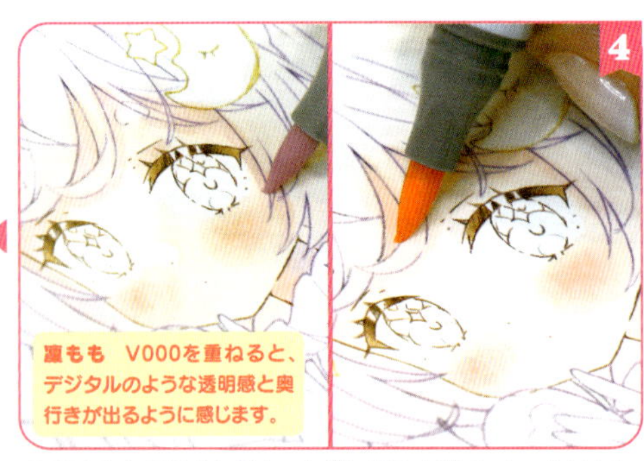

R000をカゲ部分に重ね、カゲに深みを出す。クッキリとしながらも血色感が加わった。また、とても淡い青紫色V000を重ね、肌に透明感を出す。

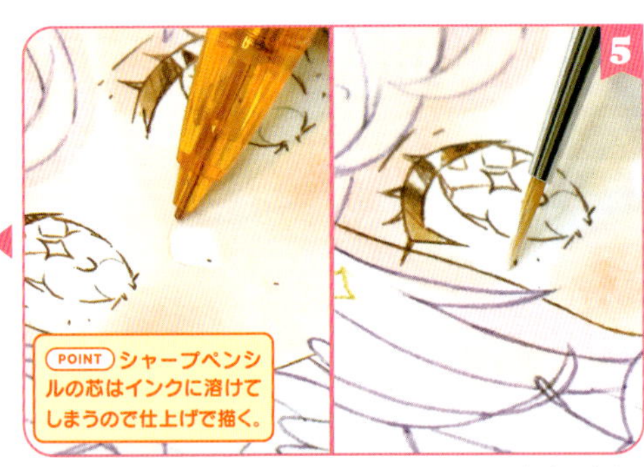

コピックのインクで線画がにじみ、肌がごってしまったため、ホワイトで修正する。極細の筆にアイシープレミアムホワイトを少量取り、気になる部分に塗る。オレンジ色のシャープペンシルで鼻のハイライトを囲ってメリハリを出す。

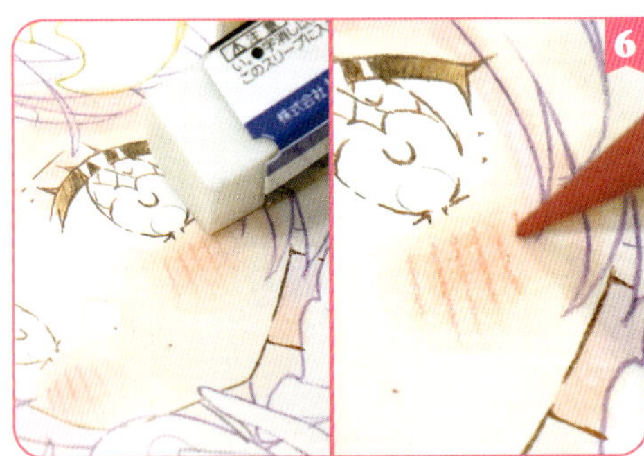

頬に赤みの斜線を加える。まず、油性の色鉛筆のピンク色をつかい、クッキリとした斜線を描く。続いて消しゴムでぽんぽんと軽く叩き取り、色の濃さを調整する。頬に斜線の赤みを加えたことで、より可愛らしい印象に仕上がった。

瞳を塗る

使用色…コピックチャオ(E47、B60、BV000)／コピックスケッチ(E33、YR30、YR00、E81、E84)／コピックインクで混色…凜ももオリジナルカラー[YR31+0番(1:6)]／アイシープレミアムホワイト／筆

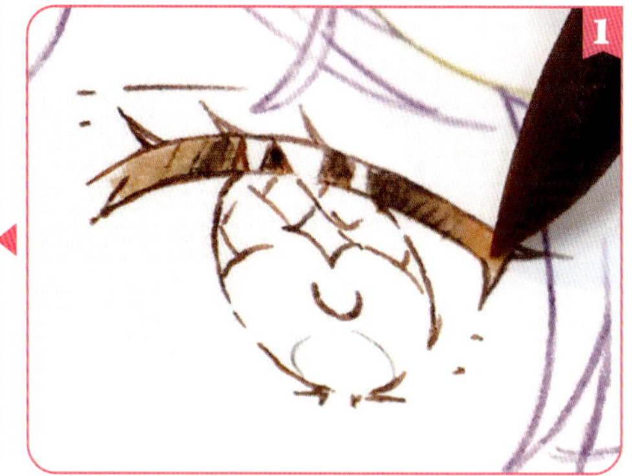

1 まつ毛を塗る。ギザギザとしたハイライトを残して束感を表現しつつ、薄茶色E33をまつ毛全体に塗る。また、焦茶色E47をつかい、ハイライトの周りをフチ取るように塗り埋めてE33とグラデーションにする。

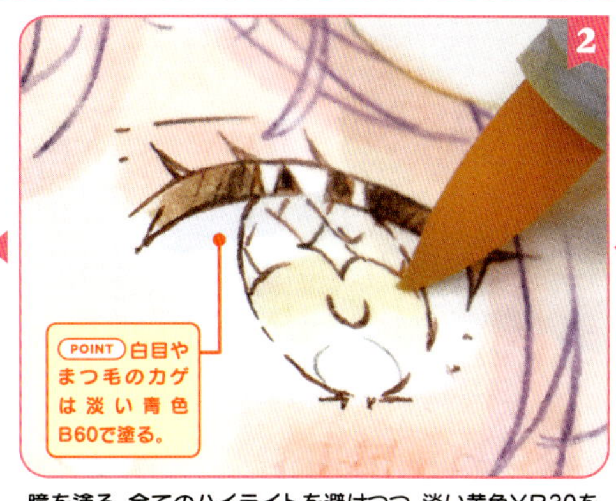

2 瞳を塗る。全てのハイライトを避けつつ、淡い黄色YR30をベースとして塗る。また中央のラインに沿って、凜ももさんの自作インクである淡いオレンジ色[YR31+0番(1:6)]を塗る。

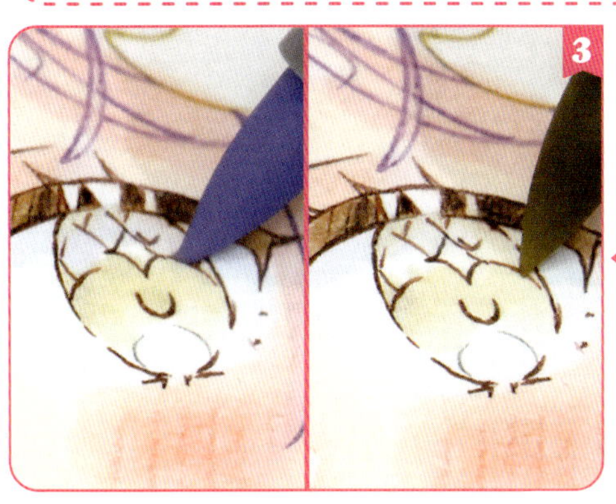

3 瞳上部のハイライトを避けつつ、YR30を塗る。ピンクがかったベージュ色YR00でぼかしつつ、淡いカーキ色E81で色を加えた。インクがしっかりと乾いたら、瞳孔の真上にあるダイヤの形のハイライト以外をB60で塗る。

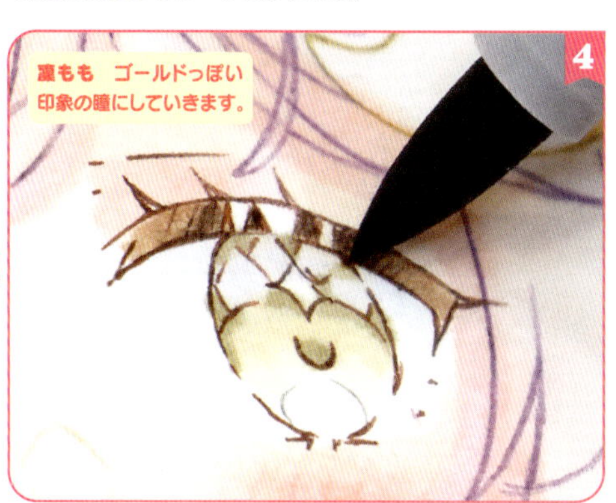

4 カーキ色E84をつかい、瞳上部のハイライトをふち取りキラキラとした印象に仕上げる。また、中央のラインや瞳孔にもE84を塗る。

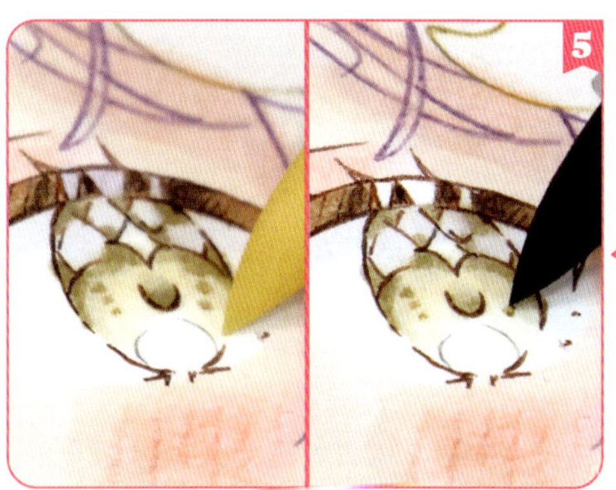

5 さらにE84をつかい、ニブの先端でちょんちょんと虹彩を描く。また、YR00で全体に色を重ねて整えた。虹彩を入れることでウルウルとした印象になる。

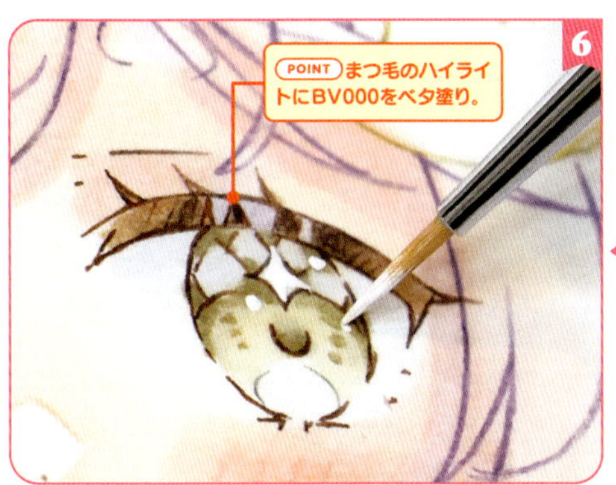

6 仕上げに小さなハイライトを散らしたり、際立たせる。極細の筆にアイシープレミアムホワイトを少量取り、瞳孔の真上にあるダイヤの形のハイライトをベタ塗りした。

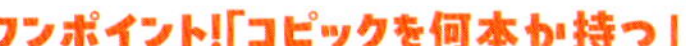

ワンポイント!「コピックを何本か持つ」

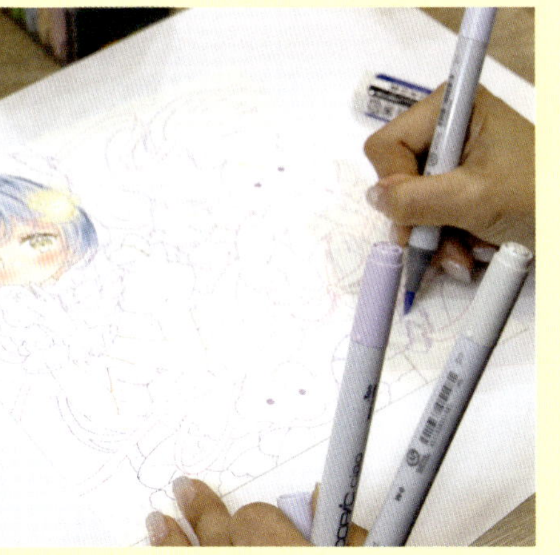

複数色でムラのないきれいなグラデーションをつくるためには、インクが乾かないうちに次の色を塗り重ねて手早く作業を進める必要がある。そのため、凜ももさんは左手に別の色を持ち、素早くコピックを取り替えている。

凜ももさんがコピックをつかい始めた頃のお話

凜もも　私が初めてコピックをつかったのは学生の頃で、最初はベーシック24色セットを購入したと思います。それから単色でピンク色ばかり集めていました(笑)。その頃からピンク色のドリーミーな女の子をたくさん描いていましたね。また、星空など背景のイラストもたくさんチャレンジしていました。

フリルを塗る

使用色…コピックチャオ(BV000、B60、W-0、V000)

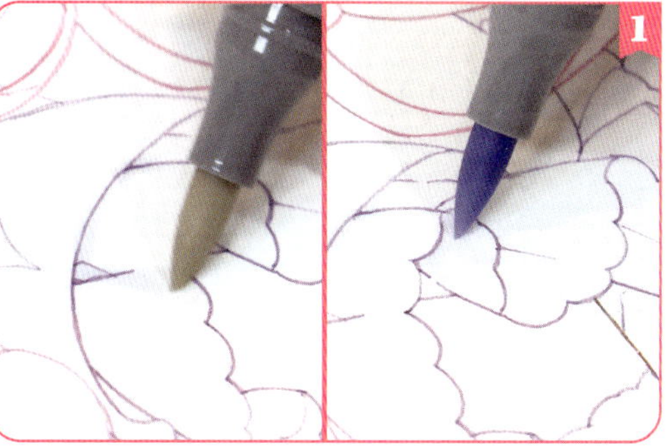

1 スカートのフリルを塗る。とても淡い青紫色BV000をつかい、フリルのシワを描く。続いて黄みがかった灰色W-0で塗り伸ばし、フリルのやわらかさを表現する。また、B60でシワの形を調整した。青紫色と黄みがかった灰色を組み合わせることで、フリルの白さを表現している。

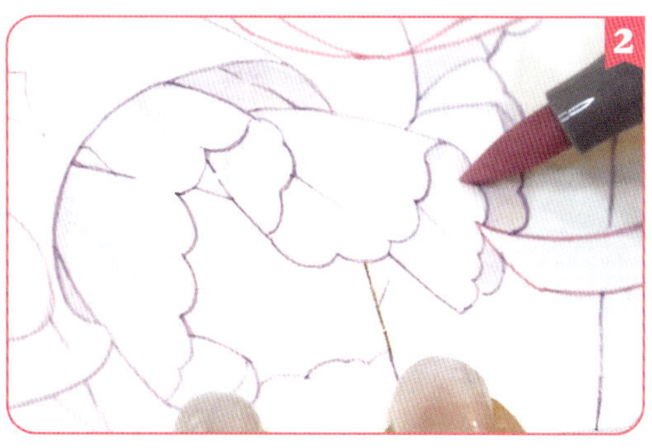

2 フリルに色味を加えて布の薄さや、奥行き感を出す。奥にあるフリルにV000をササッと重ねた。また、カゲが濃い部分にも重ねて、より奥行き感を表現する。

髪を塗る

コピックチャオ(B60、B93、V000)／コピックスケッチ(YR30、B91、B95)
コピックインクで混色…凜ももオリジナルカラー[YR31+0番(1:6)]

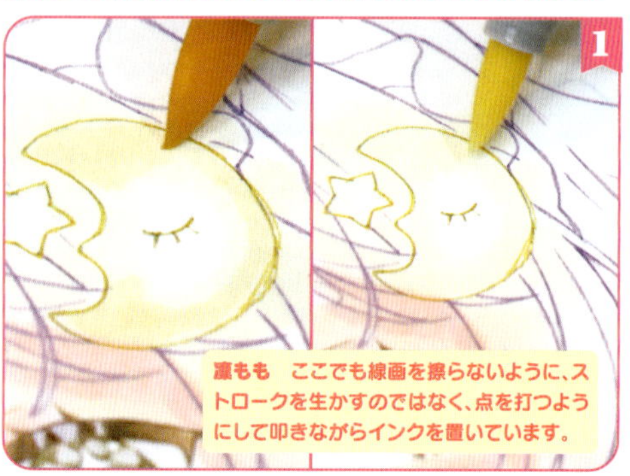

髪飾りの月や星を塗る。月の中央は白く塗り残して、YR30をつかい髪を含めた周辺を塗る。髪まで塗ることで、光の広がりを表現する。また、凜ももオリジナルカラー[YR31+0番(1:6)]を月のりんかくにふんわりと重ねた。

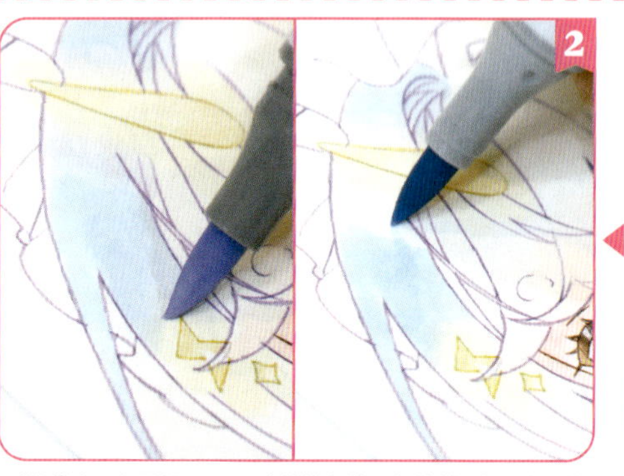

手順①と同じ要領で、ツノや飾りを塗った状態。光の広がりは避けつつ、青色の髪のベースとして水色B91を塗る。続いてB91が乾かないうちに、光と髪のベースの境目にB60を塗り、なめらかに仕上げる。

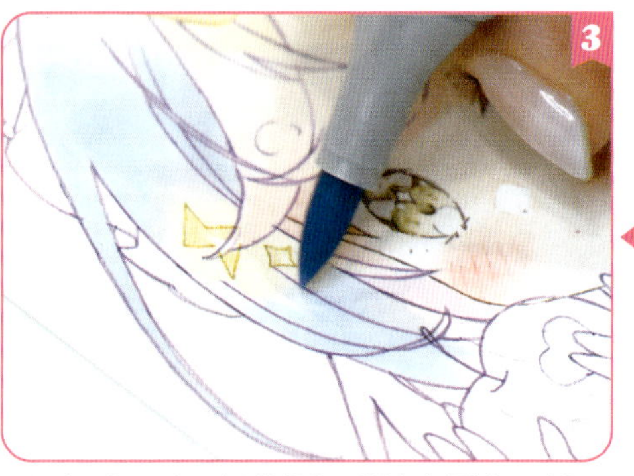

B91をつかい、光の広がり部分に毛流れを優先して毛束のエッジを描き込むこともある。
凜もも　毛流れは感覚的に描いてるところもあります。薄い色で塗り始めて髪全体のバランスを確認しています。

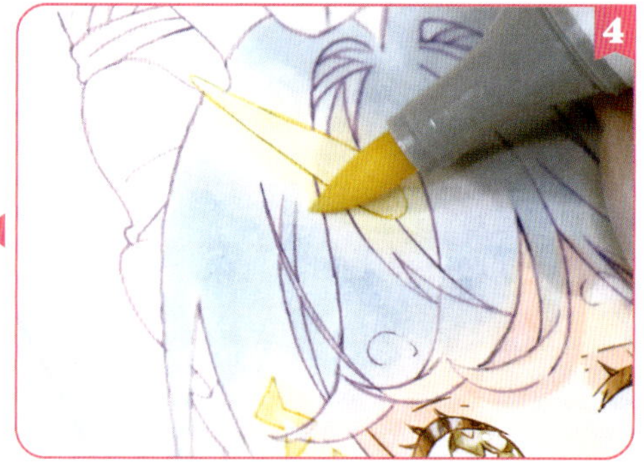

ベースを塗り終えたところで、光が広がる部分にYR30を塗り重ねる。光の色を濃くしつつ、より発光感を強める。

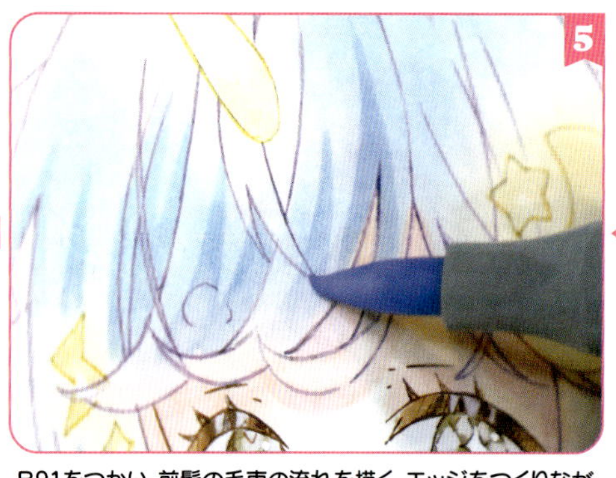

B91をつかい、前髪の毛束の流れを描く。エッジをつくりながらカゲに塗った。毛先に向かうにつれて力を抜きインクの量を少なくして、淡く抜けていくグラデーションにしている。

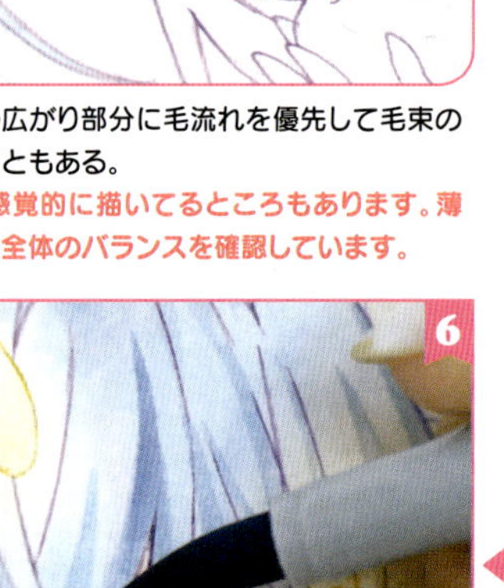

毛束が重なってカゲが濃くなる部分に、少し濃い青紫色B93を塗る。毛先に向かってB93を塗り、B91でぼかしてなじませている。少しづつ色を加えてツヤを生み出す。

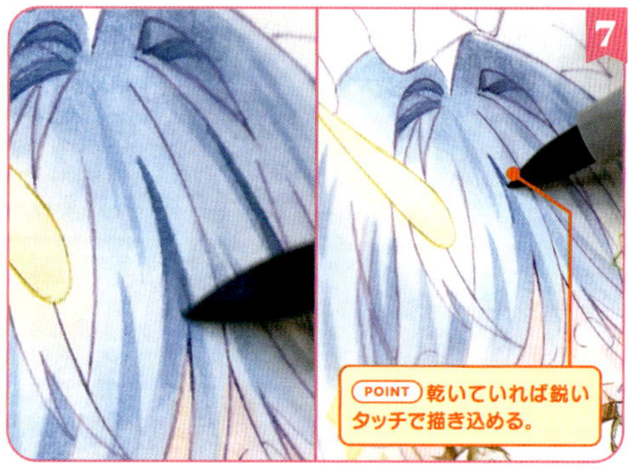

先に塗っているインクが乾いていることを確認し、毛束のカゲが一番濃くなる部分を描き起こす。ニブの先端をコントロールして、紺色B95で細い毛流れを描写する。

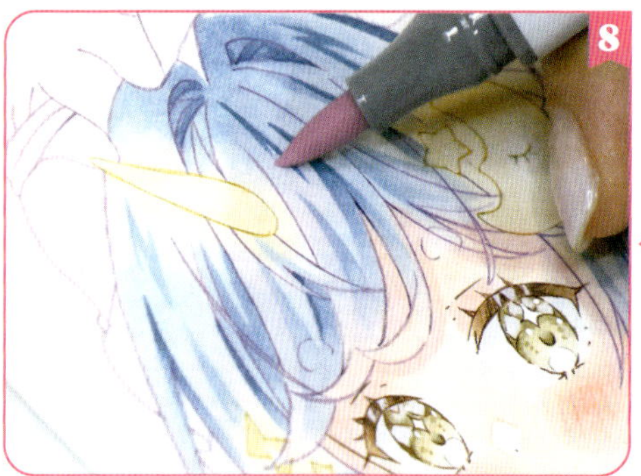

髪の中央にあるハイライトあたりにV000をササッと重ねる。V000を重ねたことで、幻想的な透明感が増した。

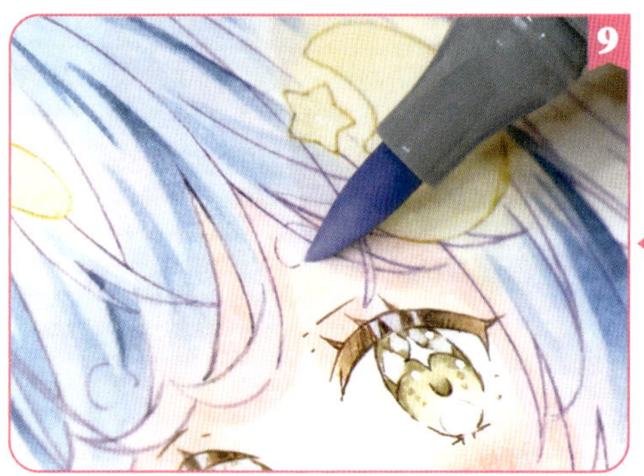

まろ眉に色を置く。B60を塗る。淡い色にすることで、主張しすぎない眉毛にした。

サイン色紙プレゼント

幻想的な星々の光に包まれる、青髪の女の子が完成！　ピンク色のリボンがゆらめくかろやかな流れも美しく、より女の子の可愛らしい表情に釘付けになります。凜ももさんはきれいな画作りをするために細心の注意を払って、線画を避けながら着彩をしていました。また、紙を擦らないようにインクを点で置くように軽く叩き塗るのもコツです。みなさんも凜ももさんのメイキングを参考に、ファンタジックで可愛らしい女の子を描いてみてくださいね！

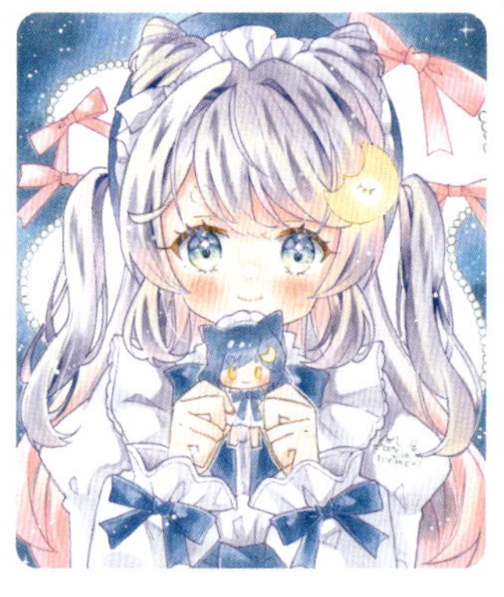

ワンポイント!「奥側の髪色」

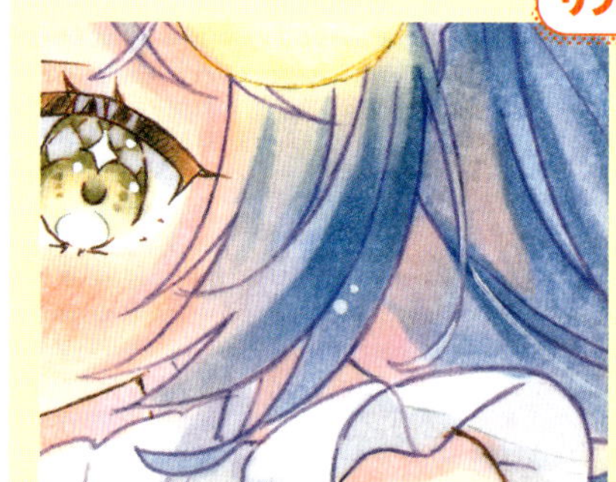

凜ももさんの完成イラストでは、髪の奥にV000系の色を重ね塗りすることで、よりファンタジックな印象にまとめている。

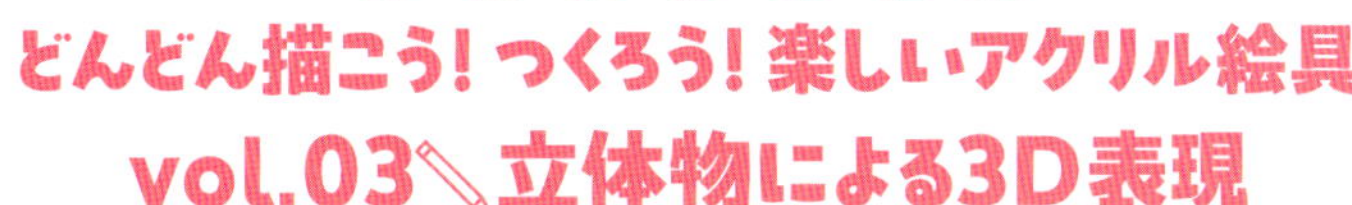

どんどん描こう！つくろう！楽しいアクリル絵具

vol.03 立体物による3D表現

イラスト講座

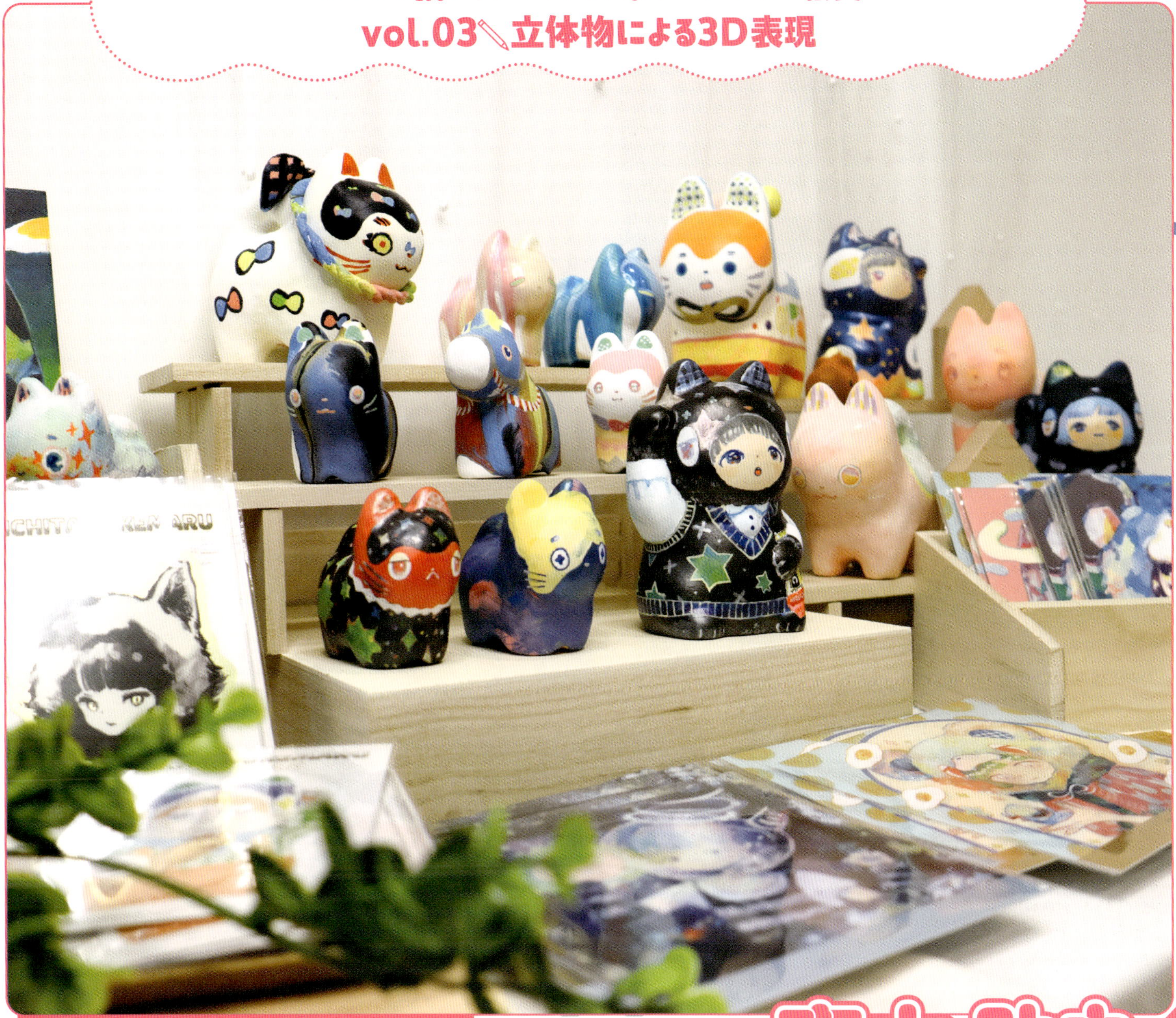

壱太 助丸
いちた すけまる

画材　アムステルダム　アクリリックカラー＆アクリルガッシュ／ジェルメディウム／バーニッシュハイグロス／ヴァンゴッホ ビジュアル筆／色鉛筆／紙やすり／樹脂粘土

 @ichita_sukemaru

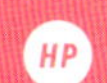 ichitausukemaru.tumblr.com

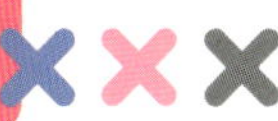

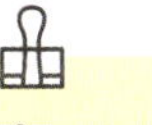

information

発売元
株式会社ターレンスジャパン
https://www.talens.co.jp

※価格は税込表示です

SS82号から３号連続企画として壱太助丸さんにアクリル絵具の魅力を紹介していただいています。第１回は「アクリル絵具の基本情報」として、「アクリルガッシュ」と「アクリリックカラー」の違いを解説。第２回は、「メディウムを使用した表現のカスタマイズ」と題して「アクリリックメディウム」を利用したオリジナルの額のつくり方をお届けしました。そしてついに、このコーナーも最終回を迎えます！　今回は、「立体物による３Ｄ表現」として題して、張り子や陶器にアクリル絵具で着彩をして、オリジナルの置物や雑貨を制作します。近年、イベントや展示会場では平面のイラスト作品だけでなく、１点もののアクセサリーや雑貨、置物が目を引きます。アクリル絵具は、ガラス、プラスチック、石など、いろいろな素材にも描くことができます。普段とは違った素材に描くだけで新しい表現が見つかったり、描く素材を平面ではなく立体物に変えるだけで、普段の絵の表現を活かしながらも生活に寄り添う作品をつくることができます。みなさんもぜひ、この記事を読んで、アクリル絵具ならではの、どこまでも自由な表現を楽しんで作品制作をしてみてくださいね。

塗る前の下準備

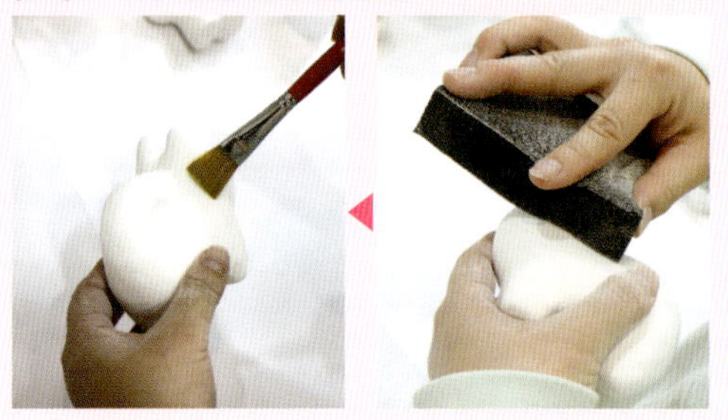

張り子は1つずつ手作業でつくられているため、サイズ感や風合いが個体ごとに異なる。それも制作をする際のおもしろさのひとつ。ただ、表面は絵具で着彩する場合、ある程度なめらかな方が仕上がりが綺麗なため、壱太助丸さんは着彩前にやすりで表面を軽くこする。

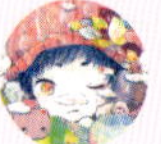

張り子は曲線が多いため、スポンジタイプのやすりをつかうと張り子のかたちにそって滑らかにやすりをかけやすいです。また、やすりをかけると表面が粉っぽくなってしまうので、着彩前に乾いた筆で軽く表面を払ってあげると良いと思います。

立体物に絵を描こう!

壱太助丸さんは、近年イベントや展示会などで絵付け用の張り子や陶器にアクリル絵具で着彩をして販売をおこなっている。主にAmazonや製造元のネット通販を利用するという。張り子に関しては群馬県高崎市にある一千乃が運営する「ハリコオンライン」でつくられている「白仕上げ」という無地の張り子のシリーズを活用している。張り子や陶器をゼロからつくるとなると、ハードルの高さを感じる人もいるかもしれないが、絵付け用の素材をつかうことで着彩からすぐにスタートできる。

ハリコオンライン
https://shop.acty-daimonya.com

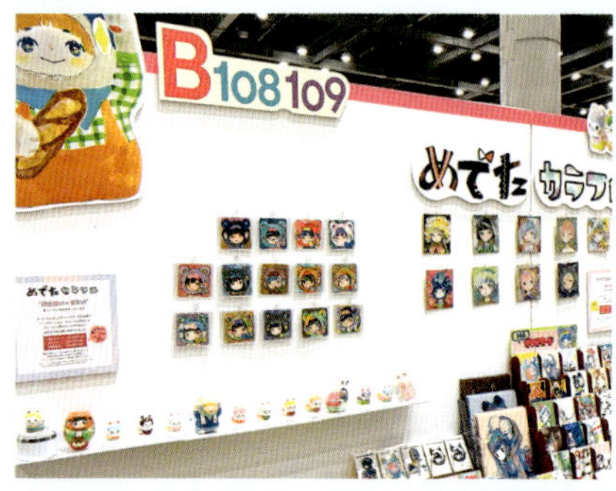

アートイベント・デザインフェスタに出店したときの壱太助丸さんのスペース。壁には色紙を飾って展示するだけでなく、棚をつけて置物の販売もしている。

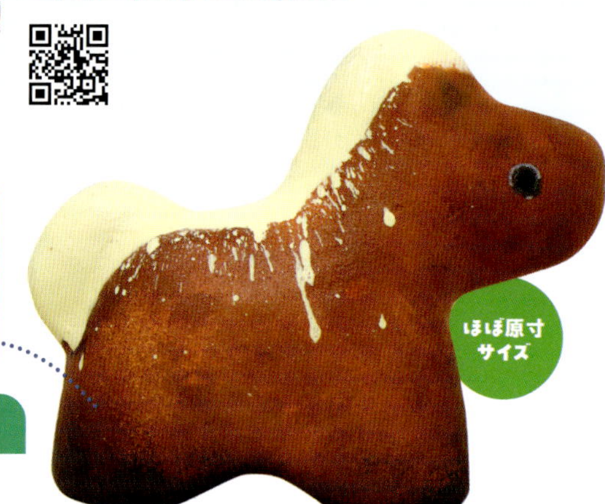

スポンジで張り子に色を塗る

はじめに、2026年の干支である午(うま)年の張り子に着彩していく。馬の埴輪のイメージで制作した。

使用素材:「ハリコオンライン」干支午(無地/白仕上げ)
サイズ:幅8cm×奥行4cm×高さ6.5cm

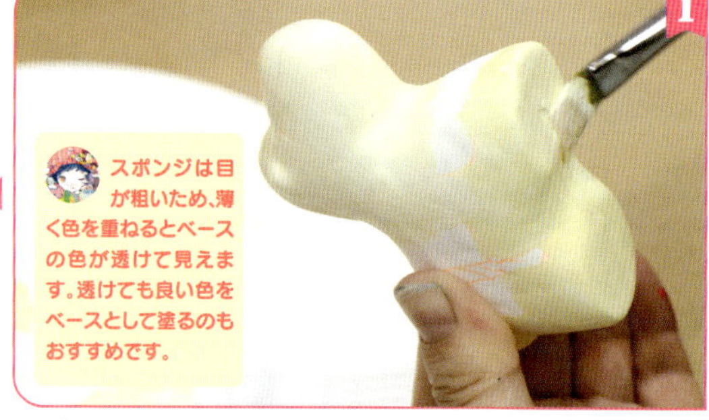

スポンジは目が粗いため、薄く色を重ねるとベースの色が透けて見えます。透けても良い色をベースとして塗るのもおすすめです。

まずはベースの色を塗る。チタニウムホワイト(105)とネープルスイエローディープ(223)を紙皿の上で混ぜてクリーム色をつくった。張り子を手に持って、平筆でベタ塗りしていく。足元を塗ったときは、横に寝かせながら乾かしていた。

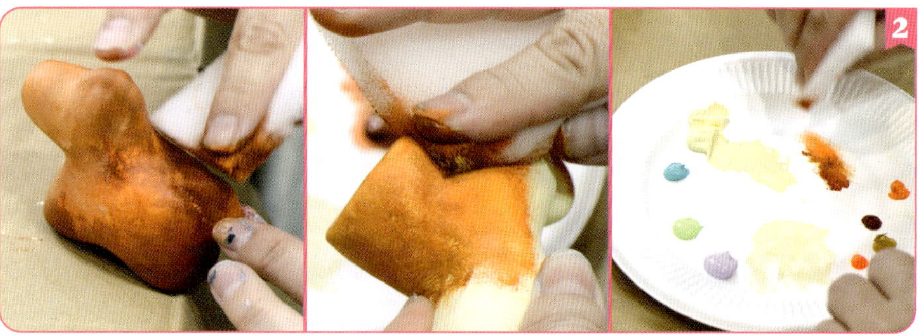

①が乾いたら、スポンジで色を乗せる。スポンジの角で、アゾオレンジ(276)・バーントシェンナ(411)・イエローオーカー(227)・リフレックスオレンジ(257)の色を取り、紙皿にトントンと押し付けるようにして軽く色を混ぜる。張り子に絵具を乗せていくうちに徐々に色はなじむため、紙皿の上では丁寧に混色をしなくても良い。スポンジのデコボコとした素材がそのまま張り子にテクスチャとして加わる。また、取る色の割合を変えることで繊細に濃淡をつけた。

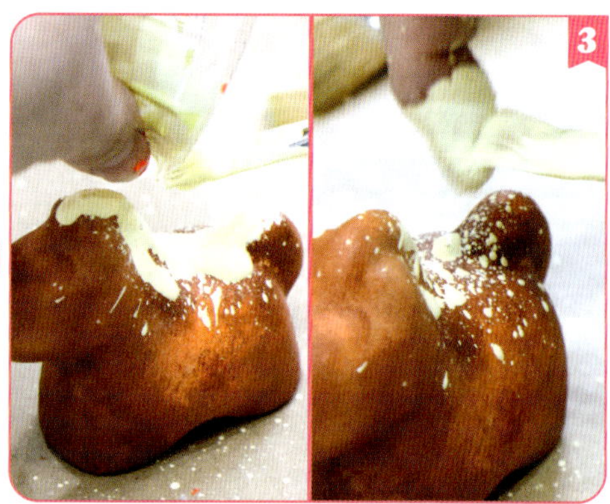

ネープルスイエローディープ(223)にニッケルチタニウムイエロー(274)を混ぜ、たっぷりの水で溶かして卵色をつくる。おおきめの平筆で絵具を取り、指で筆先を弾いて飛ばす。筆に絵具を取りすぎると、ぼたぼたと絵具が落ちてしまうので、取る量を見極めるのもコツ。また、上から卵色の絵具を垂らして、たてがみを表現する。

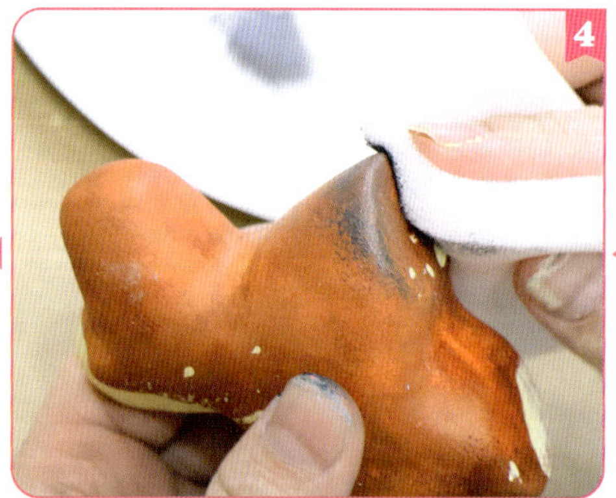

グラファイト(840)をスポンジで取り、埴輪の歴史を感じさせる汚れを表現する。足元を中心にわずかに色を乗せた。

グラファイト(840)は、鉛筆の鉛のような色をしています。グレー色をしていて光沢感がありますが、メタリックカラーとも違う輝きです。ほかの色ともなじみがよく、かっこいい雰囲気になります。

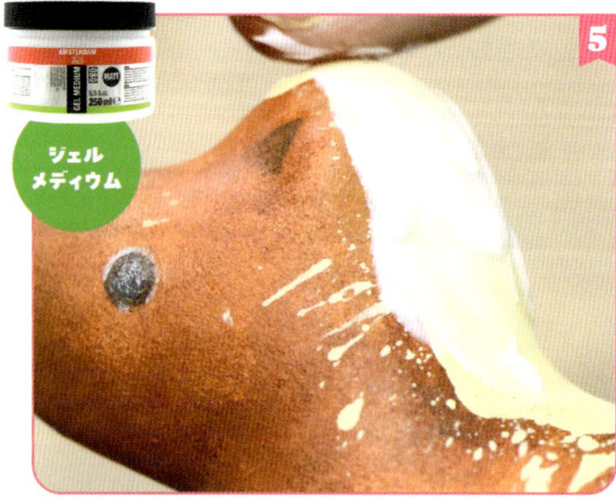

仕上げに、ジェルメディウムマットをたてがみに乗せる。張り子は繊細なフォルムをしているため、筆をつかうのがおすすめ。壱太さんは、張り子にパレットナイフでジェルメディウムを乗せたあと、指で撫でるようにたてがみ部分に乗せていった。塗った直後は白いが、乾くと透明になり、マットな質感になる。

キラキラ絵具で陶器の貯金箱を塗る

次に、ターレンスより発売されているメタリックカラーとパールカラーを中心に陶器の招き猫に絵を描いていく。立体作品にキラキラとした画材をつかうと角度によって輝きや見える色の雰囲気が変わる。また、キラキラの画材をつかうことで奥行きを与えることができるだけでなく、リッチな印象にもなる。

使用素材:「薬師窯」お絵かき招き猫
サイズ:高さ10cm×横幅7cm×奥行6cm

CHUGAI TOEN CO., LTD.
https://chugaitoen.co.jp

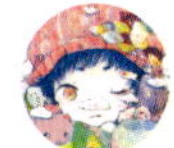

つかった絵具

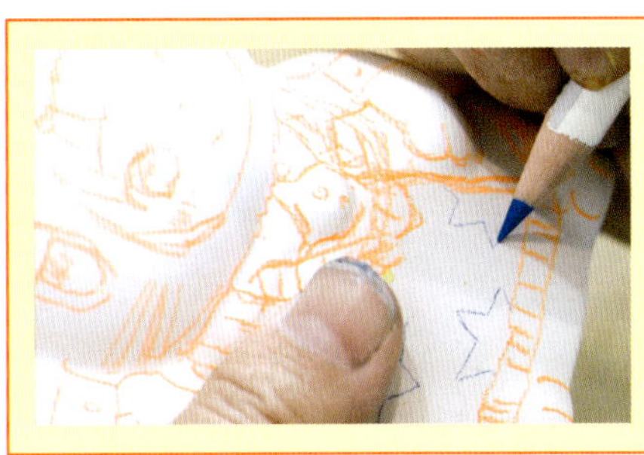

パールカラー

メタリックカラー

全6色
20ml 440円(税抜400円)
120ml 1,100円(税抜1,000円)

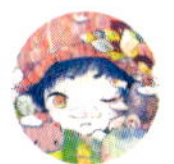

貯金箱は陶器製です。絵付け用のものなので色が塗りやすくなっています。やすりをかけなくても表面がなめらかなので、簡単に着色することができます。

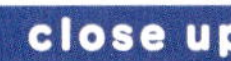

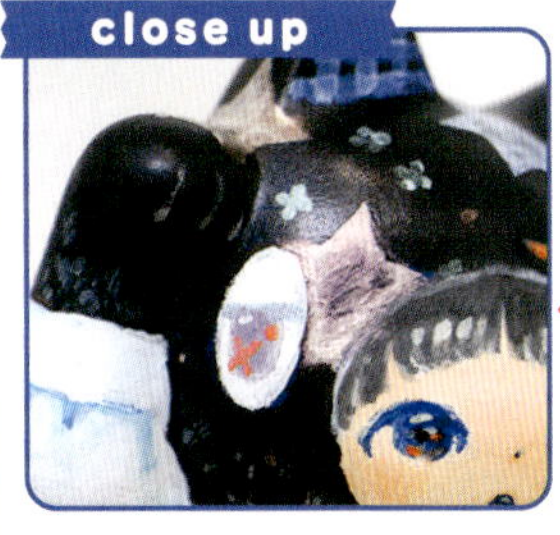

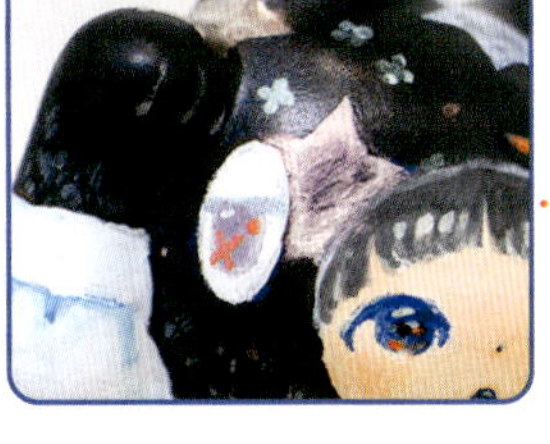

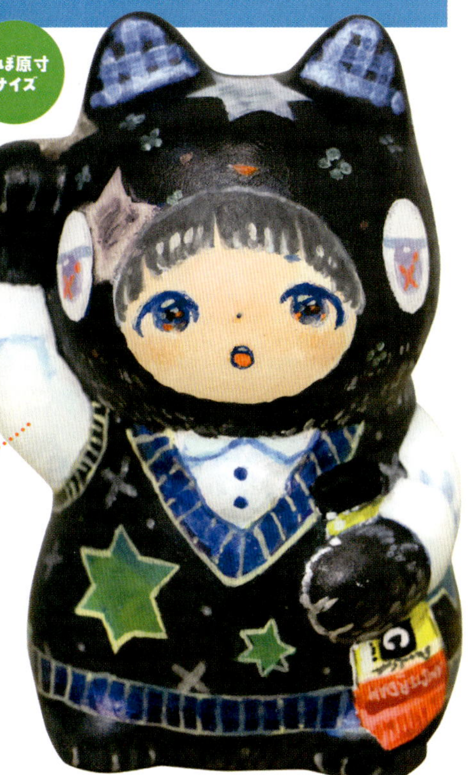

ほぼ原寸サイズ

招き猫の形なので、猫の顔を描くのに適しているフォルムになっています。私が普段描いている、かぶり物をかぶったキャラクターがそのまま立体化したようなイメージにしたいので、顔を描き入れています。

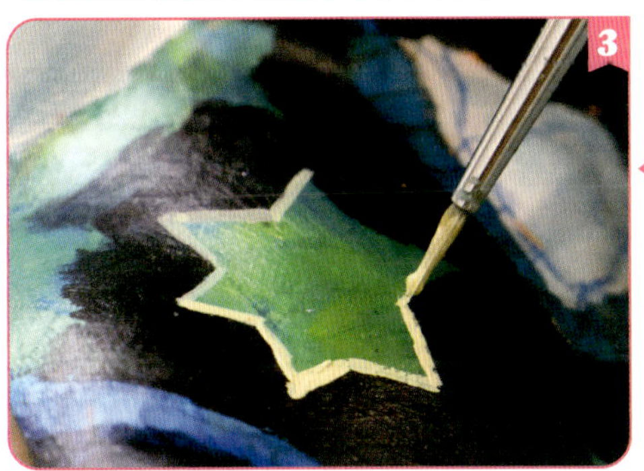

one point

立体に柄や顔を描くときには、色鉛筆などを利用して下絵を描くと失敗しにくいのでおすすめ。壱太さんは主にオレンジ色の色鉛筆で顔や服を描いていた。

服を描く

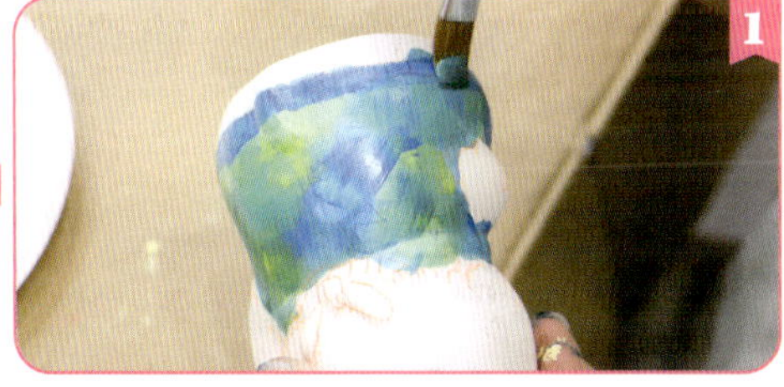

1 まずは、服を塗る。メタリックイエロー(831)とメタリックブルー(834)を筆に取り、招き猫のお腹あたりに色を乗せる。少量のメタリックグリーン(836)をさらに取りつつ、ランダムに色を一周、重ねていく。招き猫の上で絵具を混ぜたときのムラやアクリル絵具を乗せたときのタッチなどはあえて残すことで、手描き感を出す。

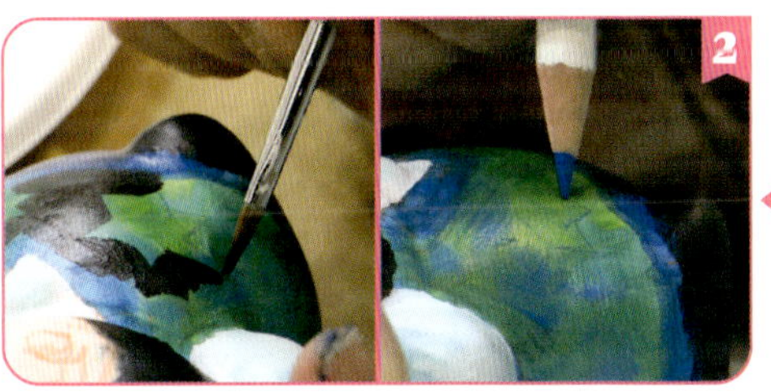

2 下塗りが乾いたら模様を描く。まずは色鉛筆で六芒星の形のアタリを取る。続いて、アクリル絵具で六芒星の形を塗り残しながらベタ塗りをする。そうすると、星の形が浮かび上がる。色を塗り残すときは形のフチをまずはなぞると良い。色はメタリックブラック(850)をつかった。

3 仕上げに六芒星の形のフチに線を引いて模様を整える。塗り残す形が少しガタついていても、モチーフの形をフチ取れば綺麗になる。色はネープルスイエローディープ(223)をつかった。

one point

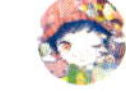

色鉛筆で六芒星のアタリを描いた場所は、下塗りをしたあと下塗りの色を塗り残します。下塗りは、色鉛筆で描いた六芒星の位置に合わせて、あえてタッチを強く残したり、色ムラを強く出したりしています。

かぶりものを描く

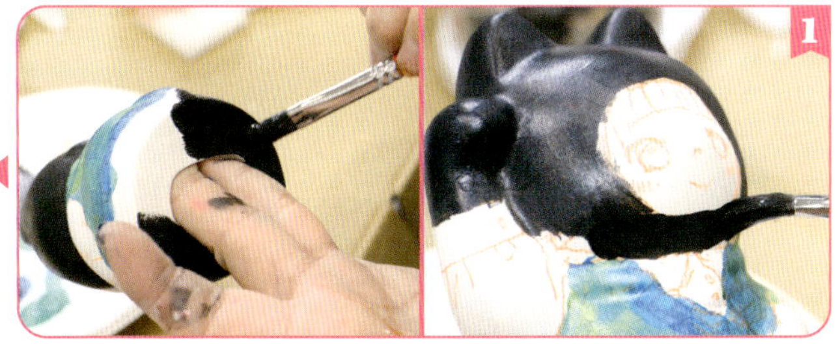

1 顔の周りや手先は最初に黒色にする。メタリックブラック(850)にパールホワイト(817)をわずかに混ぜて、黒色を少しやわらかい印象にした色をつかった。底部分にも色を乗せて、塗り残しがないように注意する。

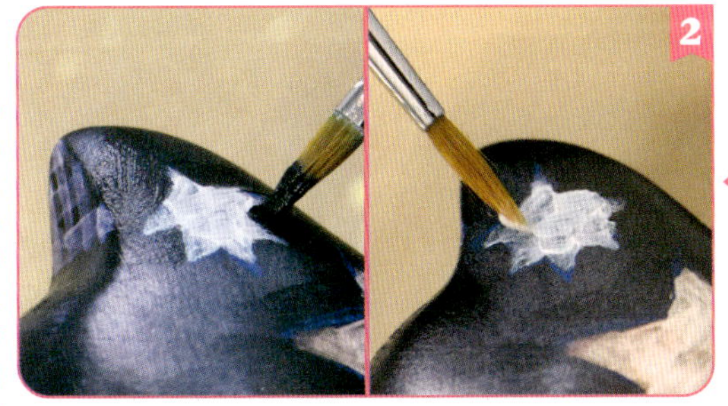

2 青色の色鉛筆でアタリをとったあと、パールカラーの絵具をランダムに選んで複数色混ぜながら模様を描いていく。

one point

パールの絵具は薄づきのため、筆アトが残りやすい印象がありました。アトをなるべく無くしたい方は、絵具を乗せたあとに乾いた筆で色を伸ばすのがおすすめです。また、模様を描くと形がぼんやりして見えてしまいがちですが、エッジを立たせたい場所は最後にベースの色で模様の形をフチ取ると良いと思います。

粘土をつかい自分だけのオリジナルの張り子をつくる

張り子をアレンジ。粘土をつかって自分でつくったオリジナルのパーツを張り子に組み合わせたら、さらに自分らしく張り子を変化させることができる。今回は、100円ショップで売られていた樹脂粘土を利用し、アクセサリーパーツを作成して組み合わせたそう。
使用素材:「ハリコオンライン」犬張り子しろ１号(白仕上げ)
サイズ:幅9.5cm×奥行5cm×高さ9cm

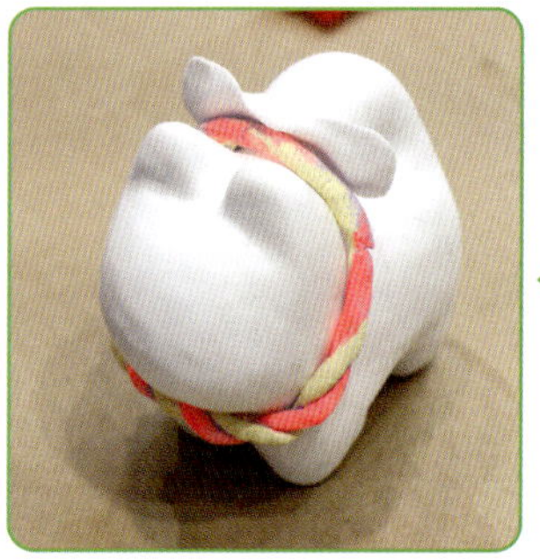
手づくりをした粘土に仮で色を置いてアクセサリーを仮置きした。粘土でつくった首輪は頭から被せることができる。また、首輪の上にリボンを置くことに決めた。首輪は最終的に、全体の柄やデザインに合わせてカラフルな色に塗り直した。

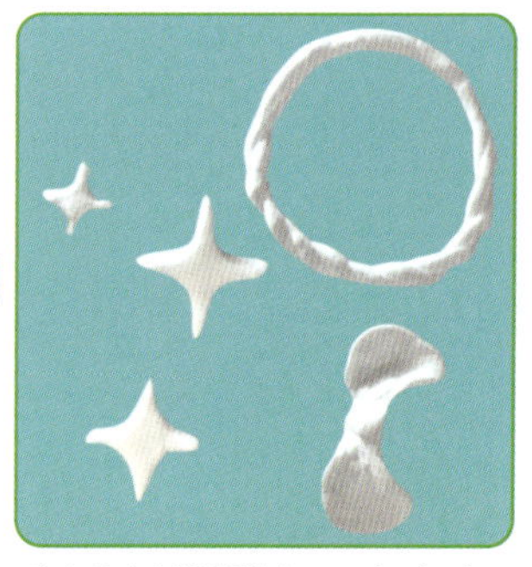
壱太さんが樹脂粘土でつくったパーツ。首輪のパーツ以外はどのようにつかうかまだ考えていない。ひとまず粘土で形をいくつかつくったらしい。粘土は完全に乾かしたあと上から絵具で色を乗せる。また、樹脂粘土は、紙粘土などに比べると水に強くて丈夫。

オリジナルでつくったパーツを組み合わせるときには、塗り残しがないように、パーツを先に着彩するのがおすすめです。パーツを組み立ててから絵具をつかって塗ると隙間が塗りづらくなってしまいます。もしくは、粘土を隙間なく張り子につけてあげると塗り残しができにくいかと思いますよ。

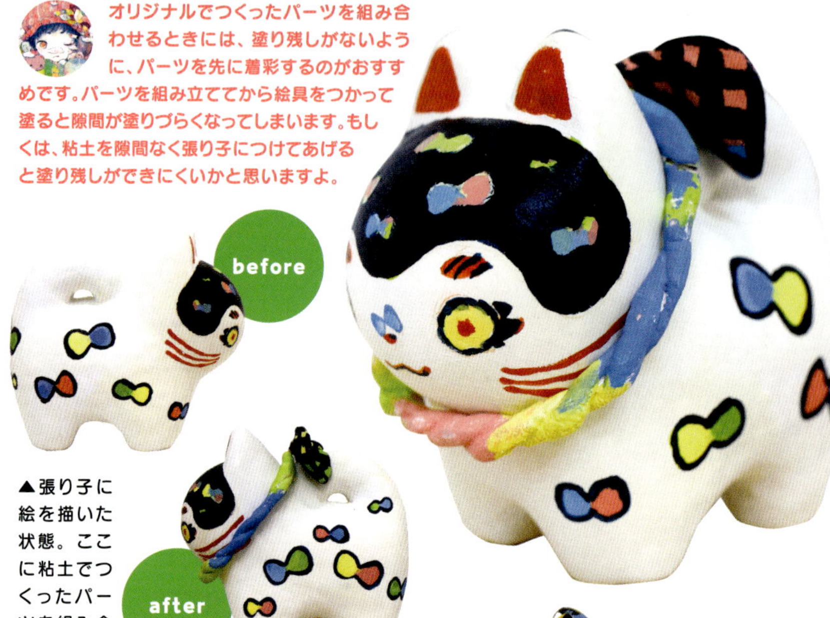

▲張り子に絵を描いた状態。ここに粘土でつくったパーツを組み合わせた。

張り子に偶然性のある模様を加える

メディウムを利用して、アクリル絵具の偶然性を楽しむ。ポーリングメディウムと水を絵具に混ぜてサラサラの液体をつくり、張り子に垂らすと置物の形に沿って絵具が自然と広がる。張り子の裏には穴があいているため、壱太さんは100円ショップに売られていた竹串を張り子に刺して、発泡スチロールを利用して立てて乾かしていた(下図のイメージ)。また、絵具をかけるときは下に鉢受皿を敷いていた。
使用素材:「ハリコオンライン」犬張り子しろミニ(白仕上げ)/干支午(無地/白仕上げ)
犬張り子のサイズ:幅3.5cm×奥行6.5cm×高さ6cm

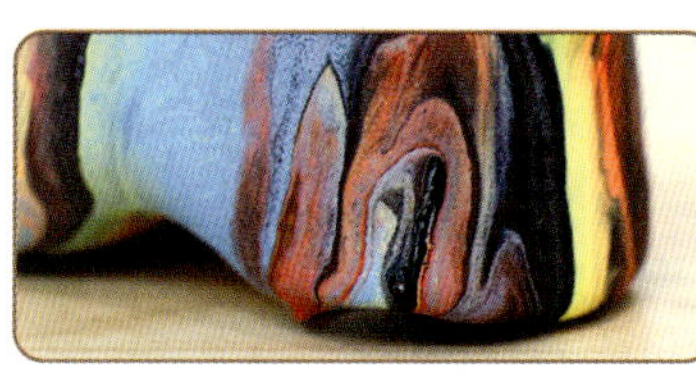
メディウムが乾いた状態。複雑に垂れてにじんだ。仕上げにアクリル絵具で顔や装飾を加筆すれば完成!

one point

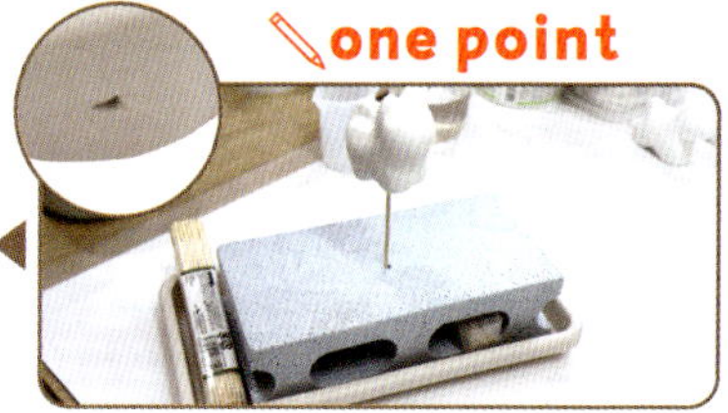
張り子の足もと(裏面)には穴があいているので、そこに竹串を刺して、発泡スチロールに立てると、絵具を乾かすときに便利。

ポーリングメディウムの使い方

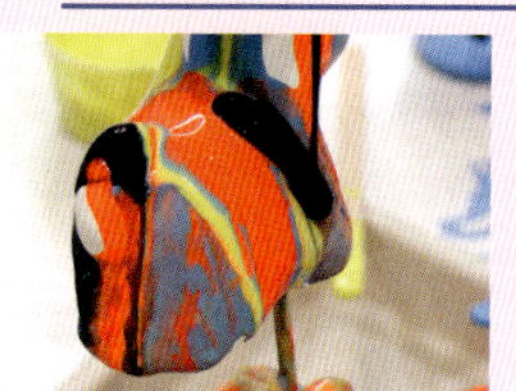
絵具、ポーリングメディウム、水をそれぞれ「10g・10g・8g」で混ぜた液体を垂らす。

詳しいつかい方などは、以下のURLより動画を見てみてください。

▼YouTube
https://www.youtube.com/watch?v=AK7OHc3wz9Q

▼X
https://x.com/talensjapan/status/1432574716053622784

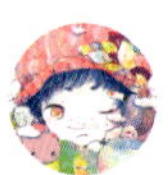
ポーリングメディウムで初めてフルイドアート技法の立体作品をつくりました。好きなアクリル絵具を3色程度選んでメディウムと混ぜたら1つの紙コップに入れて、3色まとめて垂らすだけで自然と複雑な色味が生まれてきます。また、蛍光色やゴールドなどのラメは溶けてにじむと不思議な風合いになり面白いです。アクリル絵具や立体作品に苦手意識のある方も好きな色を選ぶだけで簡単につくれる作品なので一度試してみて欲しいです!

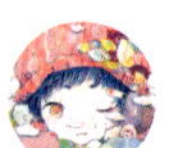
3号に渡りアクリル絵具のいろんなつかい方を紹介することができて、とても嬉しいです! アクリル絵具が持つ速乾性と耐水性という特長は、いろんな素材とも相性が良く、作品づくりの幅が広がると感じます。メディウムや仕上げ剤などで質感に変化をつけられるのもアナログ画材の利点ですし、絵具を重ねていく工程は描く楽しさに満ちています。平面に限らずいろんな場面でアクリル絵具に触れてみてください!

壱太助丸さんによるアクリル絵具をつかった3号連続企画はいかがでしたか? アクリル絵具は色数が多いだけでなく、メディウムを組み合わせれば簡単に質感を変えたりすることもできます。さらに描ける素材も多く、乾くと耐水性になるため、今回のような立体作品にも向いていて、自分の表現の幅を広げてくれる画材です。みなさんもぜひ、アクリル絵具をつかって自由で楽しく色遊びをしてみてくださいね。

仕上げ剤を塗る

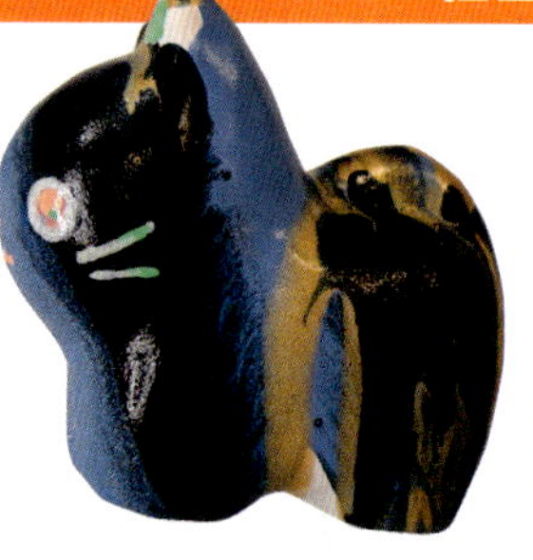
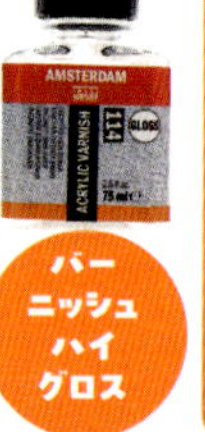

バーニッシュハイグロス
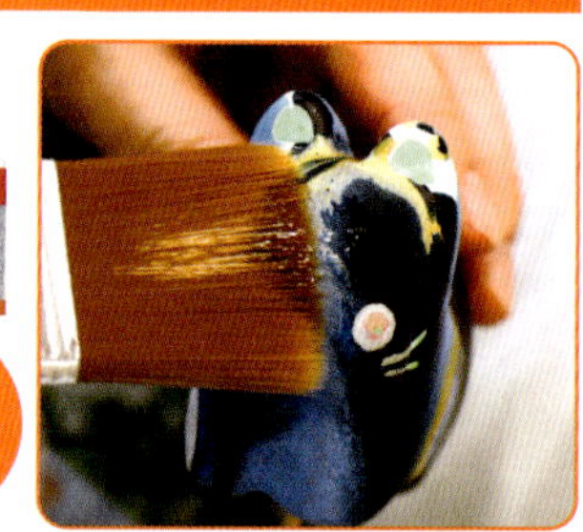

最後にワンランクアップのテクニックを紹介する。販売などを考えている方は、手に取った方が飾ったりすることを考慮して、長期保管をするのに傷などが付きにくくなるよう保護剤を塗ると良い。保護剤もツヤとマットで仕上がりを選べる。今回はバーニッシュハイグロスを使用した。表面にツヤがでた。

「CLIP STUDIO PAINT(クリスタ)」は、スモールエスに届くイラストで多く使われているだけでなく、使用したい画材の上位に入っているお絵描きアプリです。今回より前後編で、「キャラクターの立ち絵を描く」ことに注目した内容をお届けします。SS(スモールエス)にはテーマに沿って立ち絵を描く「クンストカマー」があるので、デザイン方法が気になる方も多いはず。アイデア出し・ラフ・彩色それぞれの工程ごとに紹介していきます。ナビゲーターはイラストや漫画で魅力的なキャラクターを生み出している「真田しろ」さんと、クンストカマーへの投稿経験がある「ヨニマル」さんと「オチヤカイ」さんに登場いただきます。前編ではキャラクターのアイデア出しや全身を描くときに意識すると良いことを伺いつつ、CLIP STUDIO PAINTの機能を使いながらデザインをゼロから考えていく手順を紹介します！

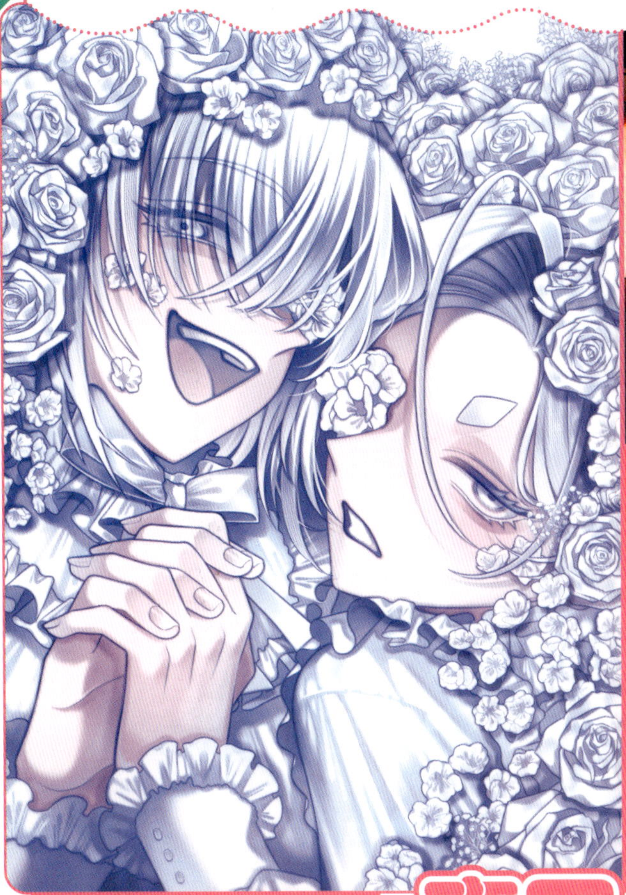

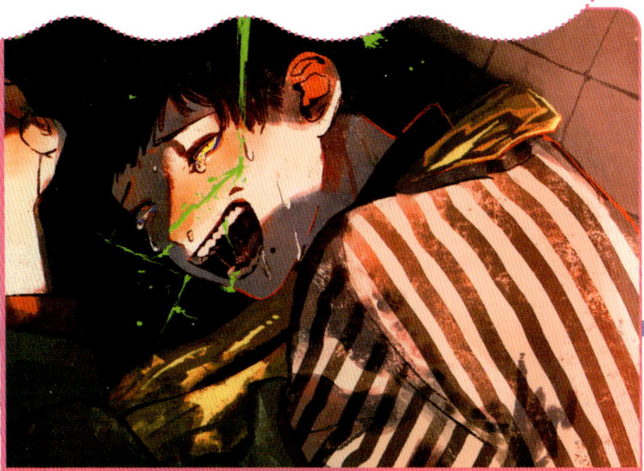

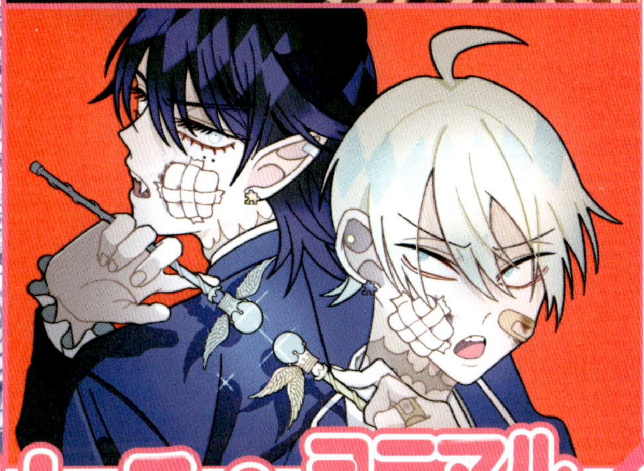

真田しろ&ヨニマル オチヤカイ

さなだ

機材
【真田しろ】iPad Pro 13インチ
【ヨニマル】iPad Pro 11インチ
【オチヤカイ】iPad 11インチ

真田しろ／漫画家・イラストレーター。フリルやリボンの装飾やクラシカルな雰囲気の少年少女が好きで、SS学園や男子部、メイキングにも登場。マグカン連載作品『円環のラパン』は単行本3巻の発売を3月に控えている。CLIP STUDIO PAINTは漫画を描くきっかけで使いはじめた。パソコンは所持せず、iPadのみで制作している。

X @sanada_46　Instagram sanada_46

ヨニマル／個人作品はProcreateで制作することが多かったが、仕事の依頼をきっかけにCLIP STUDIO PAINTを本格的に使用するようになった。

X @yonimaru_4242

オチヤカイ／ibisPaintを使用していたが、専門学校入学をきっかけにCLIP STUDIO PAINTを使いはじめた。iPadは高校の入学時に配布されたもの。

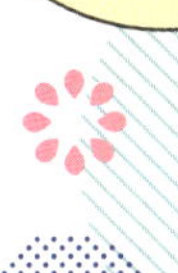
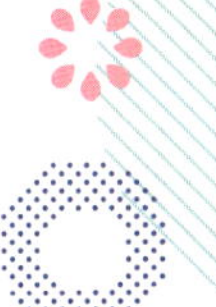
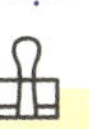
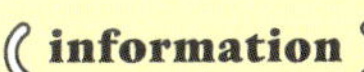

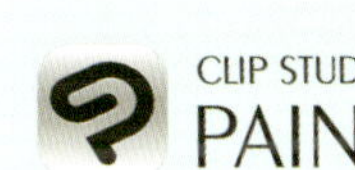

まずは無料体験版を使ってみよう! CLIP STUDIO PAINTの利用方法、ダウンロードはこちらから!

使用する画材はコチラ!

CLIP STUDIO PAINT

- スマートフォン、タブレット、パソコンで使用できるお絵描きアプリ
- イラストやマンガ、アニメーションまで幅広く制作できる
- 定期的なアップデートにより最新の環境・技術で作品制作が行える
- プロも使う多彩なブラシで水彩や厚塗りなど幅広い表現に挑戦できる
- 「CLIP STUDIO ASSETS」から追加素材・ブラシをダウンロードできる

まずは持っているデバイスで描いてみよう!

CLIP STUDIO PAINTはスマホ、タブレット、PCと幅広い作画環境に対応しているのが魅力。指描きからスタイラスペン、ペンタブレットなど自分の作画スタイルにあわせて使ってみよう!

使用したい対応デバイスからアプリをインストールしよう。

※年額・月額利用プランは、無料期間終了後、プラン契約をすることで継続して利用できます。
※いずれの機種で使用する場合もインターネットへの接続が必要です。

[無期限版(一括払い)] Windows / macOS
PRO:6,400円(税込) EX:26,900円(税込)※ダウンロード販売

[年額・月額利用プラン]
iPad / Android / Windows / macOS / iPhone
PRO:100円/月(税込)〜　EX:300円/月(税込)〜
スマートフォンなら毎月30時間ずっと無料

ワンポイント!「使いやすいワークスペースに調整する」

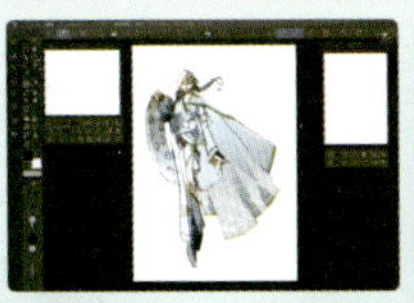
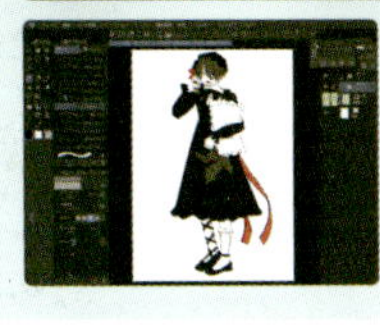

▶上はヨニマルさん。ブラシサイズを直感的に操作できる配置に。下は、ほぼ基本レイアウトのまま使っているオチヤさんのワークスペース。

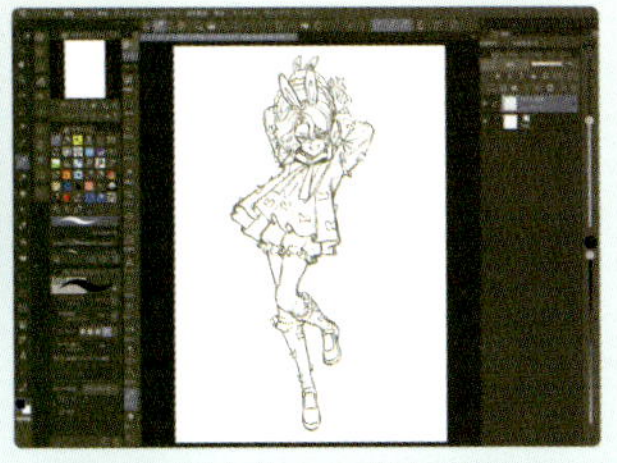

▲真田さんはキャンバスを広く使えるようにサブツールをコンパクトに表示。

information

発売元
株式会社セルシス
www.clipstudio.net

X【@clip_celsys】

Q&A
＼真田しろさんに聞く／
「キャラクターの立ち絵を描くときのポイント」

名前「キング」
キンクマハムスターを擬人化した少年

名前はどうやって決めていますか？

名前はキャラクターの衣装も見た目も全部決まった最後につけることが多いです。SS82号のメイキングにあわせて描いたキャラクターの「ラミントン」は、オーストラリアのお菓子の名前からつけています。検索した画像のなかにキャラクターのビジュアルと近い見た目のお菓子があったんです。他にもSS学園に投稿している「ニコラシュカ」はカクテルの名前からつけています。「実はこのキャラクターは○○なんです」という説明ができることも考慮しているところです。

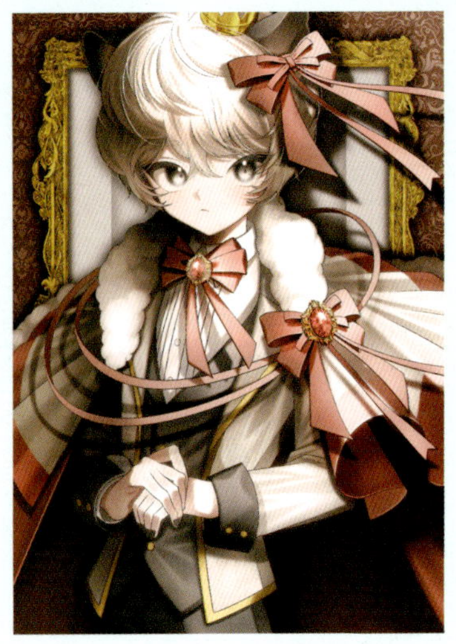

キャラクターにモデルはいますか？

モデルがいるキャラクターもいます。「キング」は飼っていたキンクマハムスターからデザインしました。アプリコット色の髪色やふわっとした毛の感じを取り入れました。王様のイメージで王冠をつけたり、マントや宝石など高貴なビジュアルにしています。全身よりも先に1枚絵を描いているのですが、全身の設定は描いていました。いちおう描いておくと、急に気が変わって全身を描きたくなったり、バストアップからもう少し引きの構図にしたいときにも迷わないと思います。

描くときにガイドをどのくらい描きますか？

私は素体（服を着ていない状態）をまず描きます。素体で決めるのは頭身とポーズですが、頭身に関しては手に馴染んでスムーズに描けるようになりました。高校生の頃は体の比率を考えていなかったので、いつの間にか11頭身になっている…なんていうこともありました。友達から「体が長くない？」と指摘されて意識するようになったんです。いまは少年を描くときに「6頭身」、ガタイが良い男性は「7.5頭身か8頭身」と自分の絵柄にあわせて決めています。頭身を目視で捉えられるようになるまでは、丸を並べて確認していました。自分の癖の傾向をつかむことも大事だと思います。私は顔が小さくなりがちでした。頭部より下が伸びてしまう癖を意識しながら頭身を矯正する練習をしていましたね。少年を描くうえで、6頭身のバランスは個人的にとても大事なところなので、好きならば間違えてはならない…！　となりました。

シルエットがいつも印象的です。意識されていることを聞きたいです！

「キング」のイラスト（左下図）のリボンやマントは、普通に描くと重力に従って下に落ちますが、ふわっと謎の風を吹かせて浮かせているんです。ヨニマルさんも実践されていたので、すでに取り入れていると思います。髪やリボン、装飾など、動かせるパーツに風を吹かせて余白を調整することで意識的にシルエットを作れますよ。

名前「ラミントン」
魔力を持たない黒猫の少年
SS82号のメイキング記事に登場

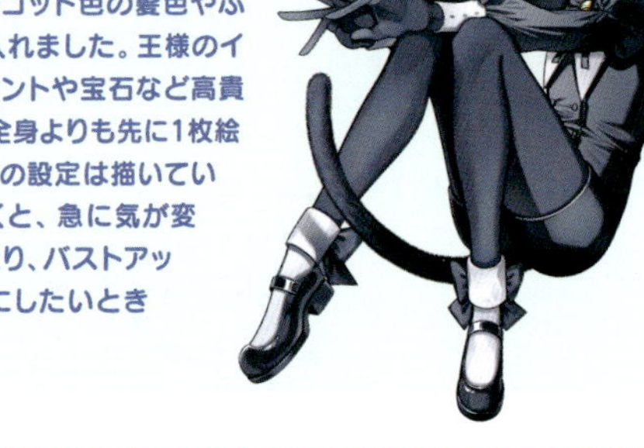

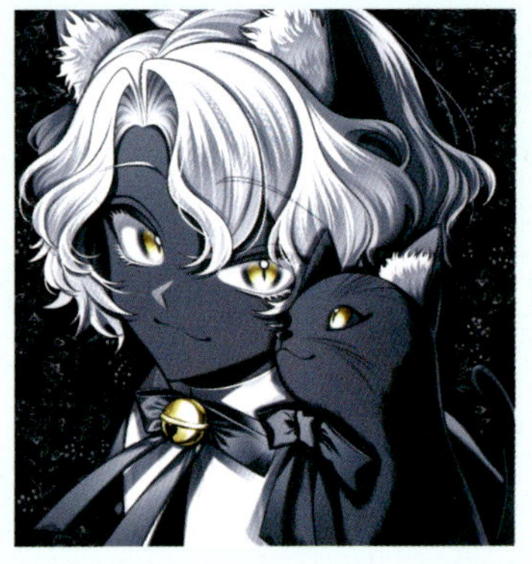

キャラクターデザインを考えてみよう！

モチーフの特徴を取り入れる（真田）

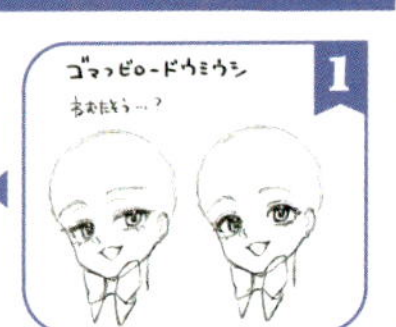

1 「ねむたそう？」というキーワードから表情を複数描きます。

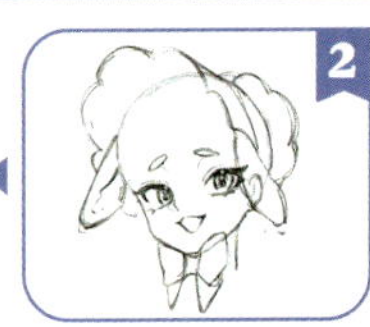

2 ゴマフビロードウミウシの触手。垂れ耳バージョンです。

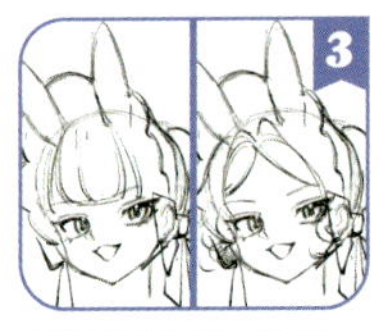

3 耳のデザインを決めたら髪型。前髪の有無や分け目を考えます。

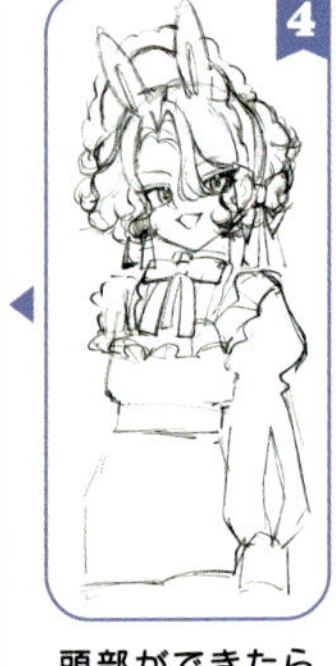

4 頭部ができたら衣装を描きます。襟元の別案。

設定完成！

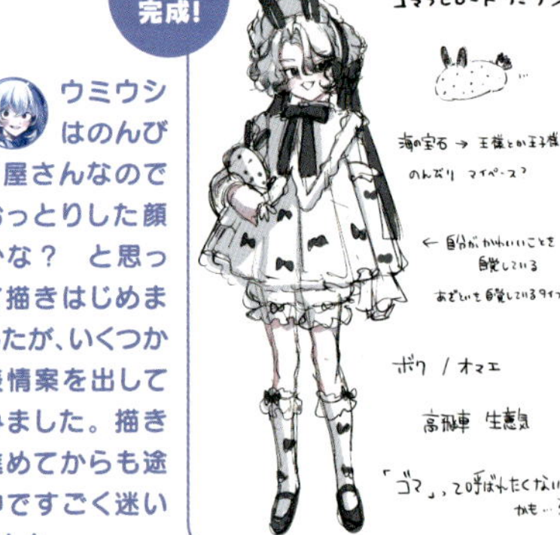

ウミウシはのんびり屋さんなのでおっとりした顔かな？　と思って描きはじめましたが、いくつか表情案を出してみました。描き進めてからも途中ですごく迷いました。

マインドマップから考える（ヨニマル）

▶マインドマップは中心のテーマ（今回は「中華」）から放射状にキーワードやアイデアを広げていく思考方法です。

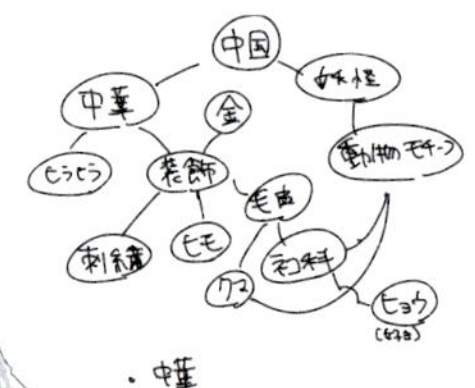

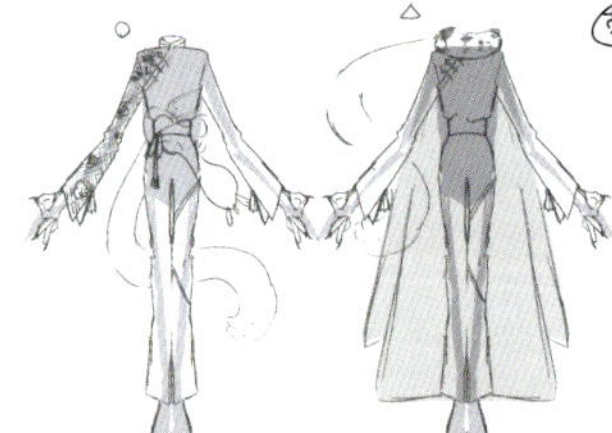

▲キャラの顔と衣装を別々に考えます。色はつけずシルエットを重視。今回は2つの案から左側を選択しました。

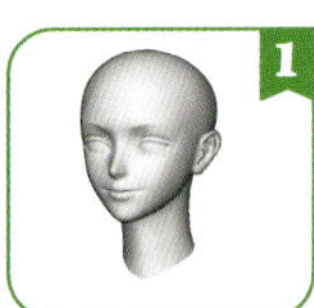

1 3D頭部モデルを使って作画のアタリに使います。

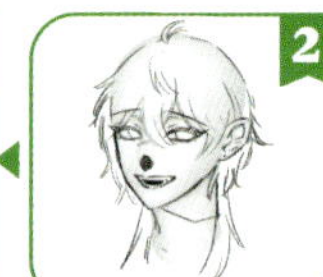

2 レイヤーの不透明度を下げて顔のパーツを描きます。

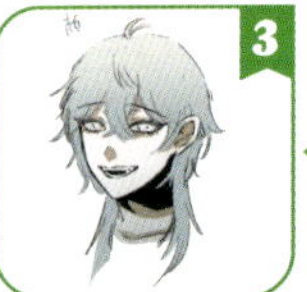

3 3D頭部モデルを非表示にしたら、配色を決めます。

文字で連想する（オチヤ）

SS 立ち絵アイデア

フリルのついた服を描きたい！
↓
吸血鬼
・ネグリジェ→引きこもり？

・常に貧血でイライラしていて目つきが悪い
・日光避けと目つきを隠すのに前髪が長い
・顔の火傷跡は吸血鬼成り立ての頃に、うっかり日光を浴びてできたもの
・耳が狼？(『狼男が死ぬと吸血鬼になる』という伝承から)

癖
・三白眼
・牙
・フリル
・傷

私はキャラクターや1枚絵に限らず、絵を描くきっかけは文字から入ります。メモアプリに描くお題や「フリルのついた服」「バンドマン」などを打ち込んでおきます。そこから自分が普段から好きなモチーフを書き足して、使えそうなものを組み合わせて具体的にしていきます。

ヨニマルさんの作画

ラフ使用ブラシ
自作ブラシ（ガサガサイガイガブラシ）
魔王厚塗りブラシ（コンテンツID：1902311／製作者：ディープブリザード）
ふちペンセット（コンテンツID：1737918／製作者：七支）

キャラの動きは【投げなわ塗り】ツールを使った色ベタで作ります。シルエットで考えられるのが利点です。

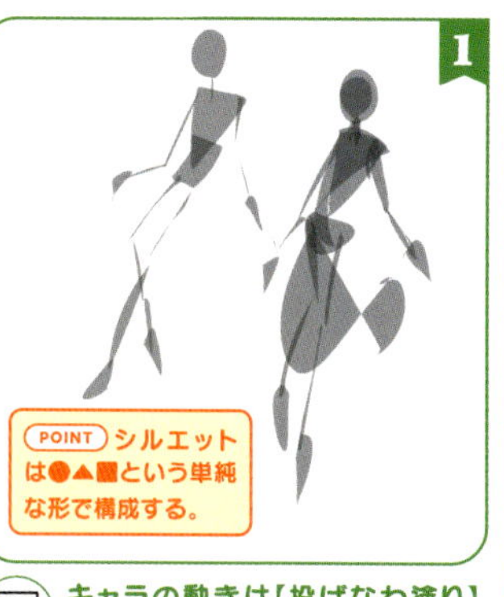

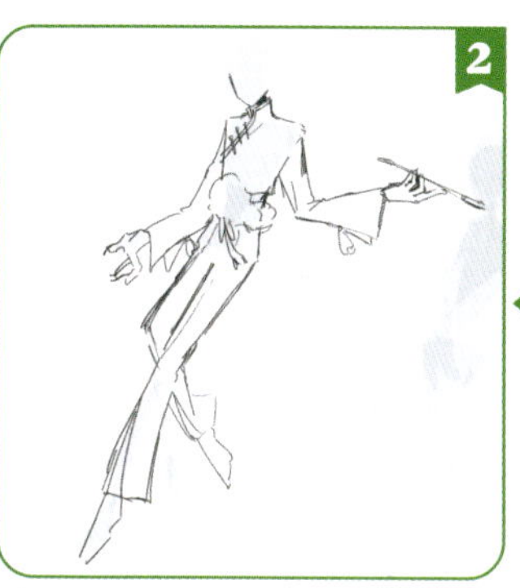

①のシルエットをベースに、衣装を描き入れます。手元にキセルを持たせる仕草にしてツメの長さを見せます。

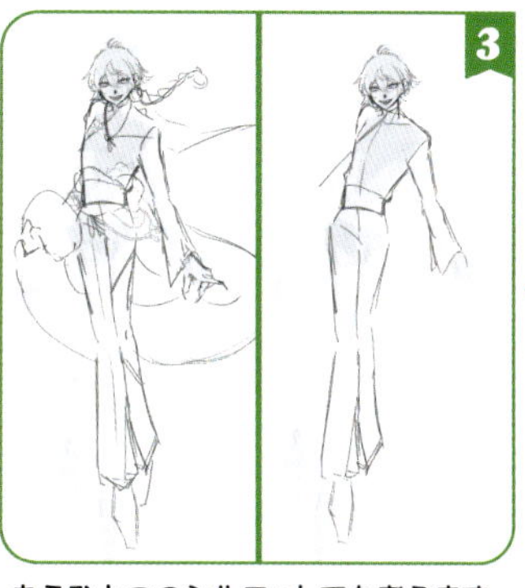

もうひとつのシルエットでも考えます。スラッとした長い脚と腰飾りの大ぶりな尻尾を見せる仕草にしました。

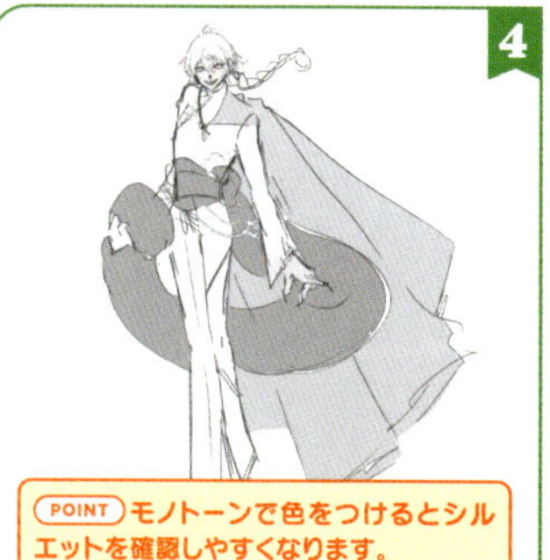

工程③をベースに進めることに。キャンバスの左側に人物を移動させて、空いた右側に大きなマントを追加しました。

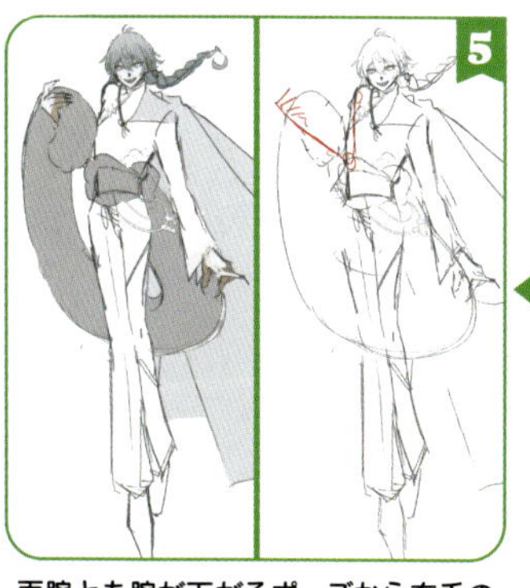

両腕とも腕が下がるポーズから右手の位置を変更。肩の位置に注意して調整します。尻尾の長さがより伝わります。

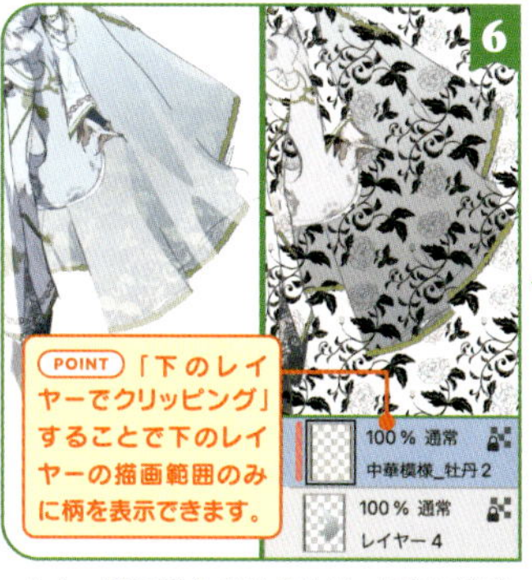

イメージを膨らませるため、柄【中華模様_牡丹2（コンテンツID：1859306／製作者：Z（指定）ERO）】を入れます。

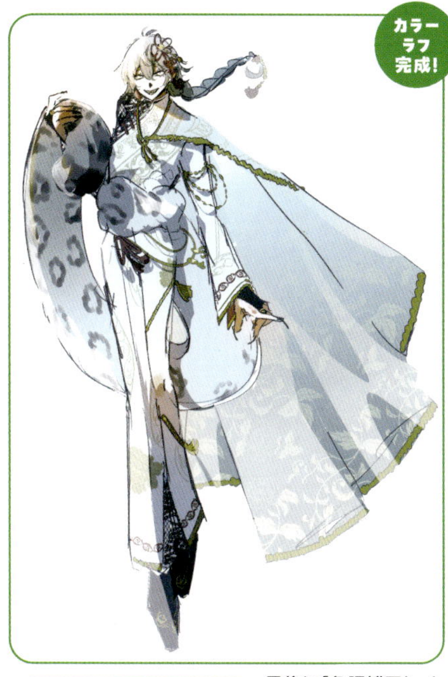

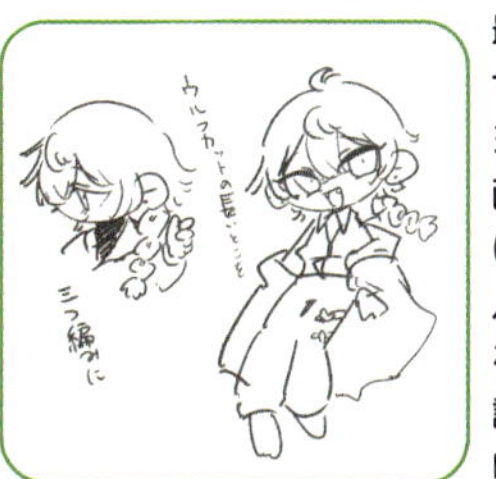

最後に「色調補正レイヤー」で色味を調整。ヨニマルさんは設定画でちびキャラも描いていました。デフォルメして描くと特徴を掴みやすくなり、強調するべきところも明確になります。

オチヤカイさんの作画

ラフ使用ブラシ
らくがきミリペン（コンテンツID：16882293／製作者：θ-θ）
Gペン（デフォルト）

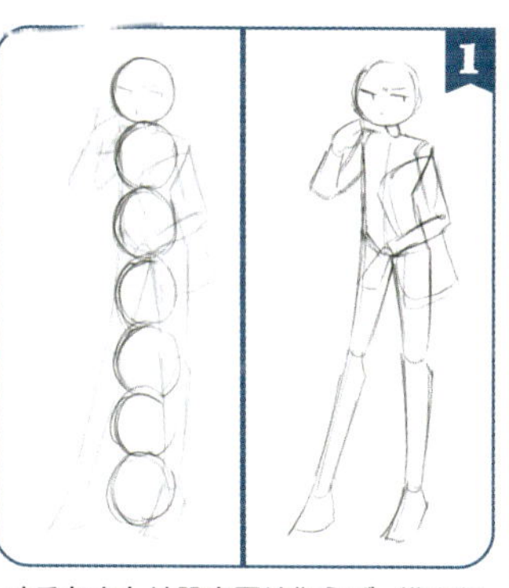

オチヤさんは設定画は作らず、描きながらイメージを作り込みます。表情や仕草とあわせて等身もチェック。

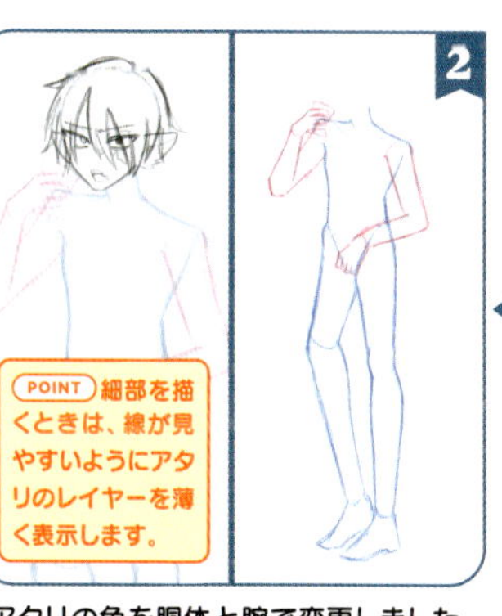

アタリの色を胴体と腕で変更しました。パーツの切り替わる位置が見やすくなります。描き込みは頭部からスタート。

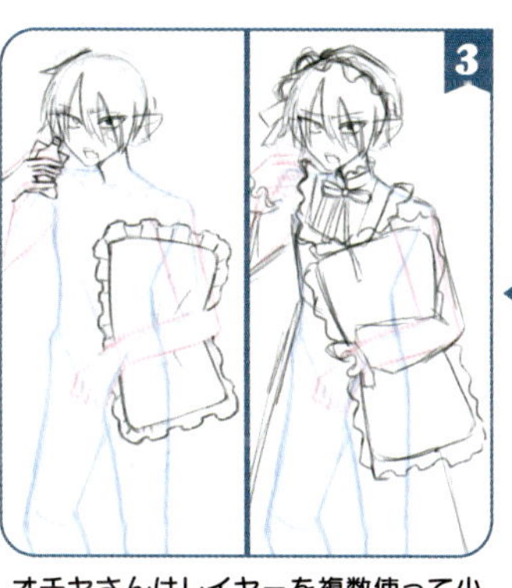

オチヤさんはレイヤーを複数使って少しずつ線を綺麗に整えていく描き方。バランスを見て枕のサイズや角度を調整。

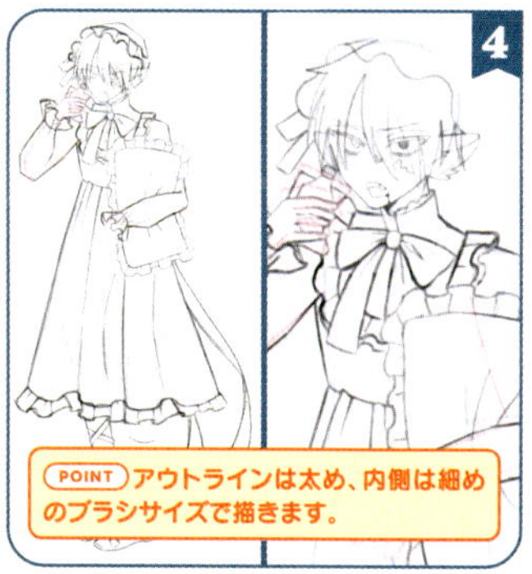

新規レイヤーを作成し、衣装を描き込みます。首元のリボンを太くしたり、シワを描いて立体的なフリルにします。

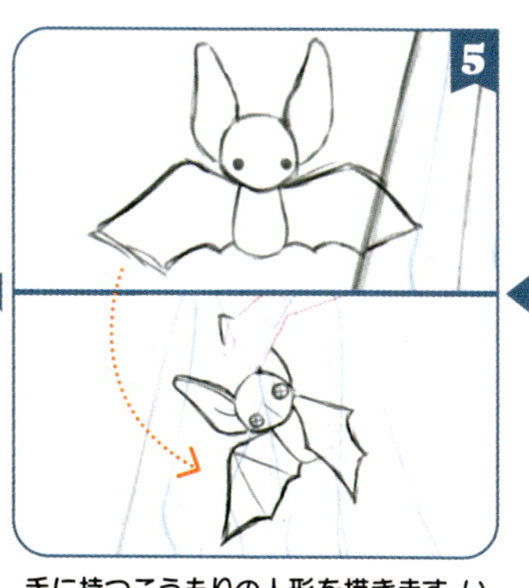

手に持つこうもりの人形を描きます。いきなり手に持たせると形が崩れるので、描きやすい角度で作画します。

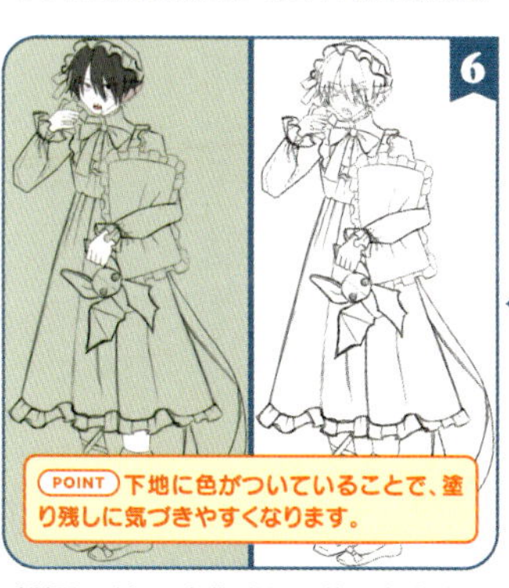

新規レイヤーを作成して黄緑を全体に敷きます。さらに別のレイヤーを用意して、配色を考えつつ肌や服を塗ります。

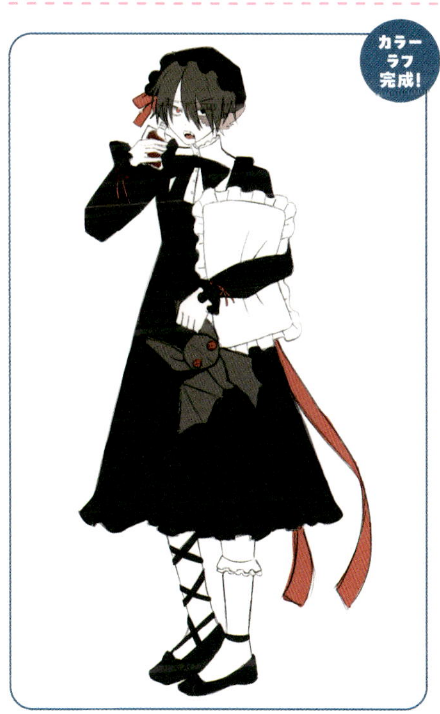

体を描くのが得意ではないので、スカートで隠れるところも練習も兼ねて描くようにしています。衣装を考えるときに体のアタリがあると想像しやすいです。

ネグリジェを黒色にすることで甘くなりすぎず、シルエットが際立ちました。赤色はポイントで入れるだけでなく、長いリボンにも使うことで存在感が出ます。

真田しろさんの工程

下絵使用ブラシ
アルテマス鉛筆（Artemus Pencil）（コンテンツーD：1758182／製作者：aartemus）
カスレかしペン（コンテンツーD：1708763／製作者：Hmm...）

【アルテマス鉛筆】は文字通り鉛筆のような描き心地で、ラフなどによく使います。【カスレかしペン】は細かい箇所に使います。

ポーズを決める

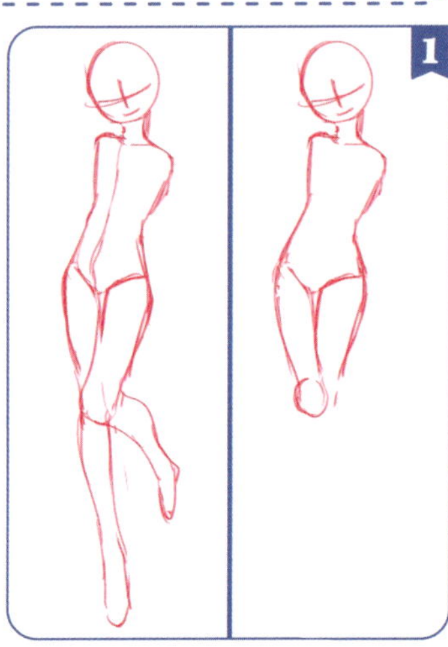

体の関節を意識しながら素体を描きます。頭・胴・腕・脚をつなげて描かず、動く場所ごとに区切るのがポイントです。

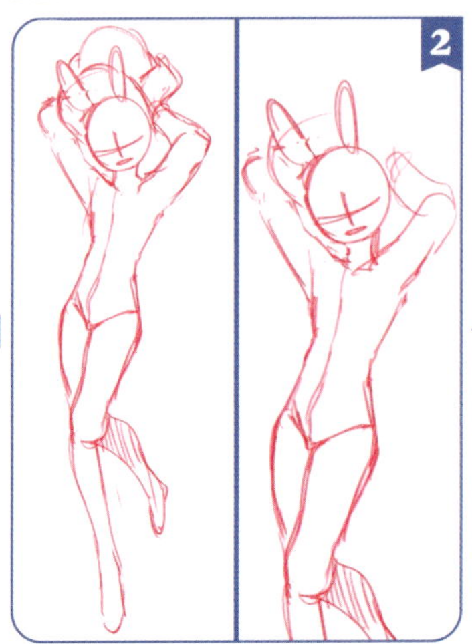

表情は描かず、ボンネットと触手のみを加筆。両腕をあげるポーズを描くときは、肩と腕の関節の位置に気をつけます。

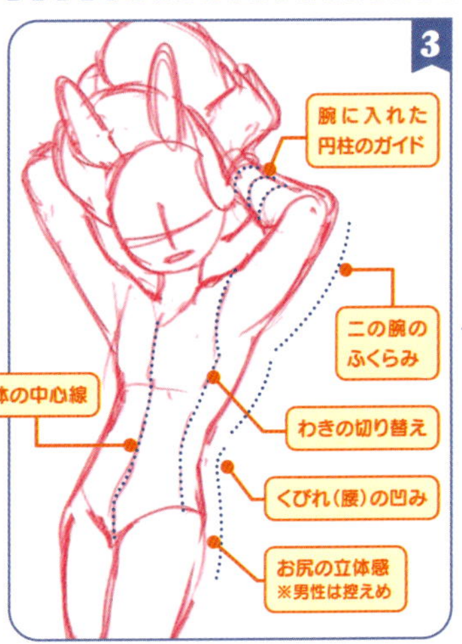

体の立体感を意識してガイド線を追加します。体のパーツを理解することは衣装の縫い目や着こなしにもつながる大事な点。

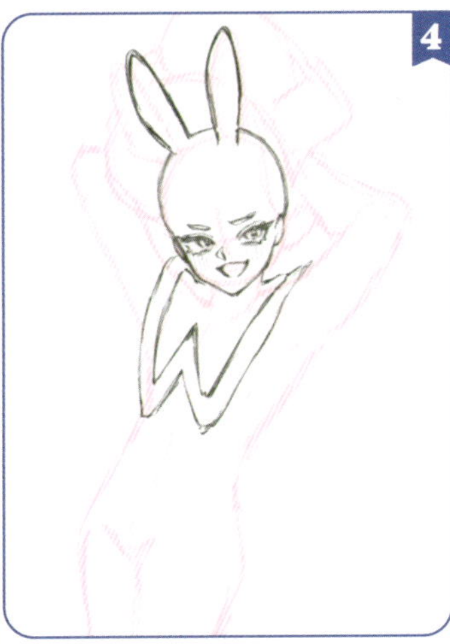

体のアタリを薄く敷いたら、新規レイヤー上にアタリよりも細い黒色の線で表情を描きます。目元と口元のみ先に作画しました。

衣装や小物を描く

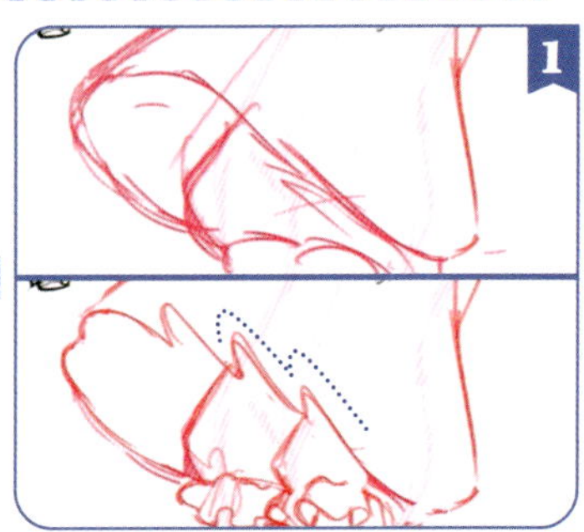

すそのフリルを描きます。いきなり描きこまずシンプルな線で布の流れを引きます。そのあと、波状の動きをつけました。

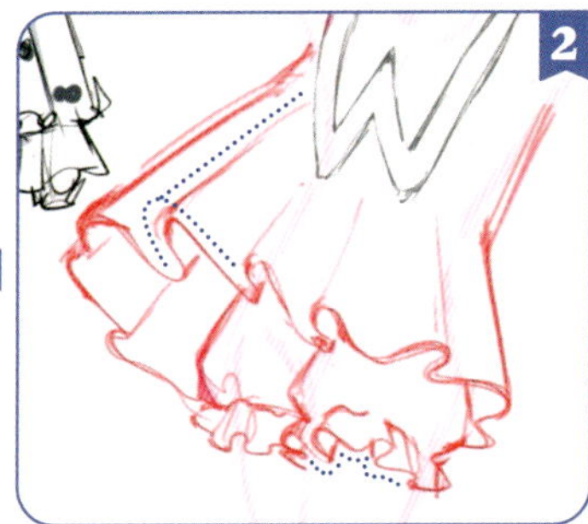

同じフリルでも、Aラインの大ぶりな波状とドロワーズの細かいフリルではシルエットやシワの入り方が違います。

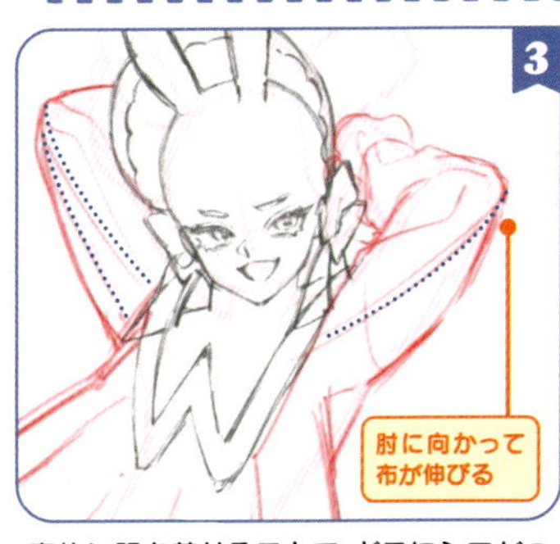

素体に服を着せることで、どこにシワがつくのか考えやすくなります。伸びた腕のラインや関節に沿ってラインを引きます。

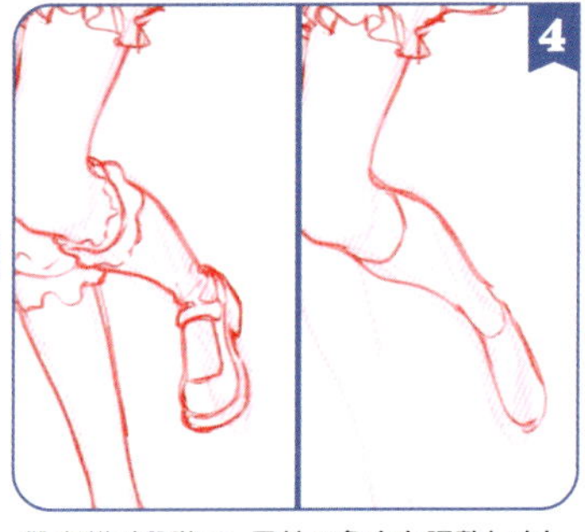

靴を描く段階で、足首の角度を調整しました。アタリどおりではなく、気になるところは途中で変えています。

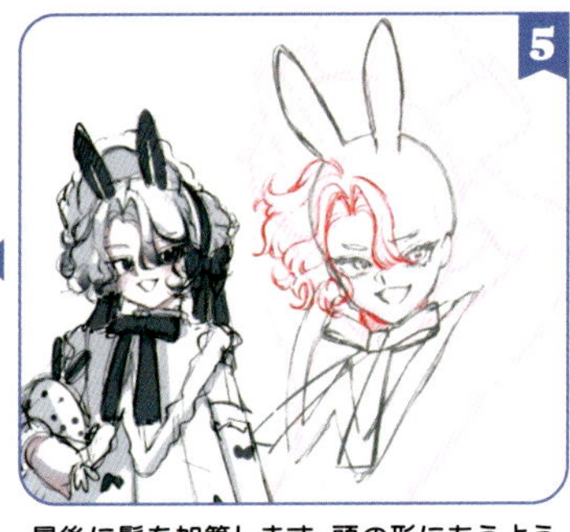

最後に髪を加筆します。頭の形にあうように毛の流れを描きました。設定画を近くに置いてデザインを確認しながら進めます。

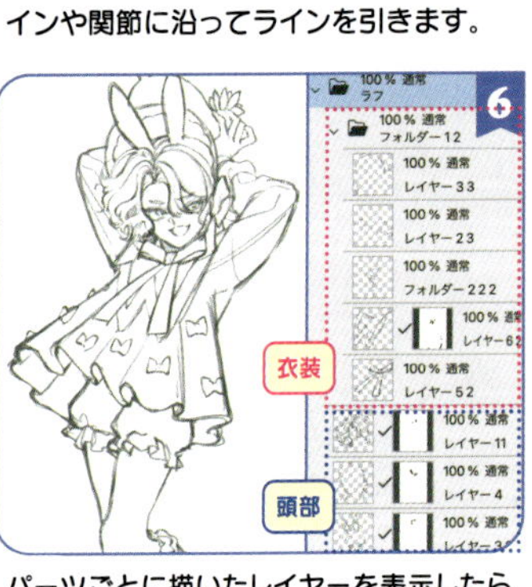

パーツごとに描いたレイヤーを表示したら最後に装飾のリボンを追加。フォルダー内で衣装と顔周りをわけて管理しています。

下絵完成！

最後にアウトラインを少し太いブラシでなぞって完成！　ウミウシの模様をリボンで表現しているデザインが印象的です。

Question 「フリルが苦手なのでコツを知りたいです！」

フリル、難しいですよね。特に漫画は何ページも装飾的な衣装を作画するため、「立ち絵」「引きの構図」「アップ」でディテールを変えるようになりました。立ち絵は神経質に描き込みすぎず、アップは丁寧に描くといった感じです。もちろんフリルの形やシワの描き方が決まっていれば苦しくなくなるのですが、好きで描いていても大変さは変わりません。ただ、描くと達成感や見応えがあるので、頑張れます。また、資料は実写も見るようにしています。元の状態を知ったうえで簡略化や絵柄に落とし込むのが大事だと思います。イメージだけで描きすぎないようにすることもポイントではないでしょうか。

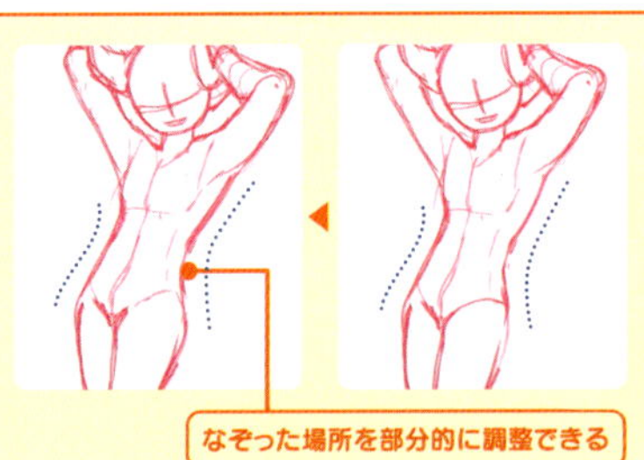

one point 「ゆがみツール を活用しよう」

描いた線やフォルムを描きなおさずに調整したいときに役立つのが【ゆがみ（進行方向）】ツール。真田さんは工程のなかで素体の頭部や体の角度を調整したり、髪のボリュームを変えたいときなどに使用していました。

次回予告●前後編でお届けするキャラクターの立ち絵の描き方、前編はいかがでしたか？　後編は彩色の工程と完成したキャラクターのポイントを紹介します。お楽しみに！

SSのスペシャル交流プロジェクト
作家競演&投稿企画「SS学園」
みんなで「SS学園」の生徒をつくって交流しよう！

SS学園通信

はいどうも～！　絵澄えすです。今号もSS学園のコーナーのはじまりです！　学園のことをお伝えする係をつとめさせていただきます～。

えす丸です。このコーナーは、SS学園の生徒たちのグラビアや、その活躍をとらえた物語を紹介する「SS学園通信」です。この後のページの投稿コーナーでは、SS学園の新しい生徒さんを紹介していますが、投稿者さんの描き下ろしも実施中！

そうですね。投稿者の皆さんへのお知らせとしましては、自分の描いた生徒が一度掲載されたら、その次からは学園での暮らしぶりや他の生徒と絡む様子を描いて送ってください。自己紹介が済んだ後はどんどん展開させたイラストや、1ページ漫画を送ってくださいね～。その場合も、どのキャラかわかるように、ぜひキャラ名を絵の中に書いてください。

では今号のSS学園通信の内容を紹介しましょう～。甘名ちとせちゃんが「スイーツ作り」をするのですが、良いアイディアが出ないというストーリーです。そこで、家庭科室にミルキーちゃん、Rubyちゃん、御縁ゆいちゃんたちを呼んで、アイディアを考えてもらおうとしているんですね。

ミルキーちゃんはスイーツで出来た惑星から来た宇宙人だし、Rubyちゃんと御縁ゆいちゃんとの三人で、甘名ちとせちゃんの作るお菓子の試食をしてもらっている関係なんですよね。今回は、その様子を見ることが出来て嬉しいです～。それにしても、宇宙人、サキュバス、魔法使いが集まる試食会は、すごいファンタジックな光景です。

本当ですね～。そして、みんなからの不思議で個性的なアイディアを、ちゃんとまとめて考えてみようとする甘名ちとせちゃんが素敵です～。僕も新しいスイーツが食べてみたい。SS編集部のある渋谷には、ドーナツショップの「アイムドーナツ」があって、モチモチしながらも、ふわしゅわな生地で新食感なんです。編集部に来る作家さんにも好評！

美味しいですよね～。以前にパンケーキが流行ったときみたいな、お菓子のジャンル自体で「これが人気！」というのは最近ないかもしれないですが、クッキーなどの焼き菓子は人気で、動物の形をした可愛いクッキーやお菓子の缶も話題ですよね。動物型のクッキーは個人のクリエイターさんが作っているデザインもあって、SSのお姉さん雑誌の「季刊エス」で紹介しています！　とても可愛いクッキーなんです～。

何人かの作家さんに取材しましたよね。さて、SS学園からのお知らせとしては、読者さんからの「生徒さんの投稿の誌面掲載」を、次号で最終回にさせていただきます。二〇二〇年からはじまったので、ちょうど次号で六年めになります。過去に二回ほど、作家競演の学園企画をやってきましたが、一番長く、盛り上がるものとなりました。これまでありがとうございました。SS学園の誌面や展示の企画はこれからも続けたいと思います。次号は誌面で最後の投稿掲載となりますので、どうぞよろしくお願いします。

SS学園24人選抜メンバー相関図

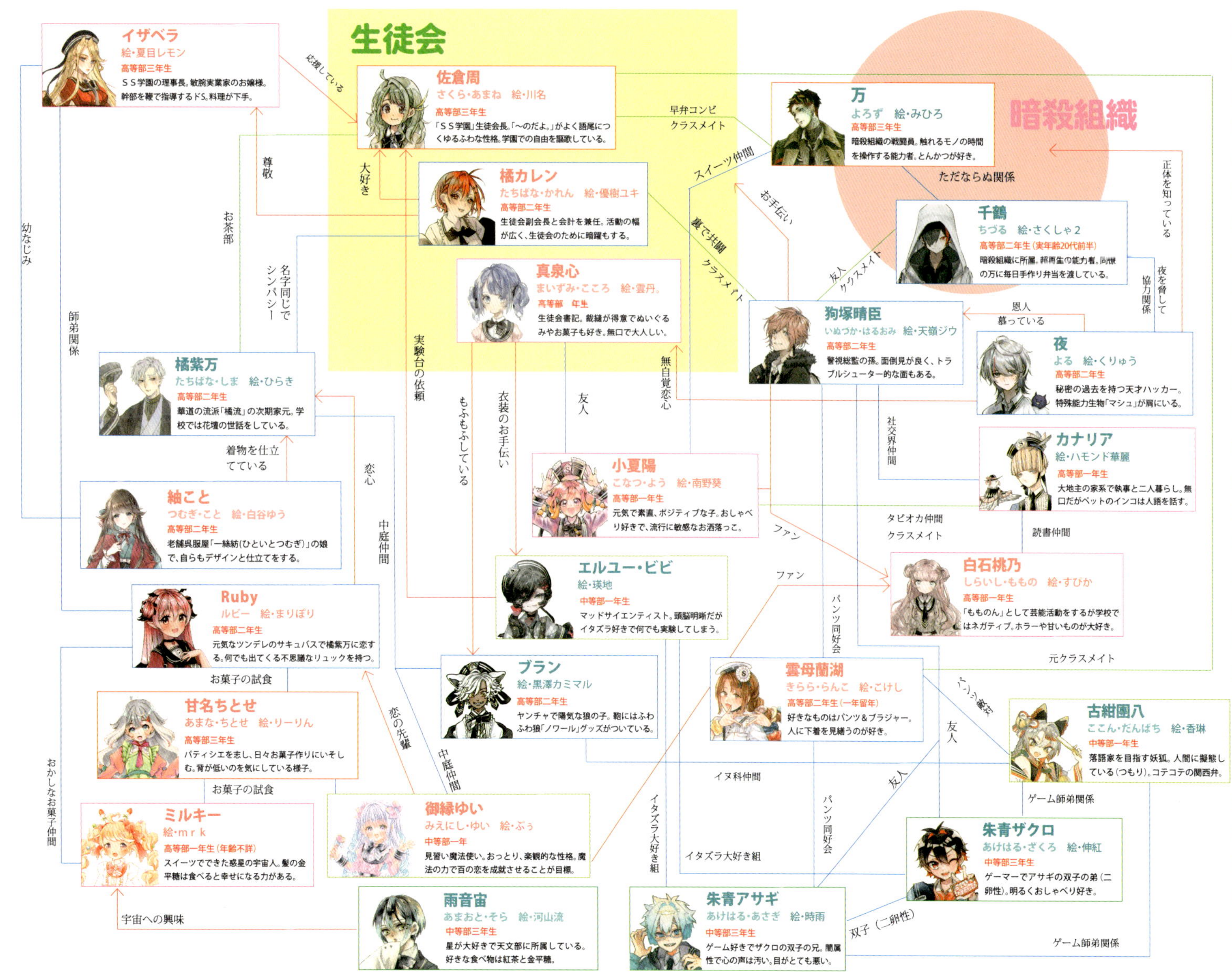

SS学園四コマ【甘名ちとせの巻】　作者:りーりん

ちとせのお菓子

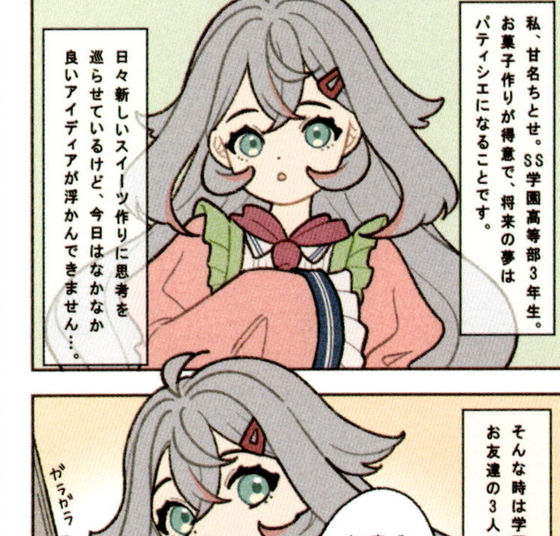

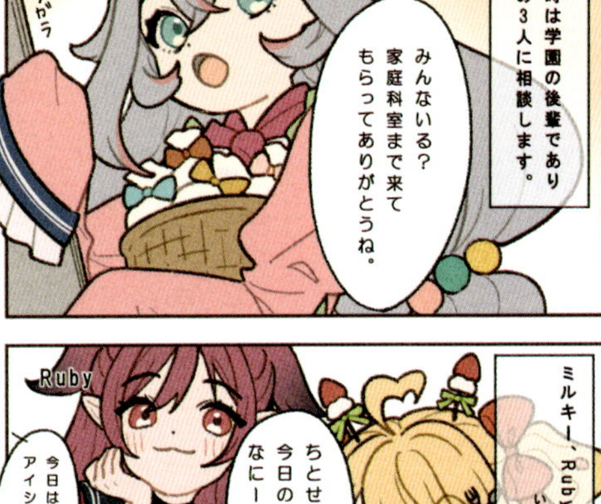

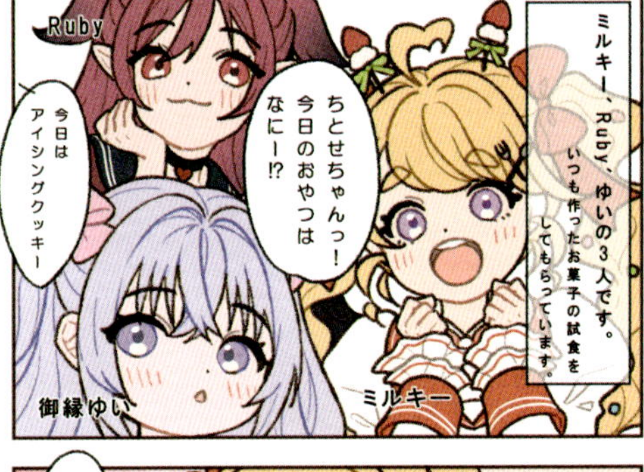

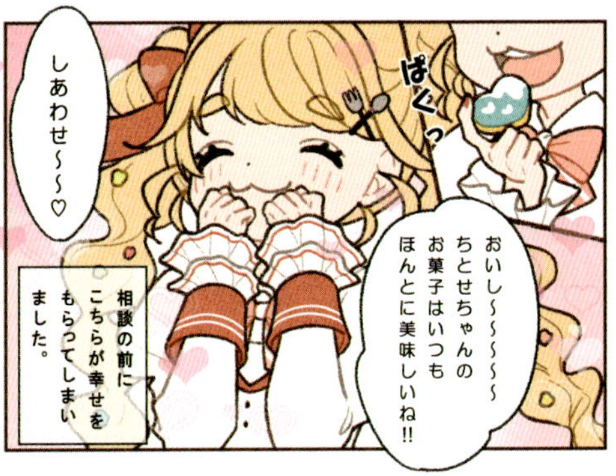

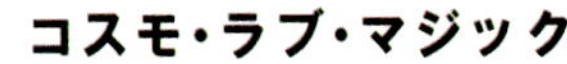

コスモ・ラブ・マジック

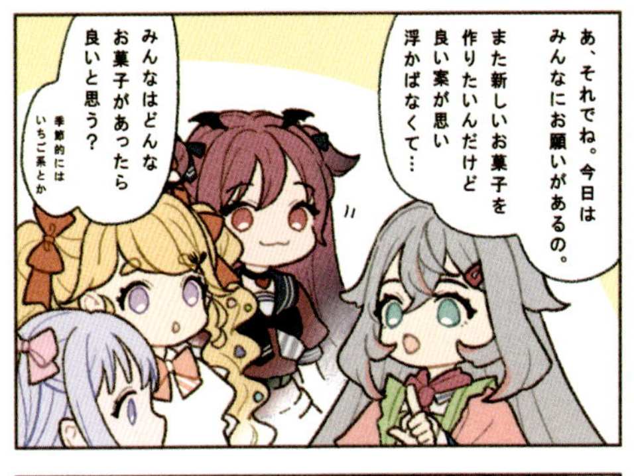

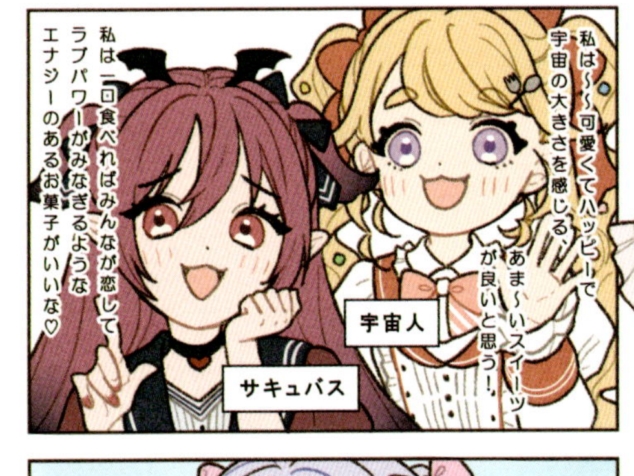

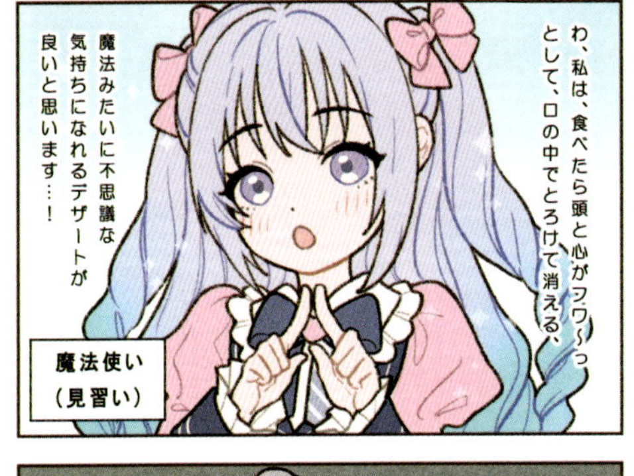

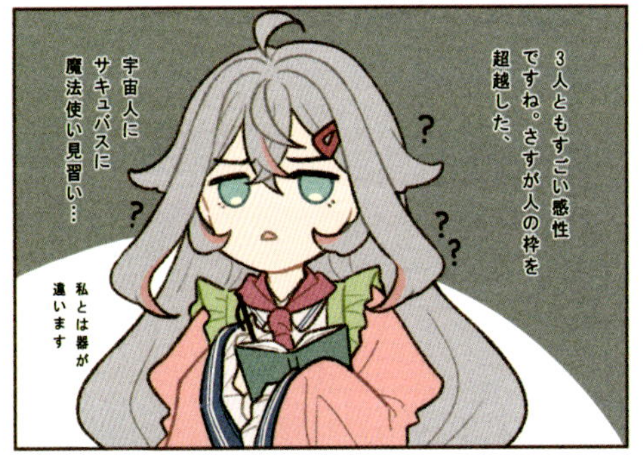

ときめきデザート

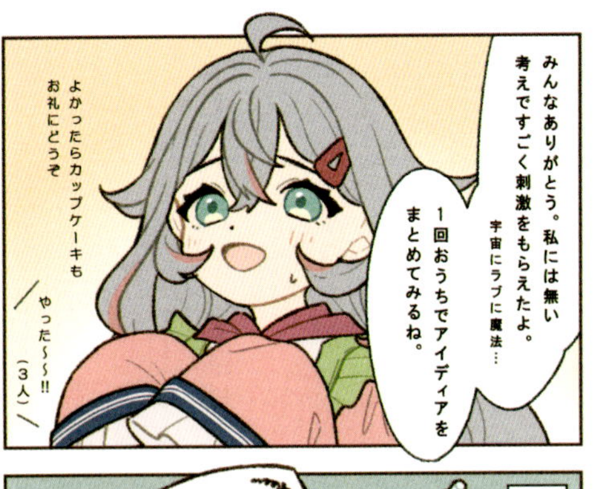

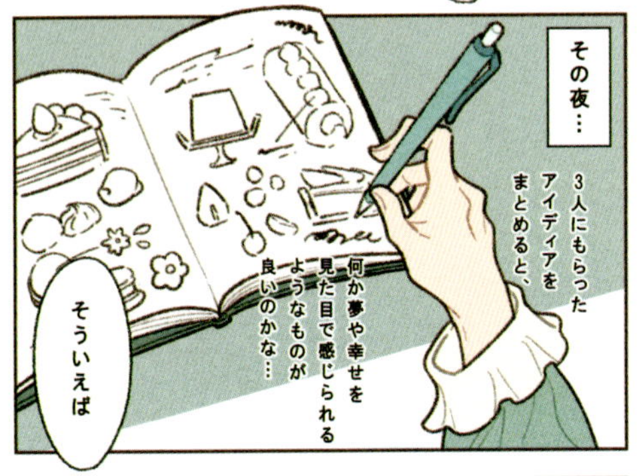

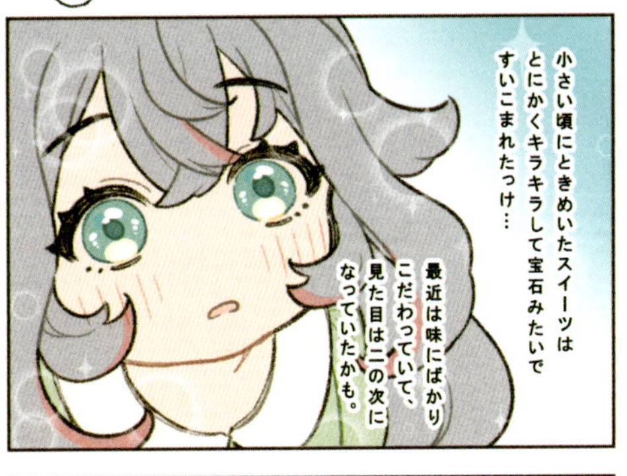

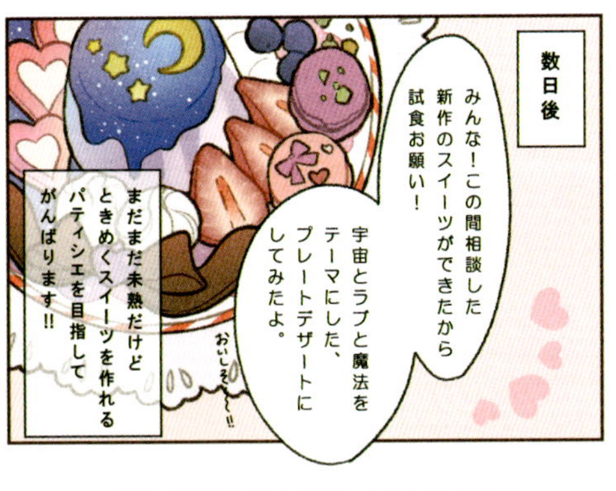

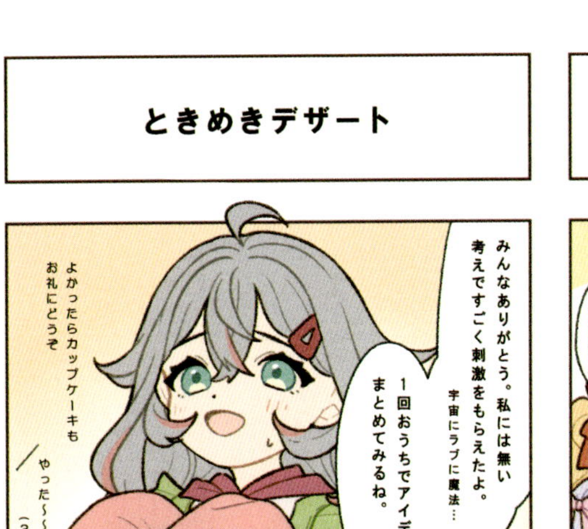

出演：甘名ちとせ・ミルキー・Ruby・御縁ゆい

「SS学園」投稿ガイド

制服ベースデザイン：ハモンド華麗

「ＳＳ学園」の生徒を自分で考える際は、このデザイン画を参考に、制服を描いてください。

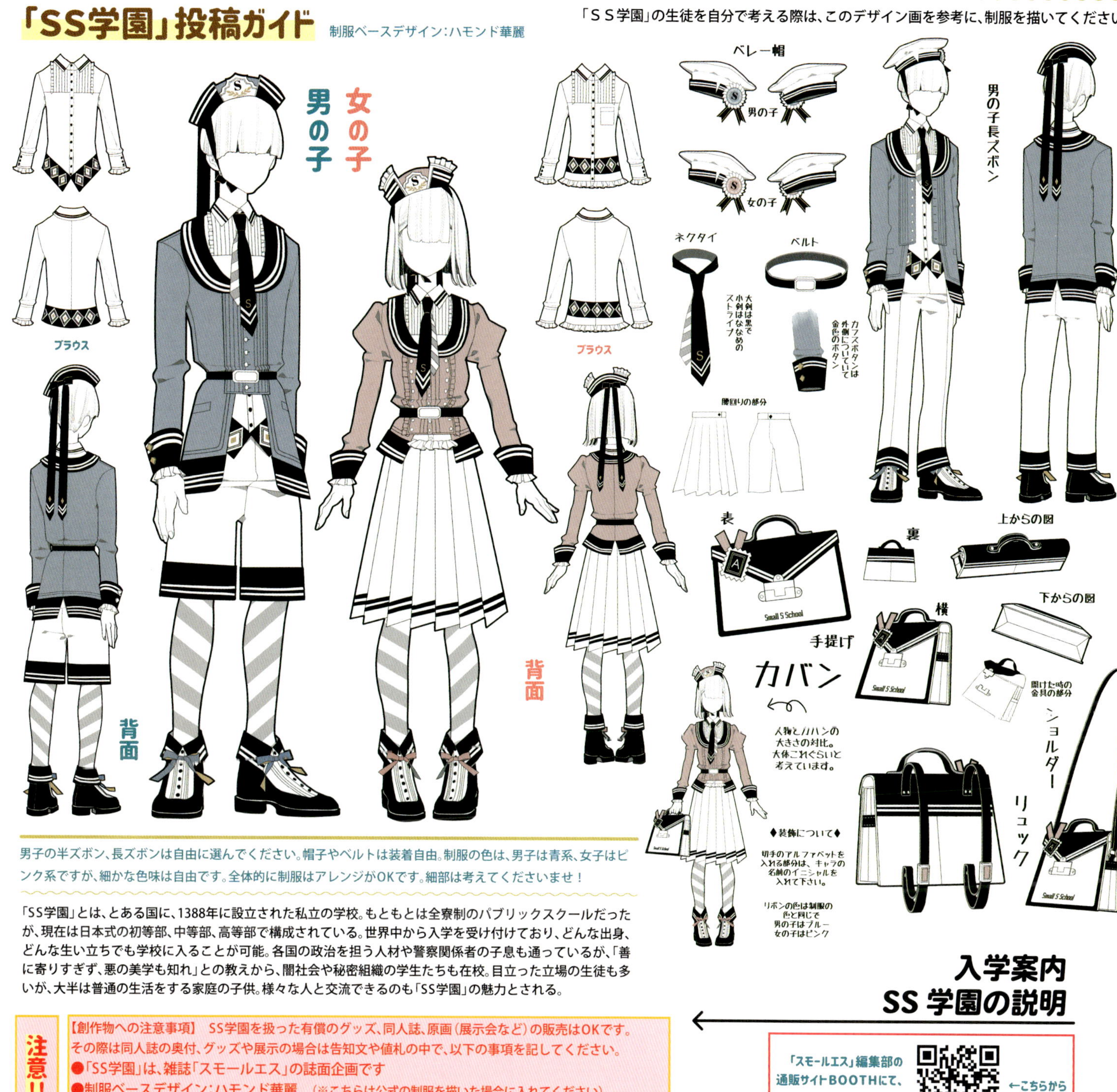

男子の半ズボン、長ズボンは自由に選んでください。帽子やベルトは装着自由。制服の色は、男子は青系、女子はピンク系ですが、細かな色味は自由です。全体的に制服はアレンジがOKです。細部は考えてくださいませ！

「SS学園」とは、とある国に、1388年に設立された私立の学校。もともとは全寮制のパブリックスクールだったが、現在は日本式の初等部、中等部、高等部で構成されている。世界中から入学を受け付けており、どんな出身、どんな生い立ちでも学校に入ることが可能。各国の政治を担う人材や警察関係者の子息も通っているが、「善に寄りすぎず、悪の美学も知れ」との教えから、闇社会や秘密組織の学生たちも在校。目立った立場の生徒も多いが、大半は普通の生活をする家庭の子供。様々な人と交流できるのも「SS学園」の魅力とされる。

入学案内
SS 学園の説明

注意!!

【創作物への注意事項】　SS学園を扱った有償のグッズ、同人誌、原画（展示会など）の販売はOKです。その際は同人誌の奥付、グッズや展示の場合は告知文や値札の中で、以下の事項を記してください。
●「SS学園」は、雑誌「スモールエス」の誌面企画です
●制服ベースデザイン：ハモンド華麗　（※こちらは公式の制服を描いた場合に入れてください）
また、他の作家のキャラを描いて販売をする際は、必ずお互いの作家同士で了解をとってください。

「スモールエス」編集部の通販サイトBOOTHにて、SS学園公式設定資料集を電子書籍で発売中！　←こちらからチェックください！

「SS学園」の生徒イラスト投稿募集！　次号で投稿は最終募集です！

1枚の紙に自分が考えた「SS学園」の生徒、もしくは今号に掲載された生徒を描いてください。絵の中に、キャラクターの名前、紹介文を書き入れてください。なければ掲載できない場合があります。人物紹介の文体は自由です。また、複数のキャラを描いても良いですが、それぞれの名前がわかるようにしてください。

最初の人物紹介が掲載された生徒は、その後に自由な形式で、絵や漫画を描いてOK。名前表記を絵に入れると覚えてもらいやすい！

● 生徒は人外やファンタジー設定でもＯＫ。生徒会長や理事長など、選抜メンバーで描かれたキャラ設定は避けてください。なお、血縁や恋人など、近すぎる固有の関係は避けてください。相手のキャラ設定に大きな影響が出ます。

● 他の作家さんの生徒を描く場合は、その人のペンネームとキャラ名も絵の中に入れてください。

郵送時の応募コーナー名
「スモールエス●●号　SS学園係」

※●●には、送付時に募集している号数をお書きください。

※データ投稿の場合、応募コーナー名は投稿画面での選択式になります。応募時に「SS学園」を選択ください。

※絵の中に、キャラクターの名前と設定文を書き入れてください！
絵のみの投稿は不可。キャラ名と、初回はキャラ説明を入れるのが必須です。

投稿の締切　2026　2/19 木曜日　当日消印有効

ＳＳ学園 投稿コーナー

SS 学園の参加メンバー 24 人の作家さんの投稿も、自由に想像して描いた作家個人の創作を掲載します。公式設定ではないですが、自由にお楽しみください。

みんなで生徒を描き合って交流しよう！　投稿コーナーでは、他生徒を借りてグループを作るのも自由です。一度自己紹介が掲載されたキャラは紹介文は不要。学園生活を描いた絵や漫画を送ってください～！

福島県・NAVY

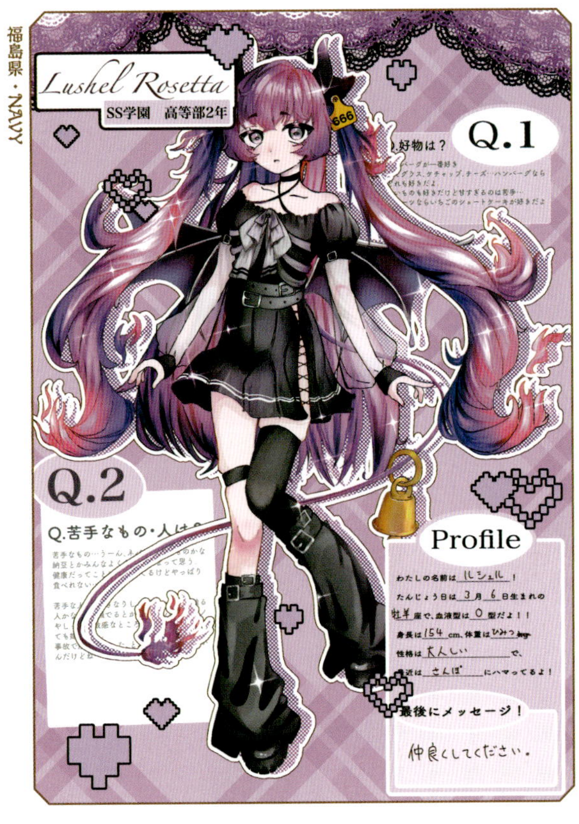

福岡県・ビオレレレレ・18歳

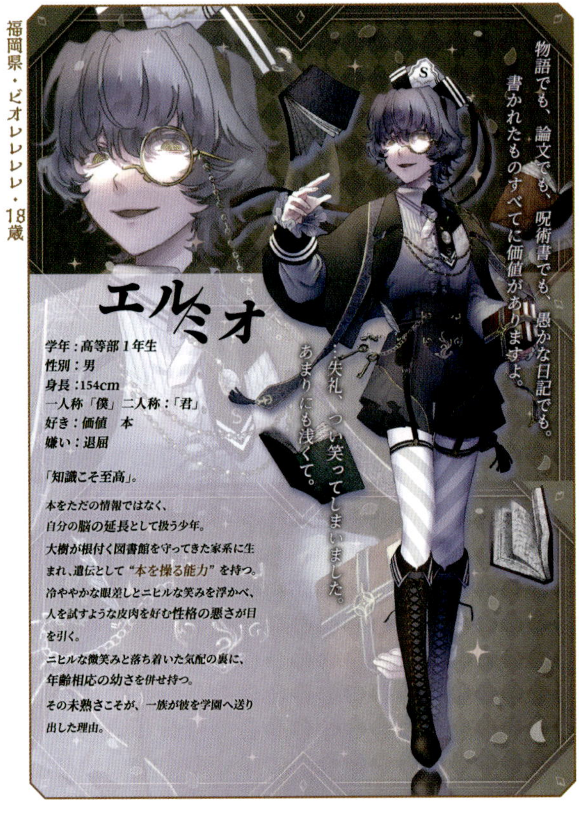

京都府・南野葵

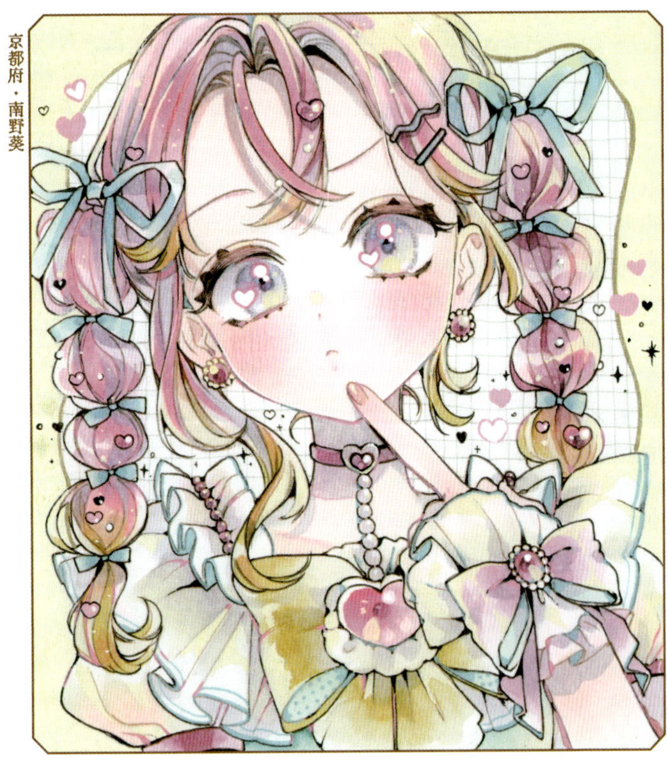

群馬県・第九

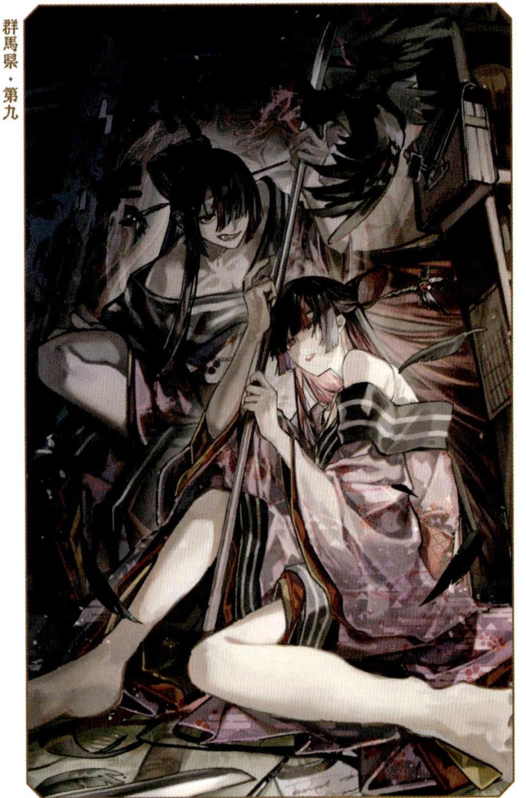

高知県・まろやか

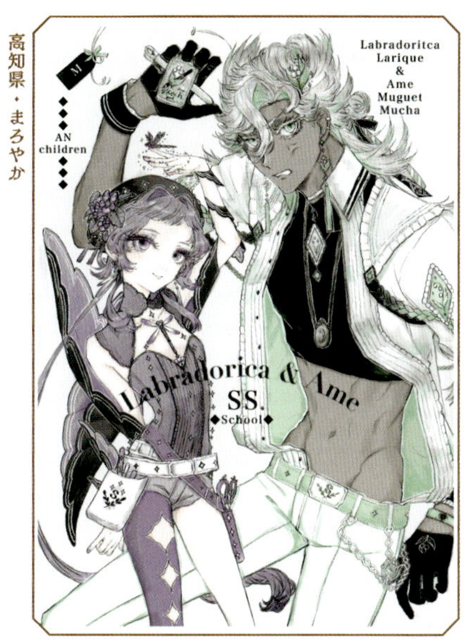

高知県・柴イヌ

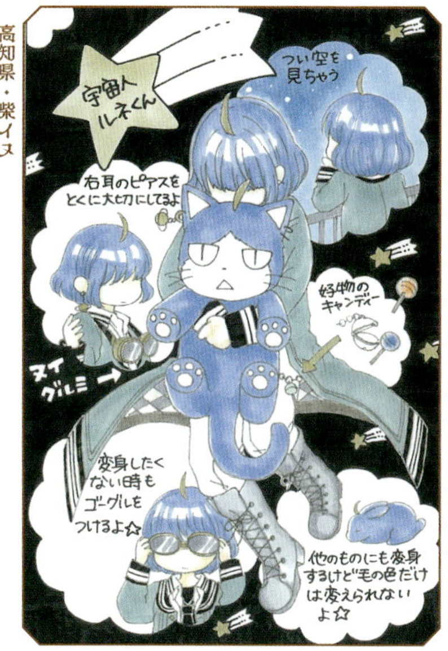

福島県・氷華√2・20歳

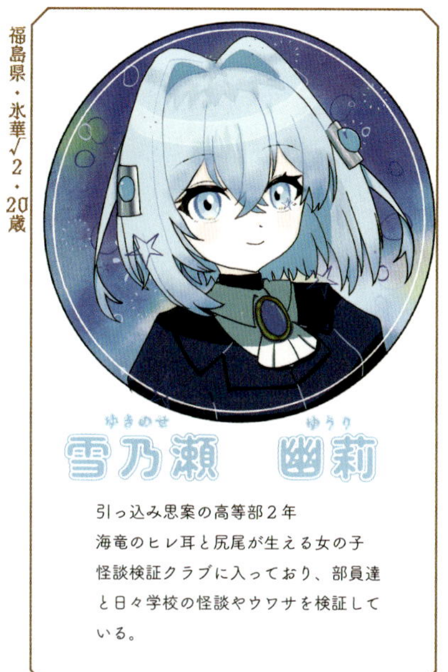

長野県・名取そると

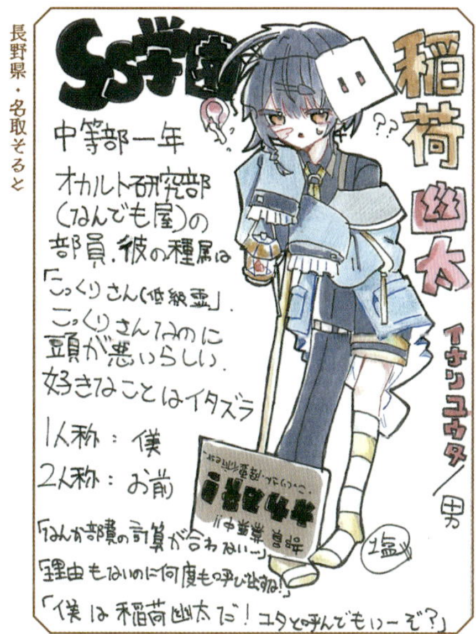

広島県・榛原祐香

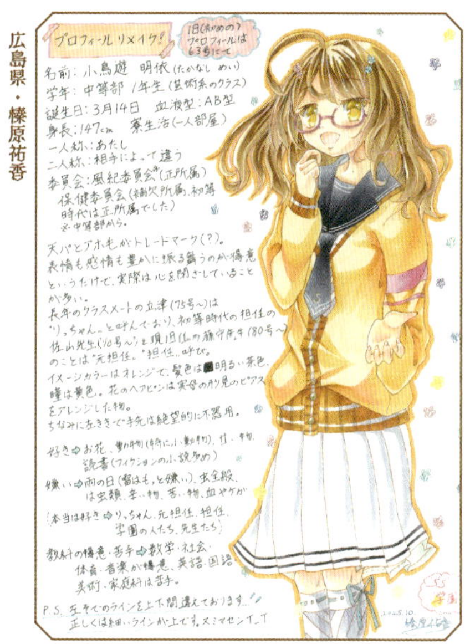

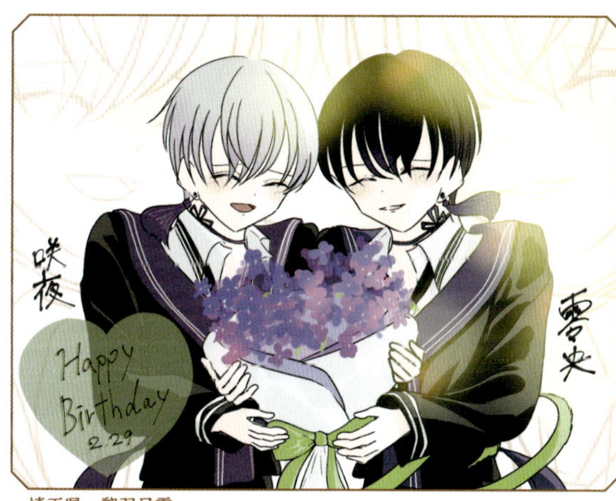

埼玉県・黎羽月零

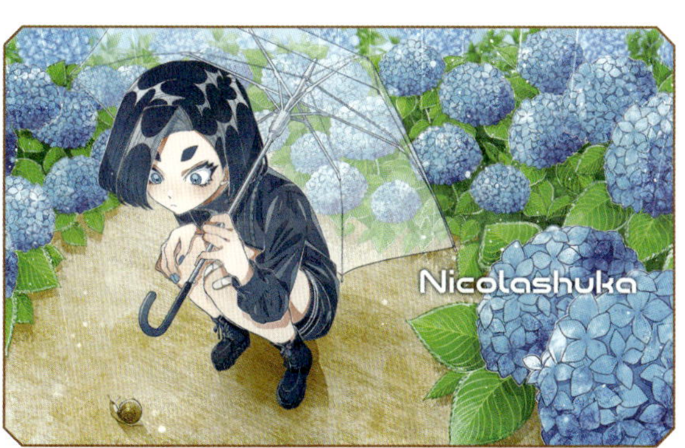

滋賀県・真田しろ

神奈川県・アンゲっち

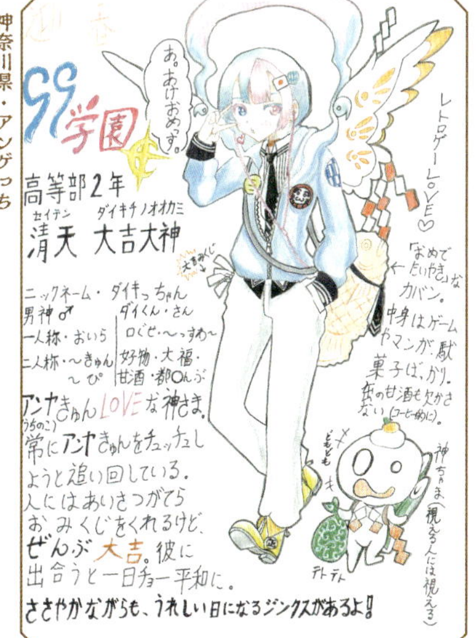

神奈川県・電脳抹茶

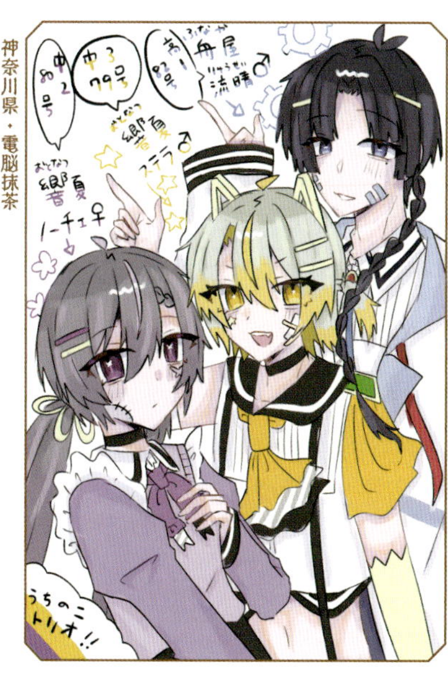

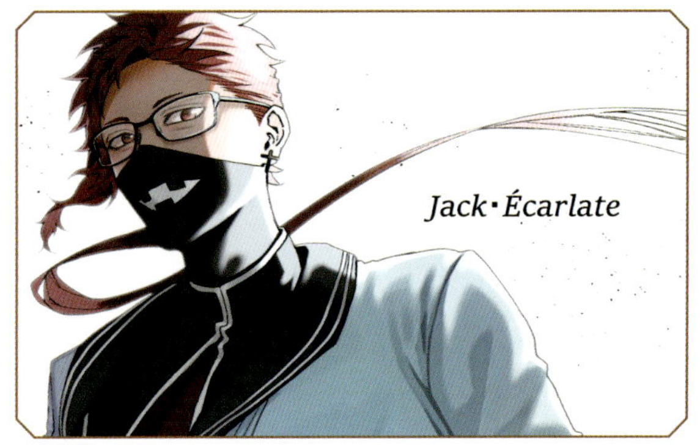

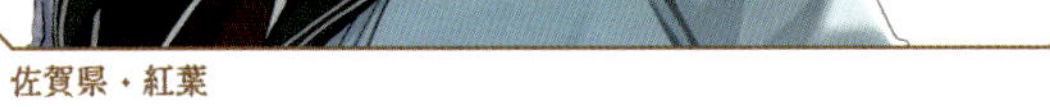
佐賀県・紅葉

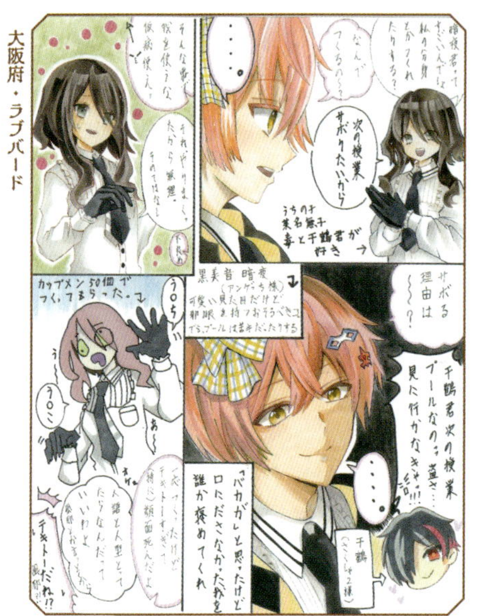
大阪府・ラブバード

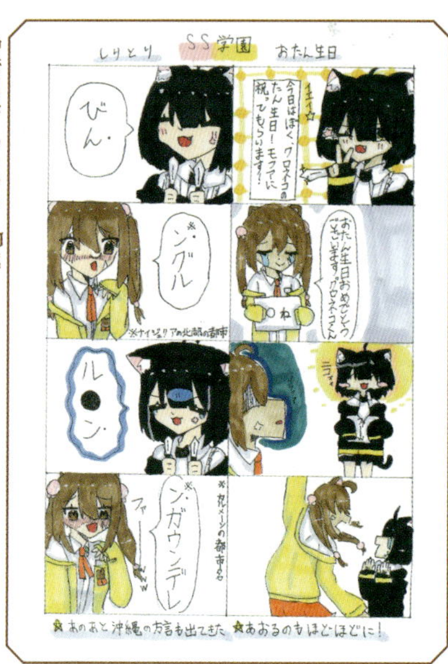

神奈川県・ゆるゆる・10歳

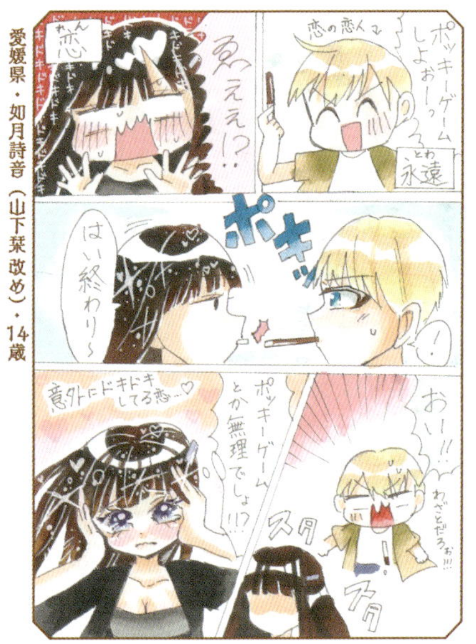
愛媛県・如月詩音（山下栞改め）・14歳

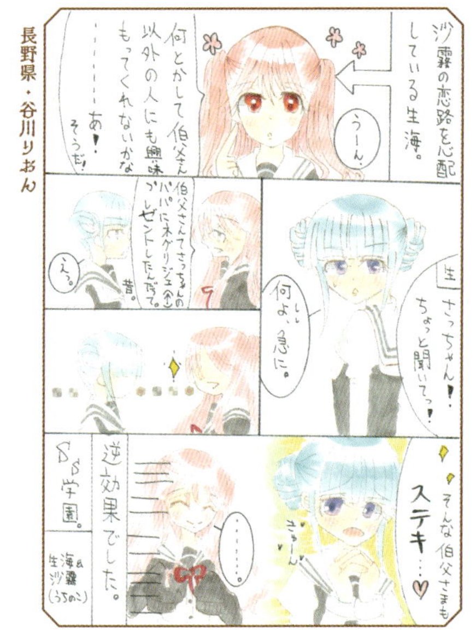
長野県・谷川りおん

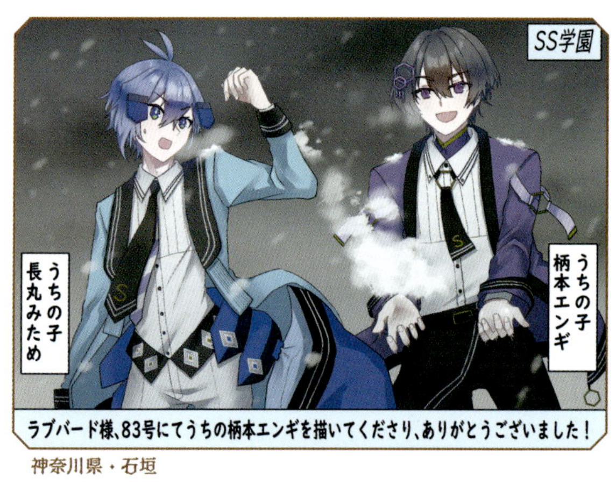

神奈川県・石垣

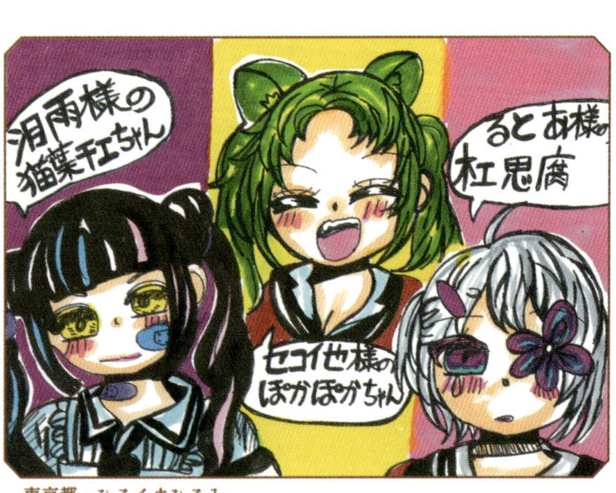

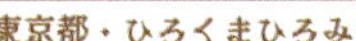
東京都・ひろくまひろみ

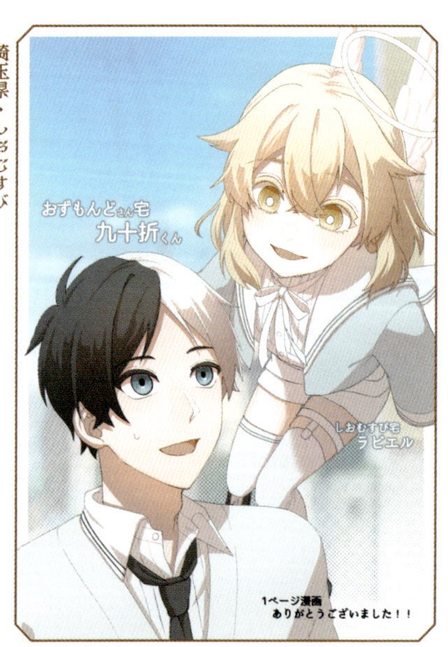

埼玉県・しおむすび

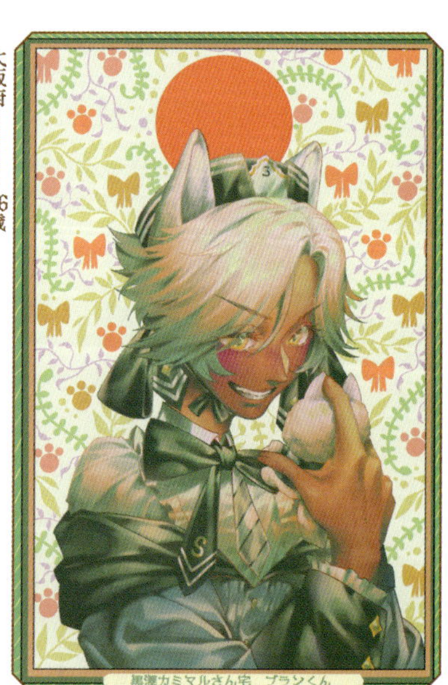
大阪府・yume・16歳

スモールエス編集部の単行本のお知らせ

友風子最新画集「澪mio 友風子画集2」が発売

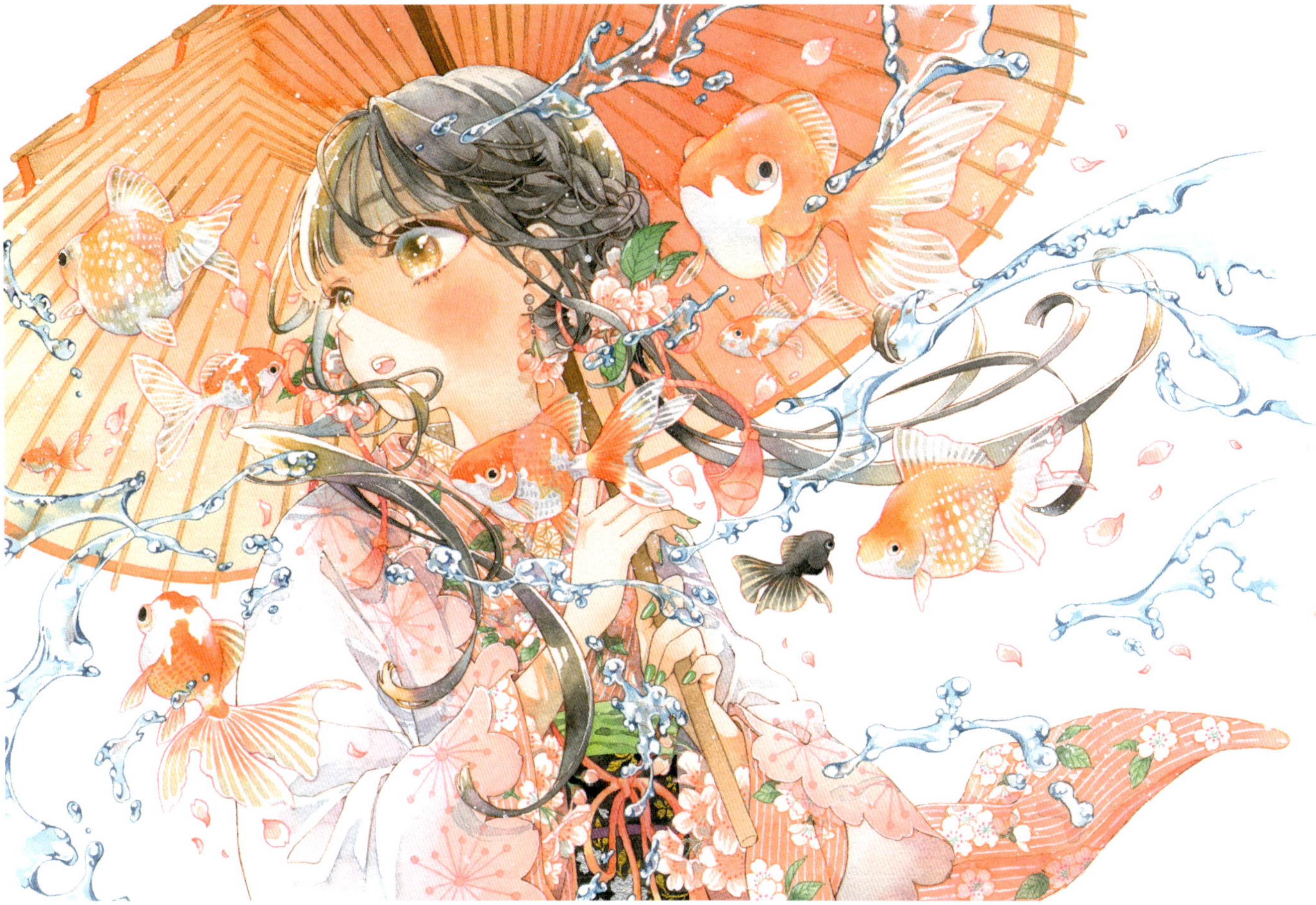

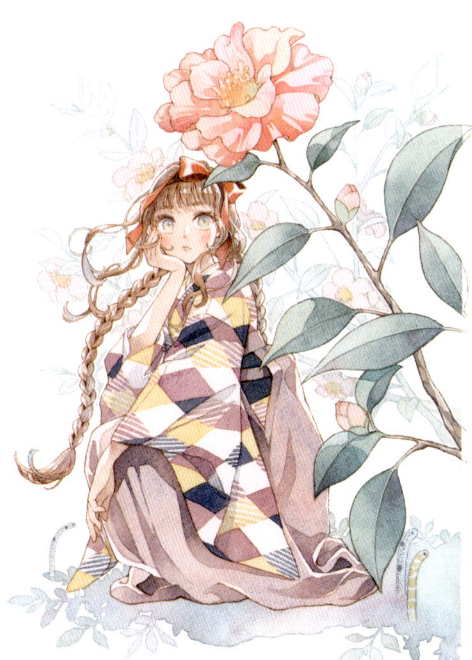

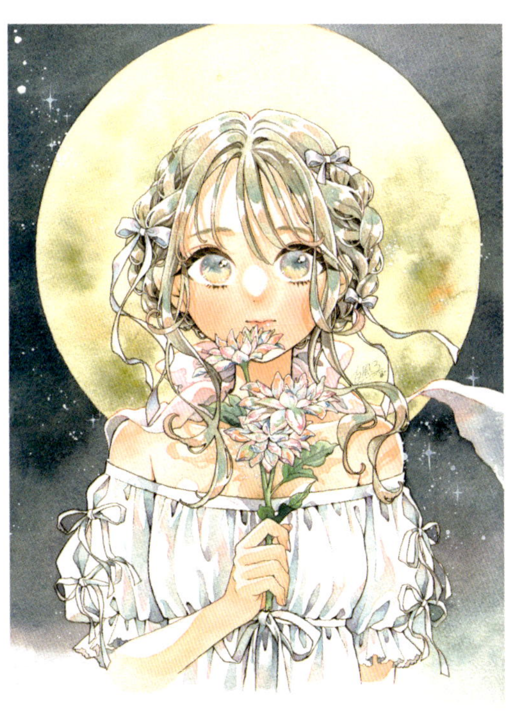

清純で優美な世界を透明水彩で描く友風子の最新画集が2月に発売!

透明水彩の淡く澄んだ色彩で、愛らしく優美な少女や動植物を描く友風子。小説「わが家は祇園の拝み屋さん」や「旺華国後宮の薬師」などのシリーズで描かれた装画や、雑誌「スモールエス」の連載イラスト、近著であるぬり絵ブックの作品も含めて、二〇一五年以降に描かれたオリジナルや商業作品をまとめました。描き下ろし表紙の水彩メイキングも特別収録しています。ぜひチェックしてみてください!

澪mio　友風子画集2

- ●発売日:2026年2月20日予定
- ●定価:3,000円(税抜)
- ●発行:パイ インターナショナル

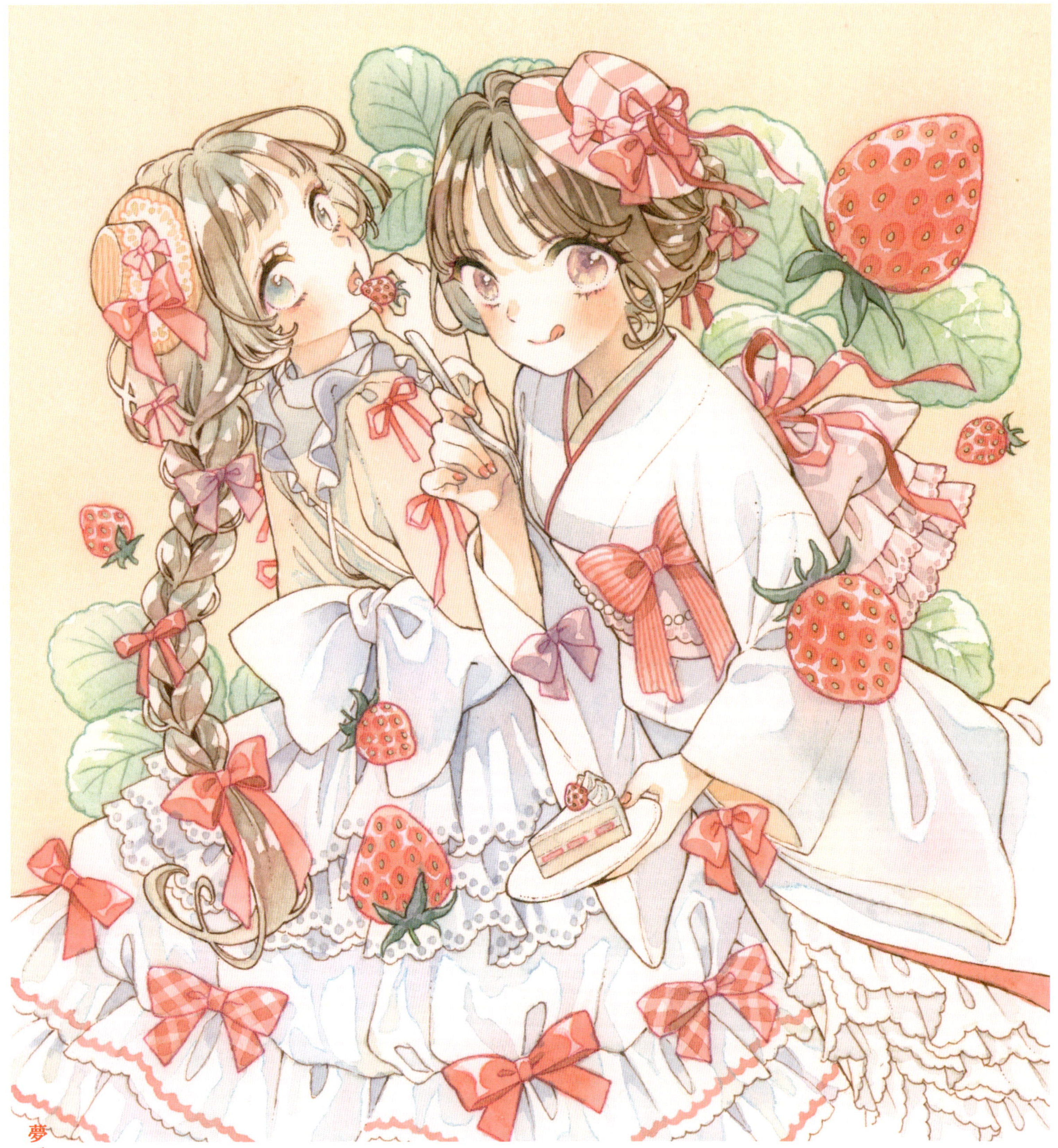

夢で見た景色
友風子
vol. 3

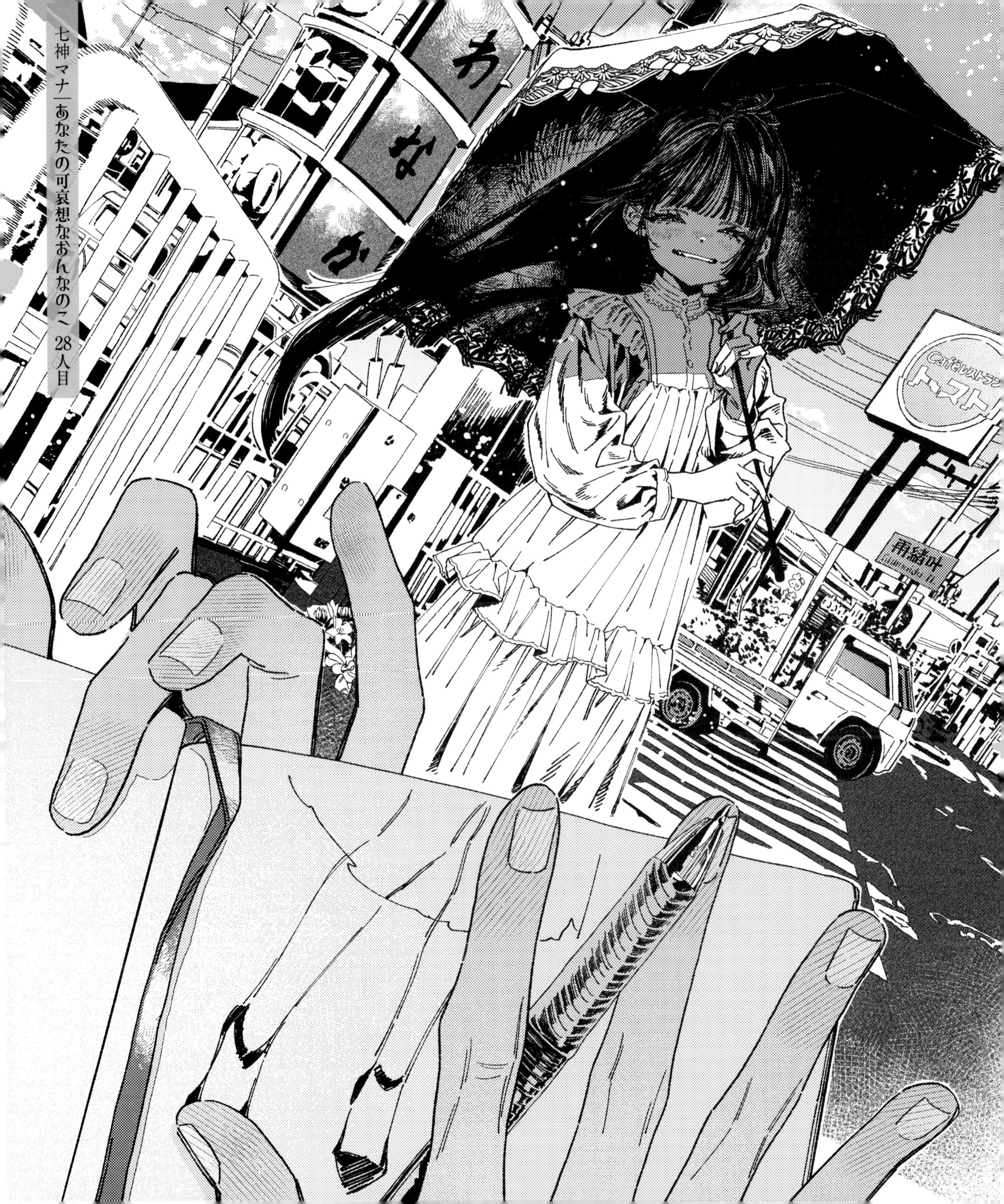

七神マナ「あなたの可哀想なおんなのこ」28人目

＼あなたの作品がSSの表紙に！ 副賞の賞金も授与／

特別企画！

SS(スモールエス)表紙イラストコンテスト！

さらに！ SS(スモールエス)が大幅値下げ！ 1,500円→1,000円のスペシャル価格！

(価格は予定ですので変動することがございます)

次号の「SS(スモールエス)」からしばらくの間、表紙イラストを投稿者の皆さんから募集する特別企画を実施！ 投稿大特集をはじめます。

それにあわせて価格も大幅に値下げします！ 表紙イラストコンテストを募集する絵のテーマは自由。皆さんのオリジナルイラストが雑誌の表紙になります！表紙用に描き下ろしてくれた作品だと嬉しいので、採用は新しく描いてくれたイラストを優先したいと思います。ただ、間に合わないという方は、最近描いた絵を表紙用にアレンジして応募くださってもOK。

また、本企画は事前に採用者に連絡はせず、雑誌の発売で結果を知るという伝統的な投稿雑誌のドキドキ感を大切にします。皆さんで「SS(スモールエス)表紙イラストコンテスト」を一緒に盛り上げてください！

特別企画のおしらせ

応募要項・受賞特典・発表

サイズ	縦 263mm× 横 231mm 「SS(スモールエス)」表紙サイズ想定 作品はトリミングして使用させてもらう場合がございます、ご了承ください。
応募形式	アナログの使用画材は自由。 デジタルの場合は、解像度「350dpi以上」の「RGBモード」で制作後、「jpg」または「png」形式で保存してください。
テーマ	SkySフリーと同じく自由です。権利侵害などのルールは下記の注意事項をご覧ください。
受賞特典	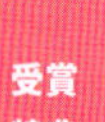 グランプリ(1名)……表紙に採用＋副賞10万円 準グランプリ(1名)……雑誌内にて、1／2ページサイズで掲載＋副賞5万円 特別賞(1名)……雑誌内にて、1／2ページサイズで掲載＋副賞3万円
発表	SS85号の発売をもって結果発表。事前に採用者に連絡はしません。 雑誌の発売で結果を知るドキドキ感を大切にします。 ※その他の応募作品も、優秀作は「SS(スモールエス)」誌面にて発表させていただきます。 SkySフリーの掲載ページの前半にて掲載します。

▲表紙イラストコンテストの案内ページです。表紙のひながたもあるのでご確認ください。

作品サイズ

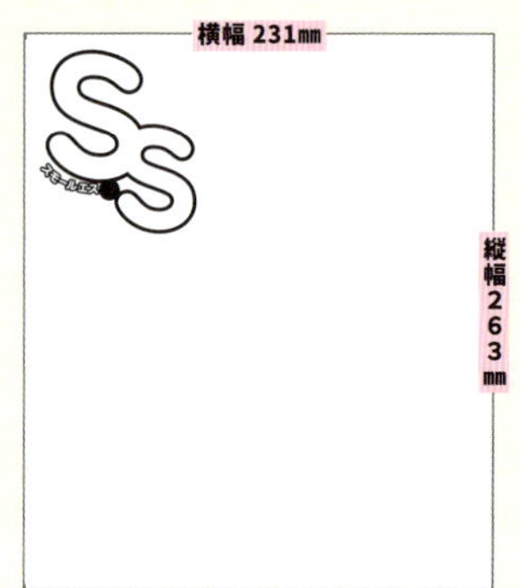

SS(スモールエス)表紙の参考イメージです。左上にロゴが入ります。そこは絵が隠れるので気をつけてお描きください。ロゴの色はイラストに合わせて変動します。

郵送時の応募記入事項

以下の要項を作品の裏面に記入し、「SS表紙イラストコンテスト」宛にお送りください(複数作品応募される場合も必ず全部の絵に書いて下さい)

1、SS何号宛のイラストなのか明記(次号なら、「85号」)

2、郵便番号、住所、氏名、ペンネーム、年齢
(非公開希望の方は「非公開」と明記。年齢は郵送時のもの。掲載時の年齢を気にする必要は無し)

3、電話番号またはメールアドレス
(採用後の事務手続きのための連絡先。連絡がつかない時はお手紙で連絡させていただきます)

4、作品に関して一言

5、使用画材
(アナログ投稿は、用紙の種類、メーカーも書いてくれると嬉しいです)

6、SNSの活動歴(XやInstagramのアカウント。例【@esuesu】)、「ＳＳ」への掲載歴(初投稿の人は特に明記してください)。

※ネットの投稿サイト(Pixiv等)や自分のHPなど、過去どこかに発表したことのあるイラストも、SSに投稿可能です。

応募時の注意事項

1、以下に該当する場合は選考の対象外となりますので予めご了承ください。
AIツールによって自動生成された画像およびテキストを全部もしくは一部に用いた作品。第三者の著作権、肖像権、その他の権利を侵害するものであることが判明した場合。第三者が制作した作品をトレースした作品。またはその疑いがあると判明した場合。

2、応募作品の著作権は、応募者にあります。SSに譲渡するものではないので、表紙採用されても、されなくても、発売後は自由に使用ください。

郵送時の注意事項

1、作品の天地左右がわかりにくいイラストは裏に明記すること。

2、返却希望の人は投稿時と同額の切手を貼った自分の住所氏名を書いた封筒を同封し、作品の裏に赤で「要返却」と書くこと。

3、「表紙コンテスト」のイラストと、ほかのコーナー宛の作品を同じ封筒にまとめて送ってOKです。これまで同様に、投稿イラストには、全部で何枚あるか、全コーナーを通して全部のイラストの裏面に番記してください。

4、雨に濡れる恐れがあるので、気になる人はビニールなどに入れて投稿ください。

郵送

〒150-0041
東京都渋谷区神南1丁目13-3 アーク神南ビル2F
SS編集部「SS表紙イラストコンテスト」係
※ほかのコーナー宛の作品を同じ封筒にまとめて送ってOK

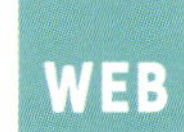

WEB

季刊エスのサイト【http://s-ss-s.com】にある投稿フォームから送ってください。
サイトにネットワークで投稿する際の注意事項も掲載しています。
※解像度はサイズ原寸で300dpi以上が理想です。
それより低い解像度の場合は、採用できなくなる恐れがあります。ご了承ください。

投稿フォーム

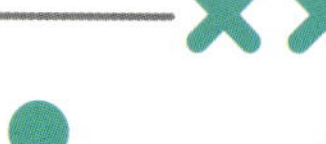

初回投稿締切 2026年2月19日(木)※当日消印有効
(ネットワーク投稿は当日送信有効)

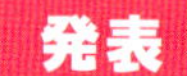

発表 「SS」第85号
2026年4月22日発売予定

今号も投稿ありがとうございます～！　今回のフリー扉の絵は、南野葵さん。絵に寄せられたコメントを拝見すると、髪の毛が細かすぎて、ずっと髪の毛を塗っていたとのこと。こちらは、スモールエスが運営する展示スペースのギャラリーエクリで昨年の十一月に開催された南野葵さんとくりゅうさんの二人展「恋するふたり展」のメインビジュアルとして描かれた作品ですね！　キラキラさにときめきます。

そうですね。会場では、この二人の設定表が貼られていて、関係性もわかって楽しかったです。63ページのMuze-8さんは、「題名『漂流者』プラスチックゴミに覆われた海でメッセージボトル片手に泳ぐ人魚ドラゴンを描きました」とのことで、絵としては青が美しい描写ながらも、テーマとしては考えさせられます。畑野まめさんは「夕焼けに染まる海辺を舞台に赤系の色でまとめ、柔らかくあたたかい雰囲気になるよう制作しました」とのコメント。こちらの作品にもメッセージボトルが登場して、街並みと合わさるモチーフの構成が面白いですね。

64ページの忍いたさんはバニーボーイを描いています。ビスチェの黒いエナメルの描写は圧巻！　透明のシャツやピンクと青の配色も可愛い。もねぎさんはクリスマスの天使で、頭上の光の輪がリースで表現されているそうです。目の青色も際立っていて美しい。のもりさんの作品は、「妖精が管理する庭」だそうで、動植物の色合いがとてもファンタジックでメルヒェンを感じさせます。画面デザインも素晴らしい。仲紅さんはへびつかい座の魔女を描いた作品で、後ろにいる蛇の赤い目や、魔女の手の上が、キラリと光ってドラマチックです～。

65ページのとろ梅さんは「あの頃の厨二病」がテーマだそうです。ゴシックパンクやゴスロリのファッションに、妖しくも耽美的なモチーフが魅惑的です！　海夏さんは旅先で出会った風景がモデルとのこと。川の上に植物が並び、緑が生き生きした夏の気持ちよさが感じられます。塔野アカリさんはスチームパンクのデザインがカッコいい。落ち着いた色の中で、淡い赤や青がうっすらと髪や衣装についているのも印象深いです。そして、のぞみあんずさんは「地に足が着いた楽園」というタイトルの作品。白くて純粋そうな少女の周りに、煙草、化粧、お金、薬がある。設定に深みがあって、ひきつけられました！

本当ですね。今号もたくさんの投稿ありがとうございました。次回もお待ちしております！　クンストカマーもよろしくです～。

京都府・南野葵【コピック、アクリルガッシュ、コピックアクレア】

北海道・Muze-8【液晶タブレット】

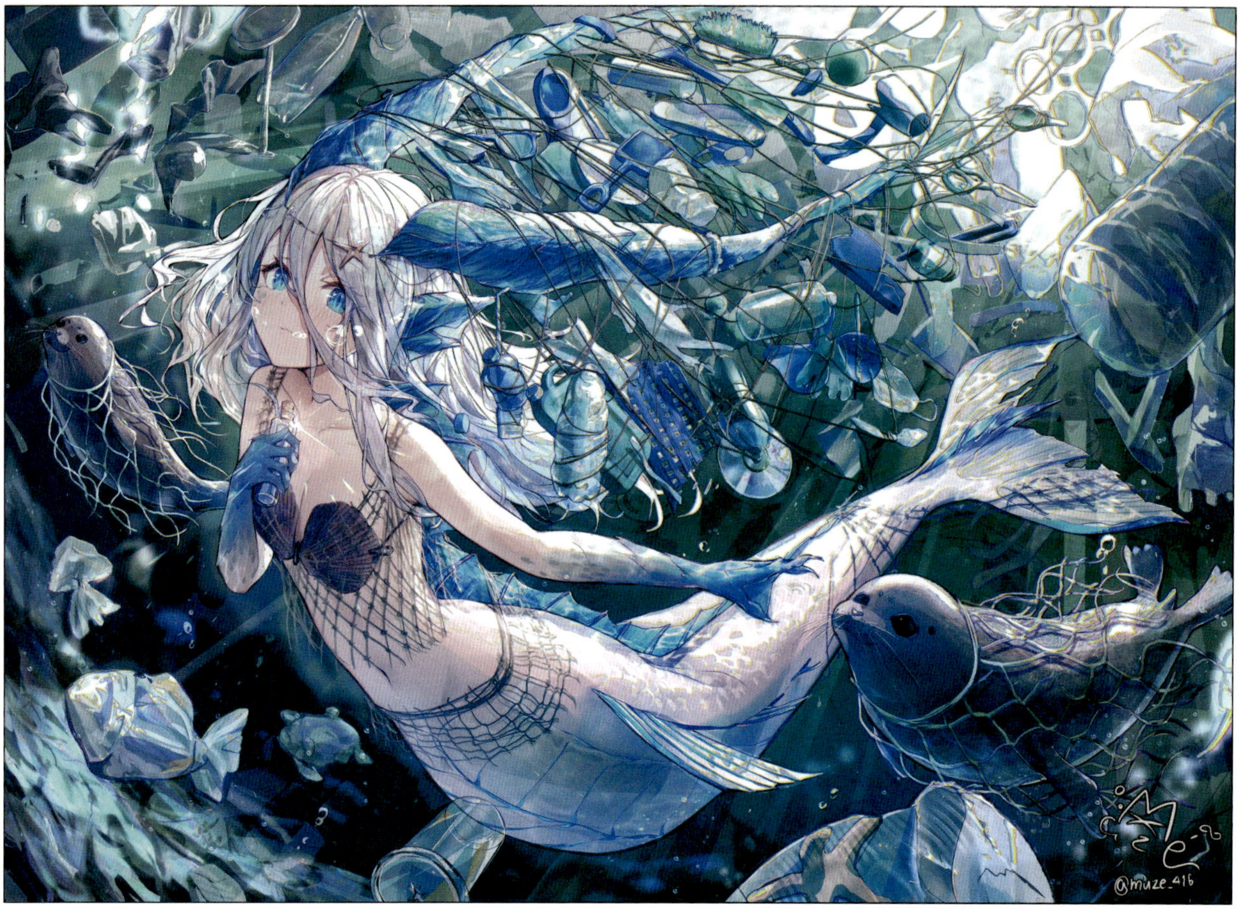

栃木県・畑野まめ【ウォーターフォード水彩紙・透明水彩】

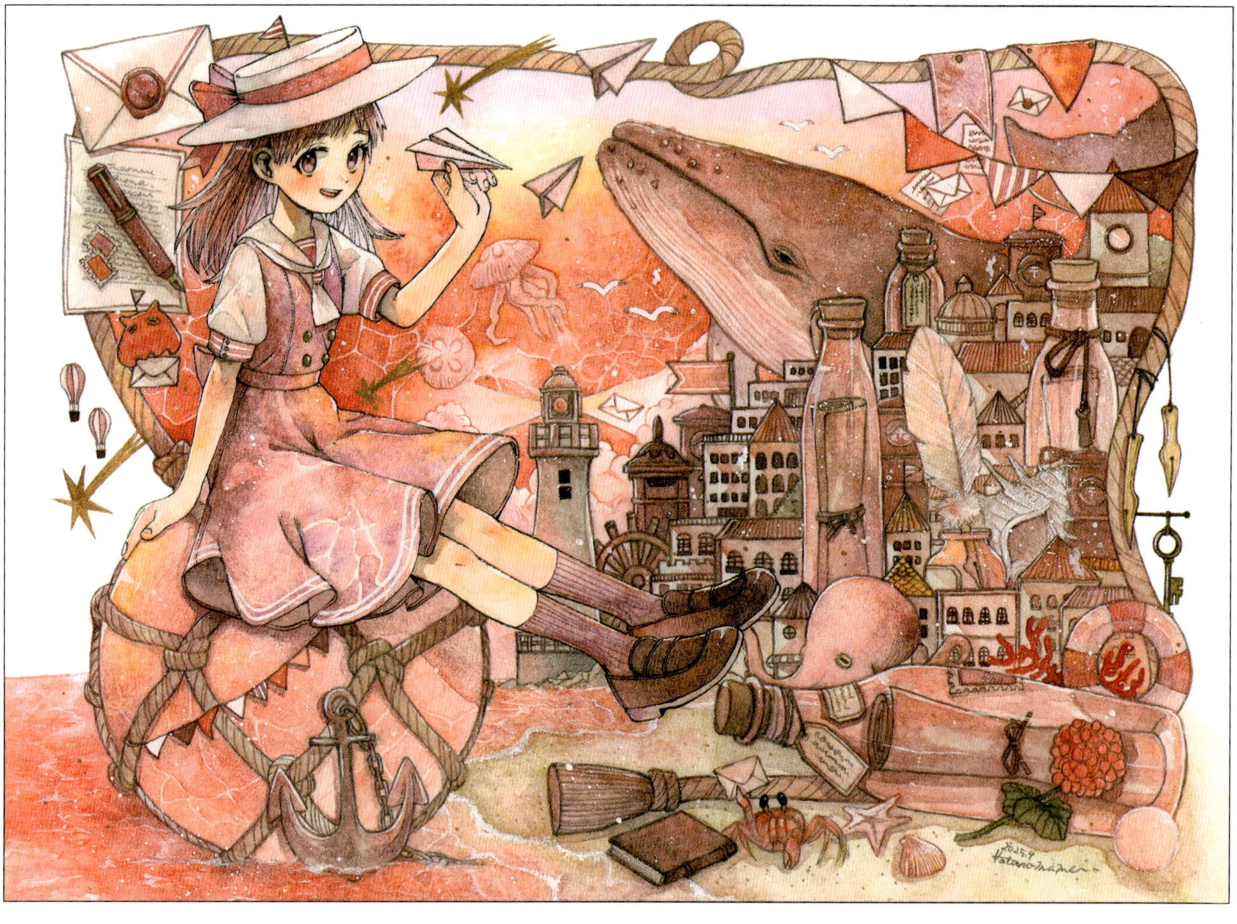

新潟県・もねぎ【透明水彩・アクリルガッシュ】

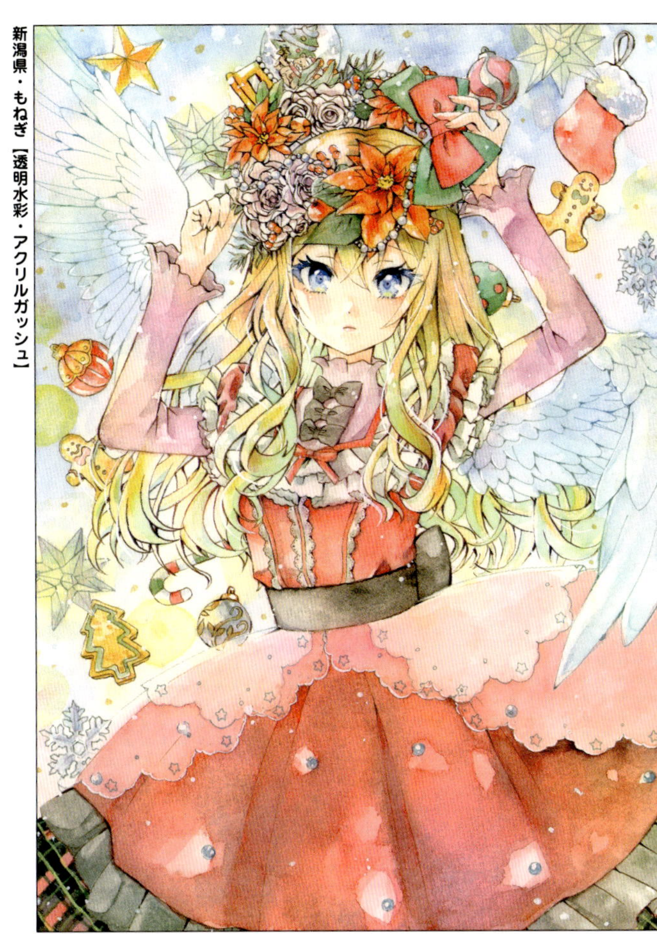

東京都・氶いた【アイビスペイントX】

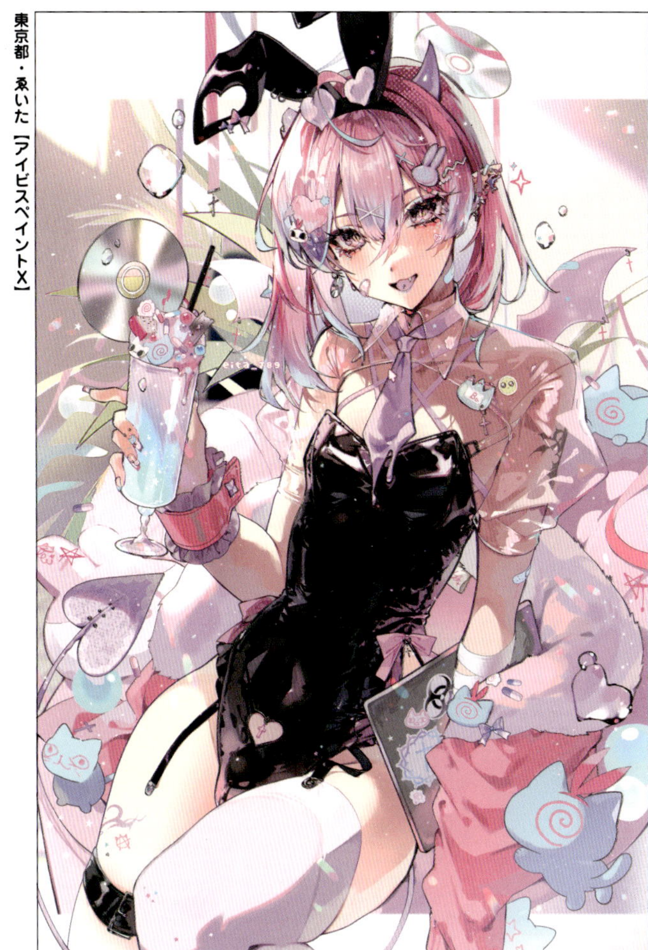

北海道・伸紅【透明水彩】

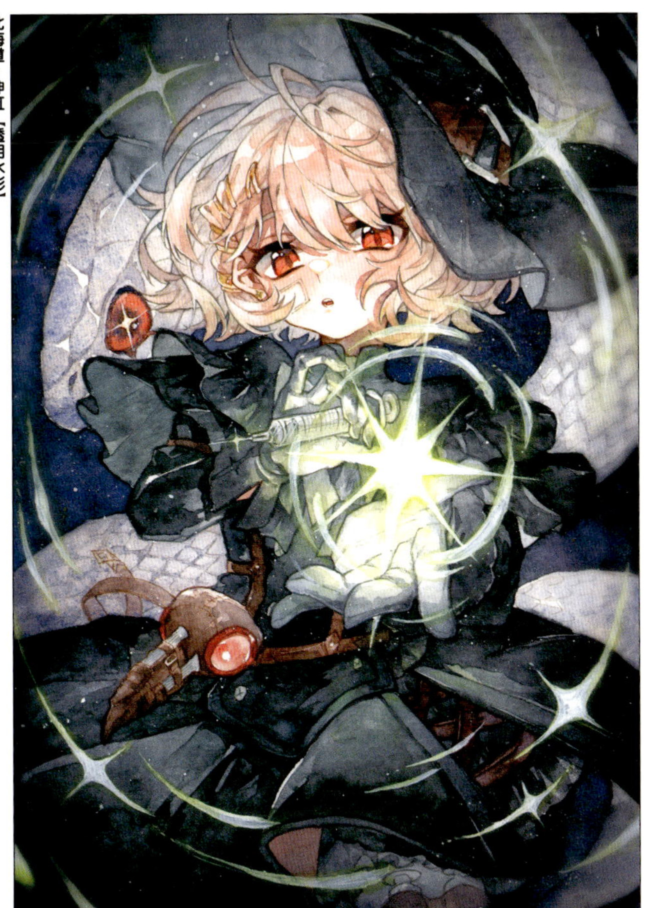

大阪府・のもり【色鉛筆・ボールペン・コットマン水彩紙〈細目〉】

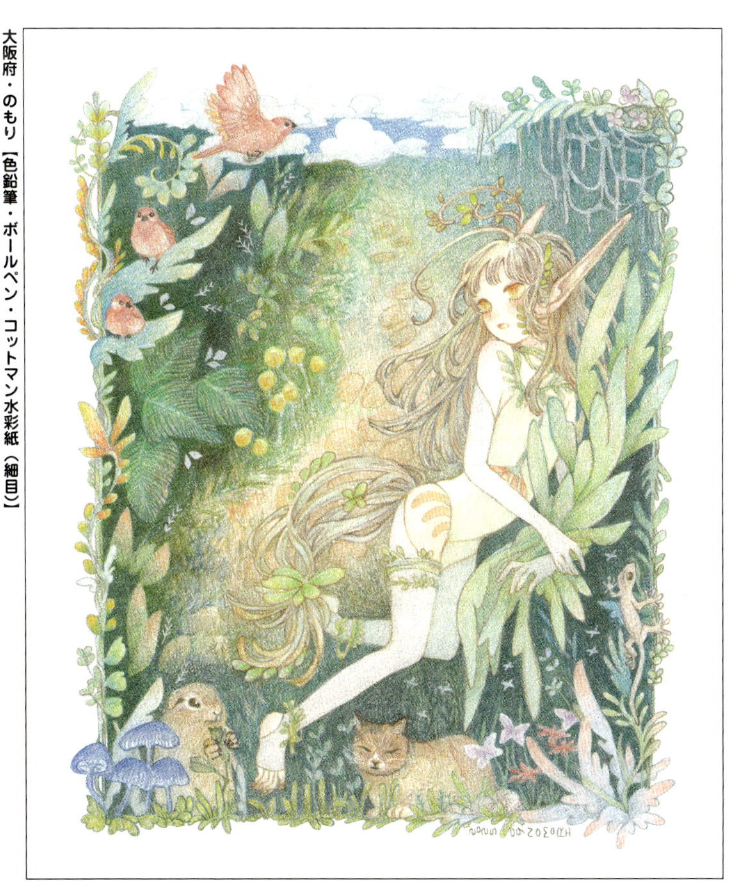

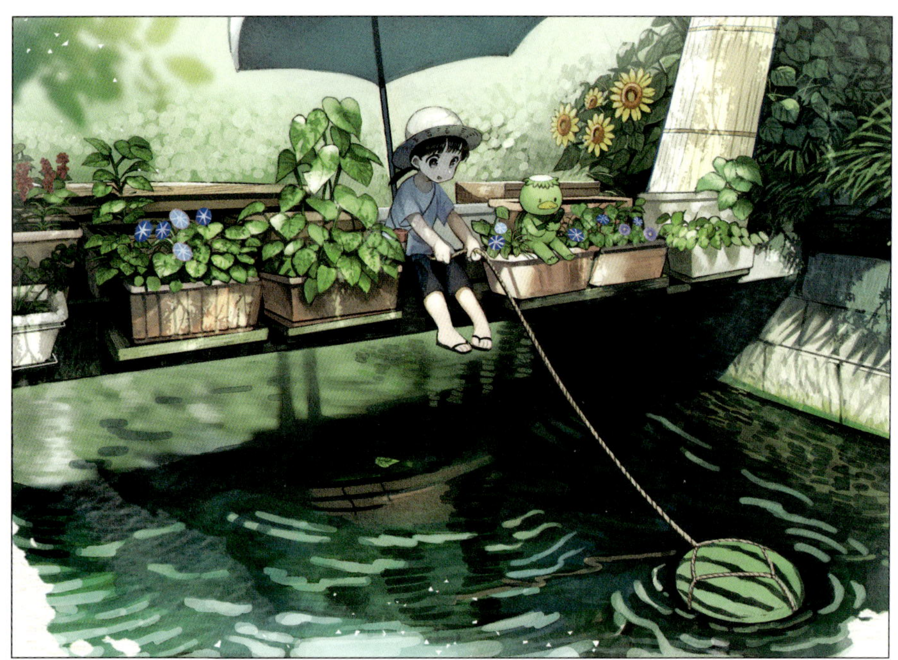
神奈川県・海夏【CLIP STUDIO PAINT】

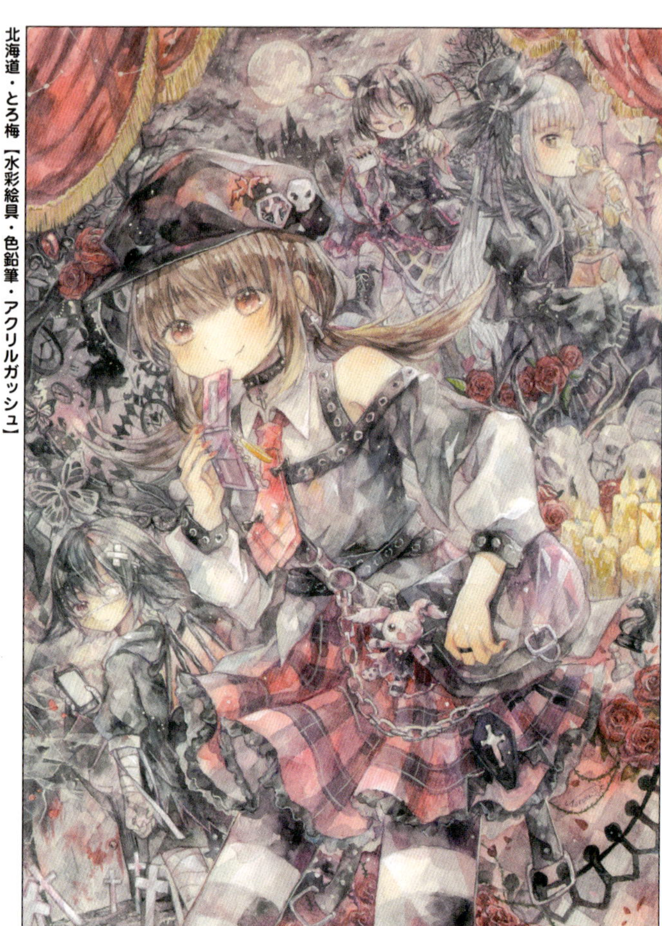
北海道・とろ梅【水彩絵具・色鉛筆・アクリルガッシュ】

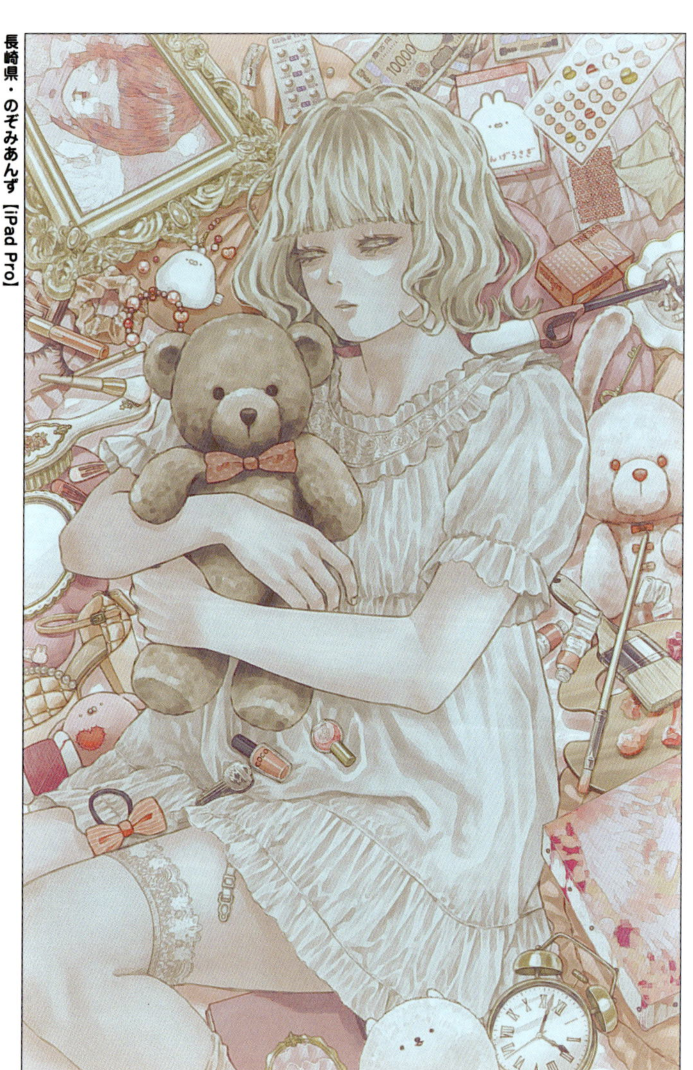
長崎県・のぞみあんず【iPad Pro】

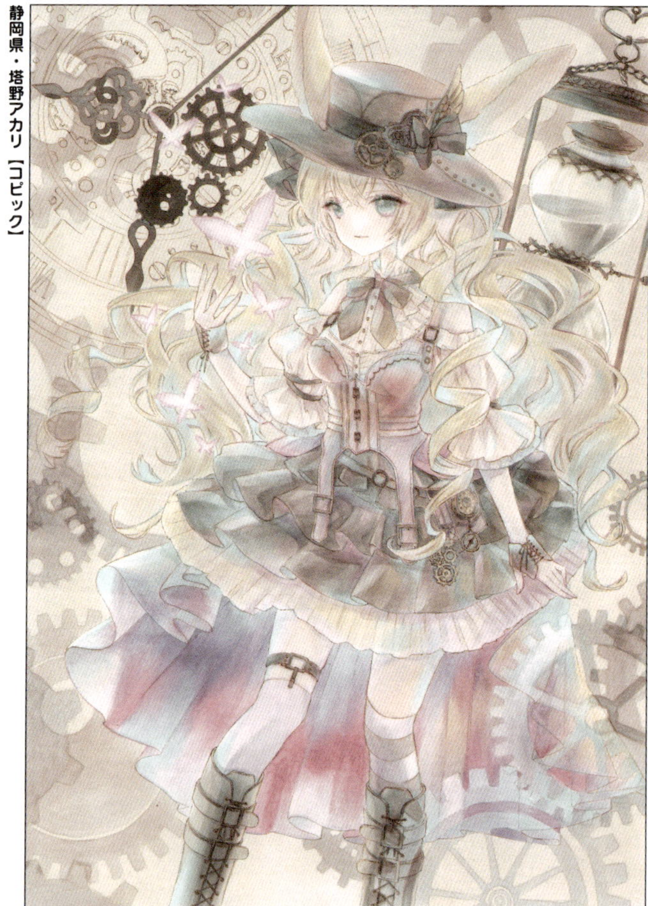
静岡県・塔野アカリ【コピック】

熊本県・ひらき【アクリルガッシュ・不透明水彩・ウォーターフォード水彩紙】

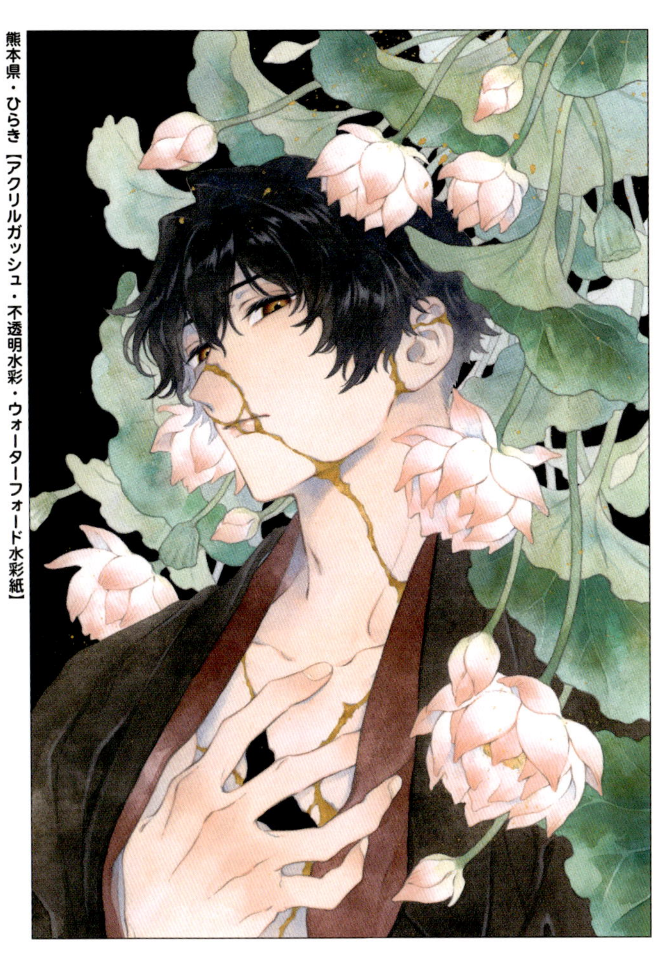

岐阜県・ずめ子【ポスカ・コピックペーパーセレクション特選上質紙】

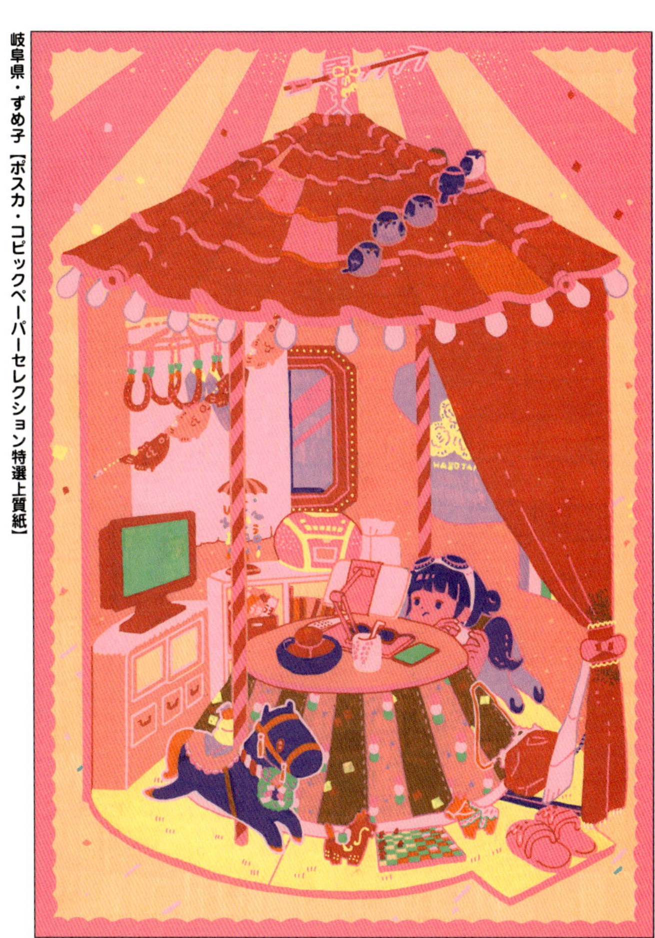

北海道・夢現まーや【コピック・コピックアクレア・マルマンスケッチブック】

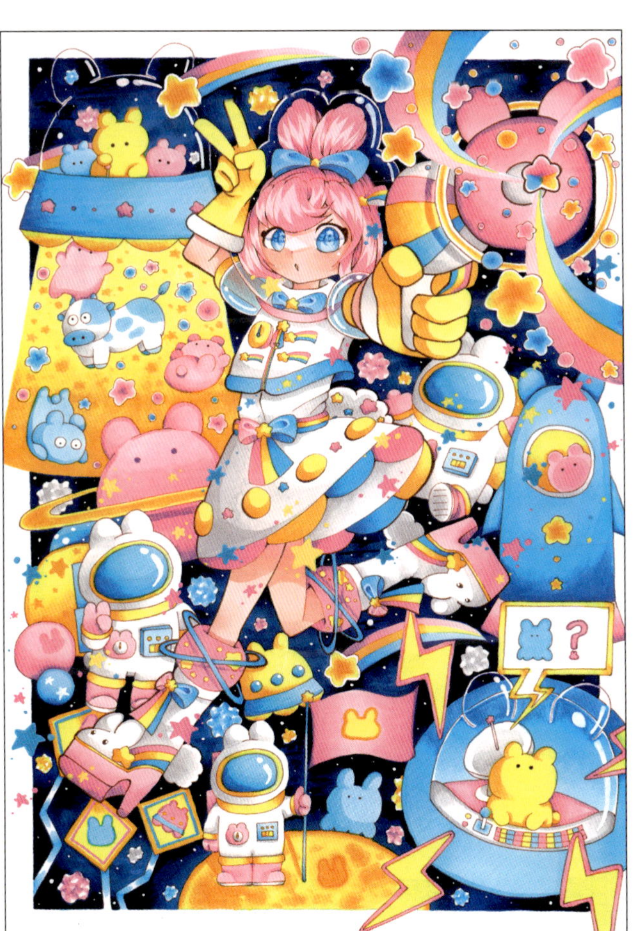

静岡県・大嶋千明・34歳【透明水彩・ワトソンボード】

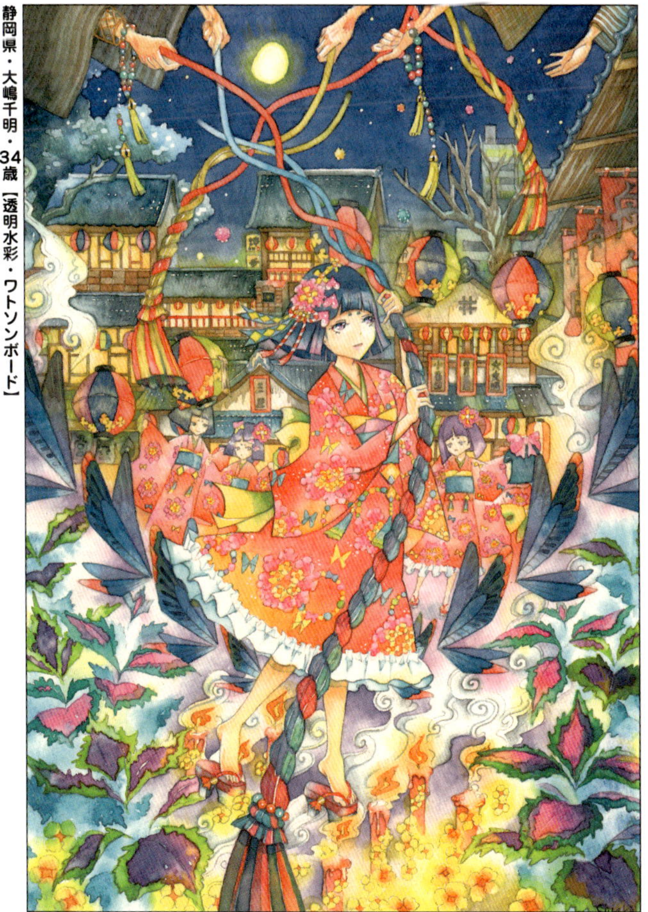

香川県・ひよりこ【コピック・色鉛筆・FINETEC・顔彩】

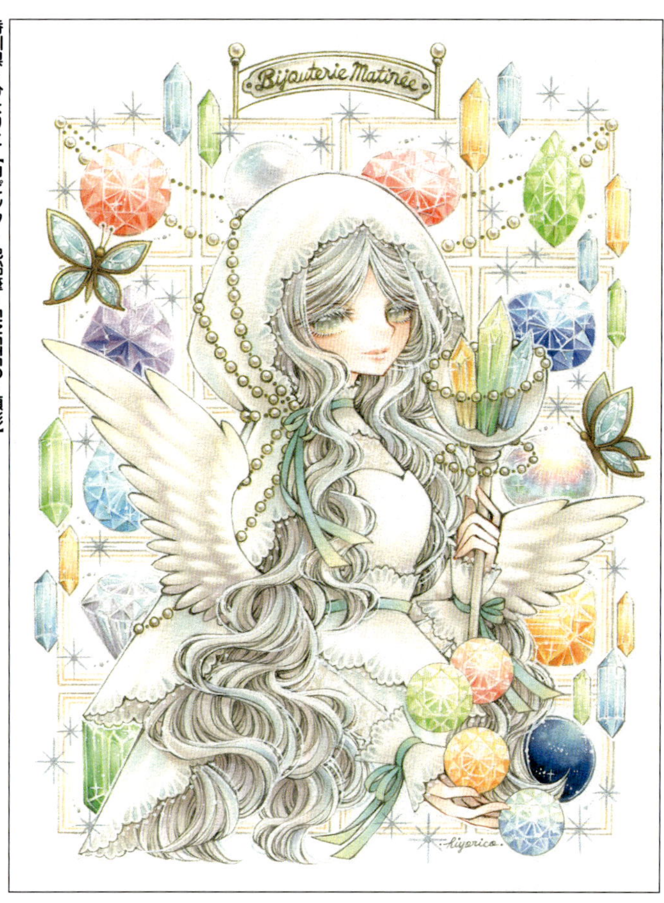

東京都・沫雪なの【透明水彩・顔彩・コピックマルチライナー・コピック】

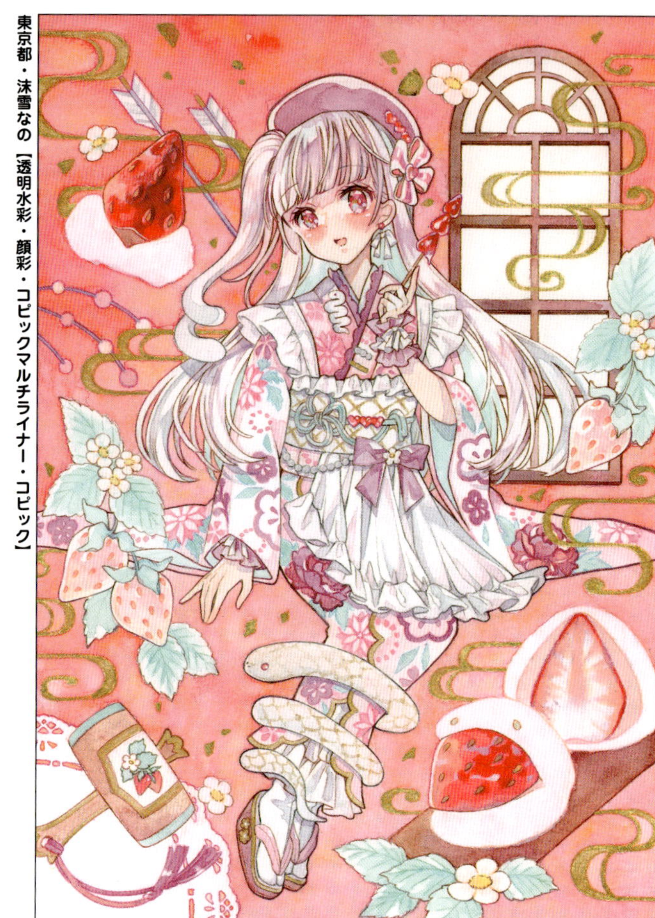

静岡県・temo【透明水彩・アクリルガッシュ】

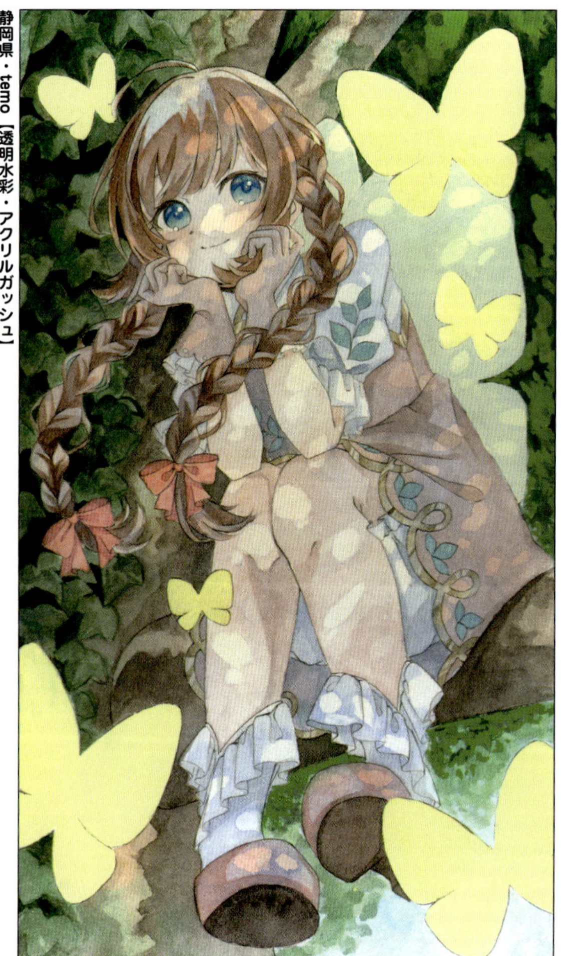

群馬県・凜もも【コピック・アクリルガッシュ】

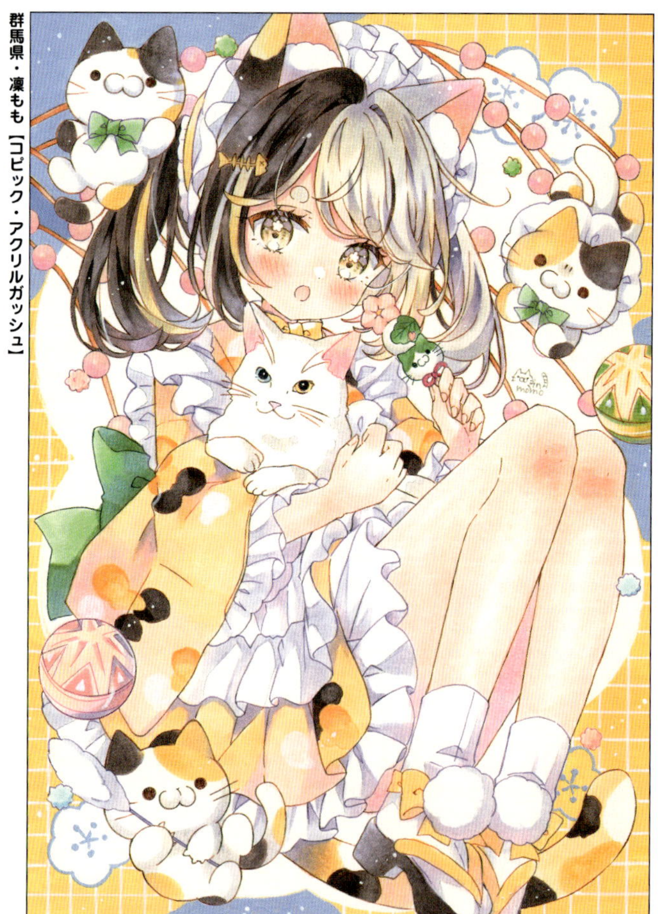

熊本県・真宵ゆづき【透明水彩・ホワイトワトソン紙】

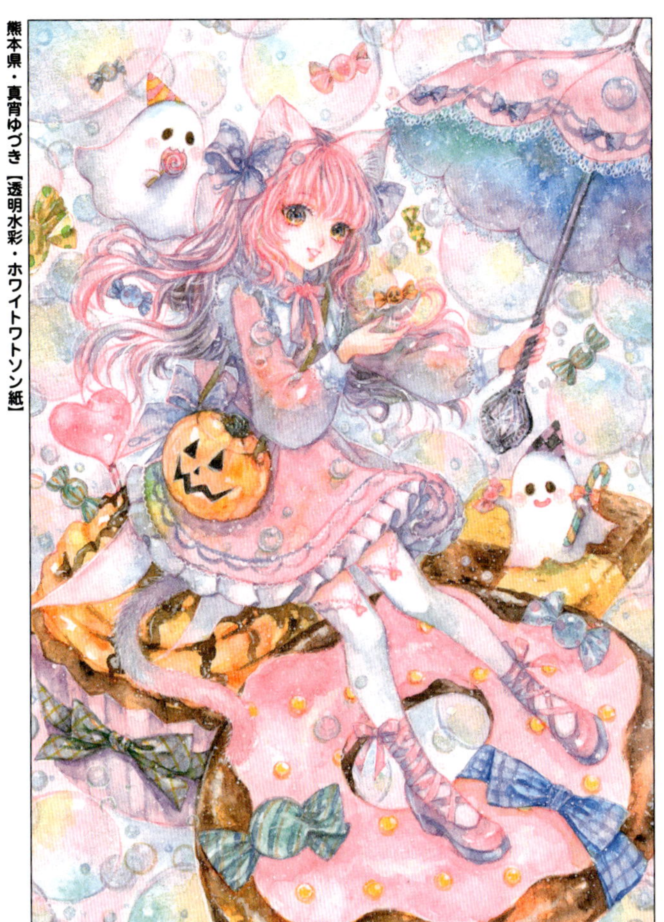

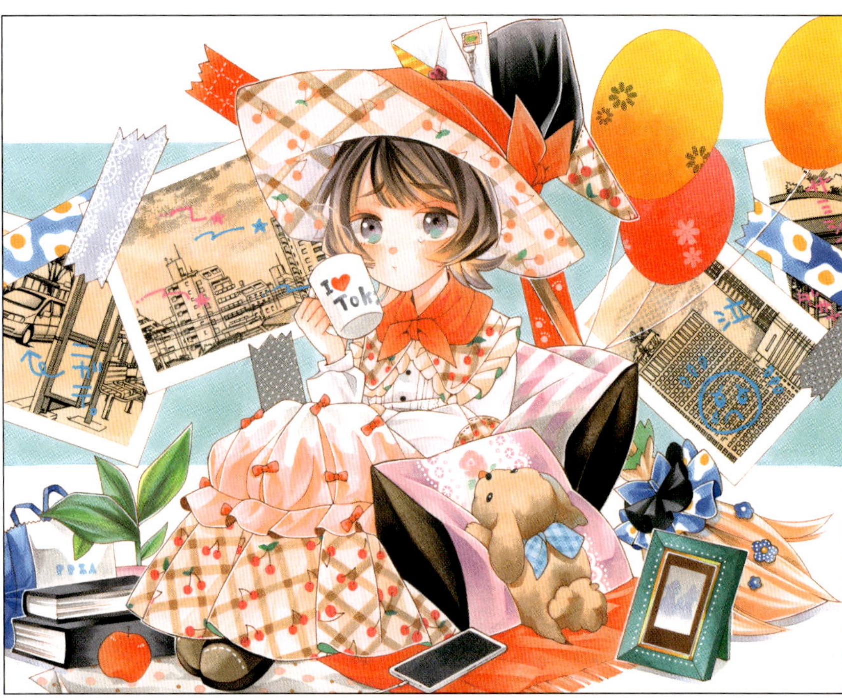

神奈川県・るりるり・40歳【コピック・ルブルーム・コピックマルチライナー・コピックアクレア・ピュアホワイト・スクリーントーン・コピックペーパーセレクション特選上質紙】

埼玉県・わさび【透明水彩】

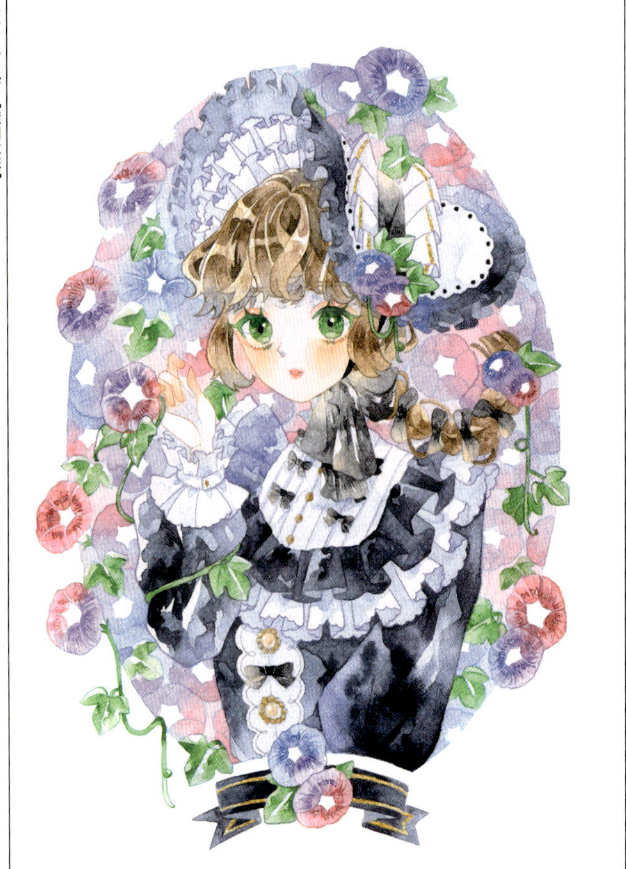

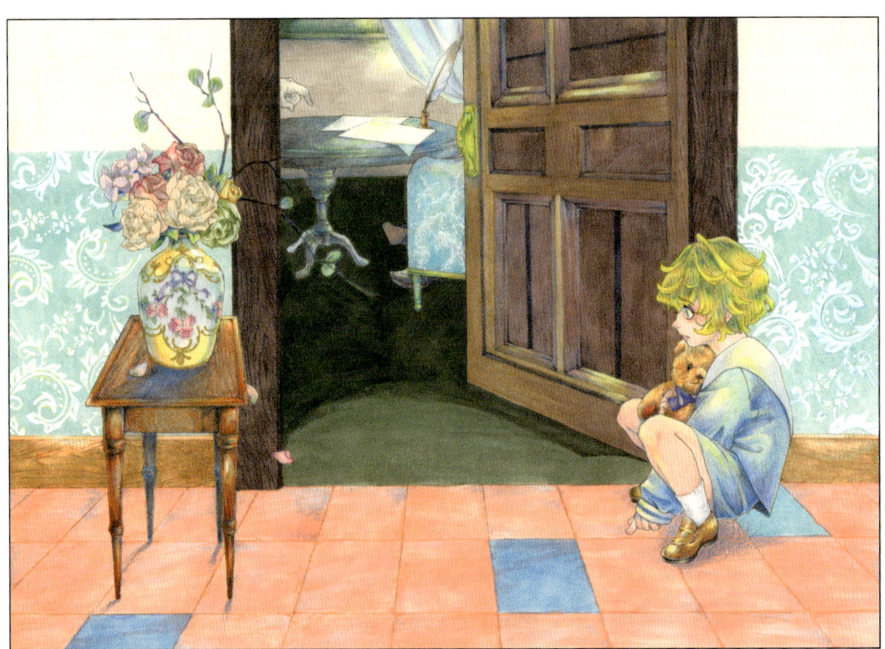

木崎オカリ【色鉛筆・コピックスケッチ・コピックアクレア・グラフ1000CSシャープペンシル（0.3）・ヴィファアール水彩紙（細目）】

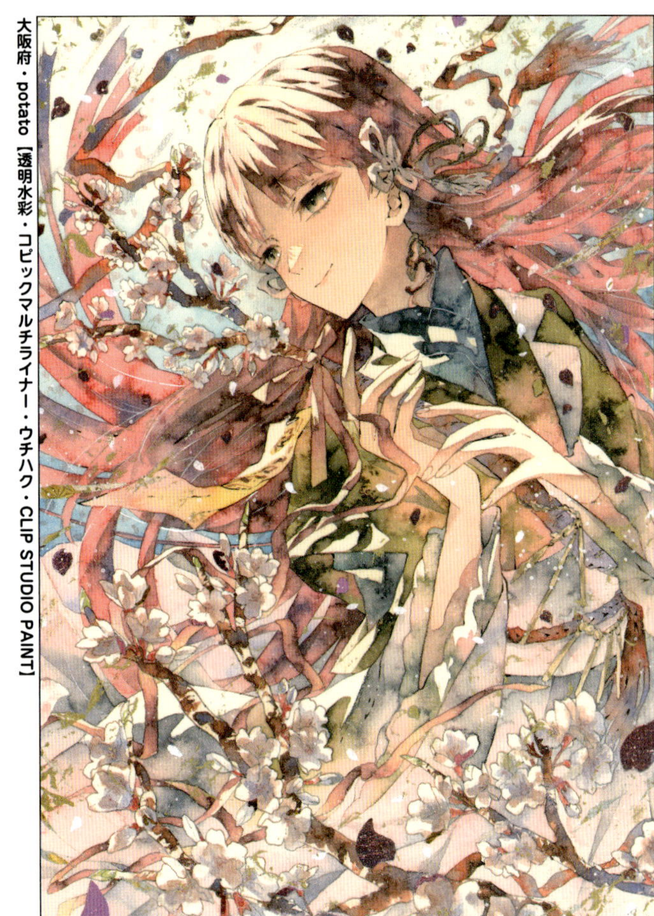
大阪府・potato【透明水彩・コピックマルチライナー・ウチハク・CLIP STUDIO PAINT】

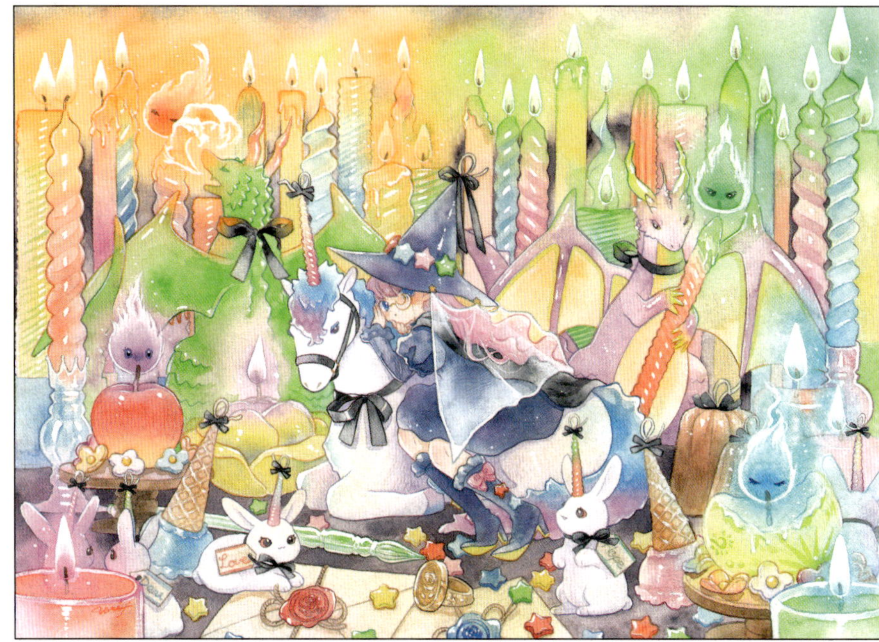
北海道・深翠うり【透明水彩】

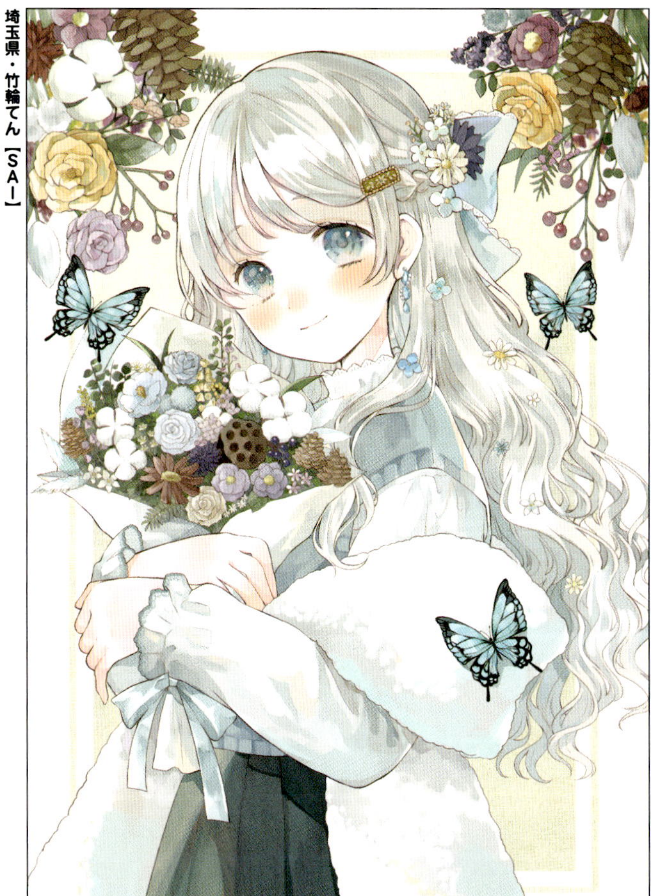
埼玉県・竹輪てん【SAI】

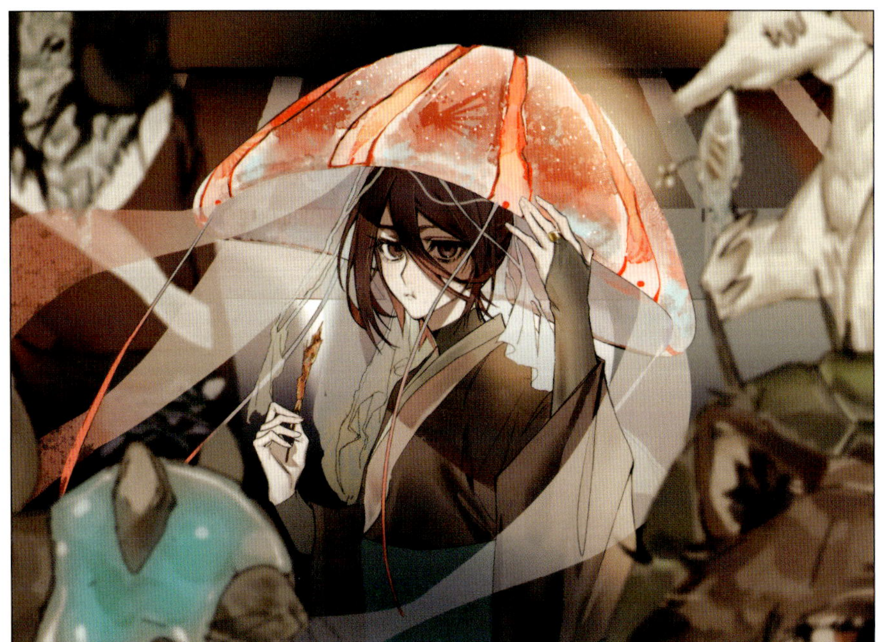
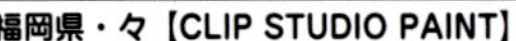
福岡県・々【CLIP STUDIO PAINT】

岡山県・瀬戸見ゆら【コピック・アクリル絵具】

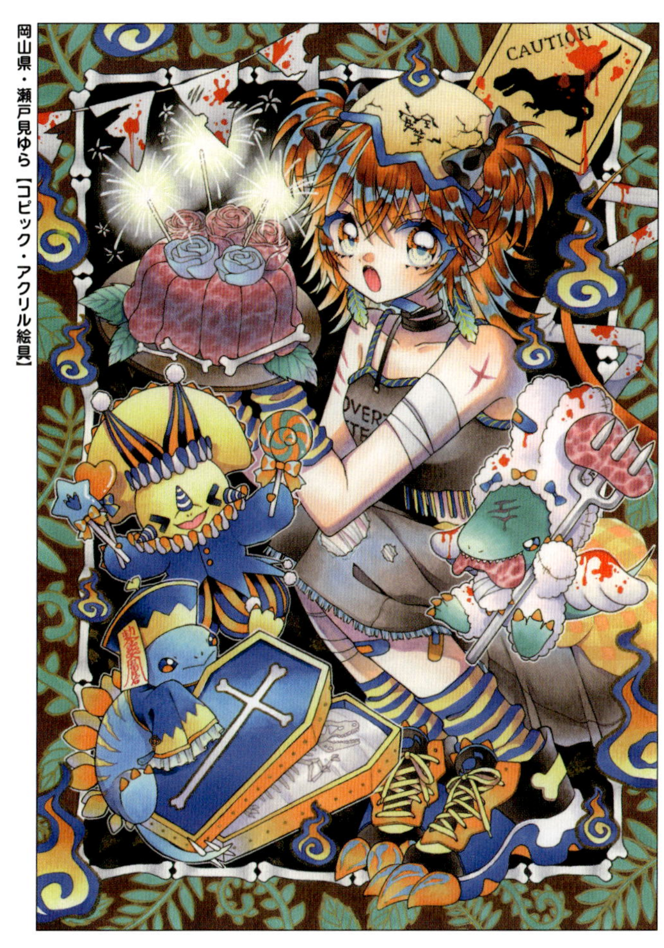

栃木県・那月屋しおん【透明水彩・コピックマルチライナー・ウォーターフォード水彩紙】

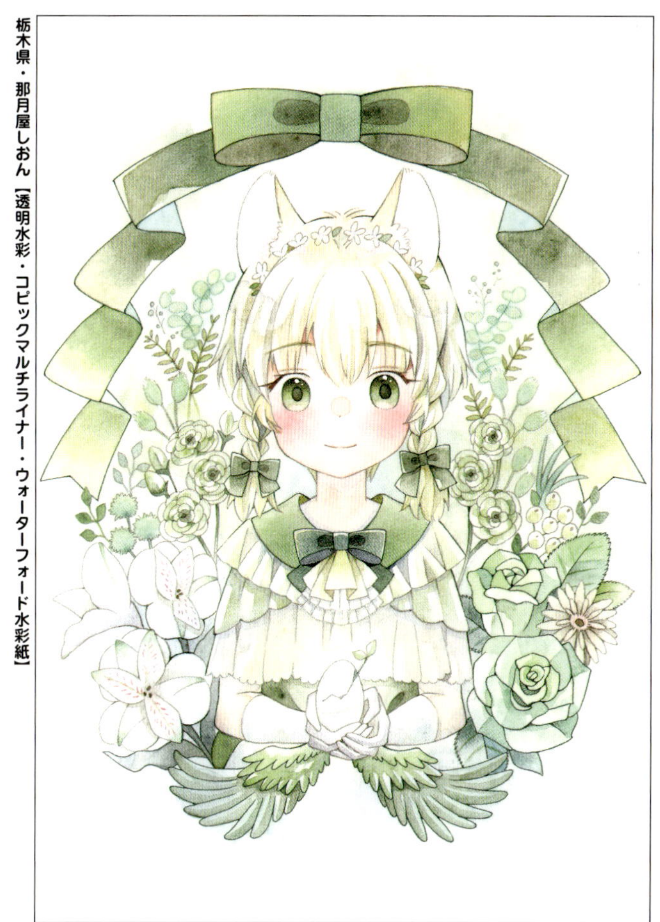

新潟県・木乃伊みいら【CLIP STUDIO PAINT PRO】

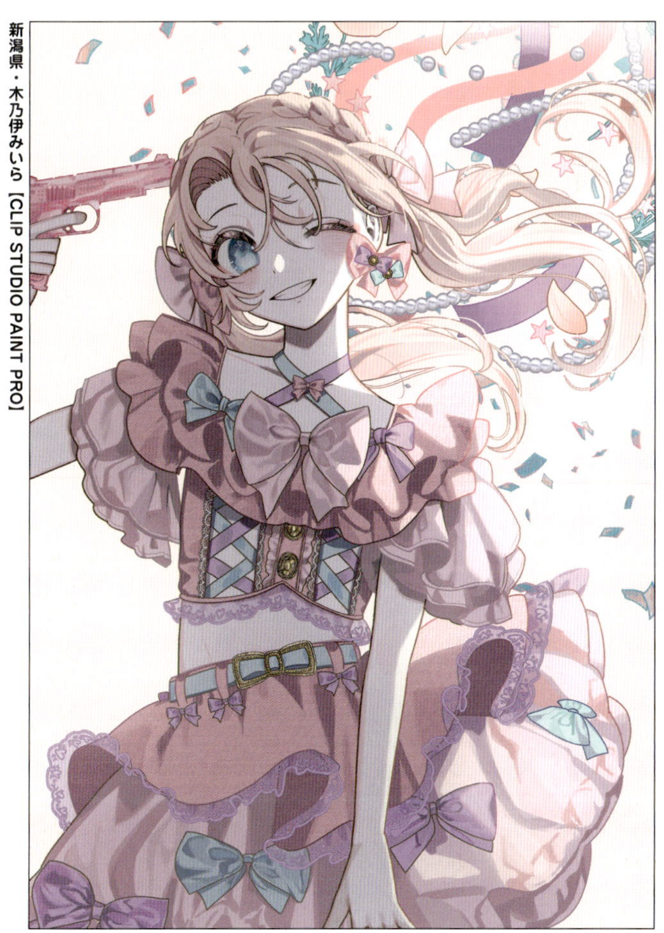

広島県・とうか【CLIP STUDIO PAINT】

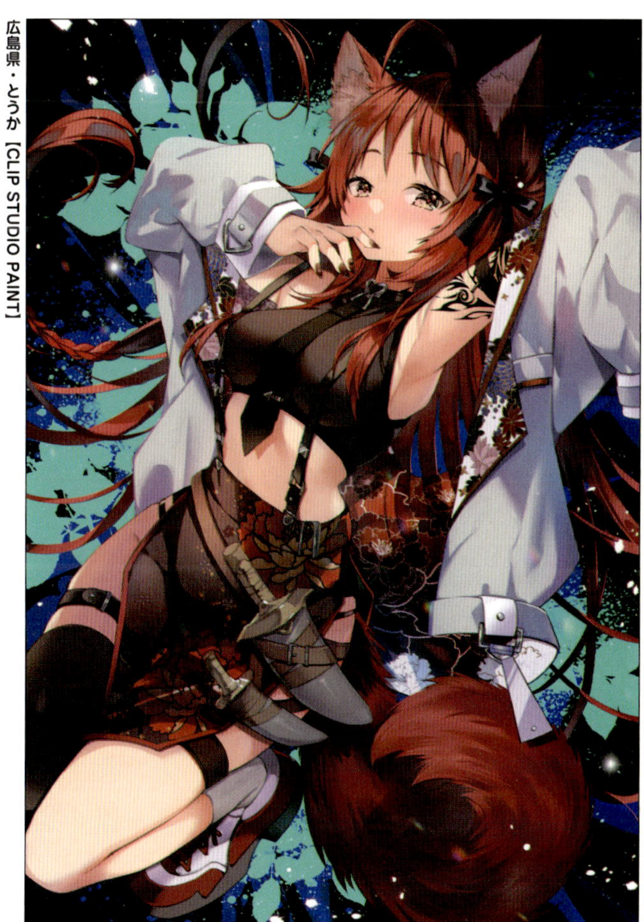

神奈川県・クスノキ【CLIP STUDIO PAINT EX】

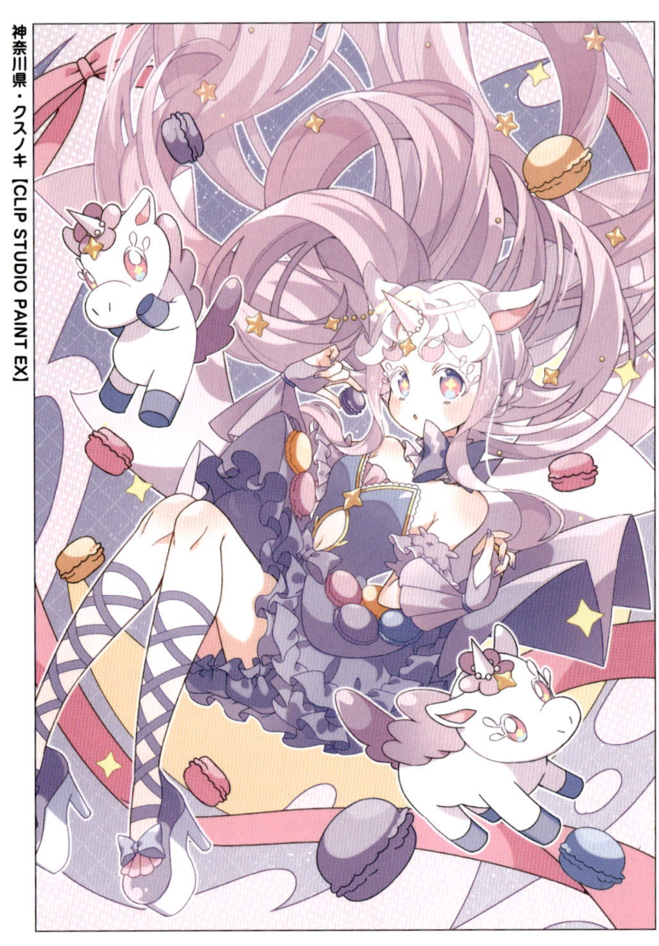

大阪府・紅梅アヤ【コピック・コピックマルチライナー・コピックオペークホワイト・Procreate】

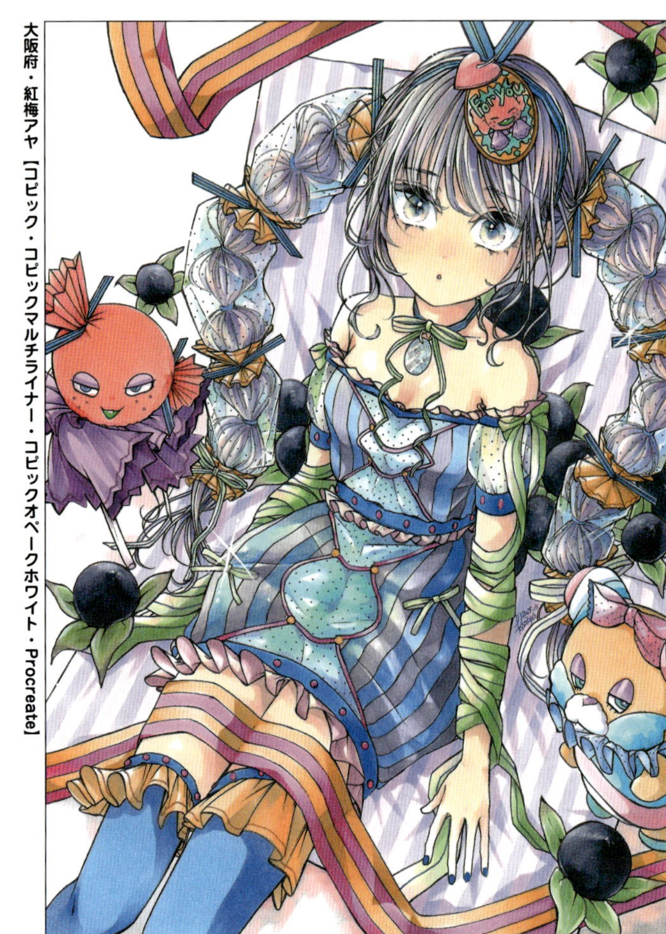

兵庫県・こもりひっき【CLIP STUDIO PAINT・Photoshop】

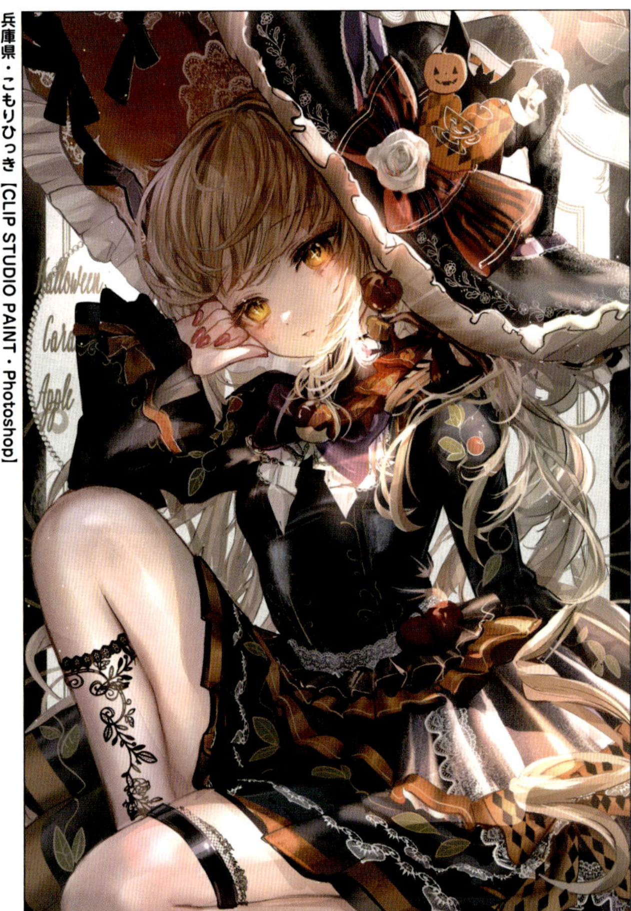

兵庫県・天羽しいら【透明水彩・色鉛筆】

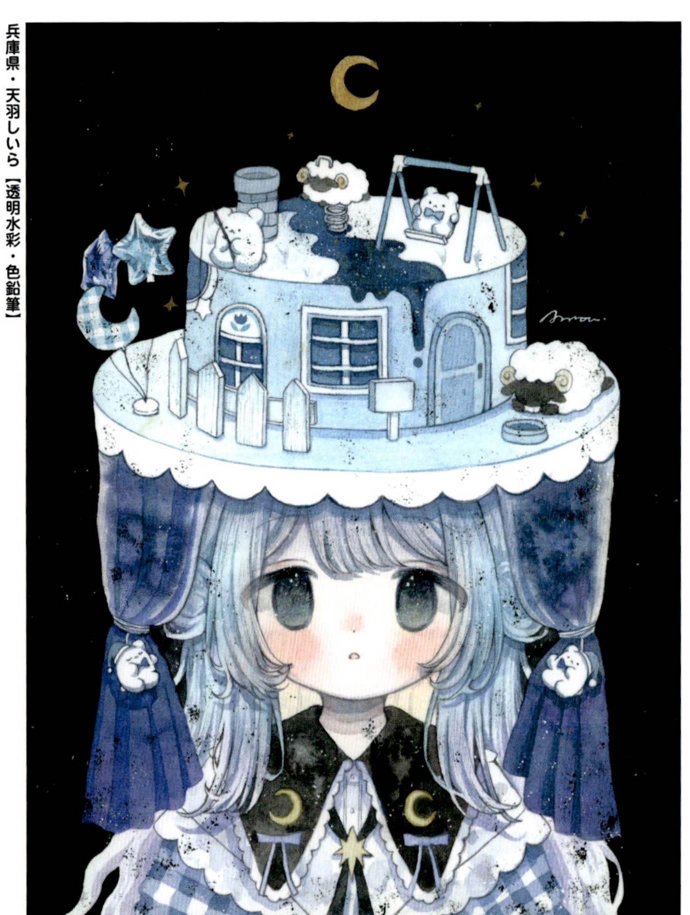

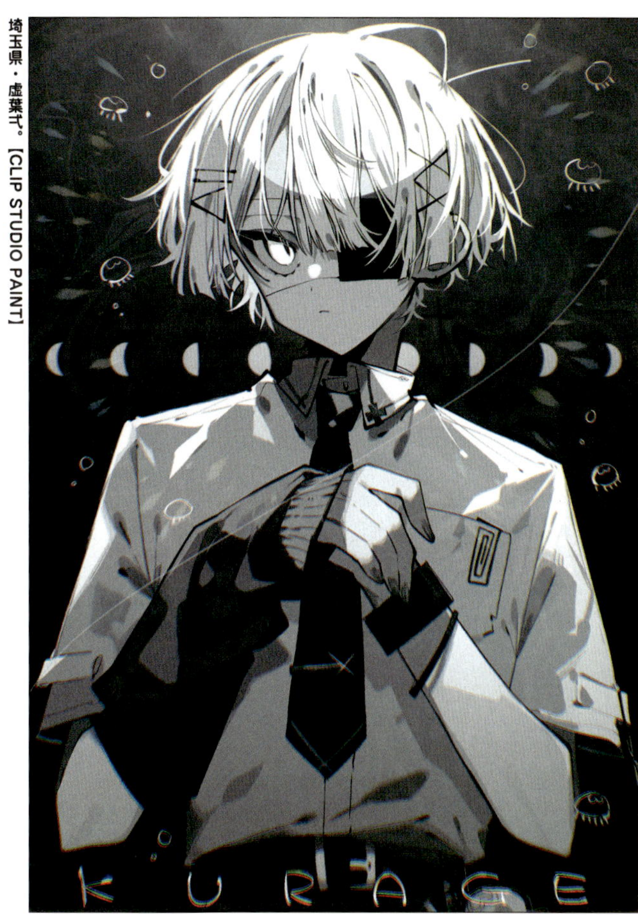

埼玉県・虚葉弌。【CLIP STUDIO PAINT】

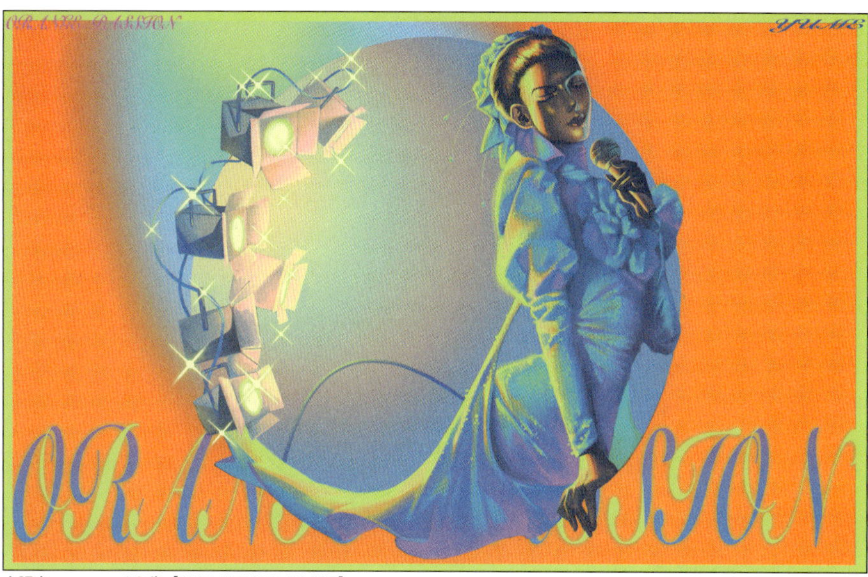

大阪府・yume・16歳【CLIP STUDIO PAINT】

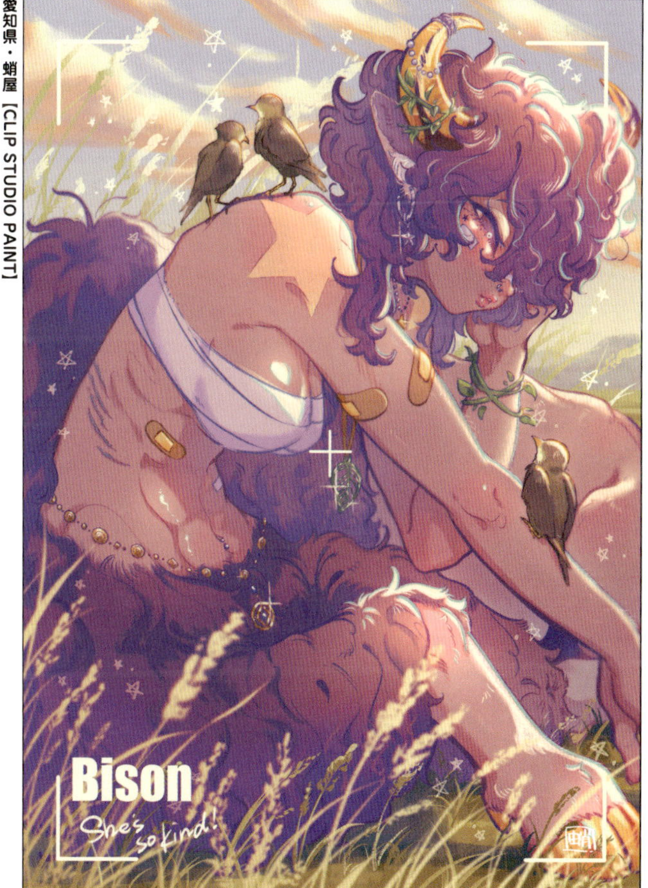

愛知県・蛸屋【CLIP STUDIO PAINT】

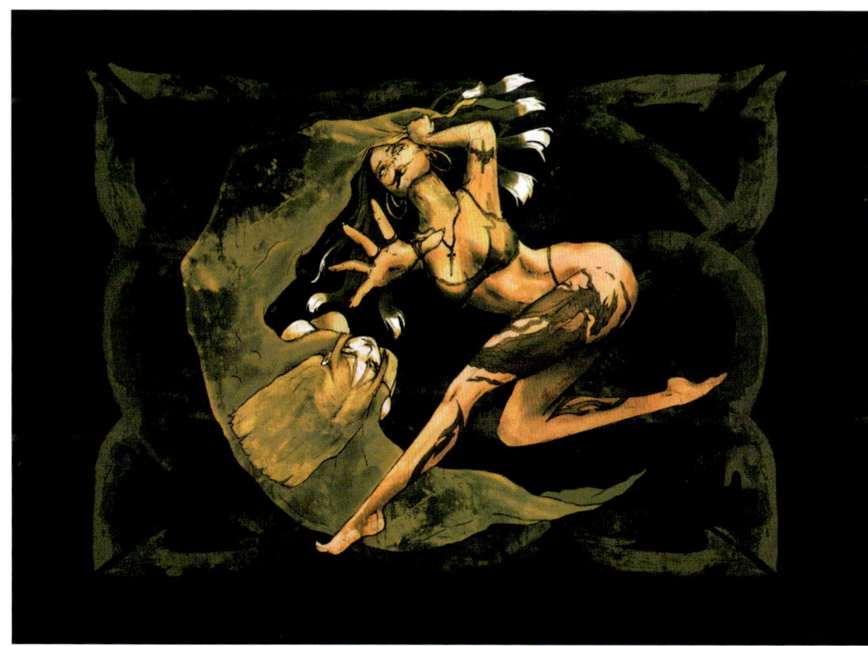

アメリカ・INDIKORO【Procreate】

京都府・上ノ句【CLIP STUDIO PAINT】

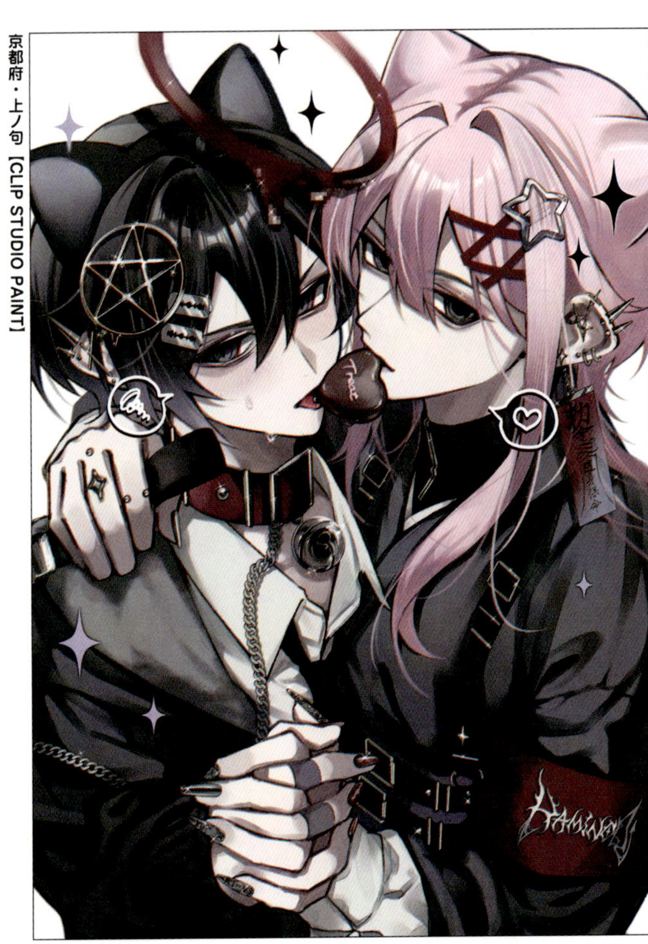

埼玉県・82【CLIP STUDIO PAINT EX】

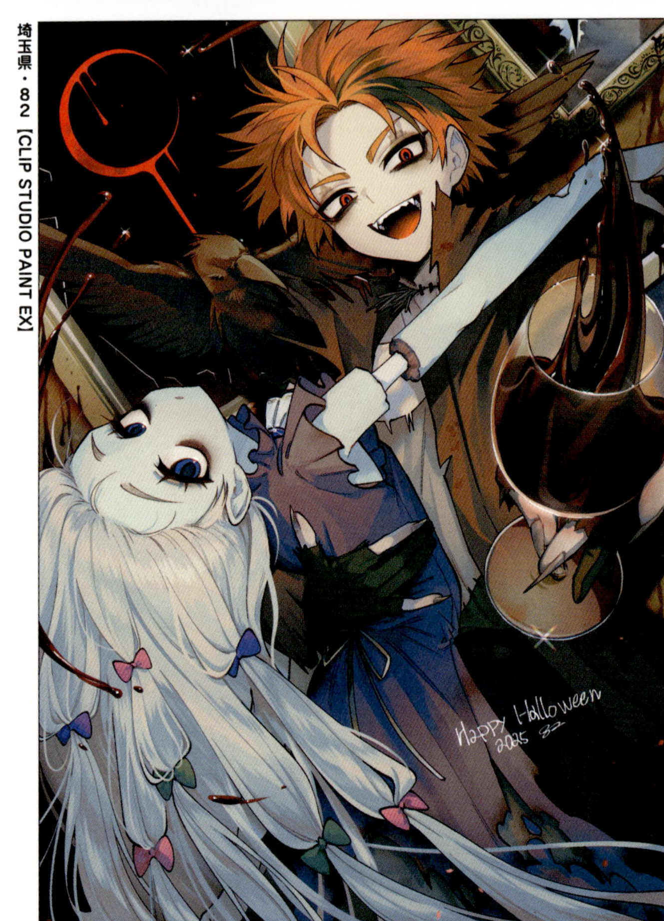

京都府・harvey_onion!【アイビスペイント】

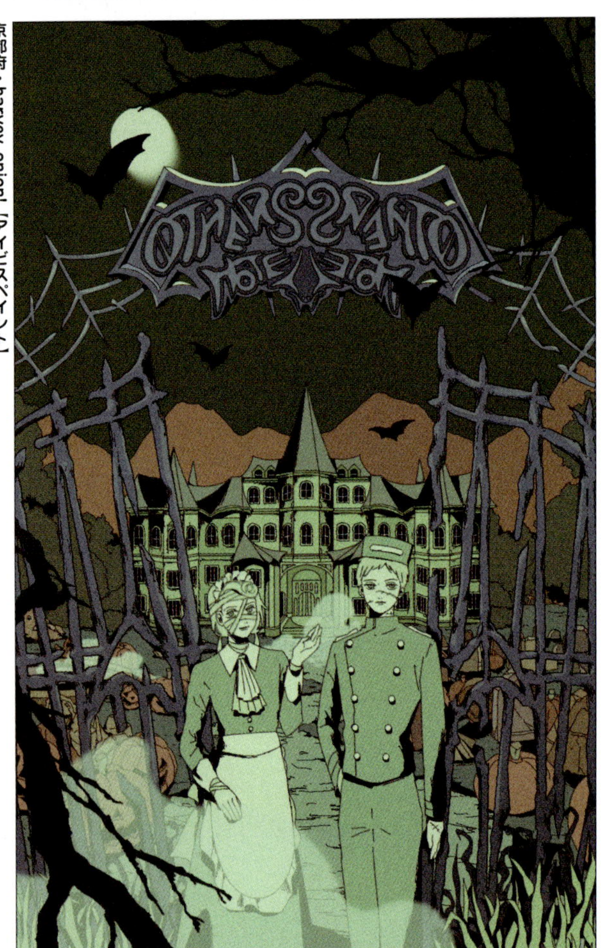

神奈川県・Misa【CLIP STUDIO PAINT・Photoshop】

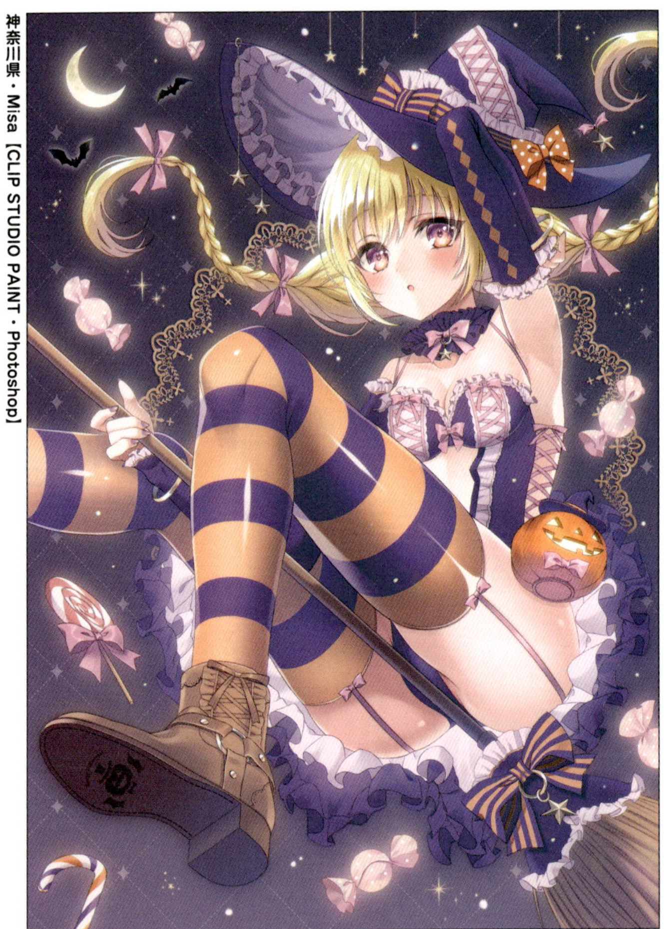

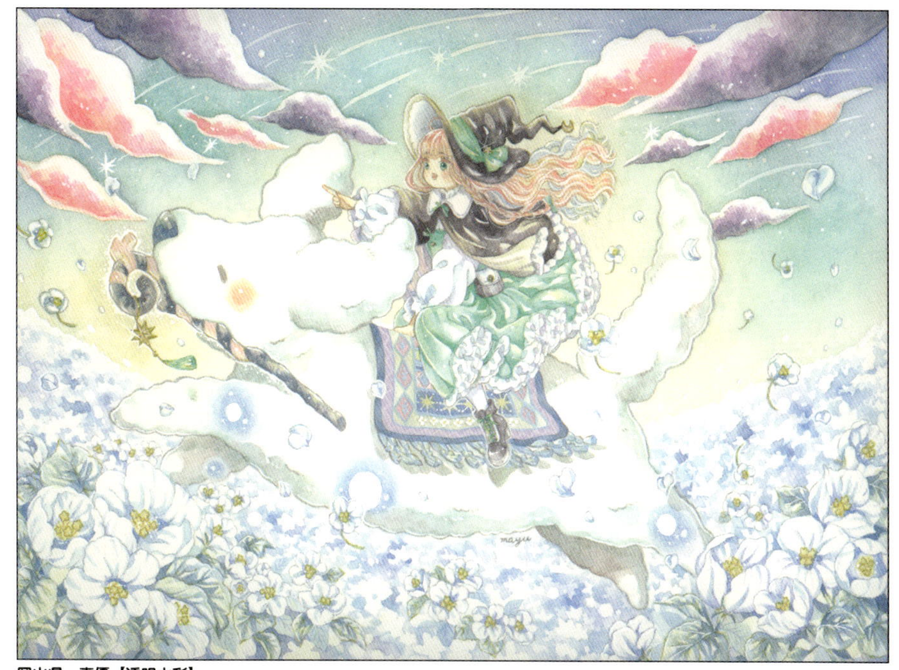
岡山県・真優【透明水彩】

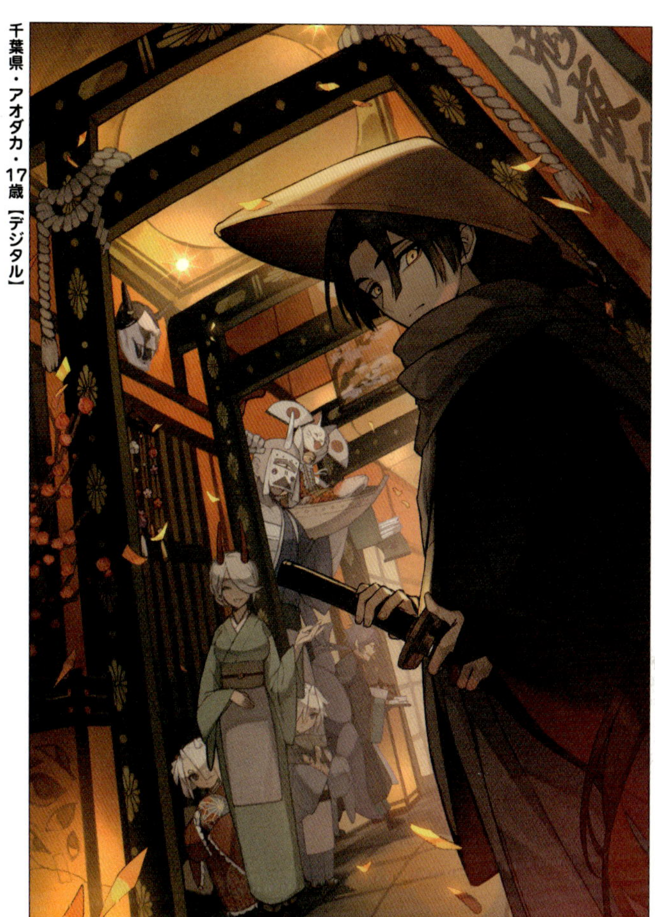
千葉県・アオダカ・17歳【デジタル】

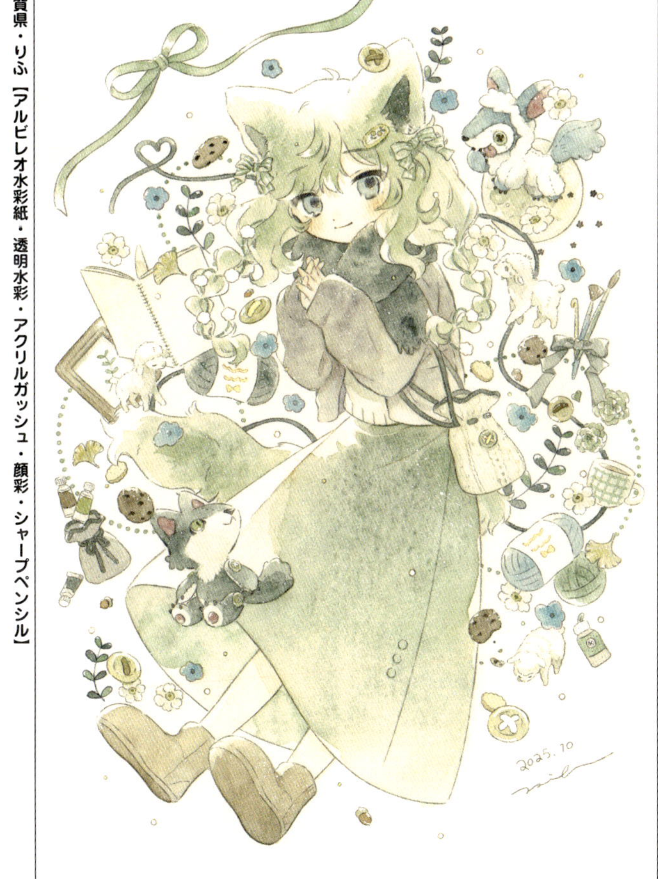
滋賀県・りふ【アルビレオ水彩紙・透明水彩・アクリルガッシュ・顔彩・シャープペンシル】

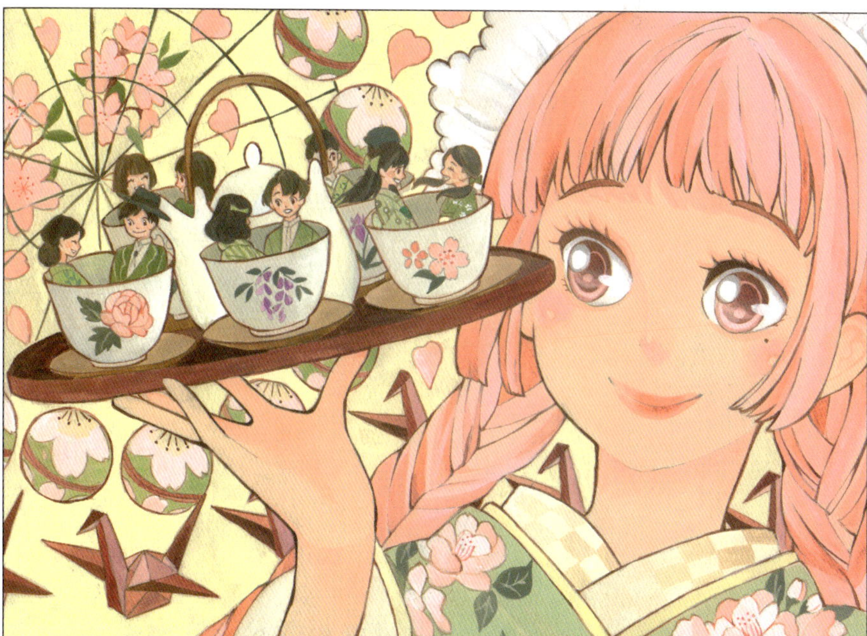
埼玉県・新倉なつな・40歳【コピックマルチライナー・アクリル絵具・マーメイド色紙】

東京都・藤坂フジノ【iPad・CLIP STUDIO PAINT】

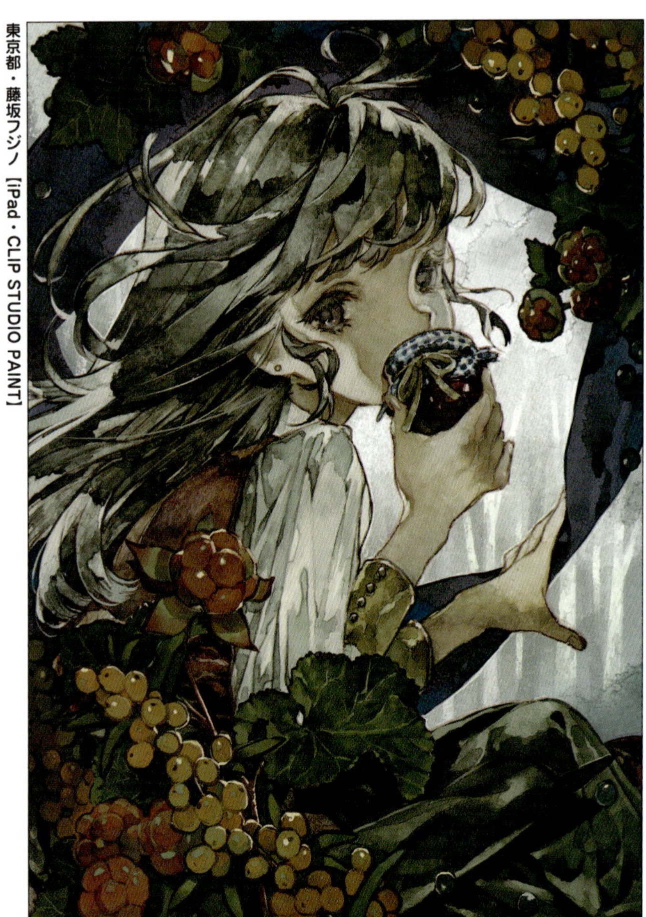

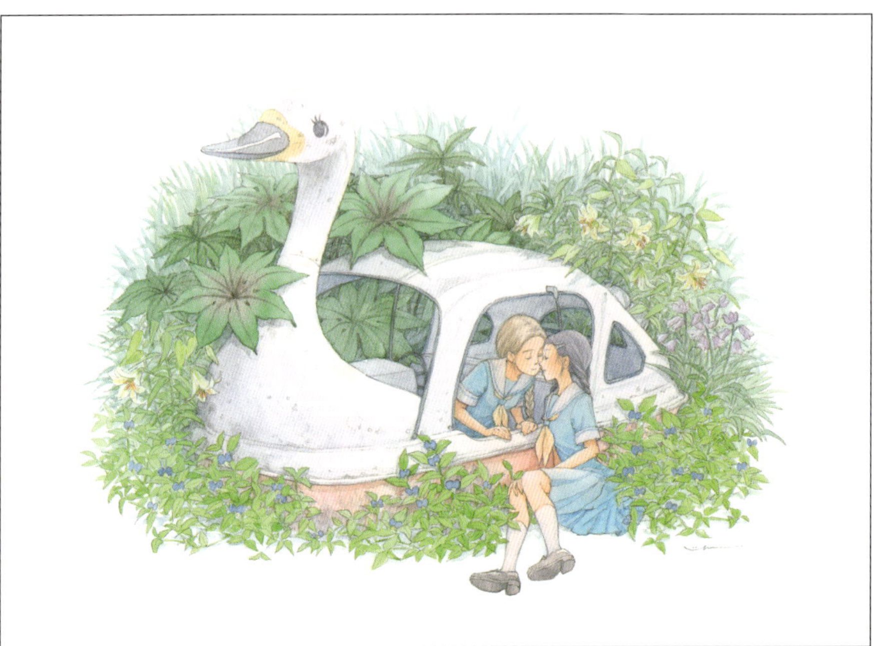

神奈川県・はにみ【シャープペンシル・カラーインク・透明水彩】

埼玉県・木野白【透明水彩・コピックマルチライナー・ランプライト水彩紙】

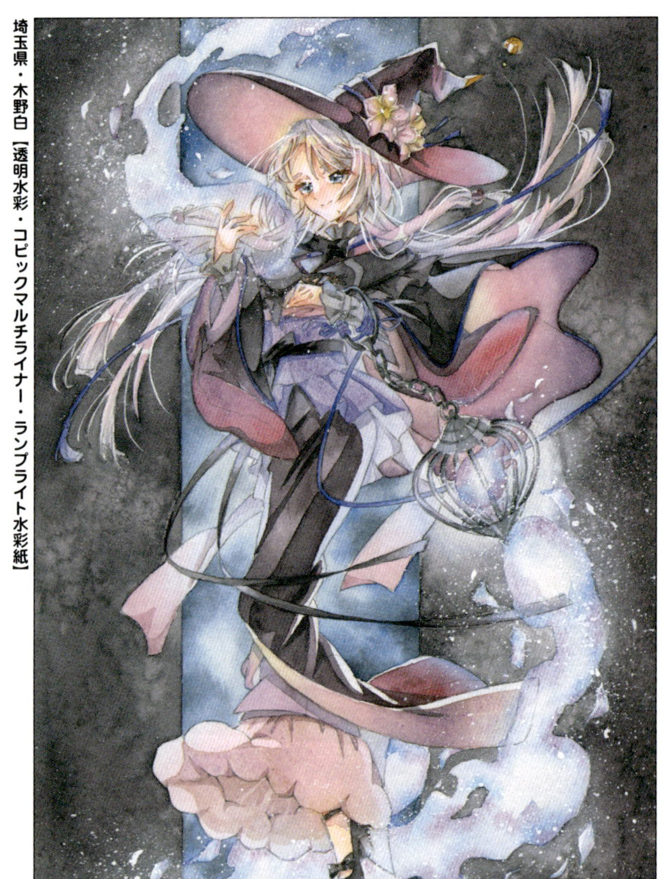

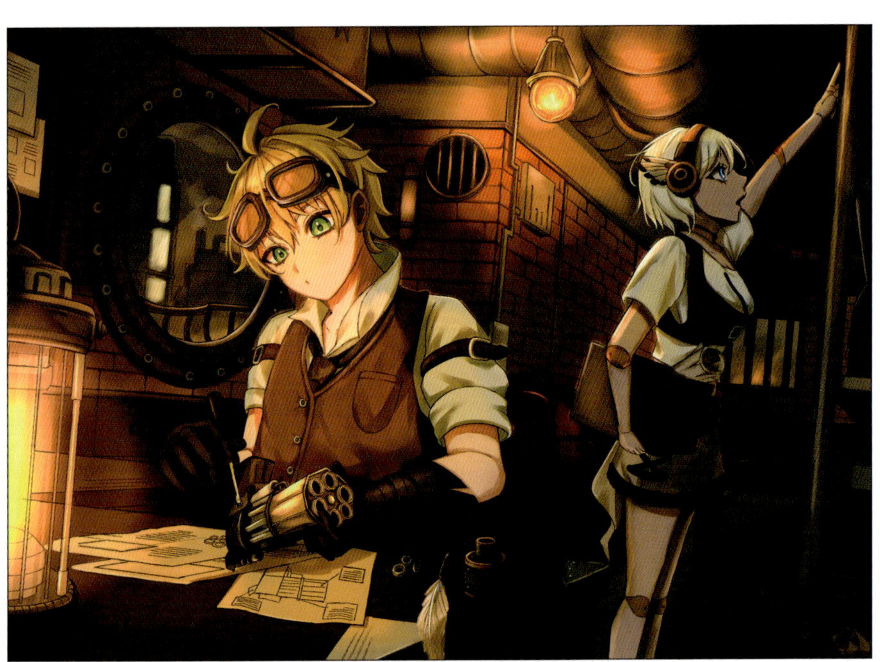

福岡県・アオ月。【CLIP STUDIO PAINT】

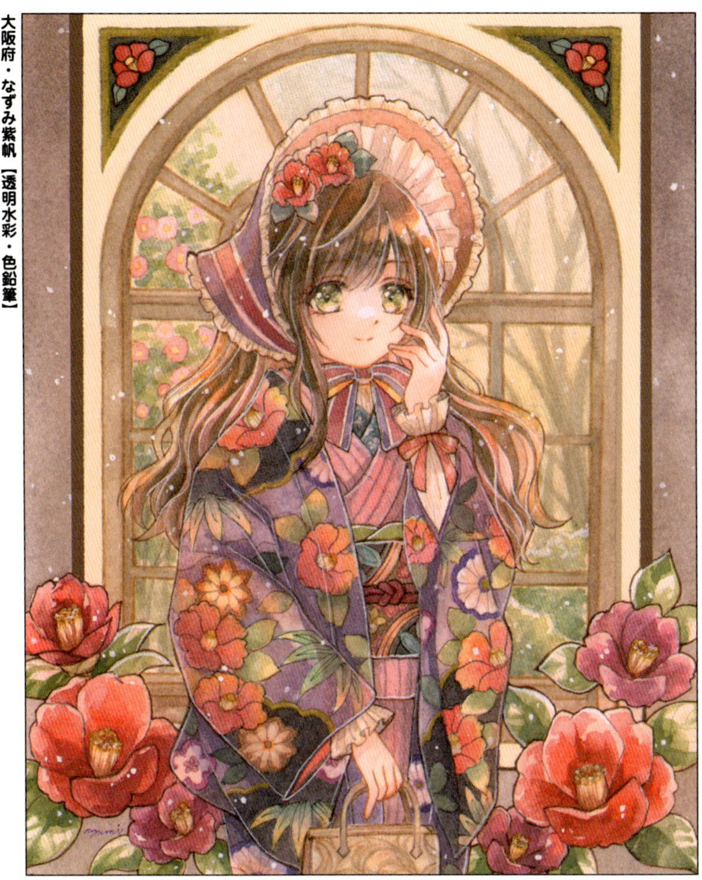
大阪府・なずみ紫帆【透明水彩・色鉛筆】

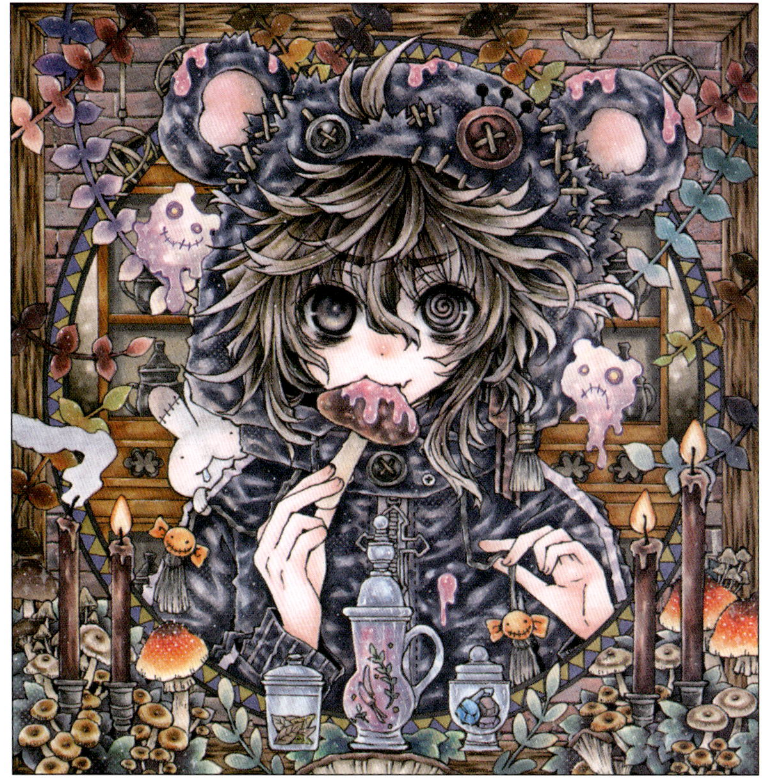
大阪府・ハルサメマナナ【コピックマルチライナー・コピック・カラートーン】

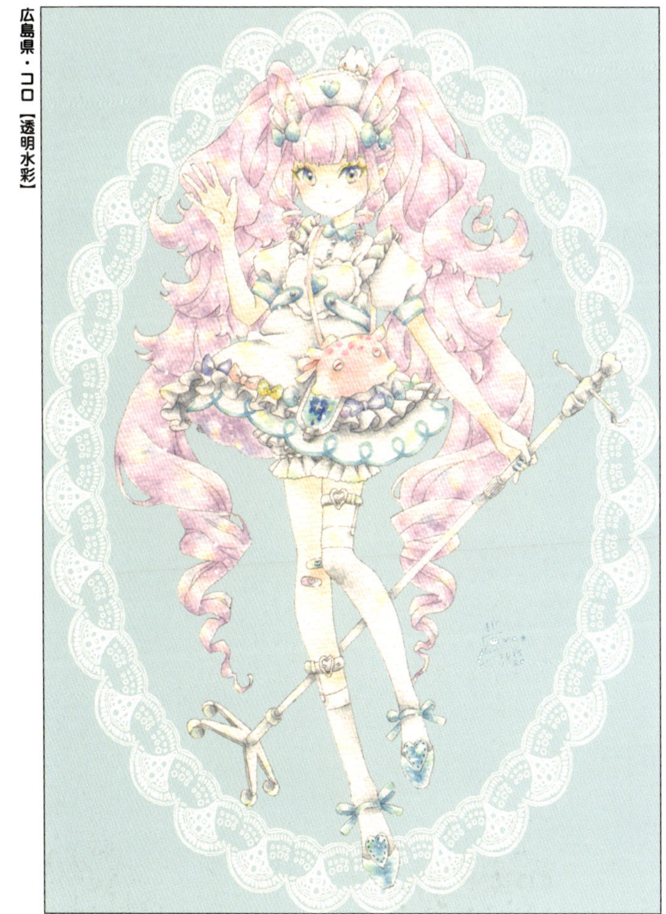
広島県・コロ【透明水彩】

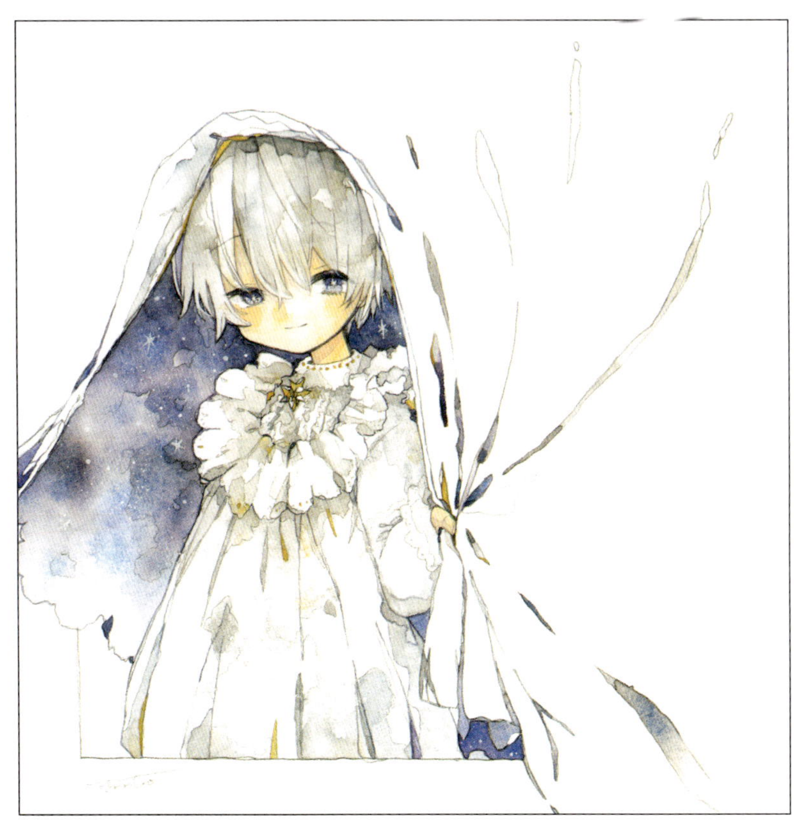
和歌山県・針子【透明水彩】

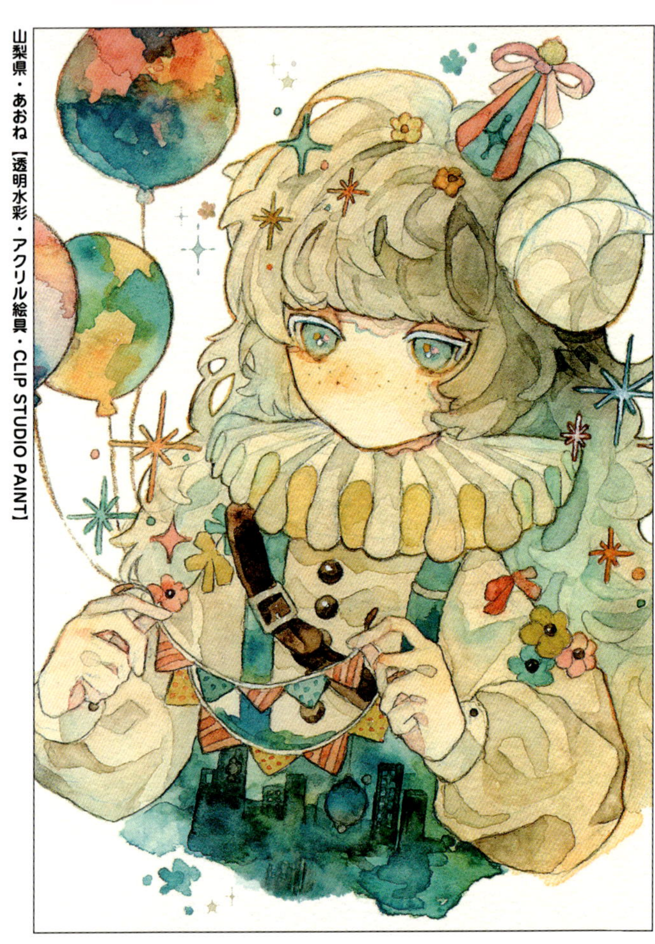
山梨県・あおね【透明水彩・アクリル絵具・CLIP STUDIO PAINT】

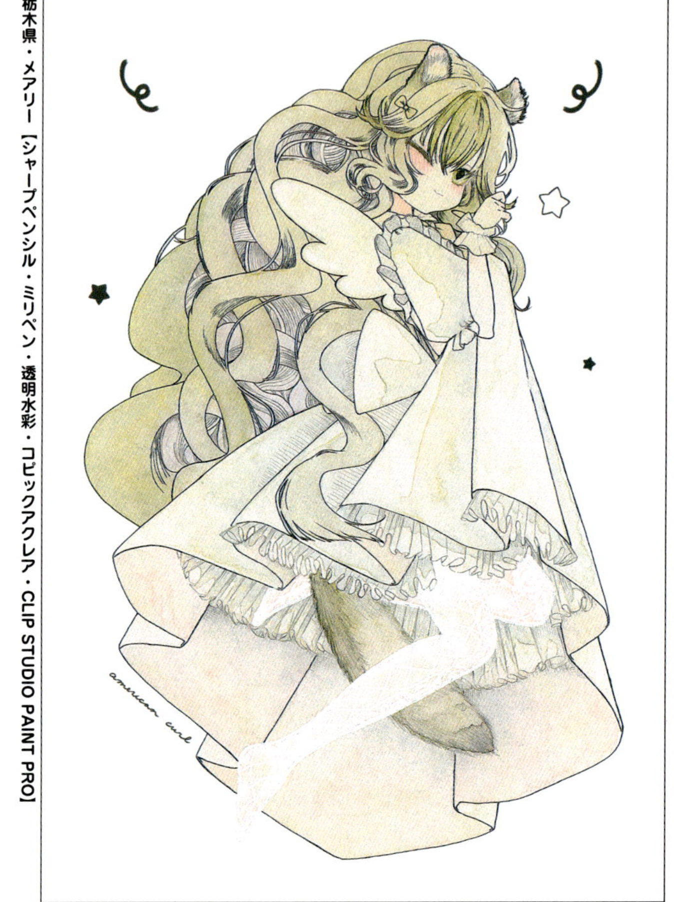

栃木県・メアリー【シャープペンシル・ミリペン・透明水彩・コピックアクレア・CLIP STUDIO PAINT PRO】

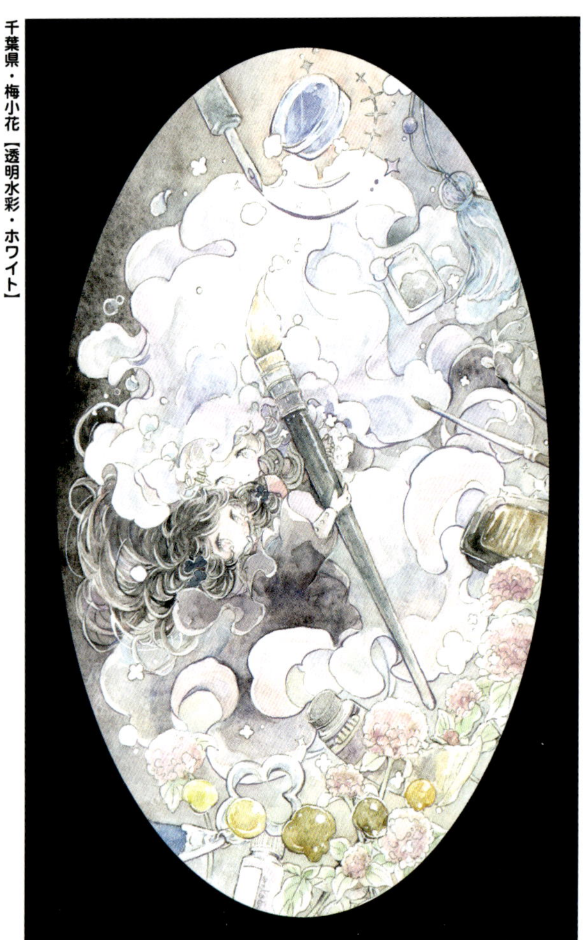
千葉県・梅小花【透明水彩・ホワイト】

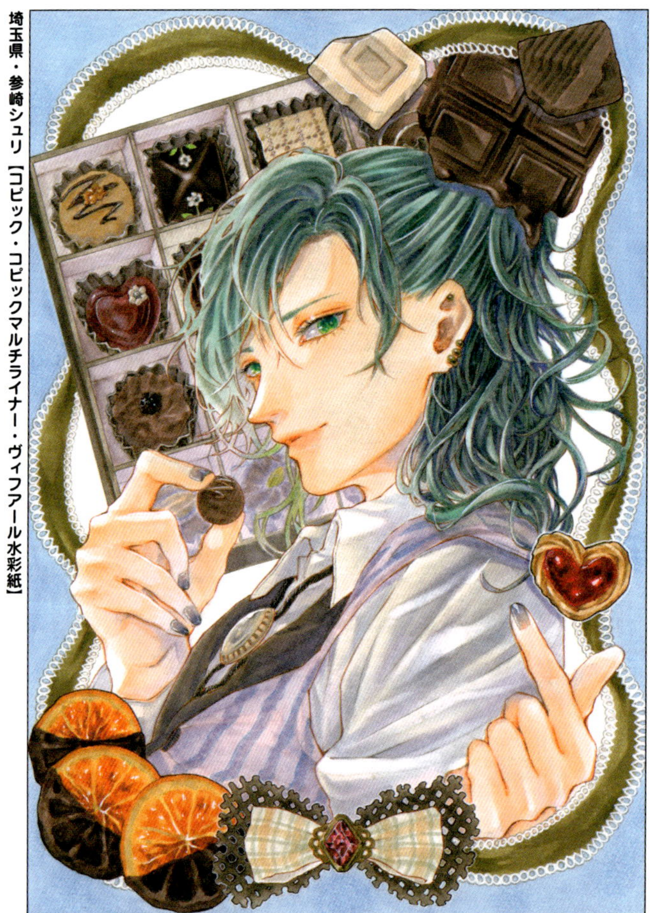
埼玉県・参崎シュリ【コピック・コピックマルチライナー・ヴィファール水彩紙】

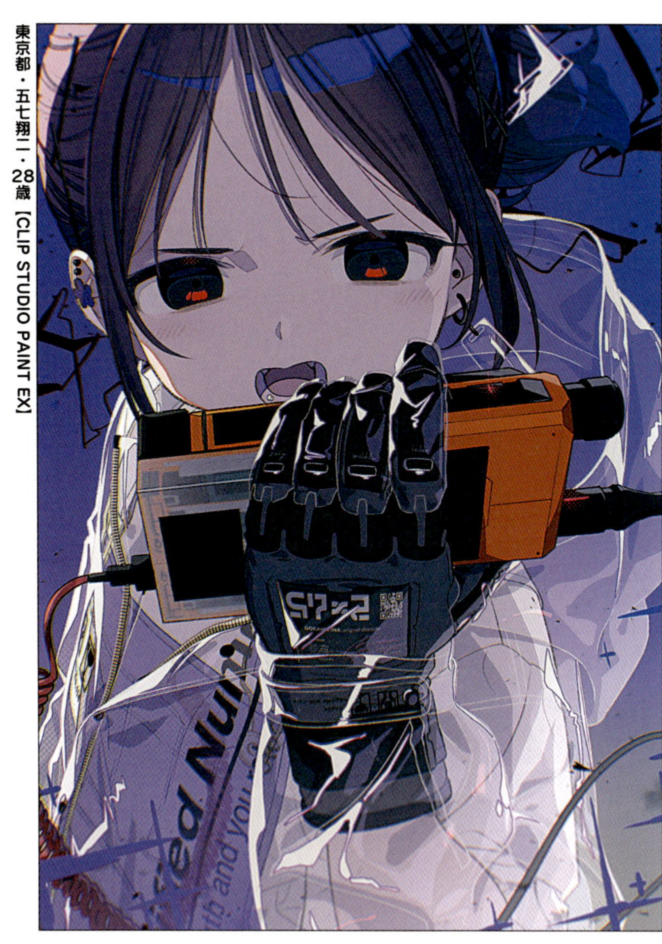

東京都・五七翔ニ・28歳【CLIP STUDIO PAINT EX】

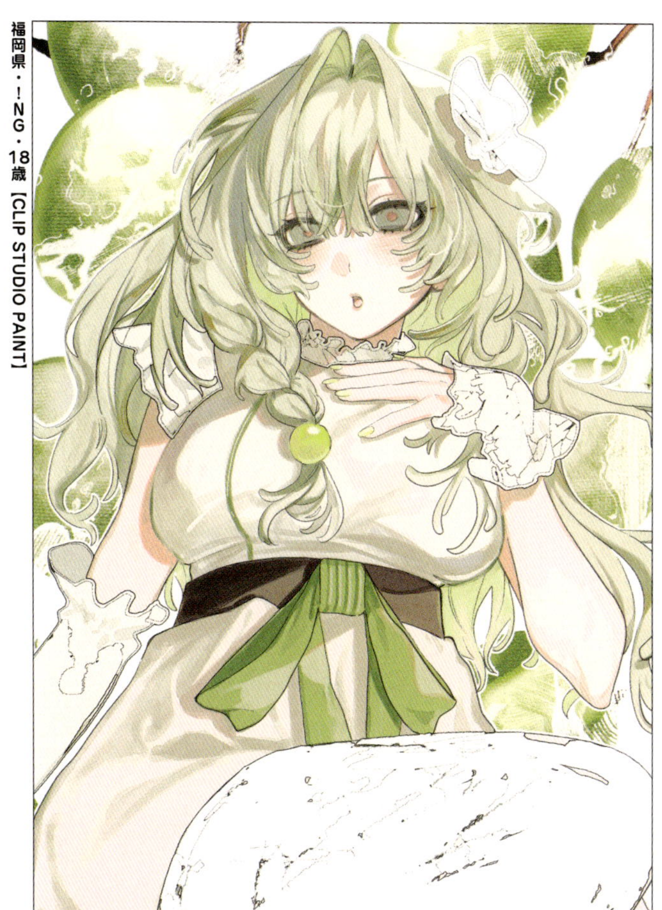

福岡県・!NG・18歳【CLIP STUDIO PAINT】

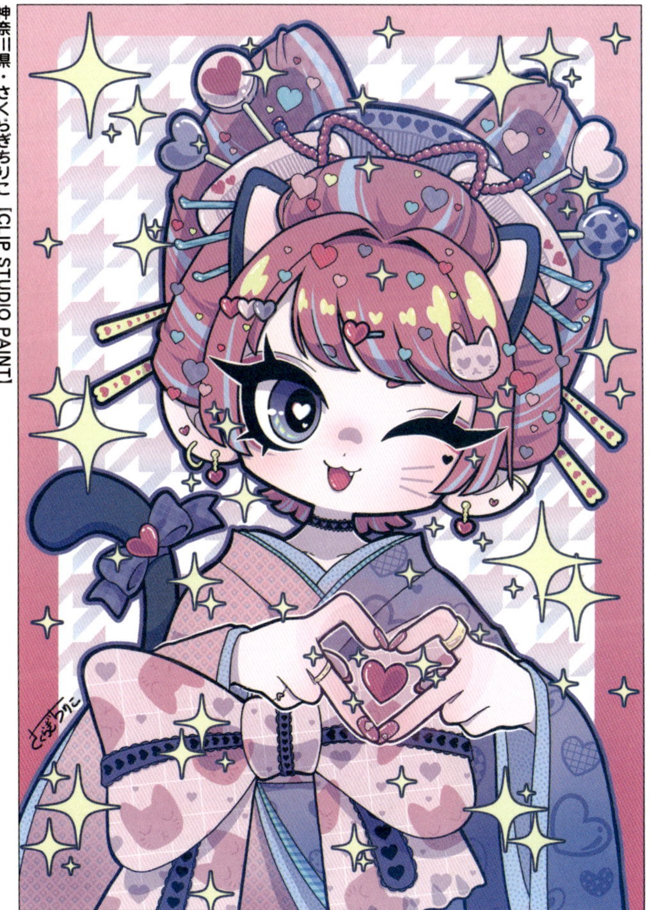

神奈川県・さくらぎちりこ【CLIP STUDIO PAINT】

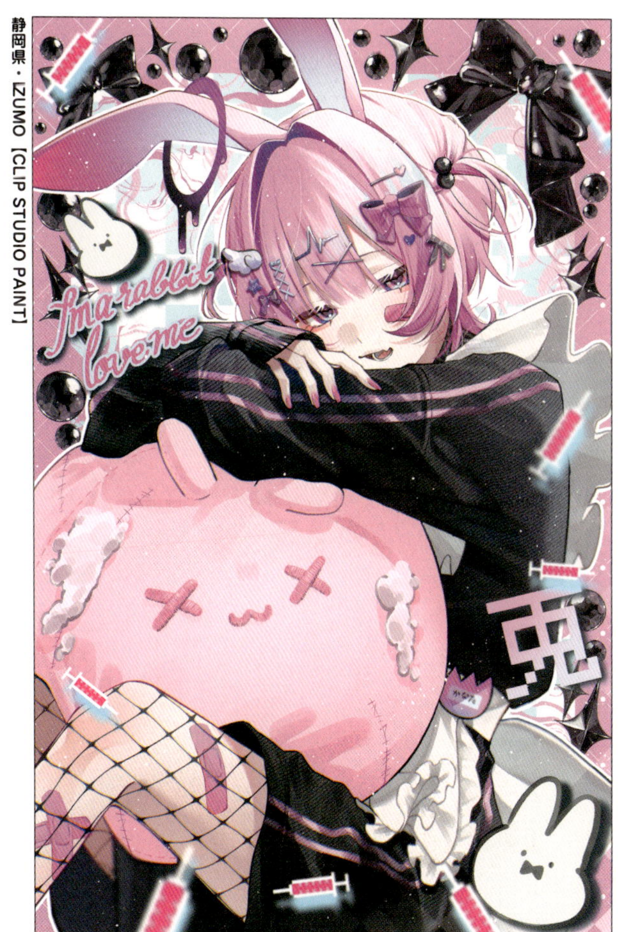

静岡県・IZUMO【CLIP STUDIO PAINT】

千葉県・moco【CLIP STUDIO PAINT PRO】

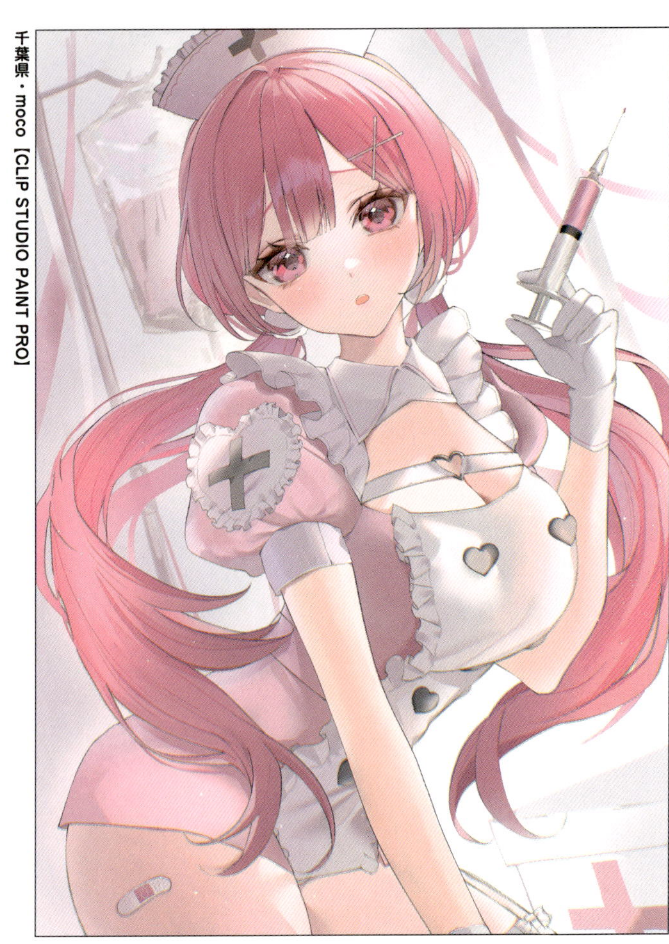

岡山県・ミカリ【CLIP STUDIO PAINT】

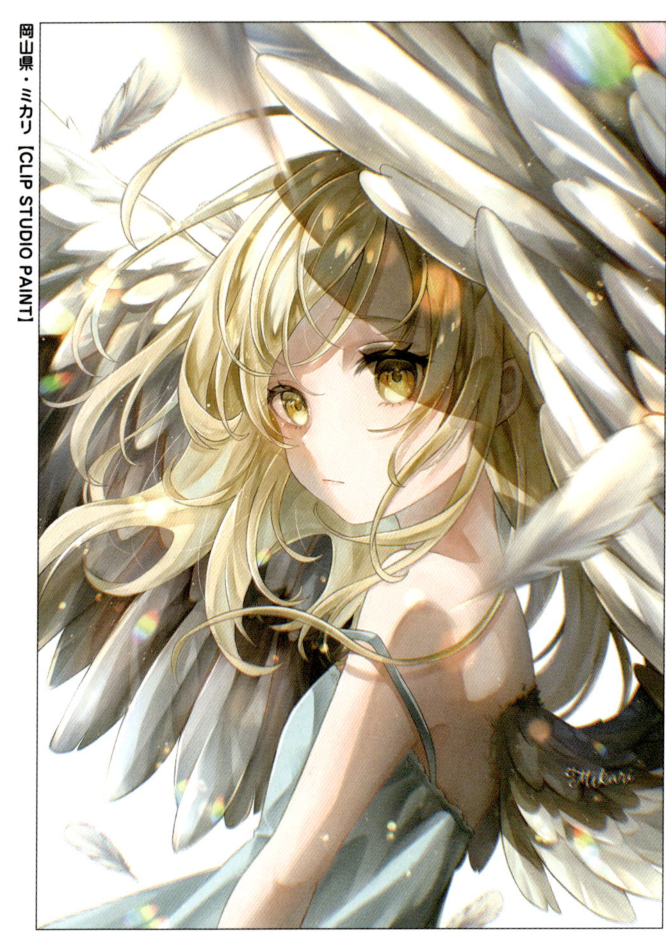

福岡県・鈴月@Riru・15歳【アイビスペイントX】

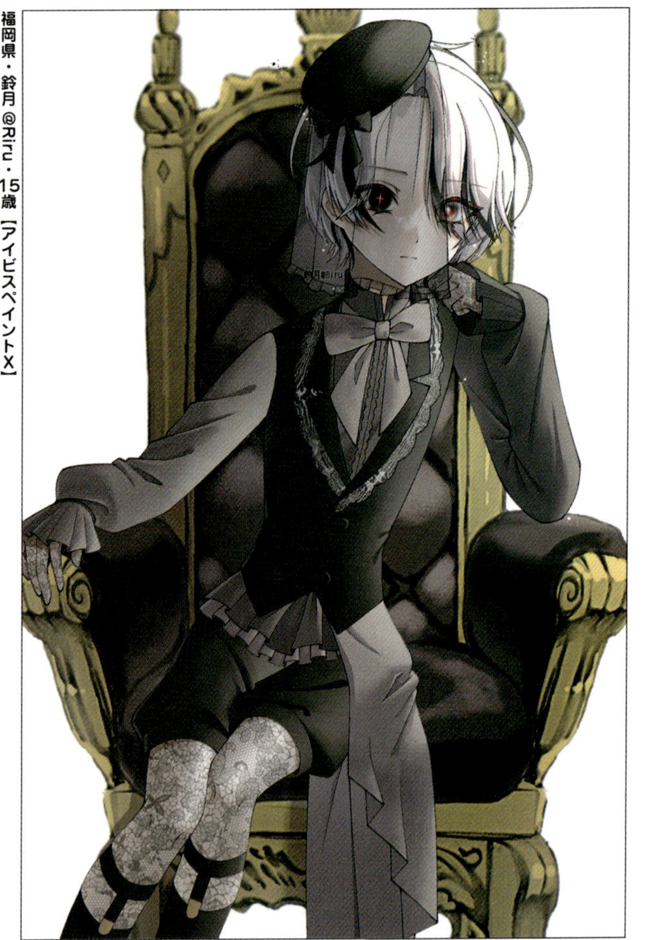

京都府・あはちゃ【アイビスペイント】

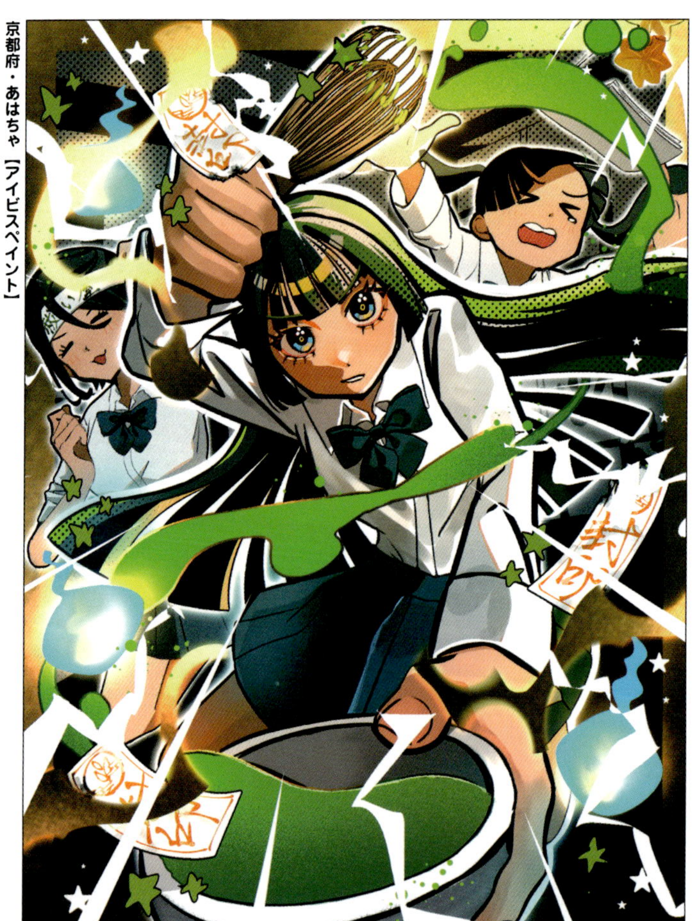

宮崎県・なむ【CLIP STUDIO PAINT】

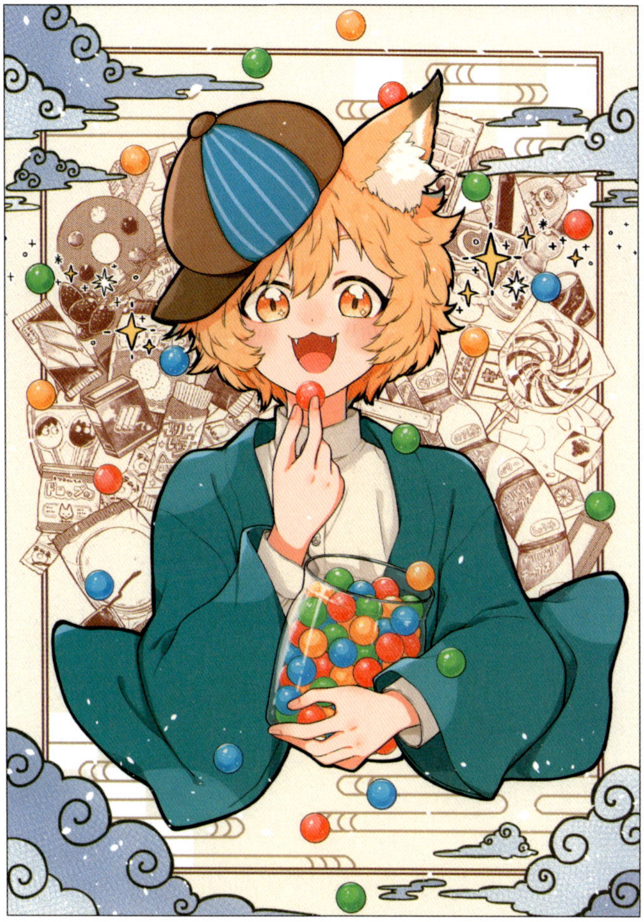

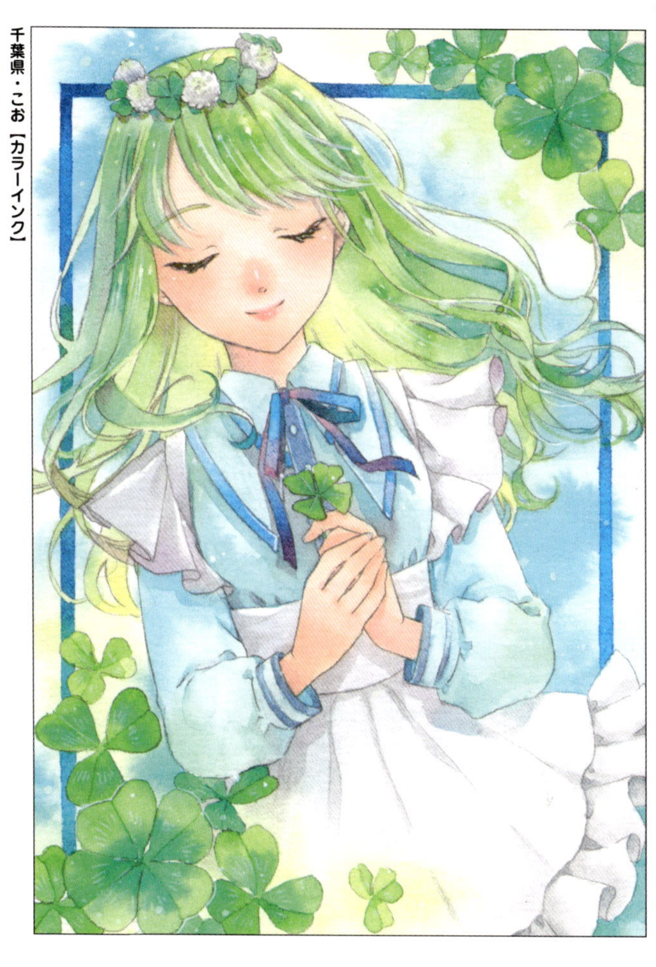

千葉県・こお【カラーインク】

千葉県・kohakuko【ヒグマ・ホルベイン透明水彩・Procreate・ヴィファアール水彩紙】

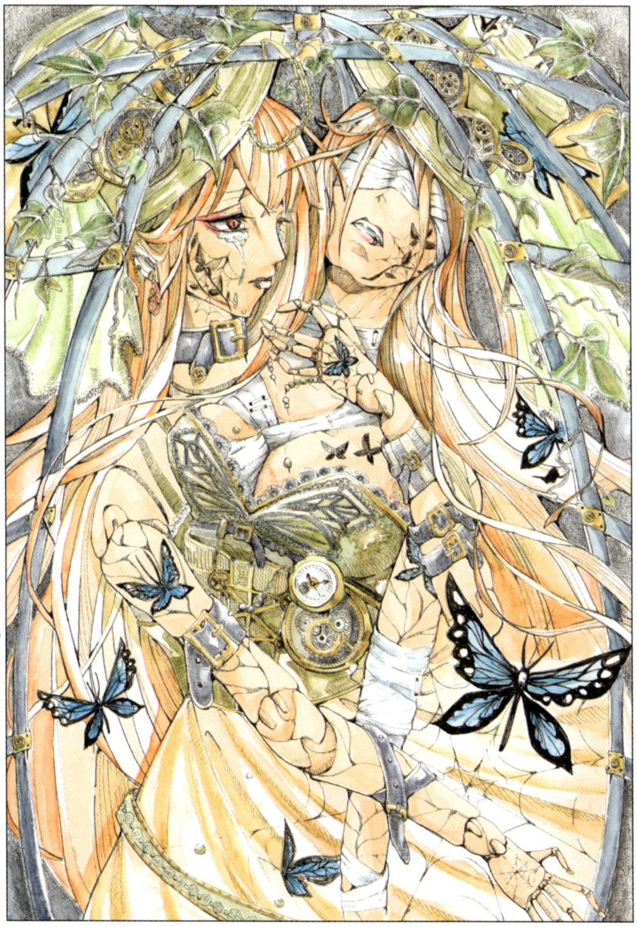

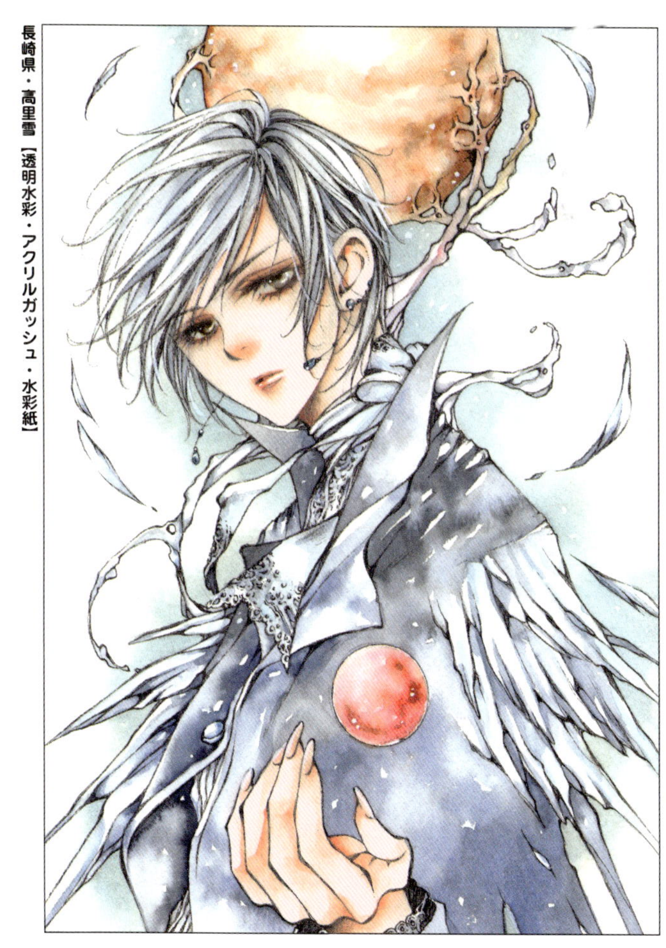

長崎県・高里雪【透明水彩・アクリルガッシュ・水彩紙】

中国 POPPRO 投稿作品

1等 Shuno

スモールエス編集部 選評

ピアプロキャラクターズが見る者を元気付けるような笑顔をして、色味もあたたかみがあるので、やわらかく癒してくれる気持ちになれます。キャラクターそれぞれが絵や音楽に関するものを持って、創作に寄り添う姿も良いです。

中村佑介 選評

ピアプロキャラクターズと創作への愛がいかんなく発揮された素晴らしい作品です。ケーキに描かれた様々な言語の応援メッセージからボーカロイドの世界的人気と作者の平和的な眼差しが感じられます。

SS ～スモールエス～
2026年3月号特別付録
分売不可 NOT FOR SALE

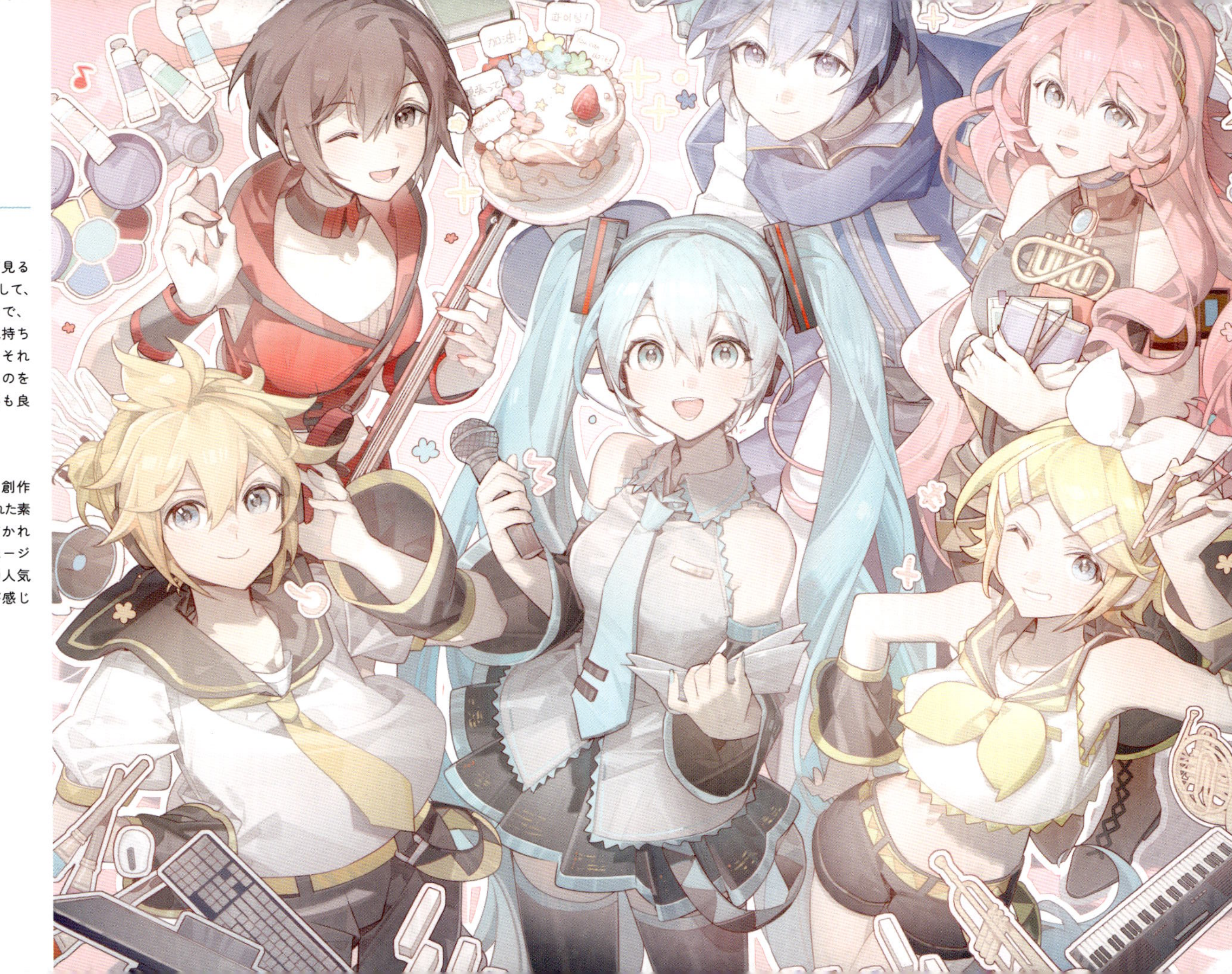

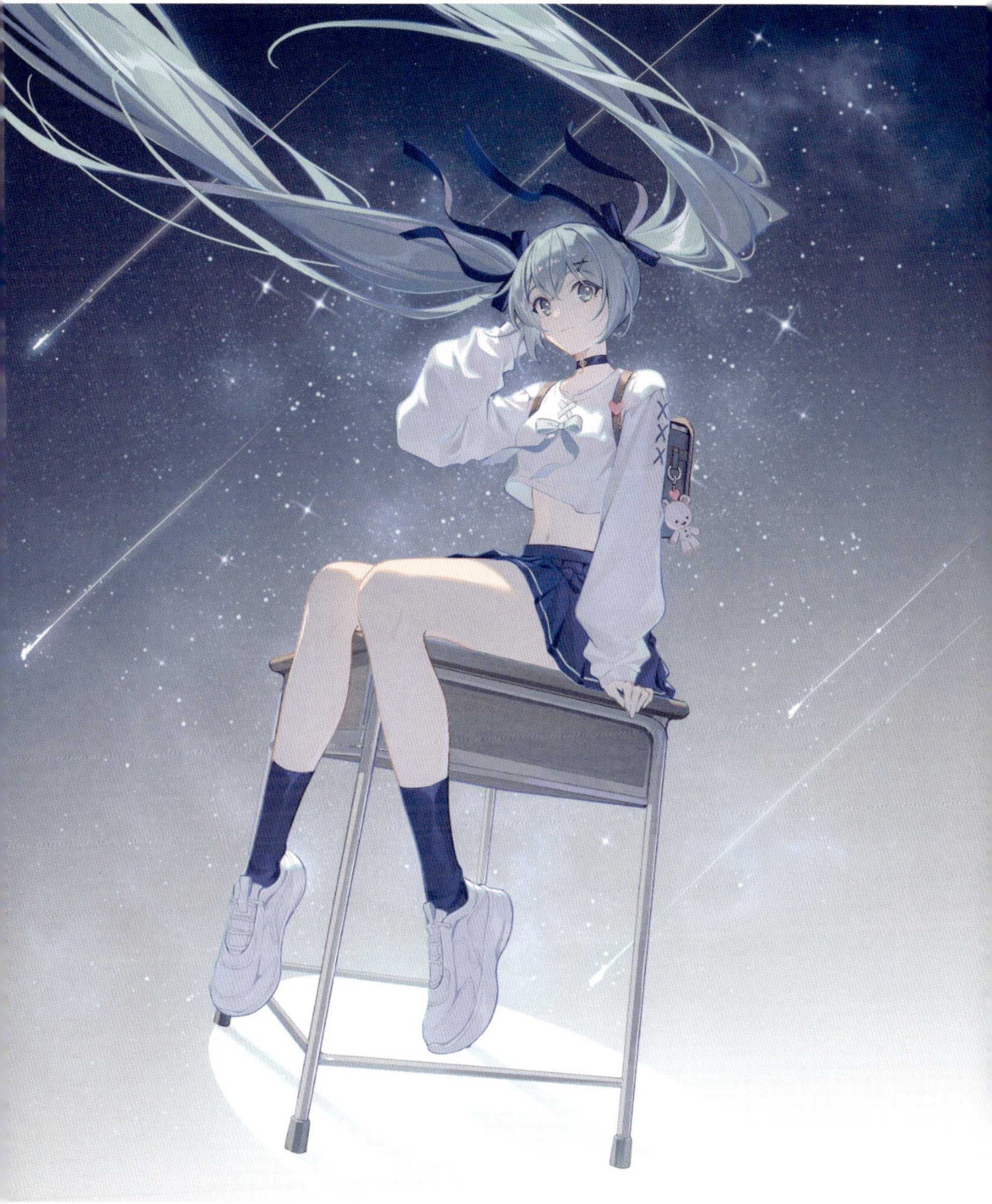

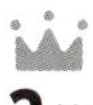

2等 潘潘没有 Hp

中村佑介 選評

抜群に可愛くて上手です。あまり詰め込みすぎない涼しげな画面が初音ミクのイメージとマッチしています。

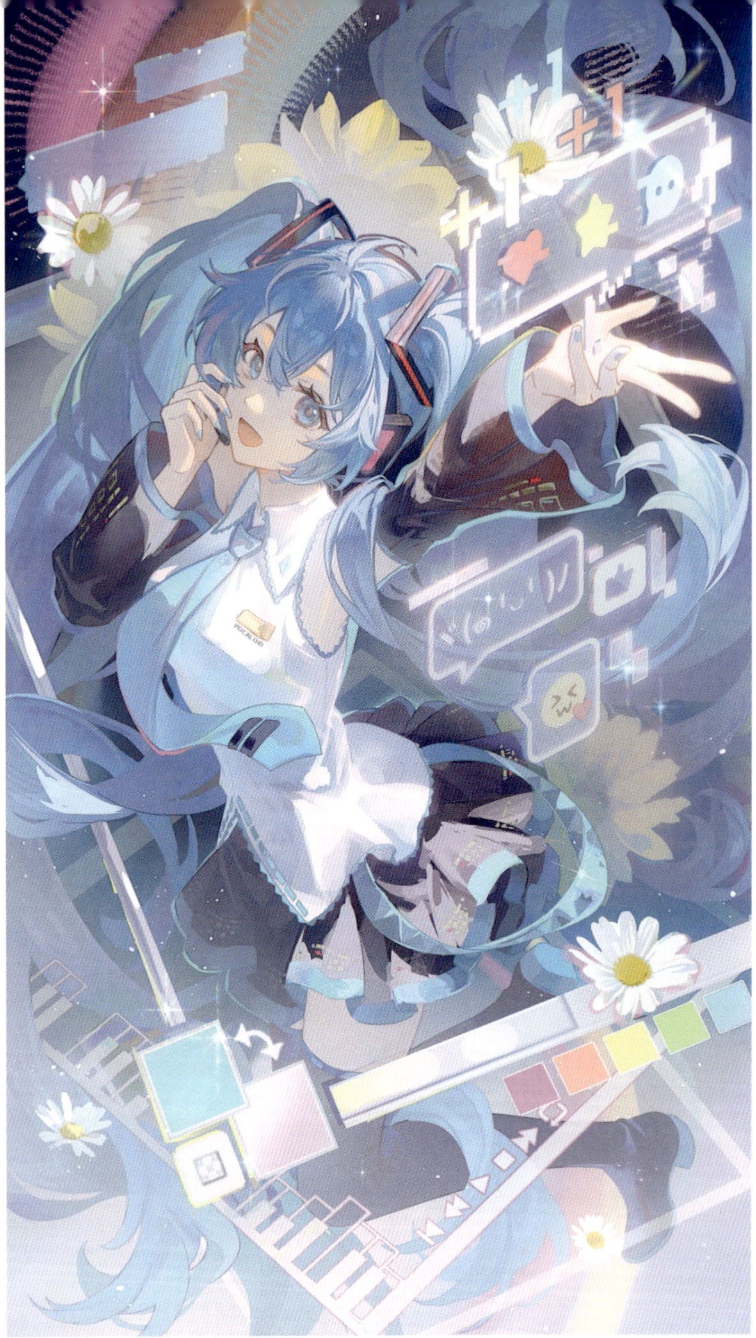

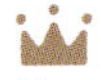

3等 桃饼干

スモールエス編集部 選評　音楽や絵のモチーフをデジタル的に処理して画面に散りばめて、いろんなアイテムと初音ミクのシルエットがあわさることで、躍動感のある楽しい作品になっています。深い色味ながらも光が当たり、初音ミクを美しく見せている点も良いです。

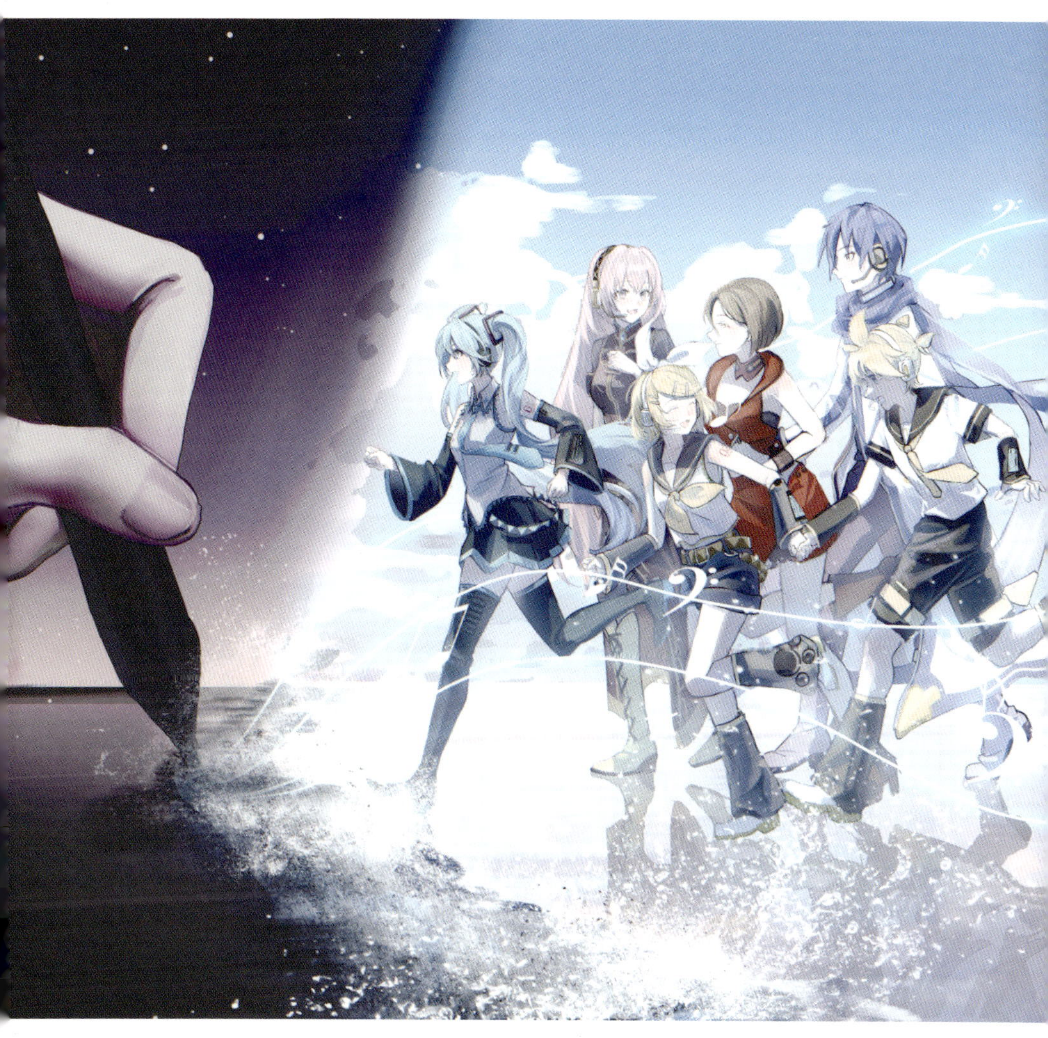

4等 MING_LU

中村佑介 選評 夜に線を引いたら光の射す朝になるという
おもしろいけど難しそうなアイデアが見事に説得力を持って表現されており素晴らしいです。

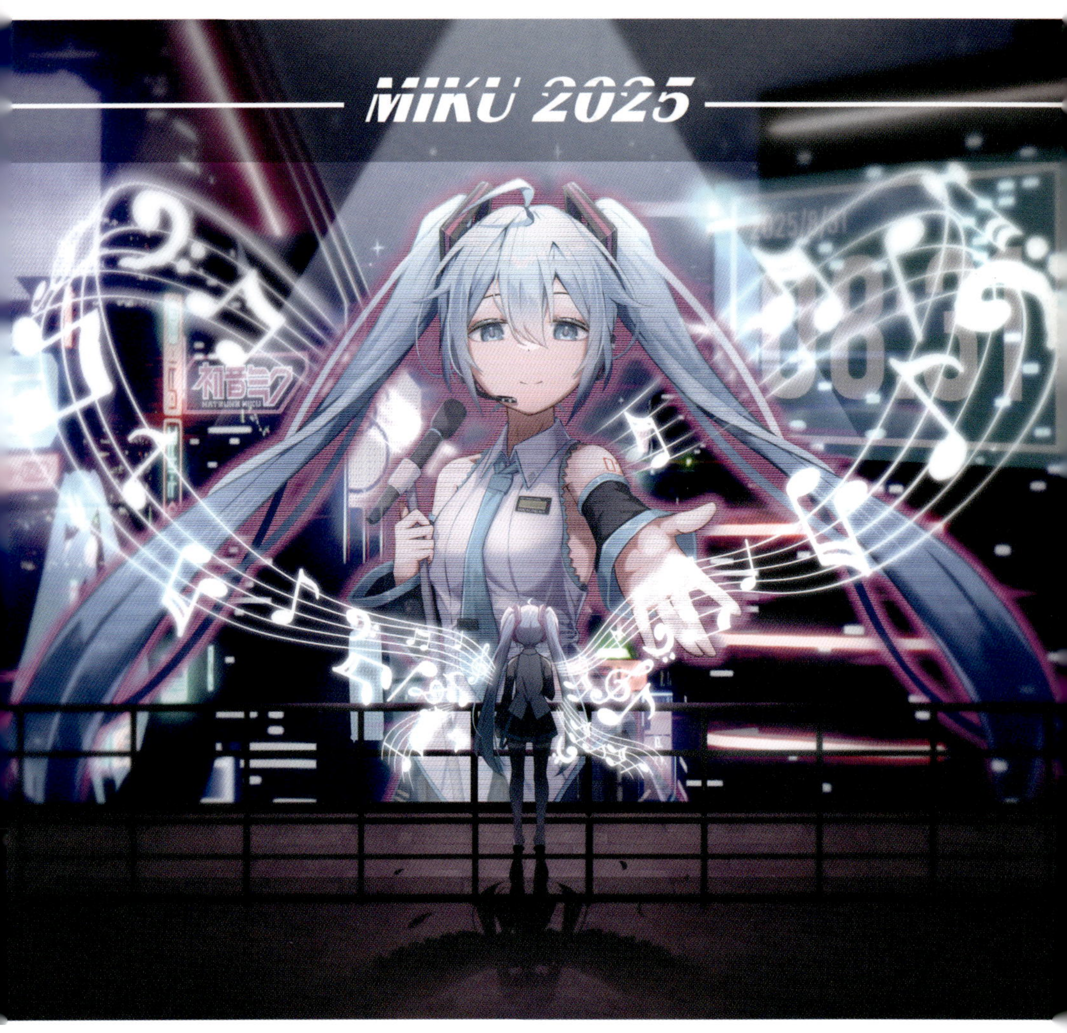

5等 H南天真白

中村佑介 選評 創作が羽根を与えるというテーマが素敵です。
手前の人物は初音ミクじゃない方がより創作の可能性を感じられる絵になったと思います。

オンガク部門　受賞者紹介

piapro
視聴ページ

1等　「透明リボン」 TakoyakiKZY

スモールエス編集部 選評
創作する人を応援づけるメッセージが響く歌詞です。楽曲もサビのメロディを中心に心地よい勢いがあって素敵でした。

中村佑介 選評
テーマの捉え方、楽曲、編曲、どれを取っても全体的に完成度が高いです。だからこそもう一歩独自性のあるはみ出した部分があればもっと引っかかるなと感じました。

2等　「はじまるマーチ」 杉P

中村佑介 選評
バーチャルシンガーならではならではのメロディラインや編曲でかつそれだけに収まらない広がりも感じます。まさにクリエイティブという名に相応しい作品だと感じました。

3等　「自分色キャンバス」 えりりり

スモールエス編集部 選評
創作する思いがリアルに伝わってくる歌詞でした。
楽しく弾けるようなメロディと編曲の運びも元気になれます。

4等　「artwork」 りゅい子

中村佑介 選評
「音楽」と「イラスト」、ふたつのテーマと2人のユニゾンが上手く折り重なっていて素晴らしいと感じました。

5等　「クリエーション」 はちゃりあ

中村佑介 選評
メロディに対しての歌詞の乗せ方がとても上手で歌詞カードを見なくてもスッと心に届きます。その分全体的に平坦にもなってしまうので、編曲やミックスでメリハリがあればなお良かったです。

6等　「ステラコネクト」 hachiya

スモールエス編集部 選評
キラキラを感じさせる編曲が楽しさとロマンを伝えてくれます。
創作に限らず広いテーマに響くところがありますね。

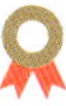

7等　「オトナ・ペインターズ」 山田さと木

中村佑介 選評
あの頃から大人になっても初音ミクとともに創作を続けている人たちへのエールに胸を撃たれました。シャッフルリズムの曲調もお洒落なコード進行もテーマにピッタリ寄り添っています。

8等　「僕と世界とキャンバスと」 やの

中村佑介 選評
創作に対する等身大の悩みや乗り越える過程が美化されずにきちんと描かれており、広く人々の心に響く楽曲だと感じました。急かすことなくだんだんと盛り上がっていく曲調もテーマに合っています。

9等　「ソウゾウ」 inori

中村佑介 選評
キャッチーで街角でかかっていてもフッとそっちに耳を澄ましてしまいそうなほど魅力的です。サビで同じメロディがマイナー調になる部分も創作の痛みが表現されています。

10等　「アフレイド」 nissy

中村佑介 選評
誰もが持つ創作に対する臆病な心を勢いで吹き飛ばしてくれるようなエールを確かに感じました。声と曲も一体感があって素晴らしいです。

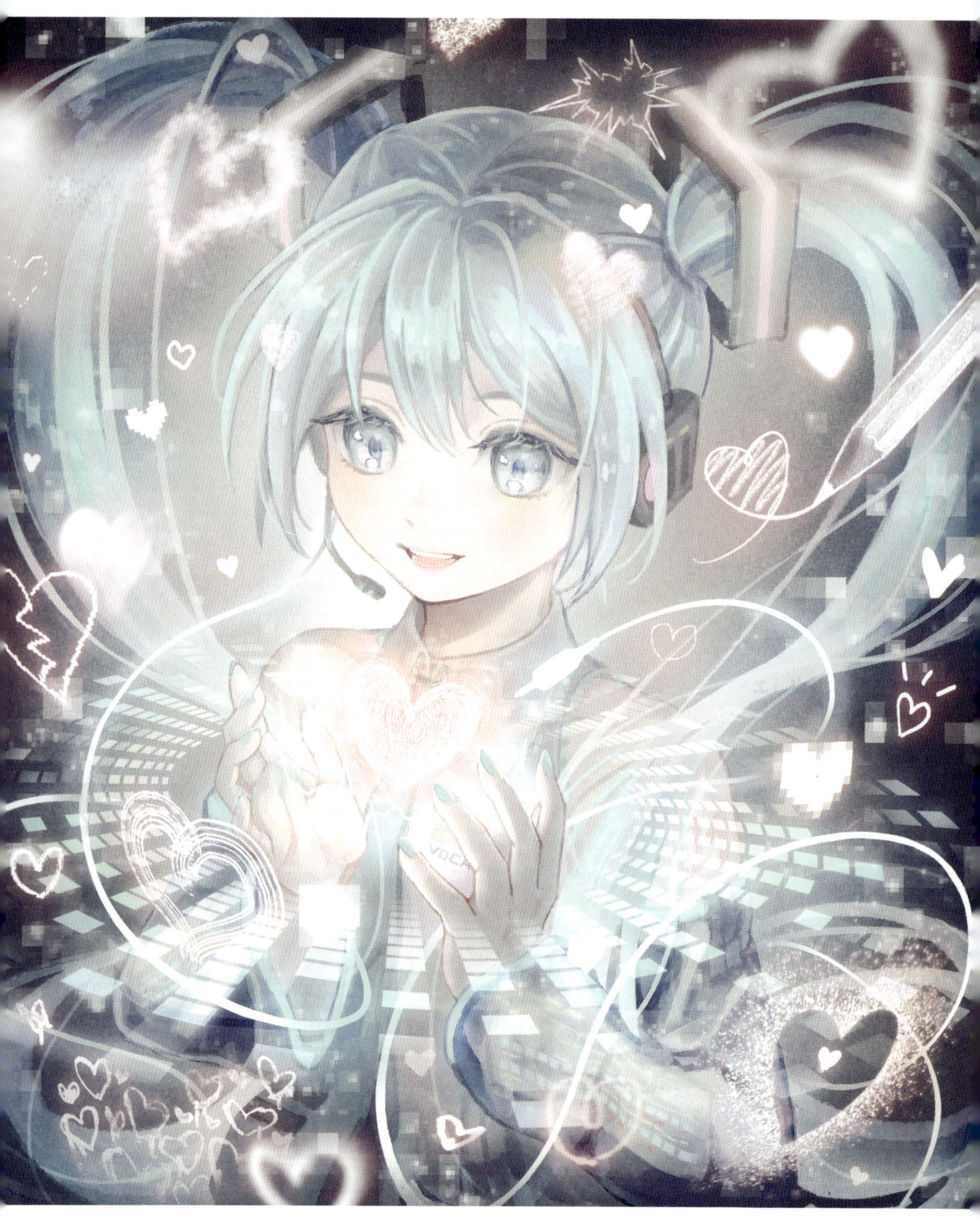

10等 晴まひる

スモールエス編集部 選評 初音ミクの手の中から広がる光は、いろんな創作活動や人の思いのようで、それを初音ミクが大切そうに見つめている姿が素敵です。色数を抑えて多様なものを光で表した点もいい演出。

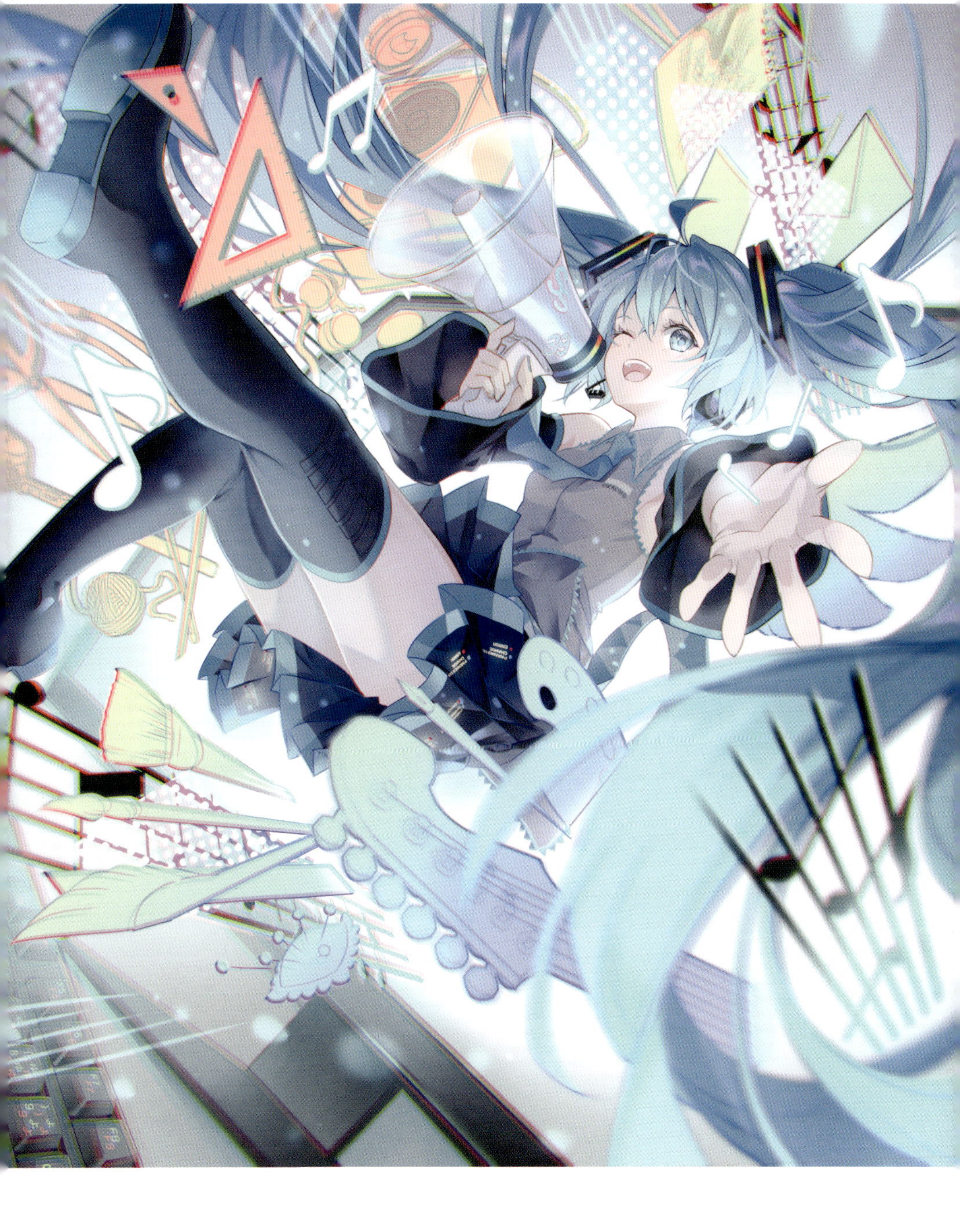

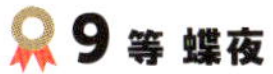

9等 蝶夜

中村佑介 選評 デスクトップモニターから洪水のように飛び出してきた初音ミクや創作物たちがとても楽しい作品です。例えば驚いている手を入れるなど、もう少しコチラ側の感情が描かれていればなお良かったと思いました。

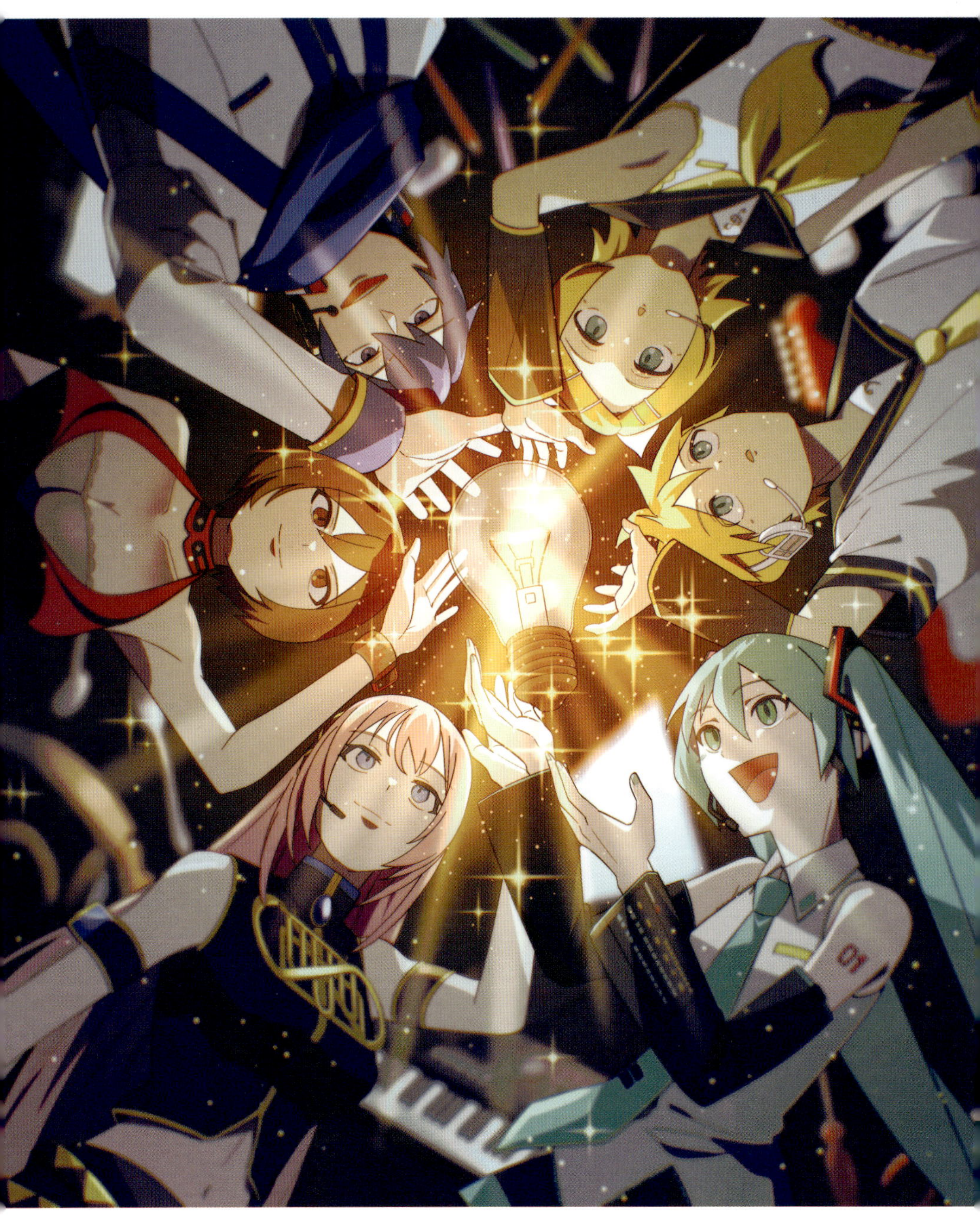

8等 rokugin

中村佑介 選評 難しい構図なのにピアプロキャラクターズのデザイン、魅力、性格の描き分けが上手く、またそこからひらめきを得るというテーマもとても素敵です。

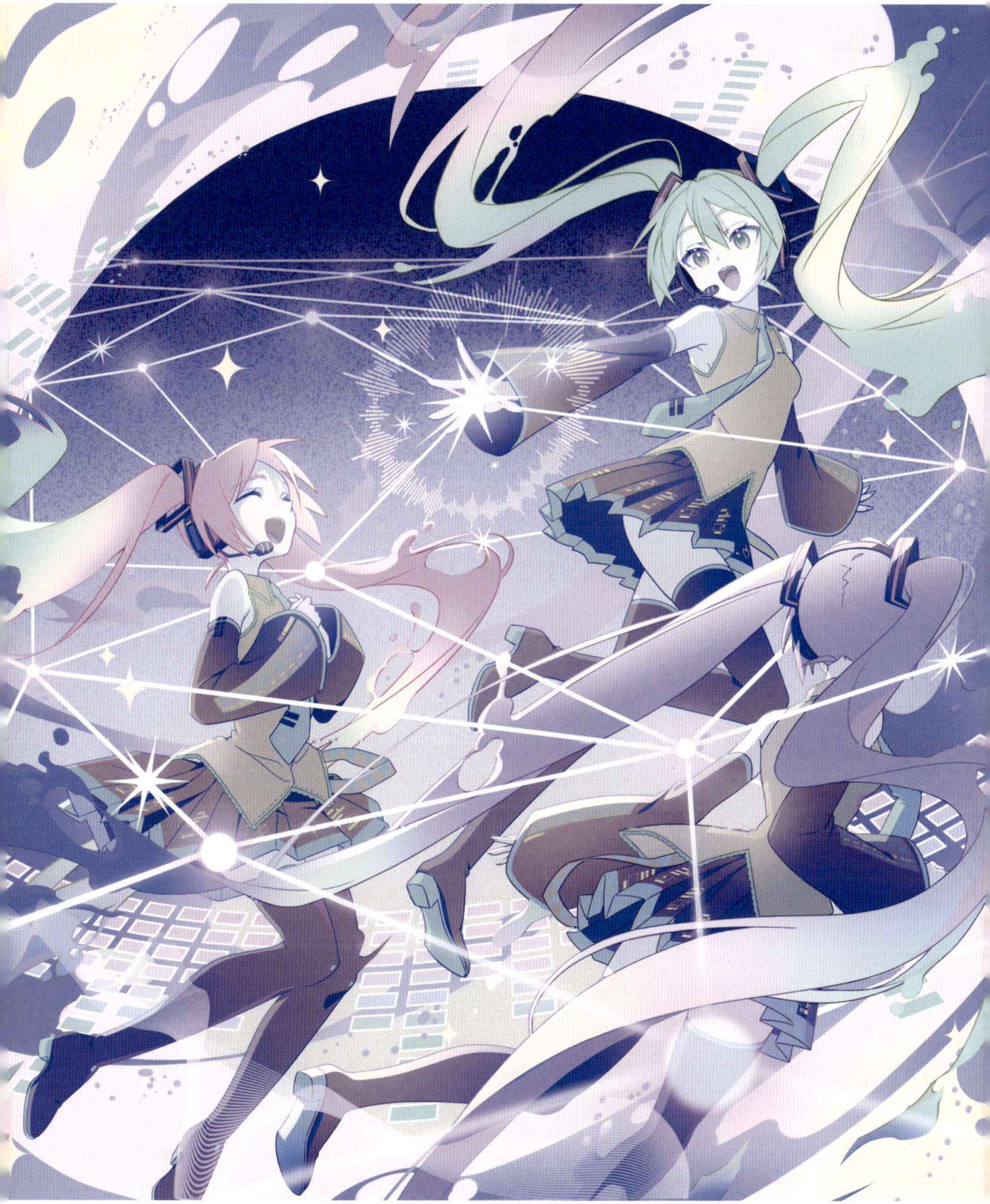

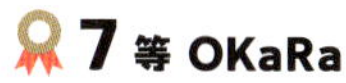

スモールエス編集部 選評　楽しそうに歌って踊る3人のキャラクターは、髪の流れにも躍動感があって、画面に動きをもたらしています。そこに白いラインが走る様子は、星がつながってスパークしていくようです。つながりで何かが生まれるワクワクを感じさせてくれます。

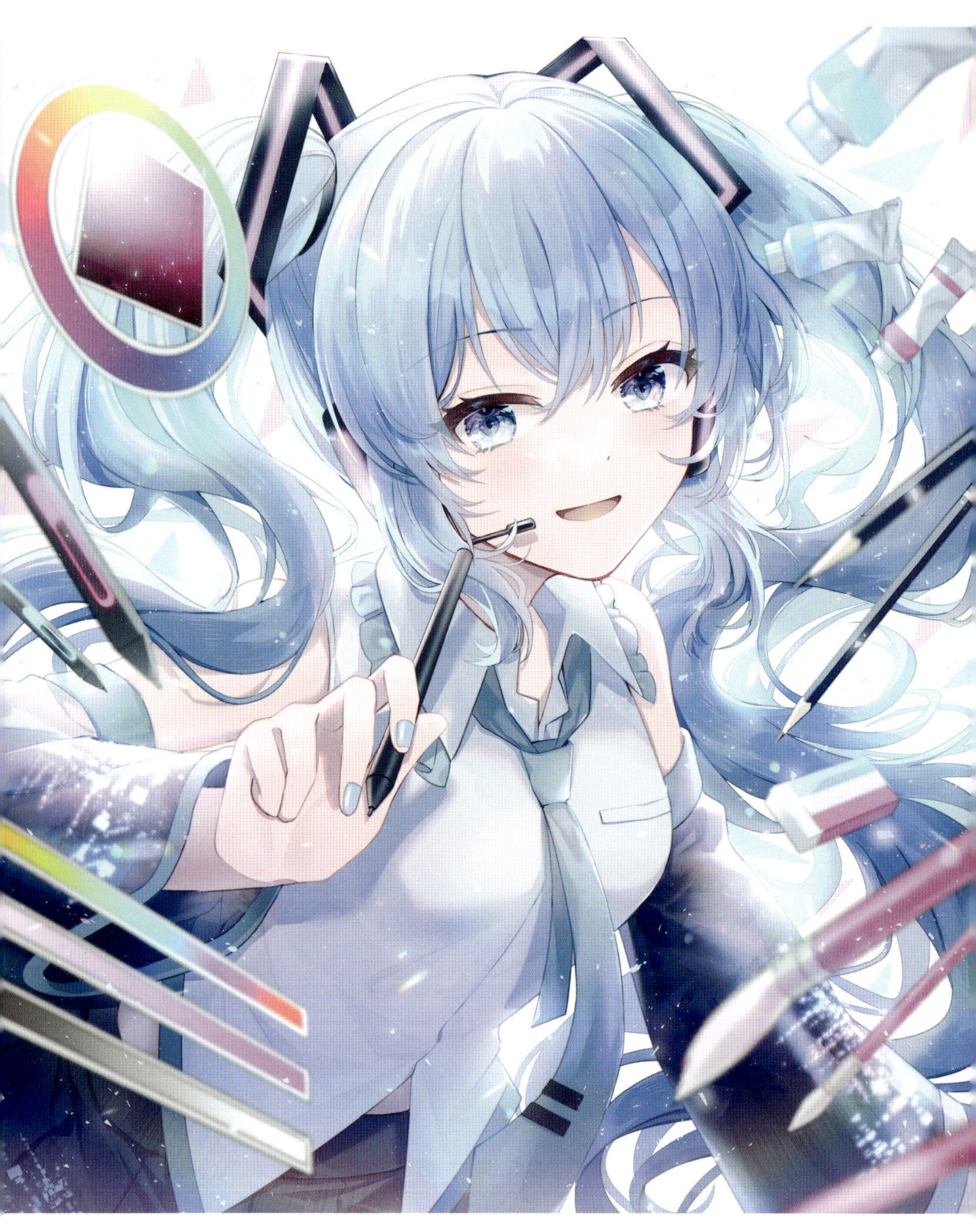

6等 アサヤ

スモールエス編集部 選評　絵具や鉛筆、デジタルの操作画面などが並ぶなか、背景が発光するようにまばゆい様子が印象的。絵を描く人の輝きを伝えるようで、元気の出る作品。

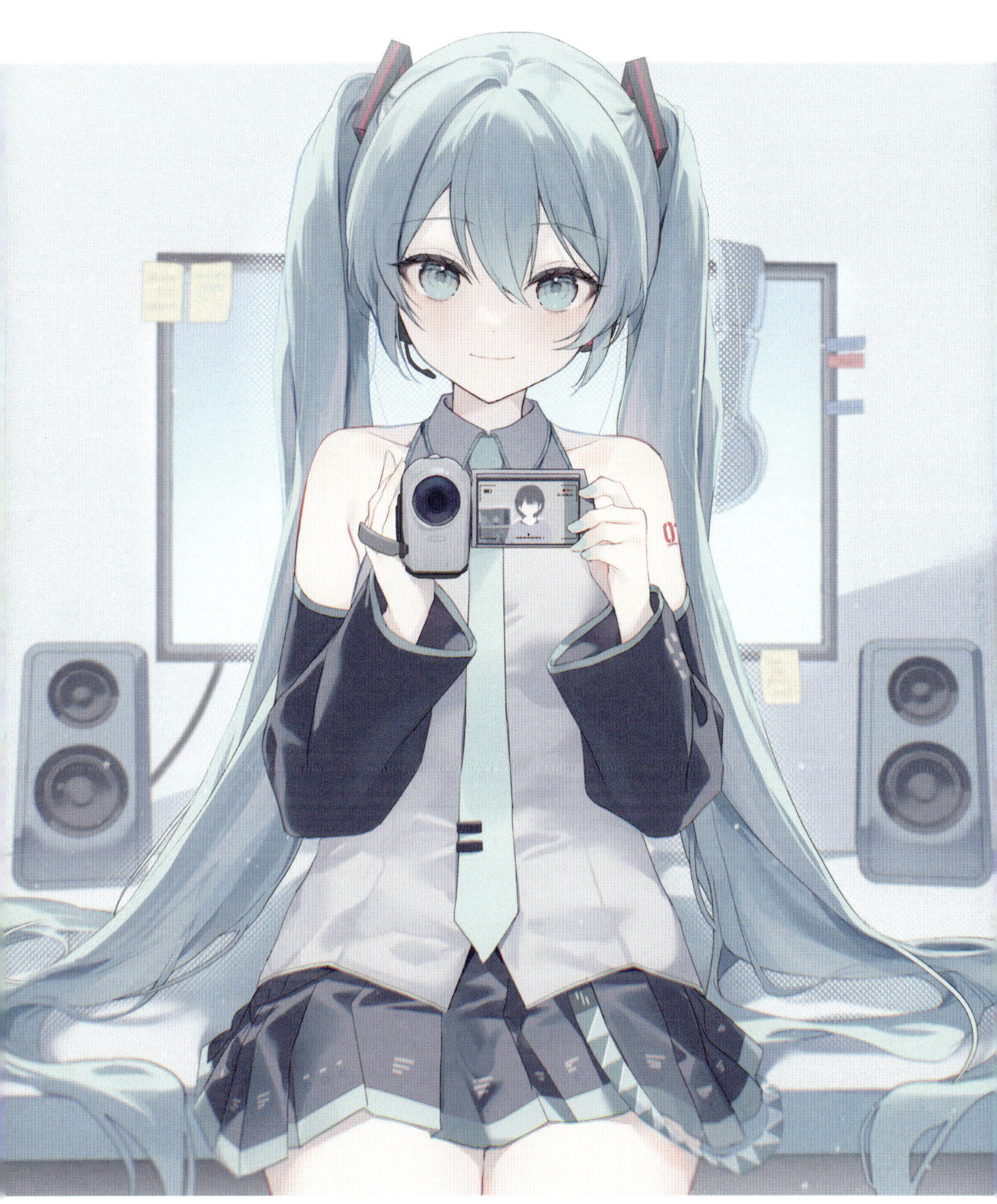

5等 れりん

中村佑介 選評 “初音ミクと作者は鏡像関係にある”というテーマがとても印象深い作品です。
髪の色、スピーカーやビデオの形が00年代を感じさせる点も良かったです。

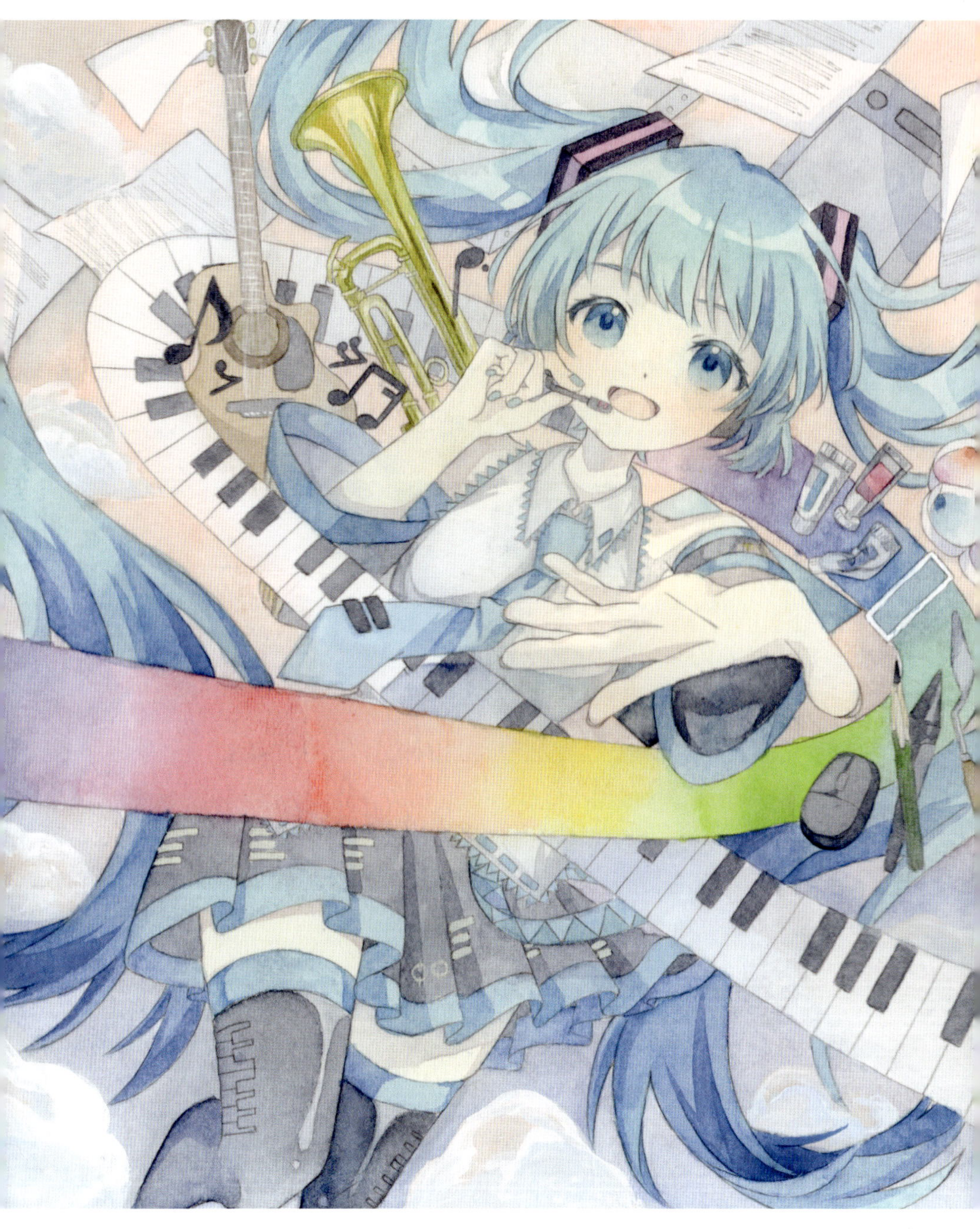

4等 temo

中村佑介 選評　アナログ画材の質感も相まって全てを優しく包み込むような初音ミク像にオリジナリティを感じました。ディフォルメされているようで各楽器のディテールもきちんと描かれている点も良かったです。

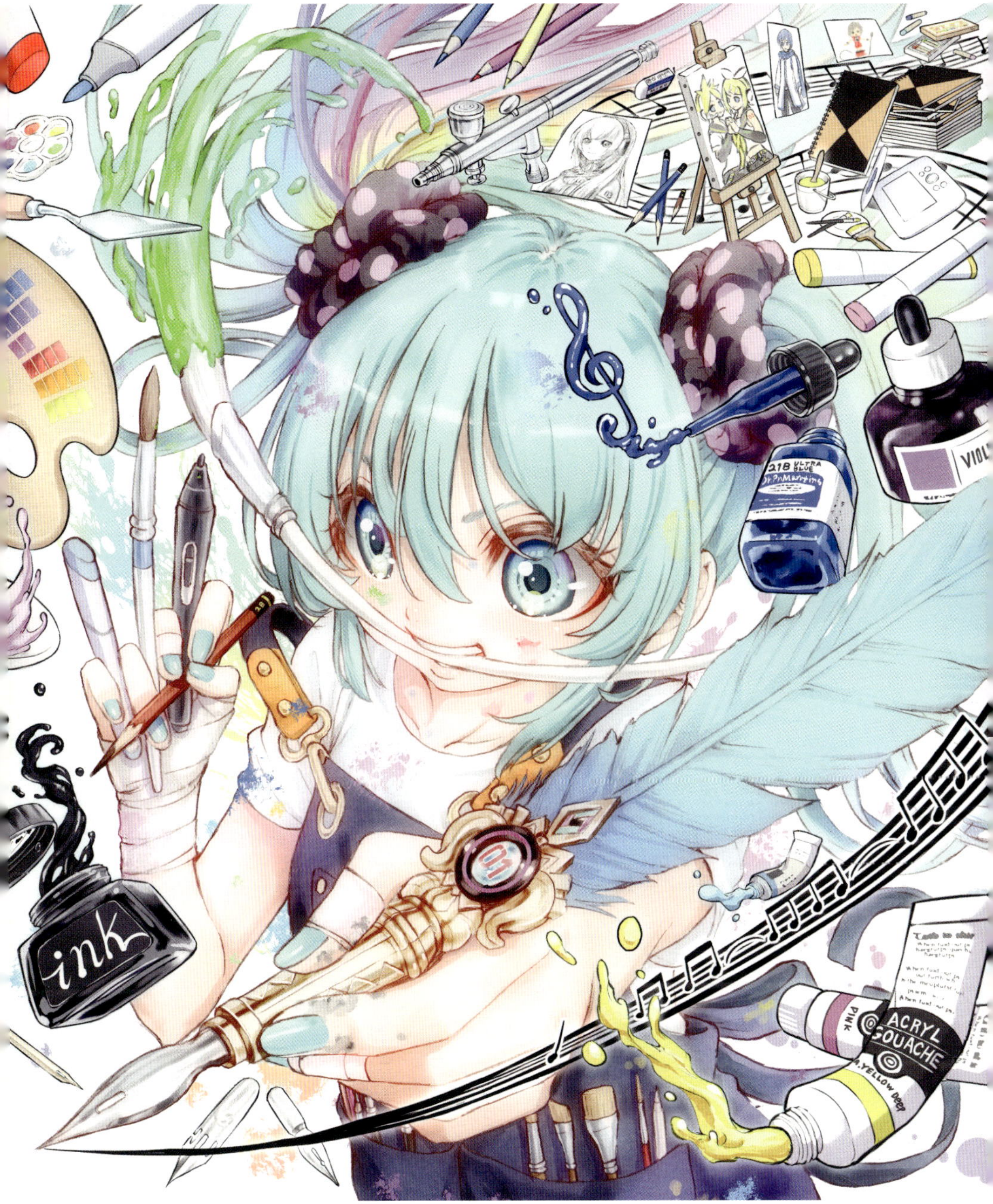

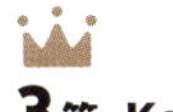

3等 Kodue Sakiyama

中村佑介 選評 創作に対するエネルギーと、初音ミクの握るペンのデザインの独創性が素晴らしい作品です。アナログ画材が多く描かれているのでこれで実際アナログ制作された作品なら1位にしていました。

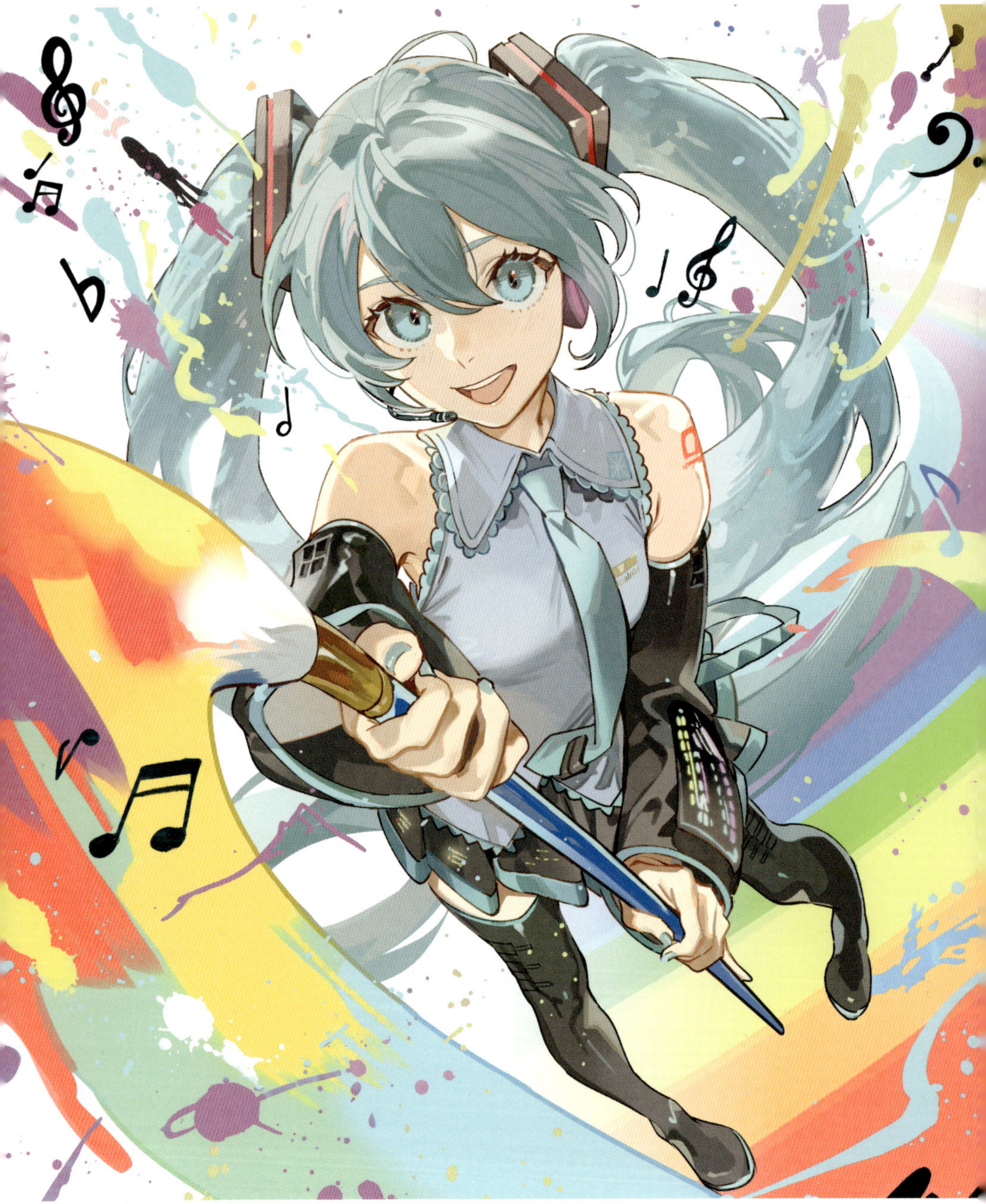

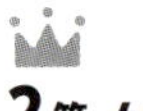

2等 48円

スモールエス編集部 選評　初音ミクの持つ大きな筆は、七色の軌跡を描き、飛び散るしぶきが音符とあいまって勢いを見せている。初音ミクの全身を画面に収めながら、顔を大きくしたキャラクターの見せ方も良いです。シンプルながらも絵と音楽の迫力が感じられる作品です。

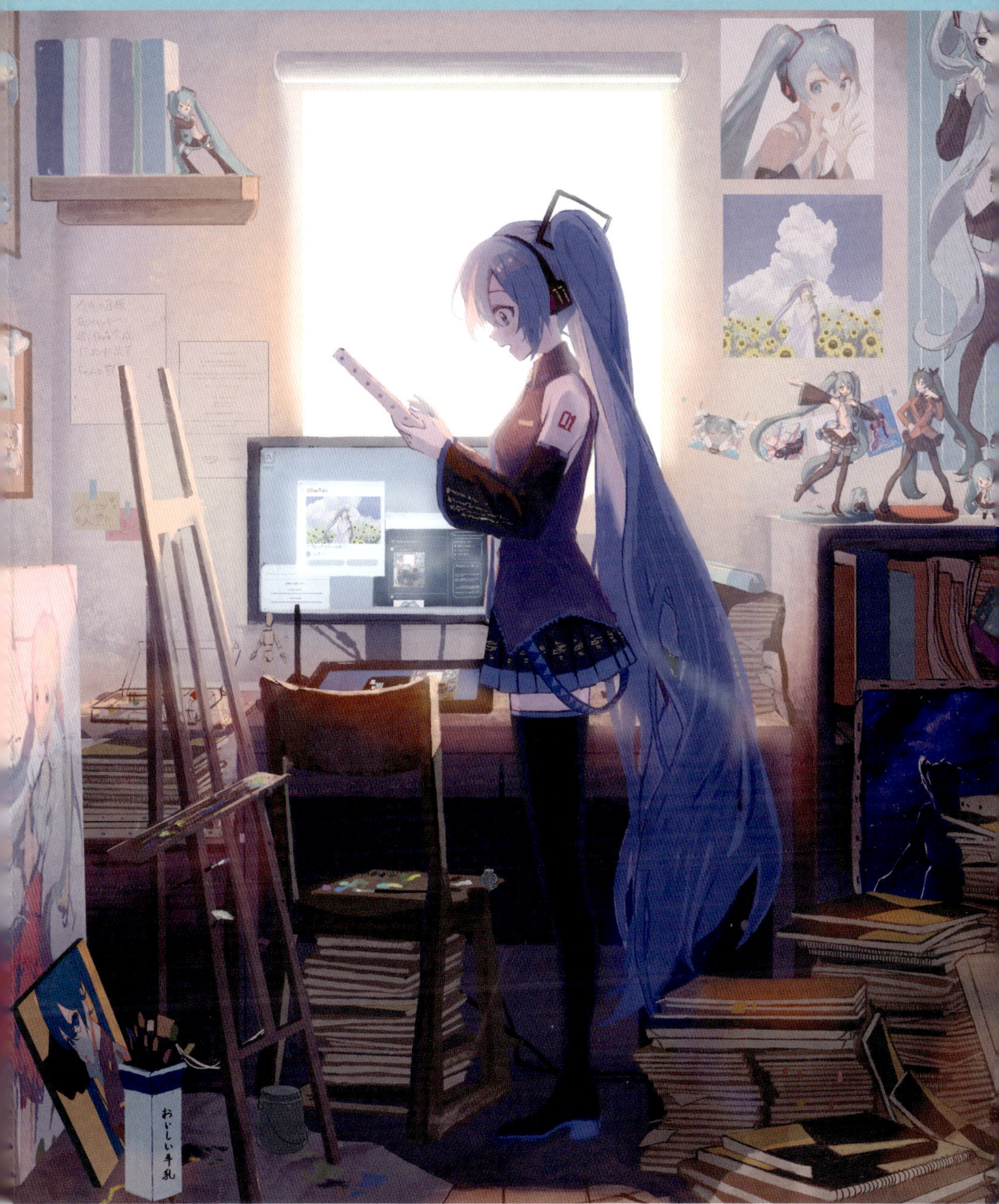

1等 えくぼかよ

スモールエス編集部 選評

初音ミクをたくさん描いているであろう絵描きのもとに、初音ミク本人が現れて、描かれた自分を見て感動しているような姿が印象的。ファンタジックながら、生活感のある光景で実感を持たせる演出も良い。デジタル機器に加え、アナログで描いた大量の絵の痕跡が見えるのも、創作活動の厚みを伝えている。

中村佑介 選評

とんでもない時間と量の練習を重ね、ついに実体化した初音ミク像がとても感動的な作品です。ここに描かれていない作者は今も絵を描いているということも、とても繊細に考えられたディテールから伝わる。郷愁感を誘うような逆光もとても効果的。

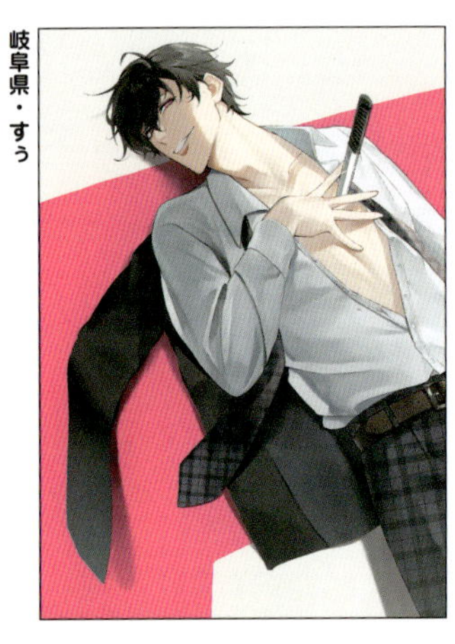
岐阜県・すぅ

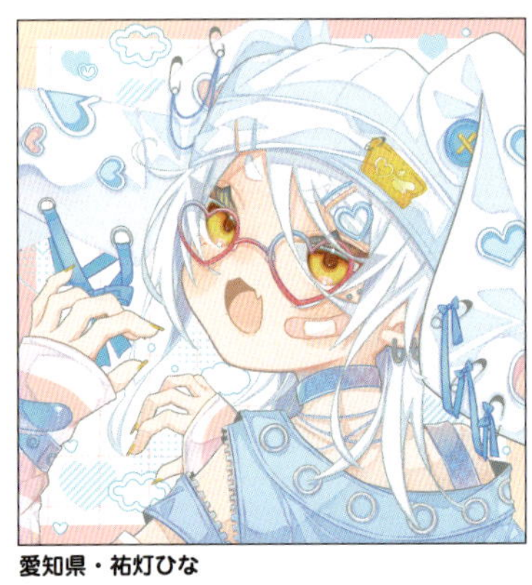
愛知県・祐灯ひな

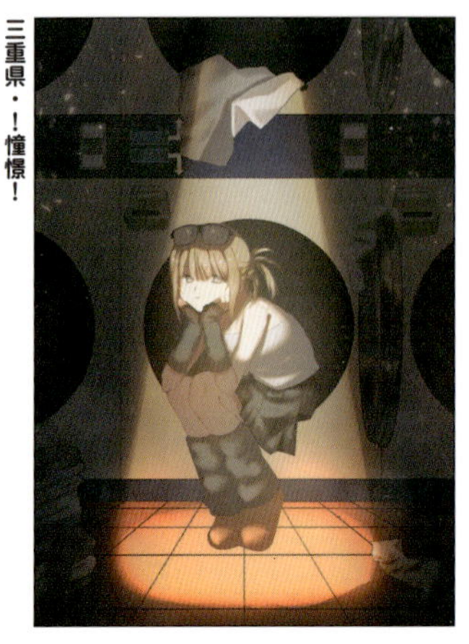
三重県・！憧憬！

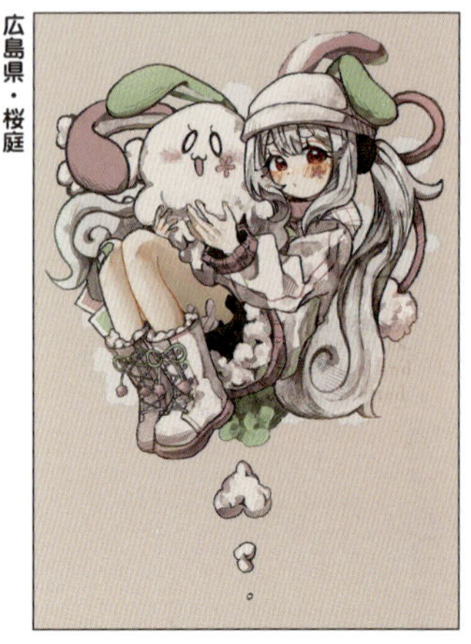
広島県・桜庭

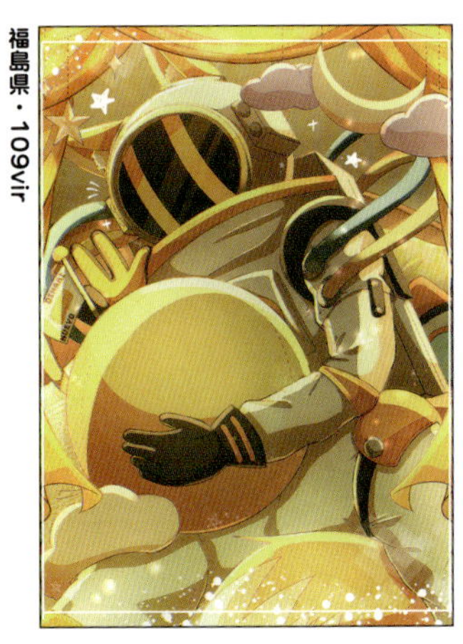
福島県・109vir

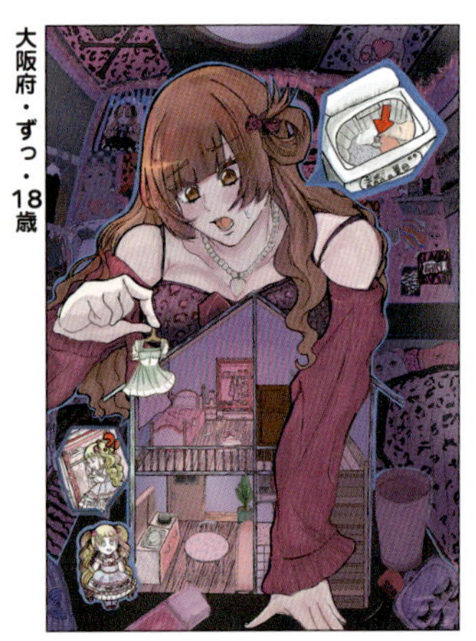
大阪府・ずっ・18歳

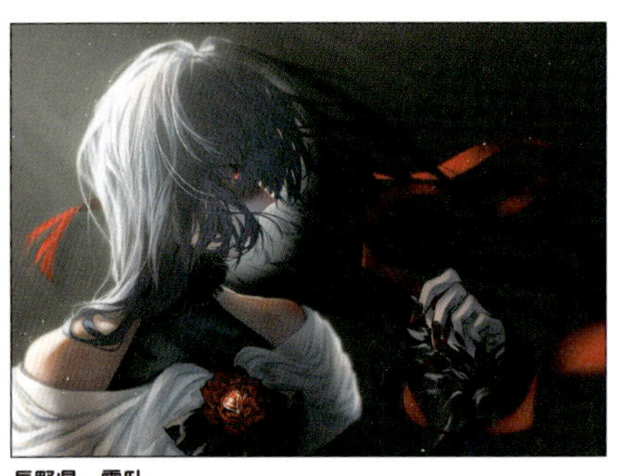
長野県・零臥

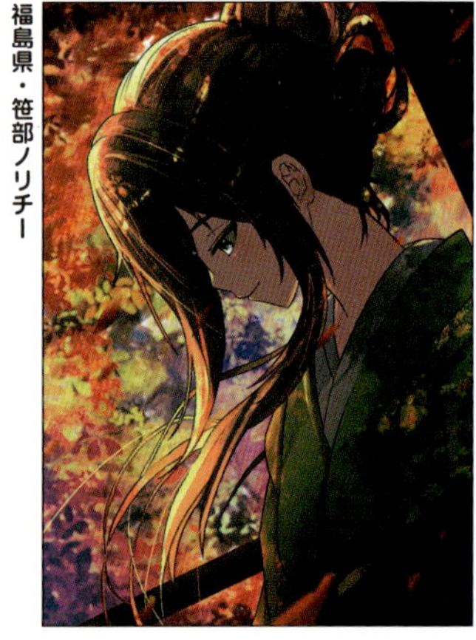
福島県・笹部ノリチー

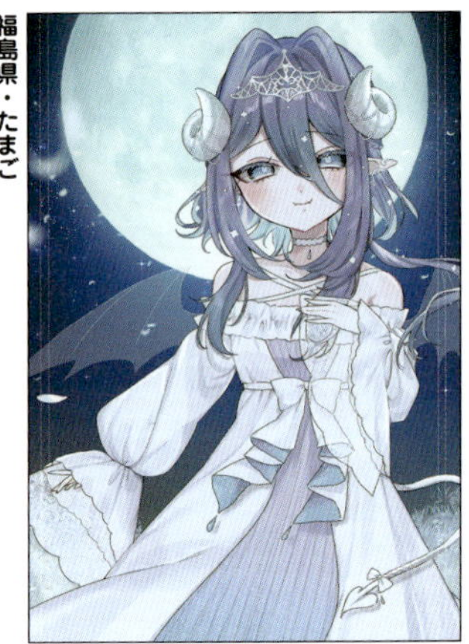
福島県・たまご

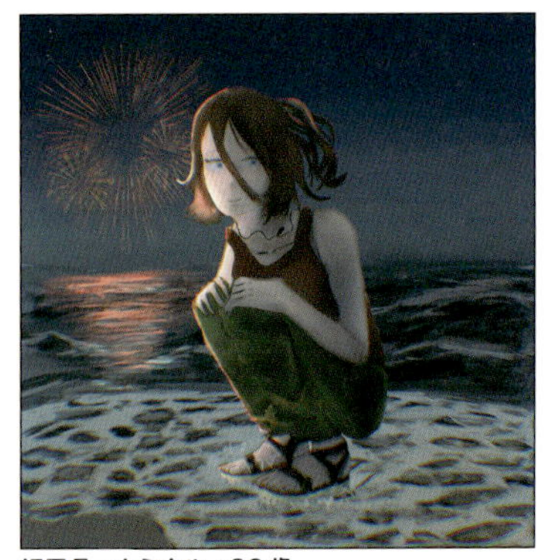
福岡県・ナミウル・26歳
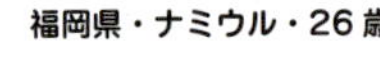

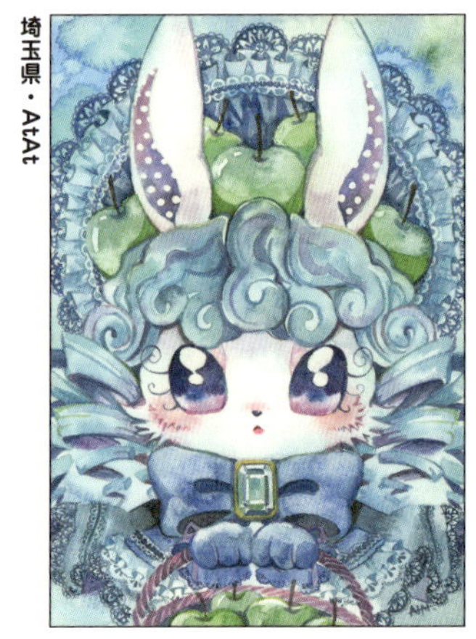
埼玉県・AtAt

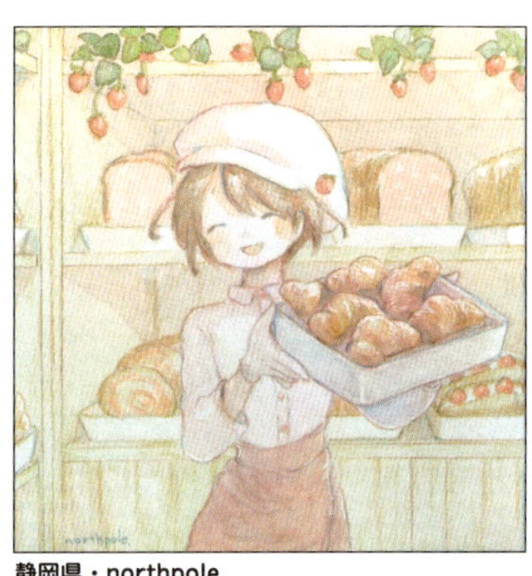
静岡県・northpole.

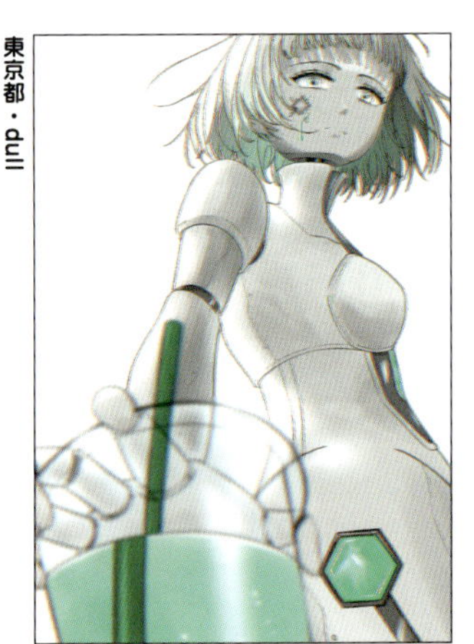
東京都・dull

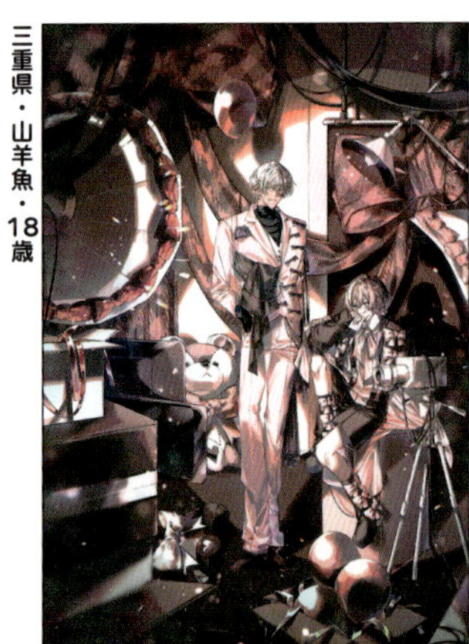
三重県・山羊魚・18歳

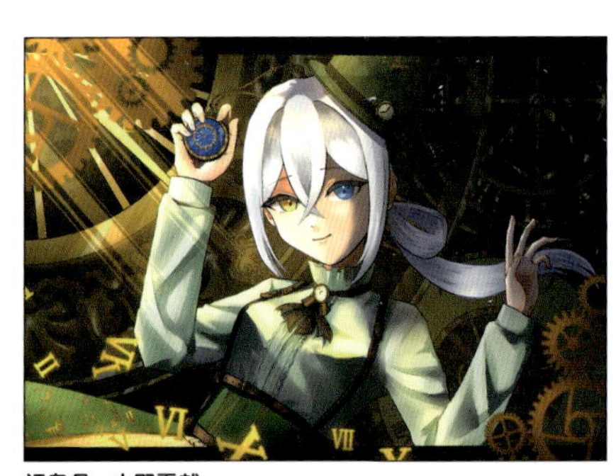
福島県・木野雷哉

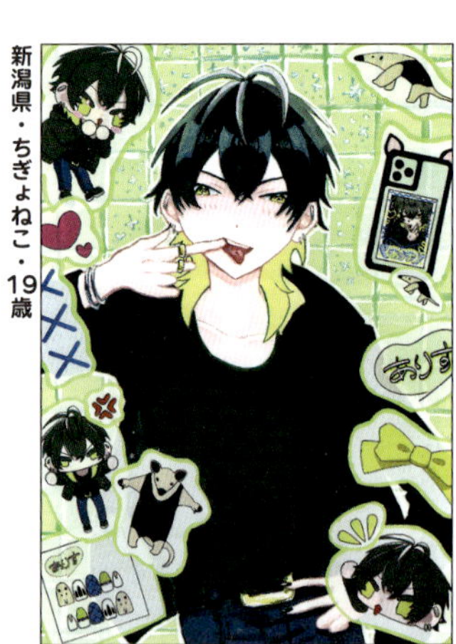
新潟県・ちぎょねこ・19歳

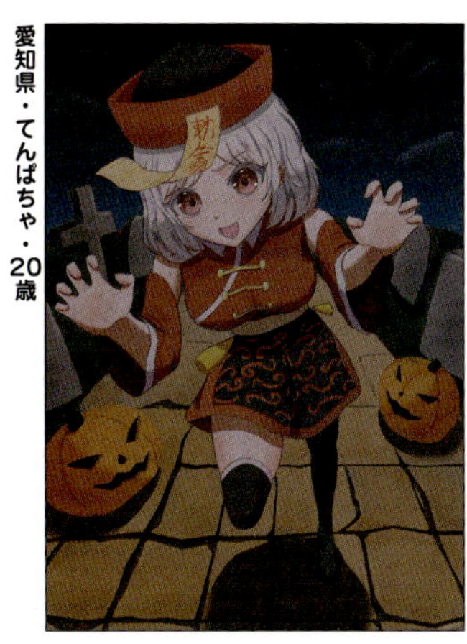
愛知県・てんぱちゃ・20歳

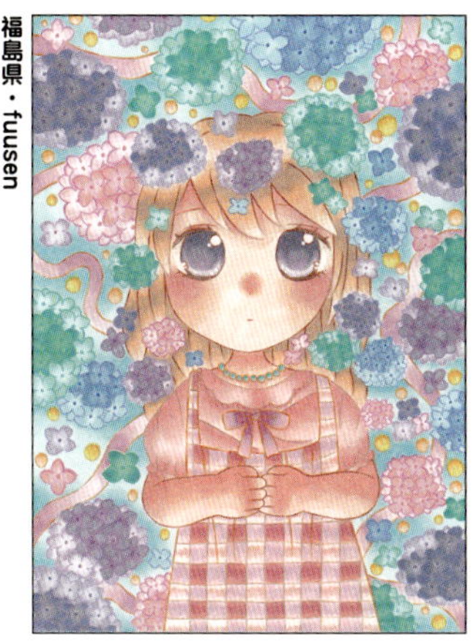
福島県・fuusen

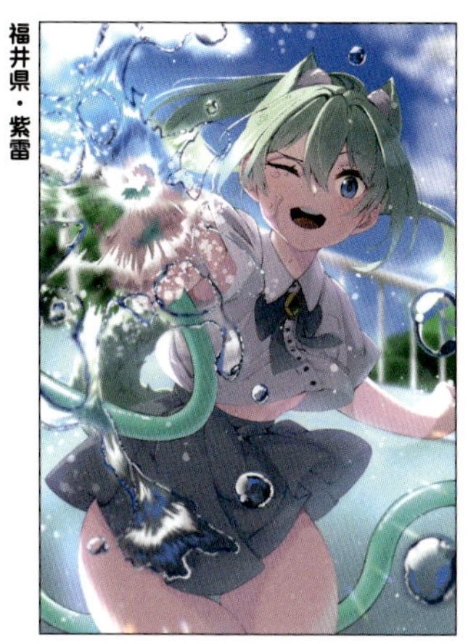
福井県・紫雷

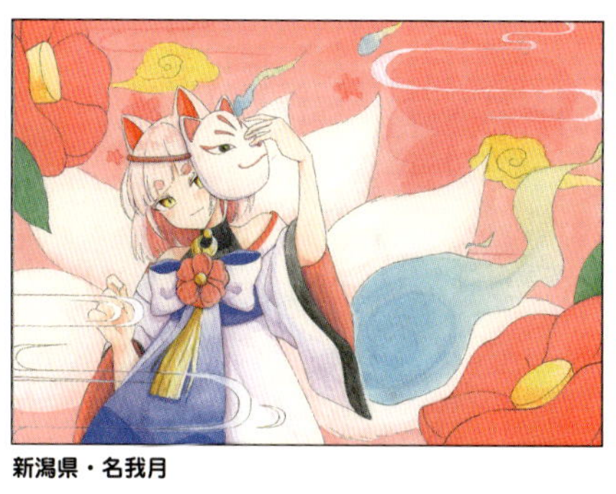
新潟県・名我月

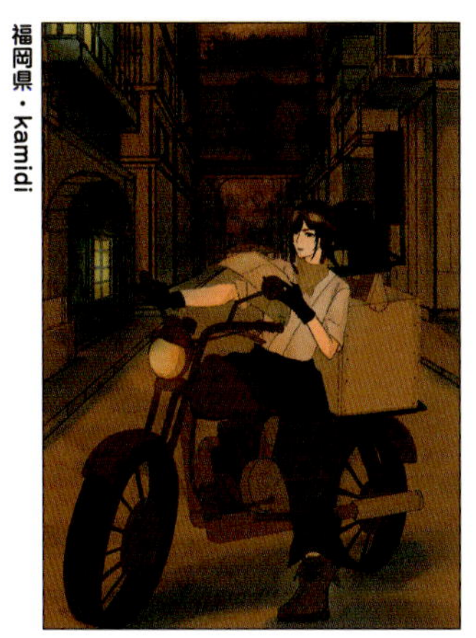
福岡県・kamidi

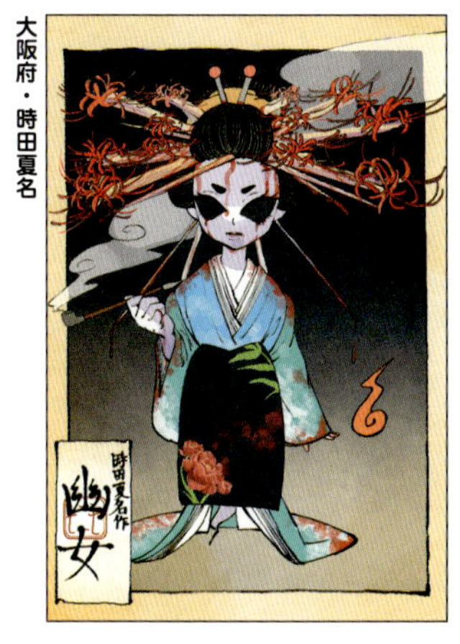
大阪府・時田夏名

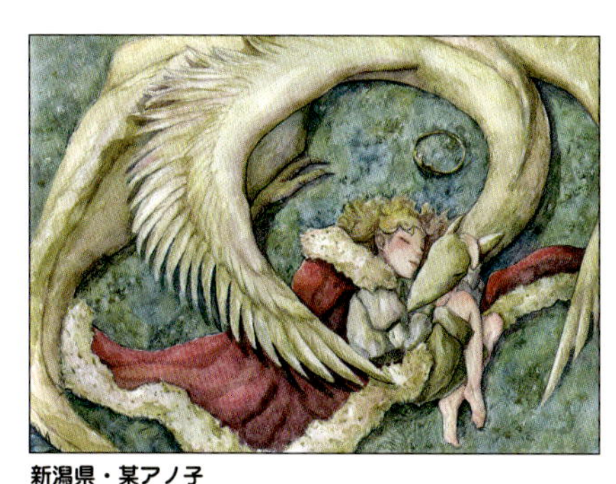
新潟県・某アノ子

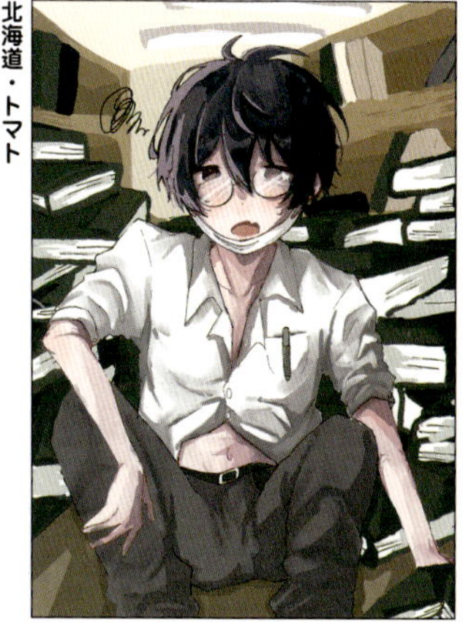
北海道・トマト

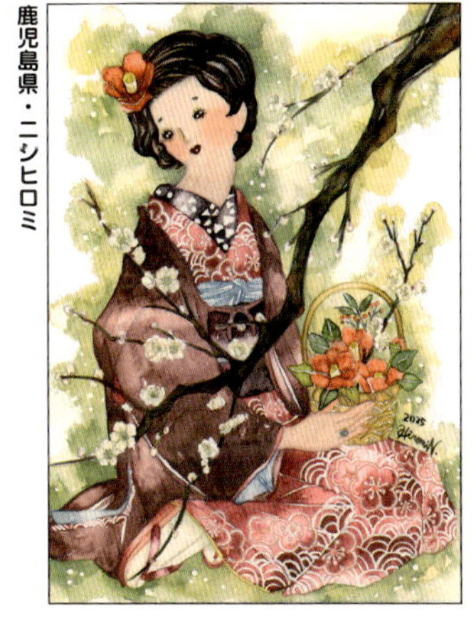
鹿児島県・ニシヒロミ

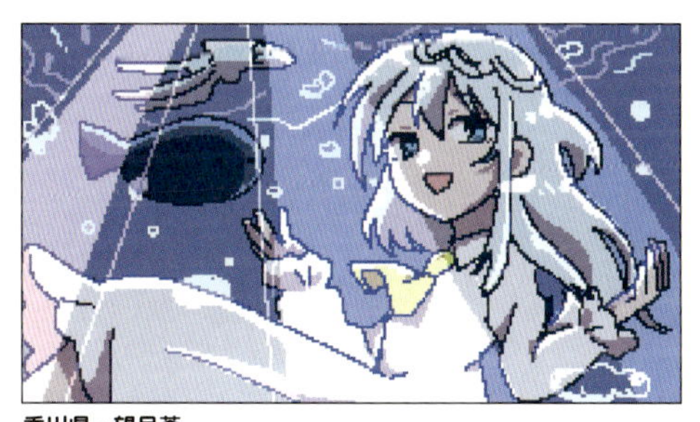
香川県・望月蒼

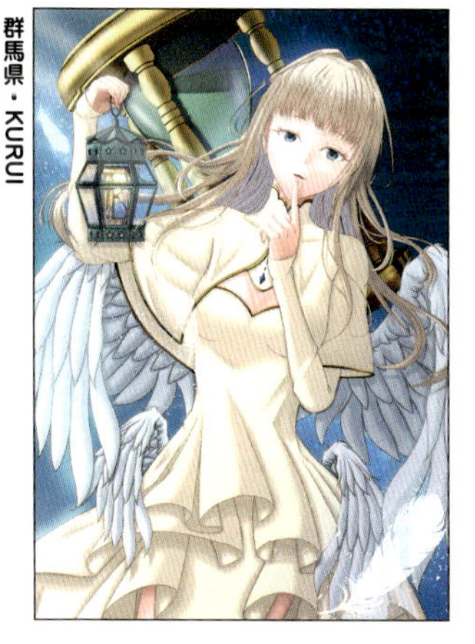
群馬県・KURUI

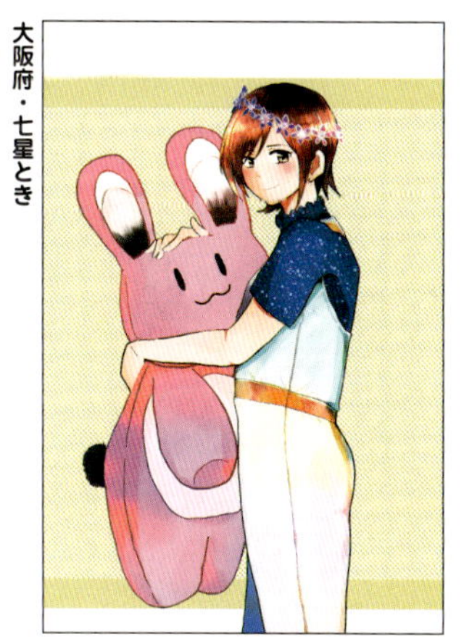
大阪府・七星とき

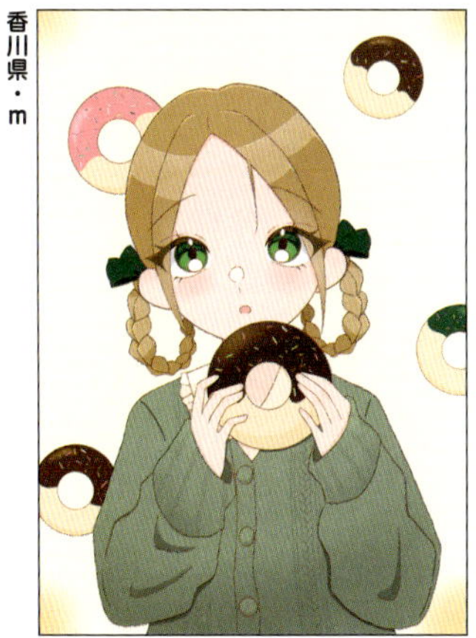
香川県・m

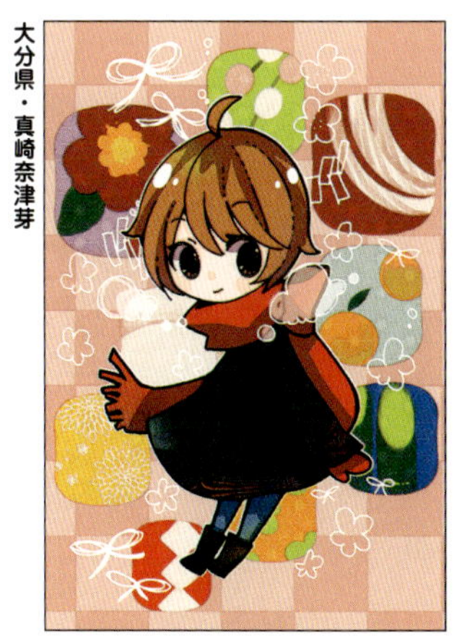
大分県・真崎奈津芽

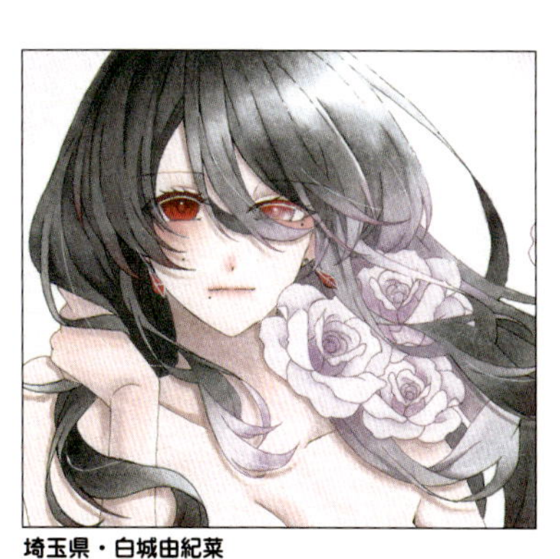
埼玉県・白城由紀菜

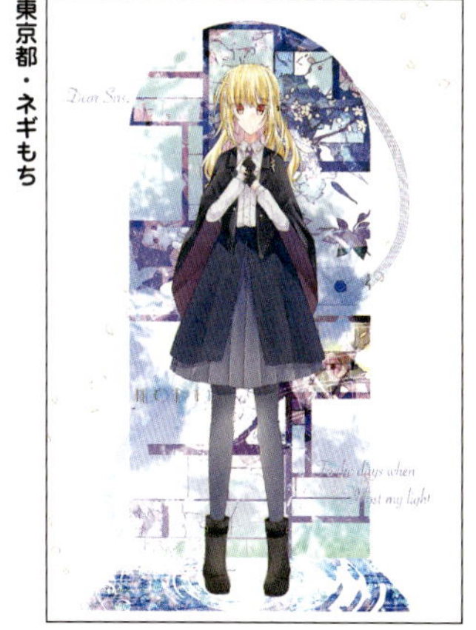
東京都・ネギもち

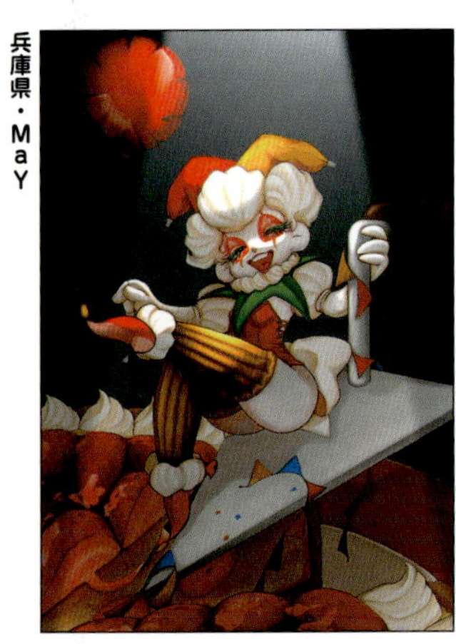
兵庫県・MaY

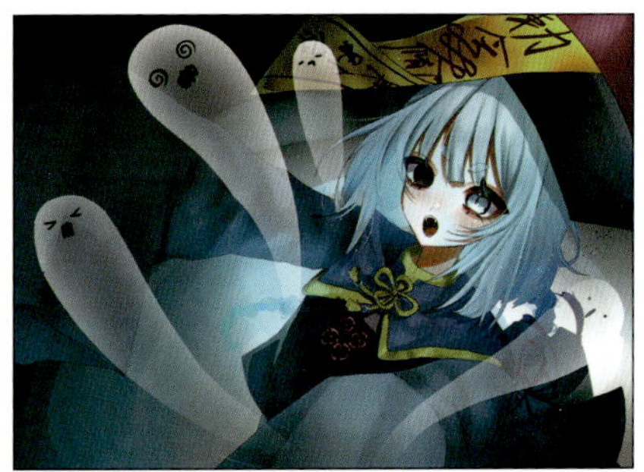
京都府・猫羽ふしろ

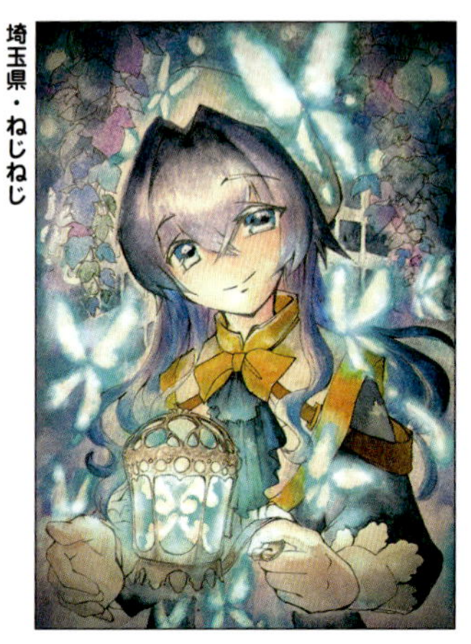
埼玉県・ねじねじ

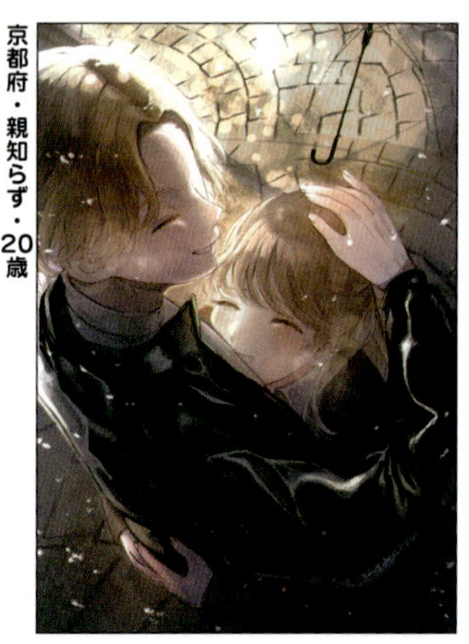
京都府・親知らず・20歳

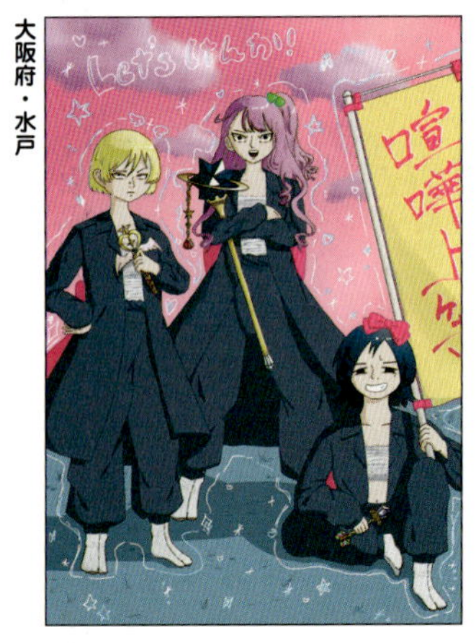
大阪府・水戸

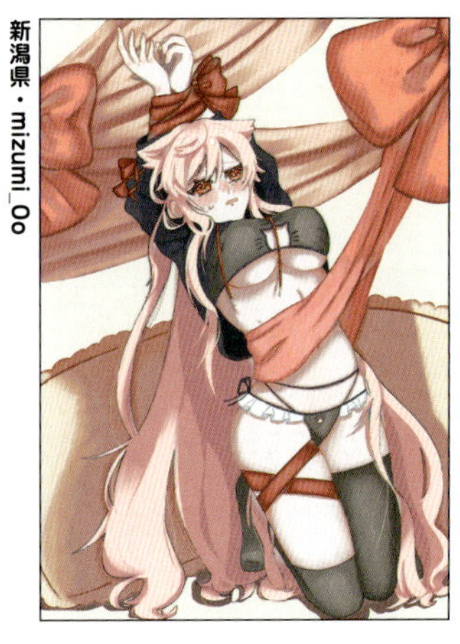
新潟県・mizumi_Oo

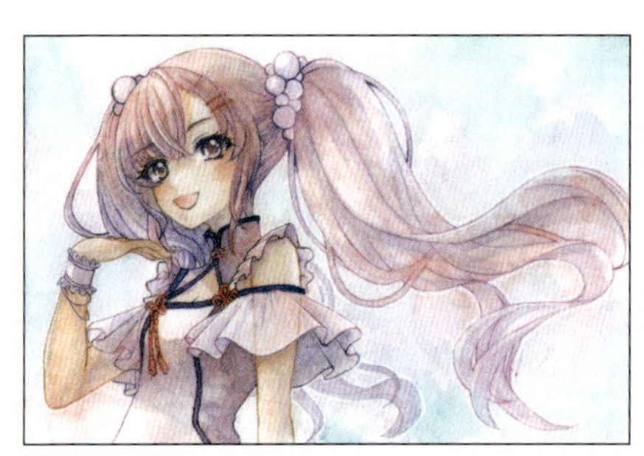
神奈川県・沙姫

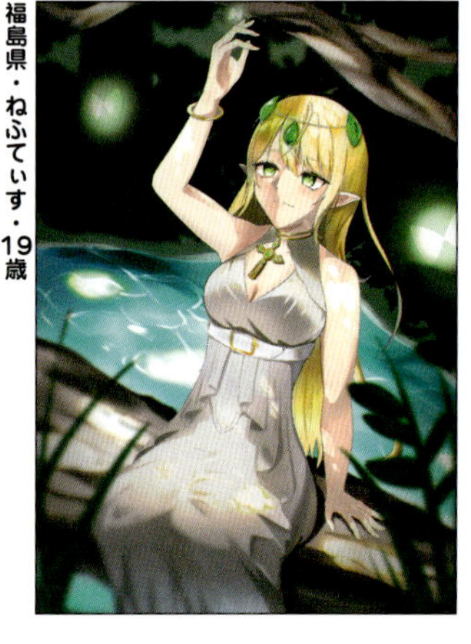
福島県・ねふてぃす・19歳

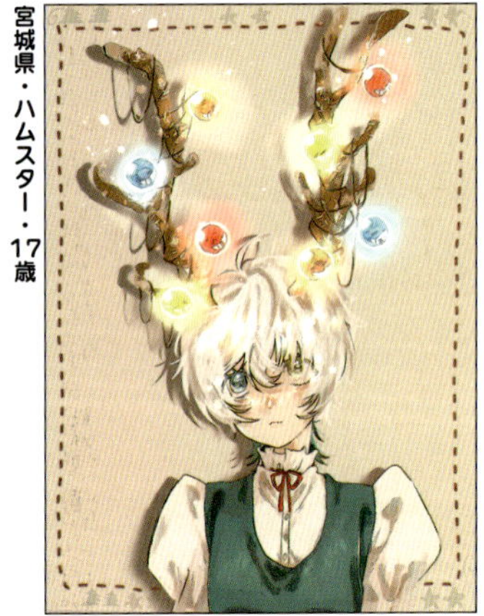
宮城県・ハムスター・17歳

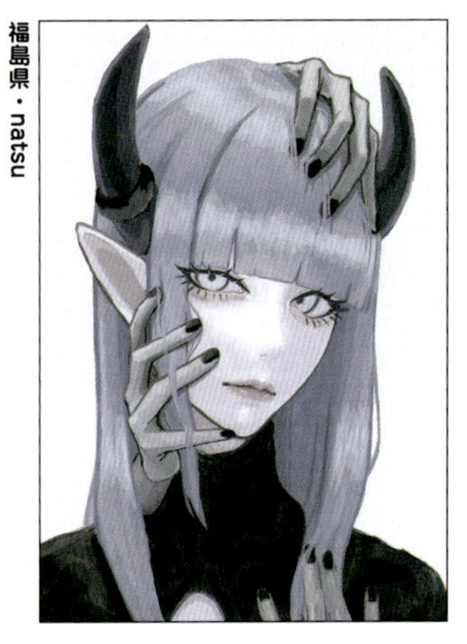
福島県・natsu

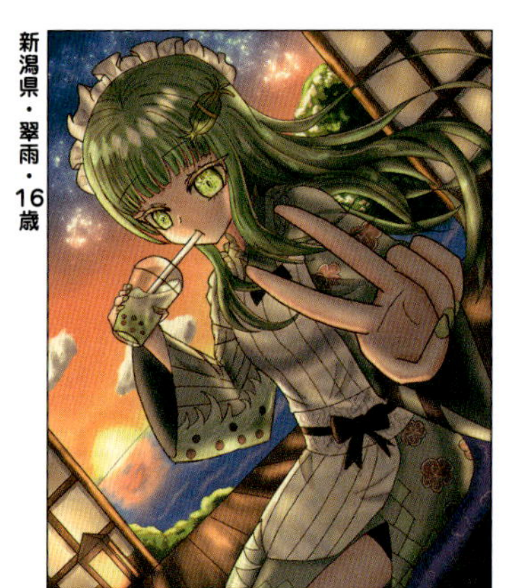
新潟県・翠雨・16歳

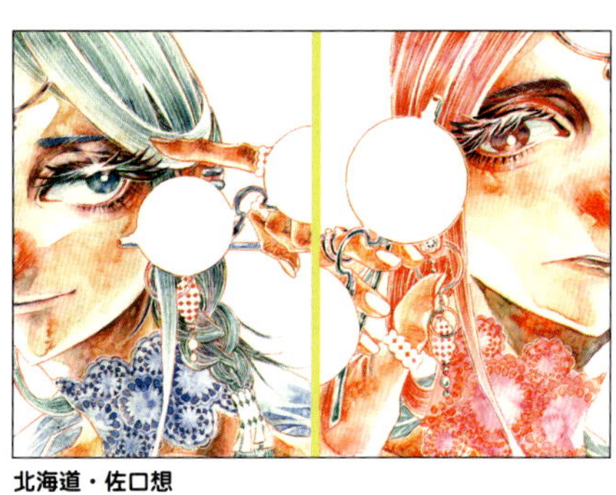
北海道・佐口想

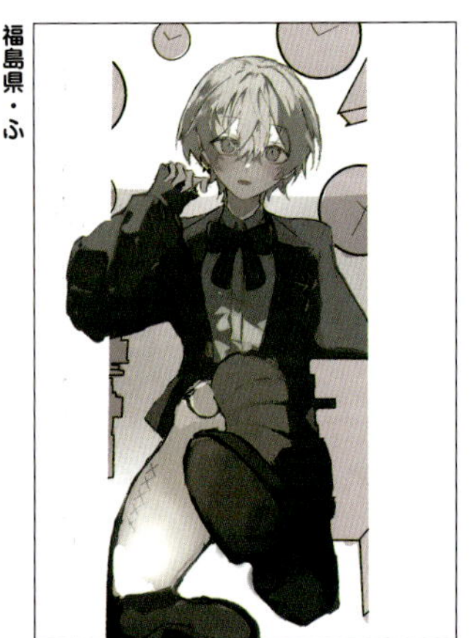
福島県・ふ

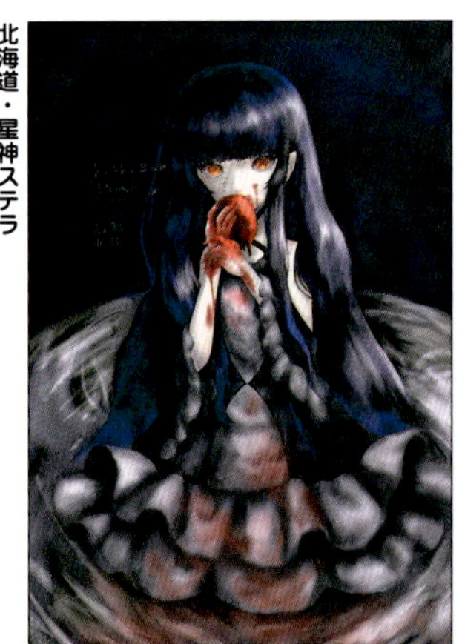
北海道・星神ステラ

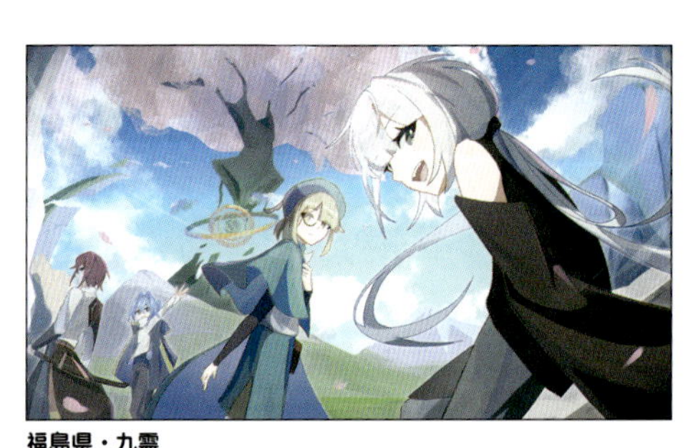
福島県・九霊

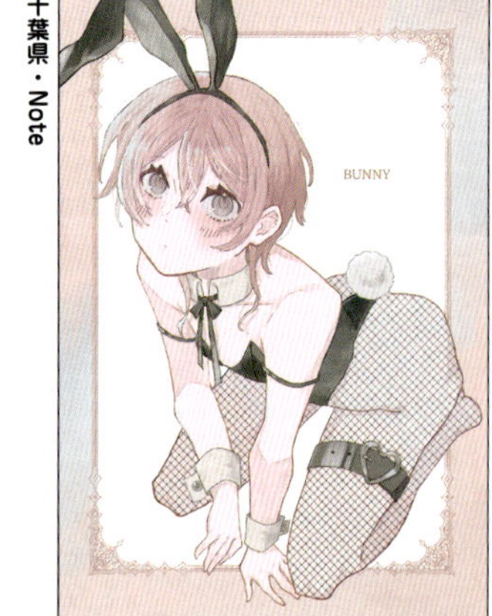

千葉県・Note

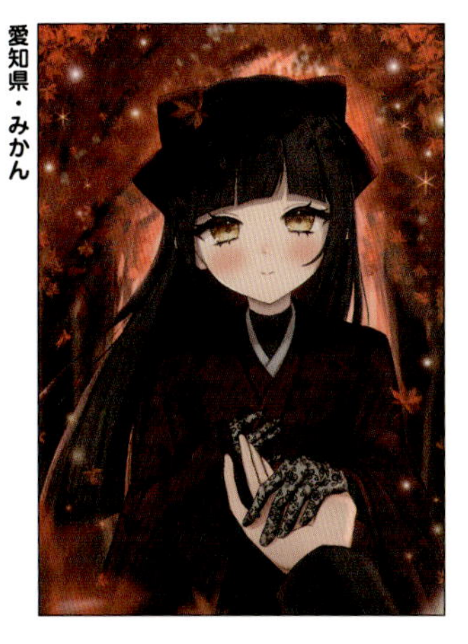
愛知県・みかん

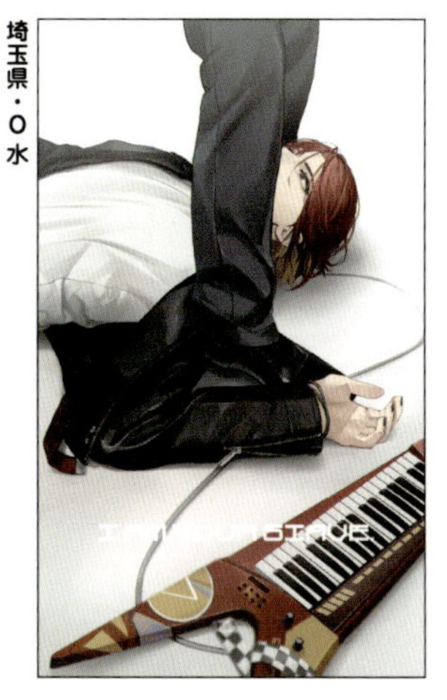
埼玉県・O水

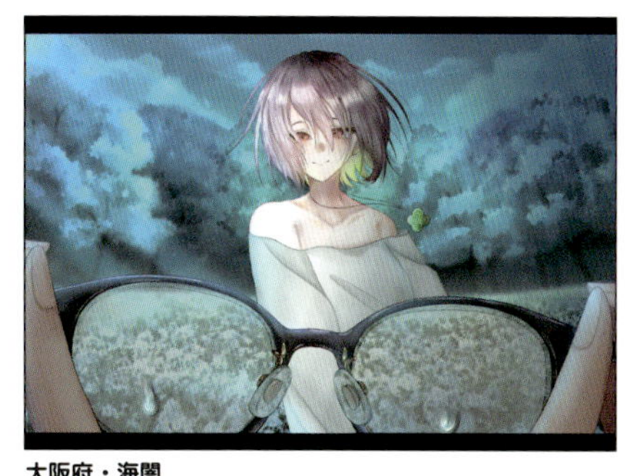
大阪府・海闇

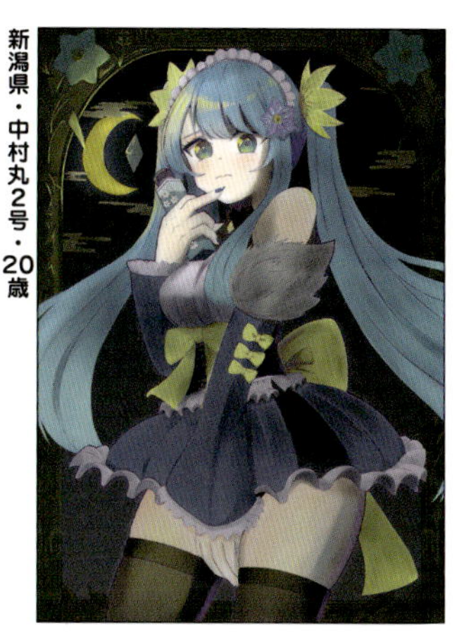
新潟県・中村丸2号・20歳

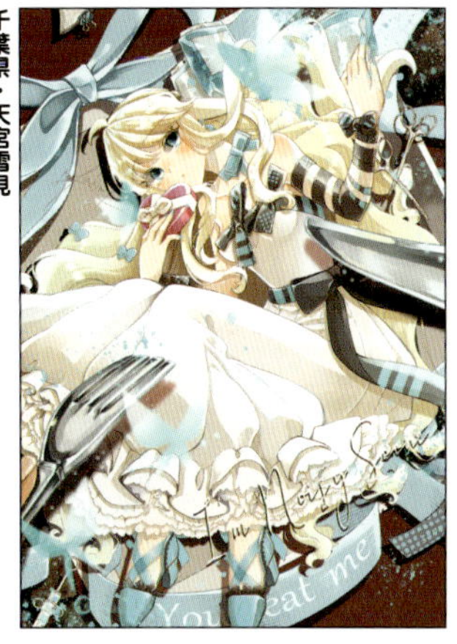
千葉県・天宮雪見

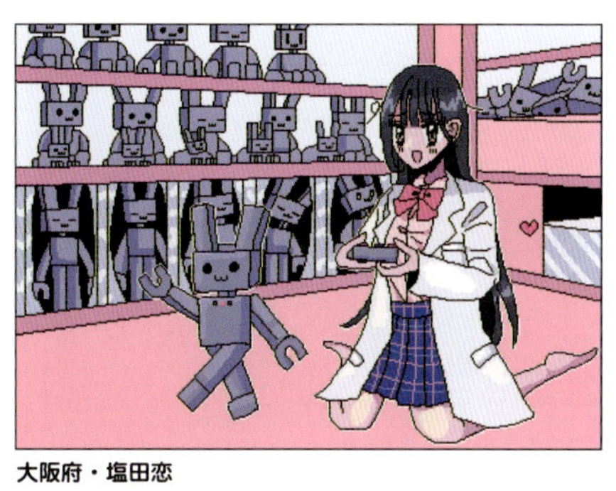
大阪府・塩田恋

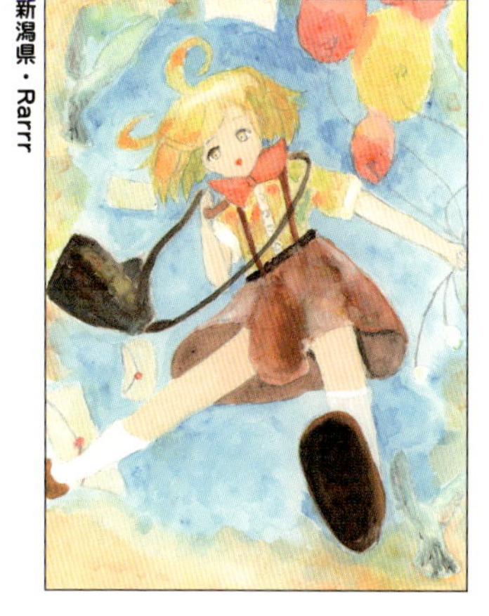
新潟県・Rarrr

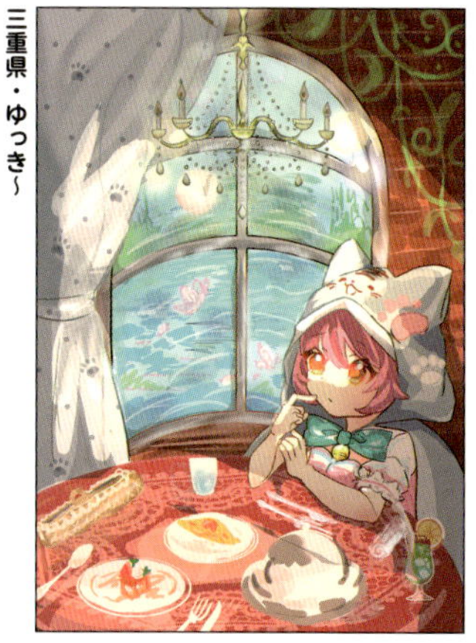
三重県・ゆっき～

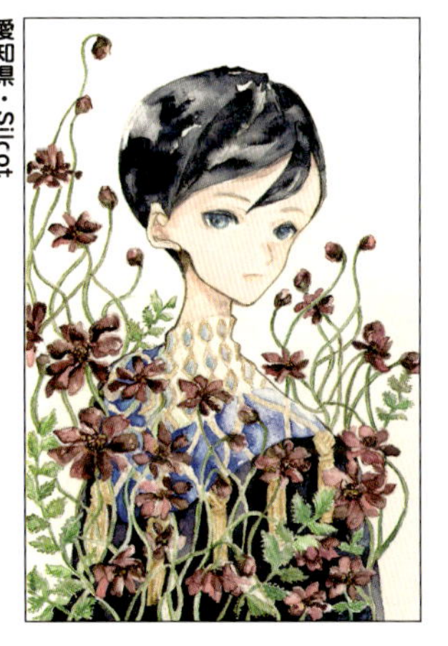
愛知県・Silcot

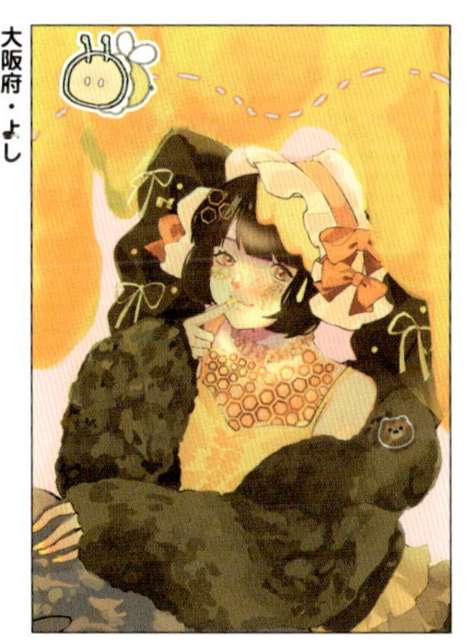
大阪府・よし

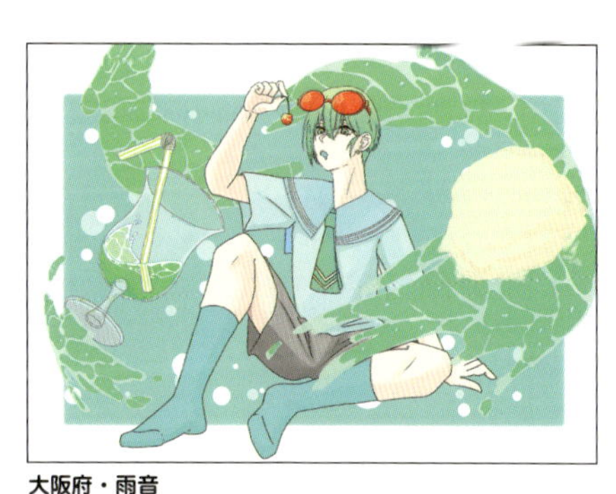
大阪府・雨音

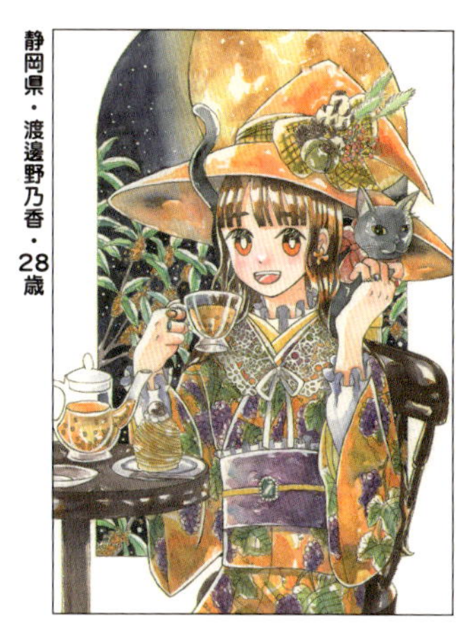
静岡県・渡邊野乃香・28歳

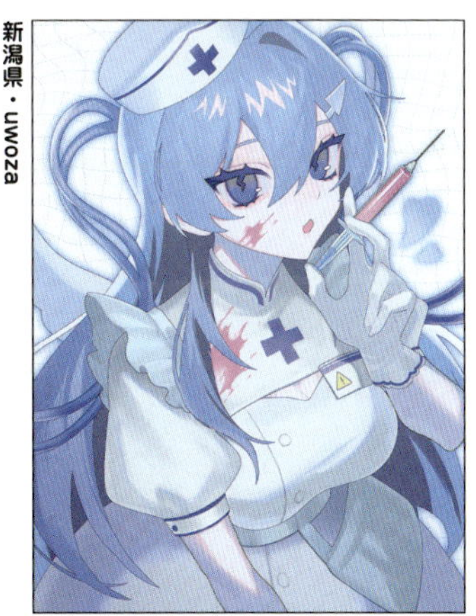
新潟県・uwoza

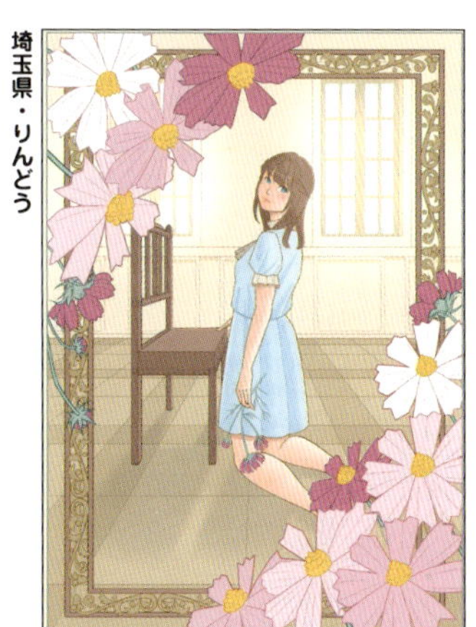
埼玉県・りんどう

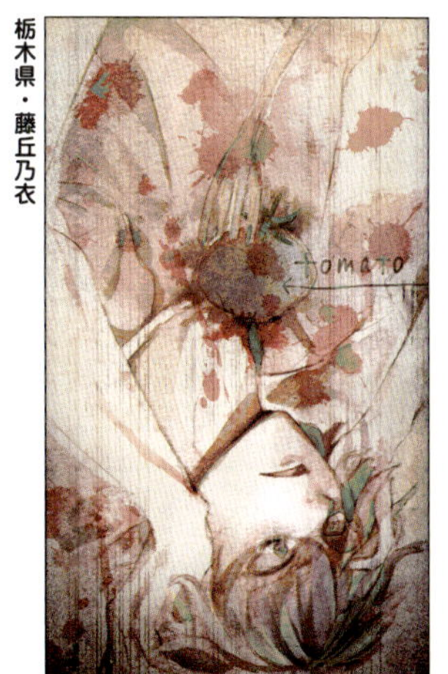
栃木県・藤丘乃衣

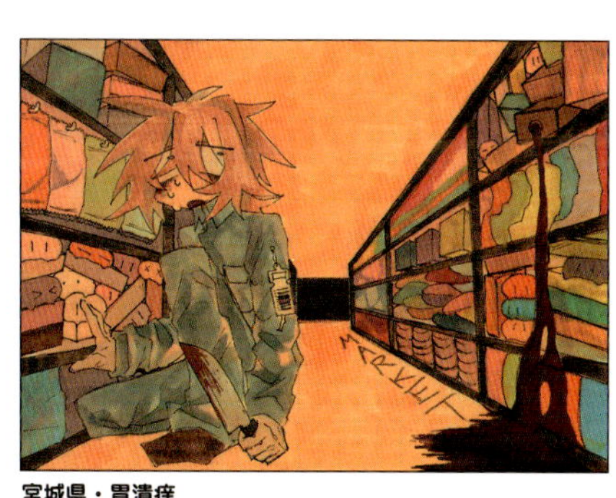
宮城県・胃潰痒

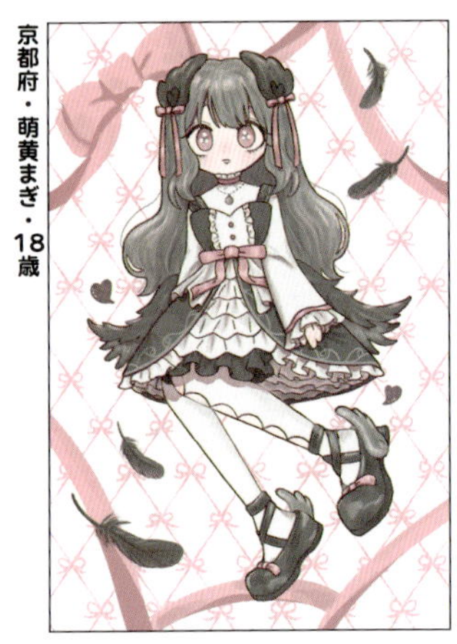
京都府・萌黄まぎ・18歳

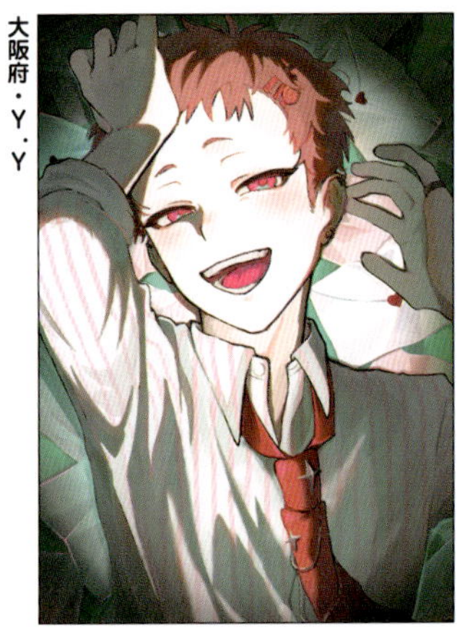
大阪府・Y・Y

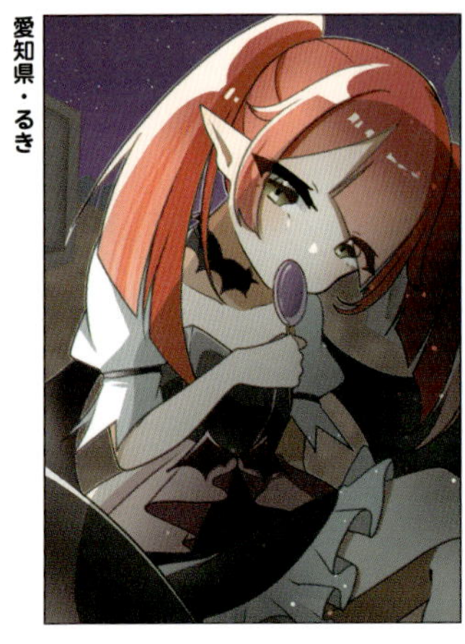
愛知県・るき

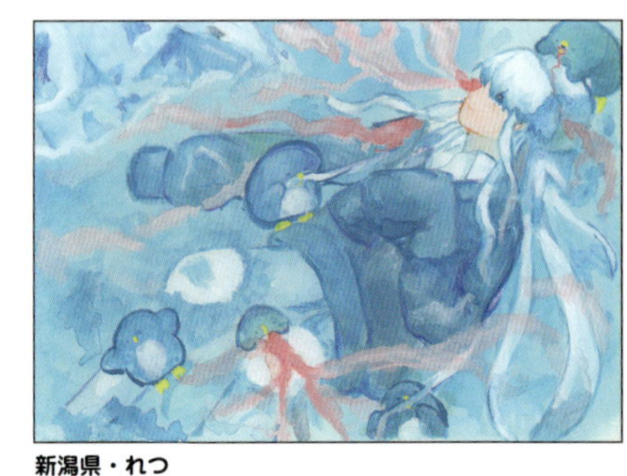
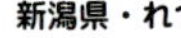
新潟県・れつ

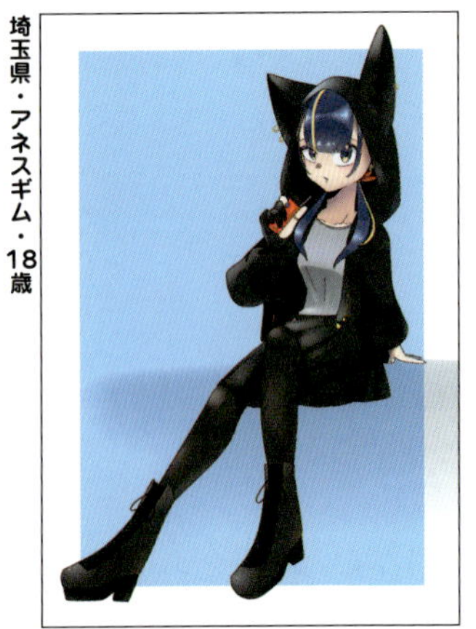
埼玉県・アネスギム・18歳

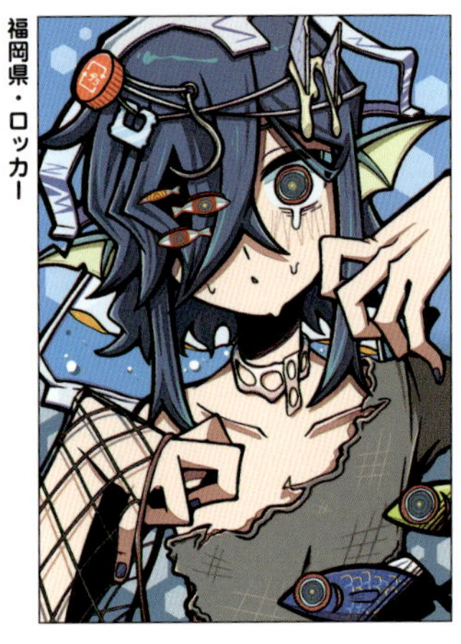
福岡県・ロッカー

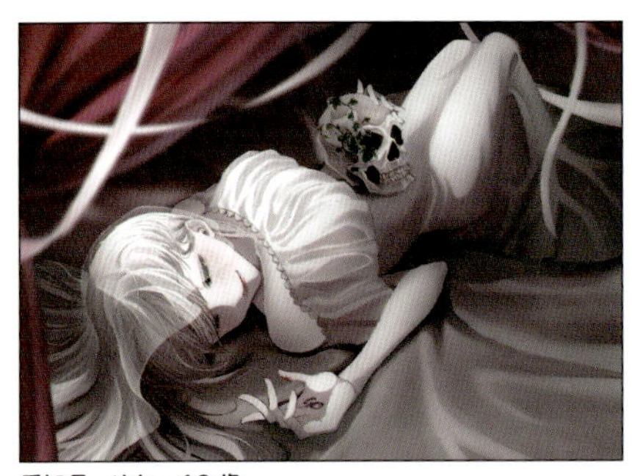
愛知県・ゆた・19歳

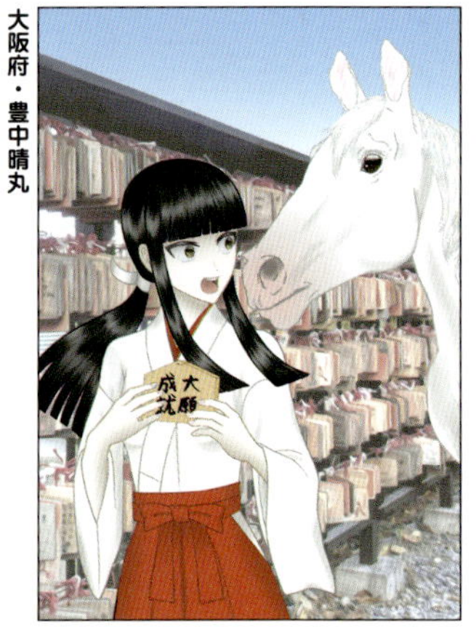
大阪府・豊中晴丸

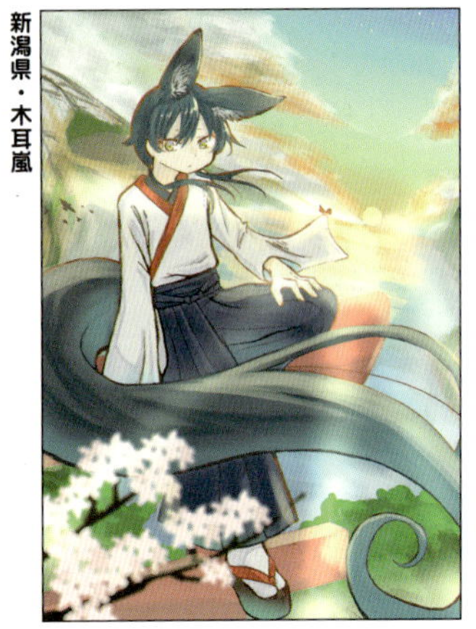
新潟県・木耳嵐

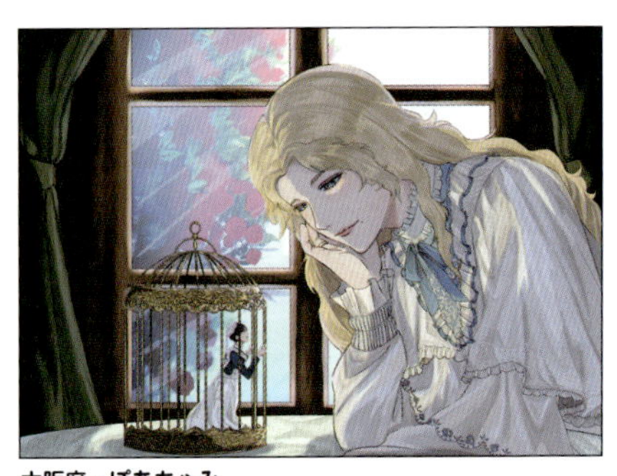
大阪府・ぽあちゃみ

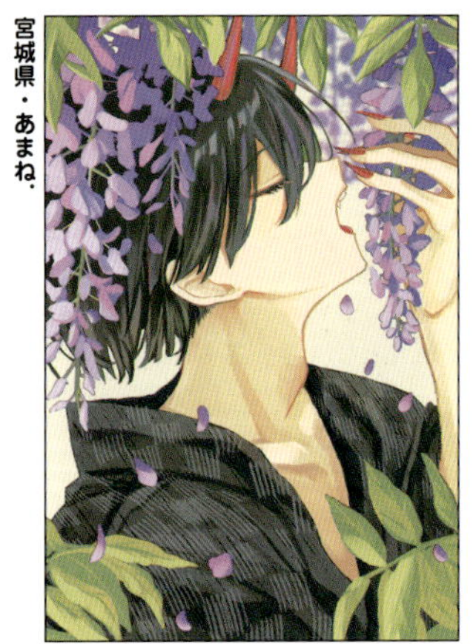
宮城県・あまね。

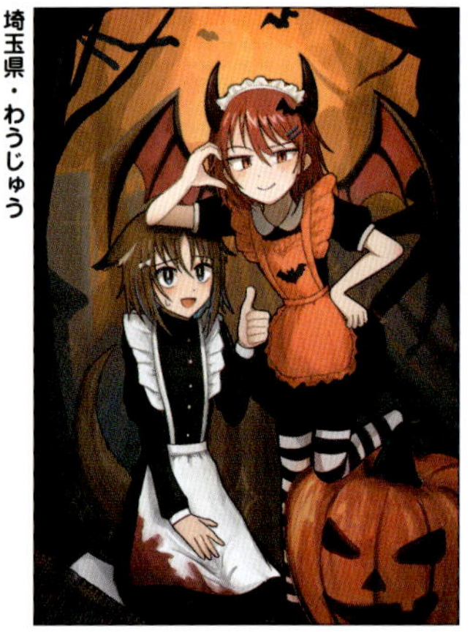
埼玉県・わうじゅう

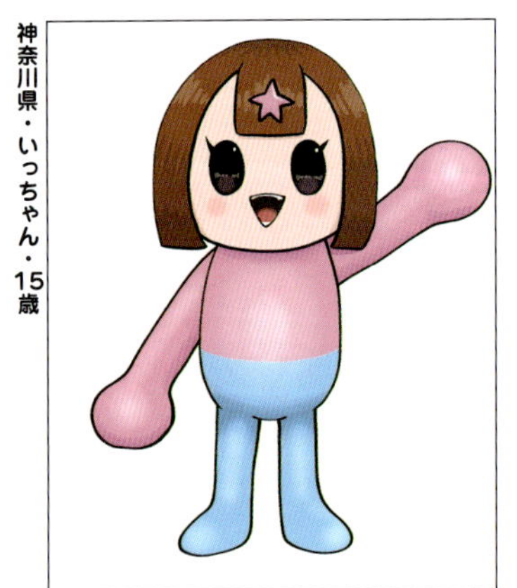
神奈川県・いっちゃん・15歳

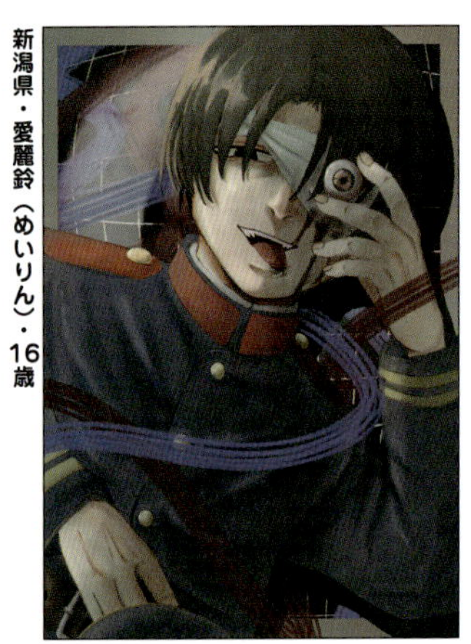
新潟県・愛麗鈴（めいりん）・16歳

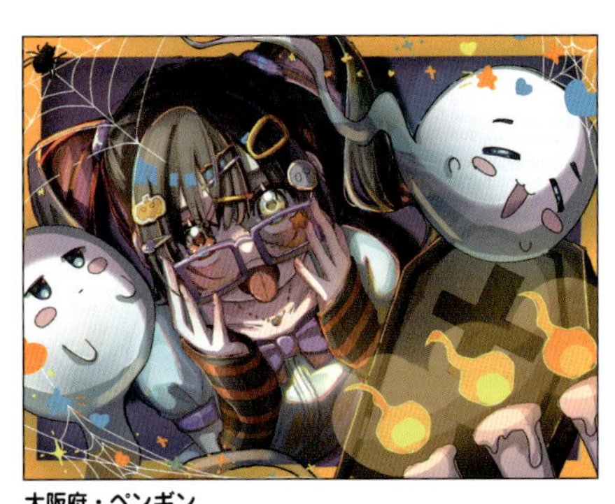
大阪府・ペンギン

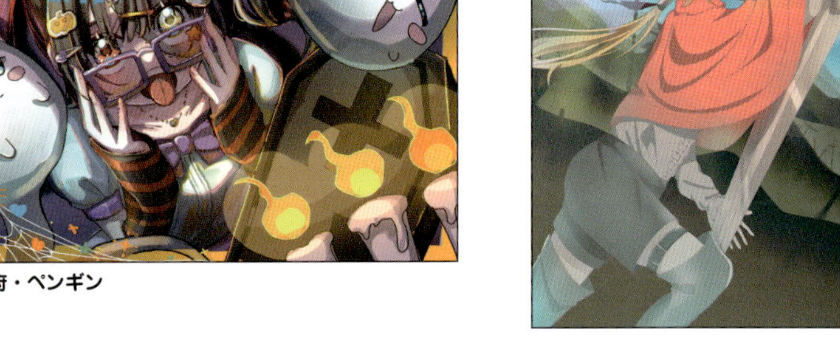
岐阜県・夜魅

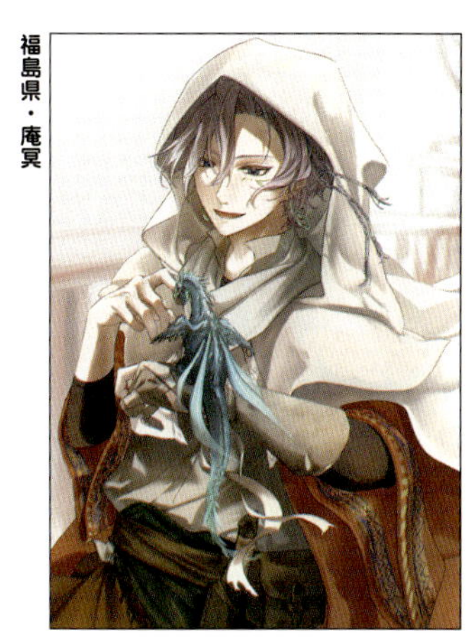
福島県・庵冥

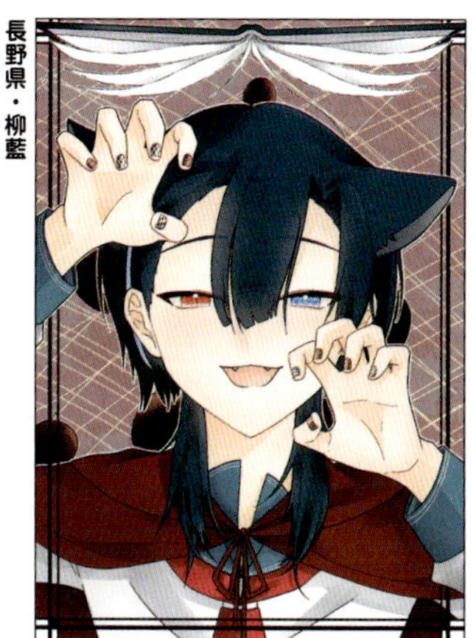
長野県・柳藍

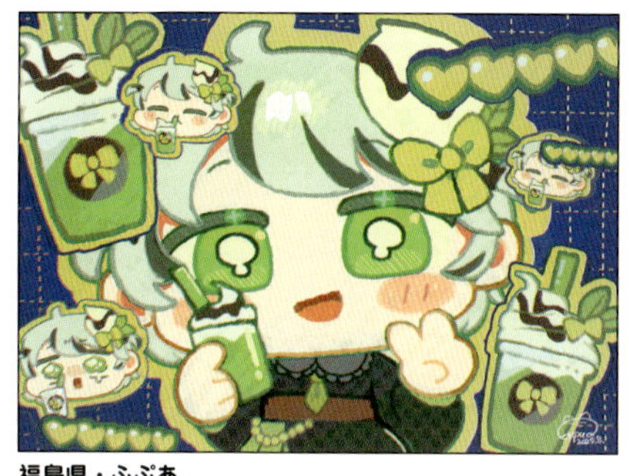
福島県・ふぷあ

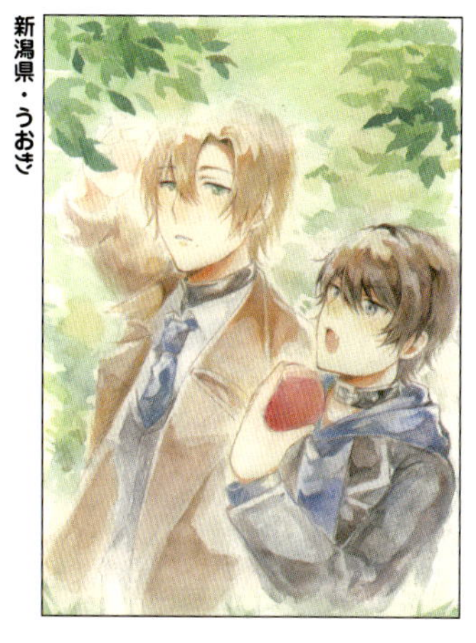
新潟県・うおさ

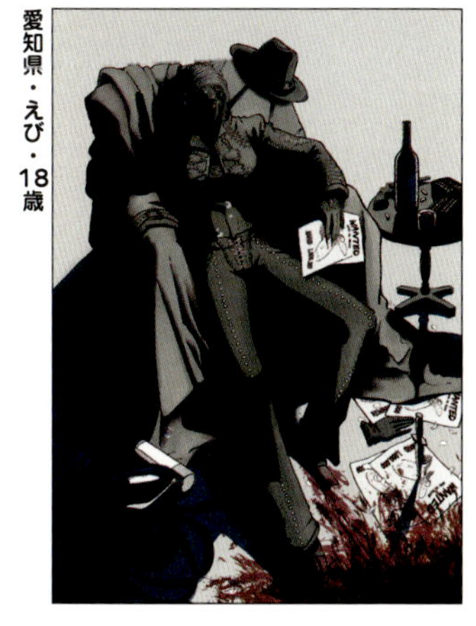
愛知県・えび・18歳

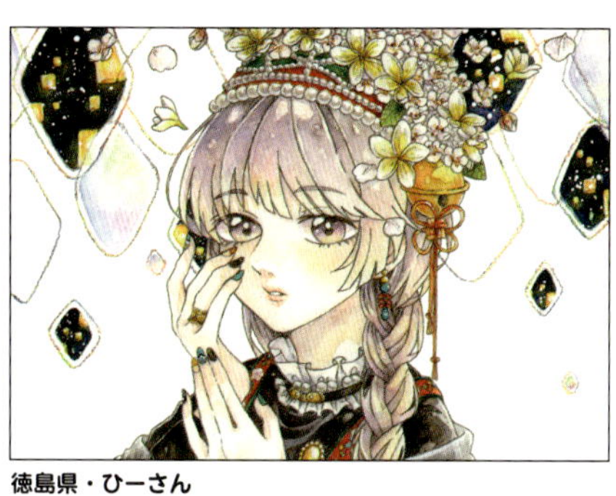
徳島県・ひーさん

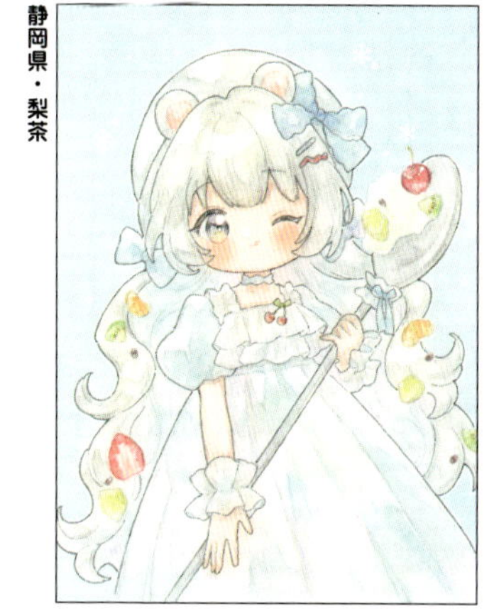
静岡県・梨茶

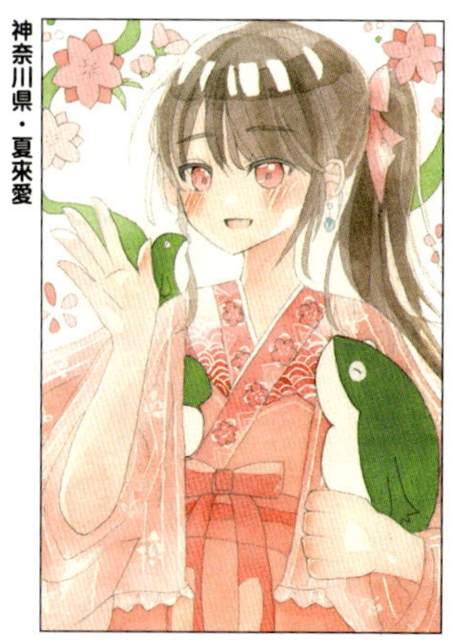
神奈川県・夏来愛

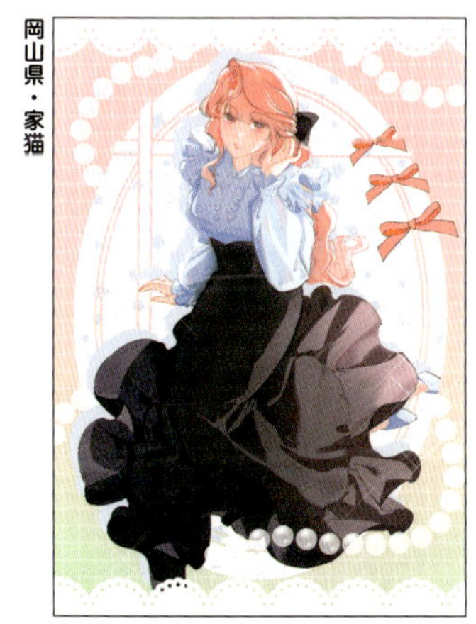
岡山県・家猫

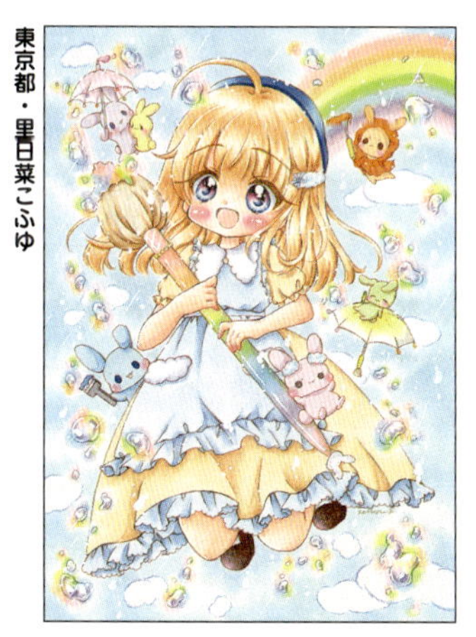
東京都・里日菜こふゆ

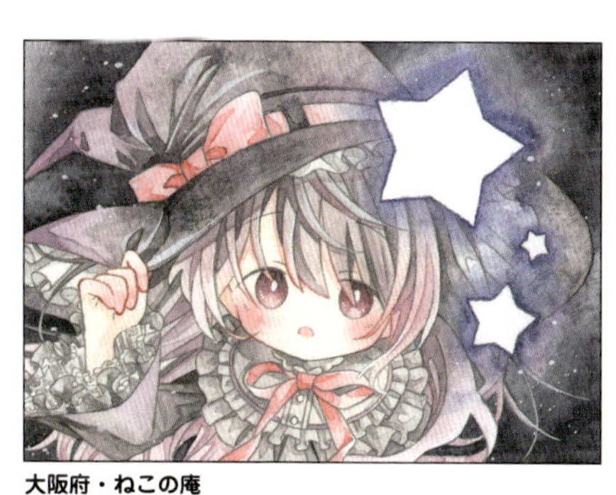
大阪府・ねこの庵

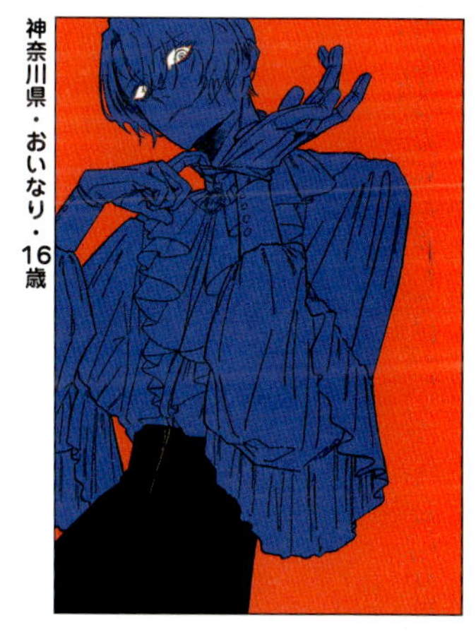
神奈川県・おいなり・16歳

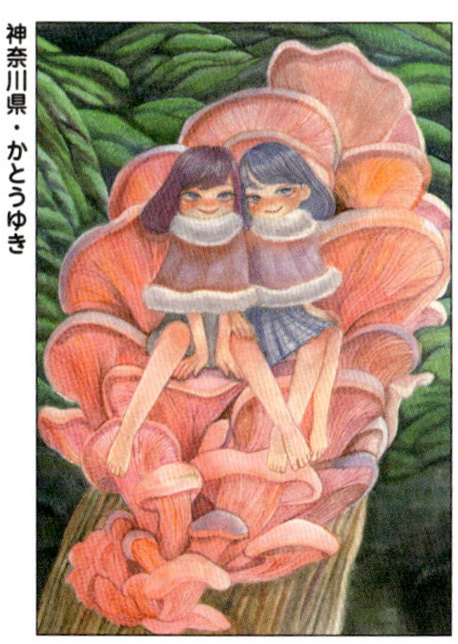
神奈川県・かとうゆき

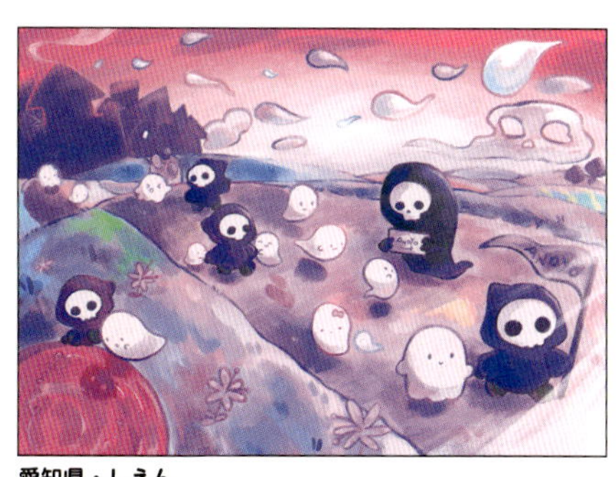
愛知県・しえん

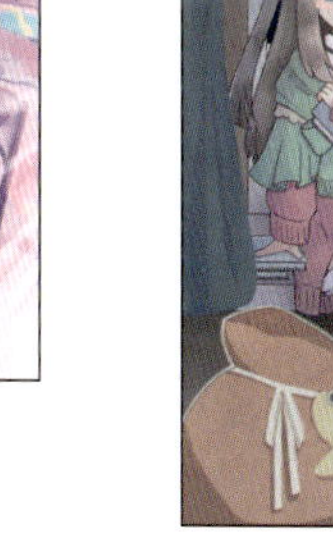
福島県・花宮華

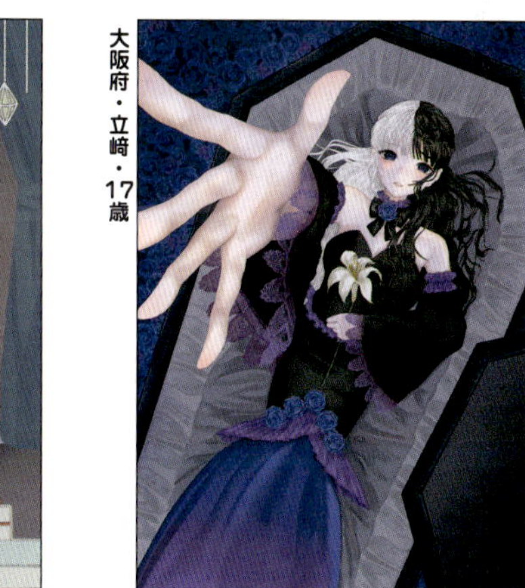
大阪府・立崎・17歳

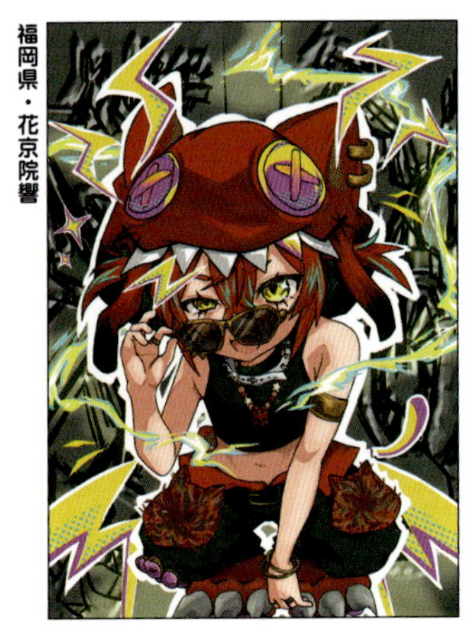
福岡県・花京院響

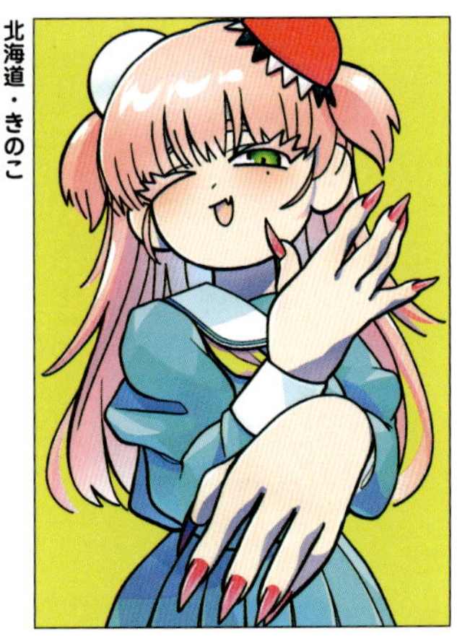
北海道・きのこ

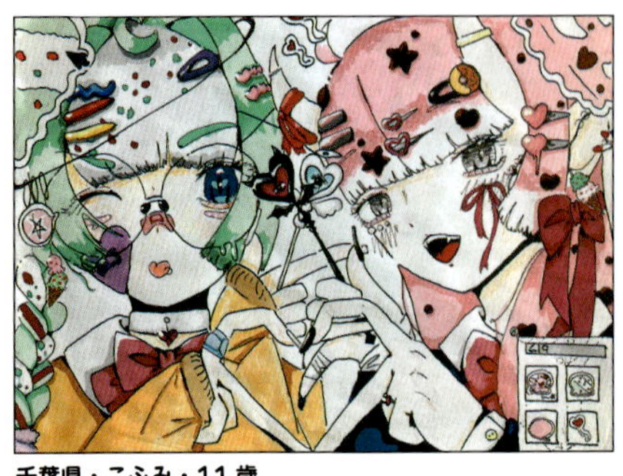
千葉県・こふみ・11歳

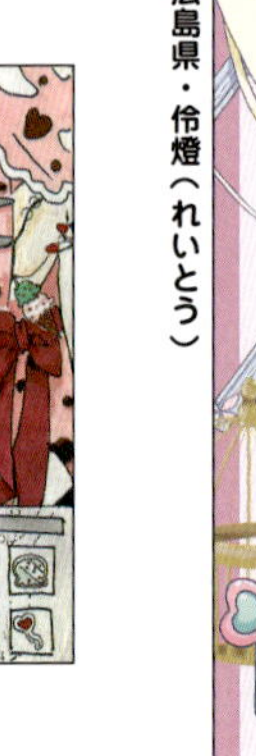

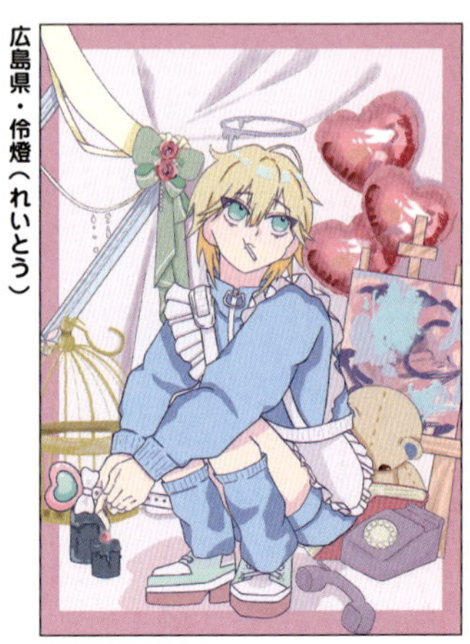
広島県・伶燈（れいとう）

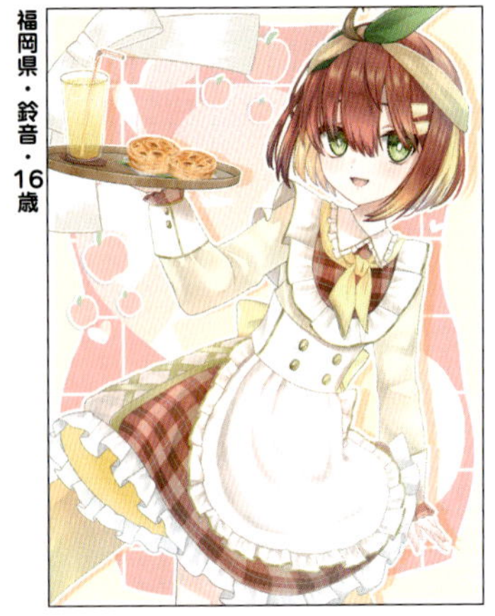
福岡県・鈴音・16歳

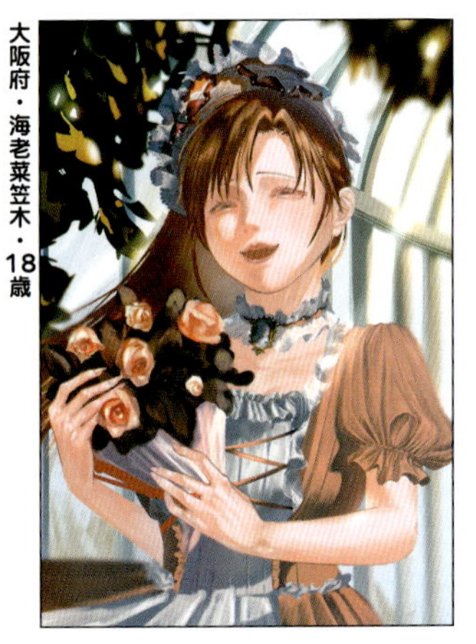
大阪府・海老菜笠木・18歳

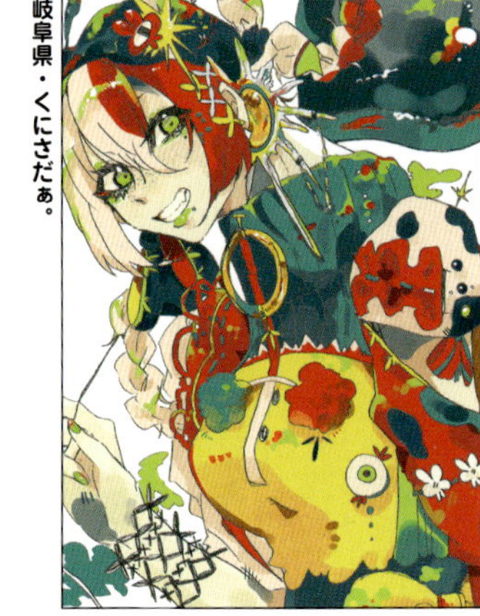
岐阜県・くにさだぁ。

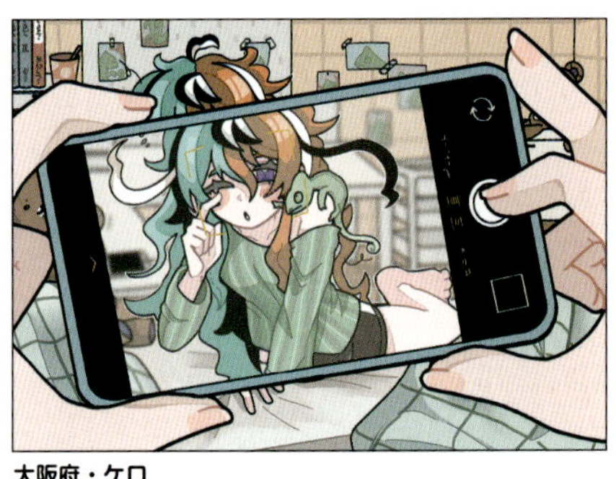
大阪府・ケロ

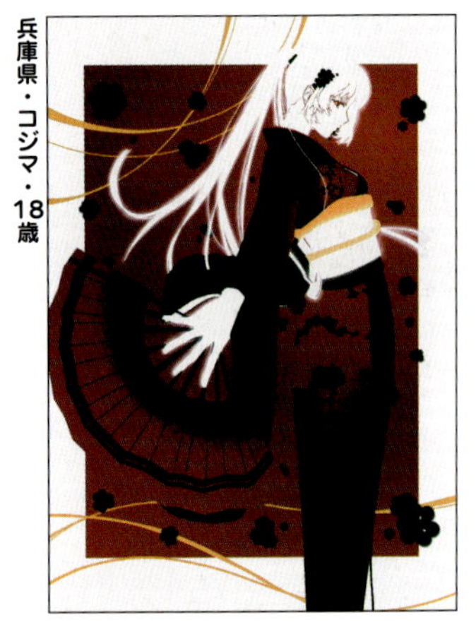
兵庫県・コジマ・18歳

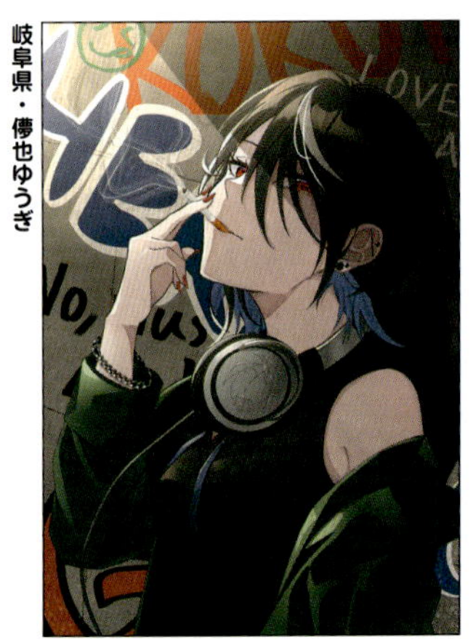
岐阜県・傳也ゆうぎ

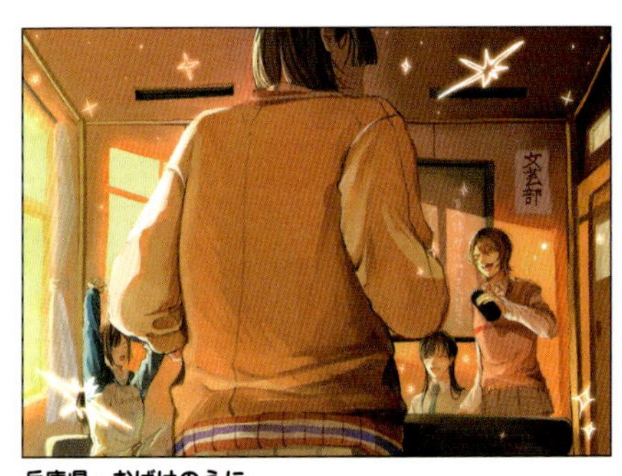
兵庫県・おばけのうに

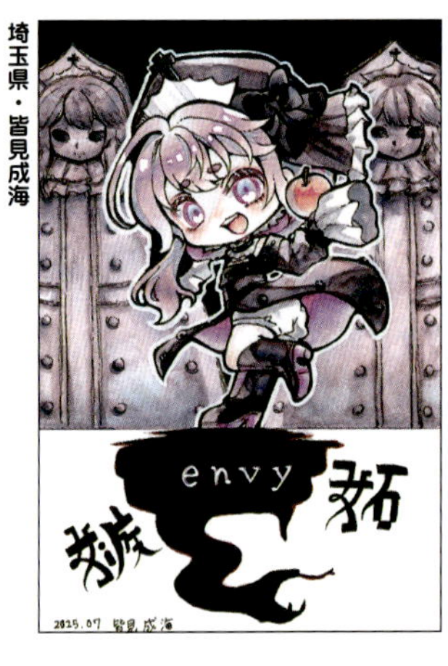

埼玉県・皆見成海

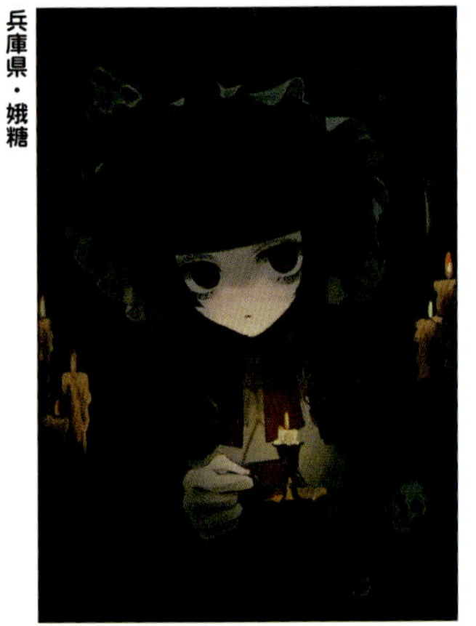
兵庫県・姚糖

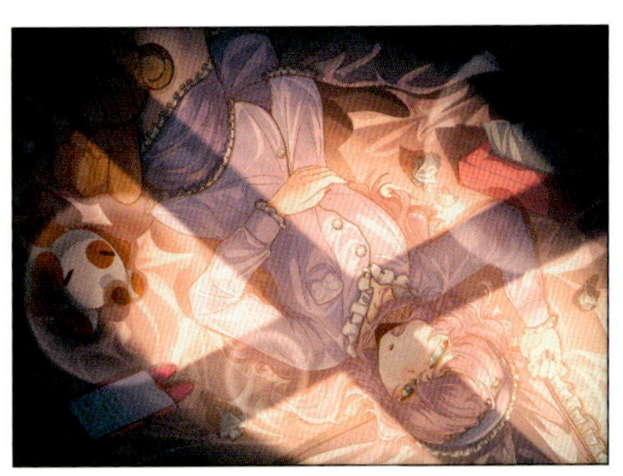
兵庫県・えらい人

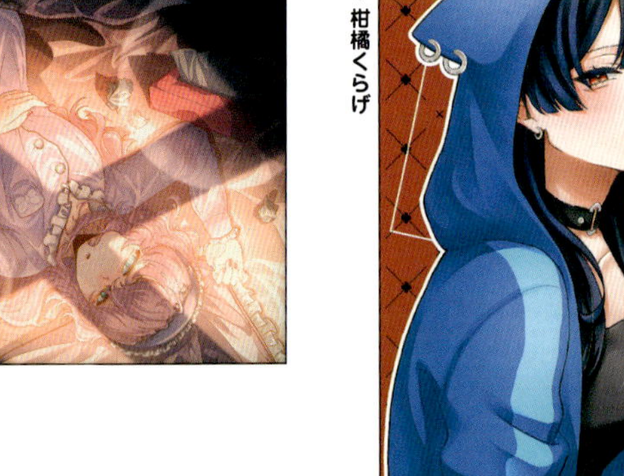

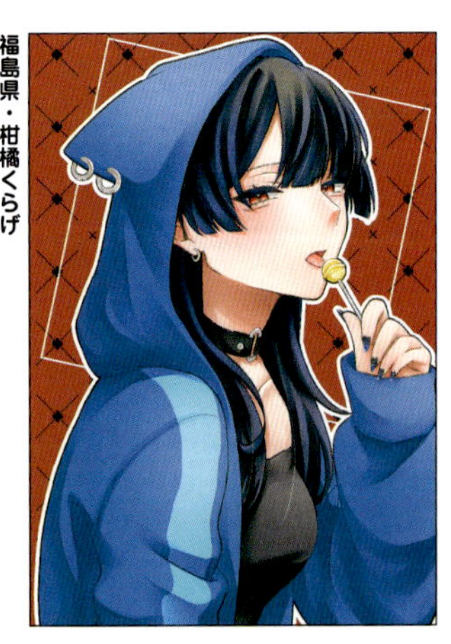
福島県・柑橘くらげ

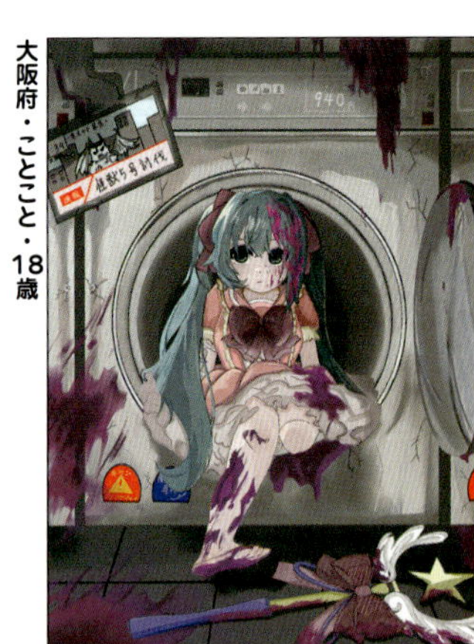
大阪府・ことこと・18歳

岡山県・サ

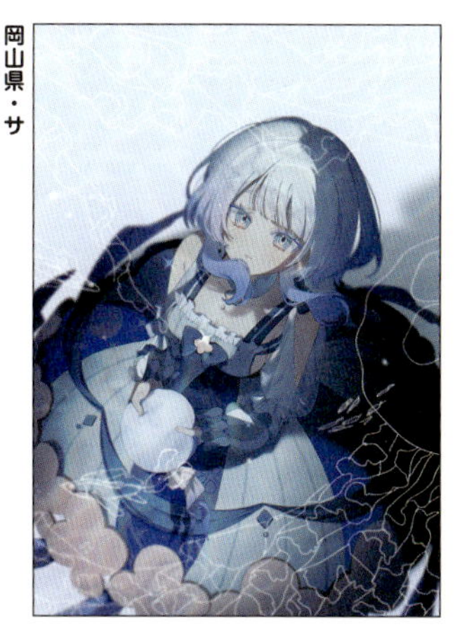

大阪府・眼鏡犬リーマン

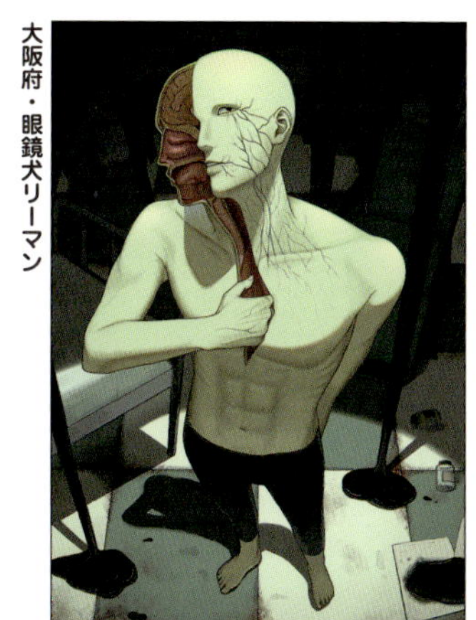

茨城県・櫻花あさひ

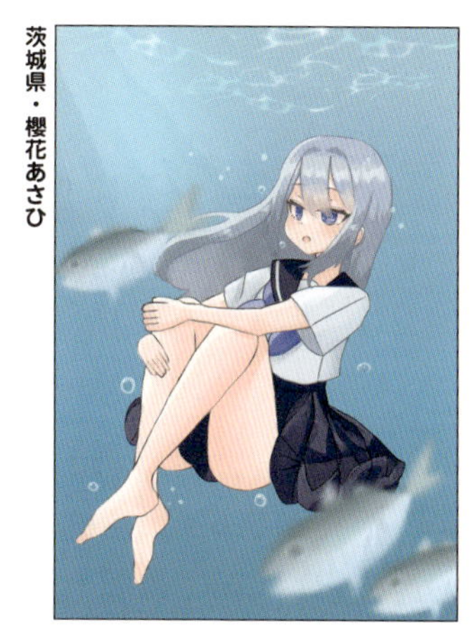

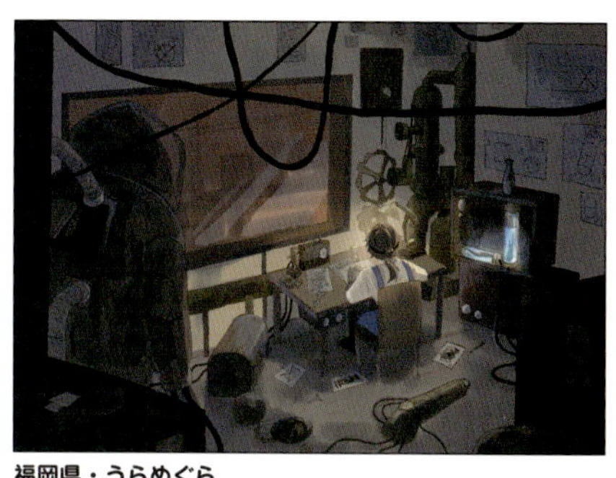

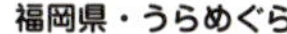

福岡県・うらめぐら

大阪府・澪夜

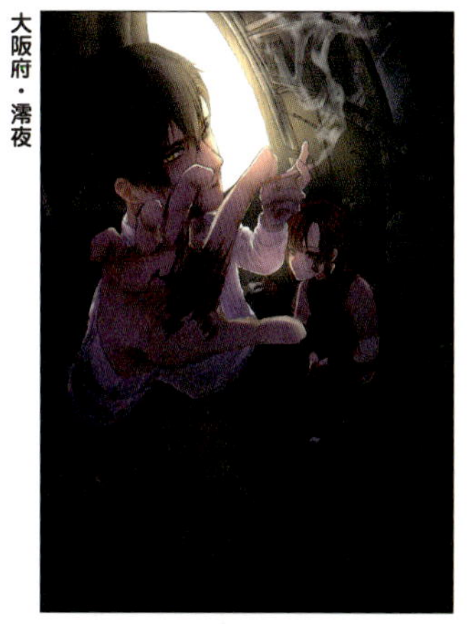

大阪府・さえころ

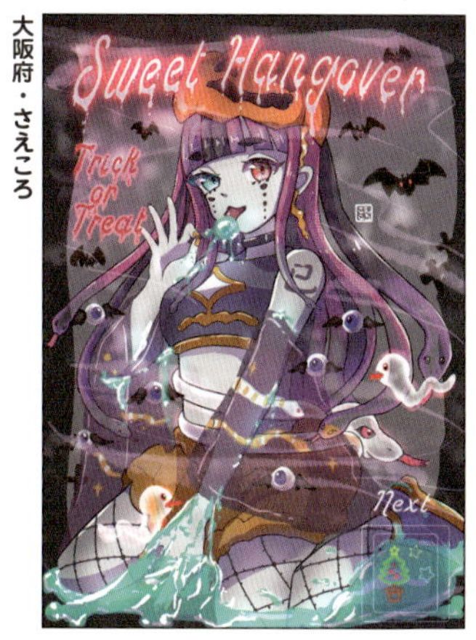

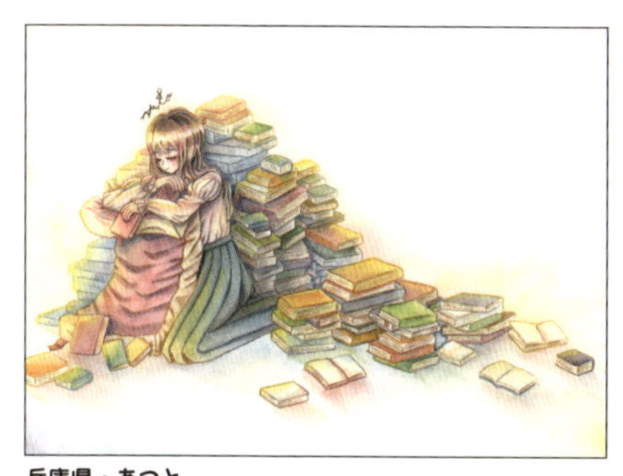

兵庫県・あつと

岡山県・菊呂・16歳

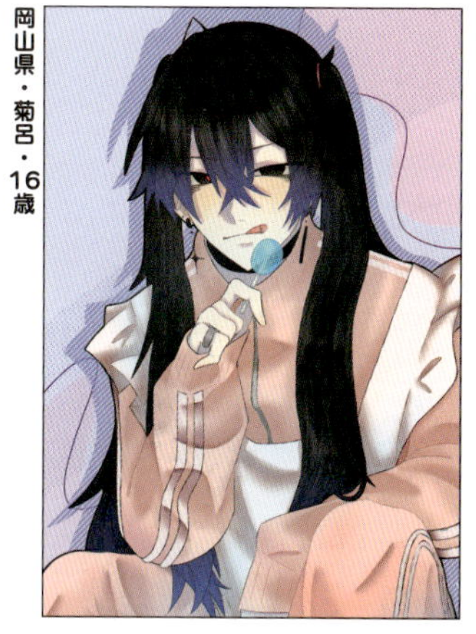

新潟県・黒原未覇

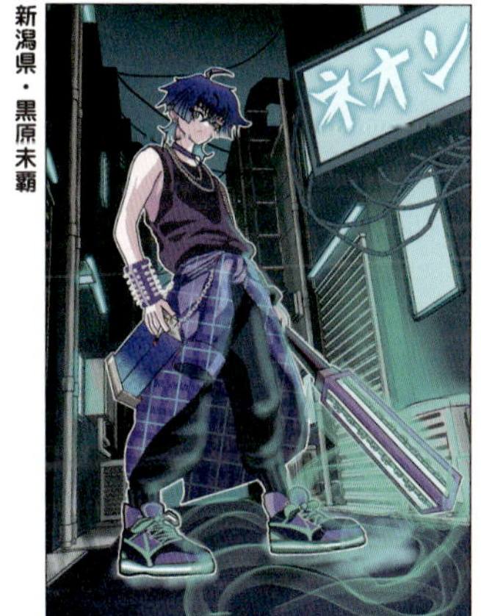

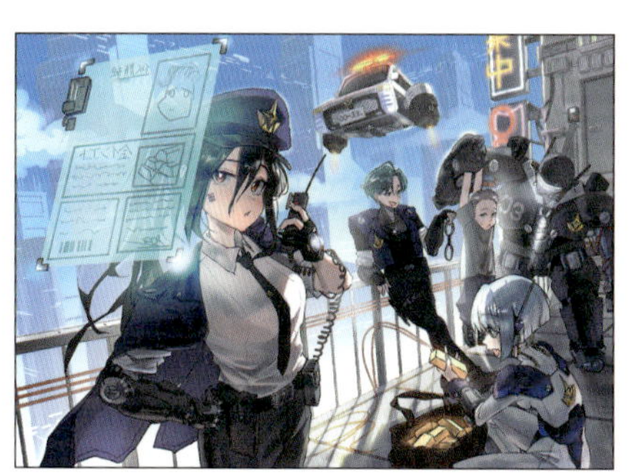

熊本県・Toramaru

兵庫県・ジェラール

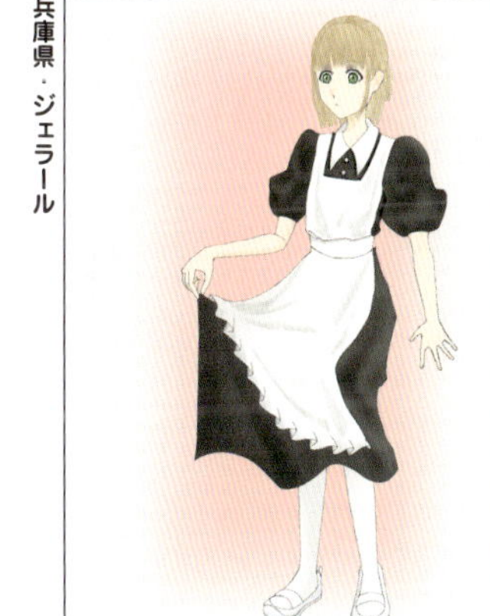

岐阜県・炬燵

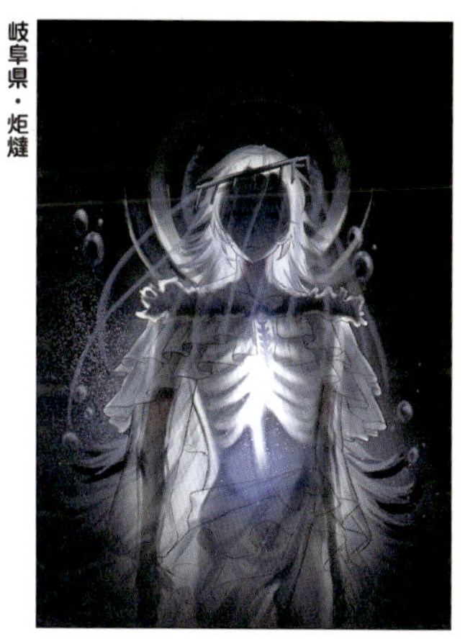

埼玉県・綺良

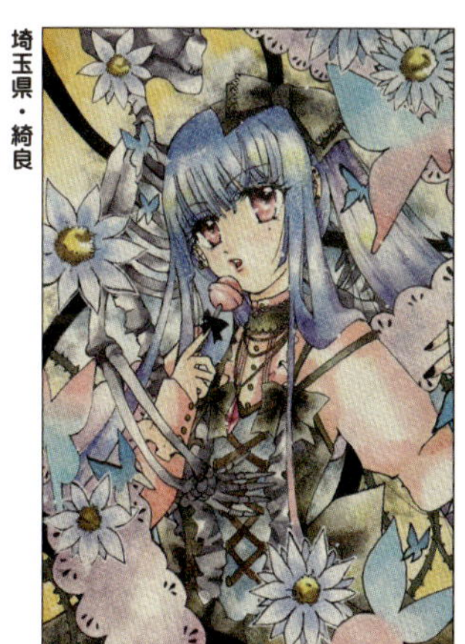

兵庫県・しましま

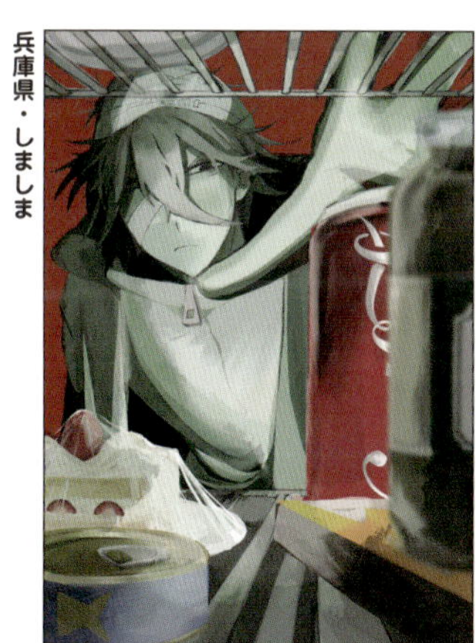

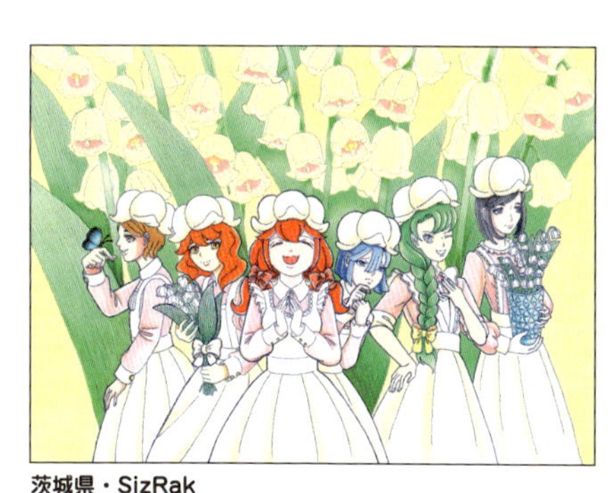

茨城県・SizRak

新潟県・彩街えの

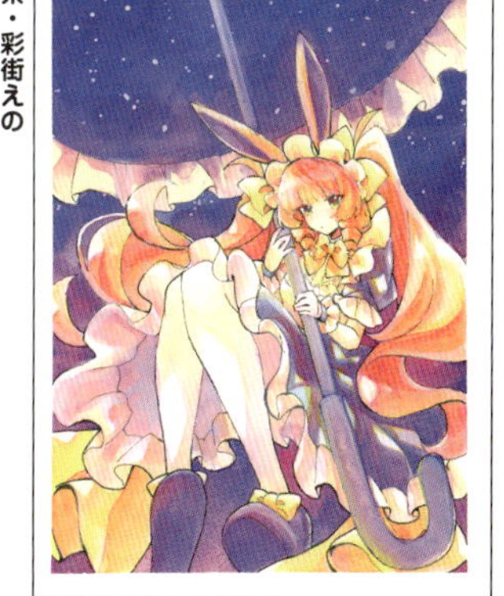

東京都・海月幽玄

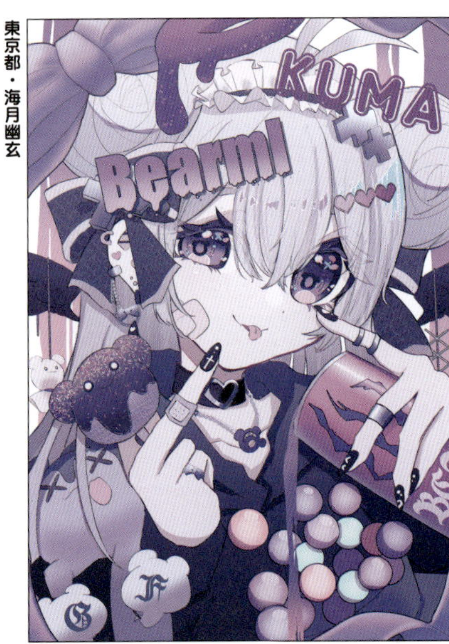

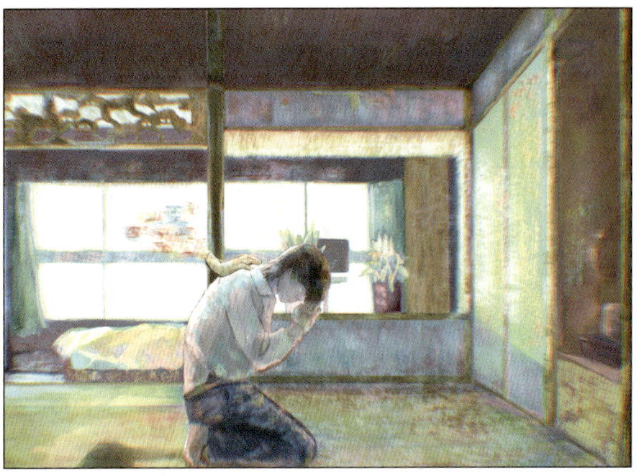

福岡県・非酷・19歳

岐阜県・5u2ak

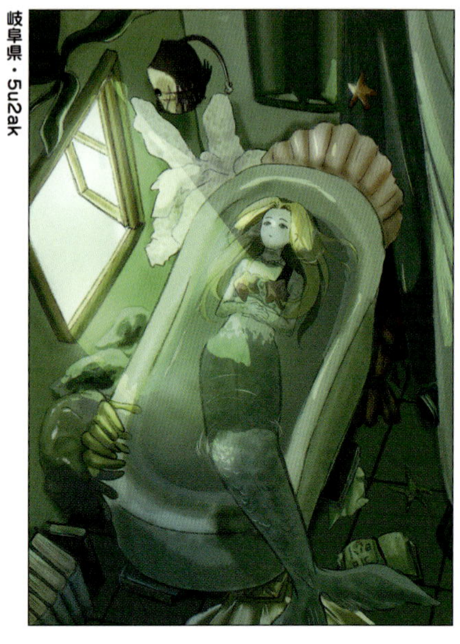

フィンランド・Broci

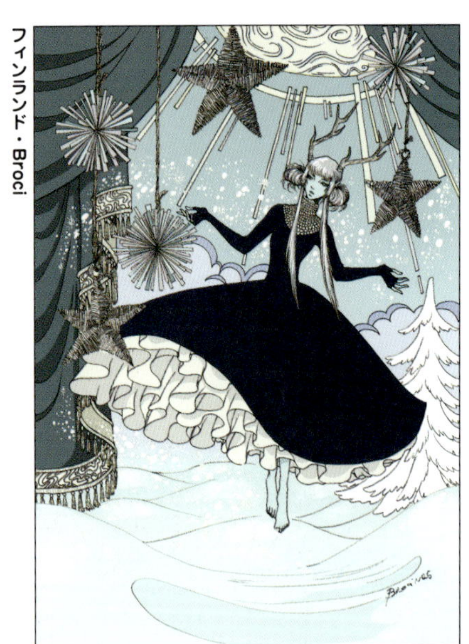

千葉県・花丸。・17歳

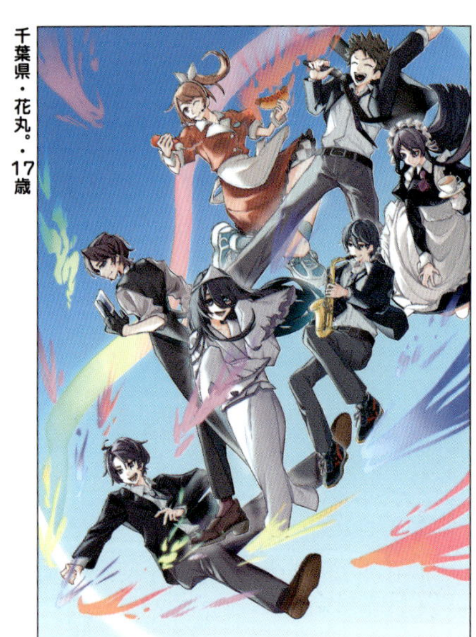

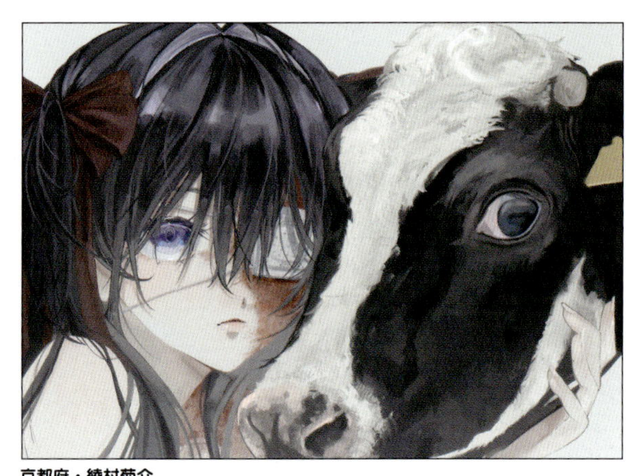

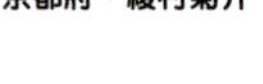

京都府・綾村菊介

新潟県・不朽

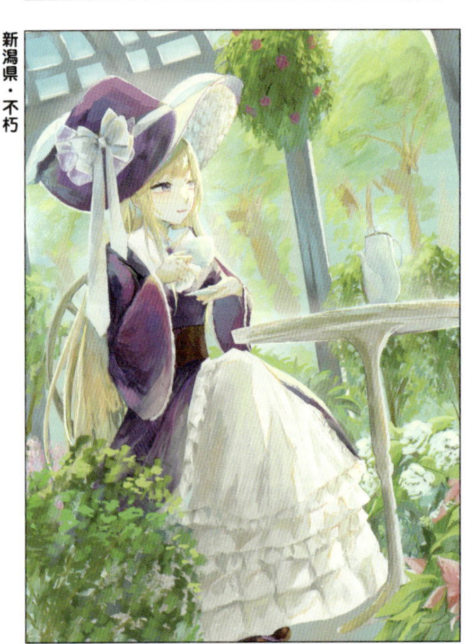

東京都・KAKYOIN

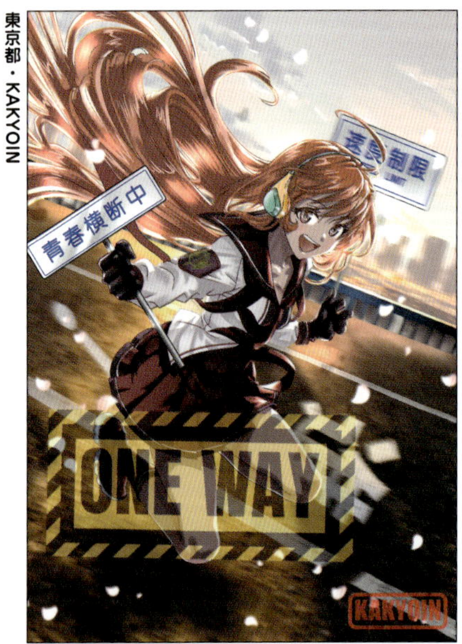

神奈川県・りこ

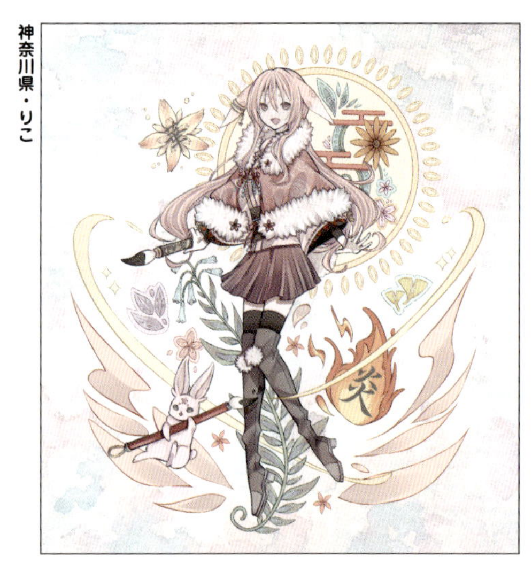

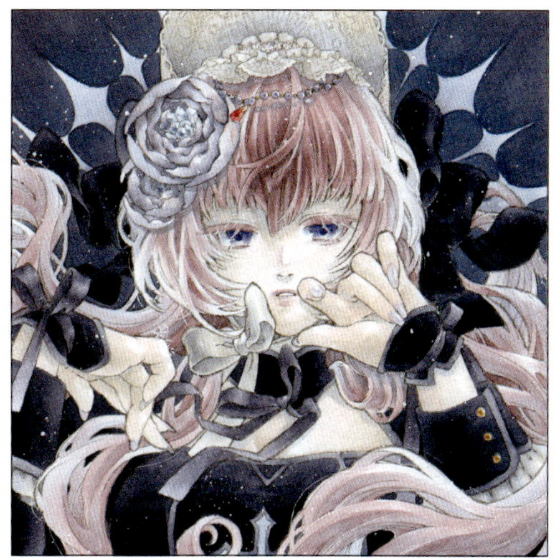

静岡県・帳夜斗

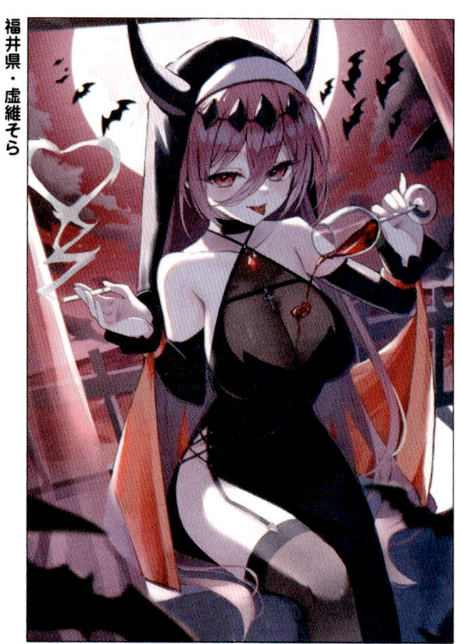

福井県・虚維そら

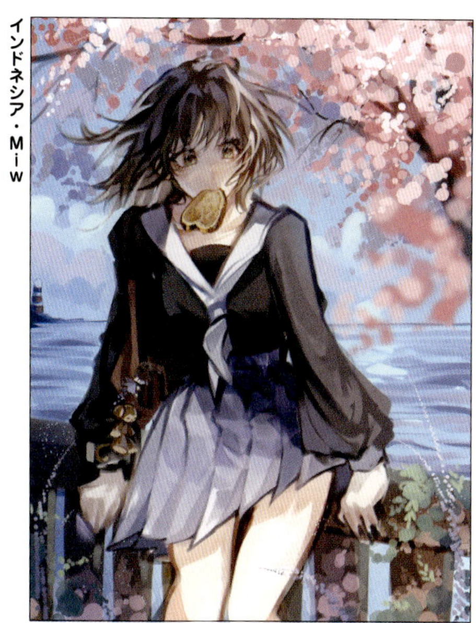

インドネシア・Miw

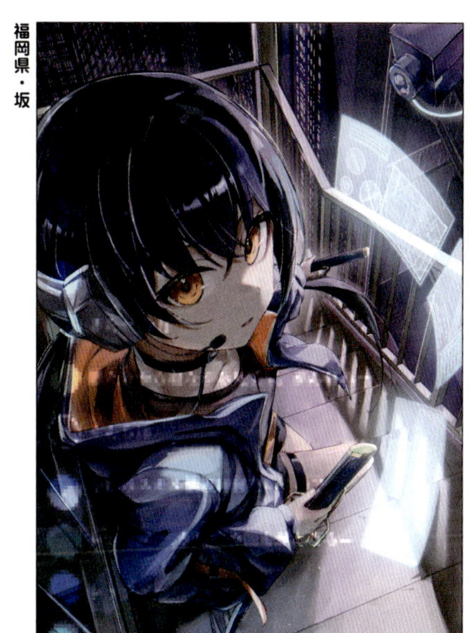

福岡県・坂

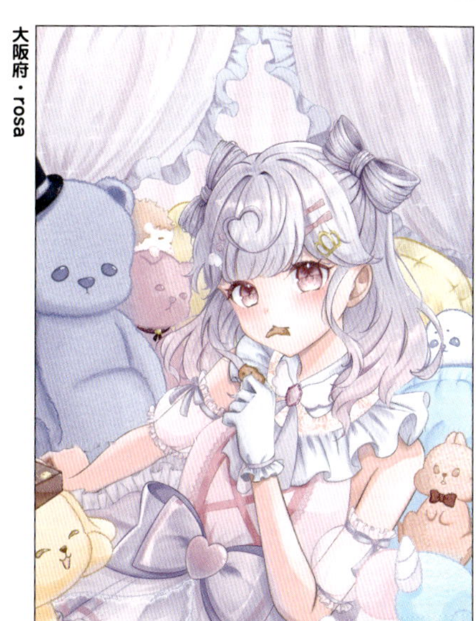

大阪府・rosa

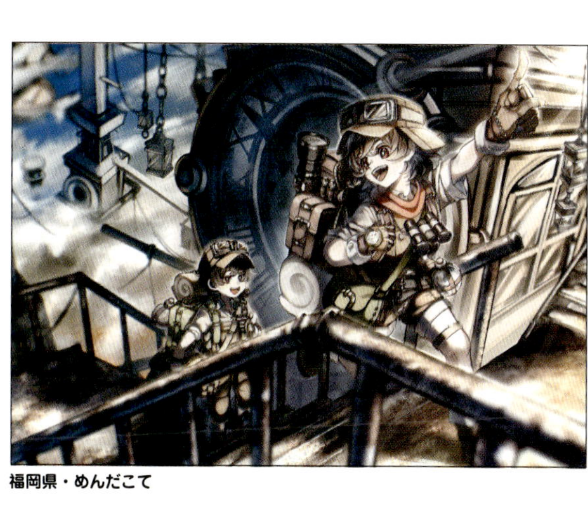

福岡県・めんだこて

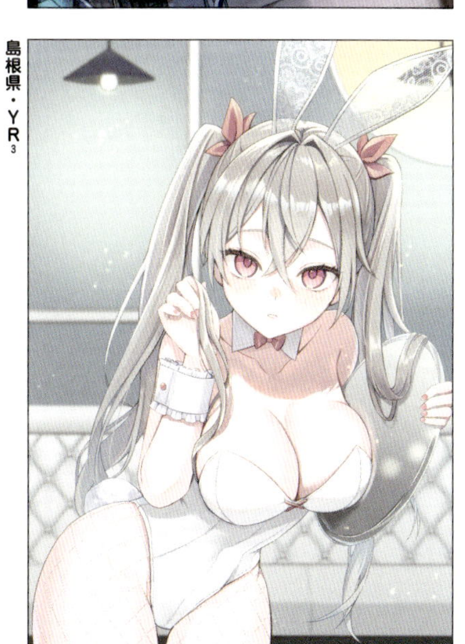

島根県・YR3

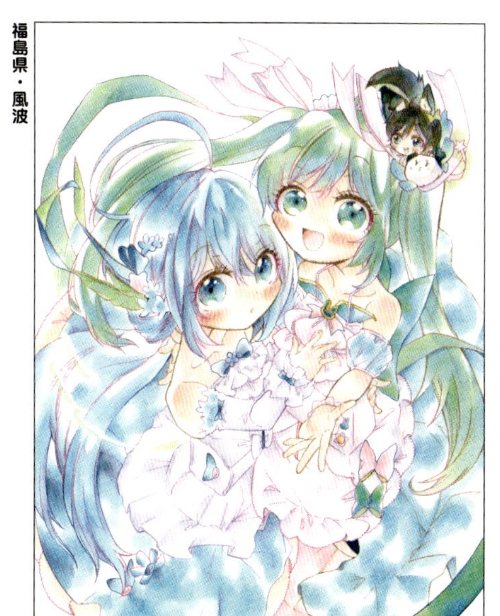

福島県・風波

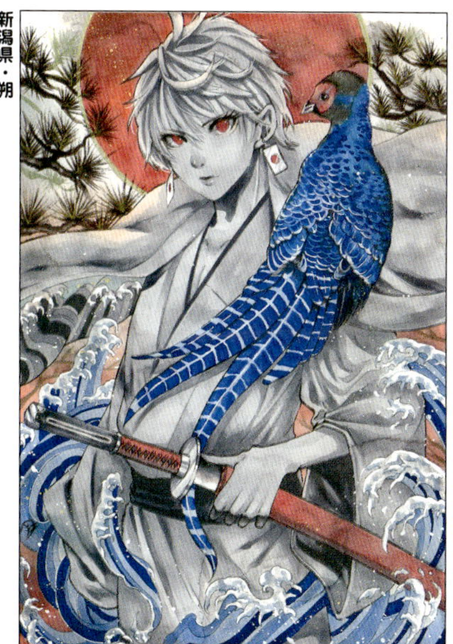

新潟県・朔

福岡県・七瀬なごり

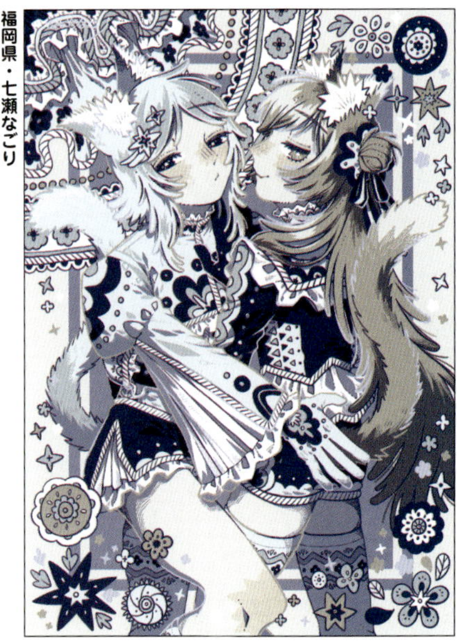

東京都・本山イコ

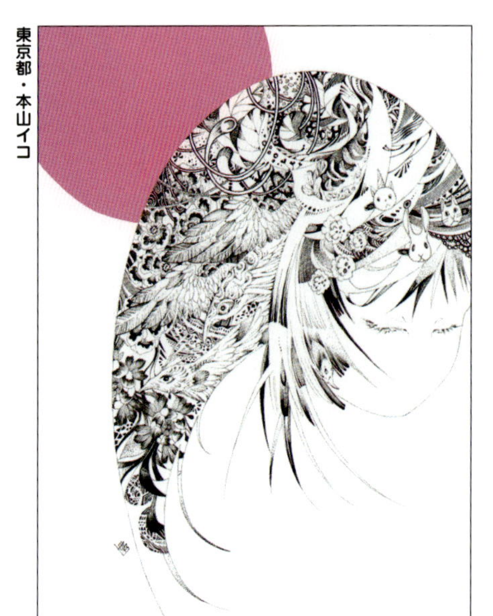

福岡県・おつむ

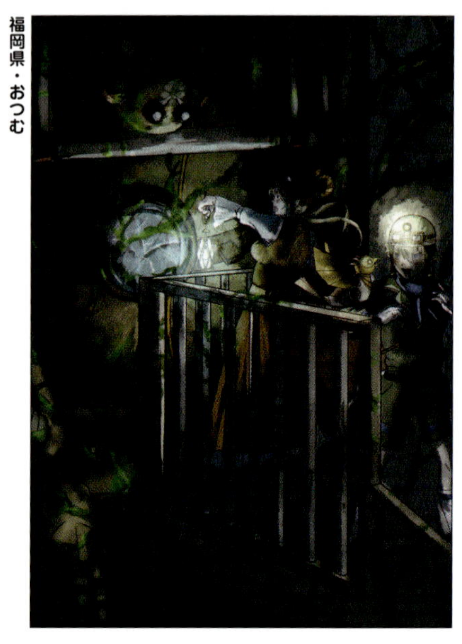

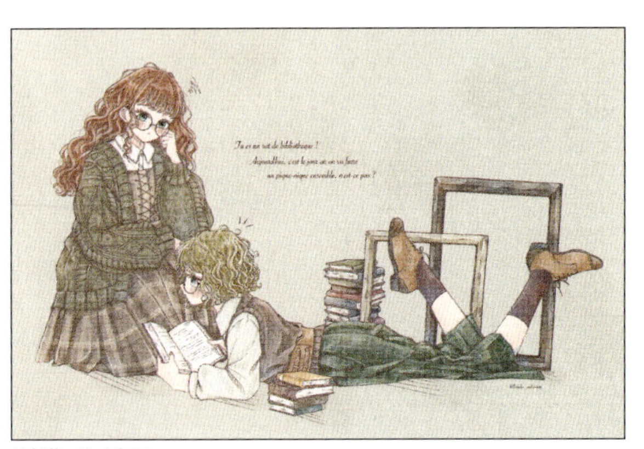

北海道・ぬく森ましゅ

広島県・オレンジ

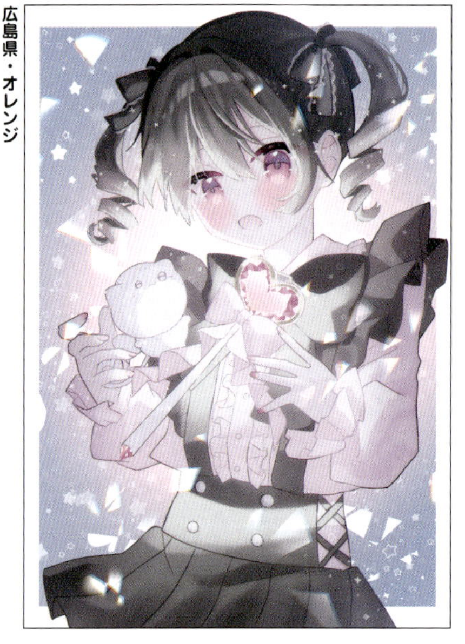

東京都・かりがり

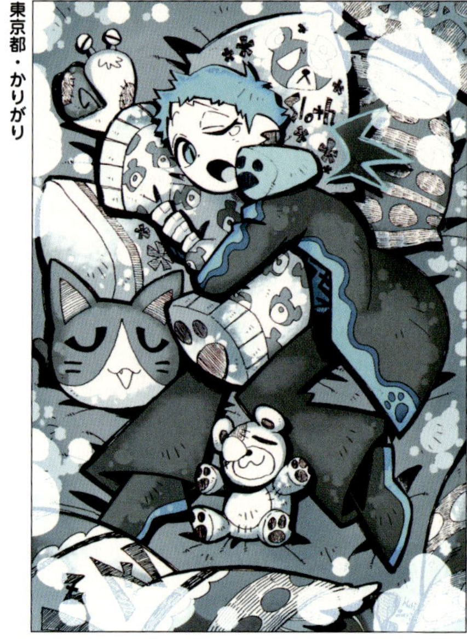

神奈川県・緒上ゆき

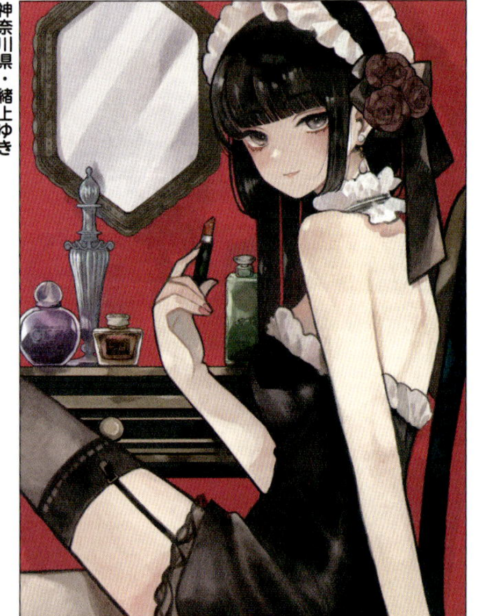

福岡県・末吉

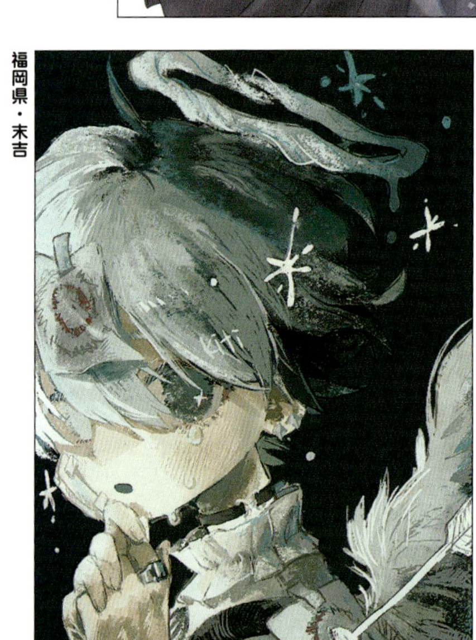

兵庫県・戎井幸一

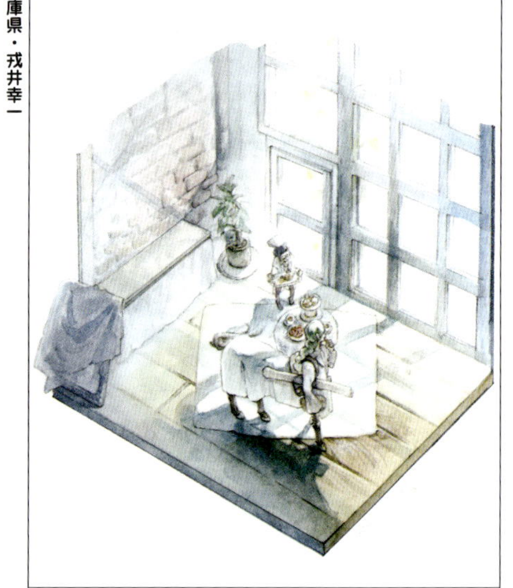

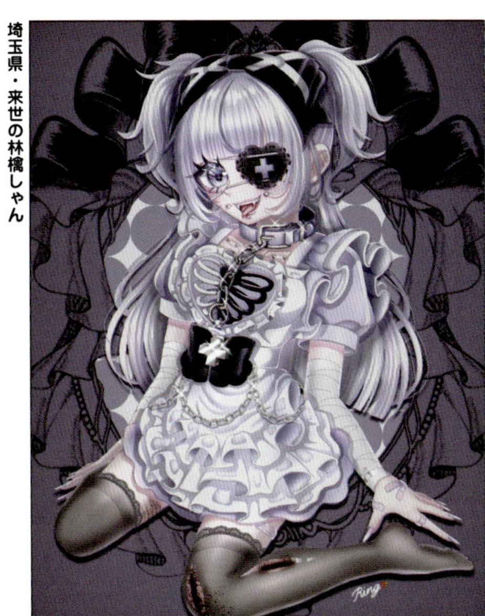
埼玉県・来世の林檎しゃん

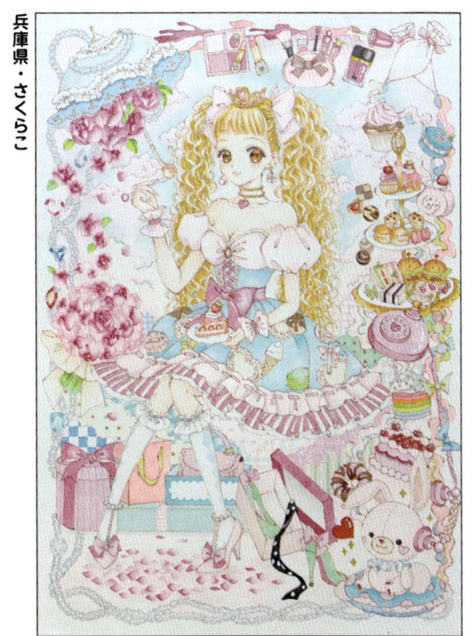
兵庫県・さくらこ

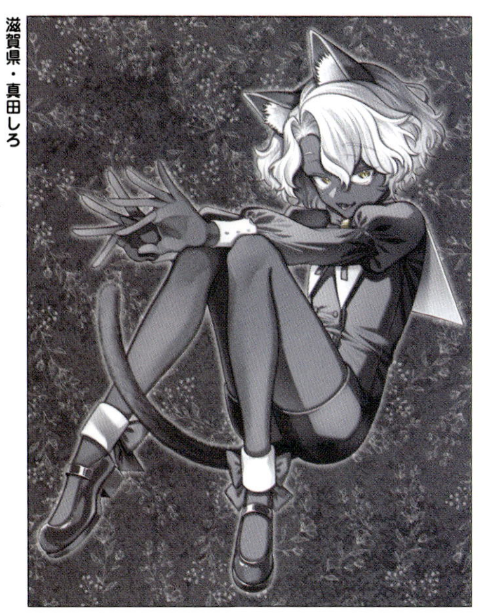
滋賀県・真田しろ

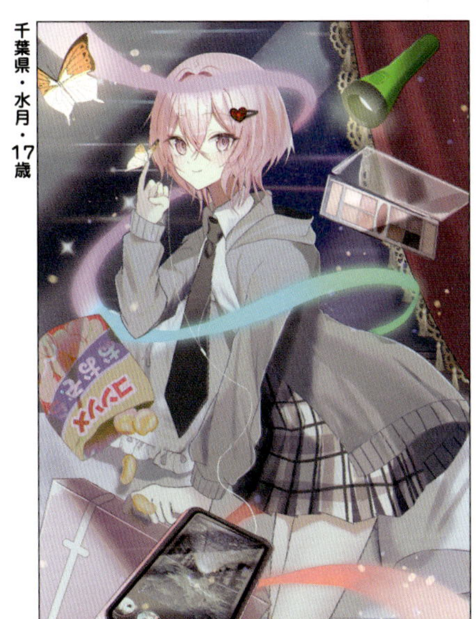
千葉県・水月・17歳

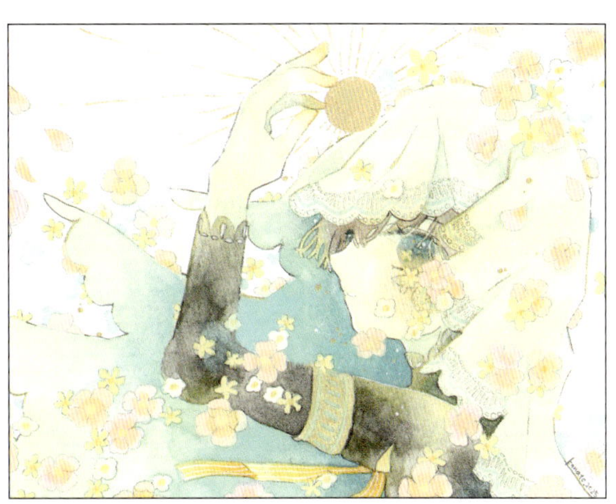
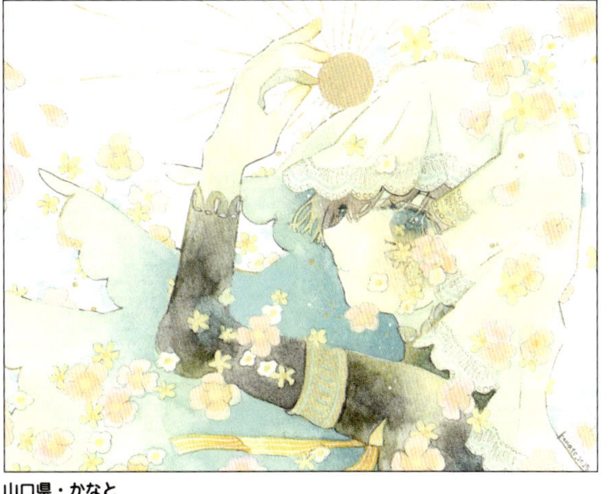
山口県・かなと

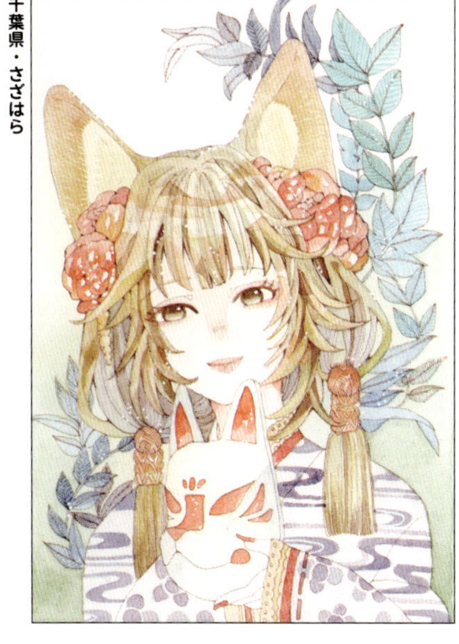
千葉県・さざはら

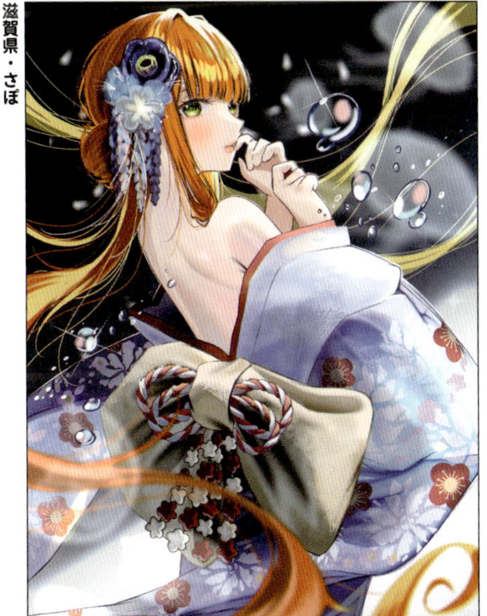
滋賀県・さぼ

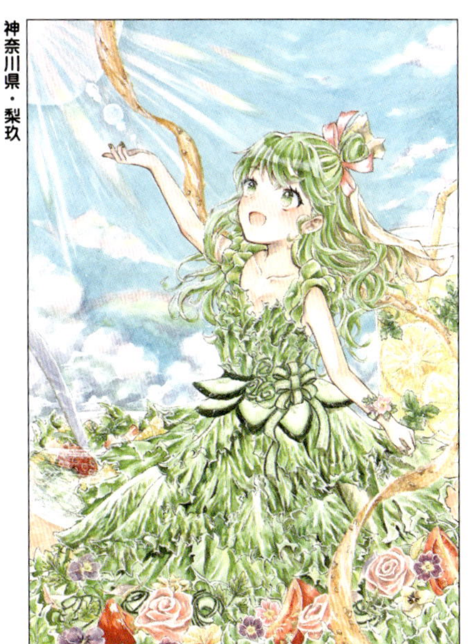
神奈川県・梨玖

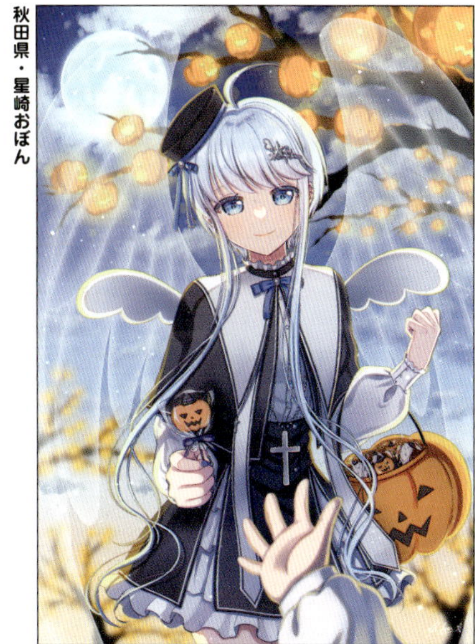
秋田県・星崎おぼん

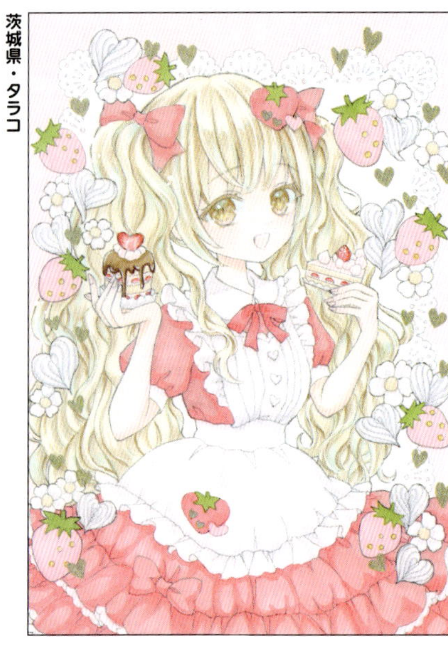

茨城県・タラコ

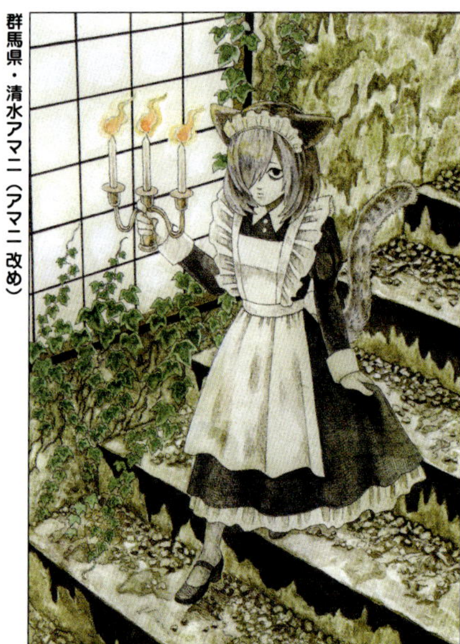

群馬県・清水アマニ（アマニ改め）

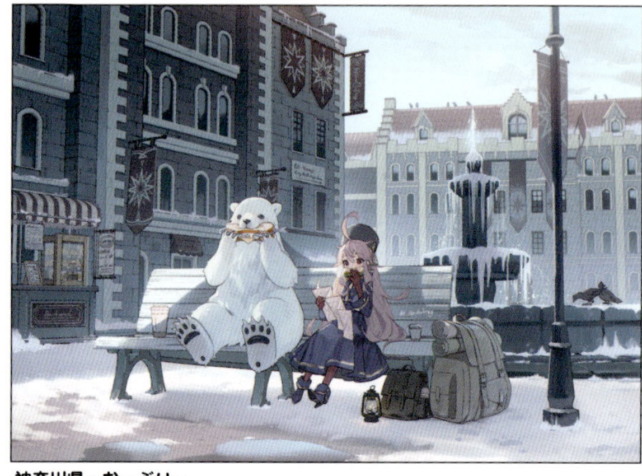

神奈川県・おーぶりー

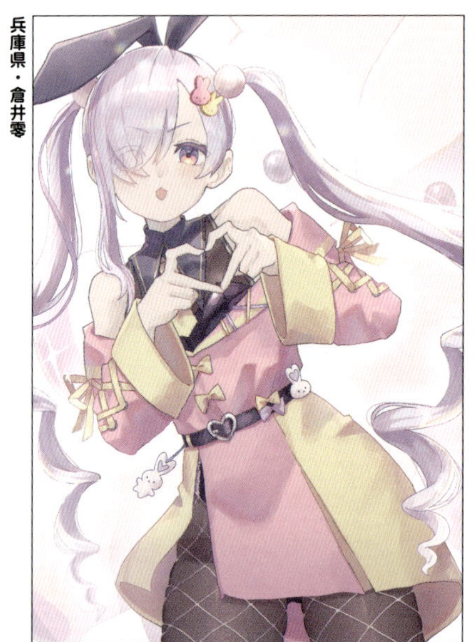

兵庫県・倉井零

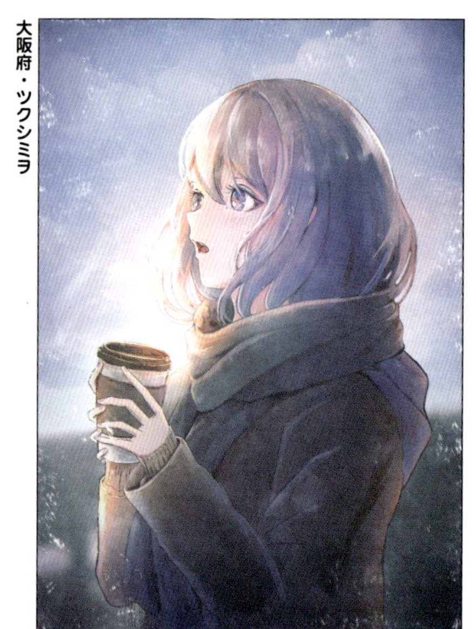

大阪府・ツクシミヲ

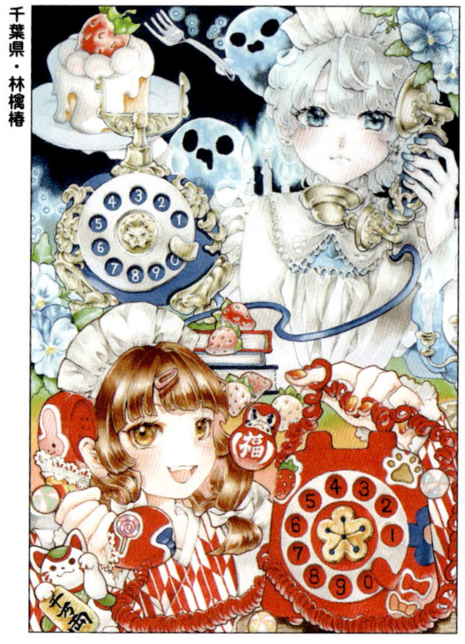

千葉県・林檎椿

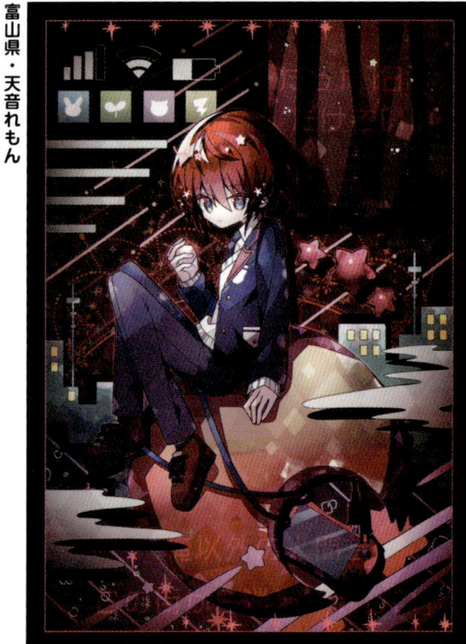

富山県・天音れもん

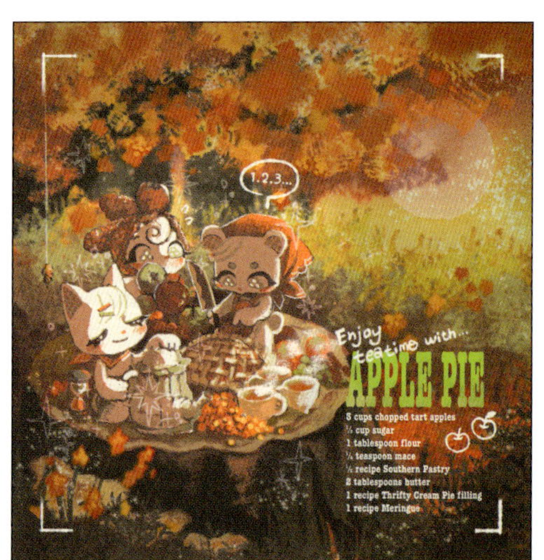

京都府・笹蒲ぼこ

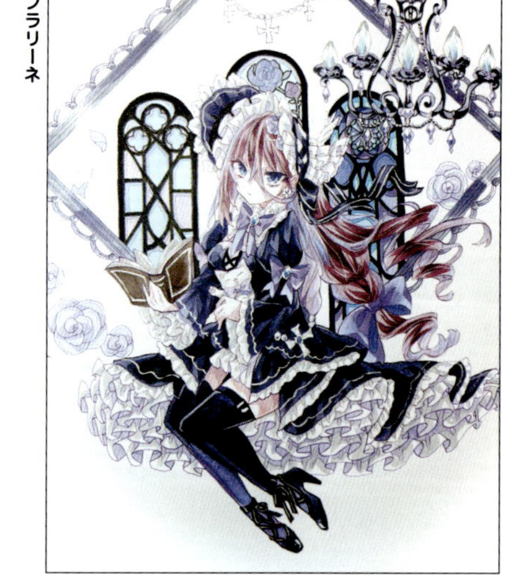

岐阜県・ブラリーネ

鹿児島県・まごたな・16歳

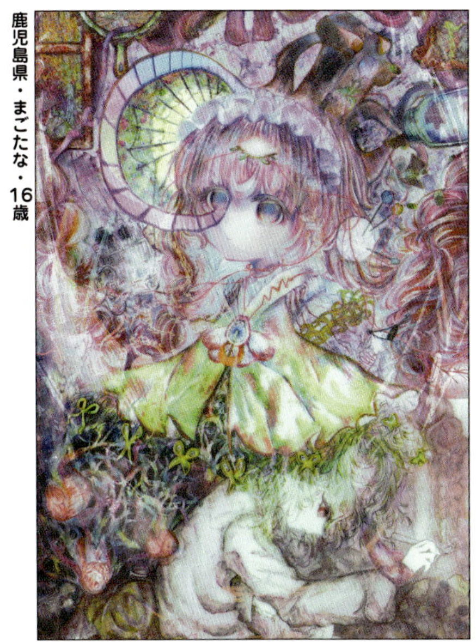

愛知県・都花火

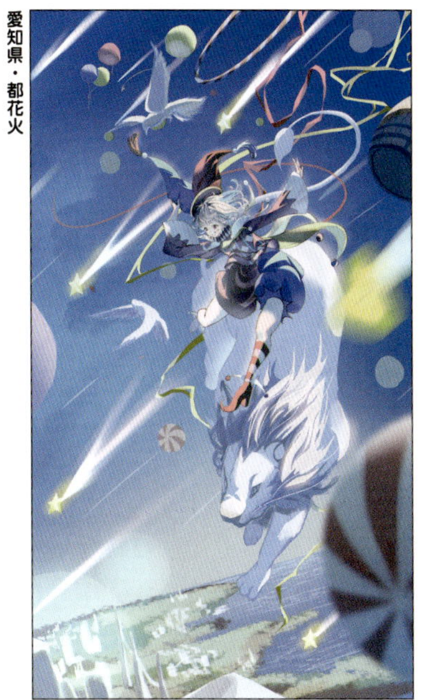

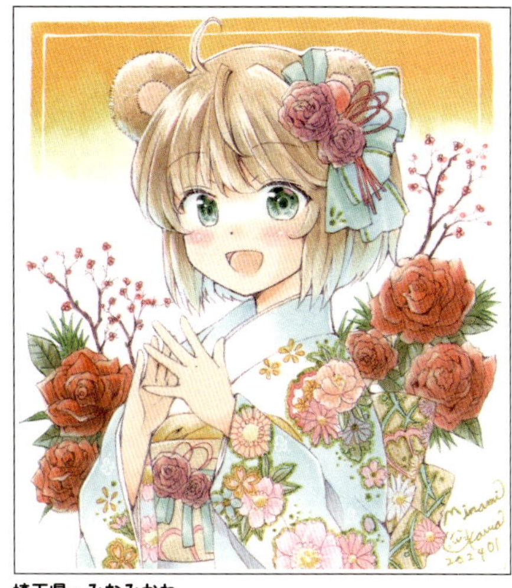

埼玉県・みなみかわ

滋賀県・日なた野乃

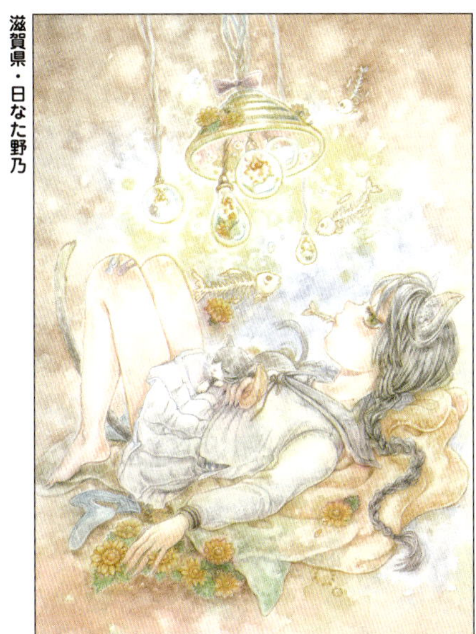

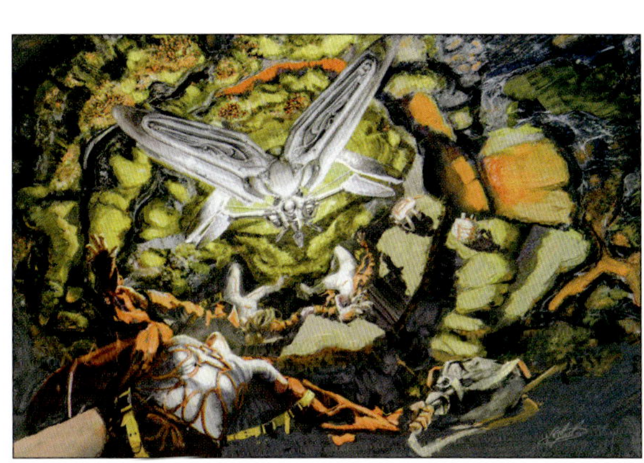

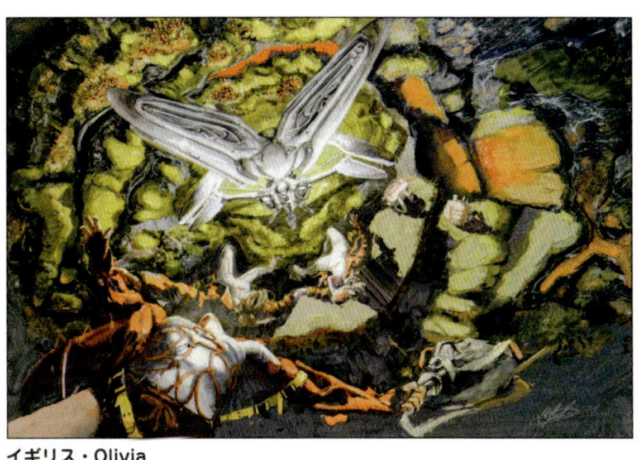

イギリス・Olivia

京都府・哺乳瓶紅茶。

兵庫県・もふまあ

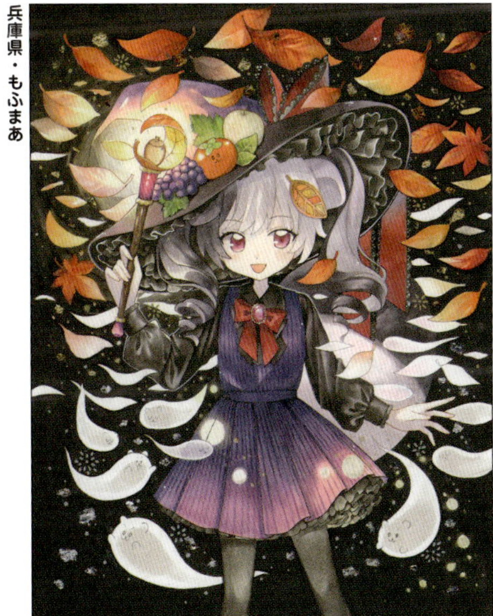

京都府・まりまり

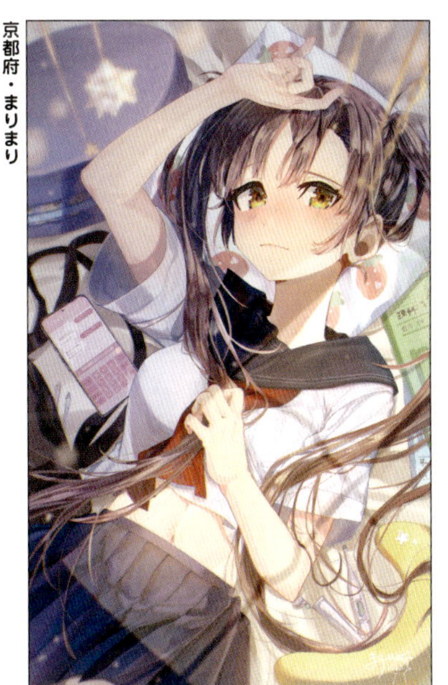

岡山県・白鳩

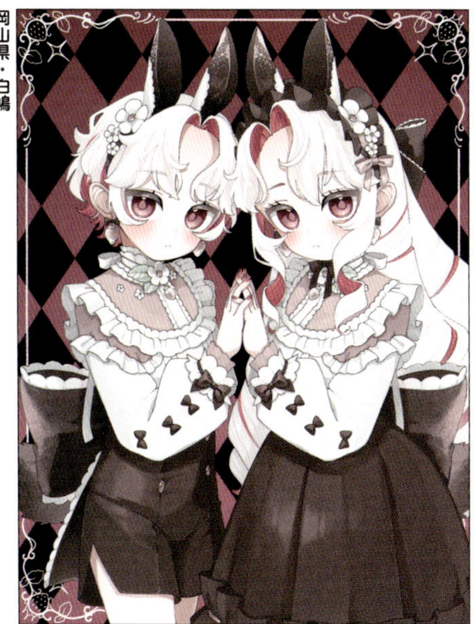

新潟県・もみの木

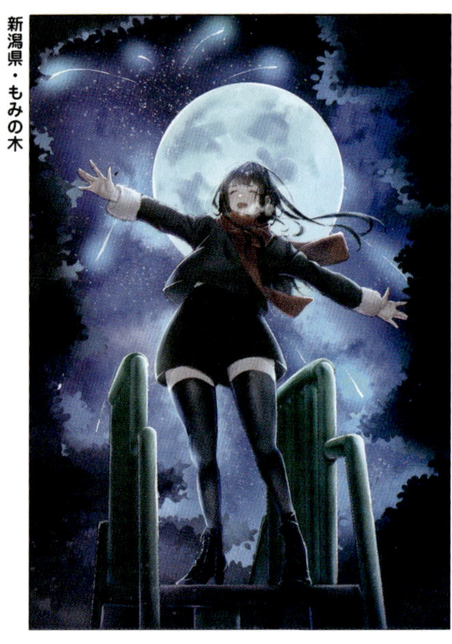

茨城県・白米たきナ

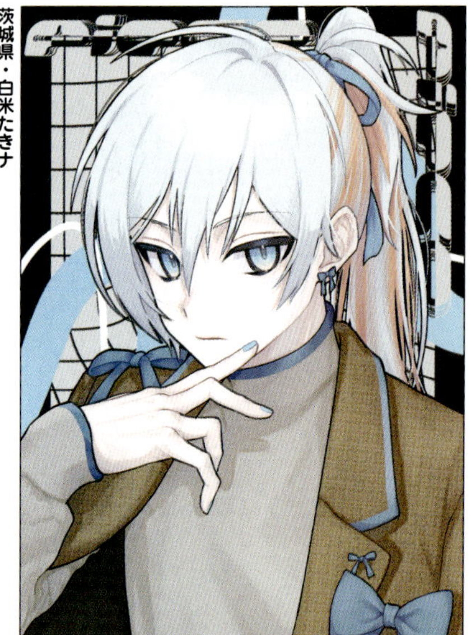

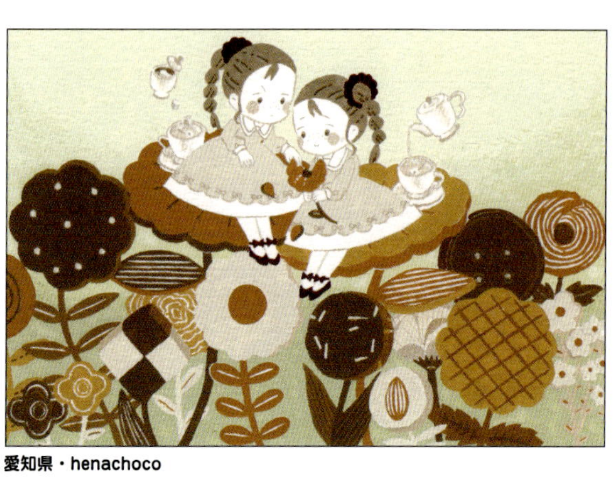

愛知県・henachoco

鹿児島県・白恋ももこ

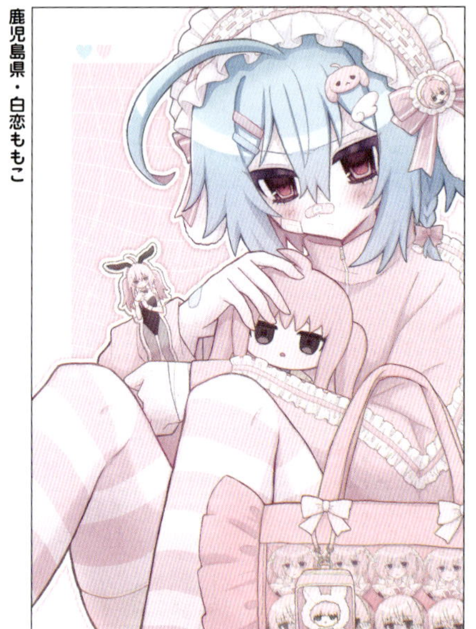

群馬県・ユキガト

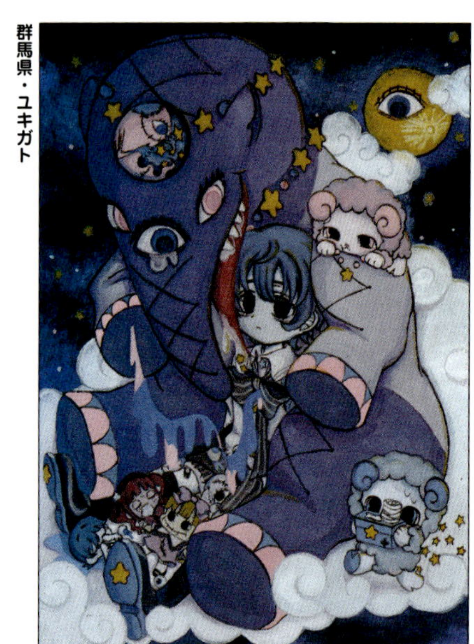

神奈川県・姫神かをり

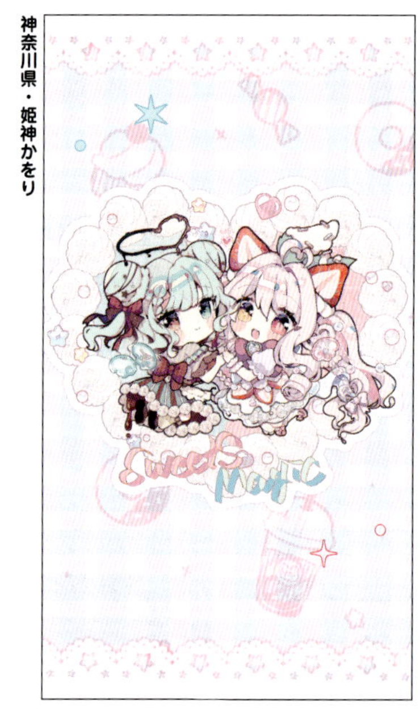

埼玉県・はっさく

兵庫県・よいのたび

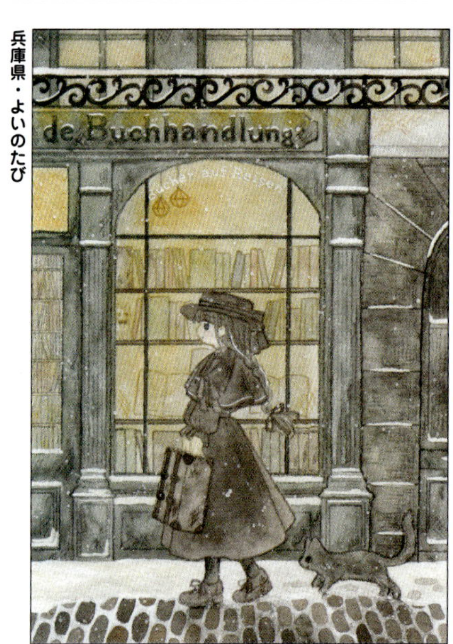

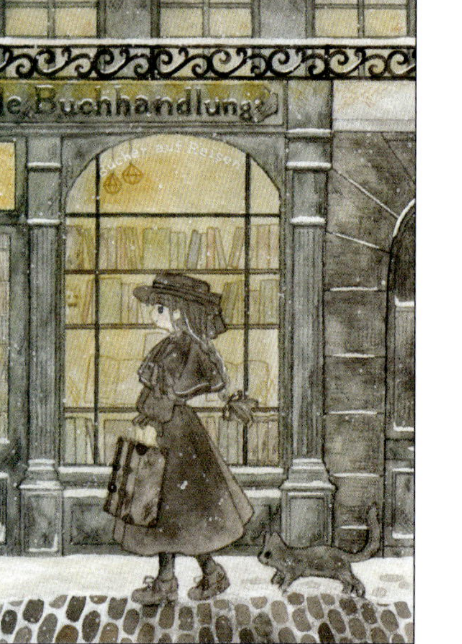

愛知県・鵺骨

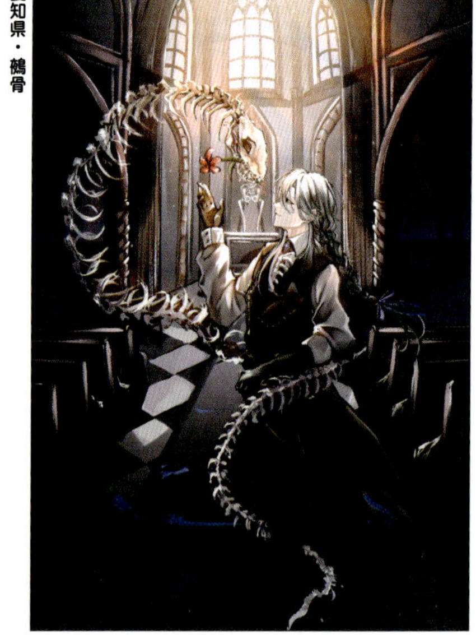

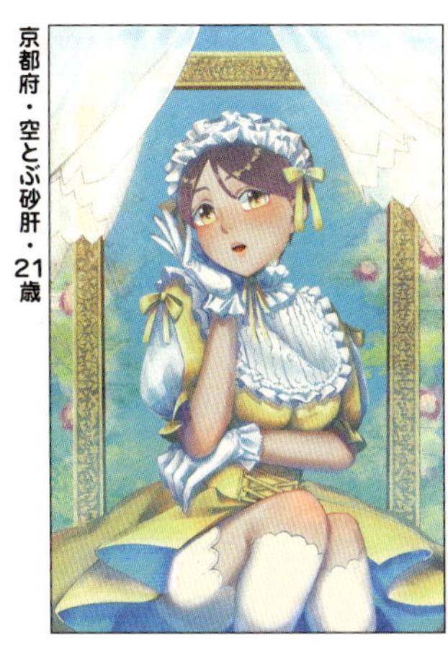
京都府・空とぶ砂肝・21歳

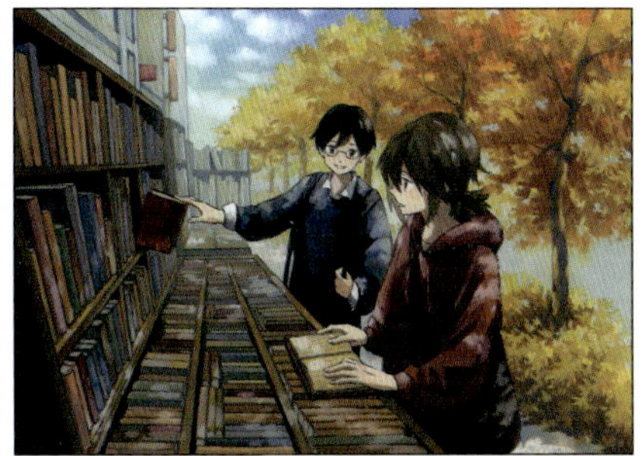
埼玉県・眞田

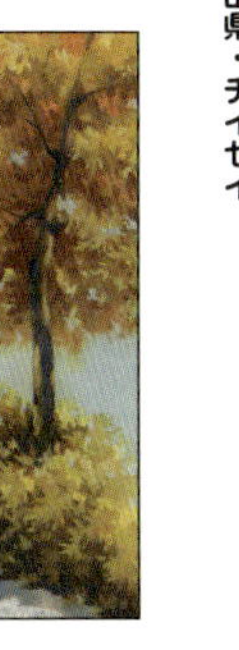

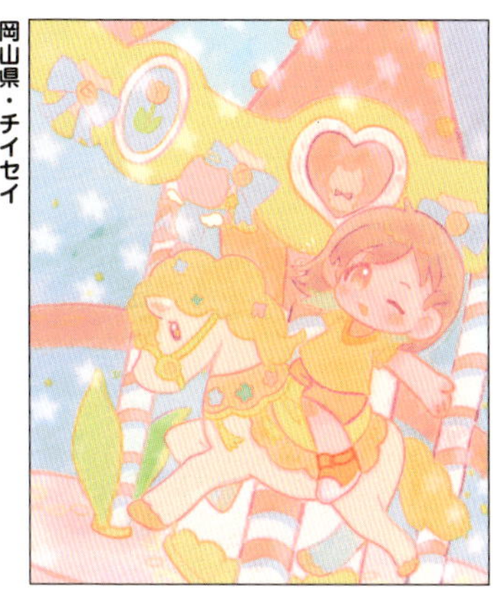
岡山県・チイセイ

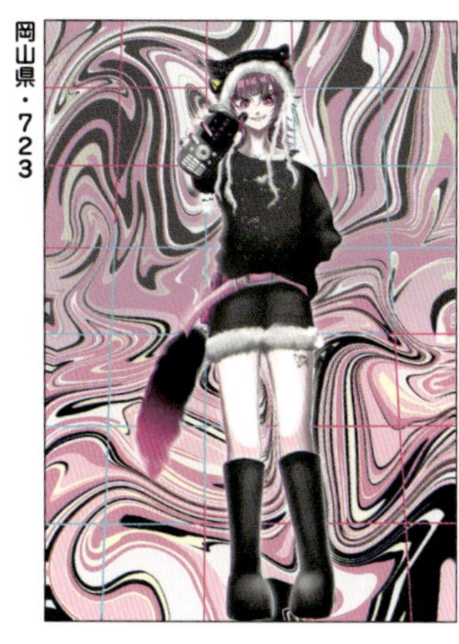
岡山県・723

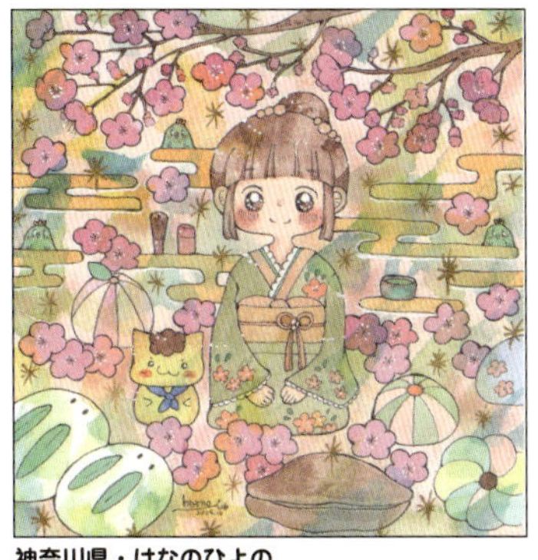
神奈川県・はなのひよの

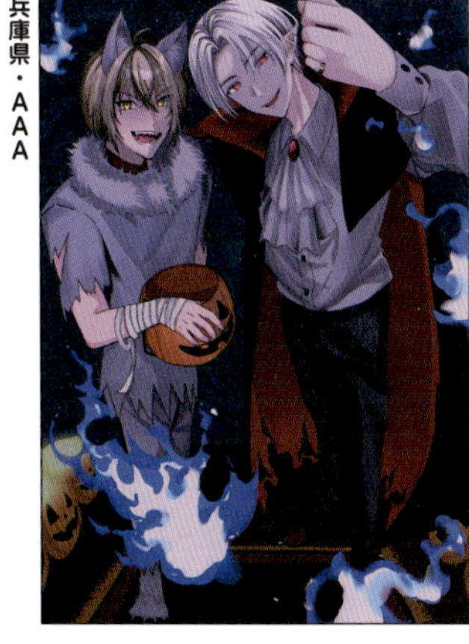
兵庫県・AAA

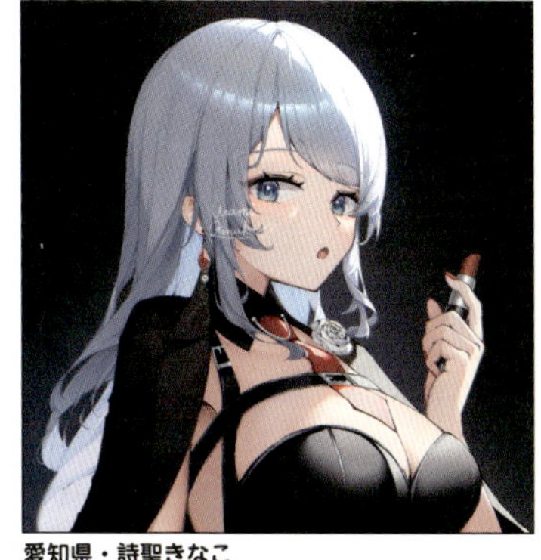
愛知県・詩聖きなこ

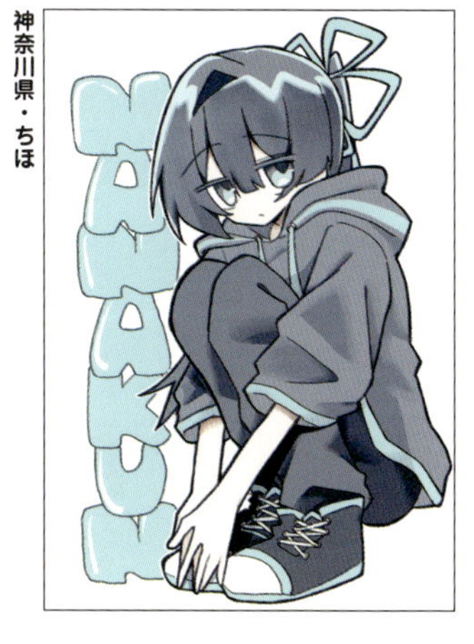
神奈川県・ちほ

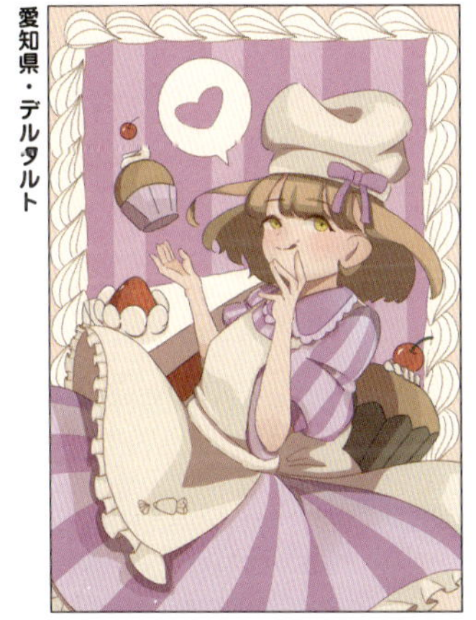
愛知県・デルタルト

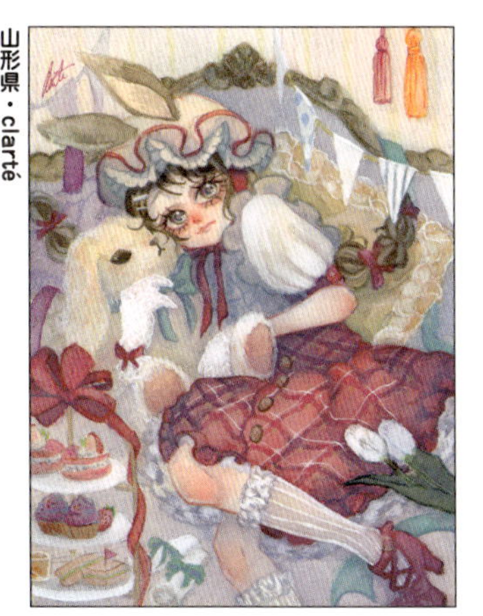
山形県・clarté

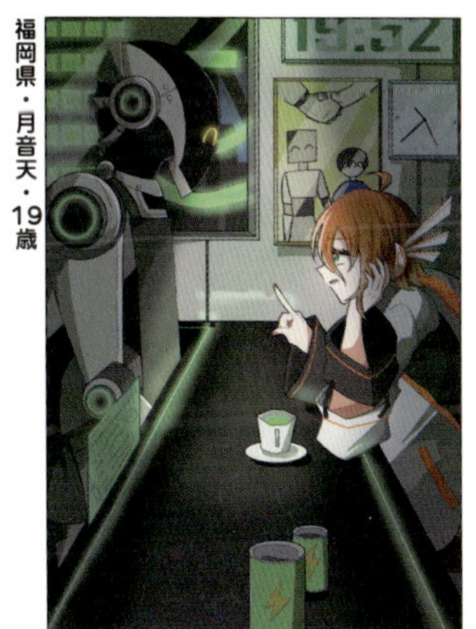
福岡県・月音天・19歳

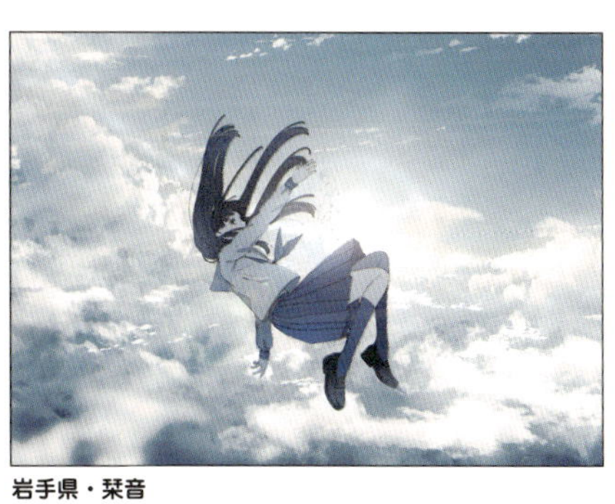
岩手県・琹音

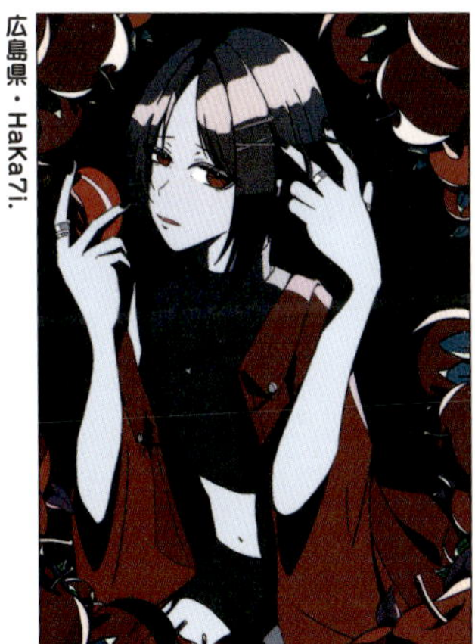
広島県・HaKa7i.

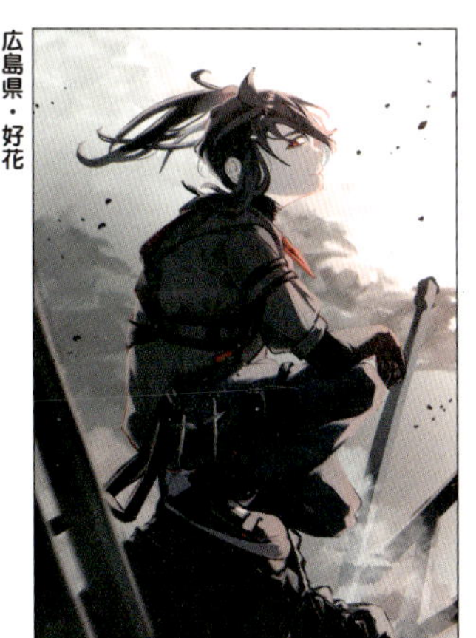
広島県・好花

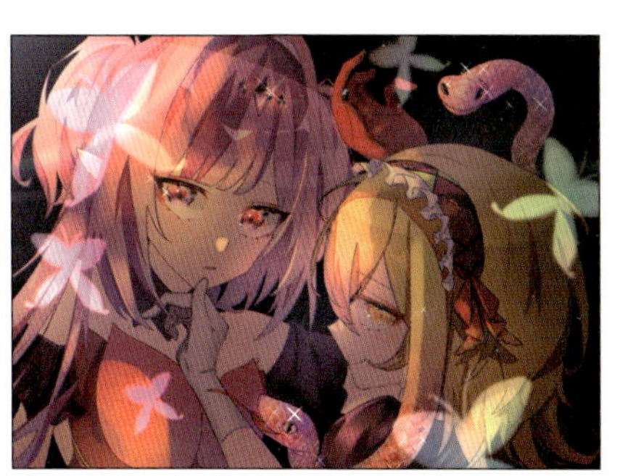
岐阜県・零月・18歳

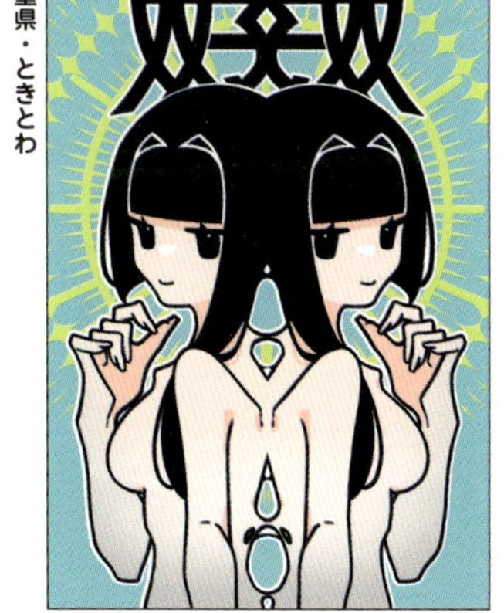
三重県・ときとわ

広島県・トろん

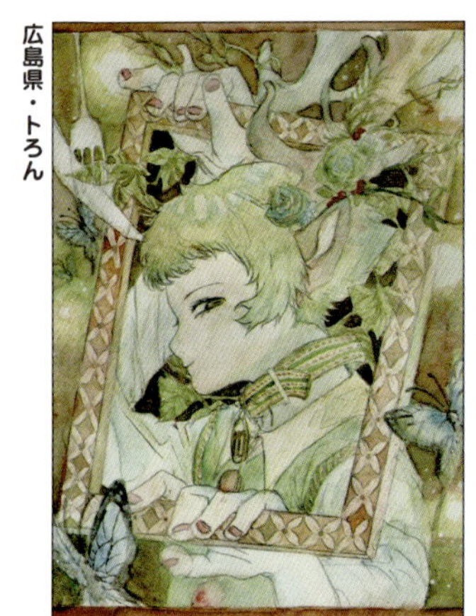

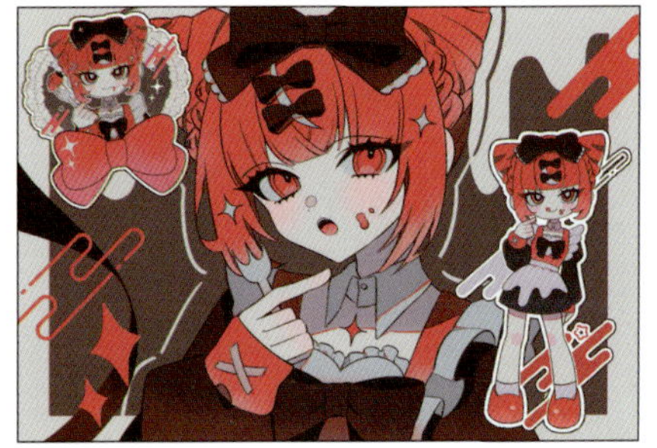

福島県・椿姫みな

佐賀県・紅葉

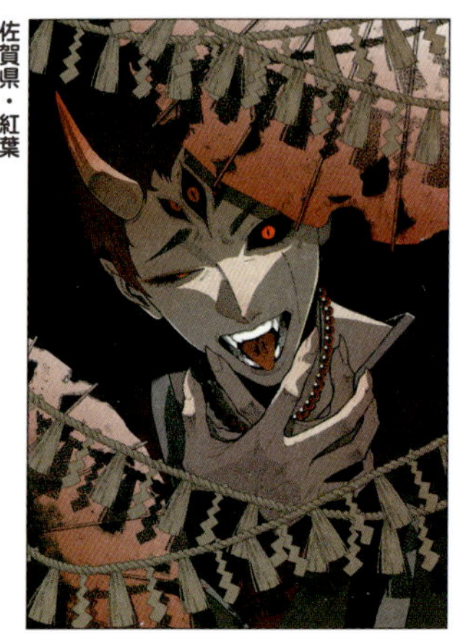

新潟県・Kanami.73

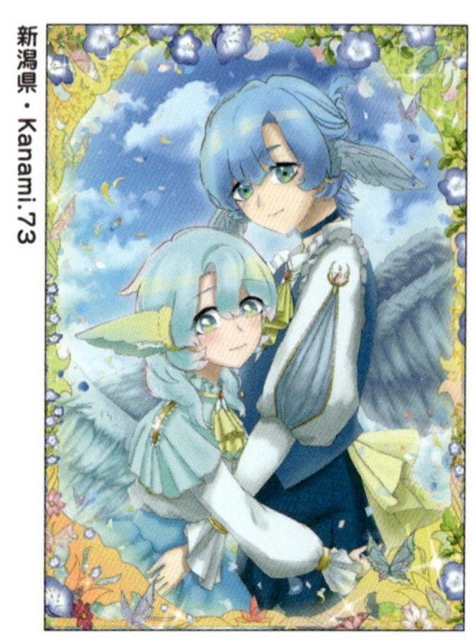

福岡県・Kia

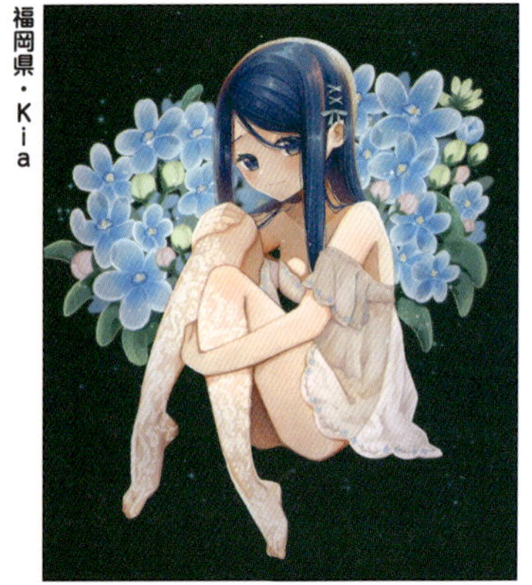

愛媛県・秋乃みん

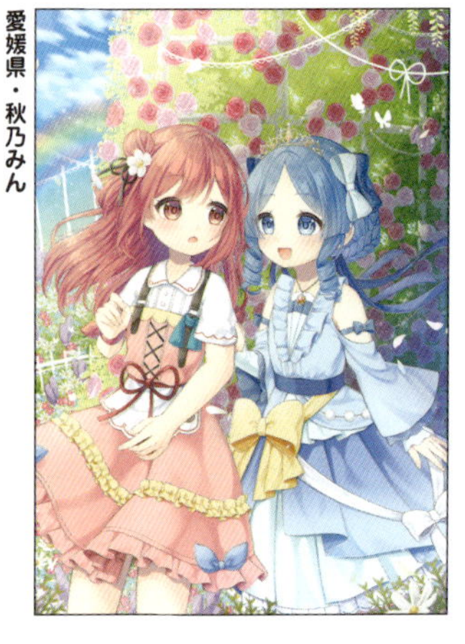

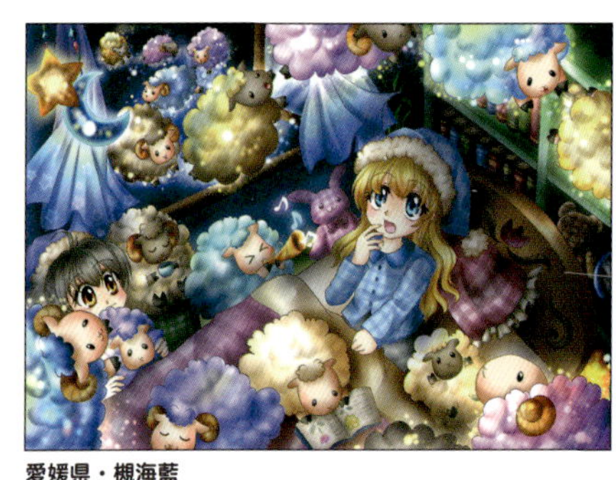

愛媛県・槻海藍

新潟県・どんめ・19歳

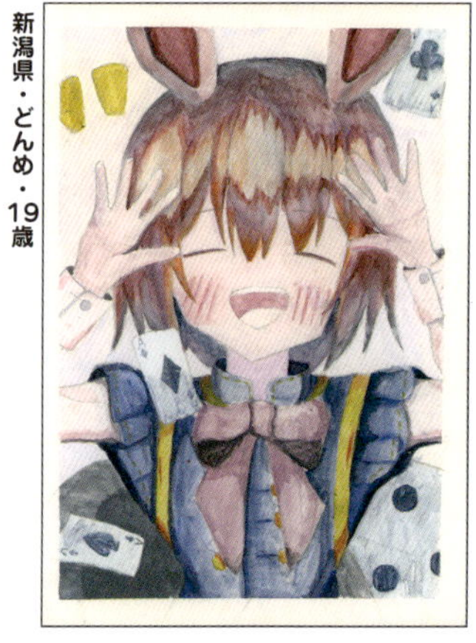

福岡県・なかしー

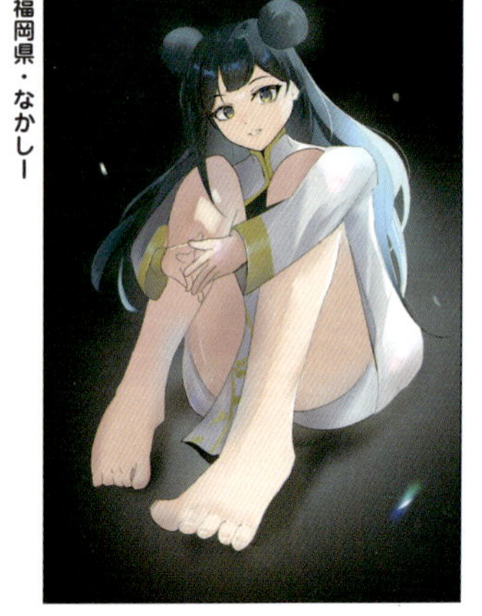

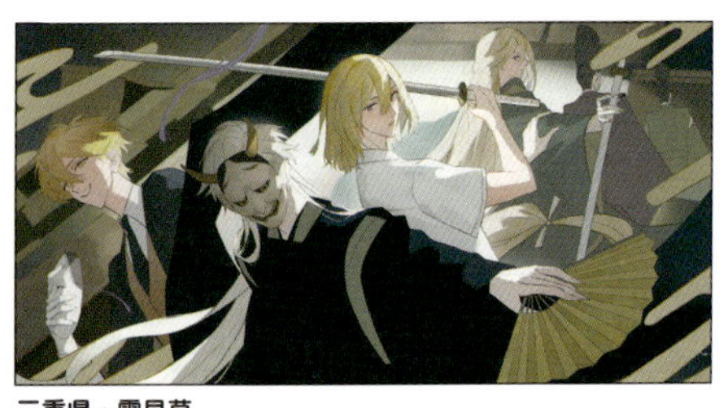

三重県・霜見草

岡山県・late

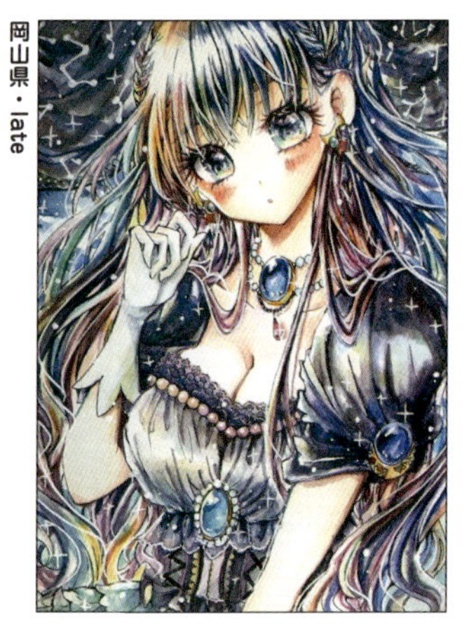

新潟県・小松正司

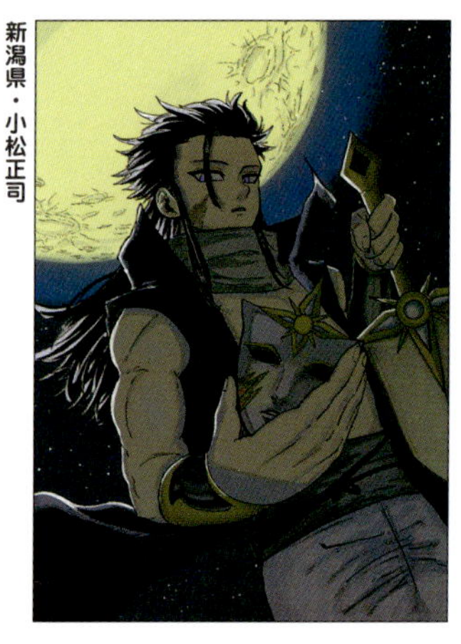

埼玉県・M

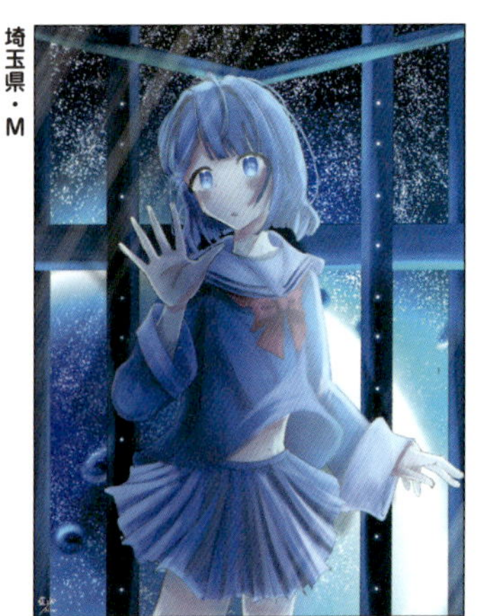

新潟県・にゃばば

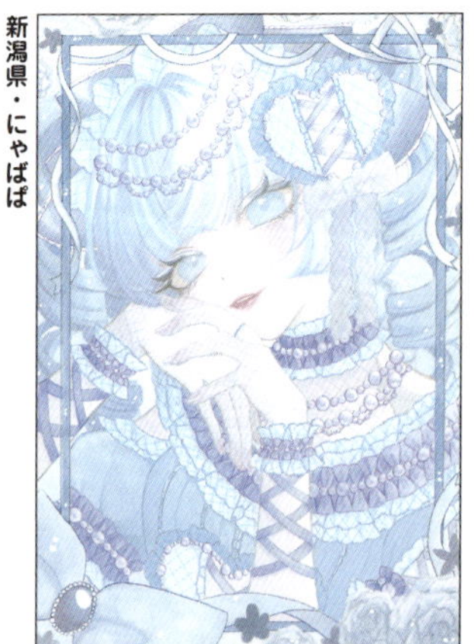

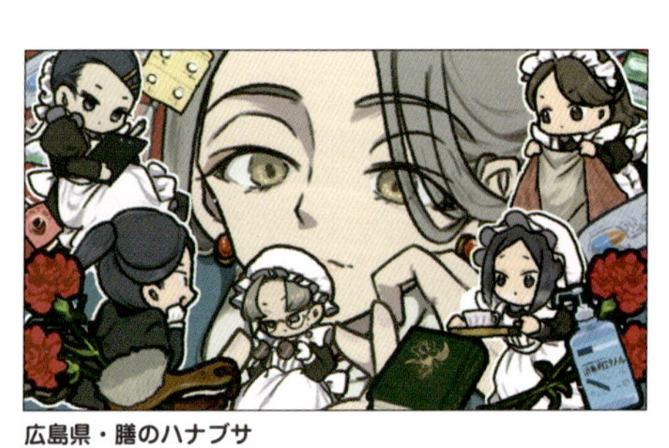

広島県・膳のハナブサ

山口県・森瀬奈貴

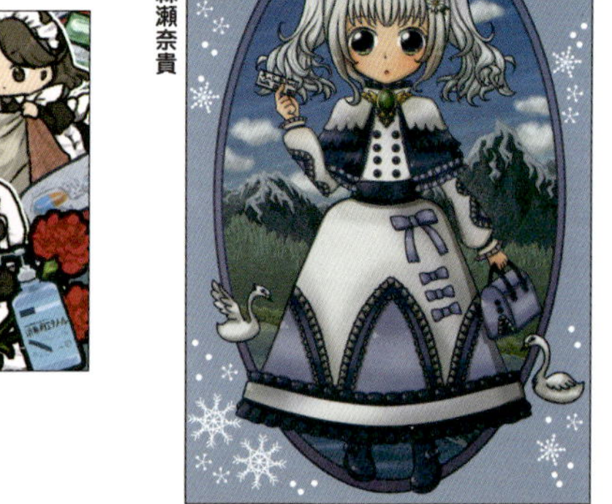

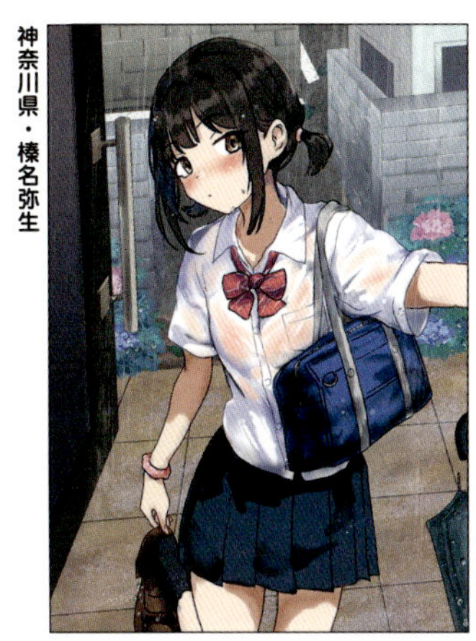
神奈川県・榛名弥生

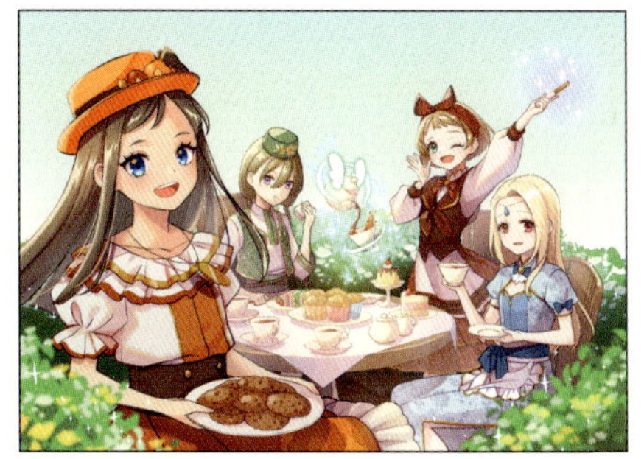
東京都・染杏

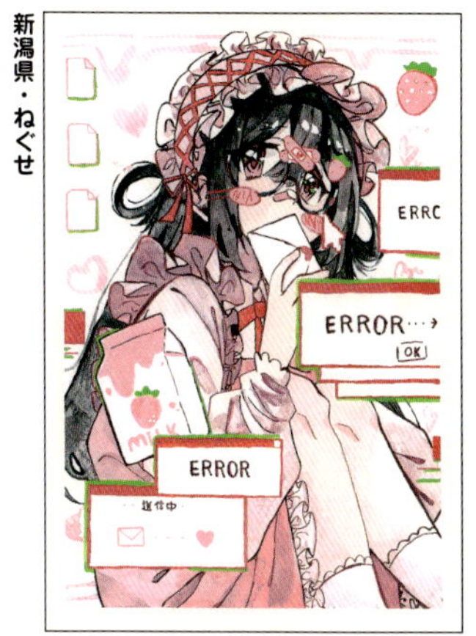

新潟県・ねぐせ

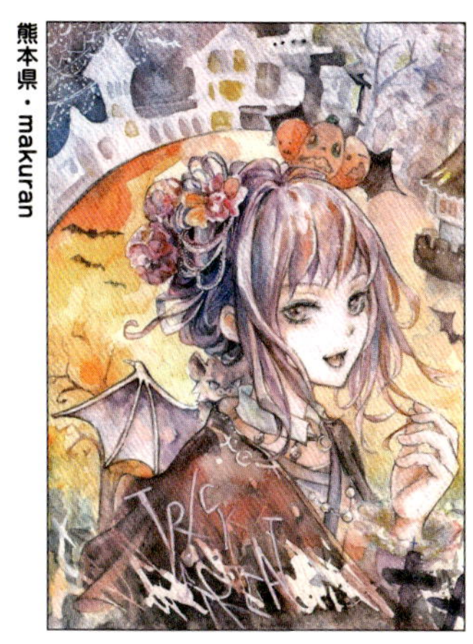
熊本県・makuran

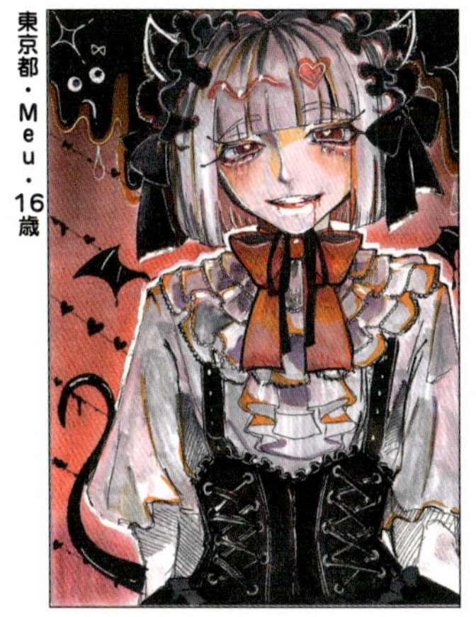
東京都・Meu・16歳

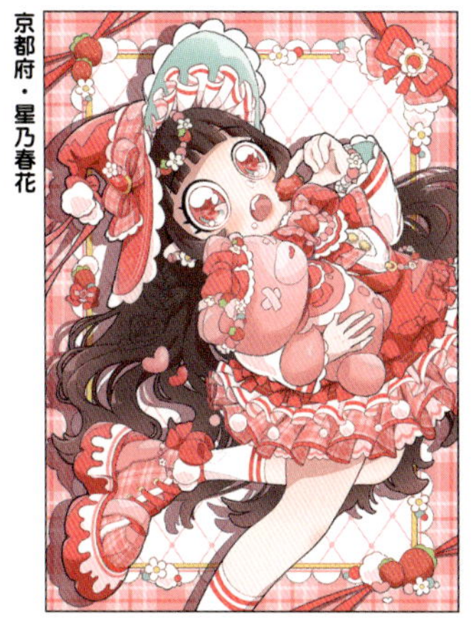
京都府・星乃春花

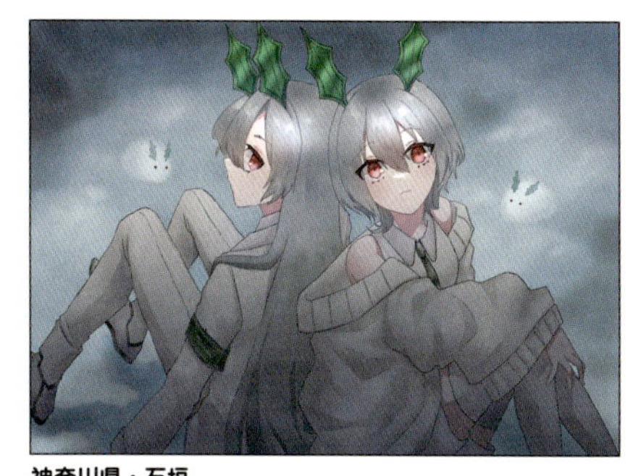
神奈川県・石垣

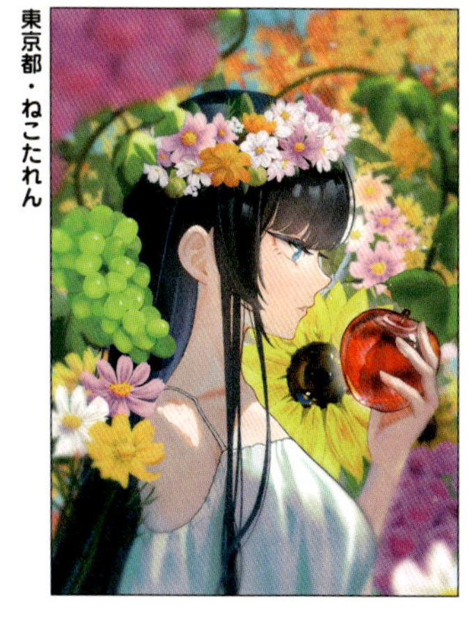
東京都・ねこたれん

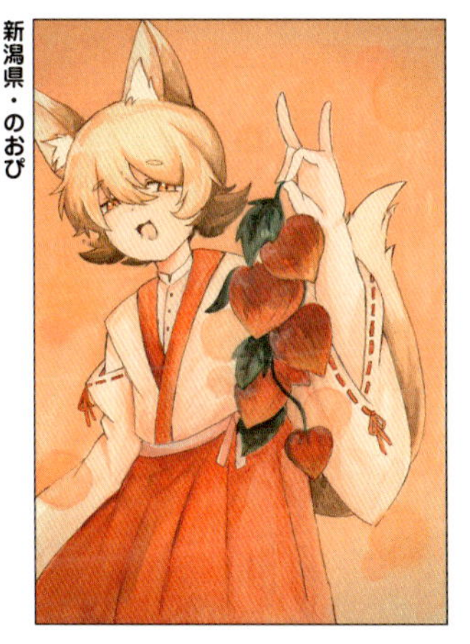
新潟県・のおび

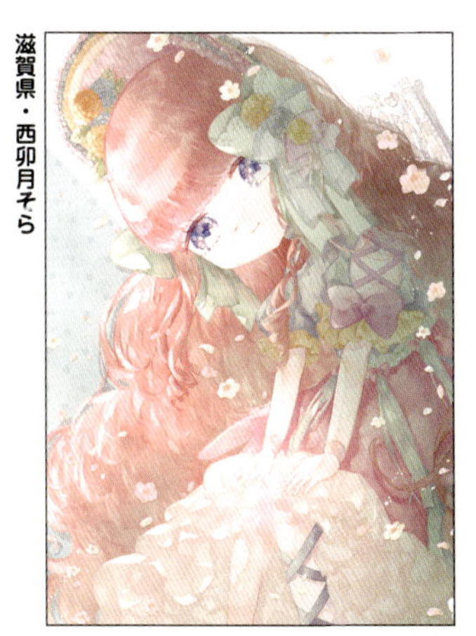
滋賀県・西卯月そら

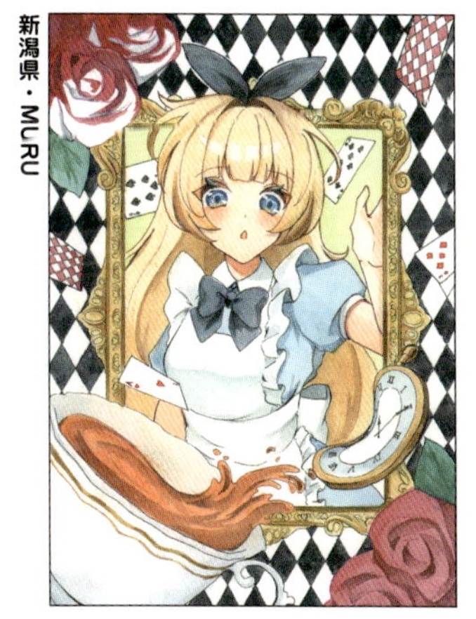
新潟県・MURU

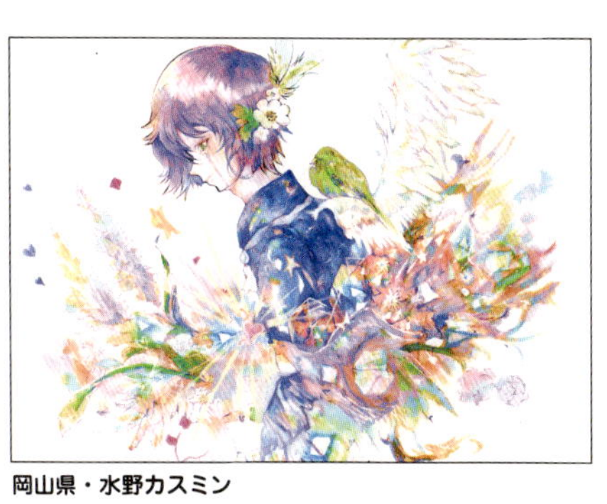
岡山県・水野カスミン

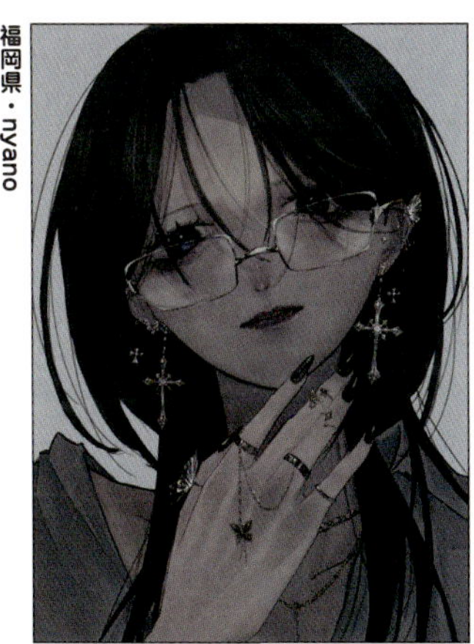
福岡県・nyano

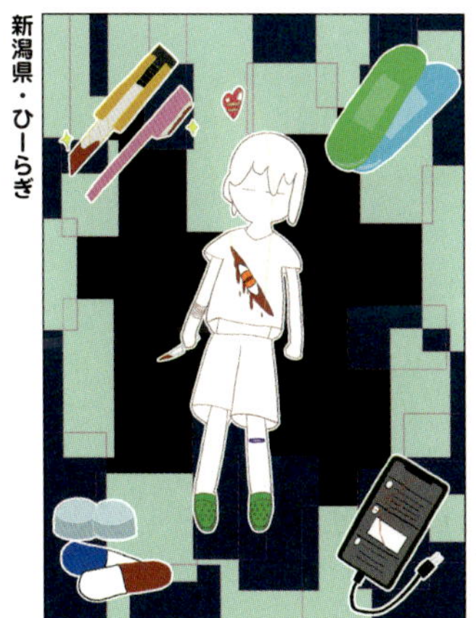
新潟県・ひーらぎ

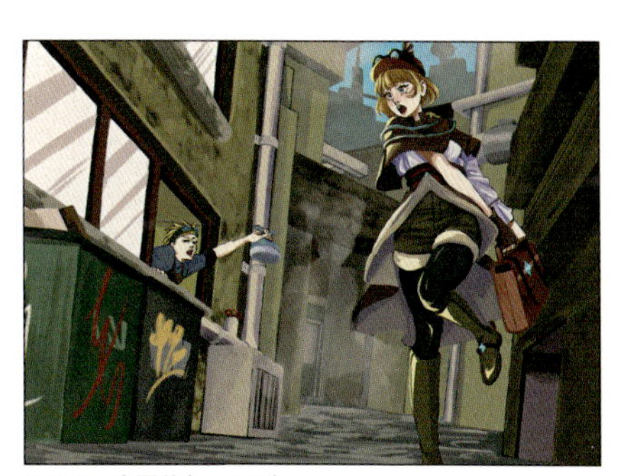
福岡県・春夏秋冬・19歳

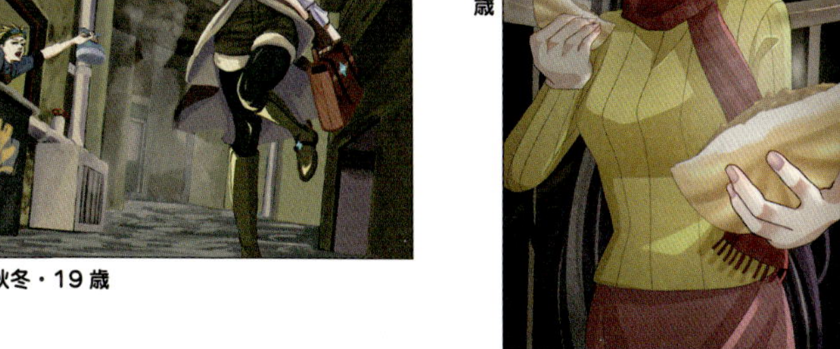
埼玉県・赤穂リマ・18歳

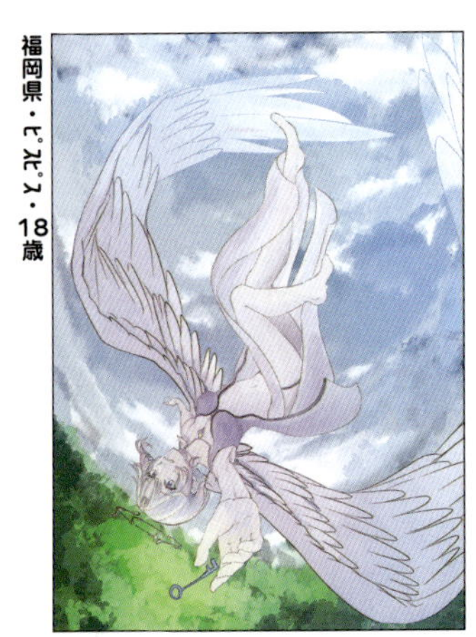
福岡県・ピスピス・18歳

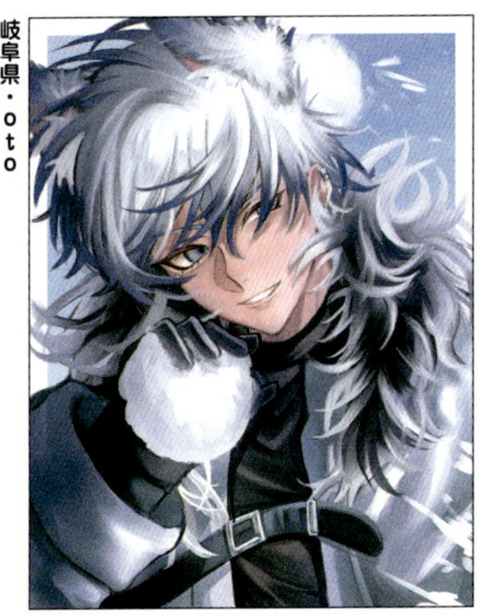
岐阜県・oto

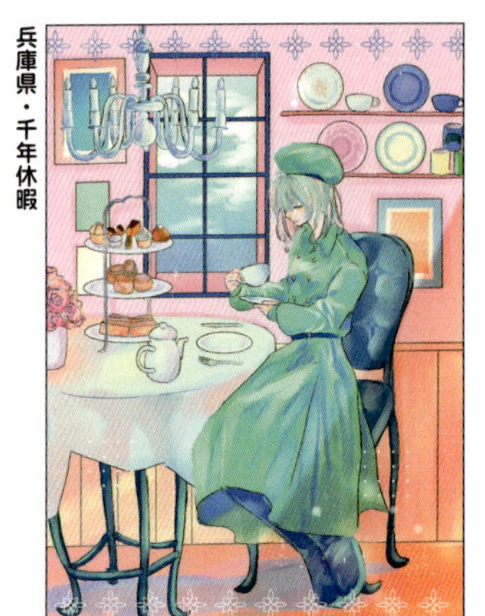
兵庫県・千年休暇

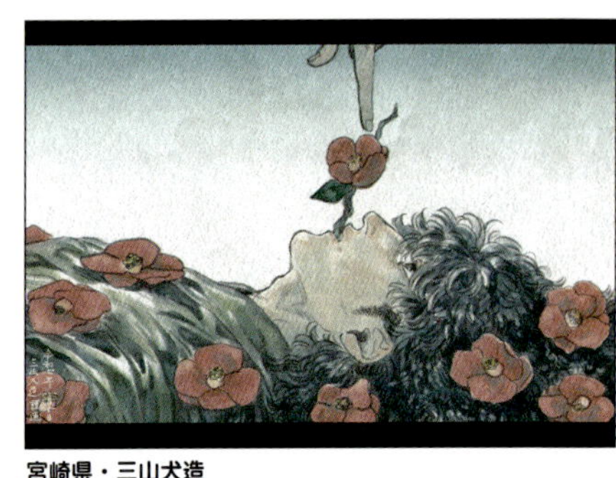
宮崎県・三山犬造

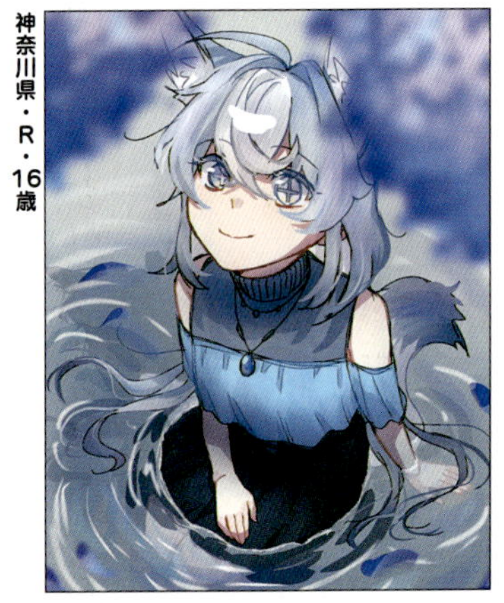
神奈川県・R・16歳

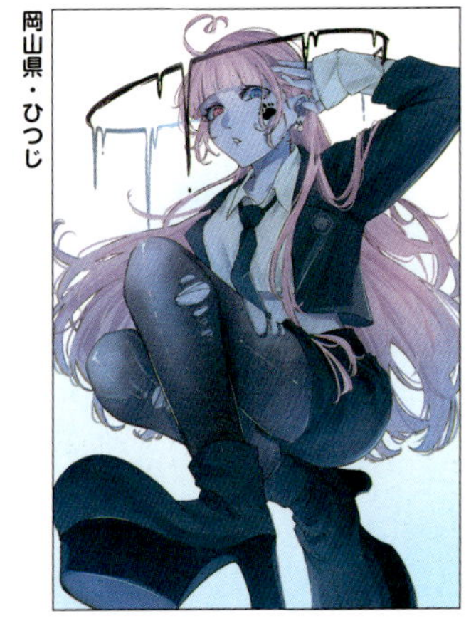
岡山県・ひつじ

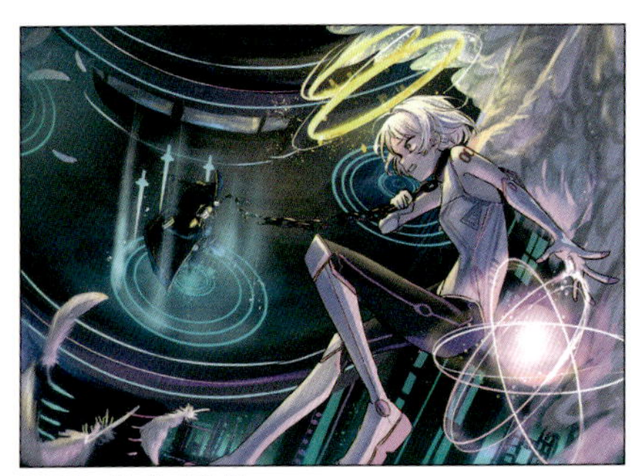
福岡県・ゆづ・19歳

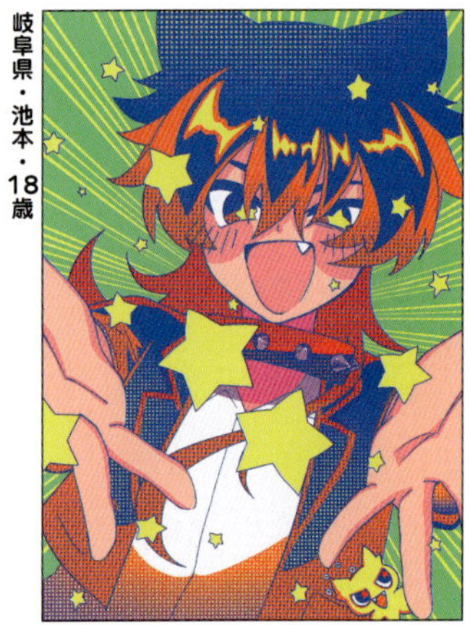
岐阜県・池本・18歳

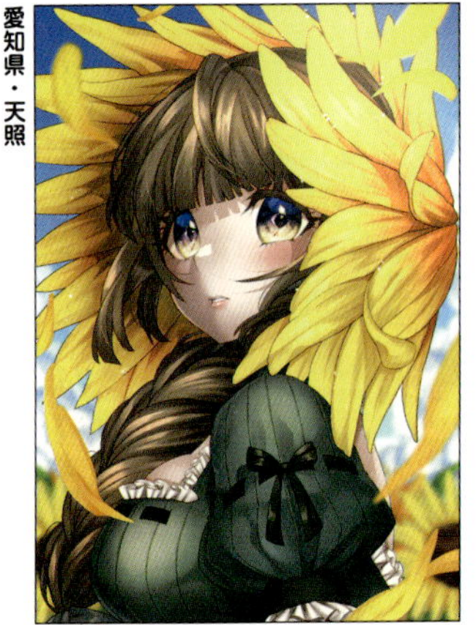
愛知県・天照

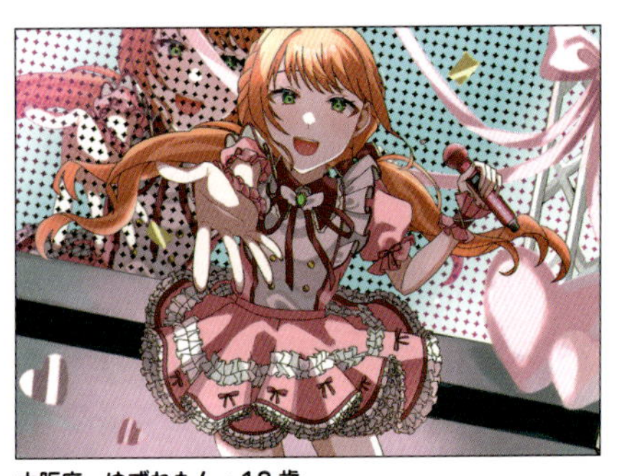
大阪府・ゆずれもん・18歳

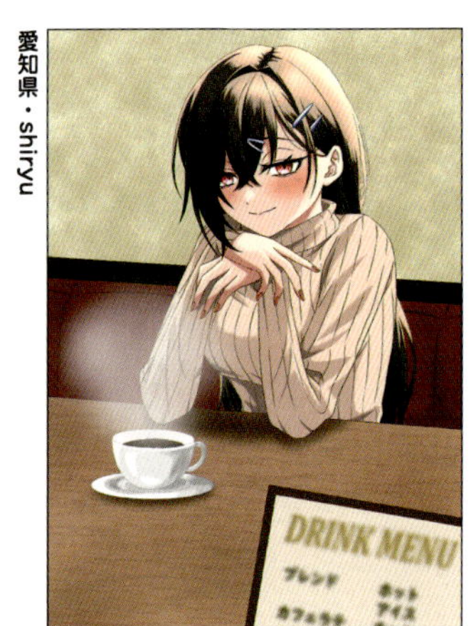

愛知県・shiryu

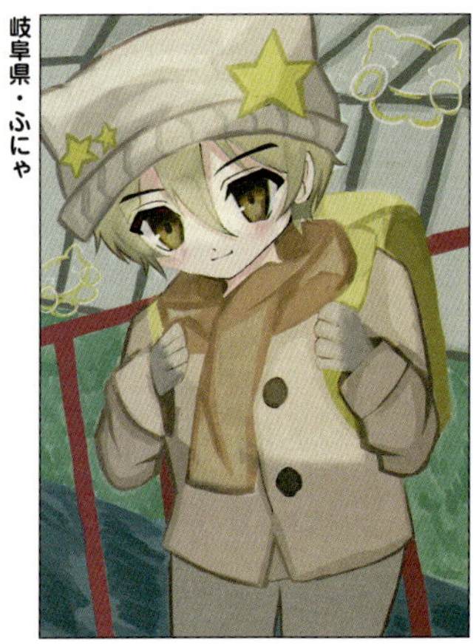
岐阜県・ふにゃ

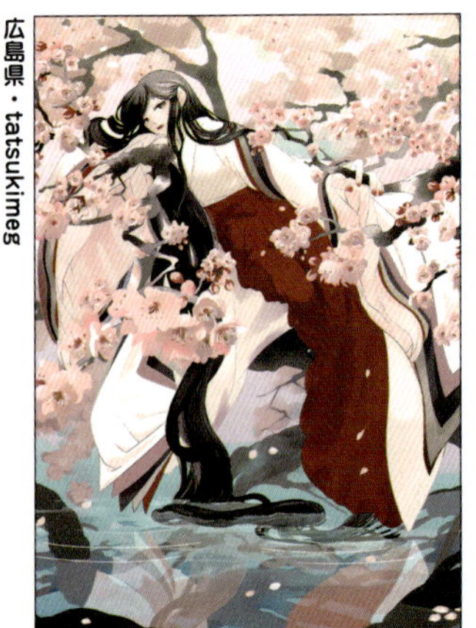
広島県・tatsukimeg

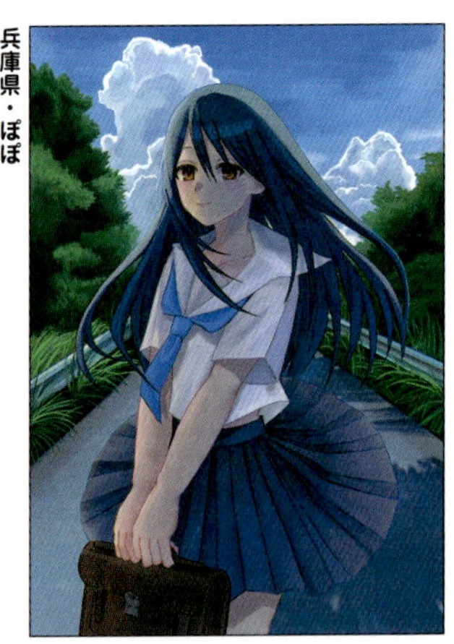
兵庫県・ぽぽ

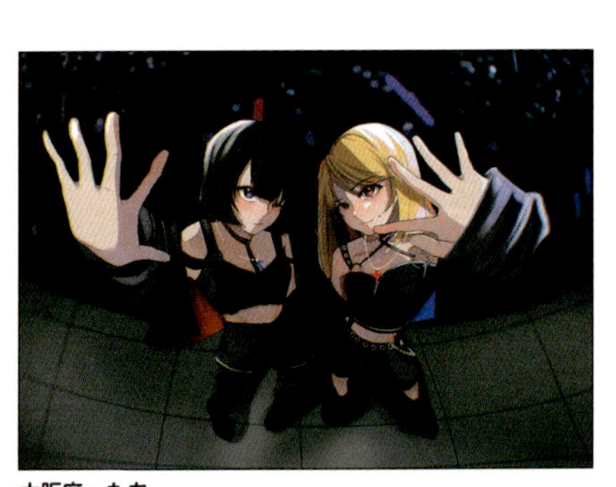
大阪府・もち

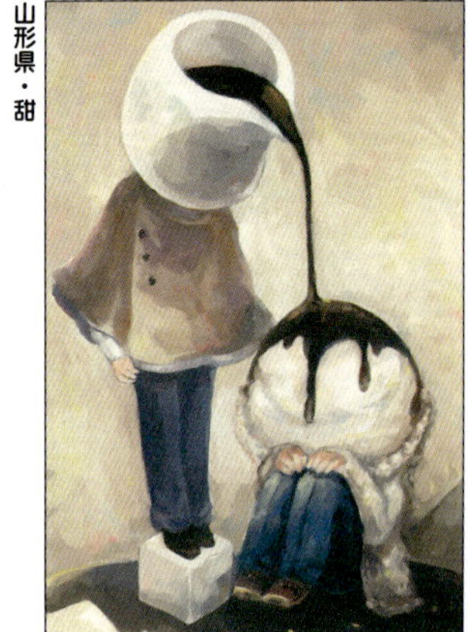
山形県・甜

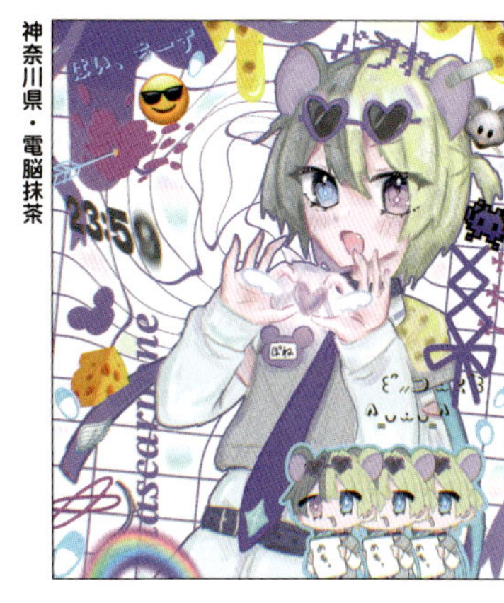
神奈川県・電脳抹茶

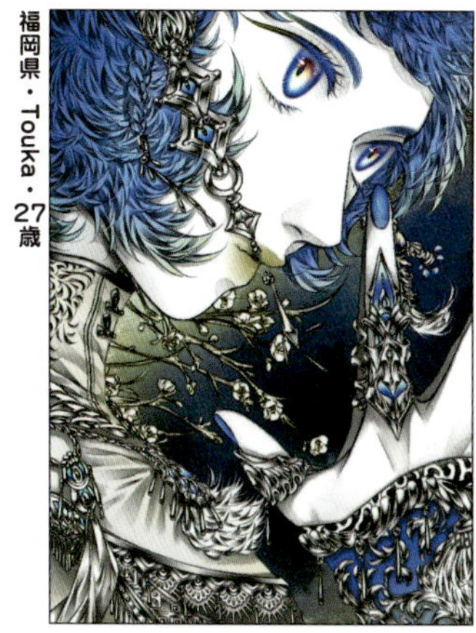
福岡県・Touka・27歳

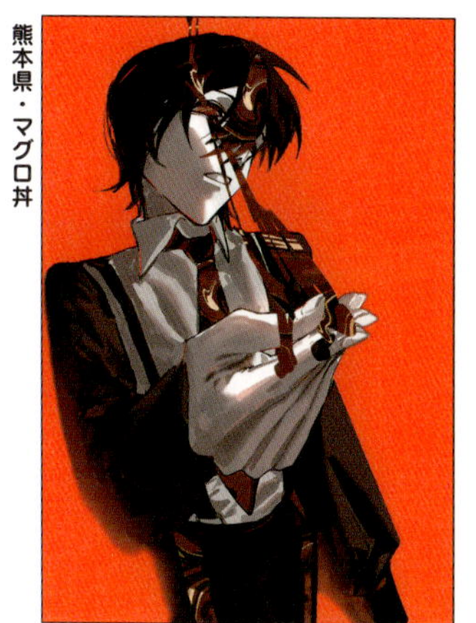
熊本県・マグロ丼

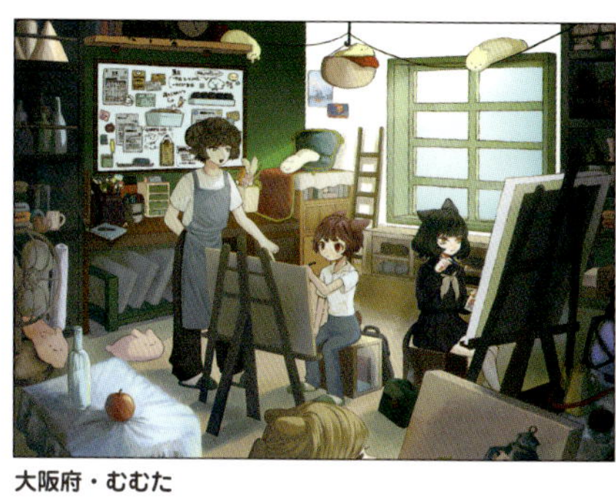
大阪府・むむた

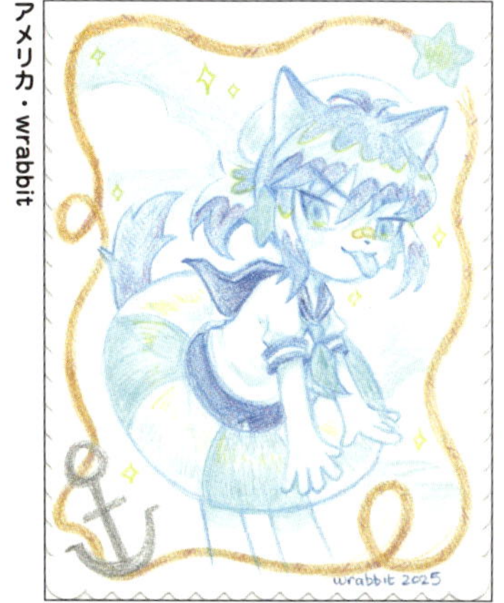

アメリカ・wrabbit

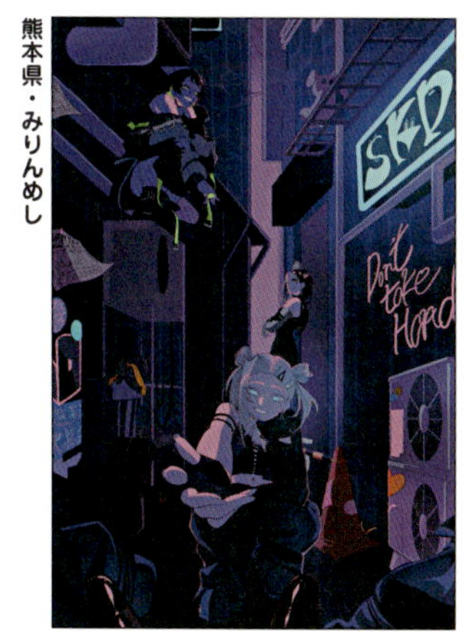
熊本県・みりんめし

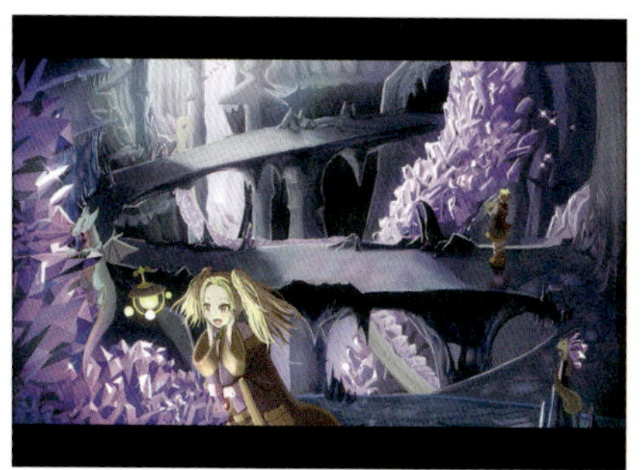
岐阜県・みつぐん・24歳

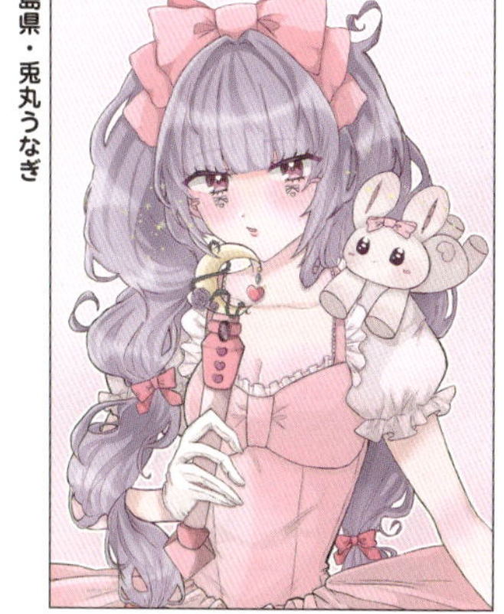
福島県・兎丸うなぎ

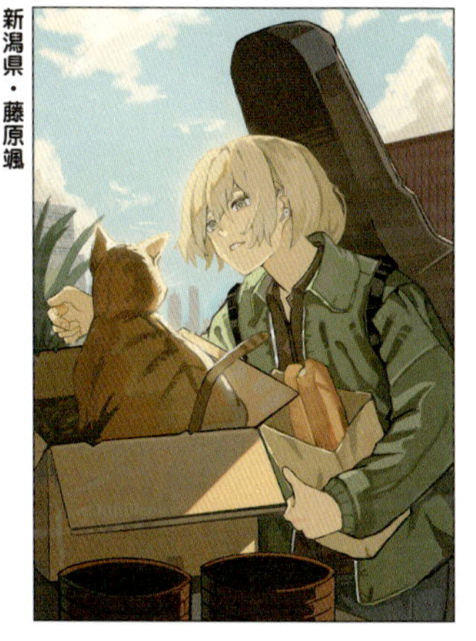
新潟県・藤原颯

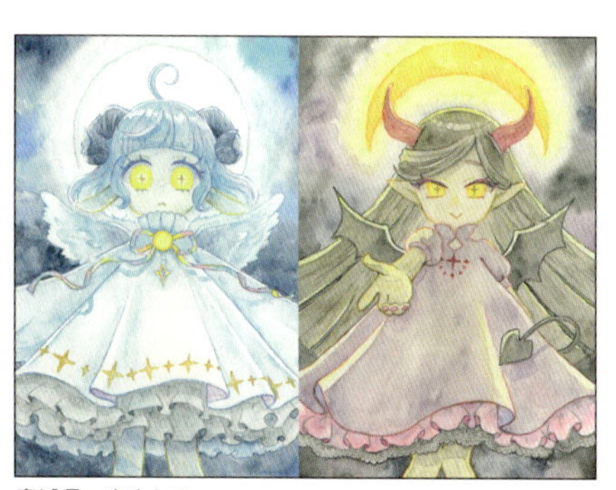
宮城県・まめもひ

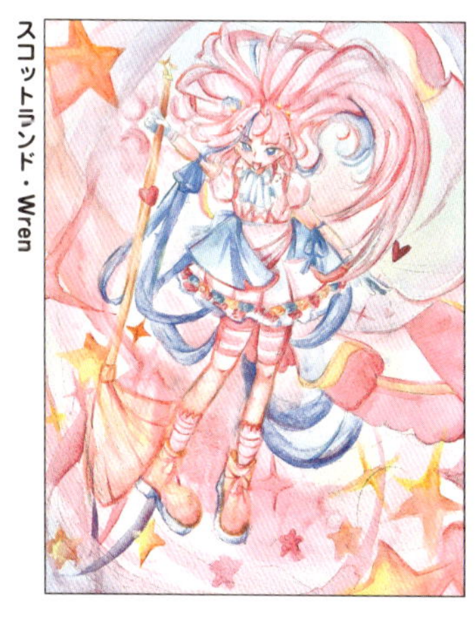
スコットランド・Wren

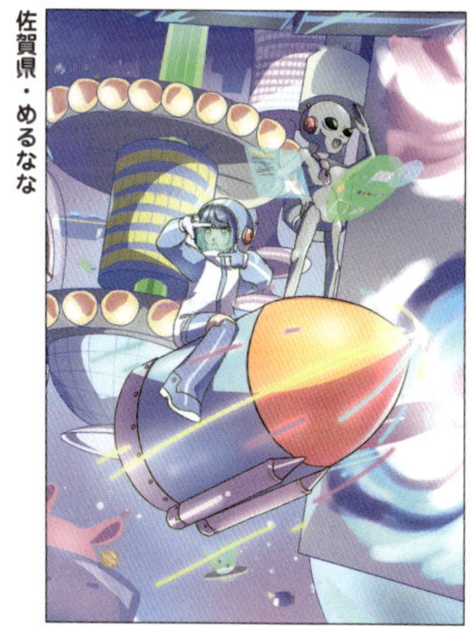
佐賀県・めるなな

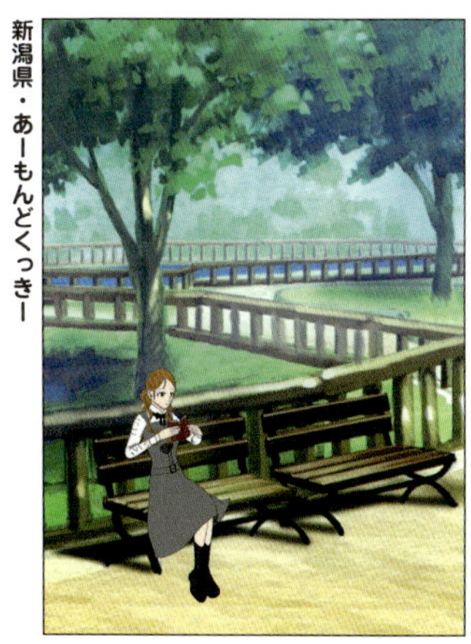
新潟県・あーもんどくっきー

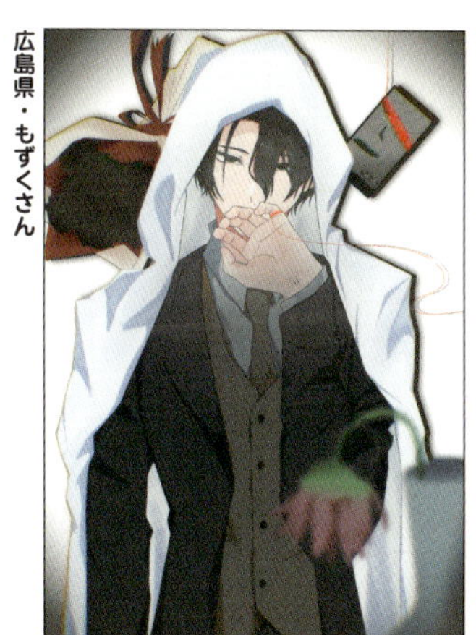
広島県・もずくさん

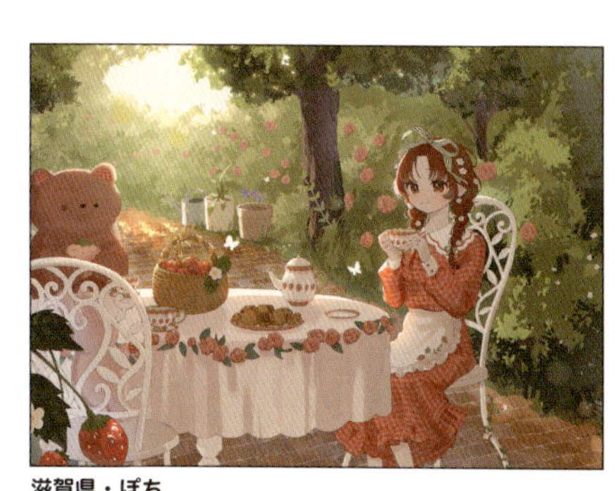
滋賀県・ぽち

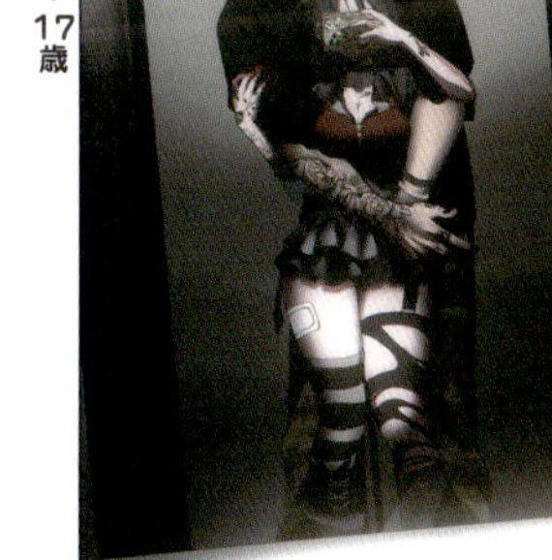
大阪府・匿名U・17歳

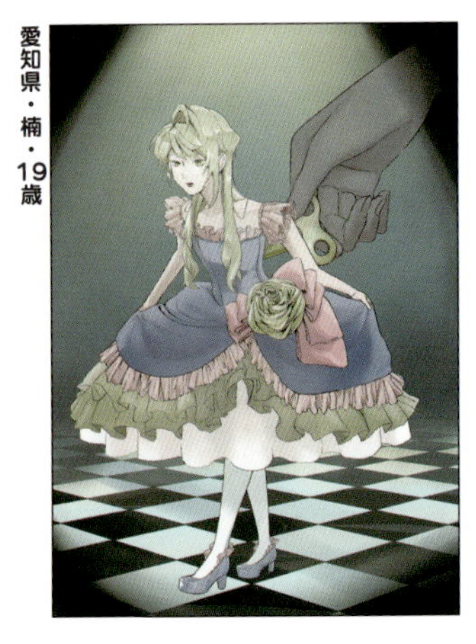
愛知県・楠・19歳

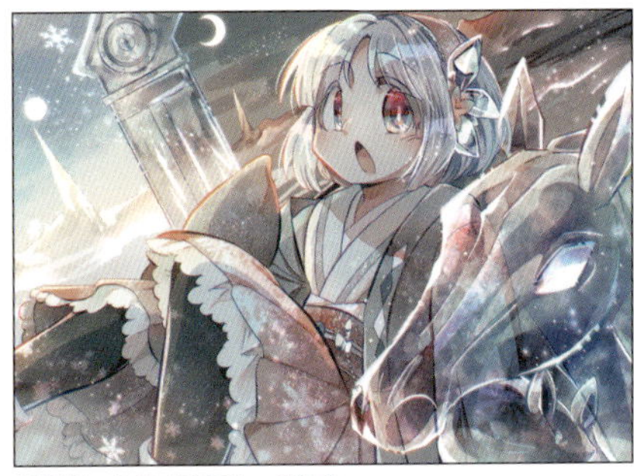
新潟県・ねこノひラル・19歳

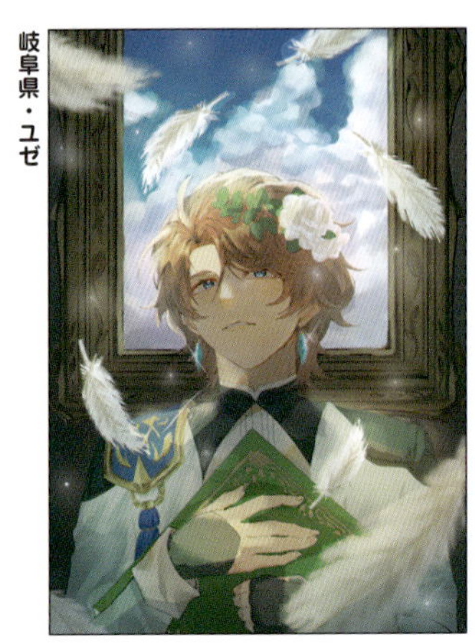
岐阜県・ユゼ

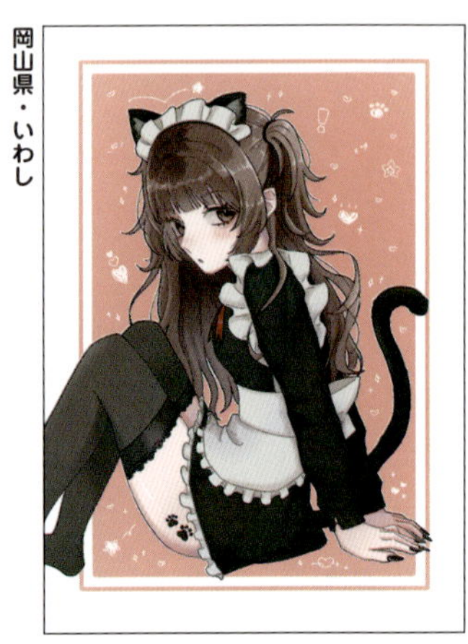
岡山県・いわし

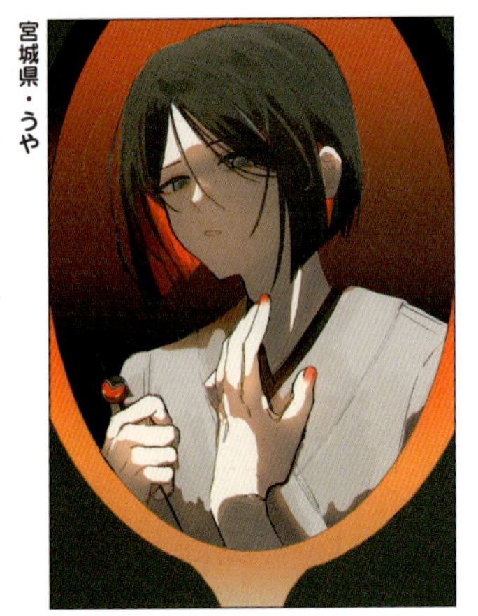
宮城県・うや

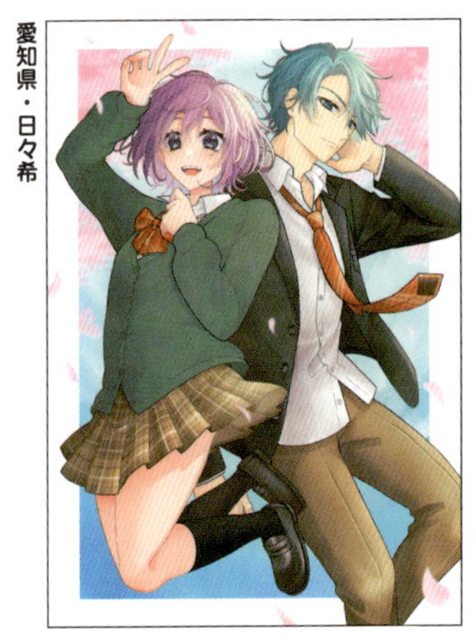
愛知県・日々希

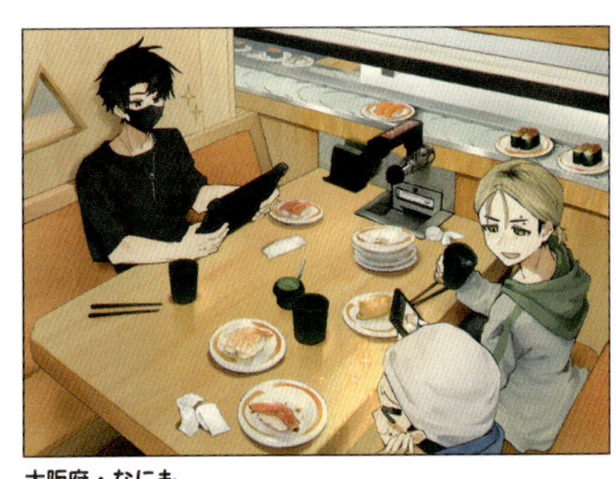
大阪府・なにも

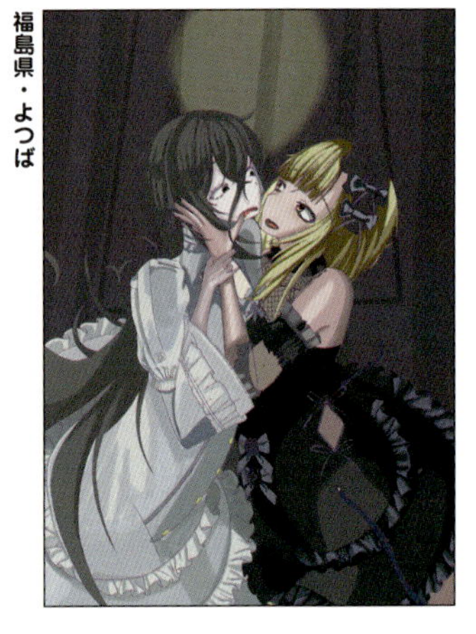
福島県・よつば

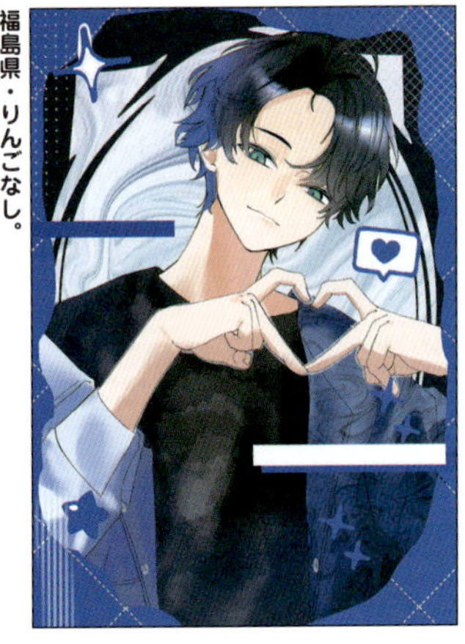
福島県・りんごなし。

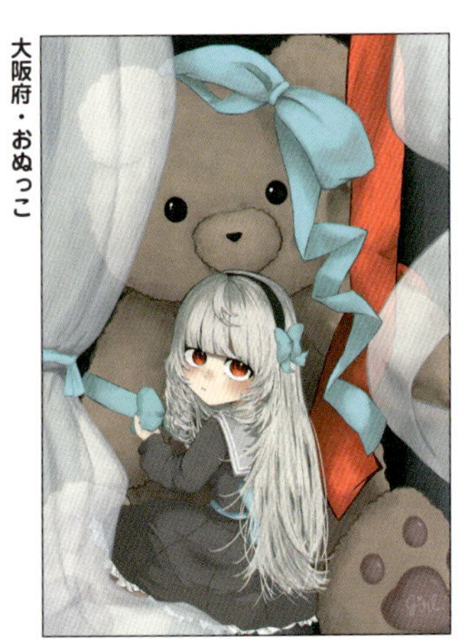
大阪府・おぬっこ

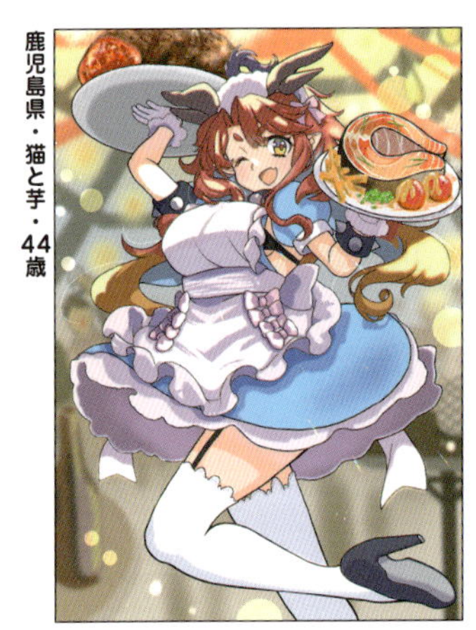
鹿児島県・猫と芋・44歳

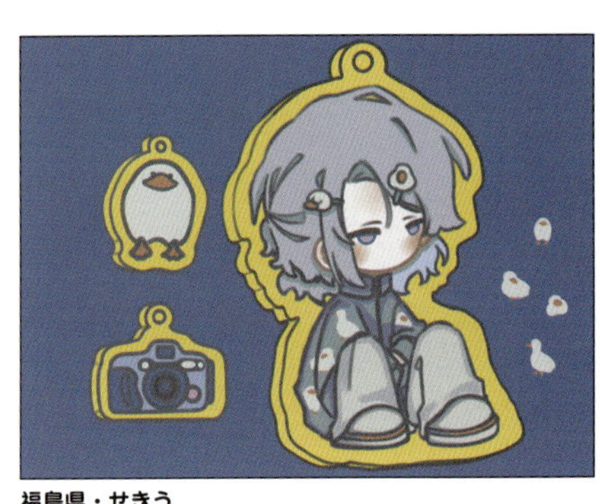
福島県・せきう

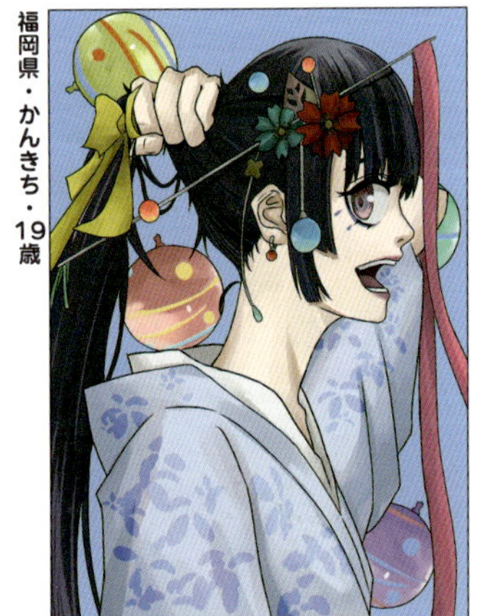
福岡県・かんきち・19歳

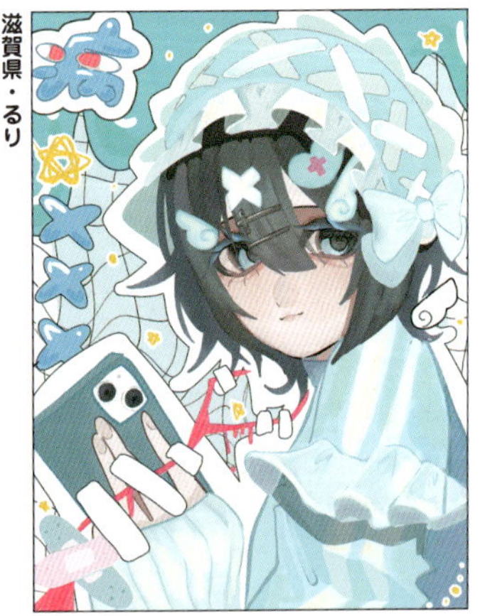
滋賀県・るり

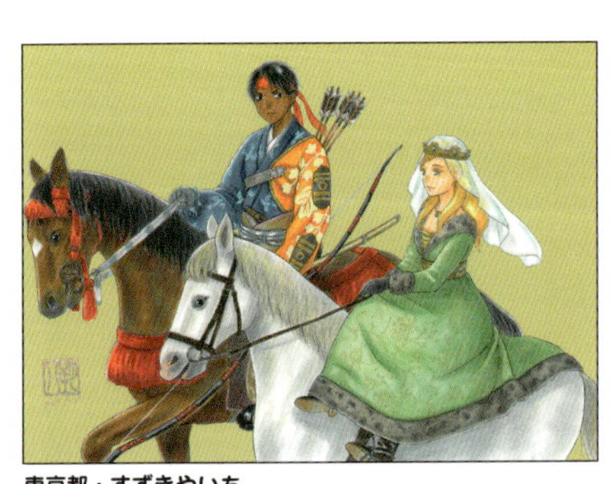
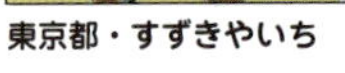
東京都・すずきやいち

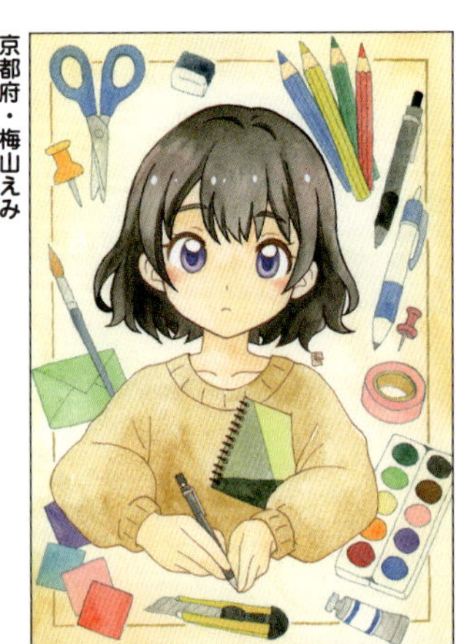
京都府・梅山えみ

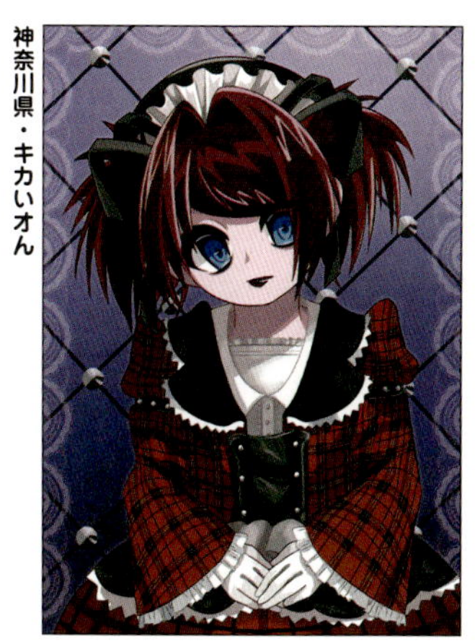
神奈川県・キカいオん

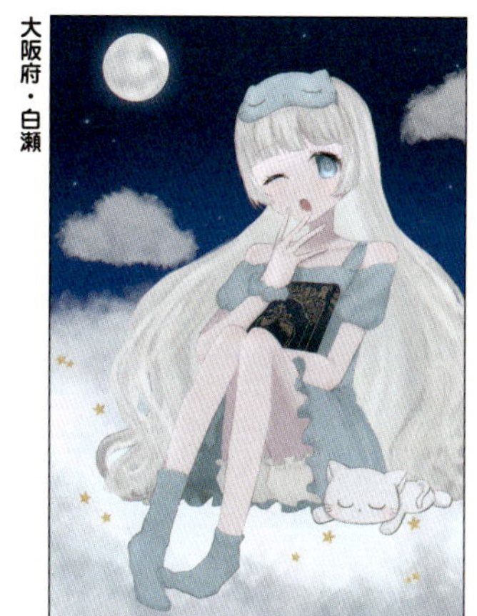
大阪府・白瀬

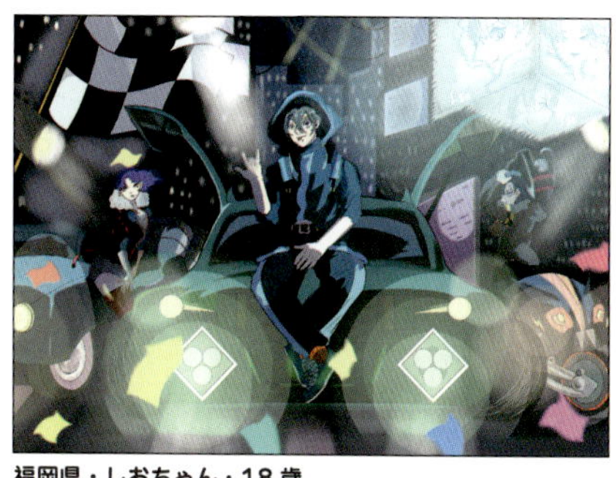
福岡県・しおちゃん・18 歳

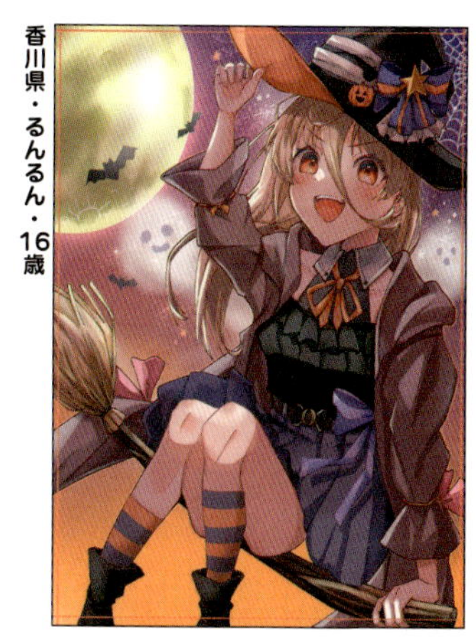
香川県・るんるん・16歳

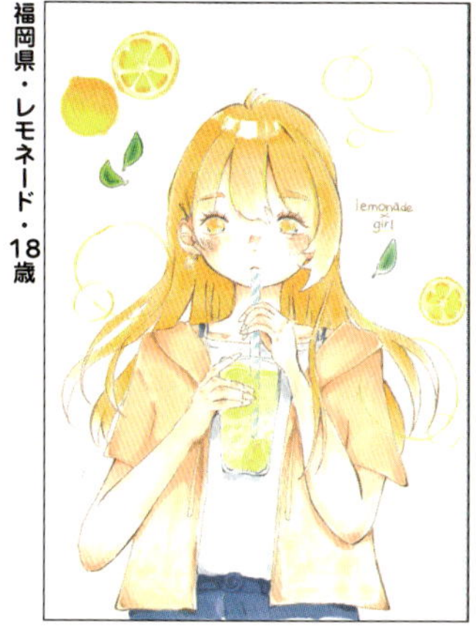

福岡県・レモネード・18歳

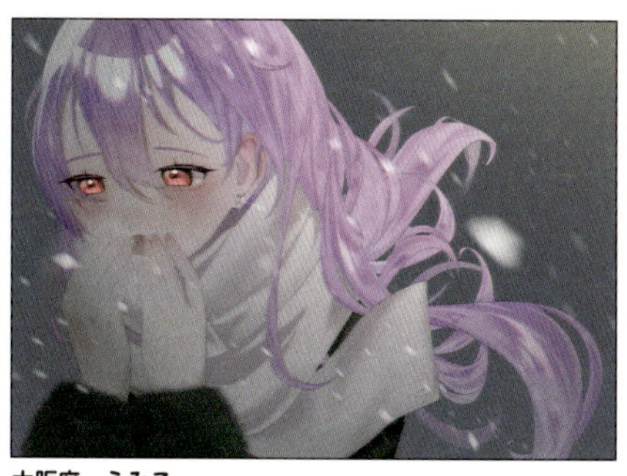
大阪府・うみこ

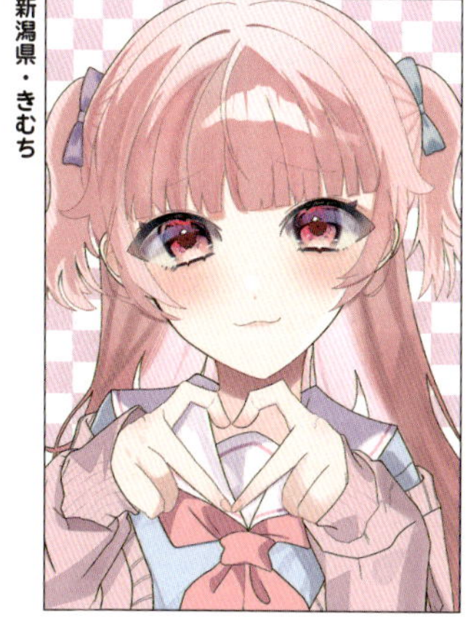
新潟県・きむち

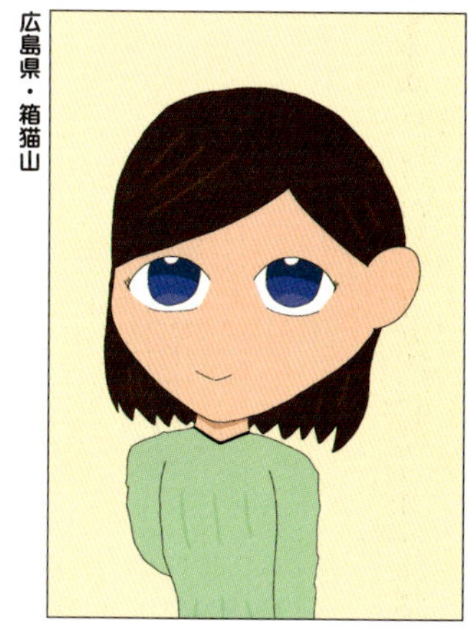
広島県・箱猫山

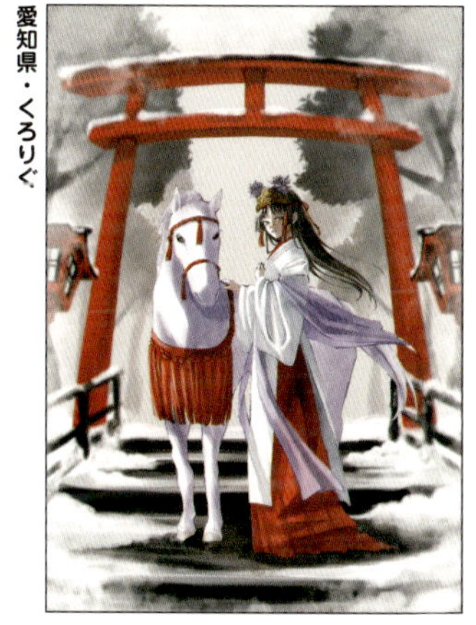
愛知県・くろりぐ

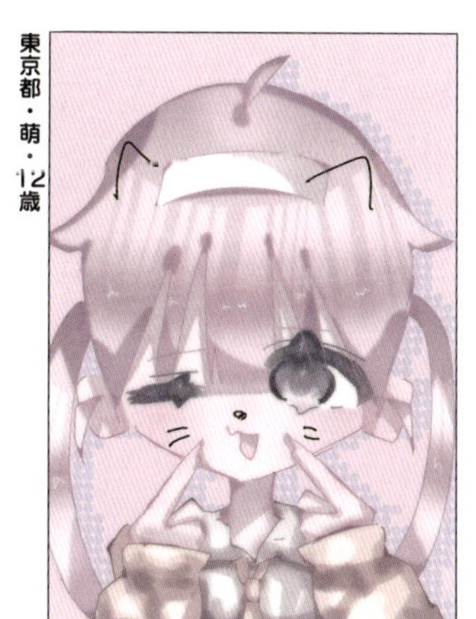
東京都・萌・12歳

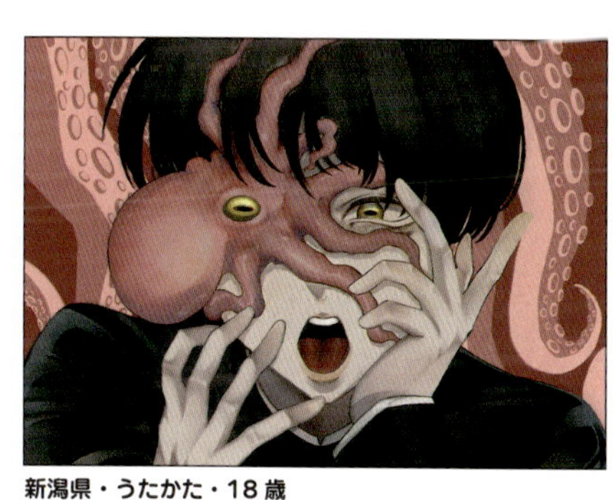
新潟県・うたかた・18 歳

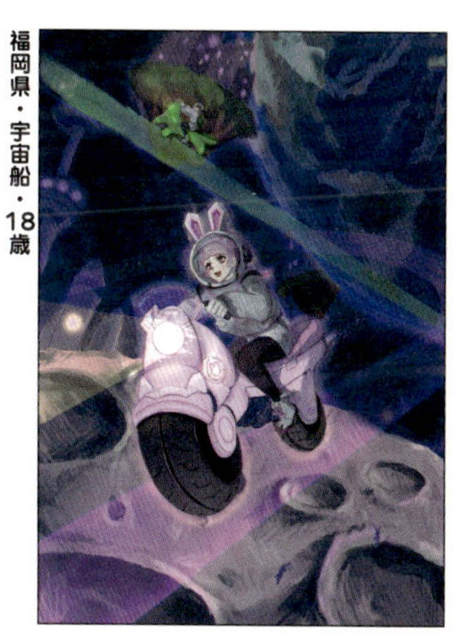
福岡県・宇宙船・18歳

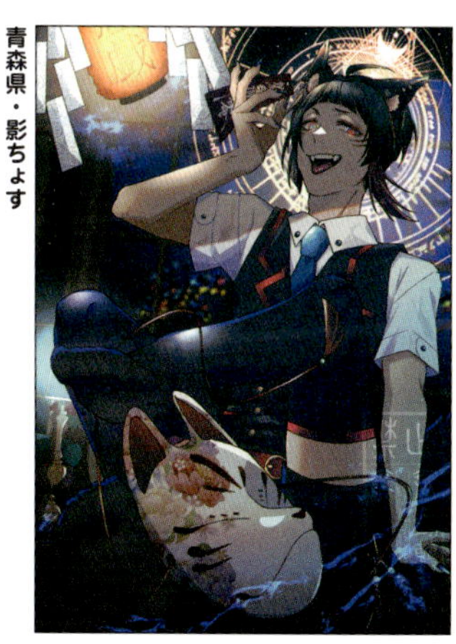
青森県・影ちょす

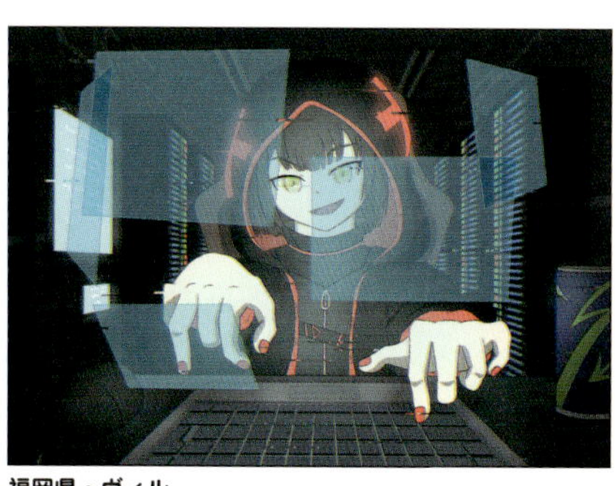
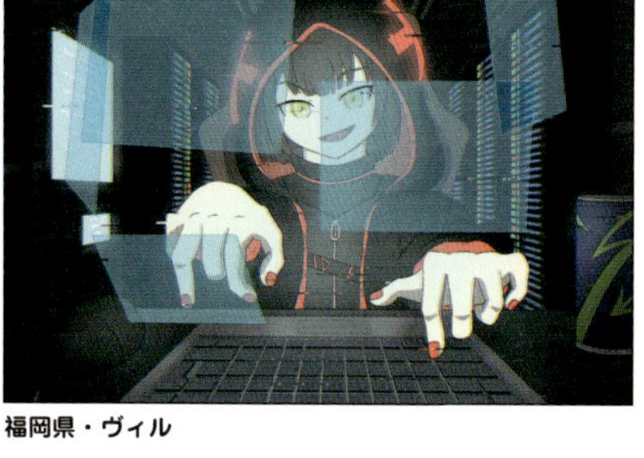
福岡県・ヴィル

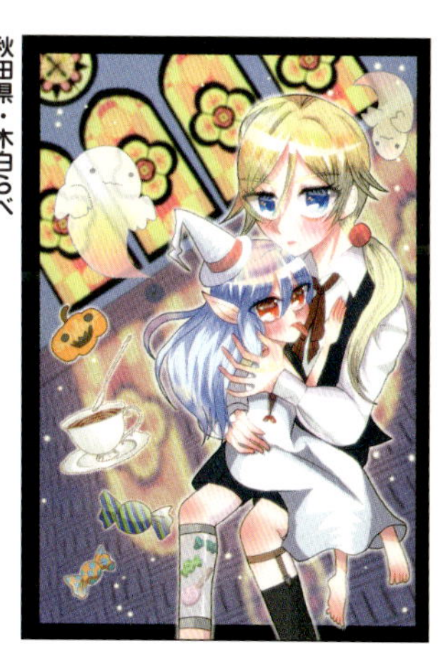
秋田県・木白らべ

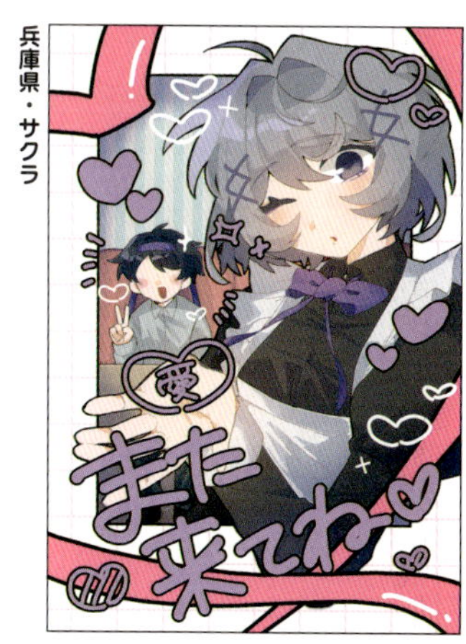

兵庫県・サクラ

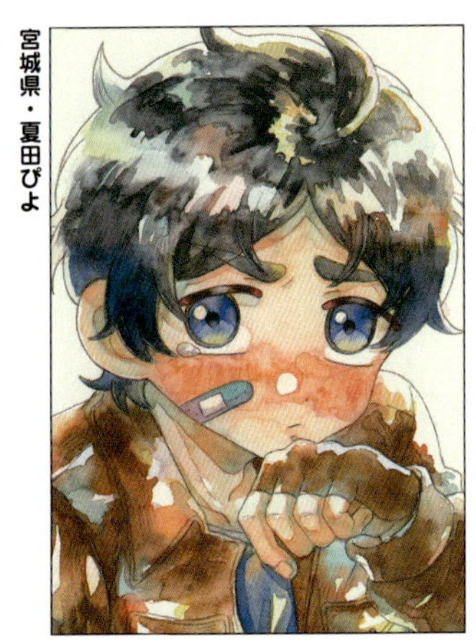
宮城県・夏田ぴよ

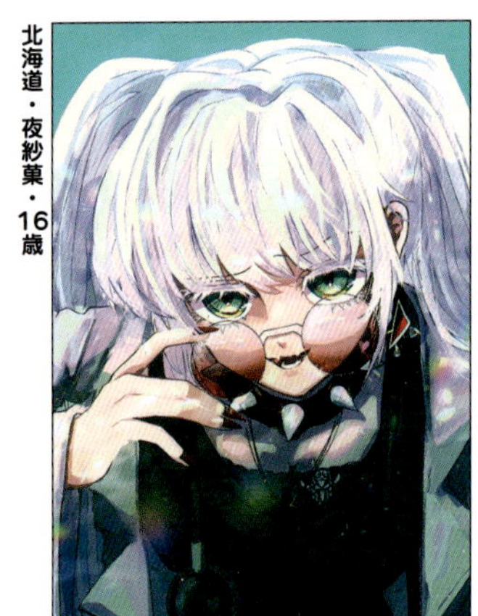
北海道・夜紗菓・16歳

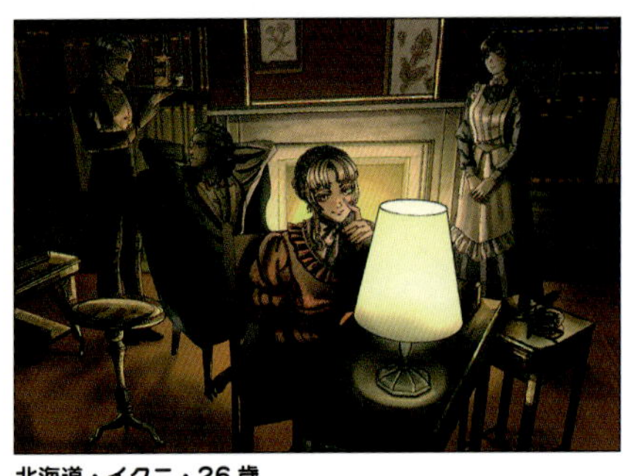
北海道・イクニ・26歳

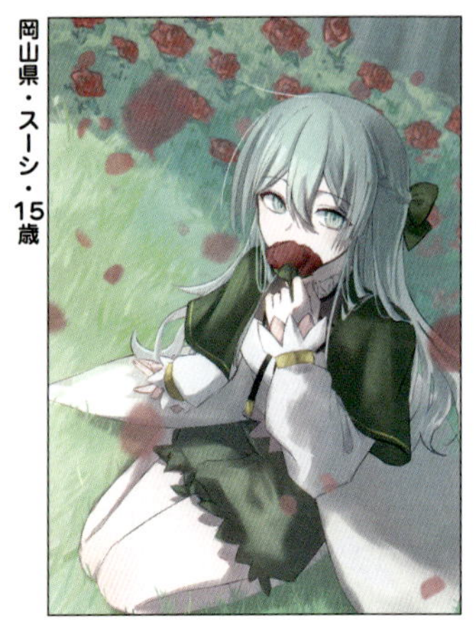
岡山県・スーシ・15歳

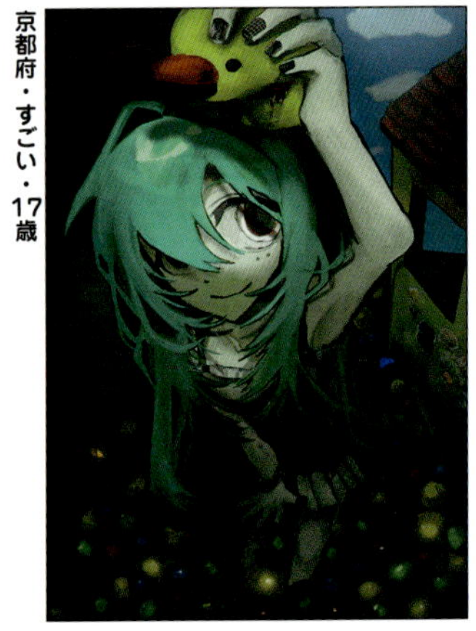
京都府・すごい・17歳

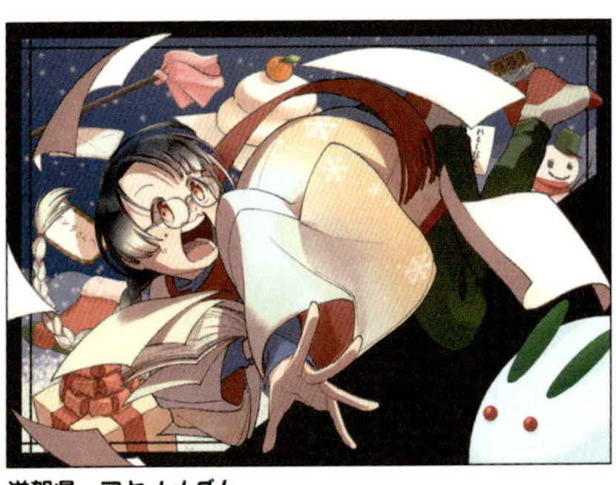
滋賀県・アヤノメグム

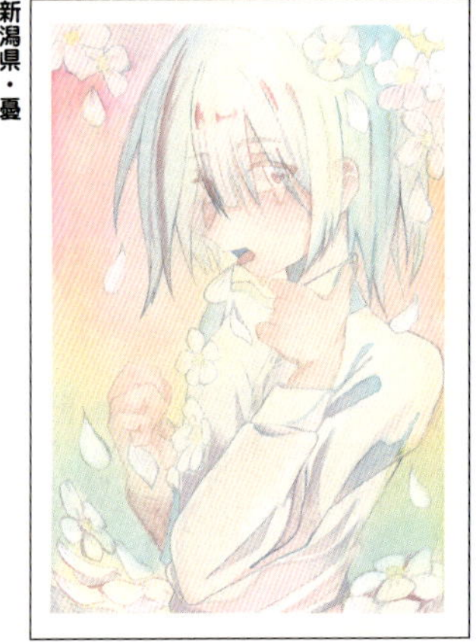
新潟県・憂

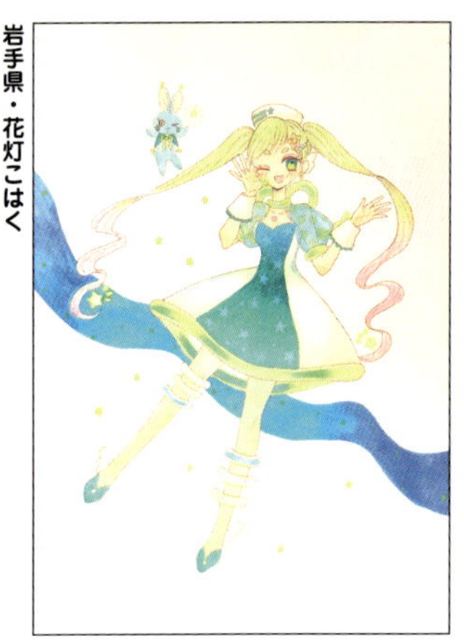
岩手県・花灯こはく

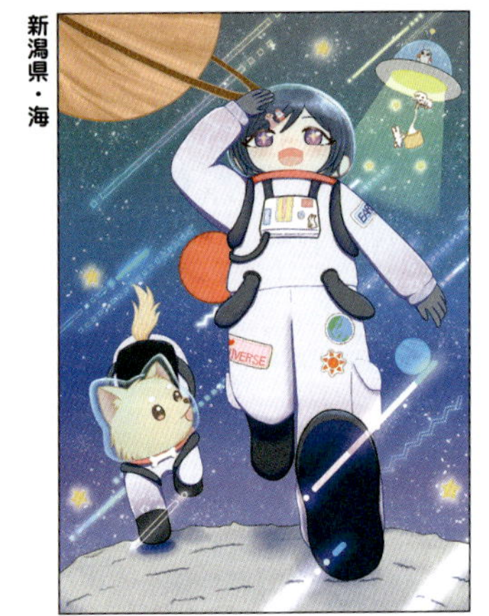
新潟県・海

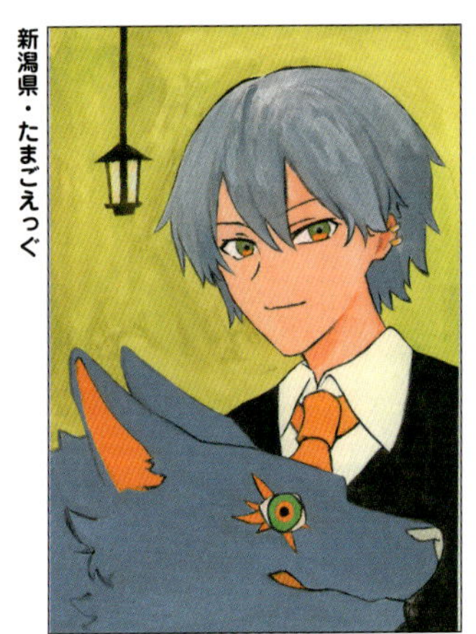
新潟県・たまごえっぐ

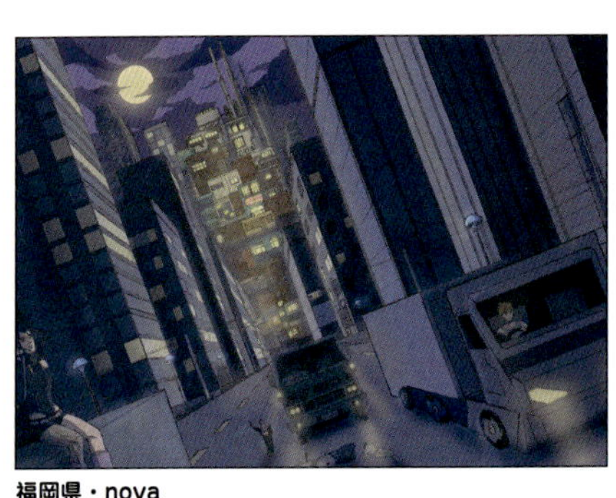
福岡県・nova

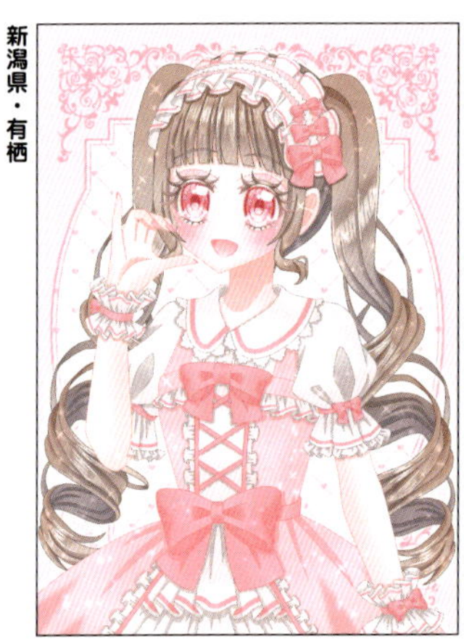
新潟県・有栖

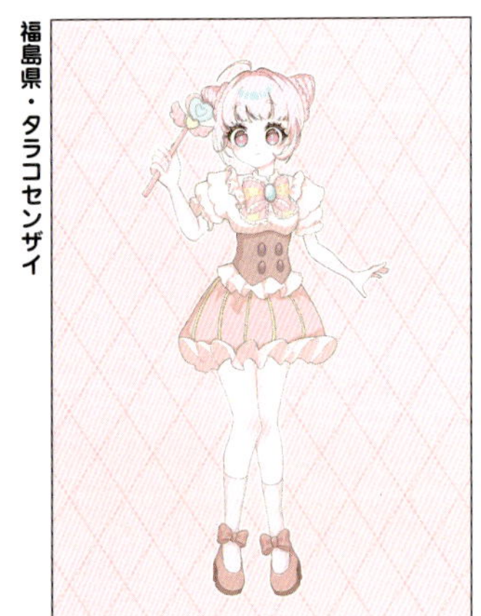
福島県・タラコセンザイ

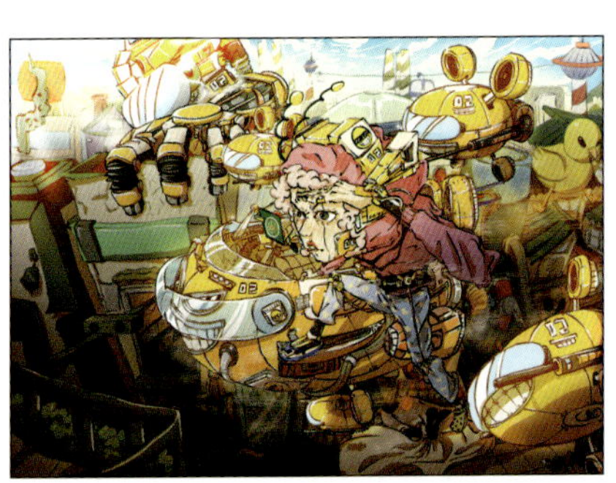
インドネシア・Berlien

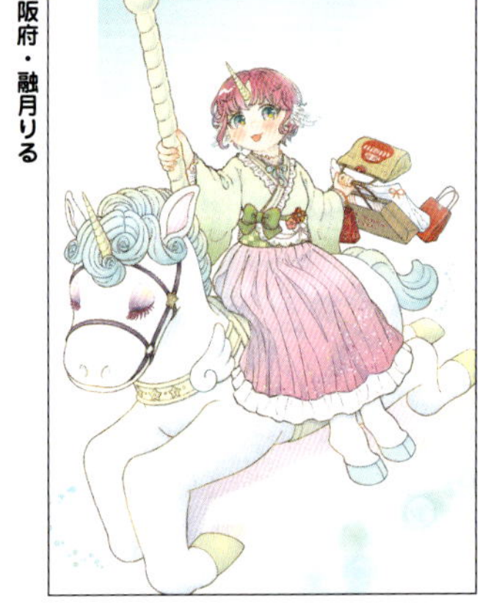
大阪府・融月りる

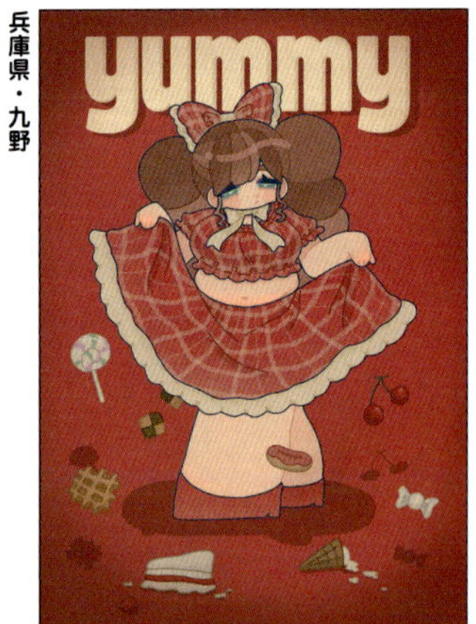

兵庫県・九野

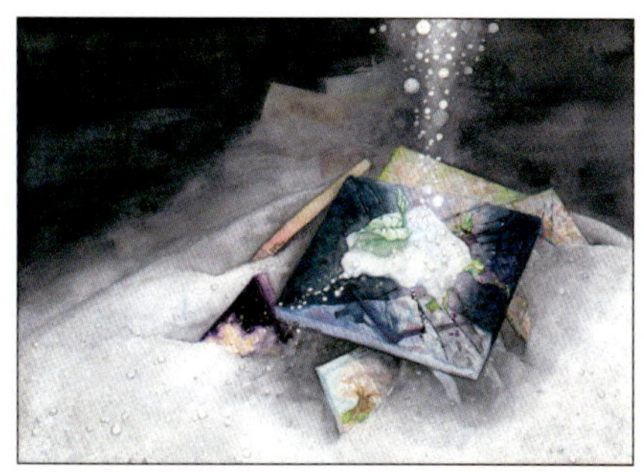
大阪府・Luglie

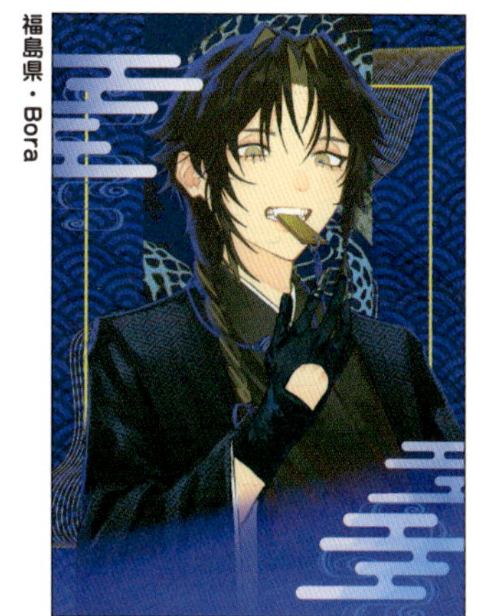
福島県・Bora

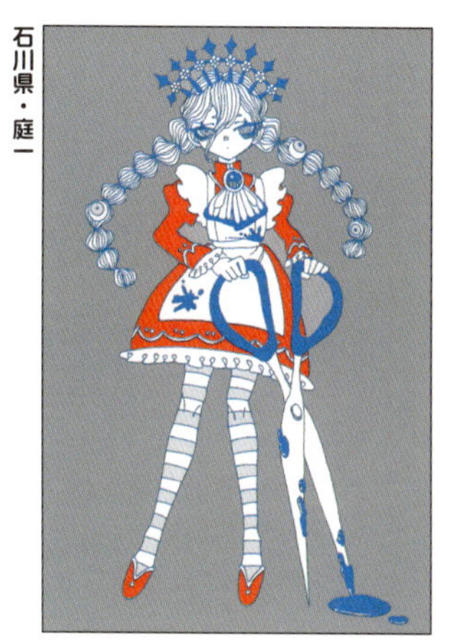
石川県・庭一

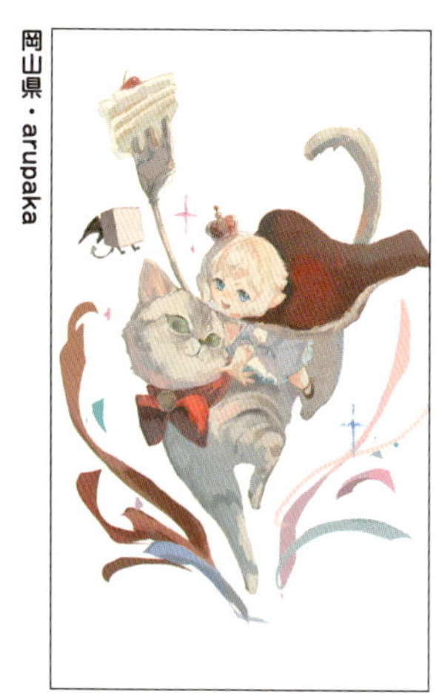
岡山県・arupaka

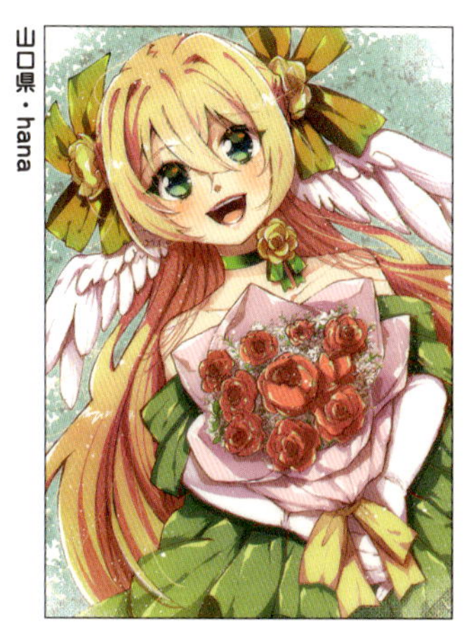
山口県・hana

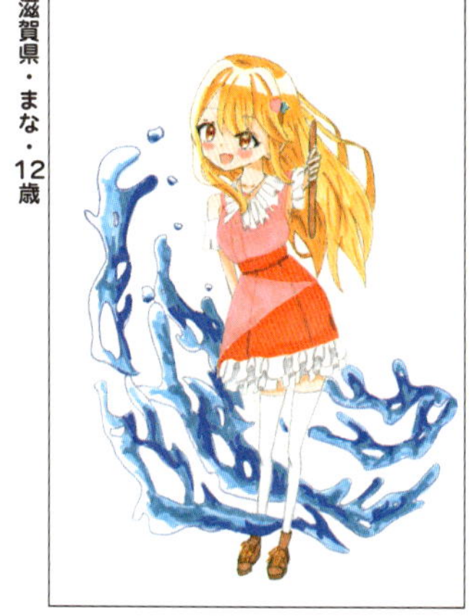
滋賀県・まな・12歳

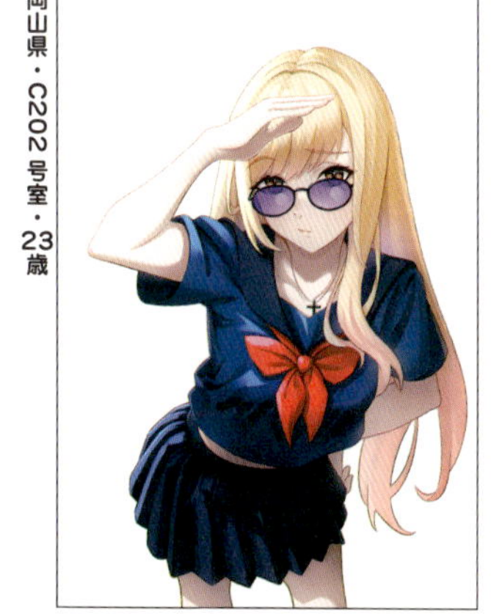
岡山県・C202号室・23歳

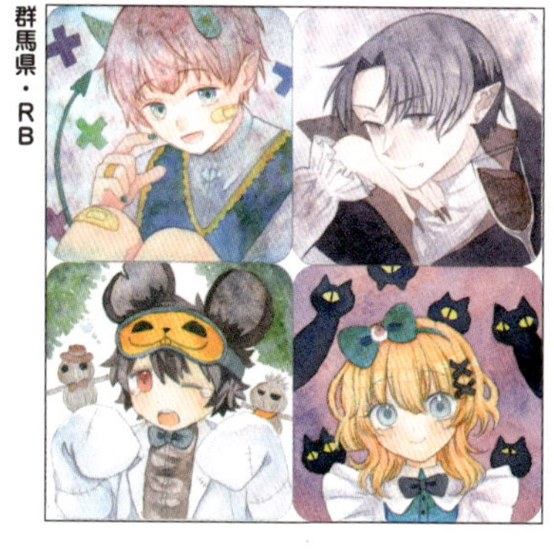
群馬県・RB

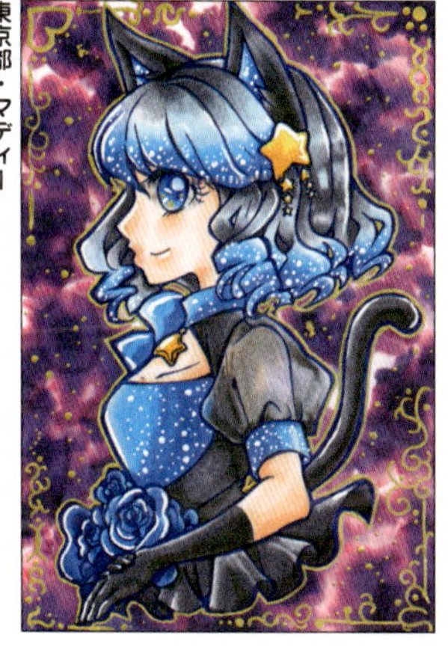
東京都・マディー

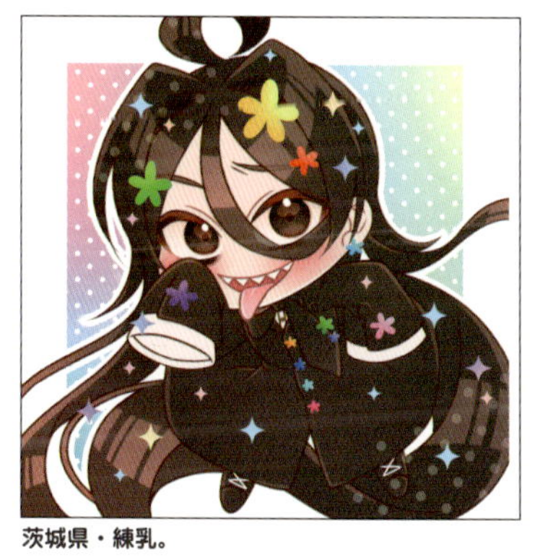
茨城県・練乳。

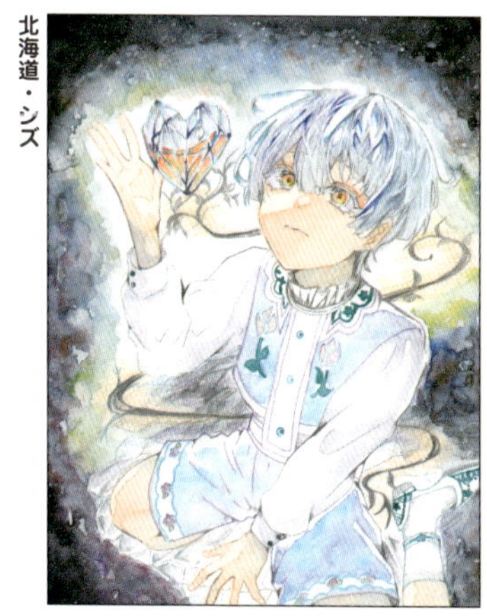
北海道・シズ

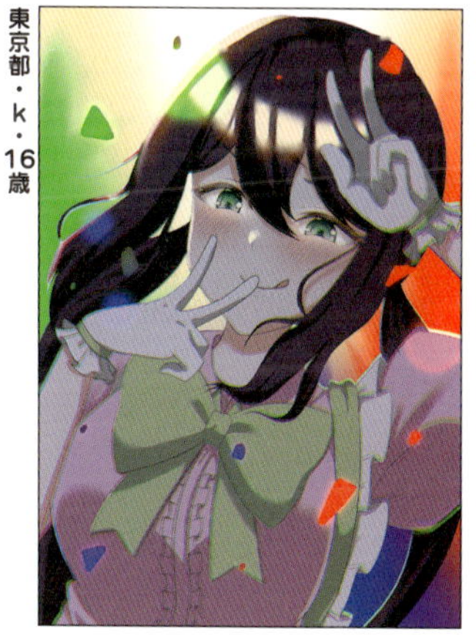
東京都・k・16歳

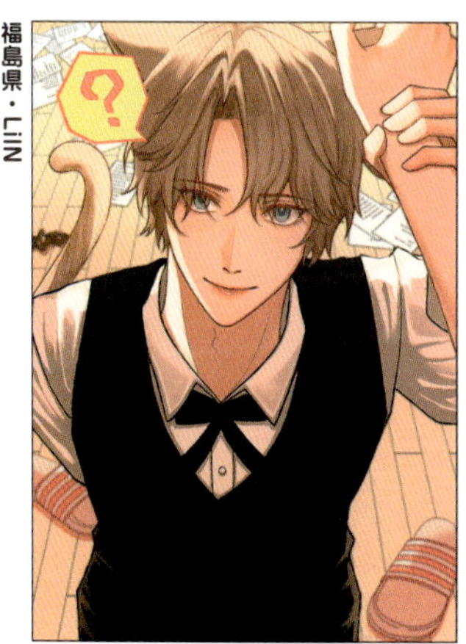
福島県・LiN

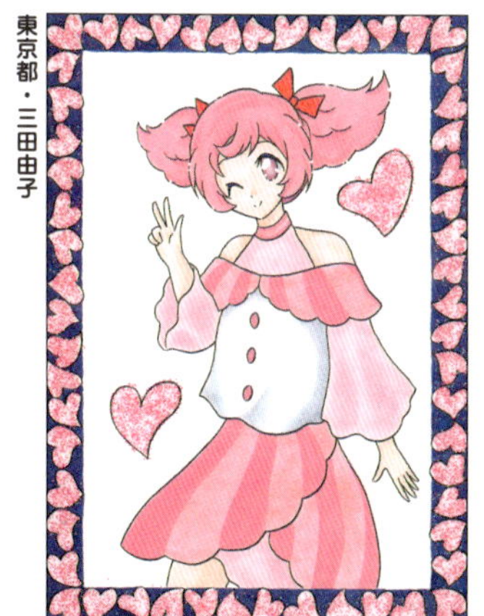
東京都・三田由子

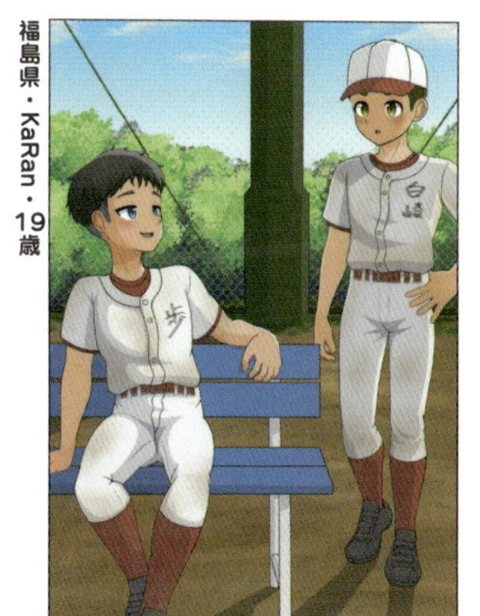
福島県・KaRan・19歳

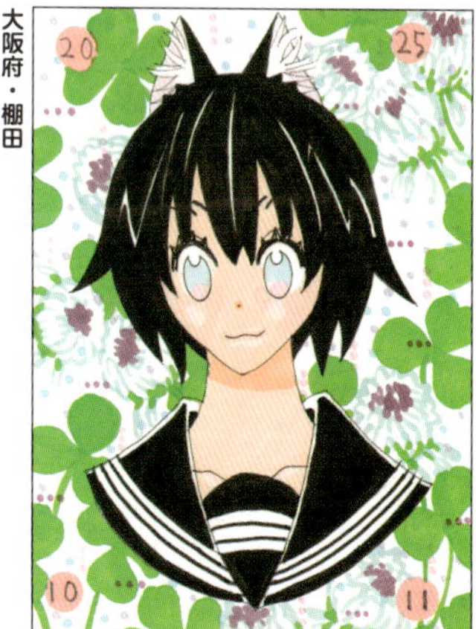

大阪府・棚田

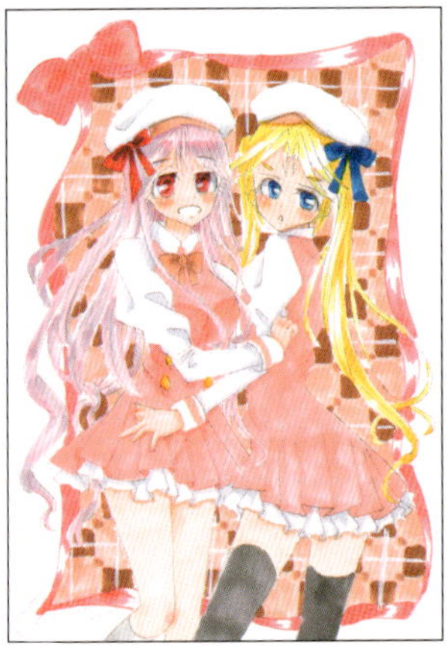

長野県・谷川りおん

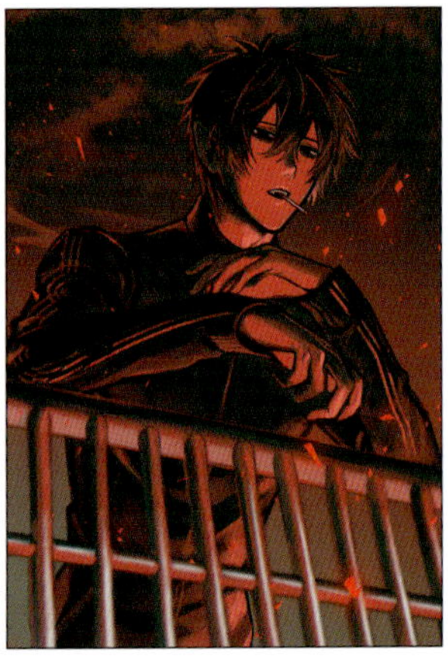

新潟県・metanuuu

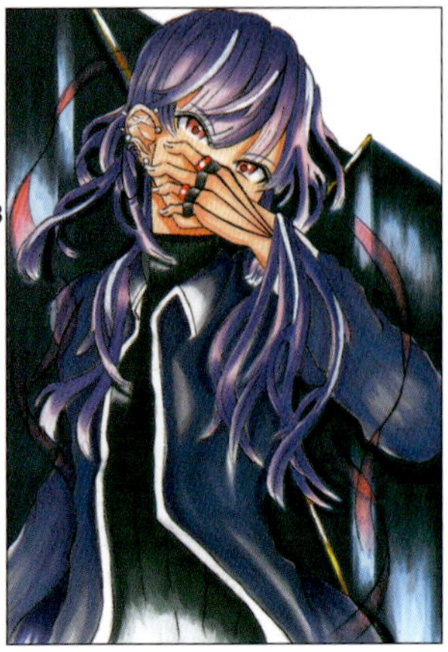

茨城県・おまめ・13歳

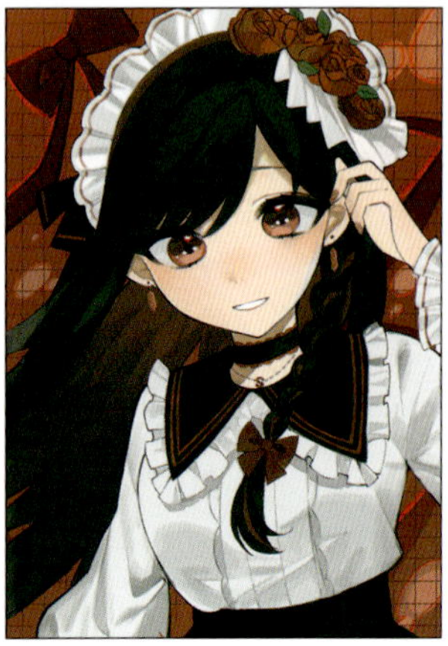

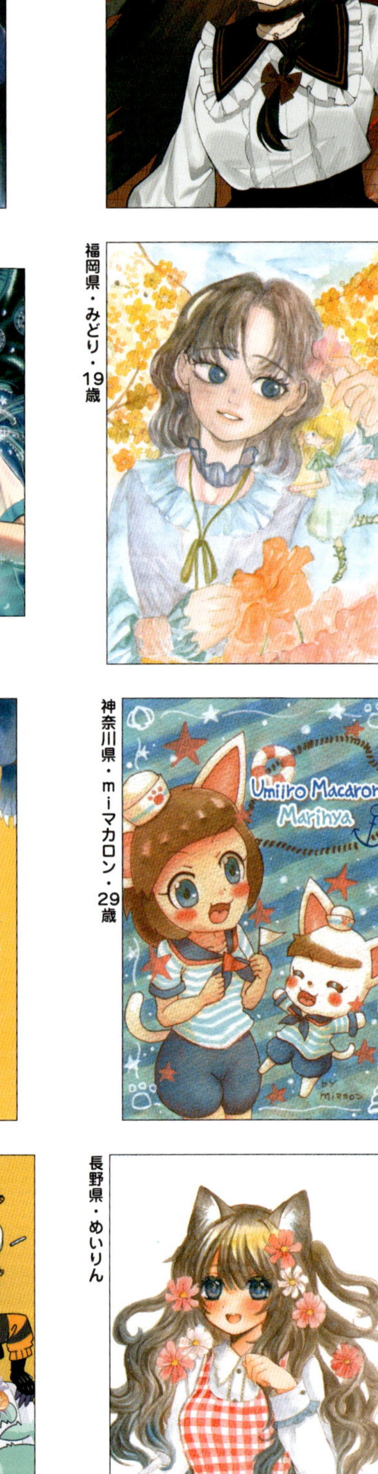

広島県・meron

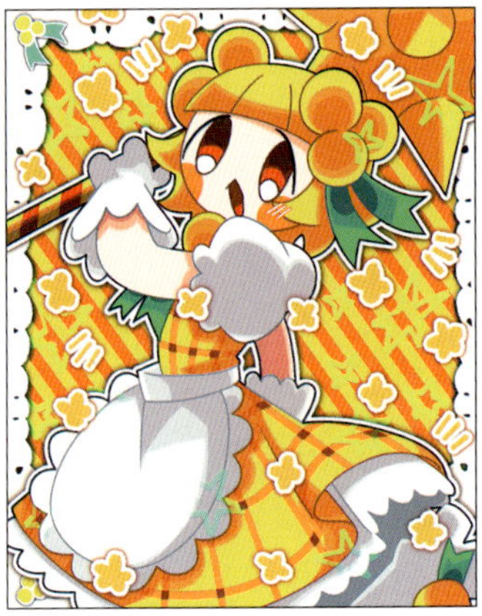

福島県・MITSUKADO

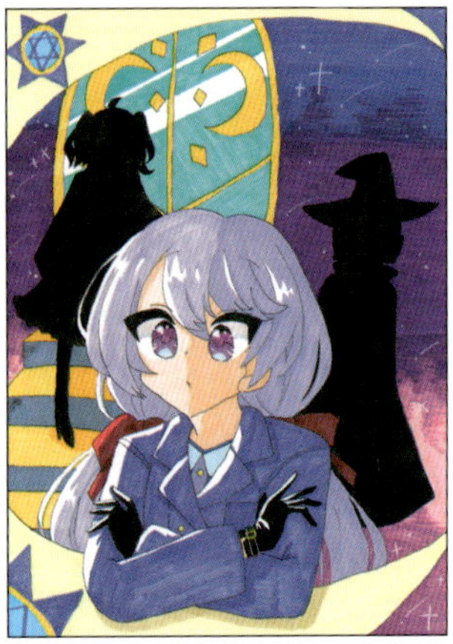

群馬県・スノー・11歳

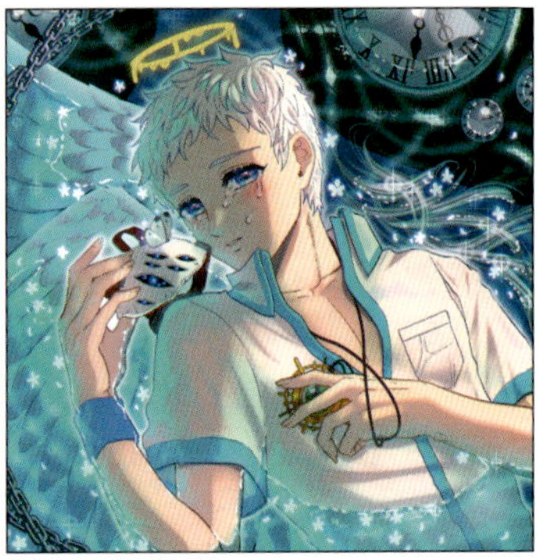

長野県・夜のめぐみ

福岡県・みどり・19歳

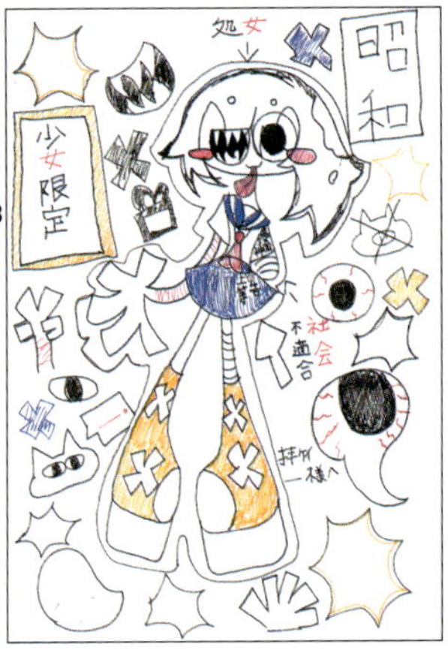

大阪府・和桜恋・13歳

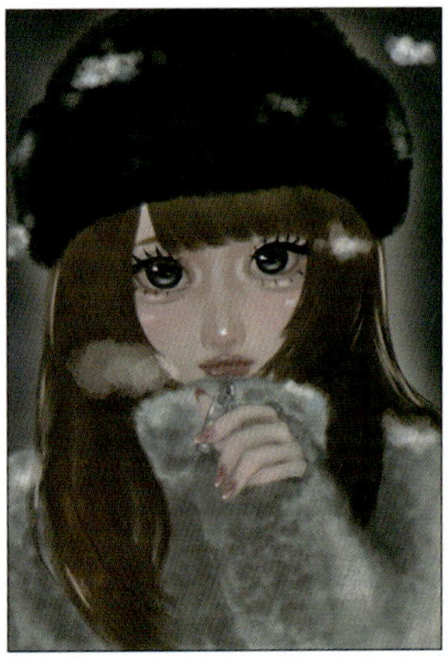

岡山県・nyanyoO

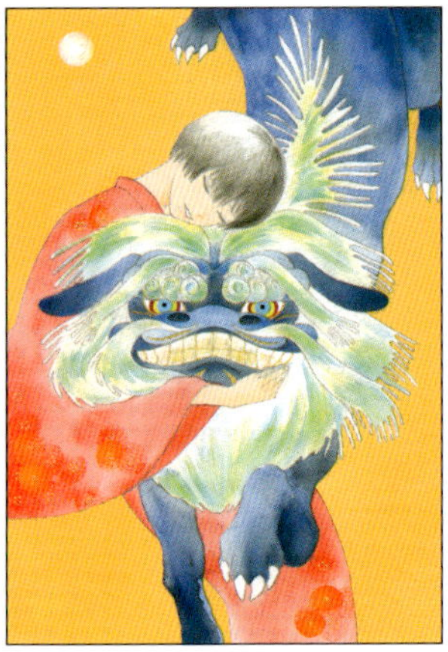

千葉県・向茉冬

神奈川県・miマカロン・29歳

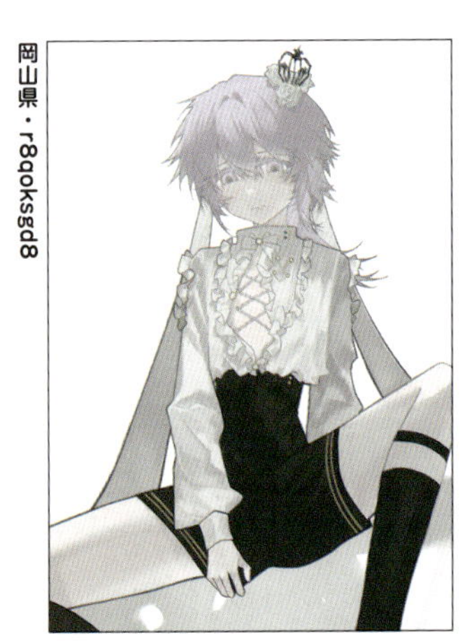

岡山県・r8aoksgd8

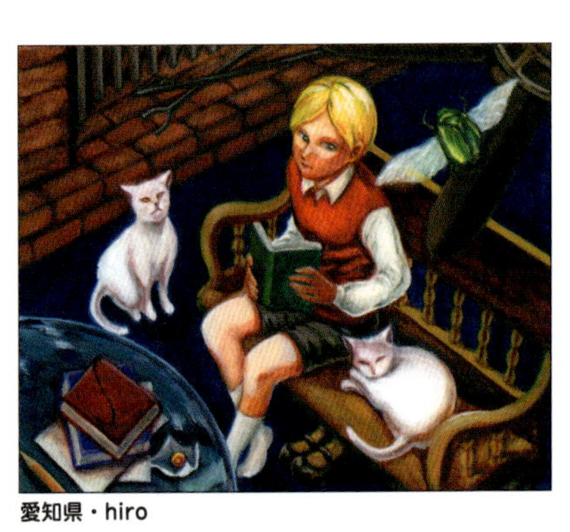

愛知県・hiro

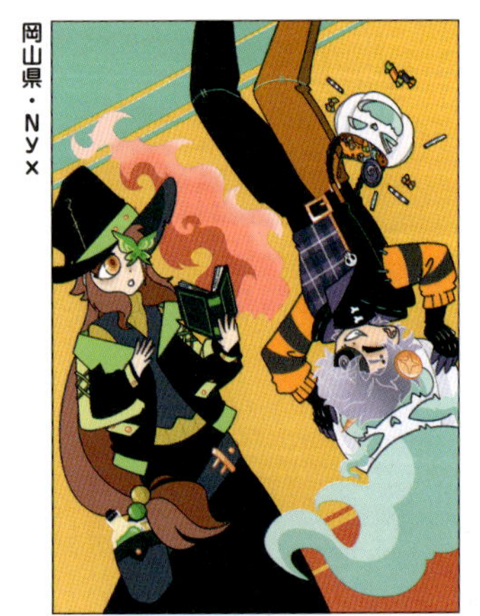

岡山県・Nyx

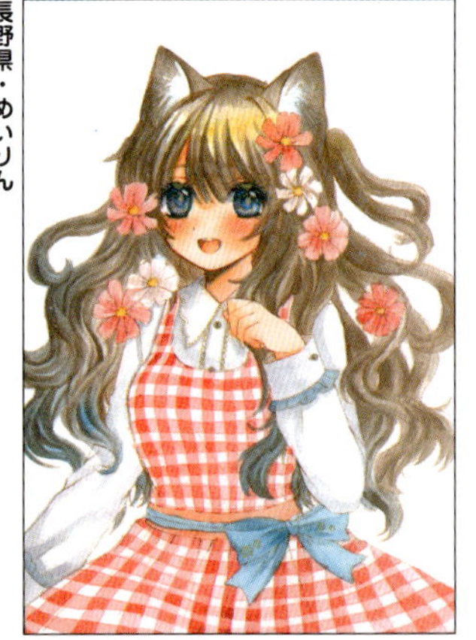

長野県・めいりん

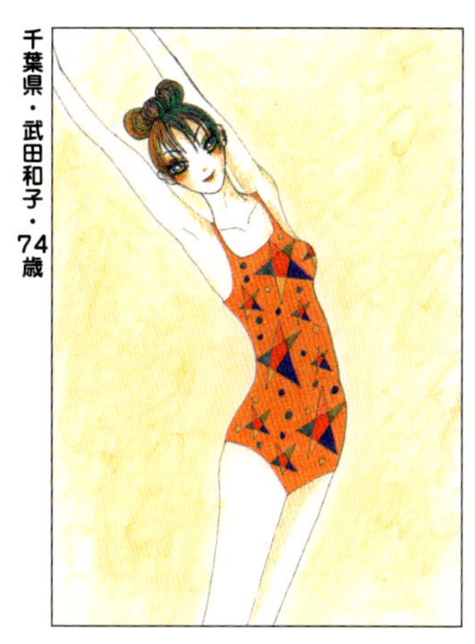
千葉県・武田和子・74歳

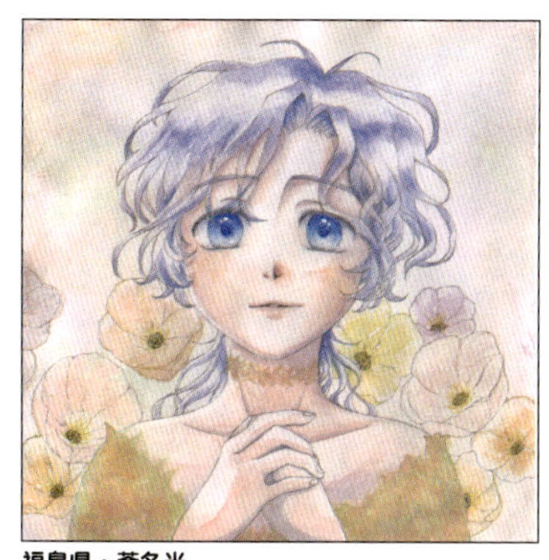
福島県・蒼名光

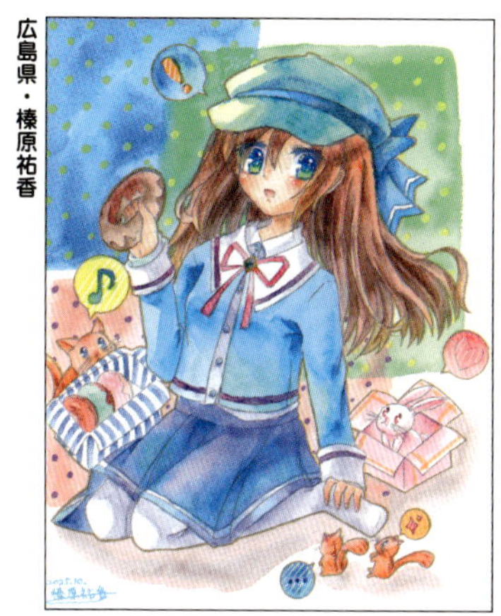
広島県・榛原祐香

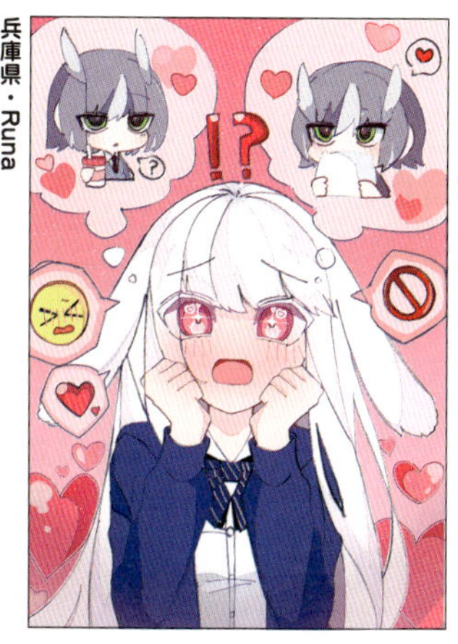
兵庫県・Runa

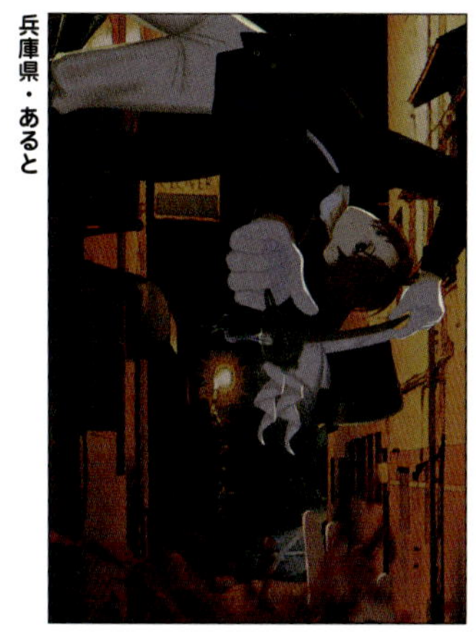
兵庫県・あると

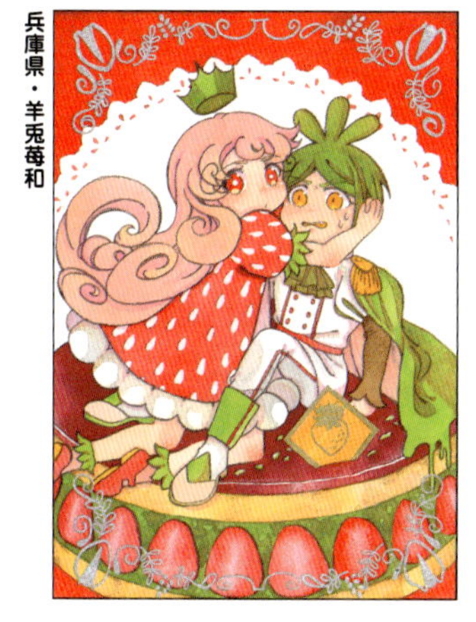
兵庫県・羊兎苺和

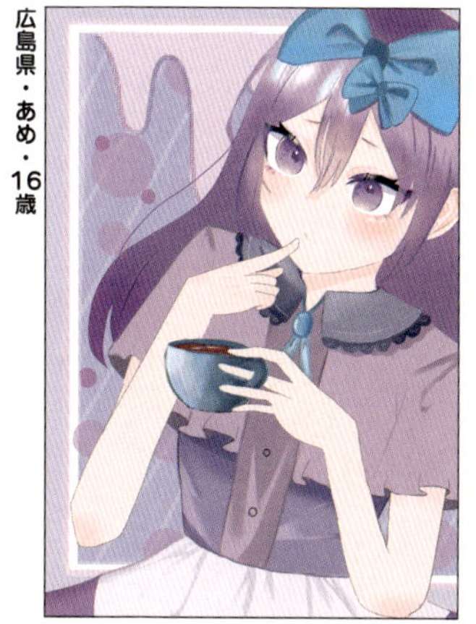
広島県・あめ・16歳

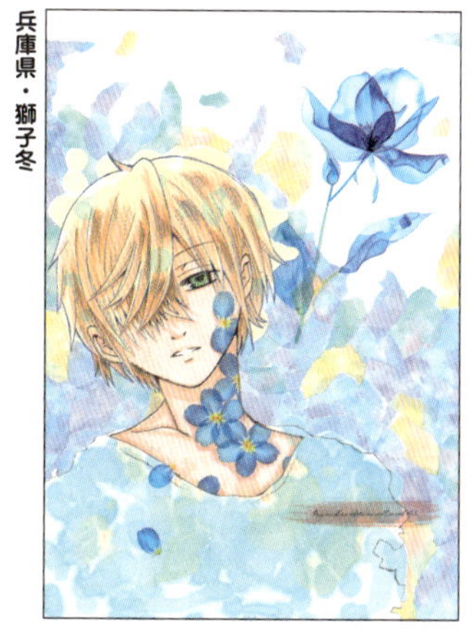
兵庫県・獅子冬

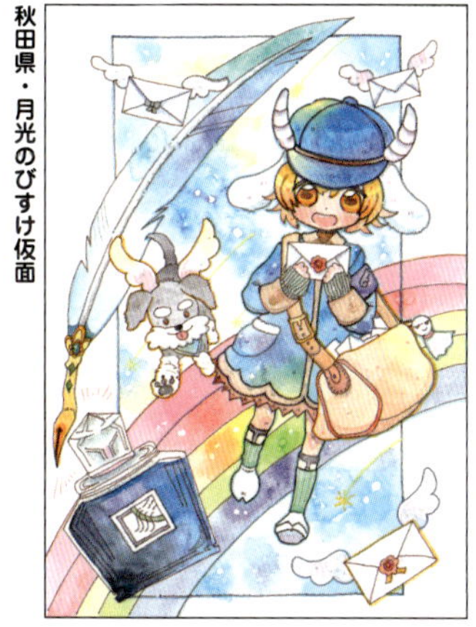
秋田県・月光のびすけ仮面

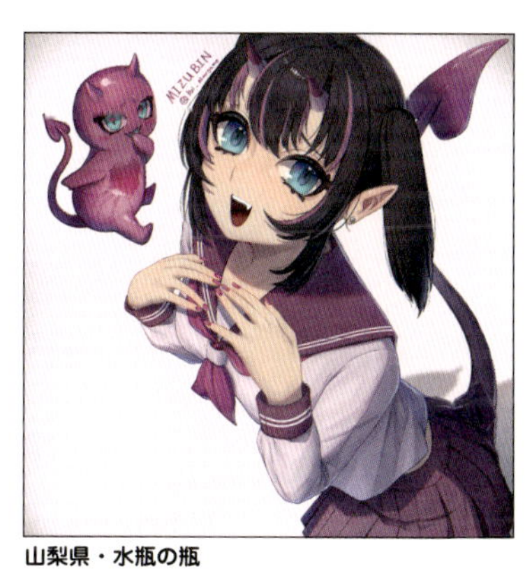
山梨県・水瓶の瓶

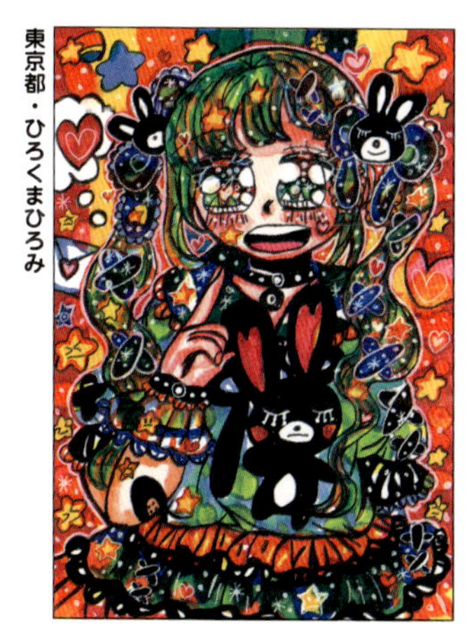
東京都・ひろくまひろみ

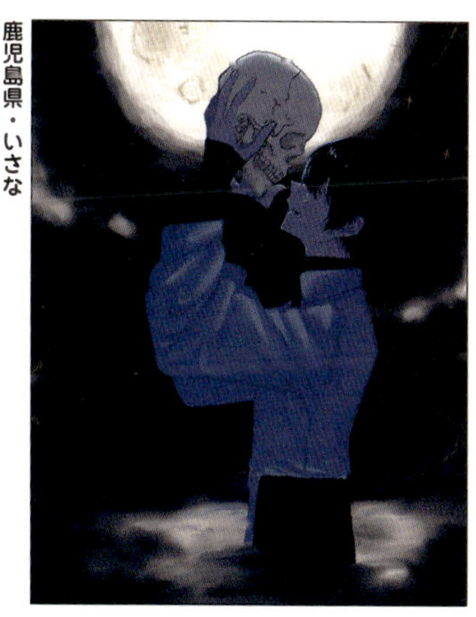
鹿児島県・いさな

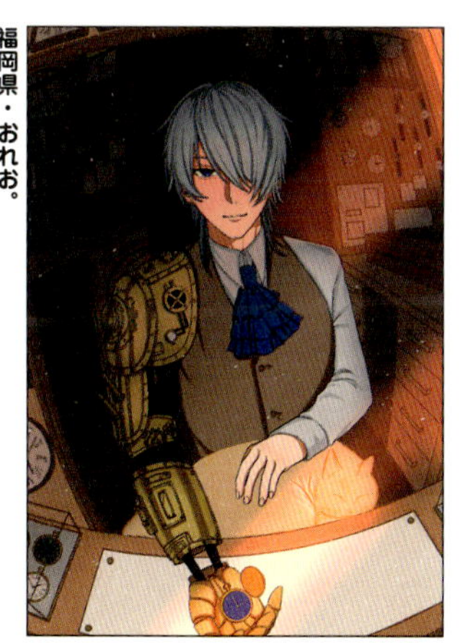
福岡県・おれお。

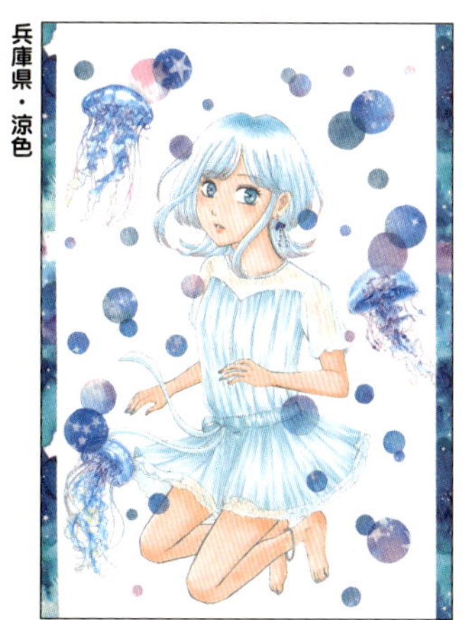
兵庫県・涼色

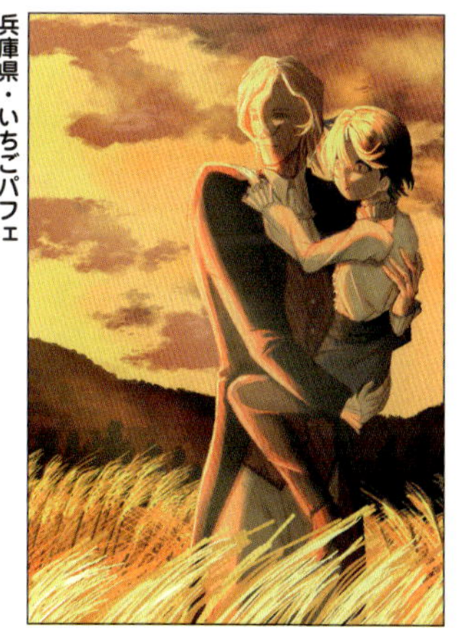
兵庫県・いちごパフェ

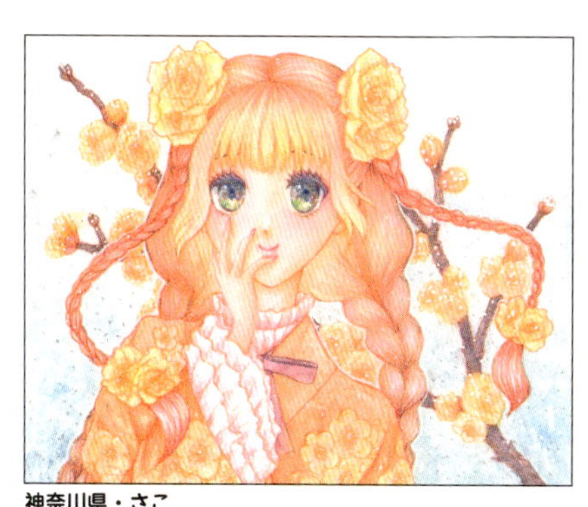
神奈川県・さこ

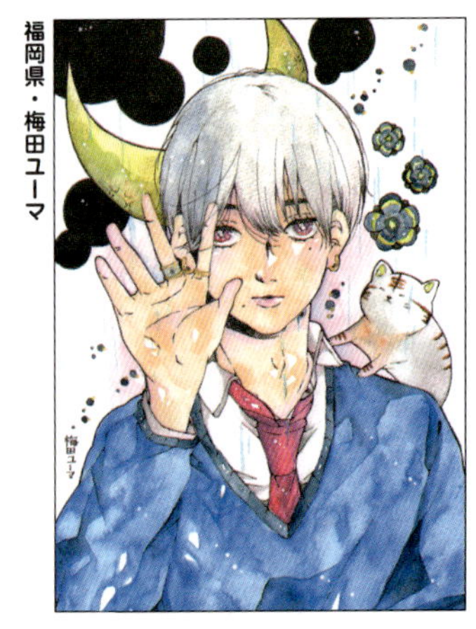
福岡県・梅田ユーマ

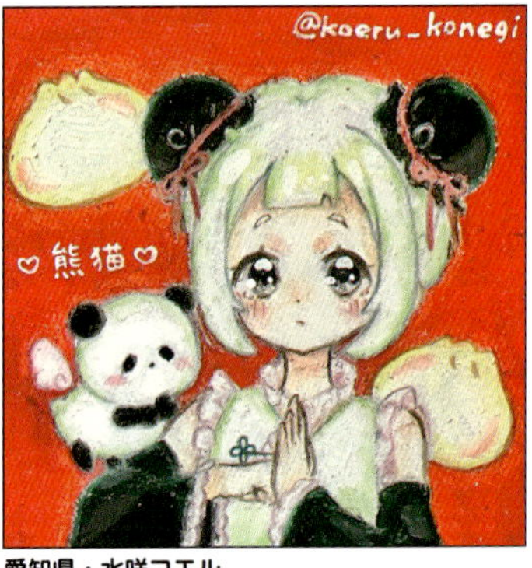

愛知県・水咲コエル

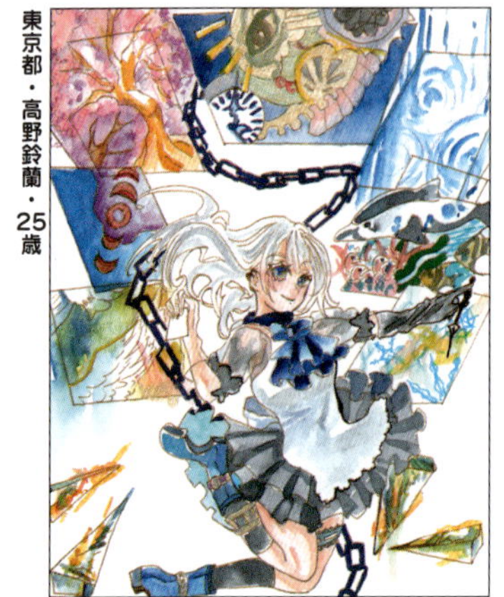
東京都・高野鈴蘭・25歳

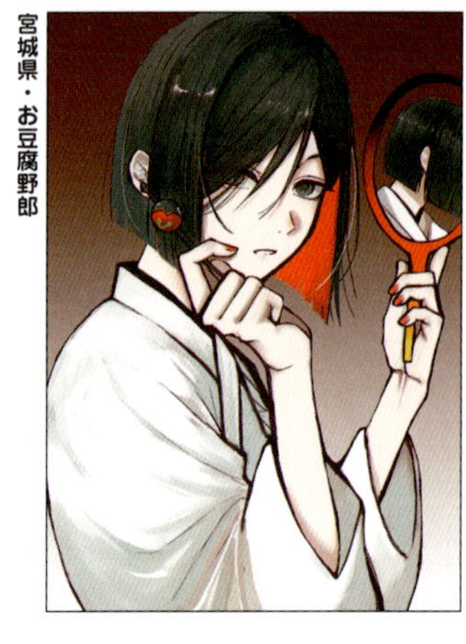
宮城県・お豆腐野郎

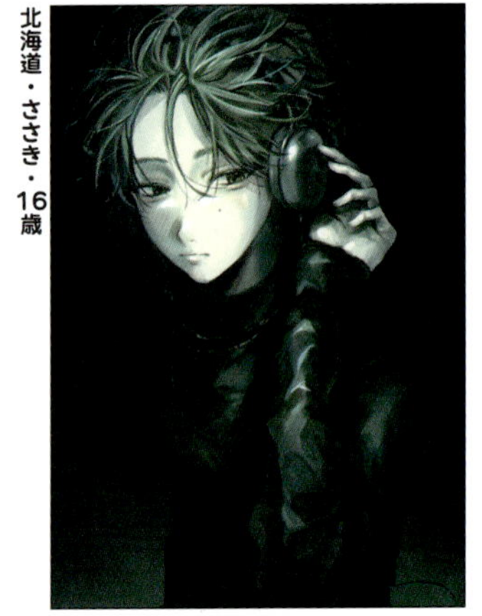
北海道・ささき・16歳

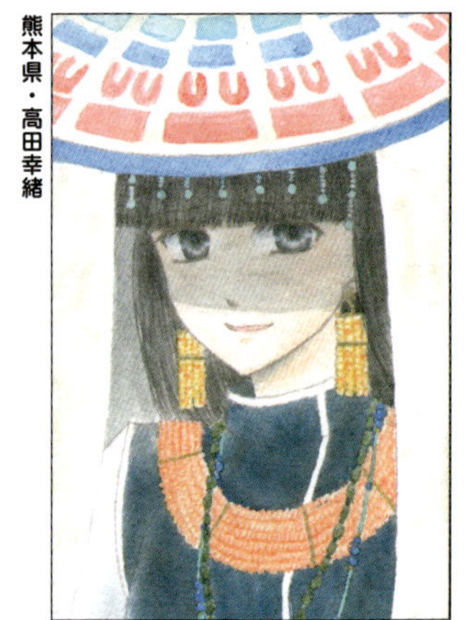
熊本県・高田幸緒

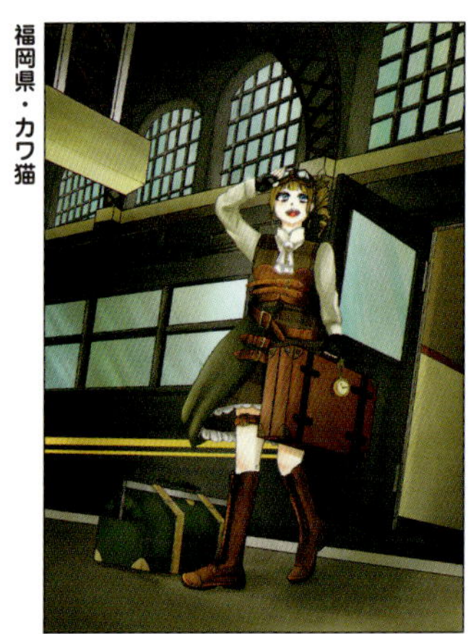
福岡県・カワ猫

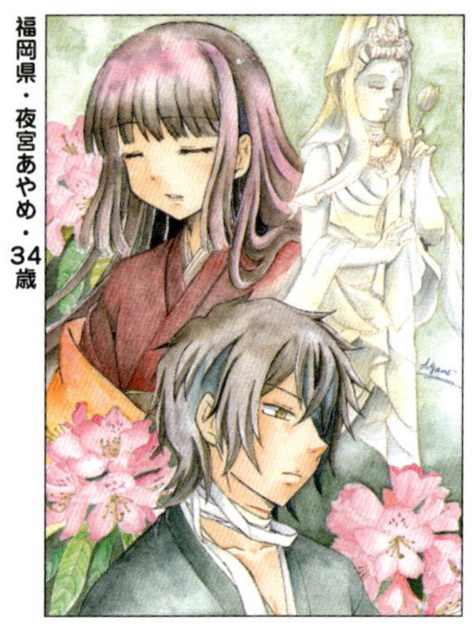
福岡県・夜宮あやめ・34歳

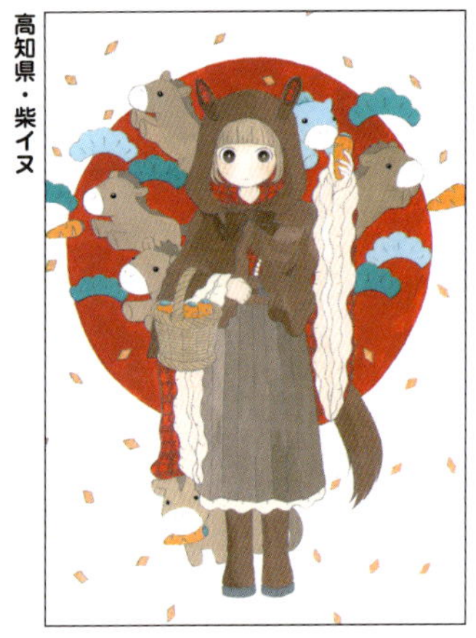
高知県・柴イヌ

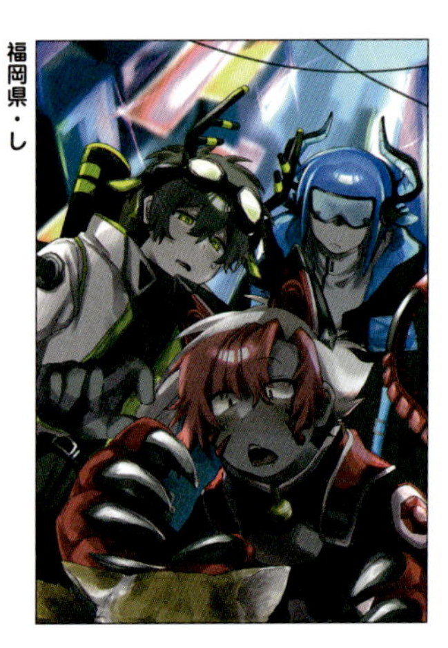
福岡県・し

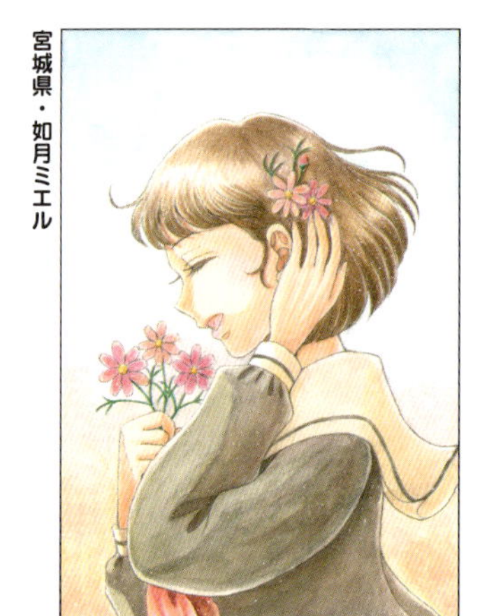
宮城県・如月ミエル

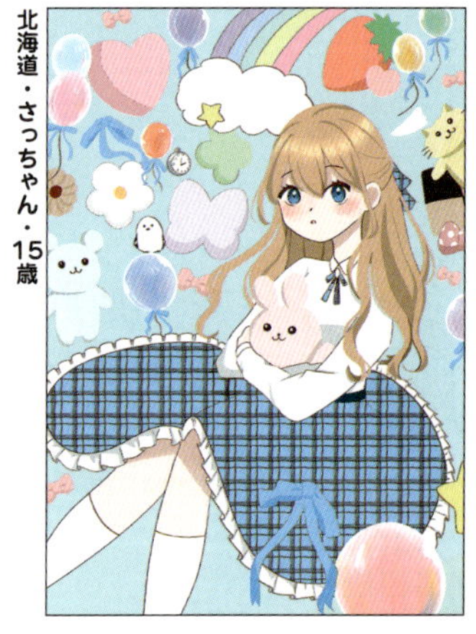
北海道・さっちゃん・15歳

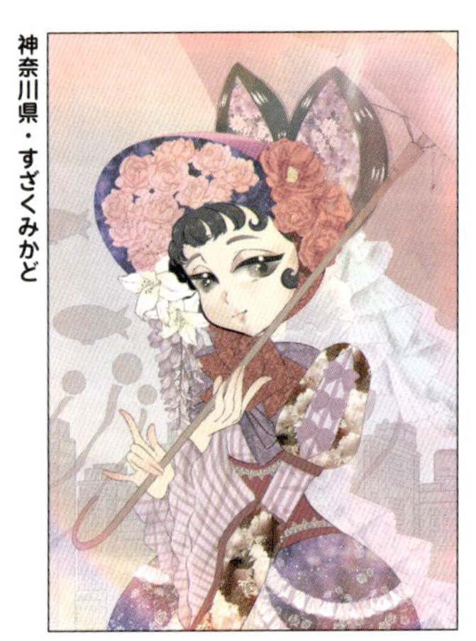
神奈川県・すざくみかど

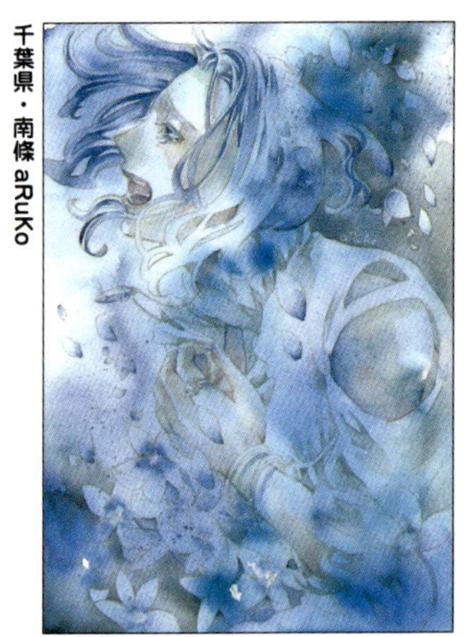
千葉県・南條 aRuKo

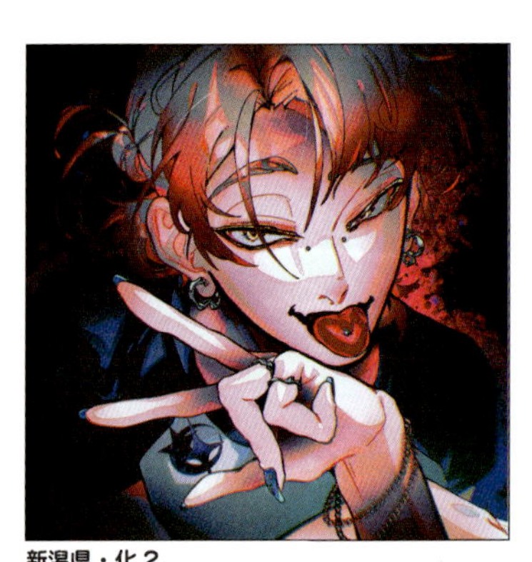
新潟県・化２。

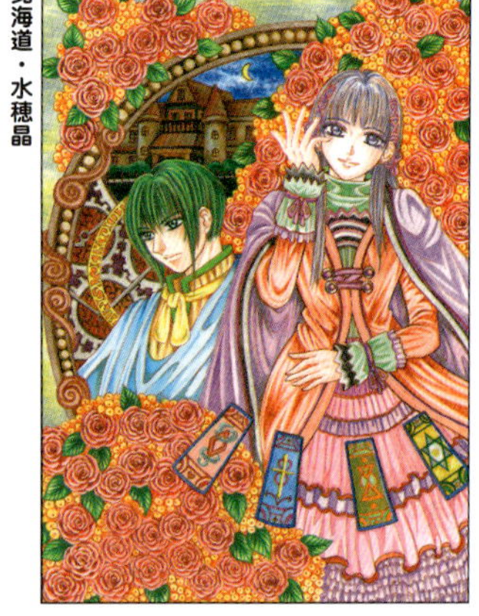
北海道・水穂晶

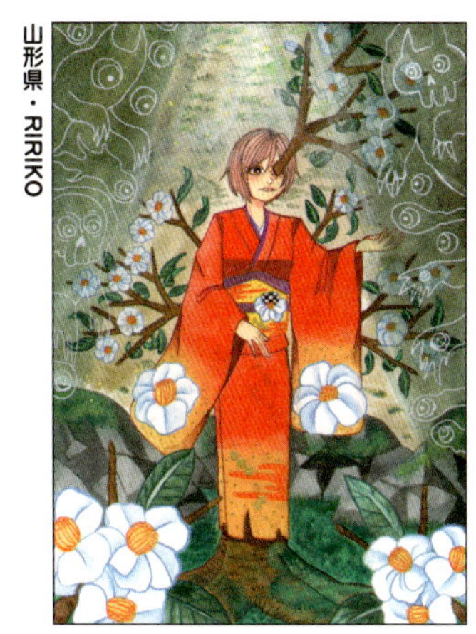
山形県・RIRIKO

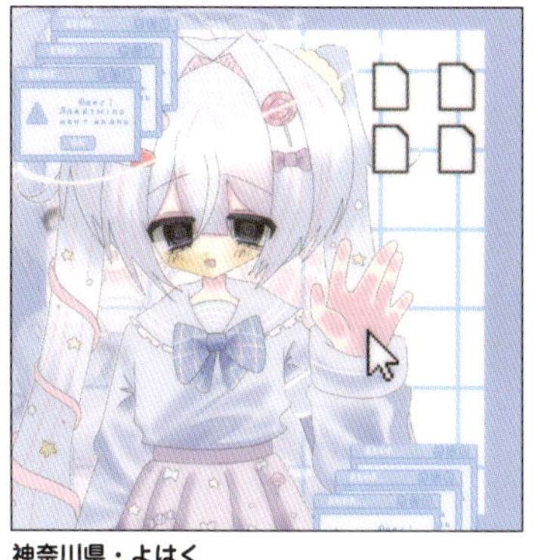
神奈川県・よはく

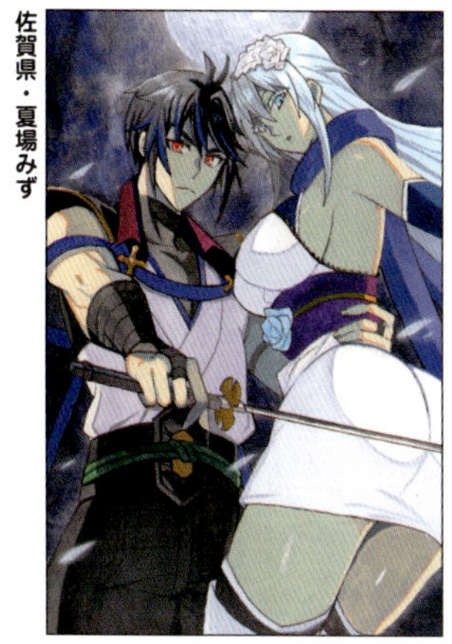
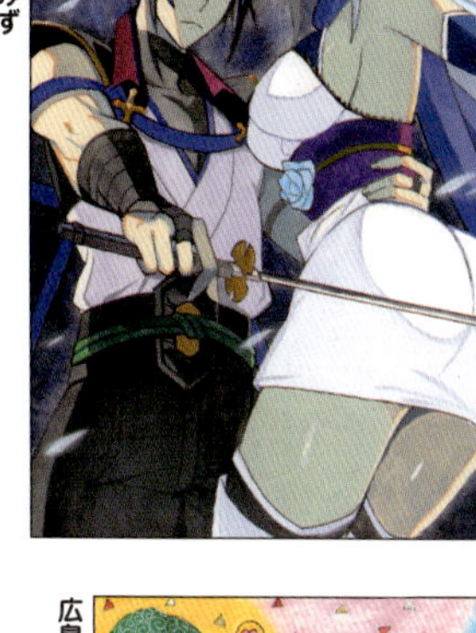
佐賀県・夏場みず

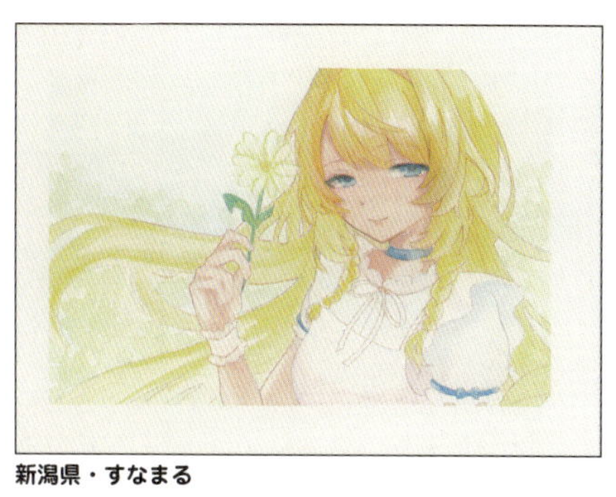
新潟県・すなまる

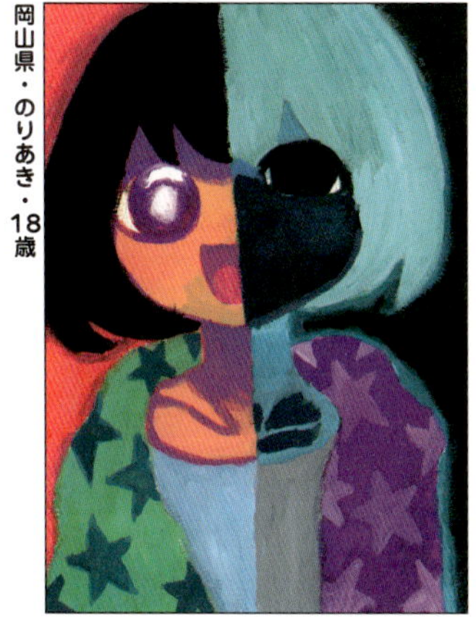
岡山県・のりあき・18歳

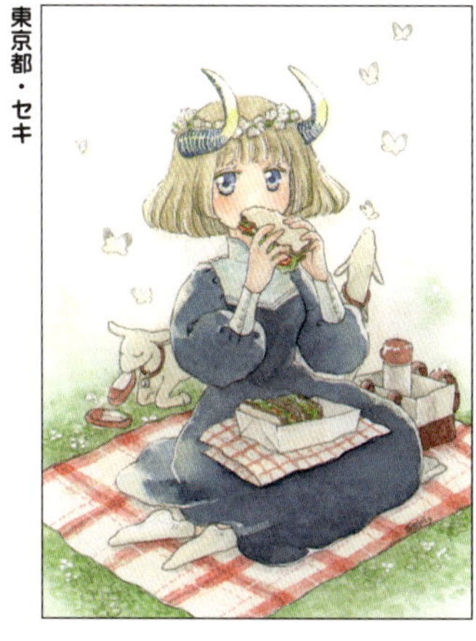
東京都・セキ

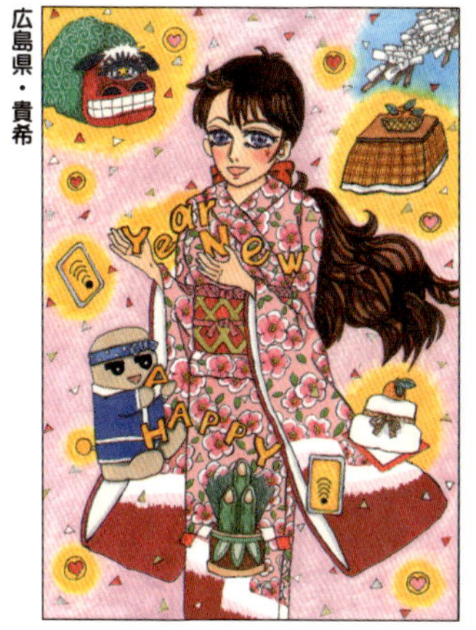
広島県・貴希

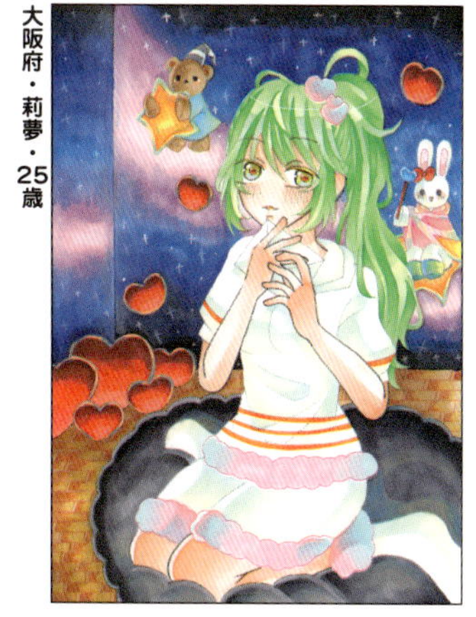
大阪府・莉夢・25歳

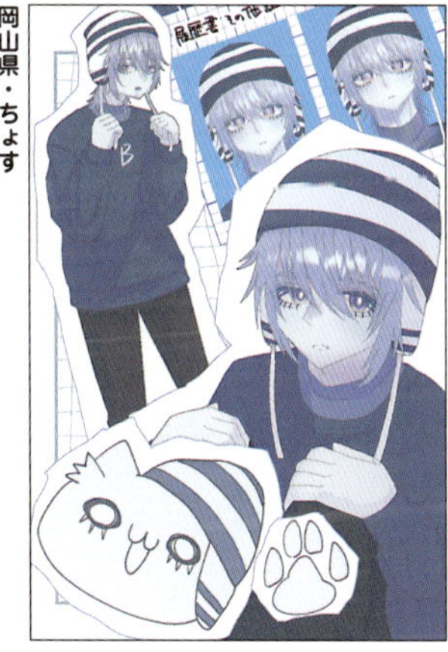
岡山県・ちょす

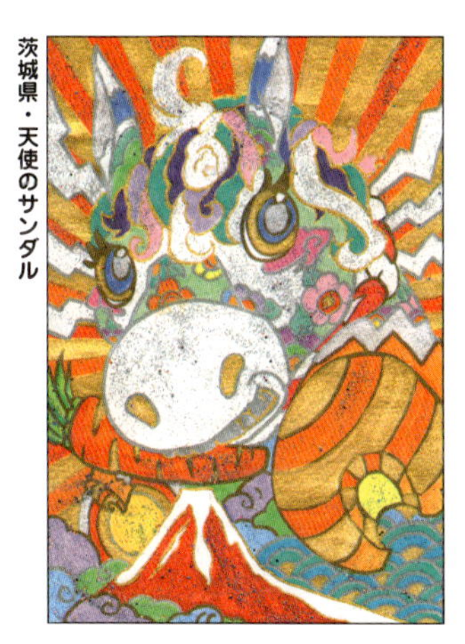
茨城県・天使のサンダル

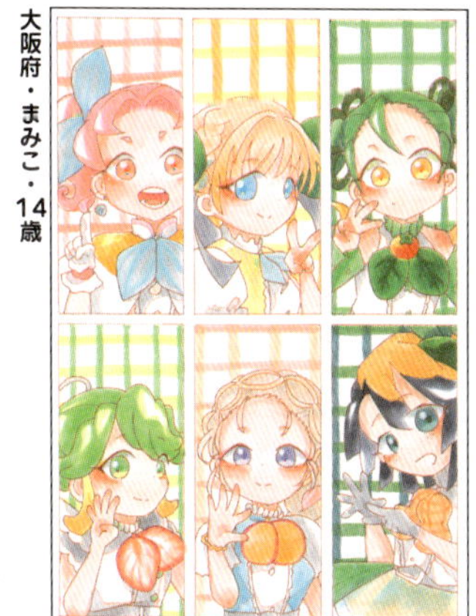
大阪府・まみこ・14歳

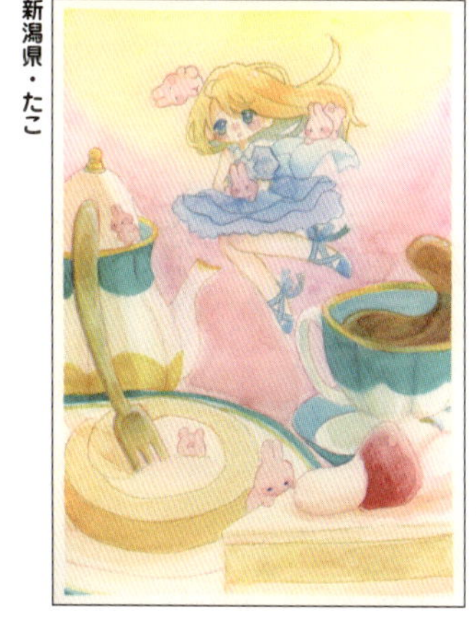
新潟県・たこ

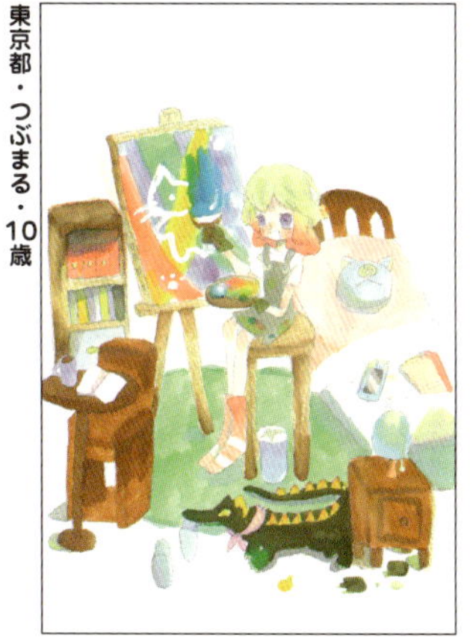
東京都・つぶまる・10歳

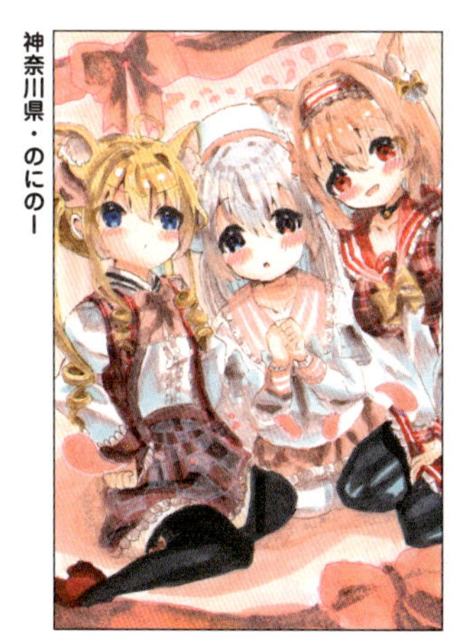
神奈川県・のにのー

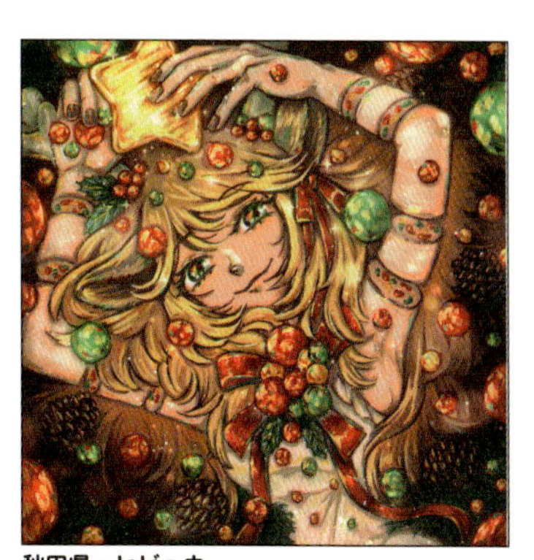
秋田県・ヒビュウ

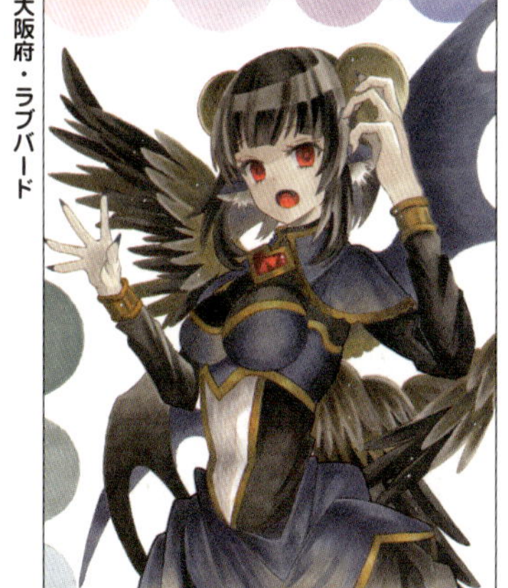
大阪府・ラブバード

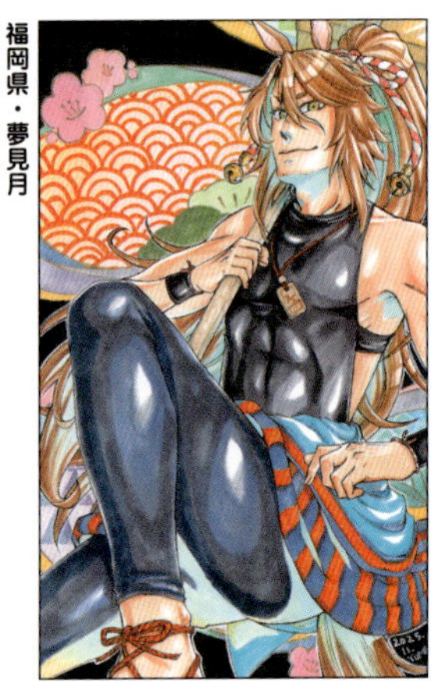

福岡県・夢見月

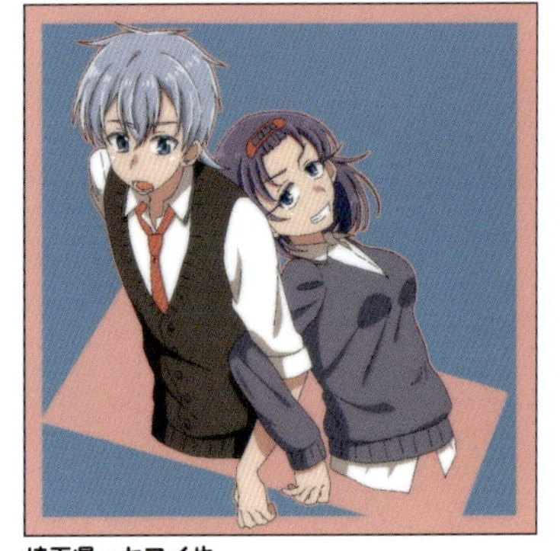
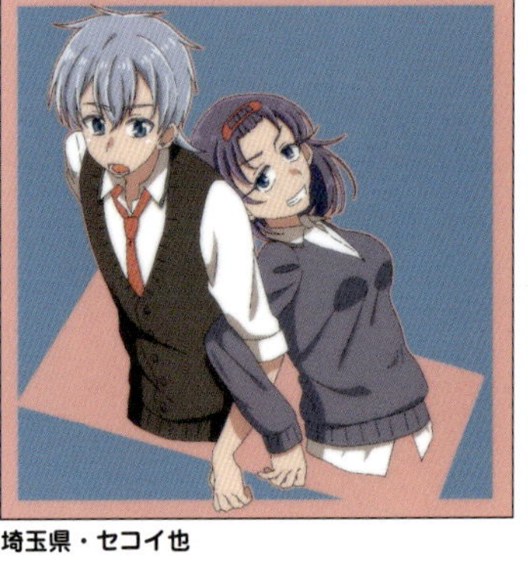

埼玉県・セコイ也

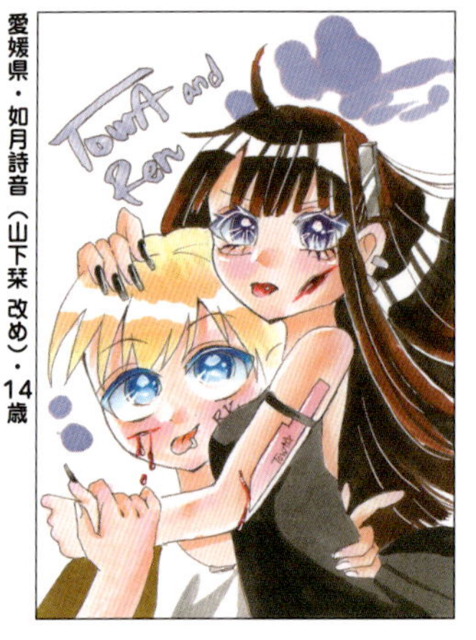

愛媛県・如月詩音（山下栞 改め）・14歳

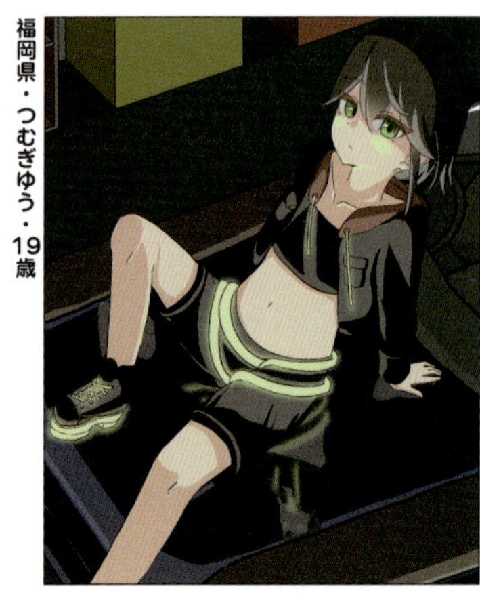

福岡県・つむぎゆう・19歳

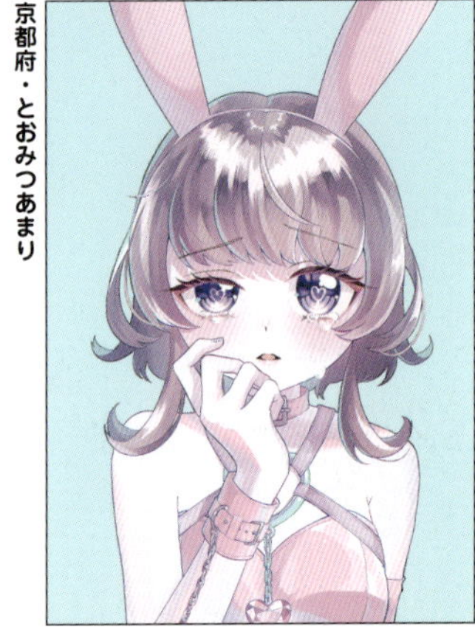

京都府・とおみつあまり

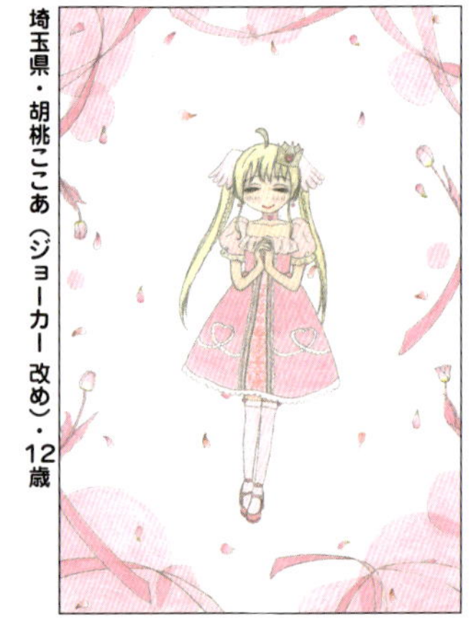

埼玉県・胡桃ここあ（ジョーカー 改め）・12歳

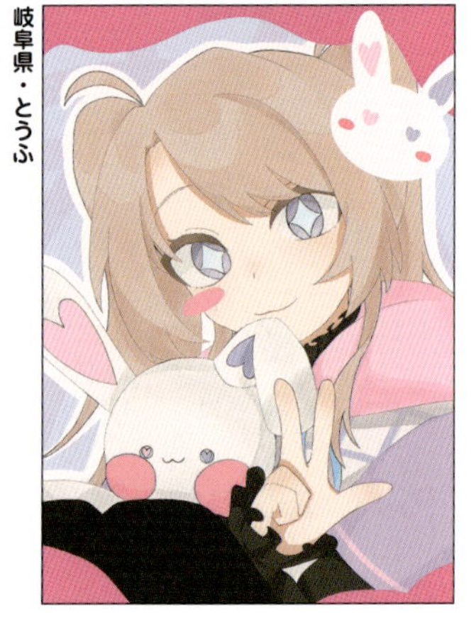

岐阜県・とうふ

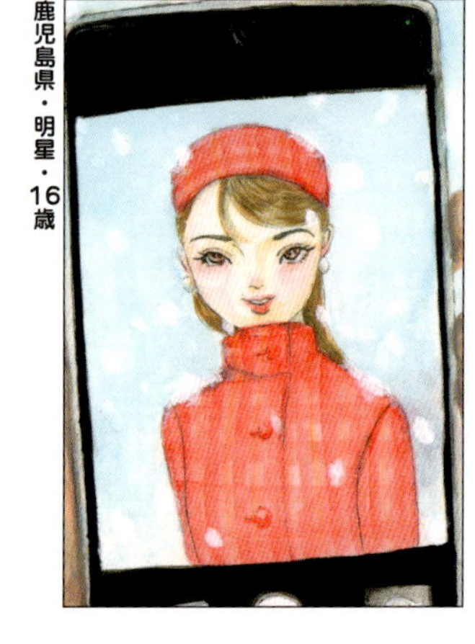

鹿児島県・明星・16歳

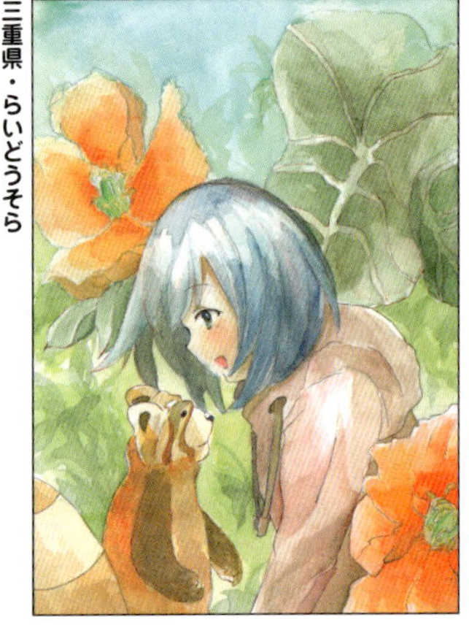

三重県・らいどうそら

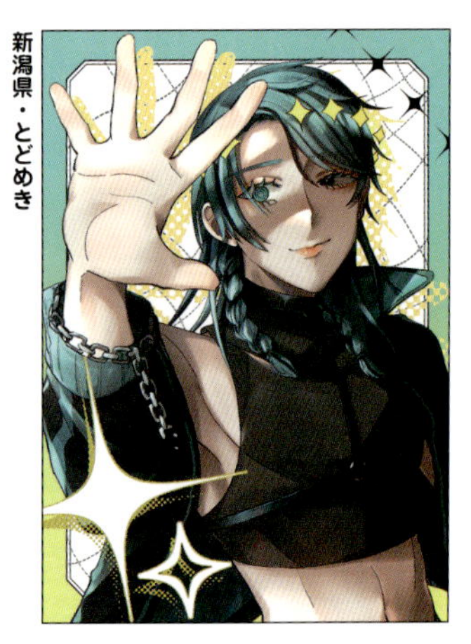

新潟県・とどめき

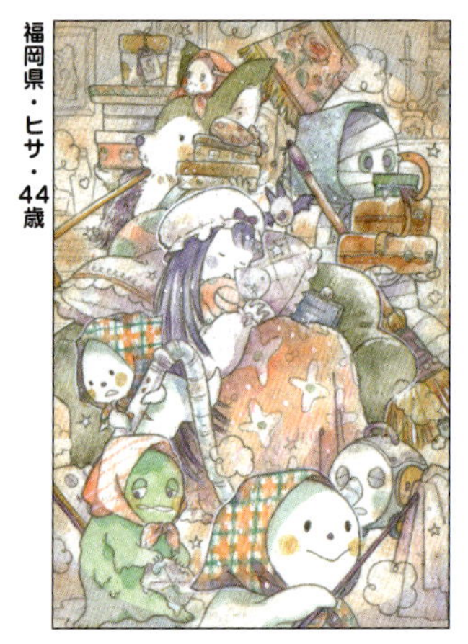

福岡県・ヒサ・44歳

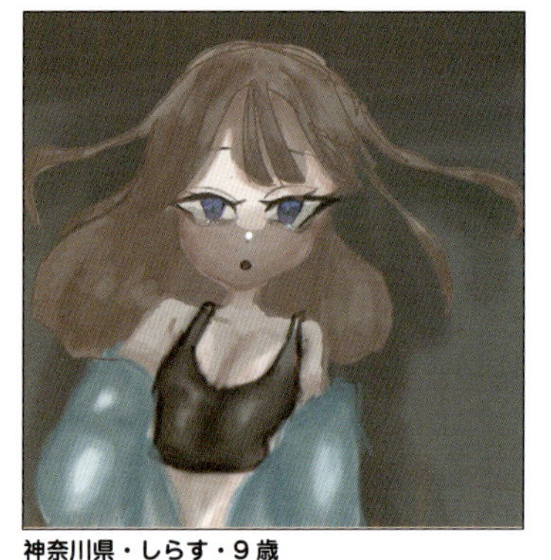

神奈川県・しらす・9歳

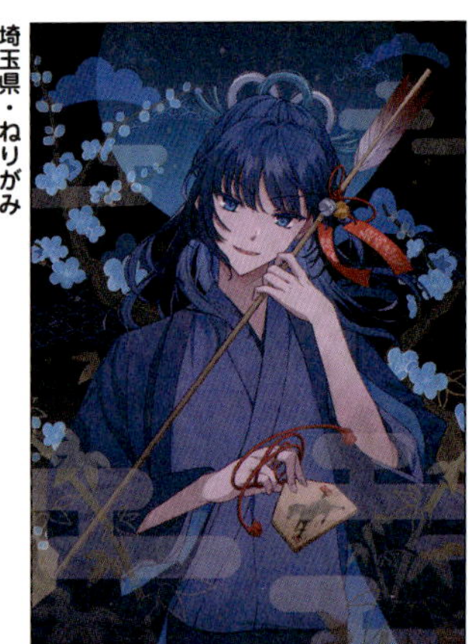

埼玉県・ねりがみ

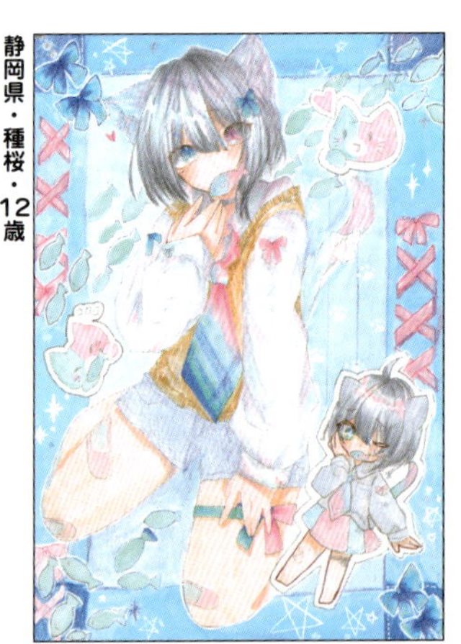

静岡県・種桜・12歳

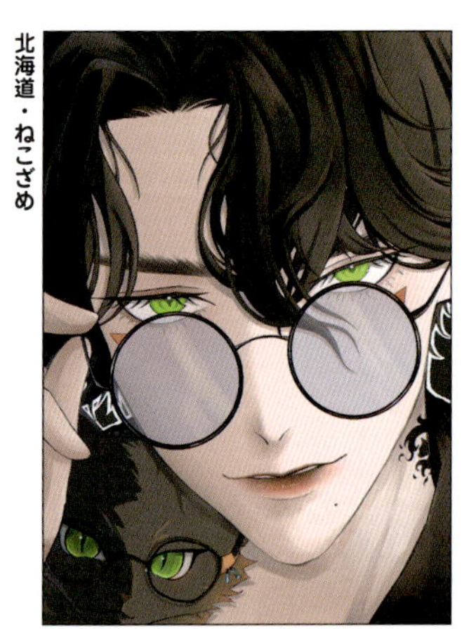

北海道・ねこざめ

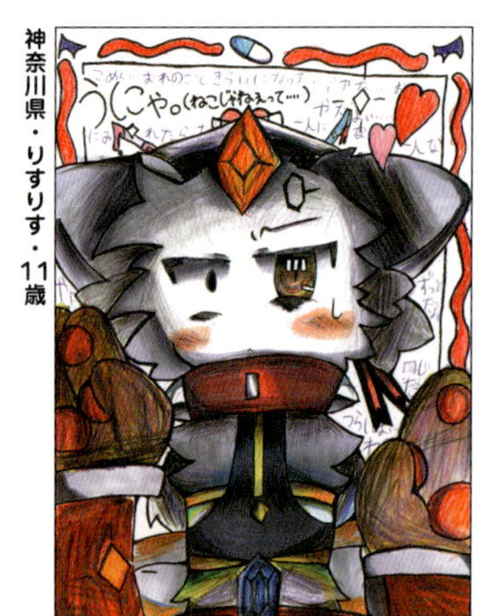

神奈川県・りすりす・11歳

東京都・加藤もりあ

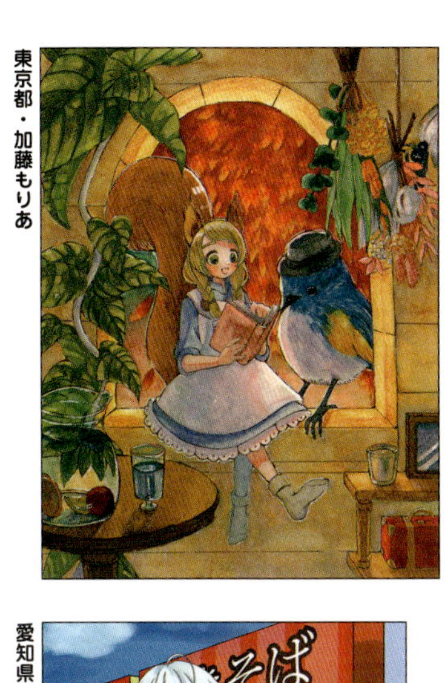

三重県・もなか

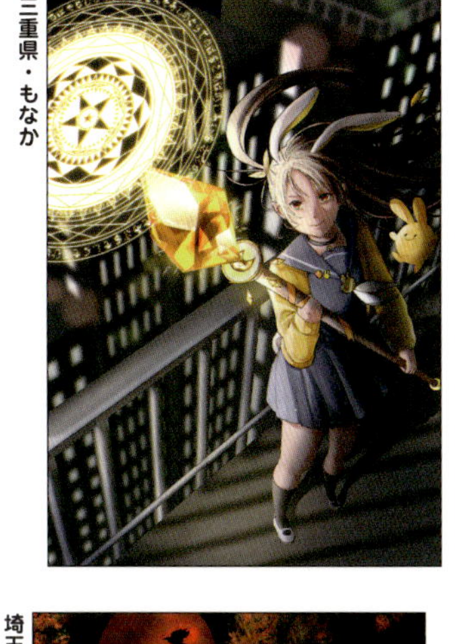

大阪府・ロゼ

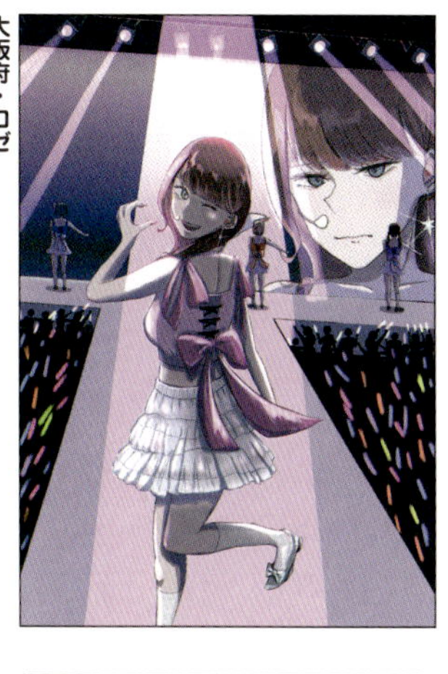

福岡県・みみみ

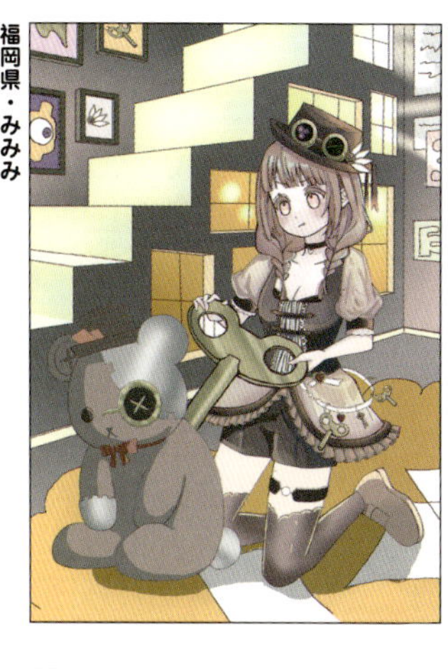

愛知県・森本・19歳

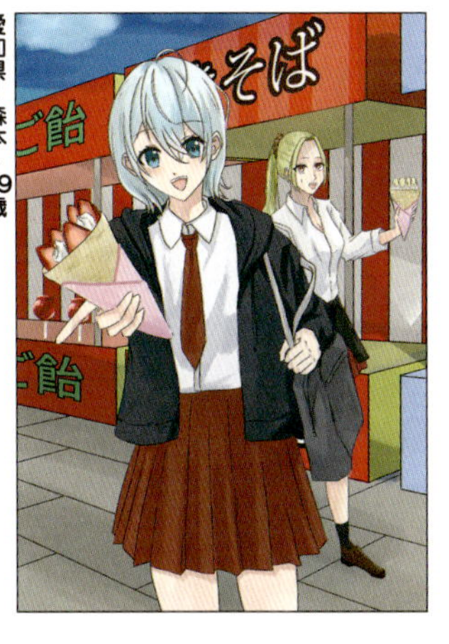

埼玉県・華筏

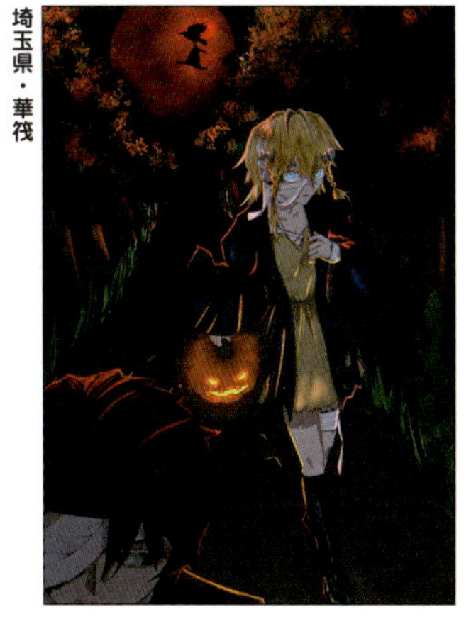

東京都・ゆきんこ

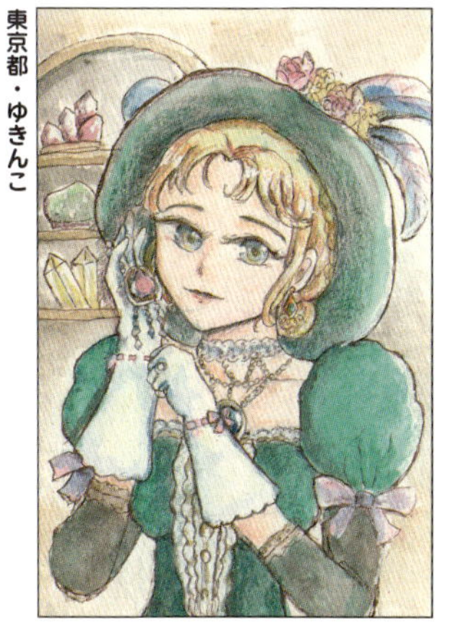

神奈川県・花南

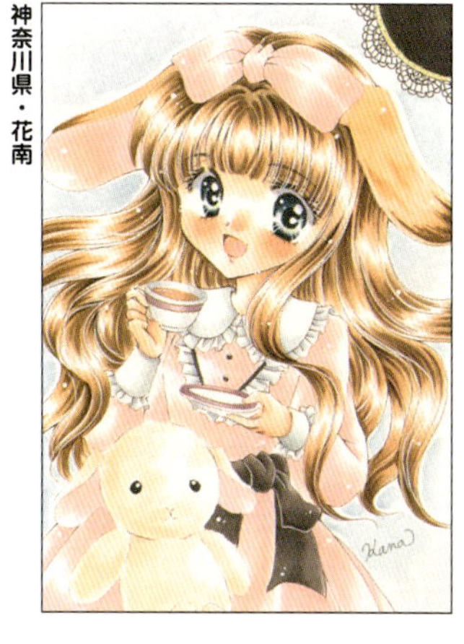

新潟県・兎掘

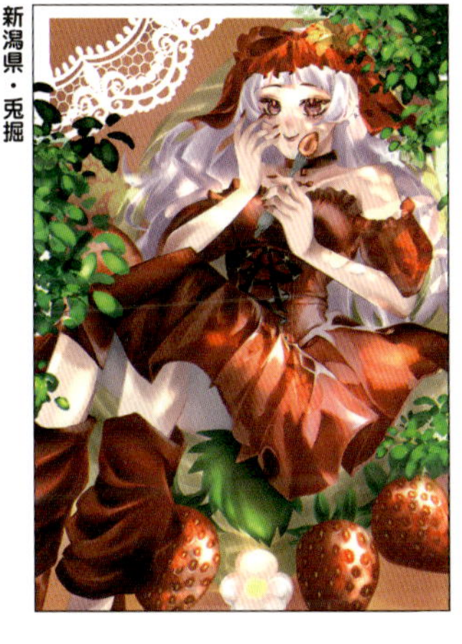

新潟県・りょう

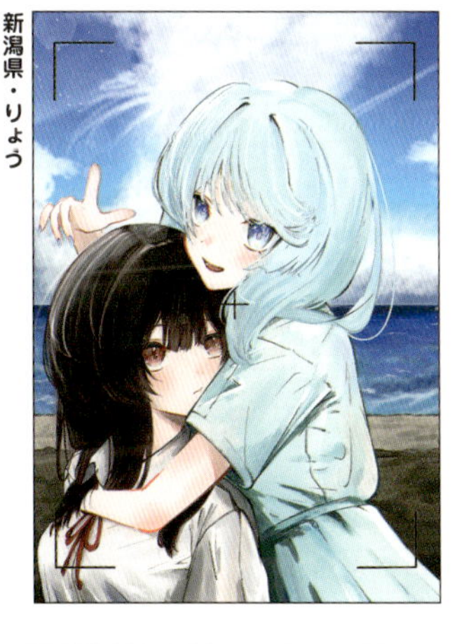

神奈川県・天猫なる

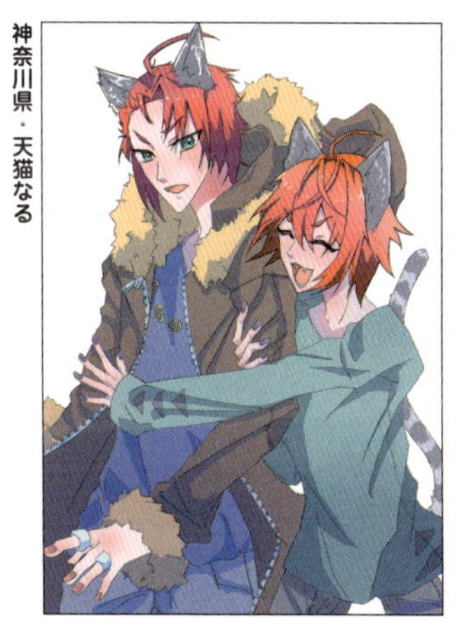

福岡県・ゆん・18歳

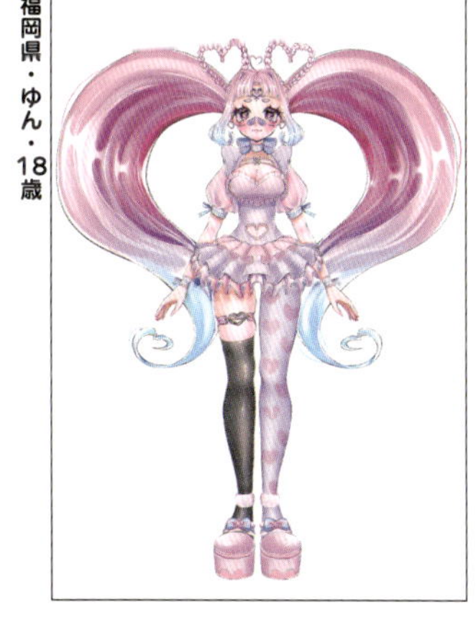

奈良県・梨・14歳

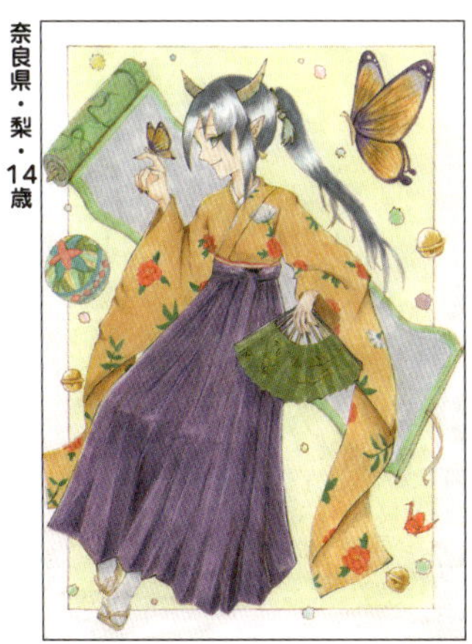

新潟県・るねい

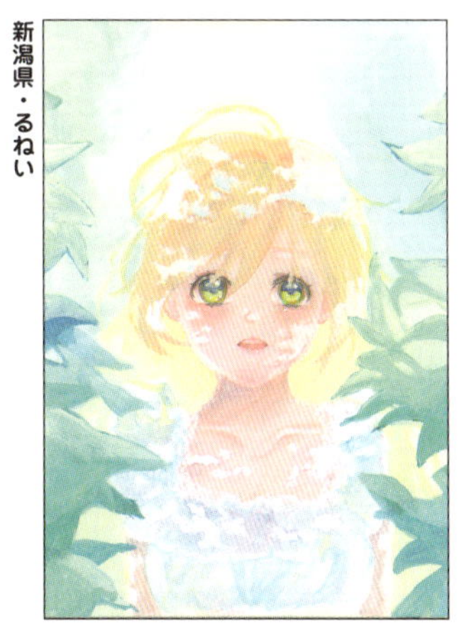

新潟県・憂鈴

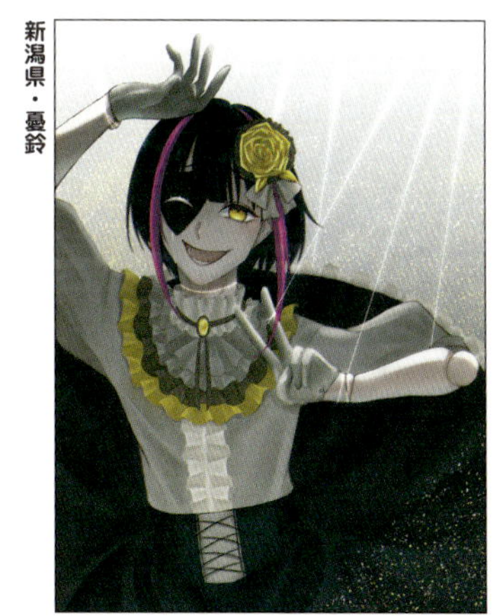

京都府・夜道くらと

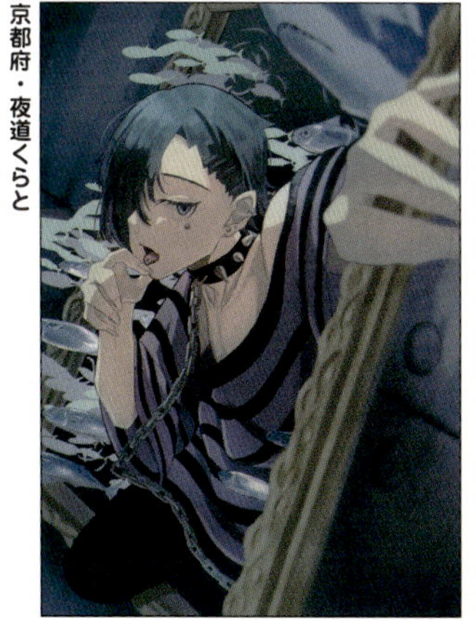

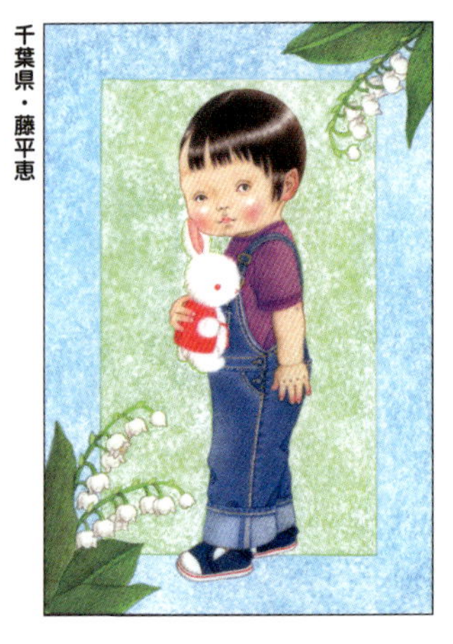
千葉県・藤平恵

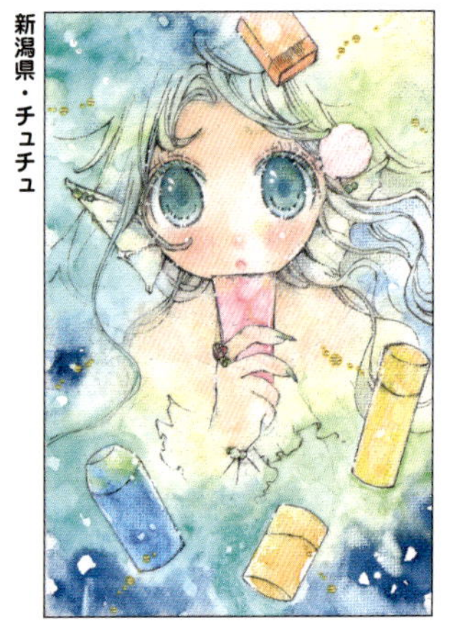
新潟県・チュチュ

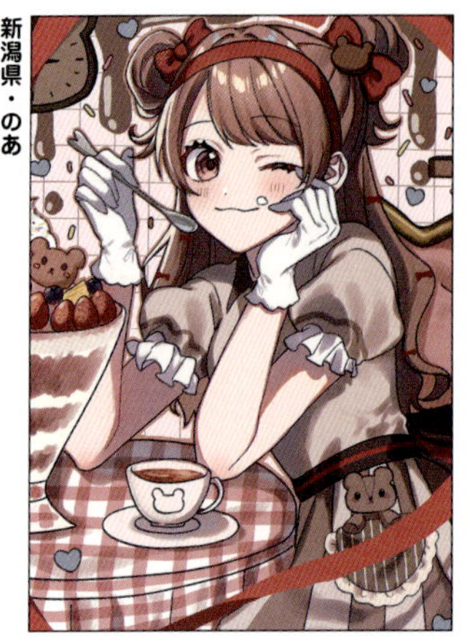
新潟県・のあ

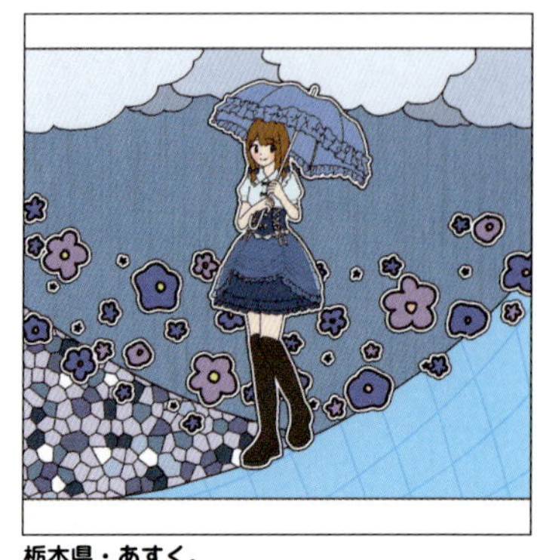
栃木県・あすく。

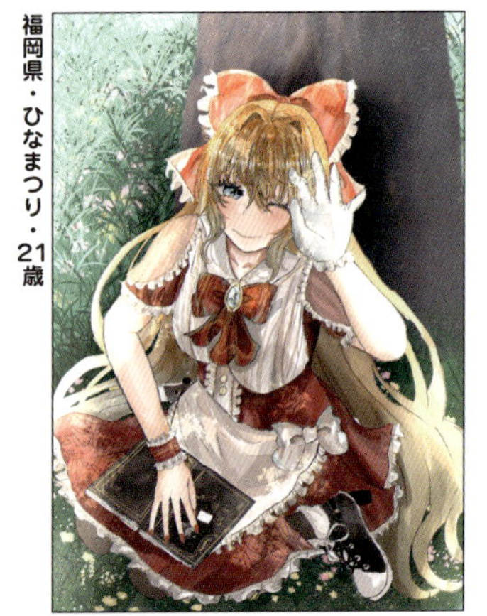
福岡県・ひなまつり・21歳

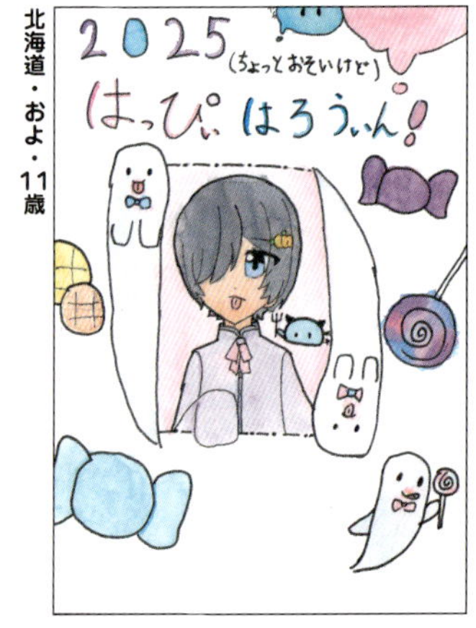

北海道・およ・11歳

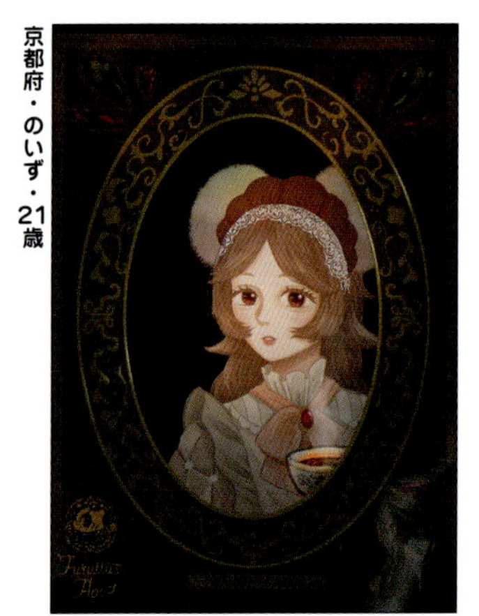
京都府・のいず・21歳

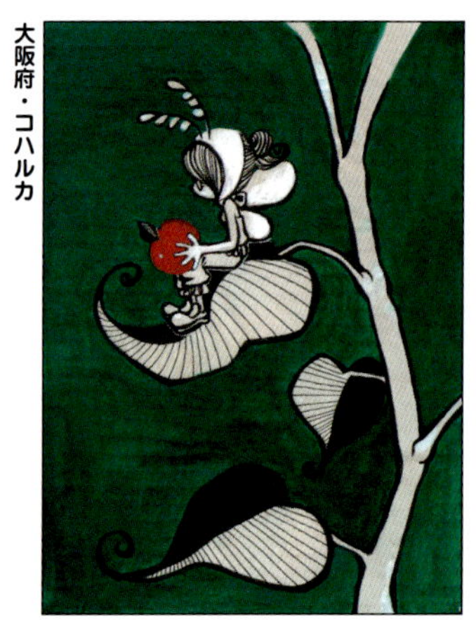
大阪府・コハルカ

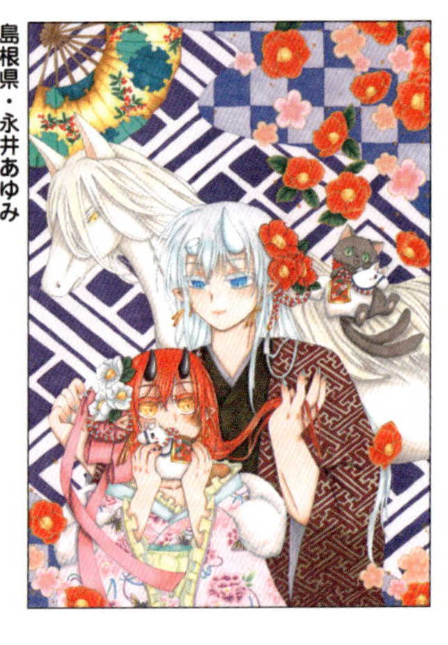
島根県・永井あゆみ

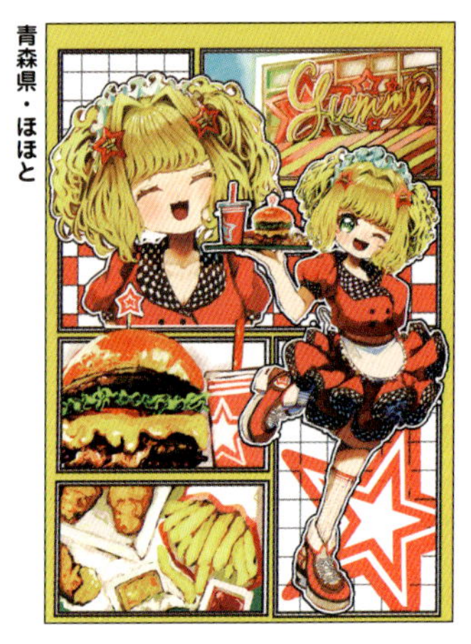
青森県・ほほと

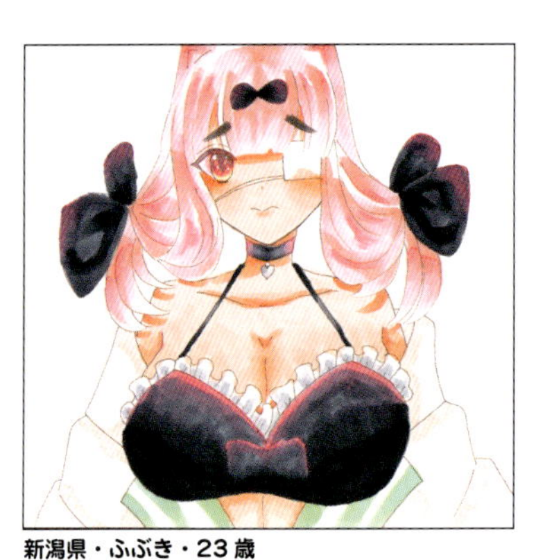
新潟県・ふぶき・23歳

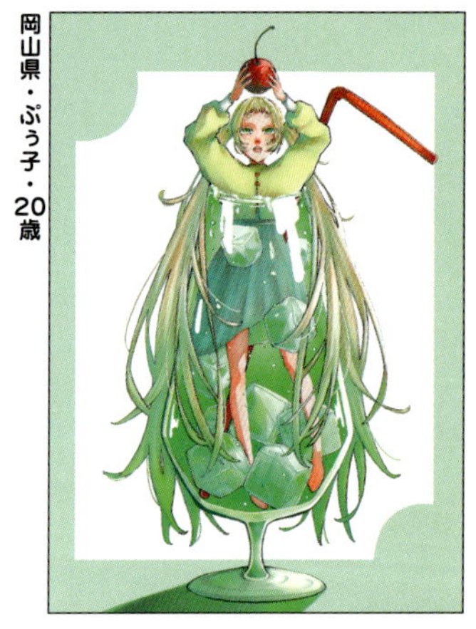
岡山県・ぷぅ子・20歳

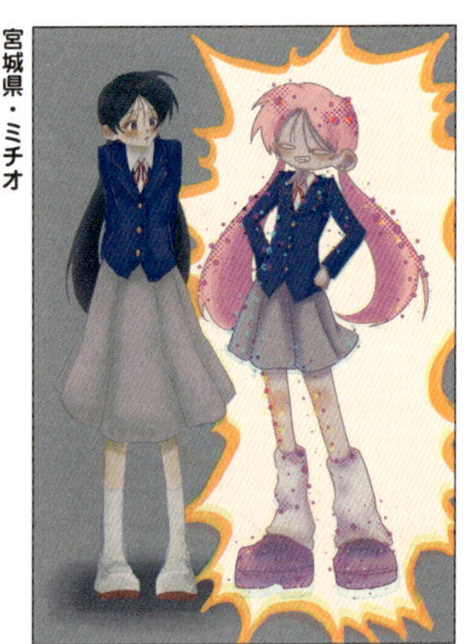
宮城県・ミチオ

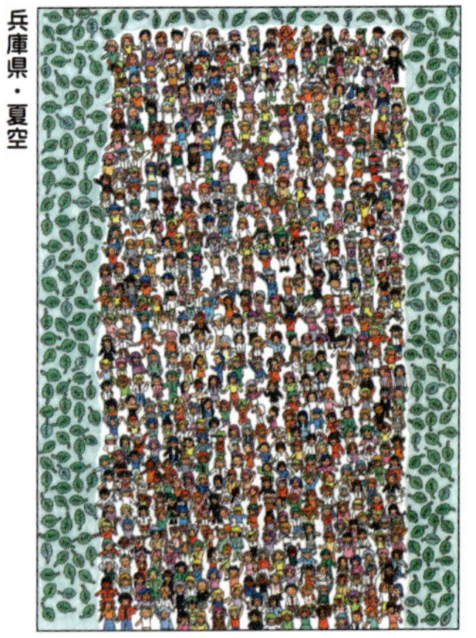
兵庫県・夏空

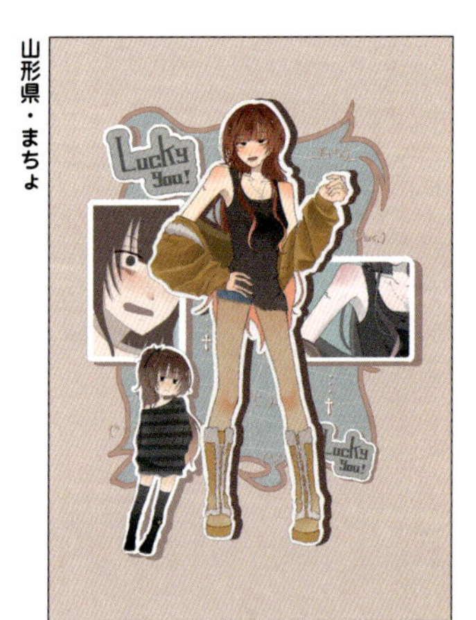

山形県・まちょ

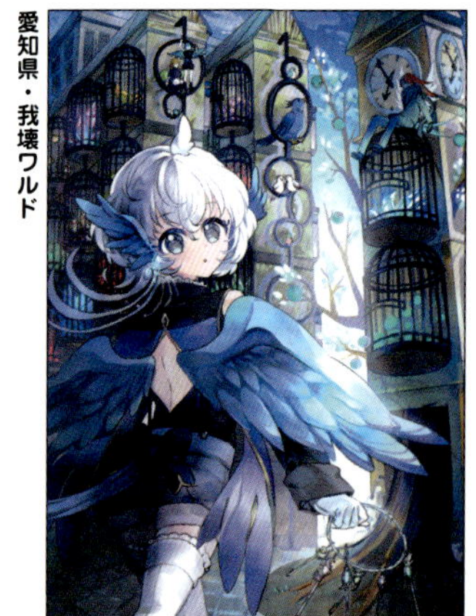
愛知県・我壊ワルド

クンストカマー

KUNSTKAMMER SS

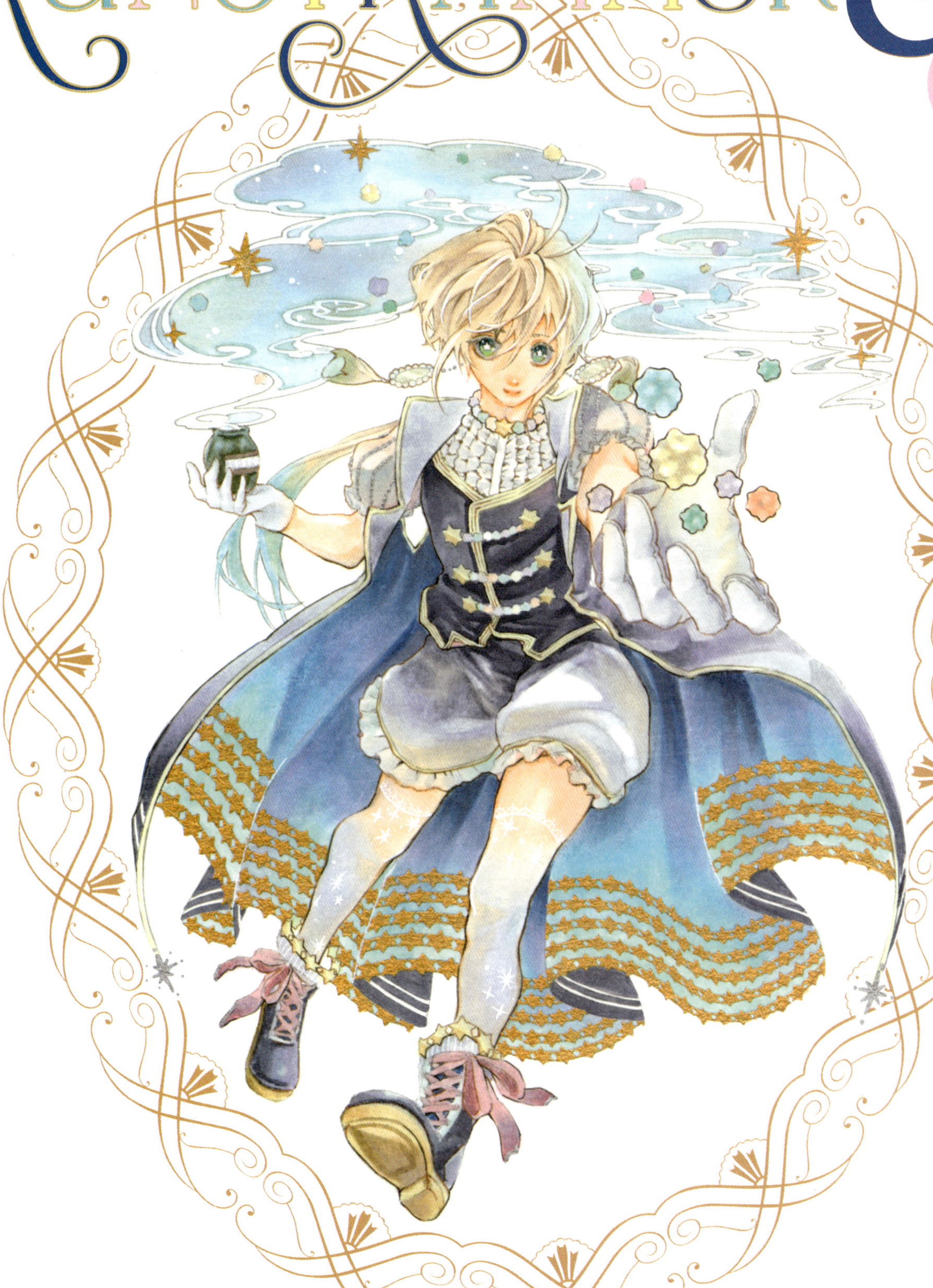

金平糖の男の子。甘い物と宇宙が大好き。
いつか自分が作った金平糖でお星様を作るのが夢。

埼玉県・参崎シュリ【コピック・コピックマルチライナー・漫画ライナー・ヴィファアール水彩紙】

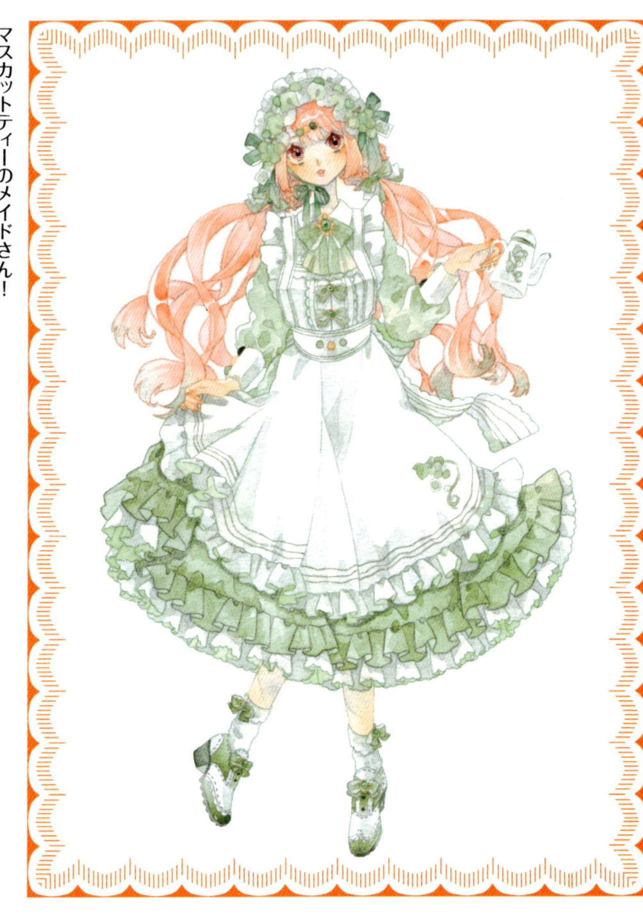

マスカットティーのメイドさん！
埼玉県・わさび

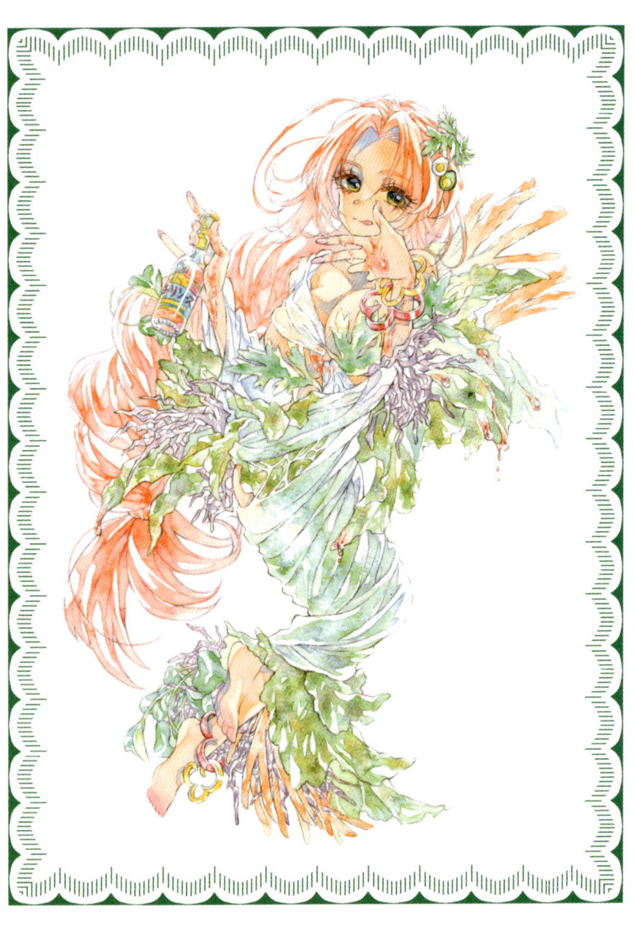

お色気生春巻きお姉さん。スイートチリソースが好物。
沖縄県・すきっぱねずみ

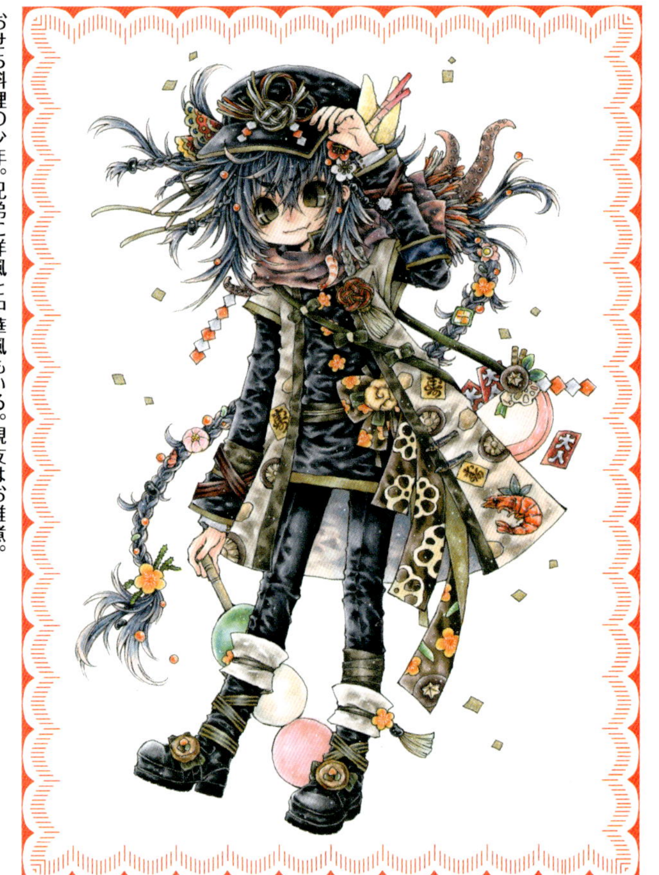

おせち料理の少年。兄弟に洋風と中華風もいる。親友はお雑煮。
大阪府・ハルサメマナナ

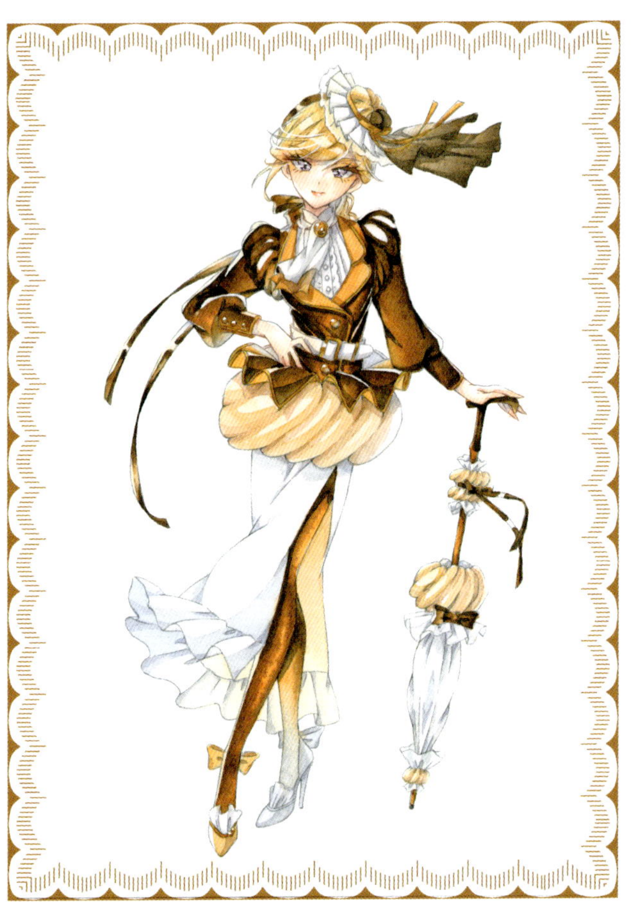

フレンチクルーラーの擬人化。こだわりが強いファッションデザイナー。
埼玉県・木野白

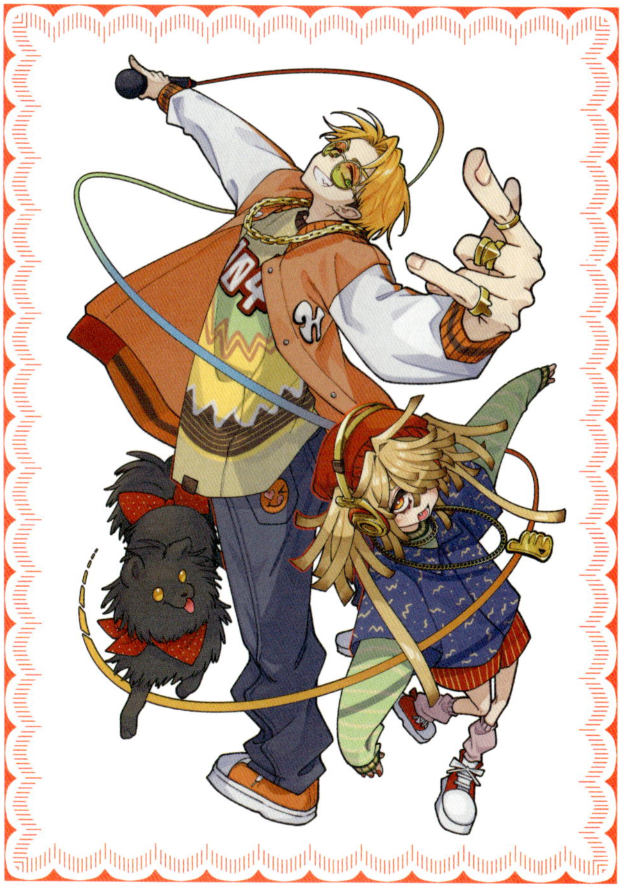

MCチーズ、DJポテト、相棒のコーラ、3人合わせて「チーズバーガーセット」!
埼玉県・82

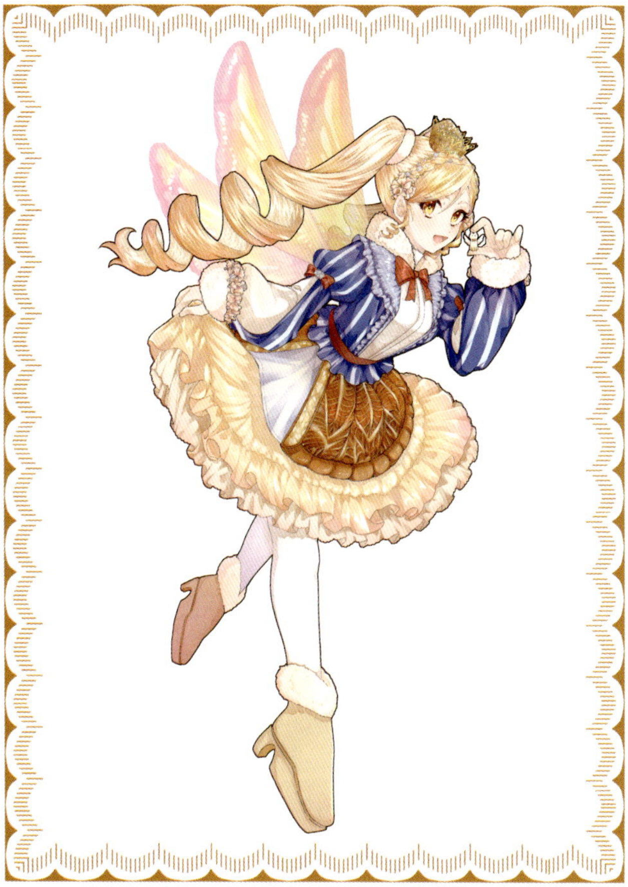

ガレット・デ・ロワの魔力で生まれ、フェーヴが選んだ人にだけ幸運と花の祝福を届ける
妖精女王見習い。
東京都・わしざき（猫崎緋鶴 改め）

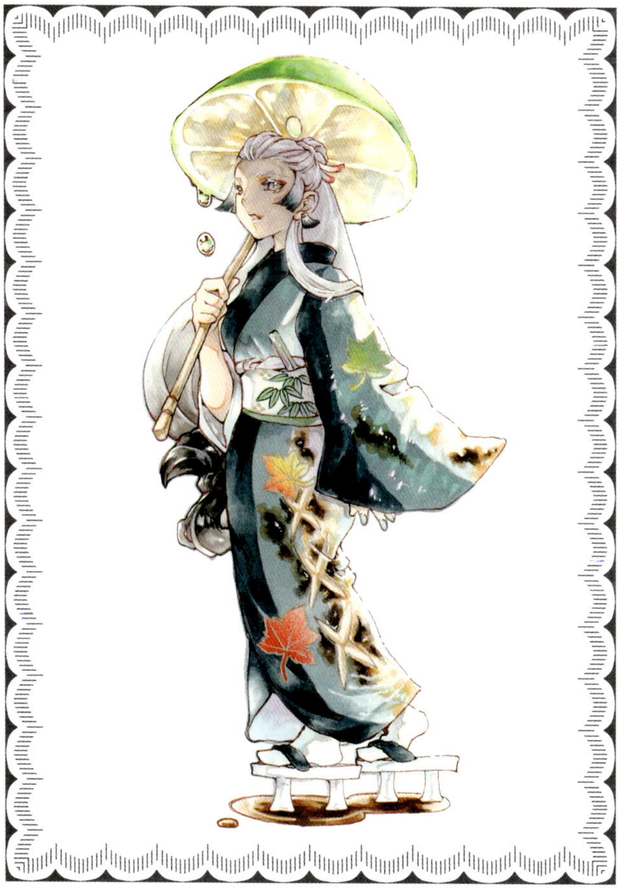

秋刀魚の塩焼きの女性。
秋空にカボスの傘でお出かけする事が好き。
千葉県・林檎椿

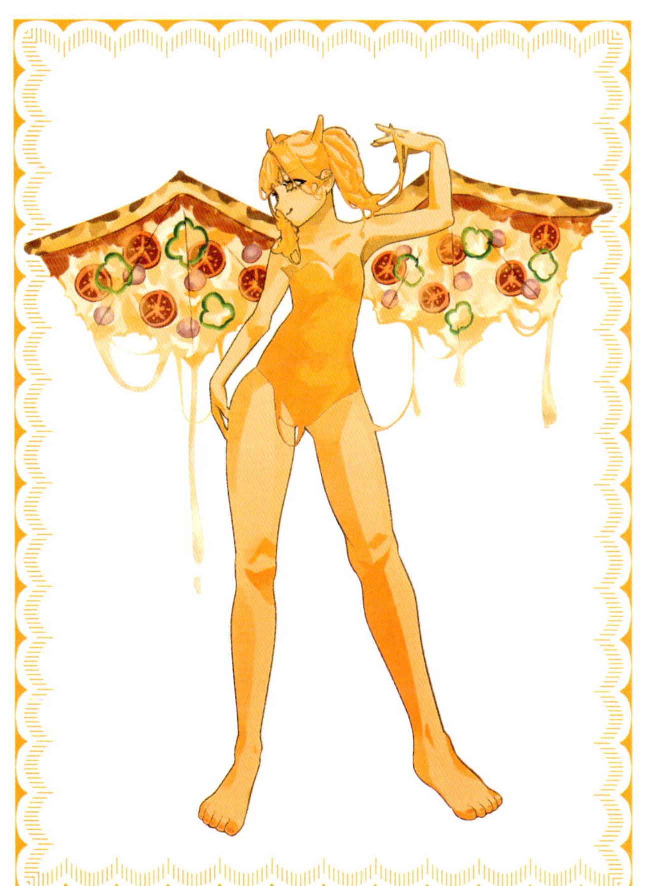

〜魅惑のチーズの擬人化〜
とろける罪悪感とカロリーで誘惑します。
京都府・あはちゃ

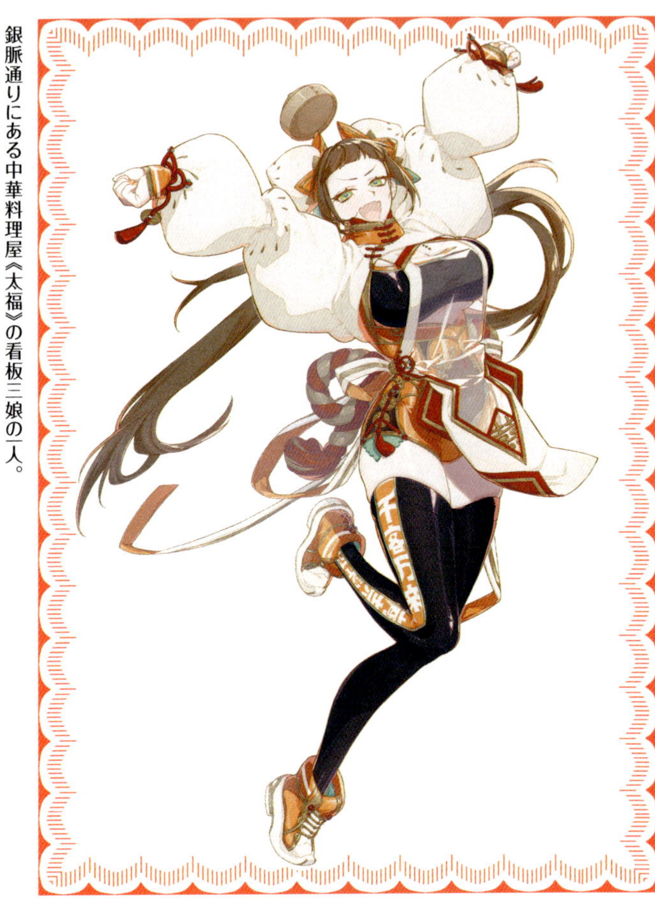

銀脈通りにある中華料理屋《太福》の看板三娘の一人。
末っ子だが姉妹の中では最も身体が大きい。
静岡県・波野ウヲ

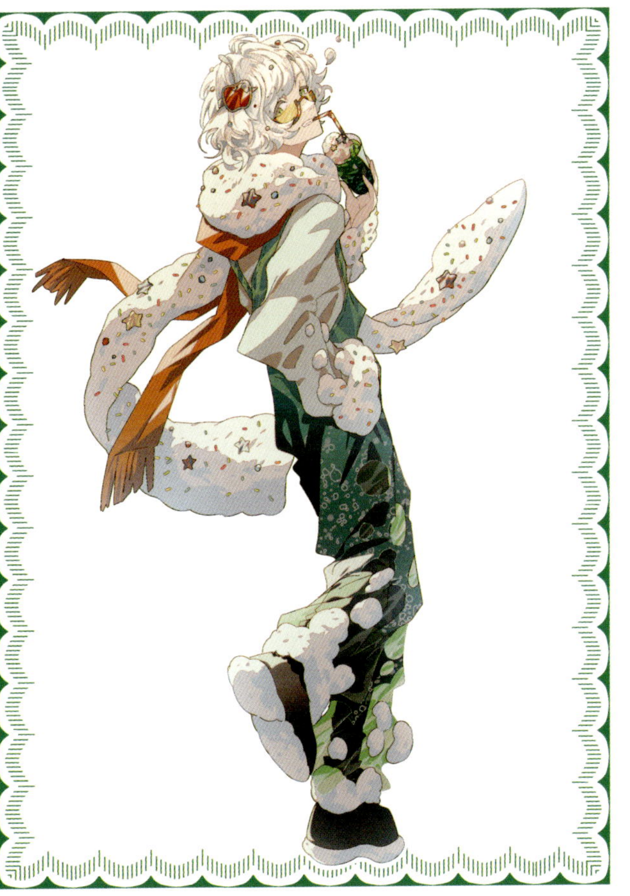

メロンクリームソーダを擬人化しました！
ストローを噛むのが癖です（笑）
大阪府・potato

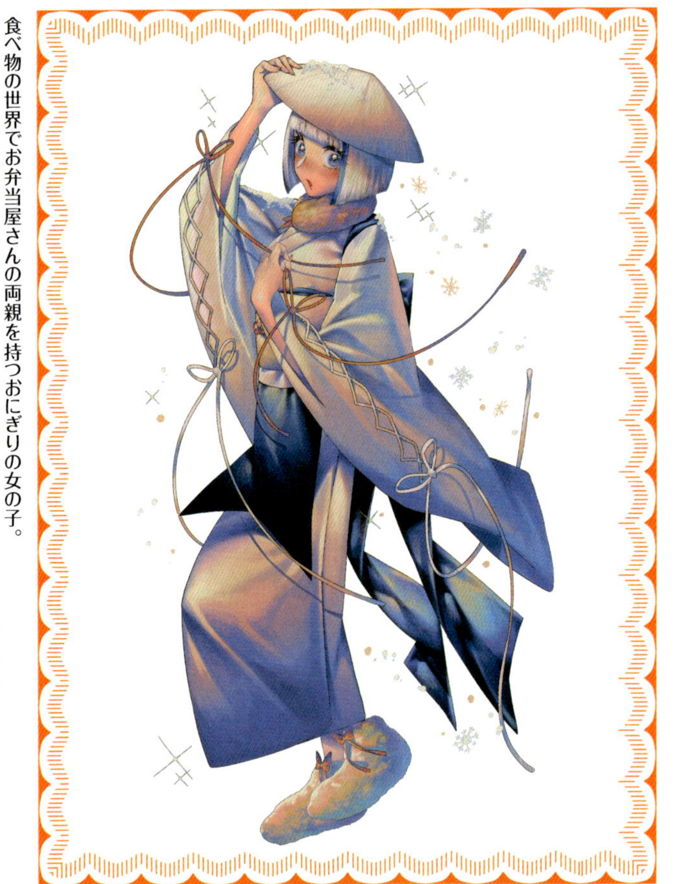

食べ物の世界でお弁当屋さんの両親を持つおにぎりの女の子。
おしゃれが好きで具材を毎日変えている。今日はエビ天。秋田生まれの箱入り娘。
大阪府・yume（ゆめ 改め）・16歳

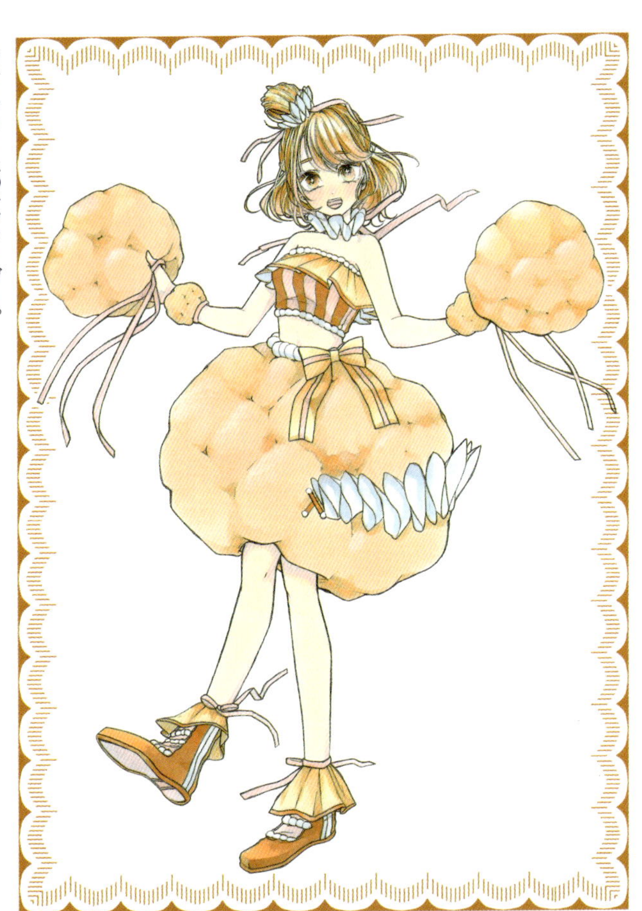

シュークリームのチアリーダー。
大阪府・紅梅アヤ

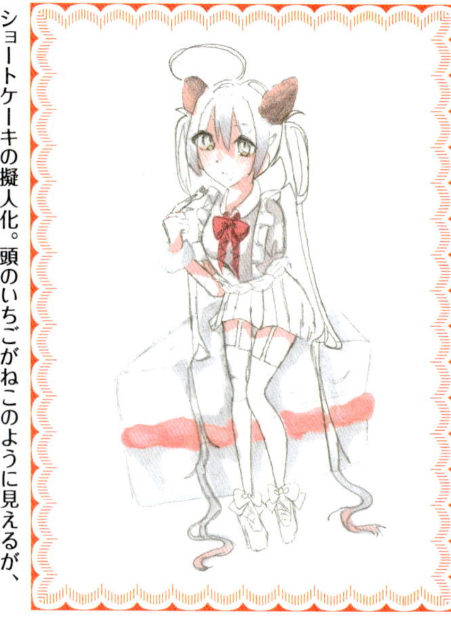

ショートケーキの擬人化。頭のいちごがねこのように見えるが、本当は、いぬが好き。
広島県・てるる・10歳

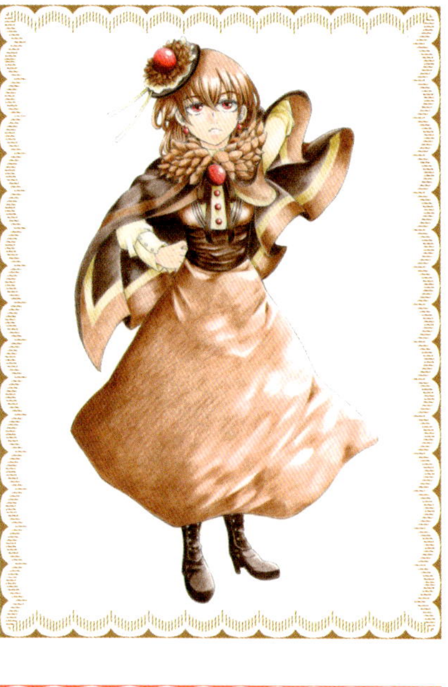

『フォレ・ノワール』さくらんぼのブランデーがきいたチョコレートケーキ。かわいい&ビターです。
神奈川県・璃緒

【春野桜】桜もちの擬人化。桜もちが大好きで、色々な桜もちを作っている。
山形県・RIRIKO

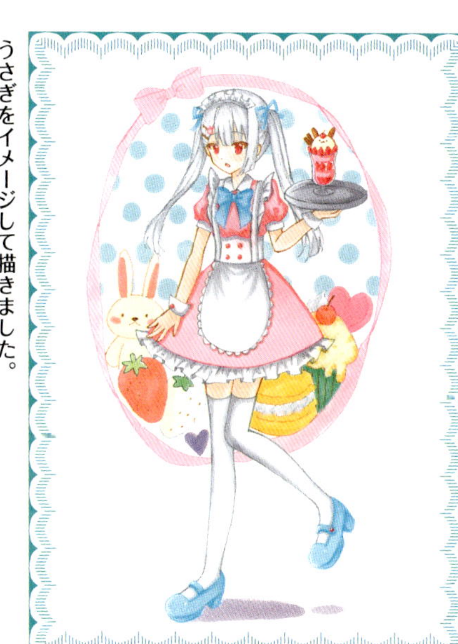

うさぎをイメージして描きました。色をきれいに塗ることを頑張りました。
滋賀県・りんご・14歳

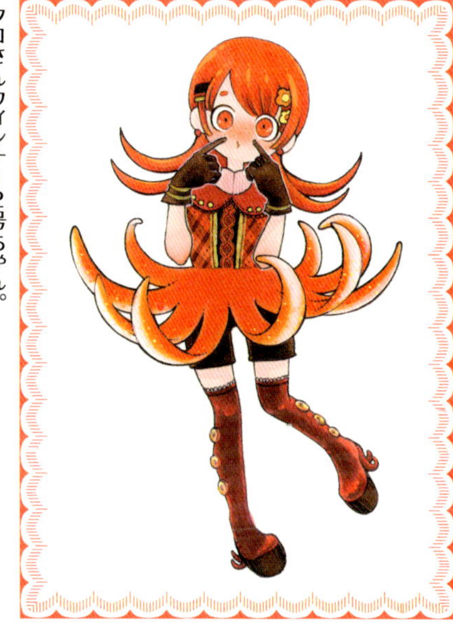

タコさんウィンナー2号ちゃん。好きな事はピクニック。
福岡県・無月

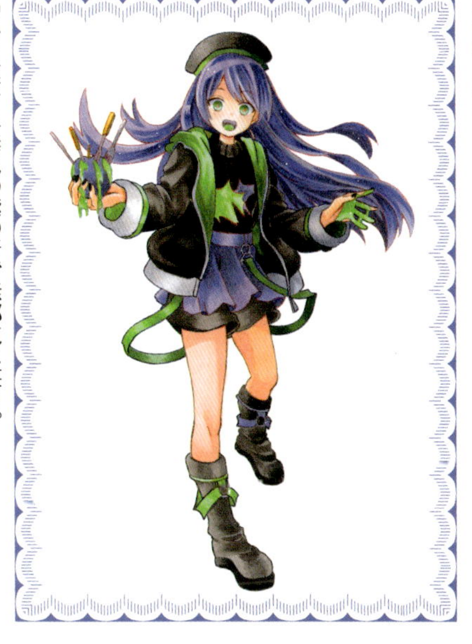

「私を食べて」毒色の紫の牙で無邪気に笑う。彼女の名は「毒林檎」
大阪府・ラブバード

さつまいもの擬人化。ほっこり優しいいやし系お姉さん。
兵庫県・タロ・35歳

マカロンの星の元に生まれた女の子。
三重県・kurumu・25歳

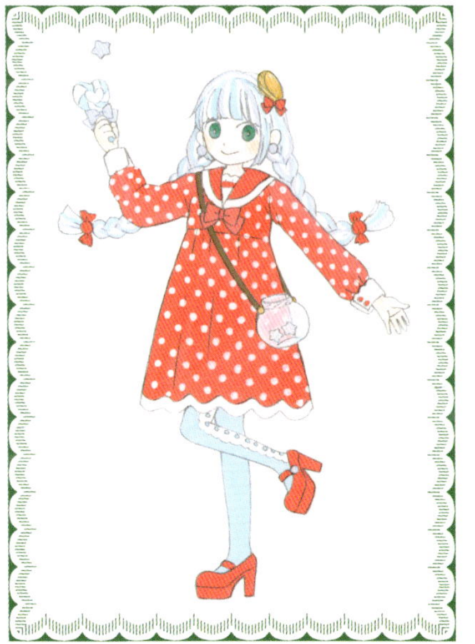

キャンディーの魔法つかいです。能力アップ効果のある様々な味、種類のあめを出してくれます。
高知県・柴イヌ

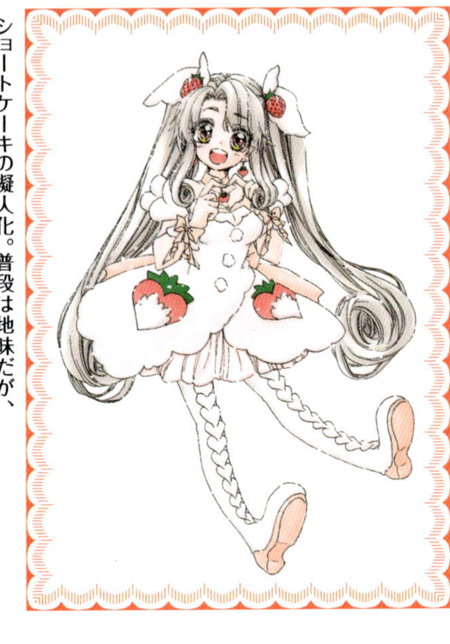

ショートケーキの擬人化。普段は地味だが、クリスマスにはショコラケーキと一緒にアイドル活動をしている。
千葉県・前川泉

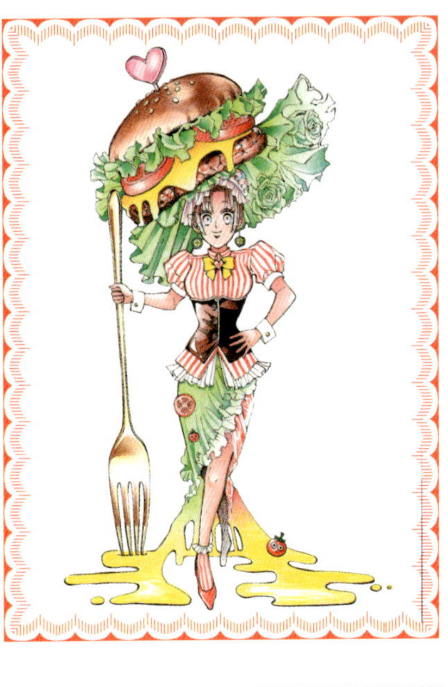

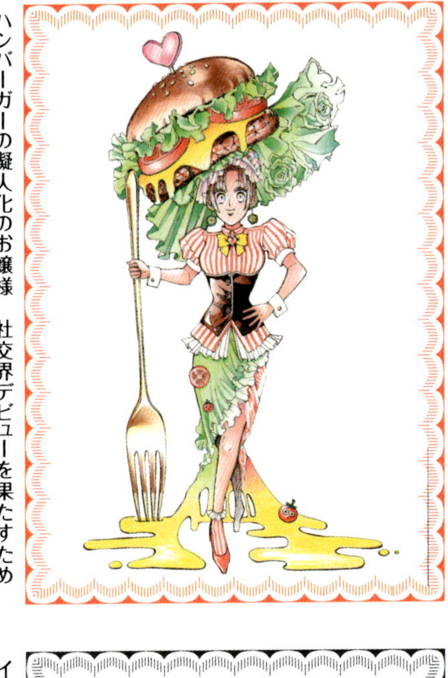

ハンバーガーの擬人化のお嬢様　社交界デビューを果たすため大きなハンバーガーの帽子で自信と誇りを持っていざ勝負！（笑）
大阪府・大井淑世・38歳

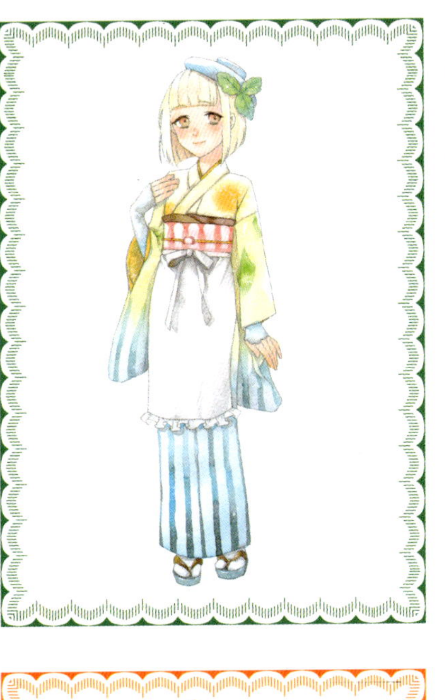

茶碗蒸しさん。やさしくて、温かい美味しい茶碗蒸しをごちそうしてくれる。
千葉県・こお

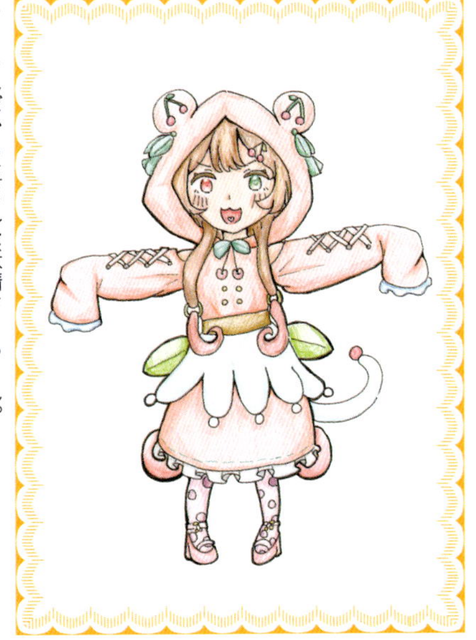

さくらんぼから生まれた妖精さくらーん。少しおっちょこちょいな女の子。さくらんぼの擬人化。
滋賀県・ゆまり・11歳

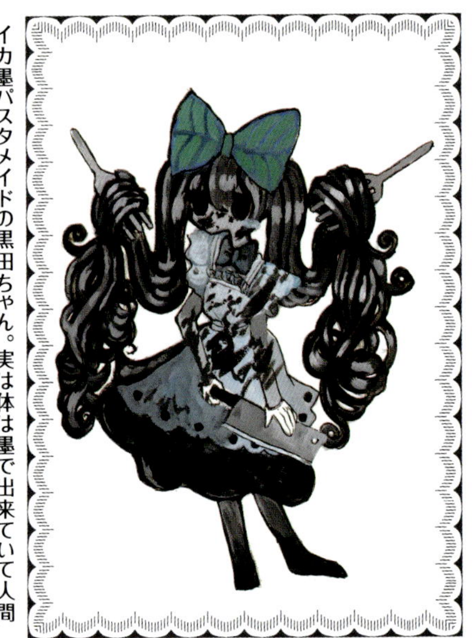

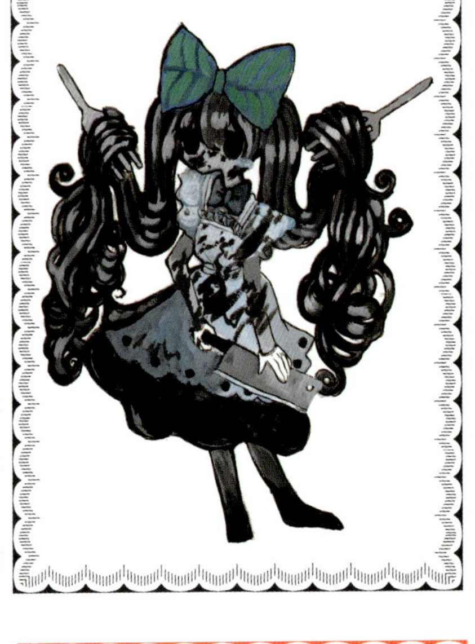

イカ墨パスタメイドの黒田ちゃん。実は体は墨で出来ていて人間に擬態して生活している。触るとドロドロしている。
岡山県・のりあき・18歳

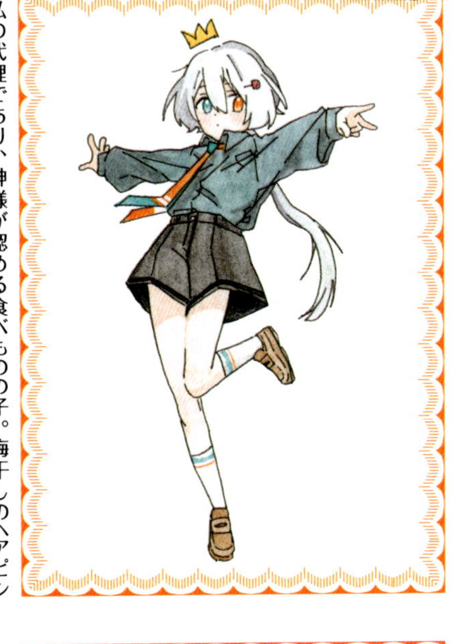

私の代理であり、神様が認める食べものの子。梅干しのヘアピンは、神様（おじいちゃん）からもらったものだそう。
大阪府・ほしおり¥

遠足のお弁当。すきな物ばかり詰めてもらったけど、そんなにはしゃぐとかたよっちゃうよ！
千葉県・都栄

パフェ姉妹の長女。苺パフェを作るのが大好き。
北海道・夢現まーや

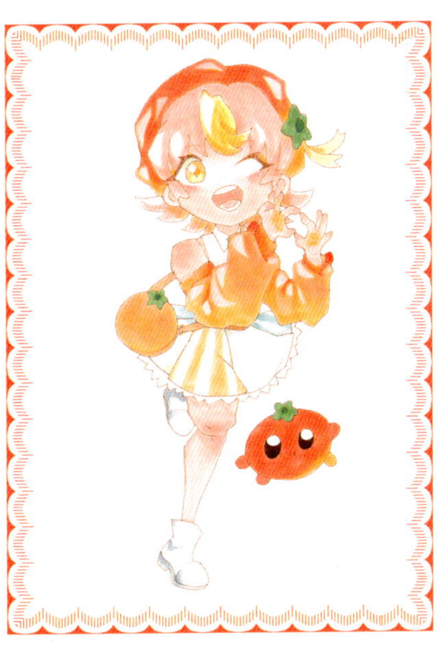

はじける笑顔がチャームポイントの女の子「とまち」。カバンにはミニトマトを常備。
大阪府・まみこ・14歳

シチューの擬人化ちゃんです♪　穏やかなあたたかい性格で、
一緒にいると癒される存在。寒いのが苦手。
三重県・こみみ

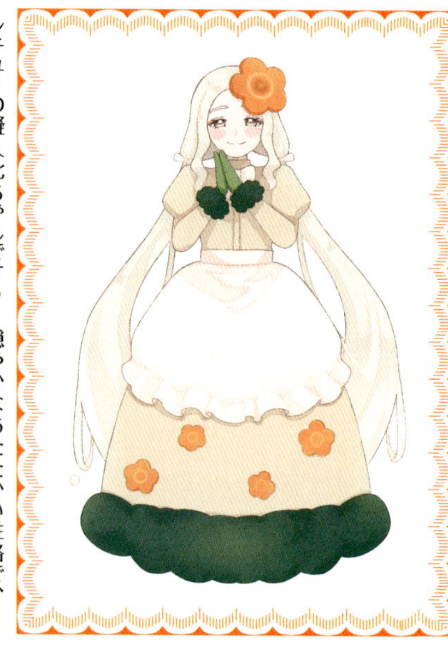

「あ、えっと……本日のオススメは桜餅になります…。
おっお茶もいかがですか？」
神奈川県・TIEN

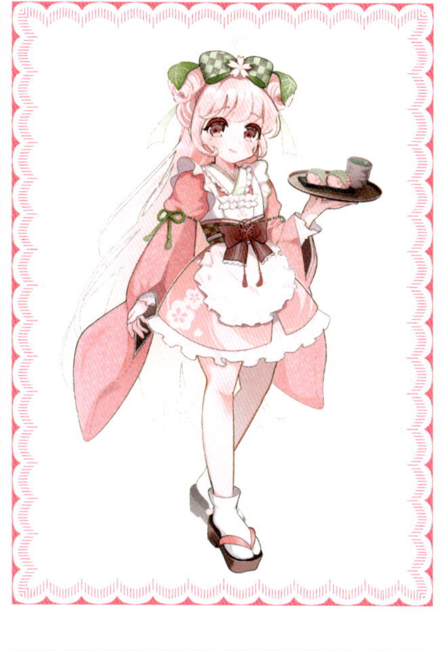

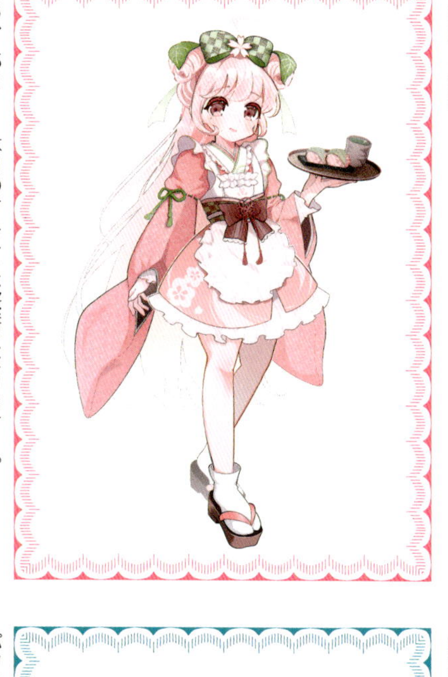

抹茶のガトーショコラ×魔女。
彼女の使う魔法には、ほろ苦さの奥に優しい甘さが隠れている。
滋賀県・アヤノメグム

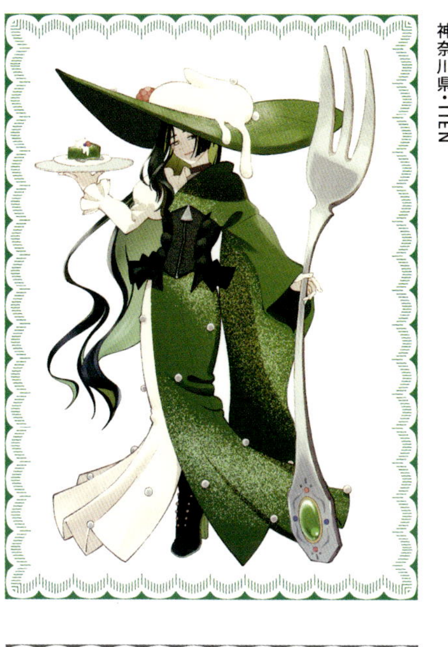

クリームパンを擬人化しました。体育教師のお兄さんです。
生徒たちに親しみやすいと定評あり。
東京都・おにぎり

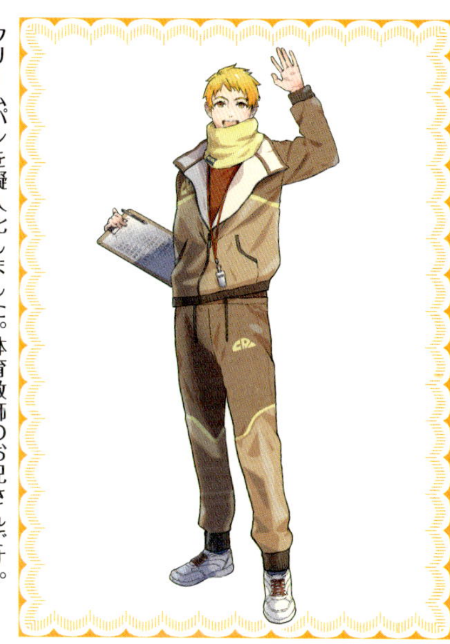

パクチーからドクダミまで着こなすフォーの精。
ただ最近若い人に香草がウケないので、ちょっと控えめ。
東京都・カク怪異

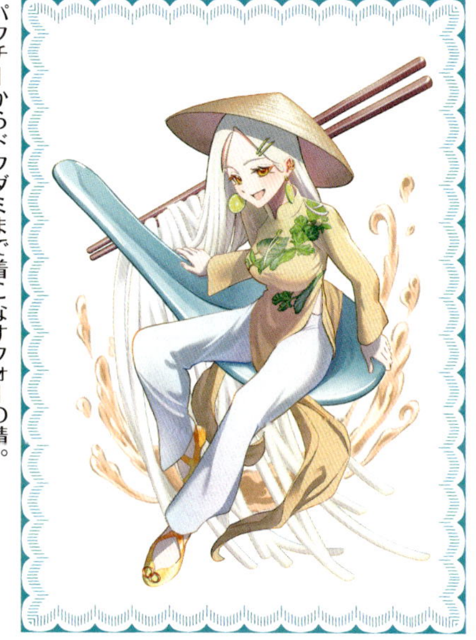

梅おにぎりの擬人化、忍者の『梅』。活発でツンデレな性格。
退屈を嫌い、刺激を求める。
東京都・かりがり

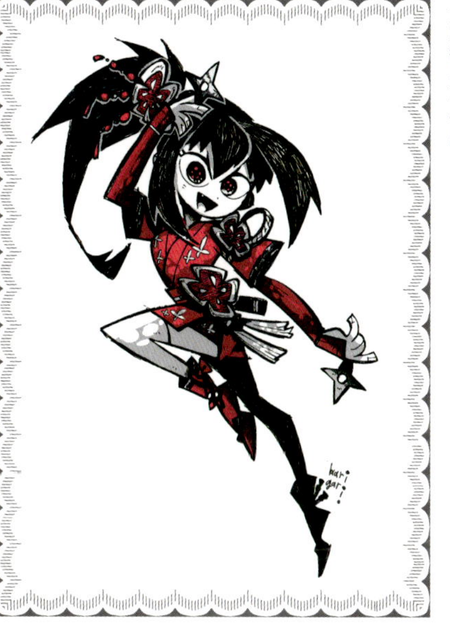

キウイ王家のプリンセス「ルビー レッド キウイ」 キウイフルーツを多くの
人に食べてもらうために社交活動に励んでいる 相棒は鳥のジョイ(キーウィ)
神奈川県・Romy

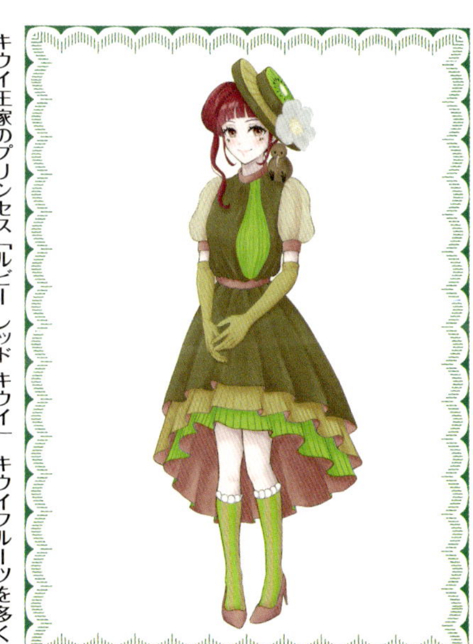

コーヒーの好きな女王様につかえる、魔法使いの少女。
こしの紋章は王家につかえる者の証拠。
千葉県・こふみ・11歳

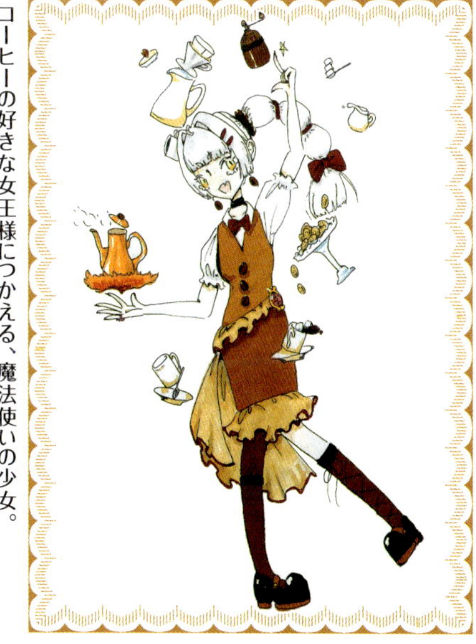

ザクロをモチーフにして描きました。
髪の毛の上にのせたキラキラのザクロがポイントです。
埼玉県・こしらきみな・8歳

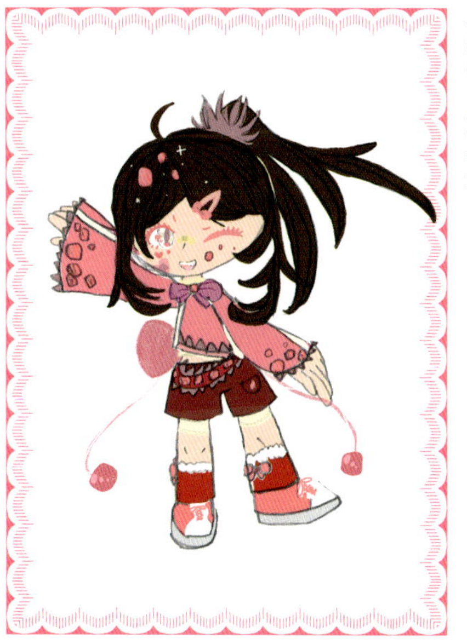

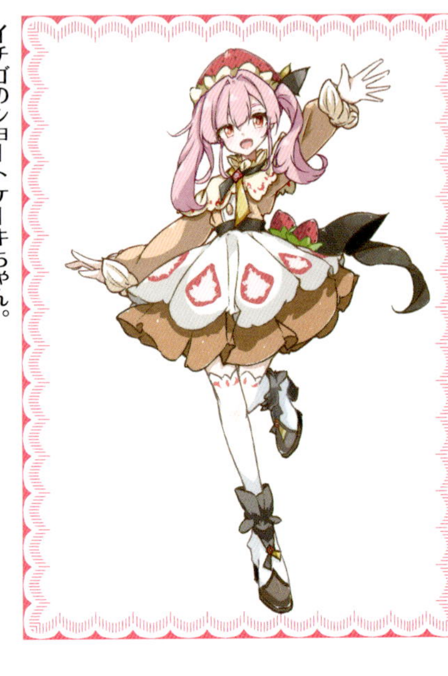
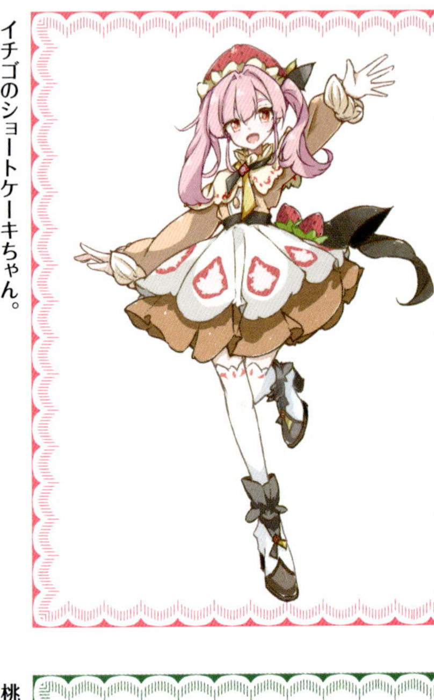

イチゴのショートケーキちゃん。
ピックに見立てたリボンがトレードマーク。
山梨県・モンテ・クリスト

いちご大福!! あまくておいしいね。
岡山県・ななみっつ

いちごクレープちゃん。いちごやクレープは本物かも…?
食べるとハッピーな気分になる。
神奈川県・梨玖

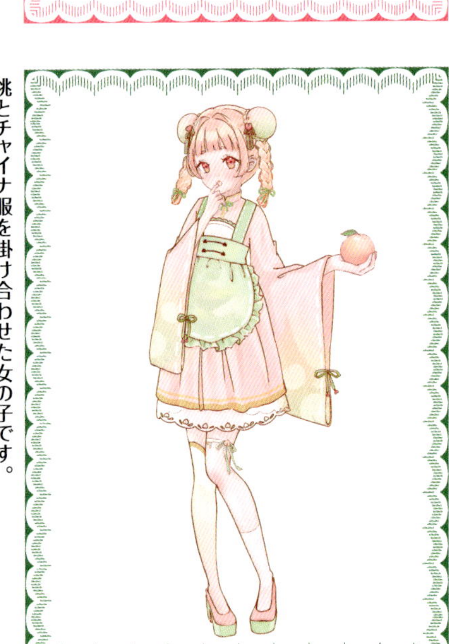
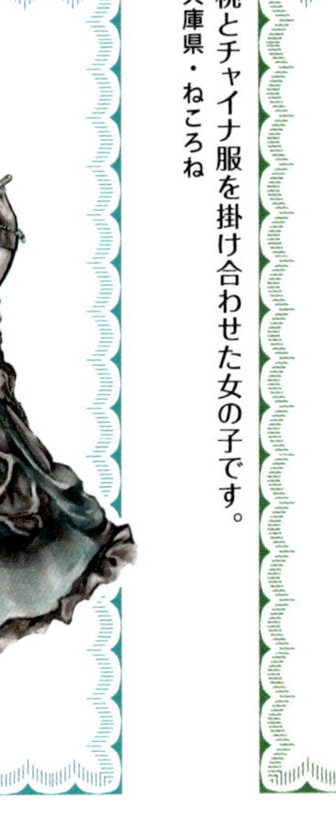

桃とチャイナ服を掛け合わせた女の子です。
兵庫県・ねころね

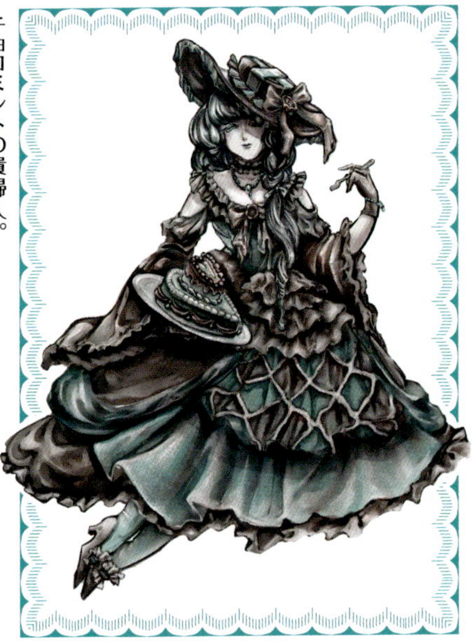

チョコミントの貴婦人。
お気に入りのパティシエが作るケーキが大好き。
京都府・哺乳瓶紅茶

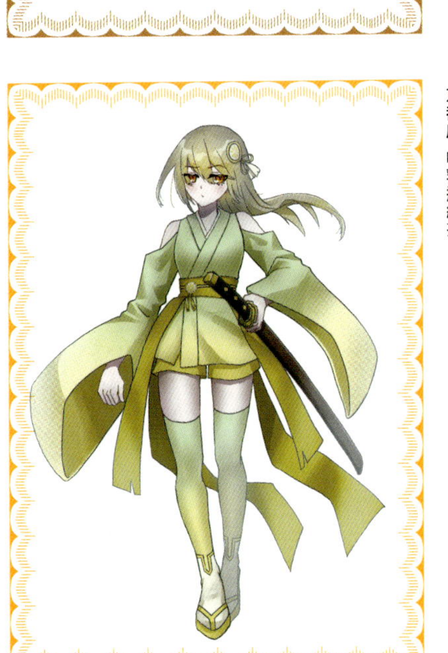

レモンの擬人化。基本的にツン(すっぱい)だがたまにデレ(甘い)る。
神奈川県・石垣

シュークリームの世界のにんげんです。
神奈川県・みむちゅ・8歳

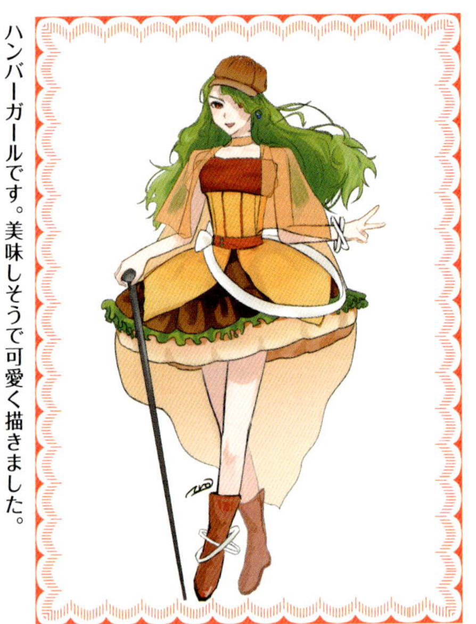

ハンバーガールです。美味しそうで可愛く描きました。
熊本県・Mro・17歳

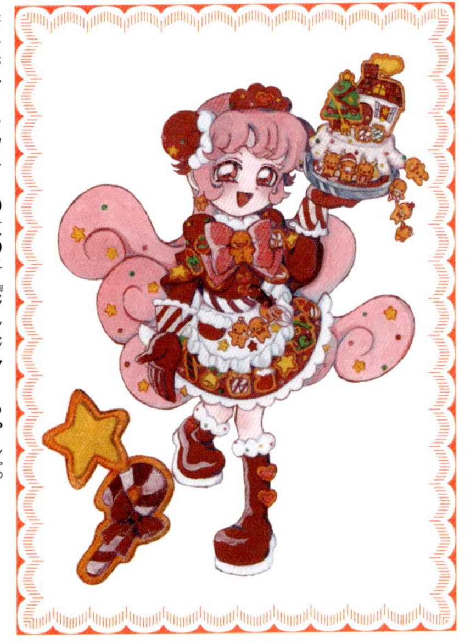

ジンジャークッキーの女の子『ジンジャーちゃん』。
笑顔がトレードマークのパティシエール。
群馬県・ユキガト

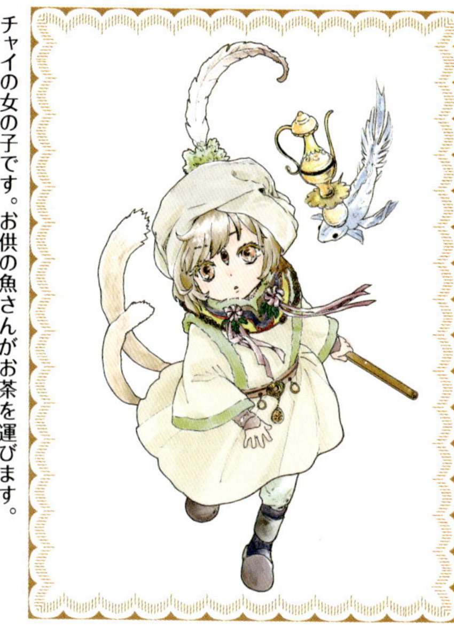
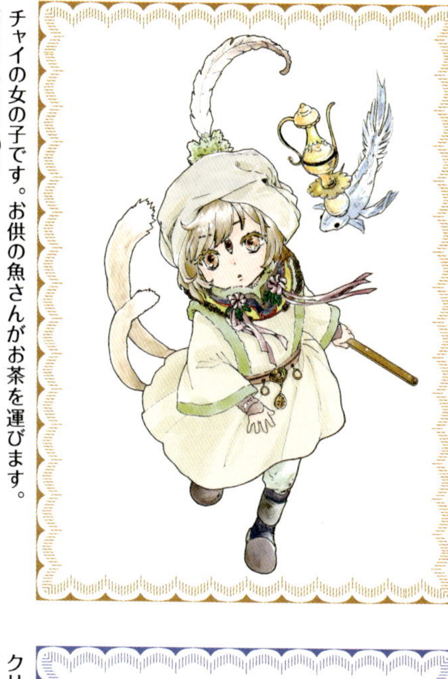

チャイの女の子です。お供の魚さんがお茶を運びます。

福島県・伊藤駒・50歳

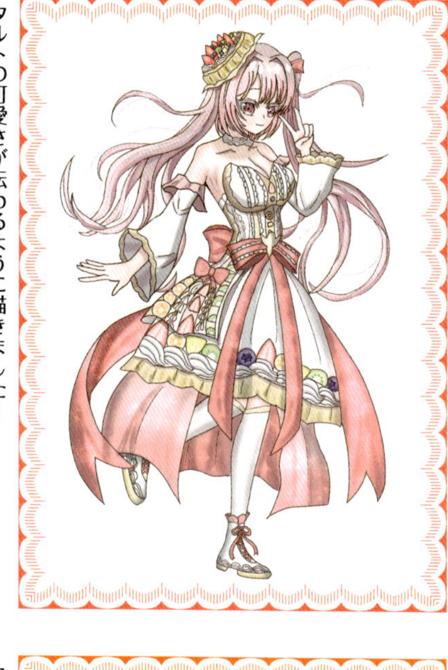

タルトの可愛さが伝わるように描きました！

新潟県・翠雨・16歳

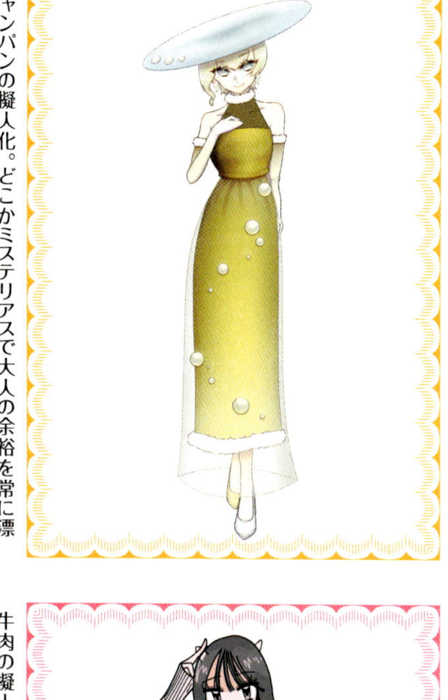

シャンパンの擬人化。どこかミステリアスで大人の余裕を常に漂わせている。

熊本県・塩浪タカ

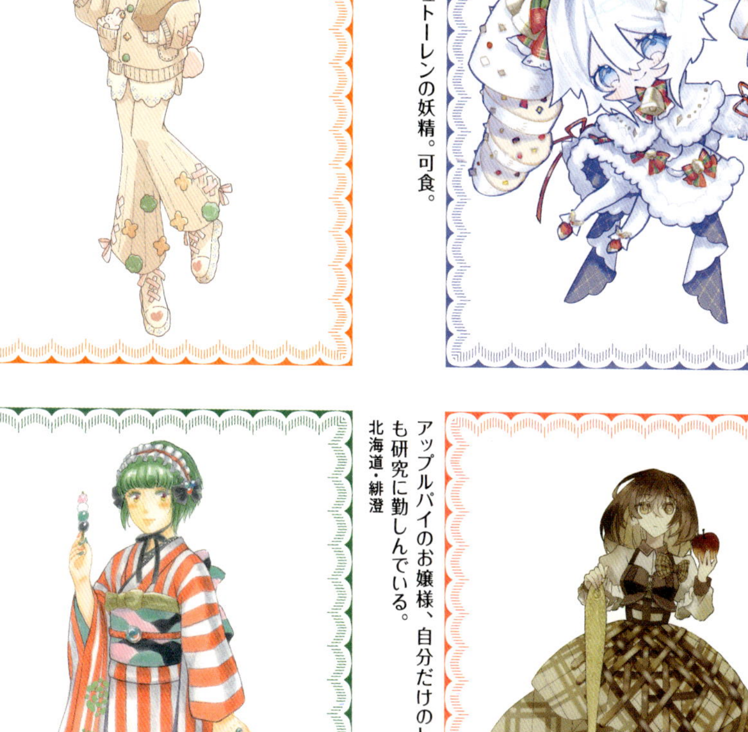

クリスマスに現れるシュトーレンの妖精。可食。

京都府・高雄かさね

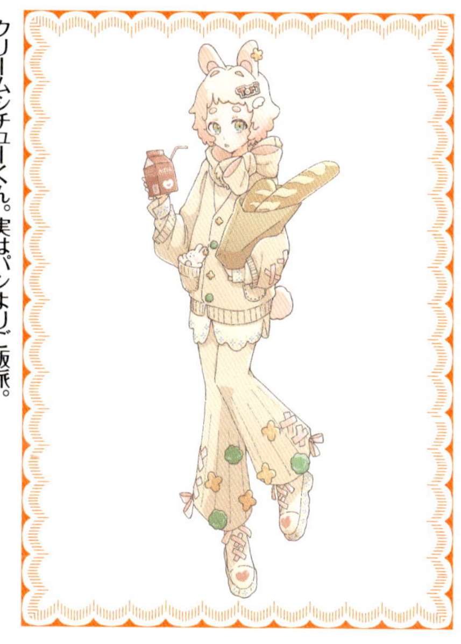

クリームシチューくん。実はパンよりご飯派。

静岡県・岸

牛肉の擬人化ちゃん。コミュ障を治したくて、この前焼肉屋のバイトの面接行ってきた。もうへいき！

大阪府・塩田恋

アップルパイのお嬢様、自分だけのレシピを作るのが目標で今日も研究に勤しんでいる。

北海道・緋澄

和菓子の女の子。髪の緑は抹茶、着物の赤と白はいちご大福、薄紫（濃いピンク）はすあまのイメージ。

東京都・すずきやいち

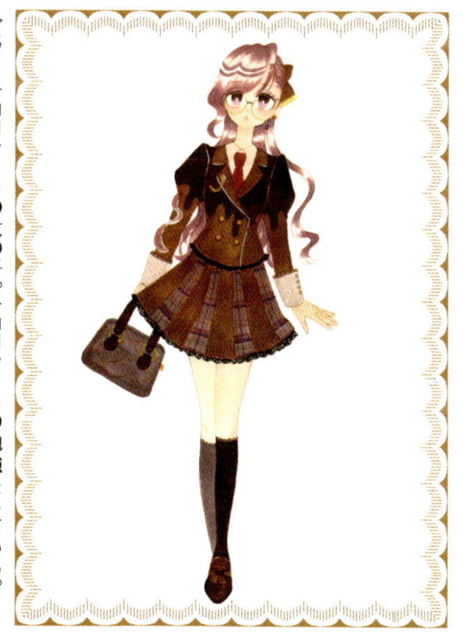

ビターチョコレートの女の子。チョコレートの勉強をしている。

岩手県・花灯こはく

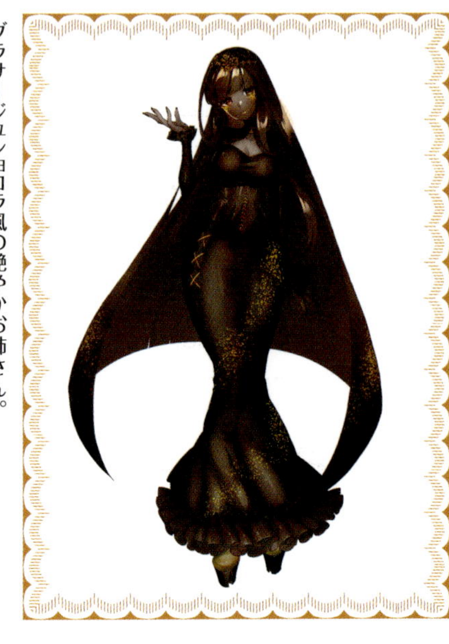
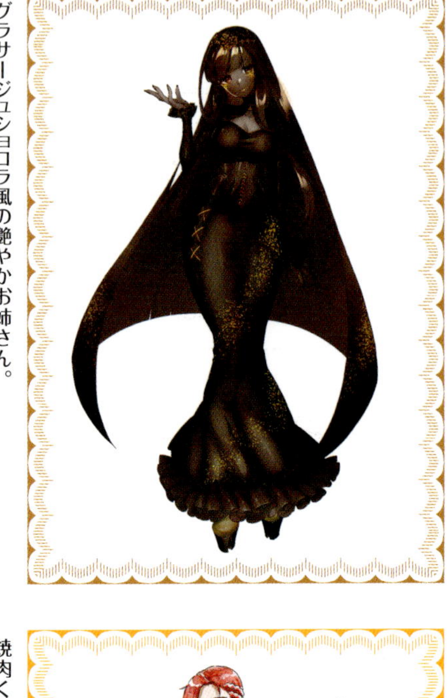

グラサージュショコラ風の艶やかお姉さん。
愛知県・天照

明るく皆に愛されるオムライスの女の子です。
鹿児島県・猫と芋・44歳

ダルゴナコーヒーの女の子です kpopアイドルのようにおしゃれで可愛くて、でも芯が強いという、どこかコーヒーに似た中毒性がある魅力を表現したくて頑張りました。
東京都・やお

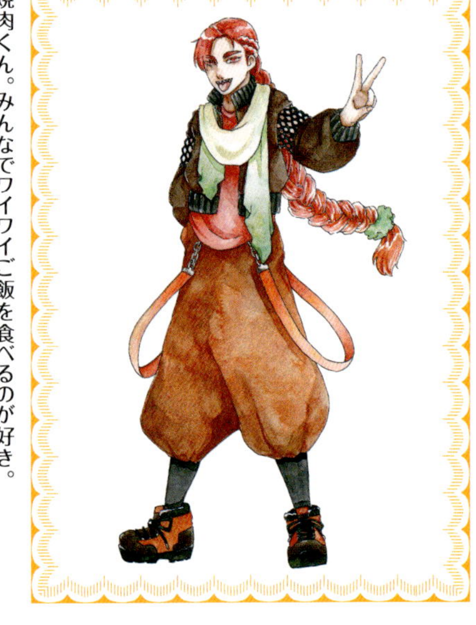
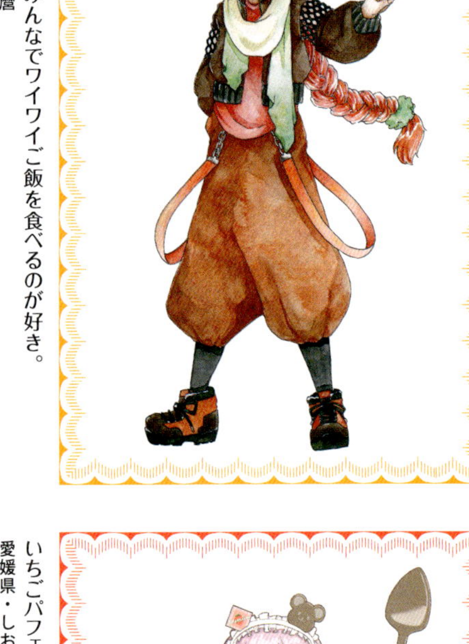

焼肉くん。みんなでワイワイご飯を食べるのが好き。
群馬県・八咫麿

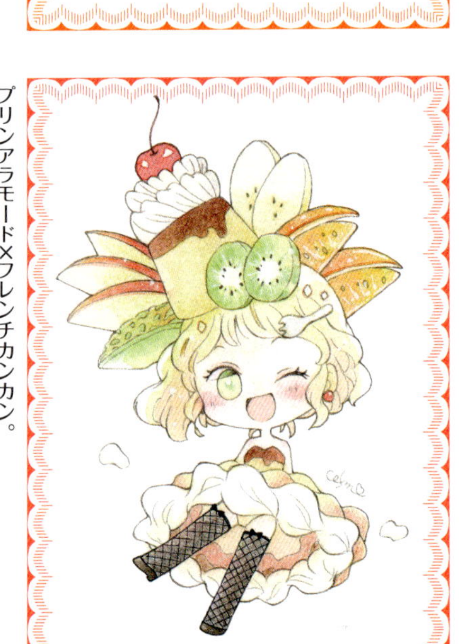

プリンアラモード×フレンチカンカン。華やかで魅惑的なダンスにあなたも夢中!!
兵庫県・桜羽こすも

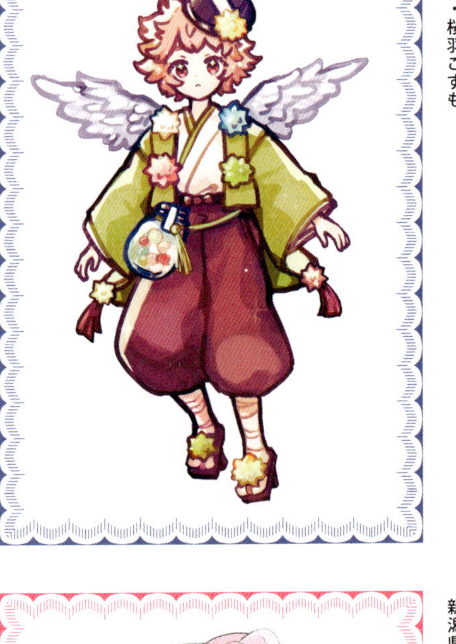

金平糖のちびっこ天狗。ちょっと気弱でおっちょこちょい。いつか自分が溶けていなくなることを知っている。
岩手県・弥七

いちごパフェ(チョコソースがけ)をイメージしました。
愛媛県・しおの

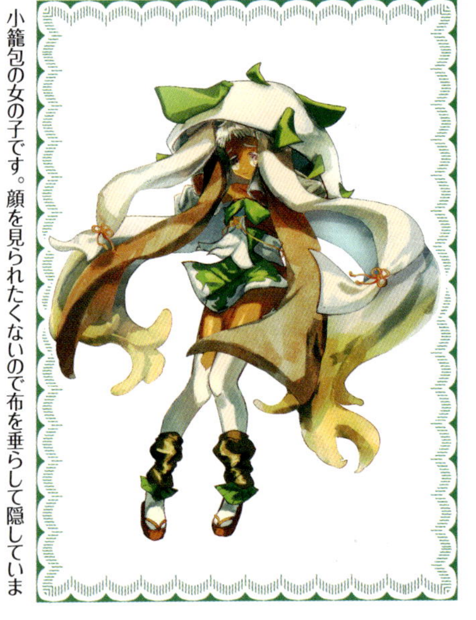

小籠包の女の子です。顔を見られたくないので布を垂らして隠しています。布が取れると……?
新潟県・竜みそ

甘味屋のお手伝いをする甘味大好きな女の子。何かお願いするとき三色団子を渡さないと手伝ってくれないらしい。
京都府・猫羽ふしろ

◇SkyS フリー

【SS83 号宛の投稿に関するお詫びと掲載について】

SS83 号の投稿ページにつきまして、郵送上の都合により、SS83 号宛にお送りいただいた投稿作品を掲載することができませんでした。ご投稿くださったみなさまには、多大なご迷惑をおかけしましたことを、心よりお詫び申し上げます。このたび掲載できなかった作品につきましては、「SkyS フリー」「Kunstkammer SS(B&W)」「Sea S Sense」「S Story」「S Stage」「S Say」「S Something」「うちのこ倶楽部」「男子部」「女子部」の順に、改めて掲載しております。

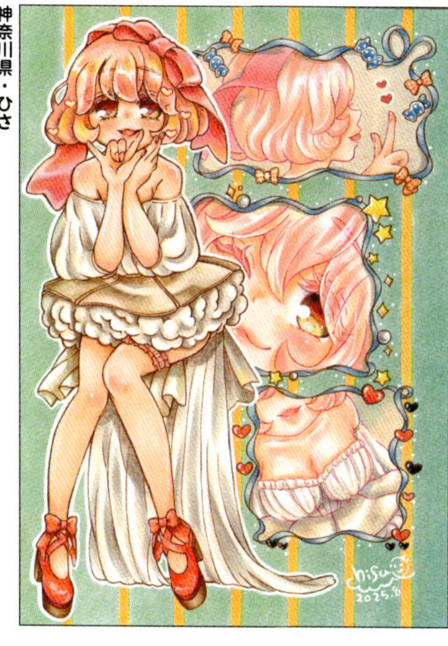
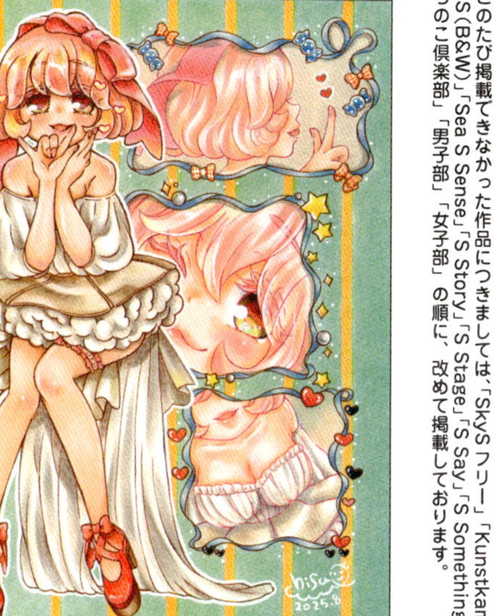
神奈川県・ひさ

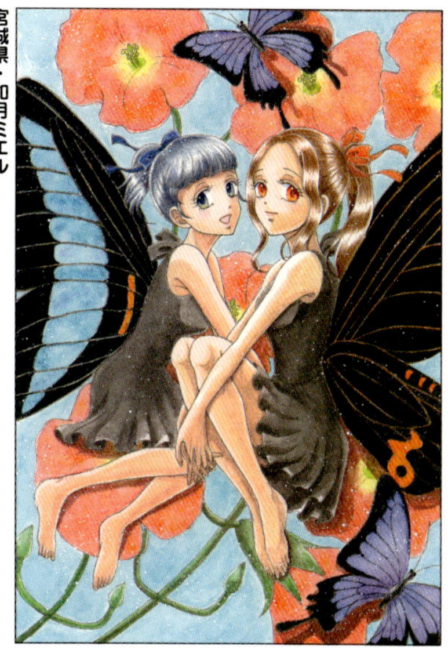
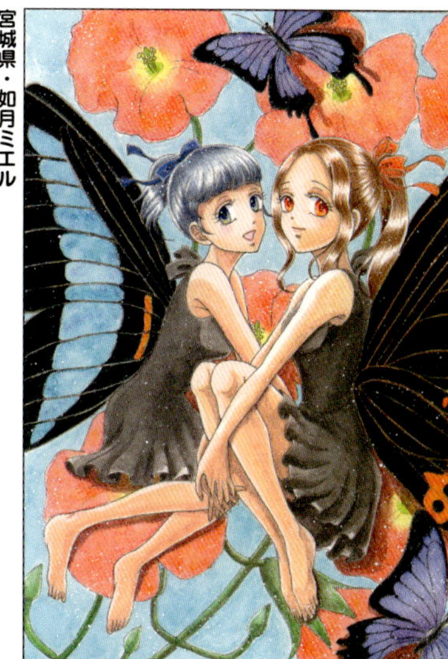
宮城県・如月ミエル

広島県・貴希

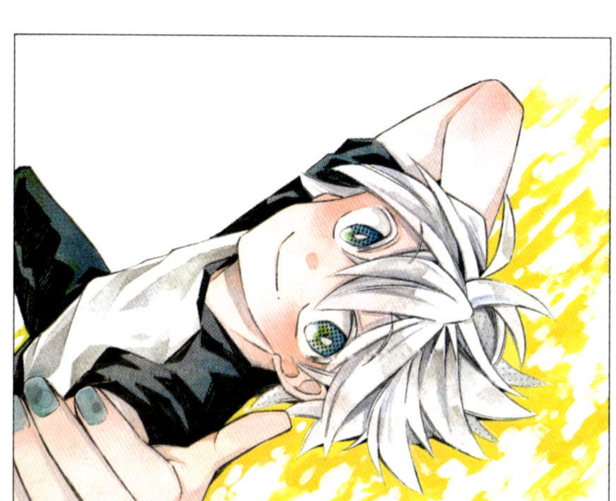
神奈川県・るりるり・40 歳

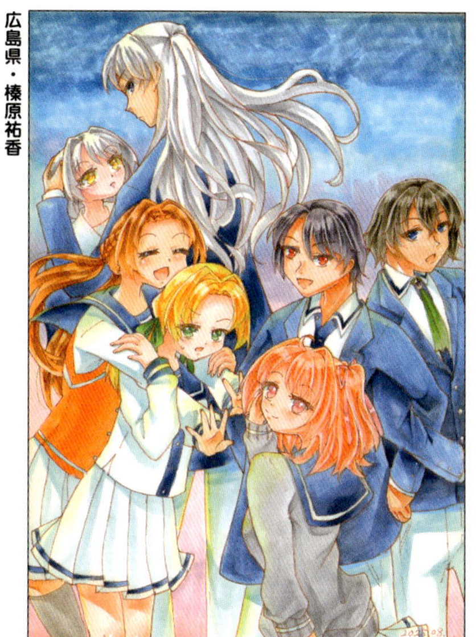
広島県・榛原祐香

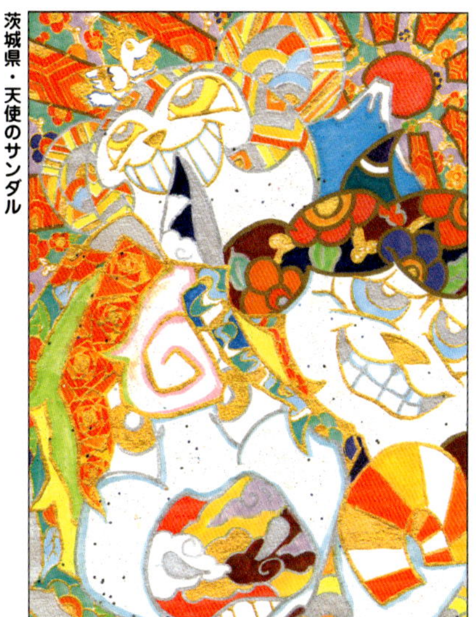
茨城県・天使のサンダル

◇Kunstkammer SS(B&W)

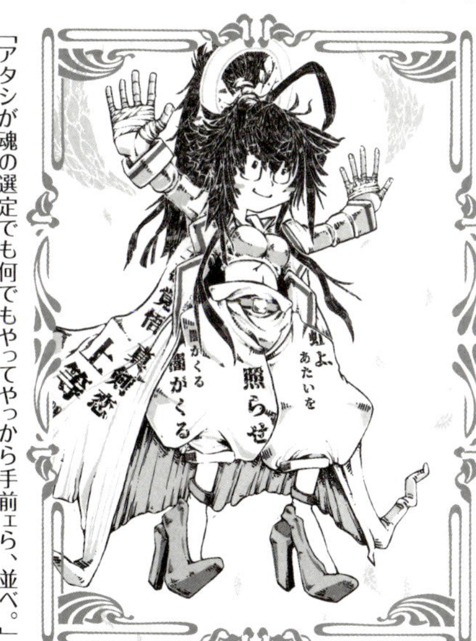

「アタシが魂の選定でも何でもやってやっから手前ェら、並べ。」
ツ○パリ天使、三代目。
神奈川県・青雀

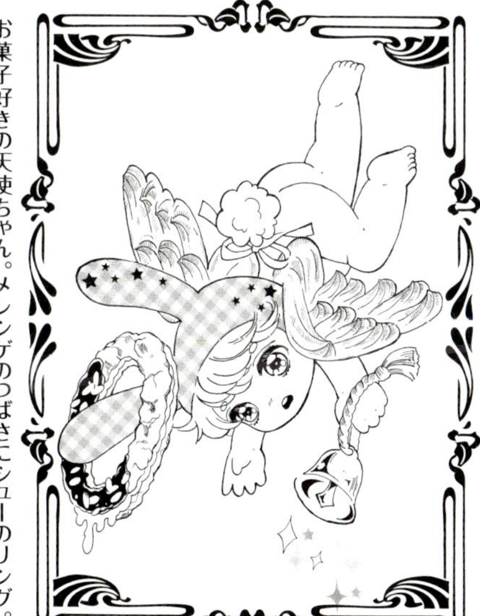
「オーブンのなかのケーキがふくらみますように」
お菓子好きの天使ちゃん。メレンゲのつばさにシューのリング。
千葉県・都栄

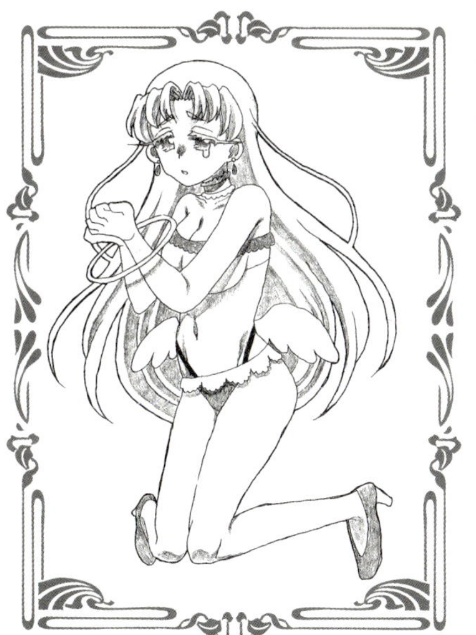
長年見習い天使でいるお姉さん。
ドジで泣き虫。後輩には好かれている。
埼玉県・セコイや

◇Sea S Sense

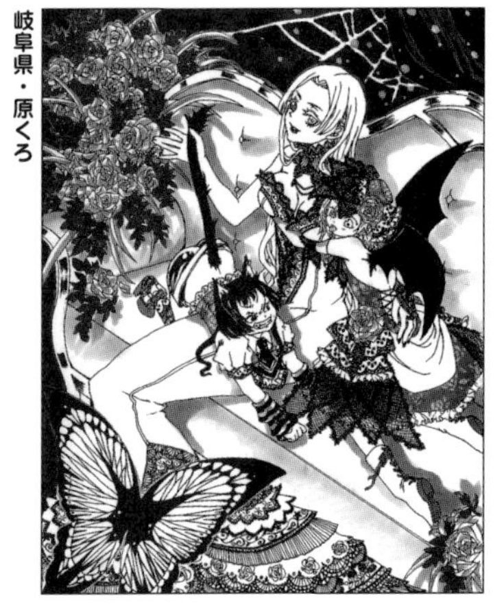

岐阜県・原くろ

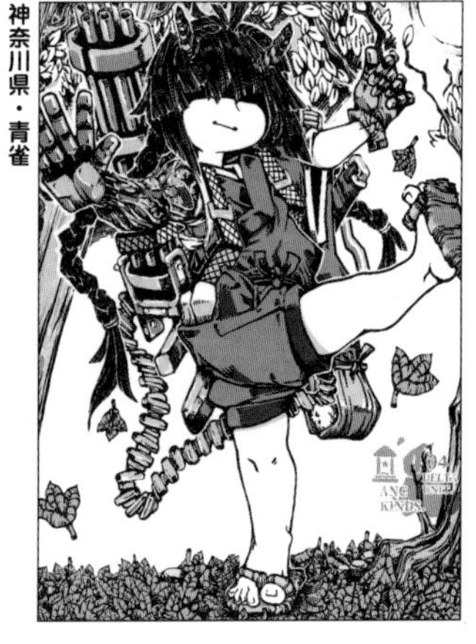

神奈川県・青雀

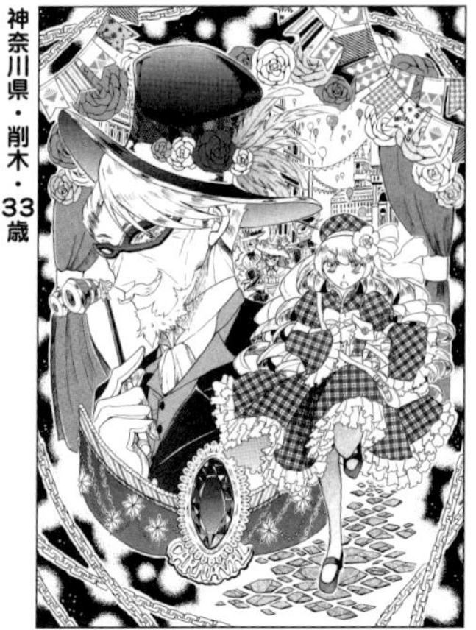

神奈川県・削木・33歳

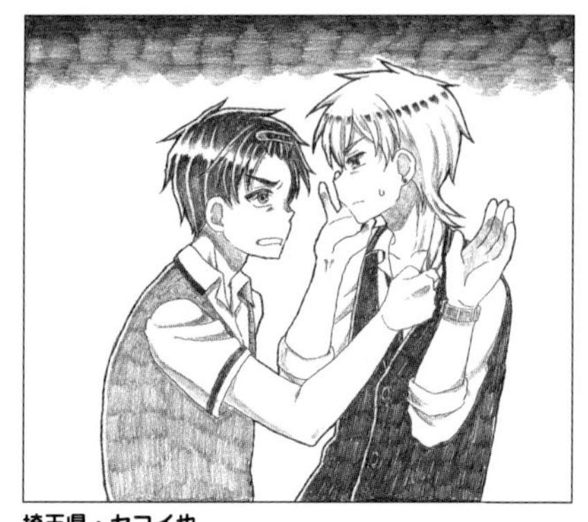

埼玉県・セコイ也

◇S Story

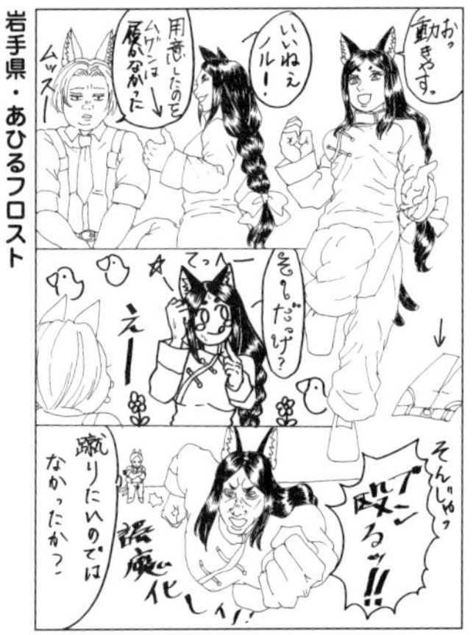

岩手県・あひるフロスト

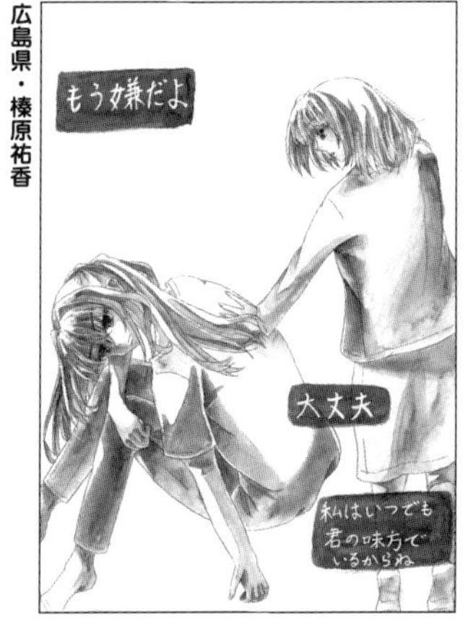

広島県・榛原祐香

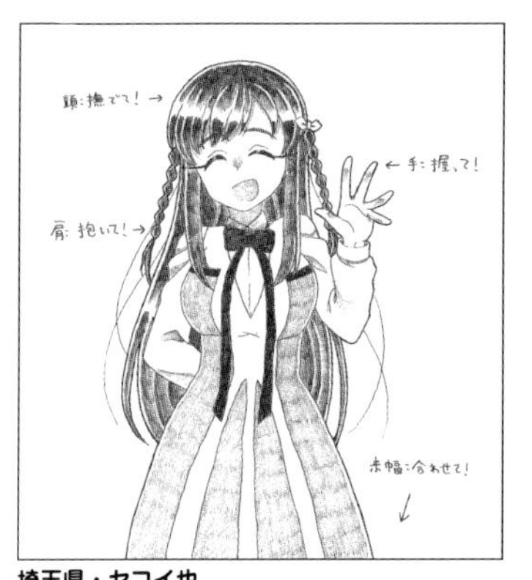

埼玉県・セコイ也

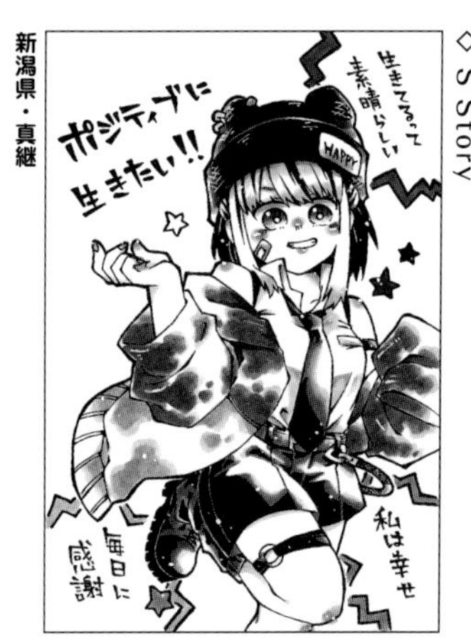

新潟県・真継

◇S Stage

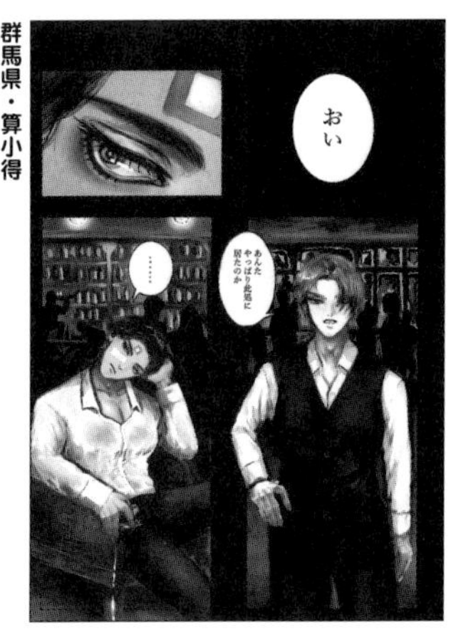

群馬県・算小得

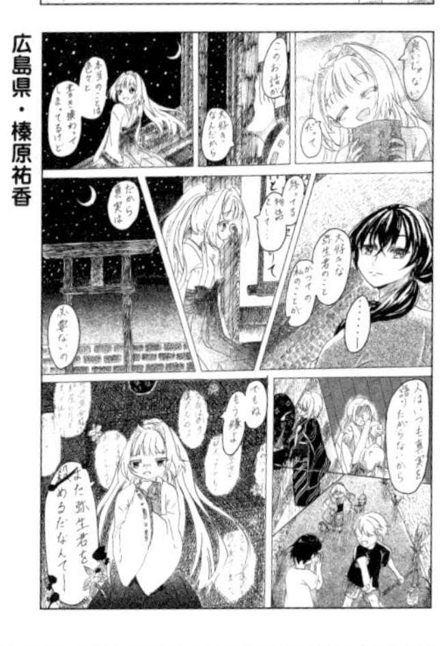

広島県・榛原祐香

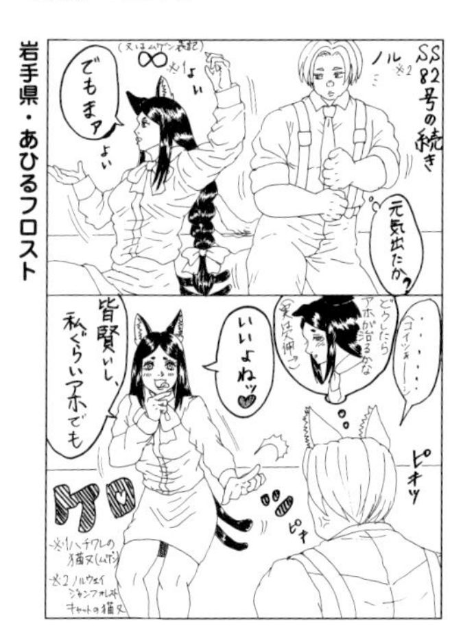

岩手県・あひるフロスト

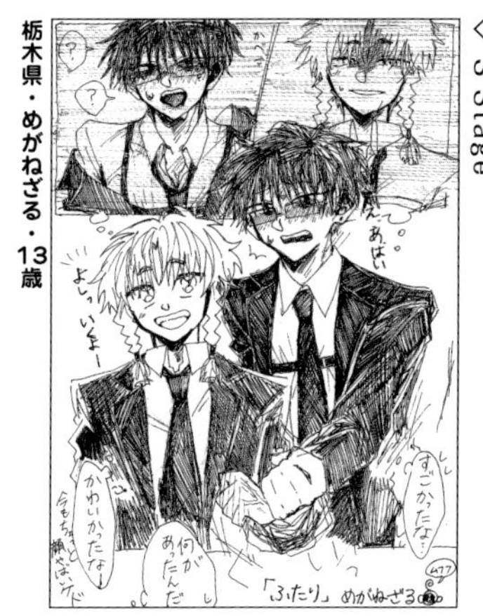

栃木県・めがねざる・13歳

◇S Say

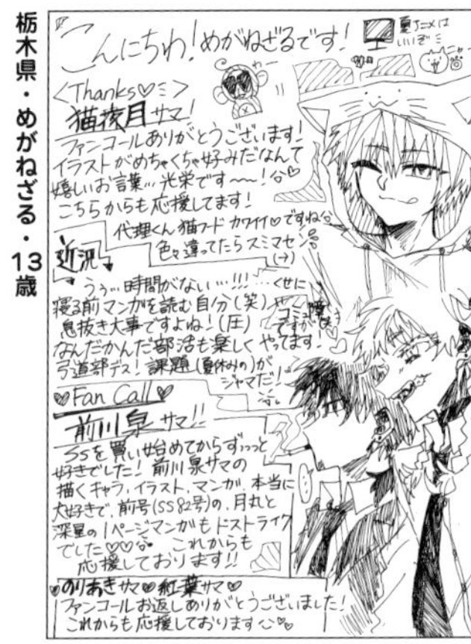

栃木県・めがねざる・13歳

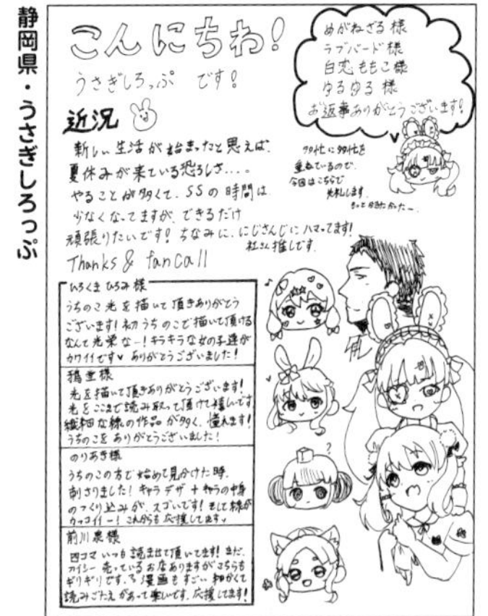

静岡県・うさぎしろっぷ

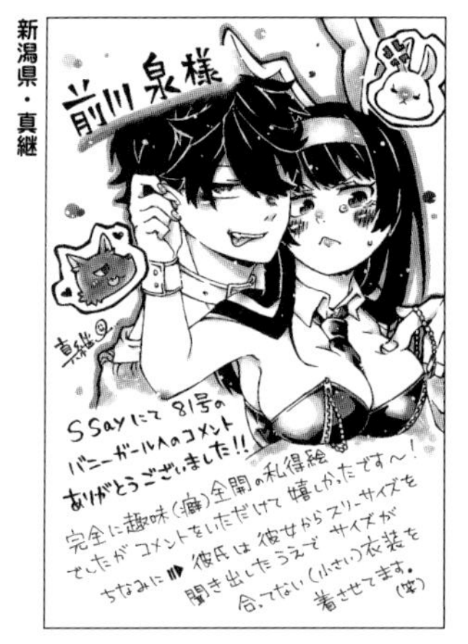

新潟県・真継

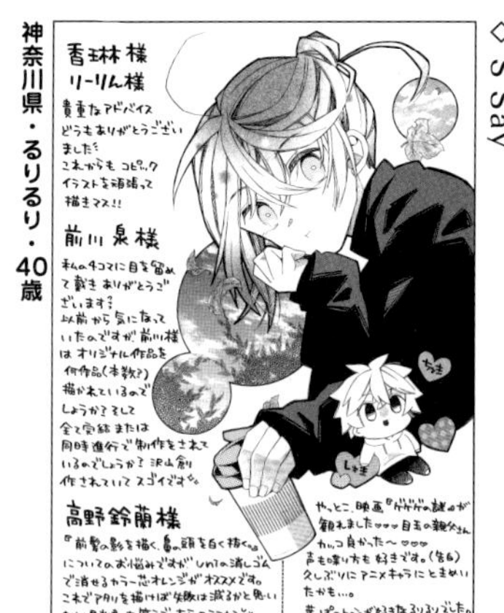

神奈川県・るりるり・40歳

◇ S Something

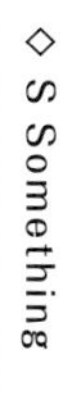

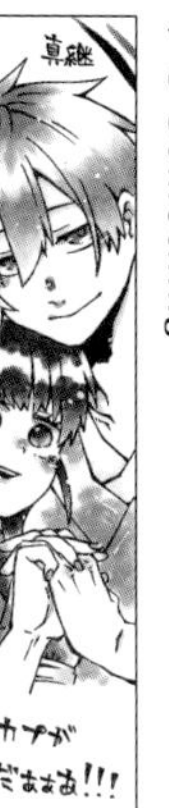

新潟県・真継

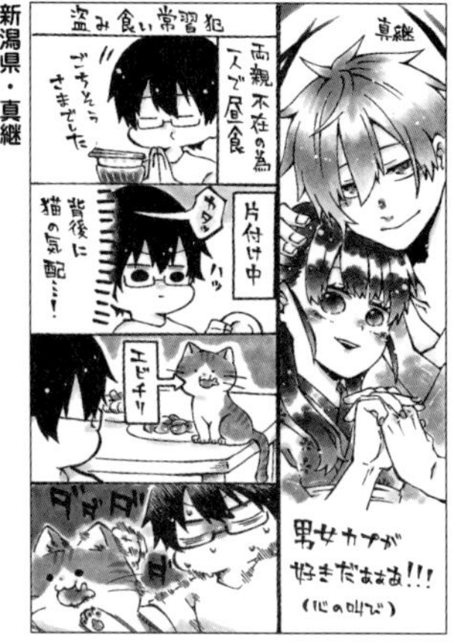

広島県・榛原祐香

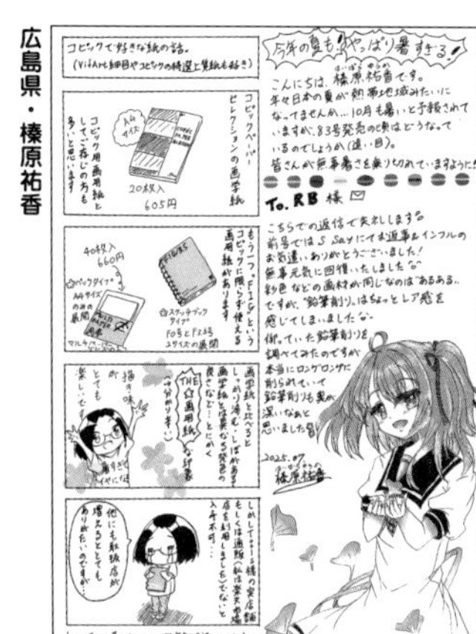

岩手県・あひるフロスト

神奈川県・るりるり・40歳

◇ うちのこ倶楽部

栃木県・めがねざる・13歳

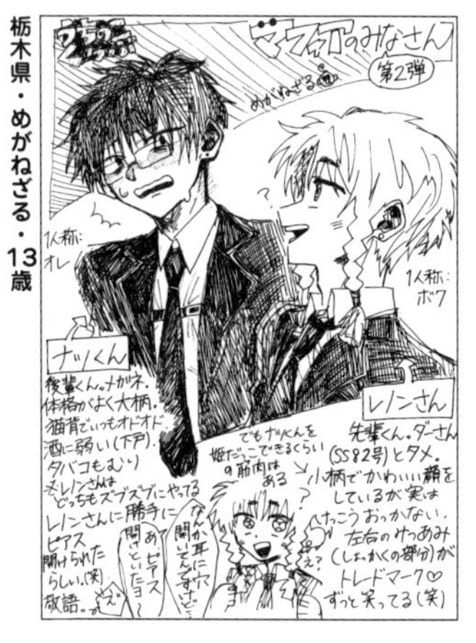

千葉県・都栄

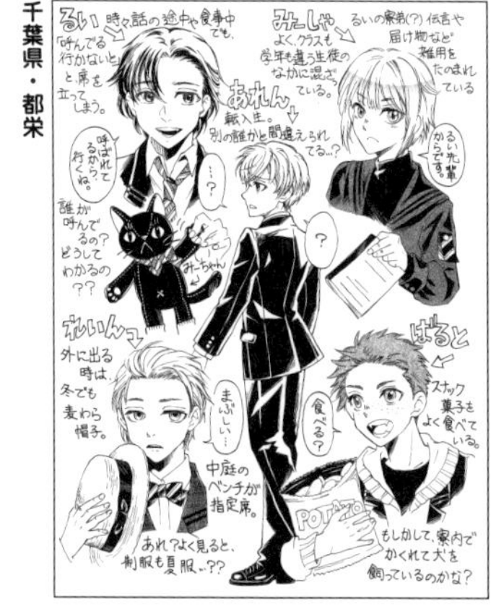

静岡県・ひつじまる・10歳

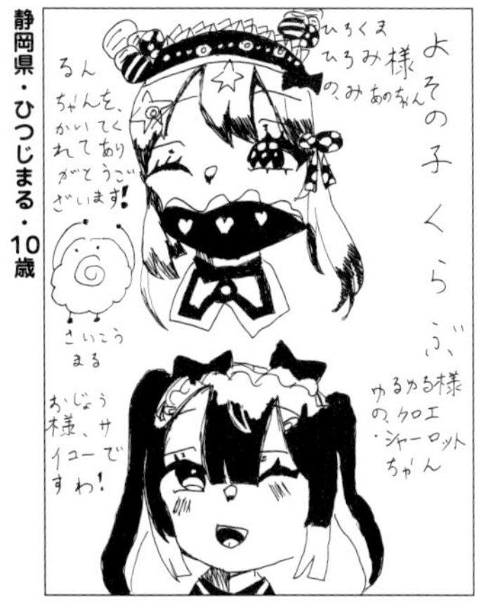

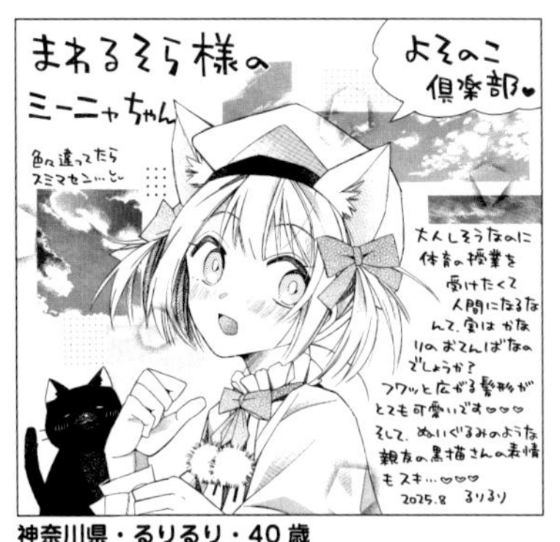

神奈川県・るりるり・40歳

◇ 男子部

埼玉県・セコイ也

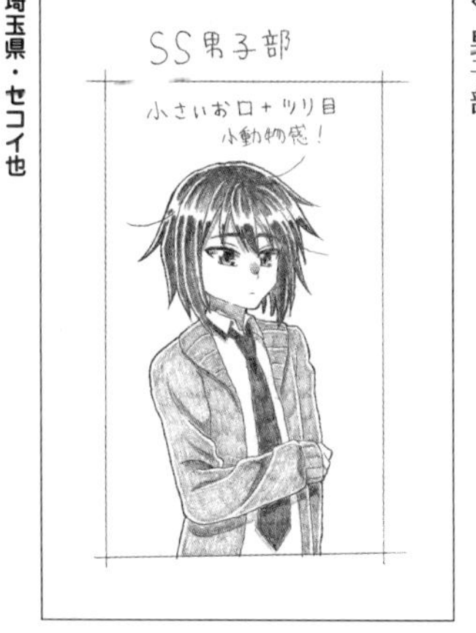

新潟県・真継

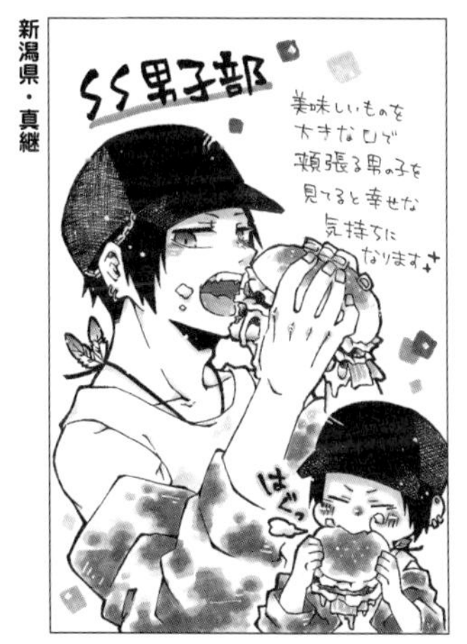

栃木県・めがねざる・13歳

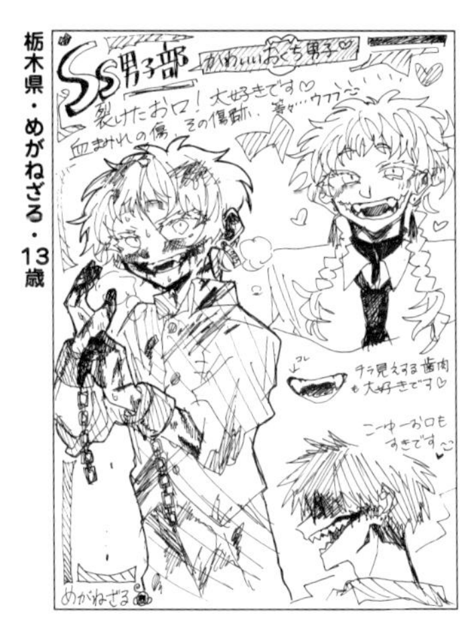

千葉県・都栄

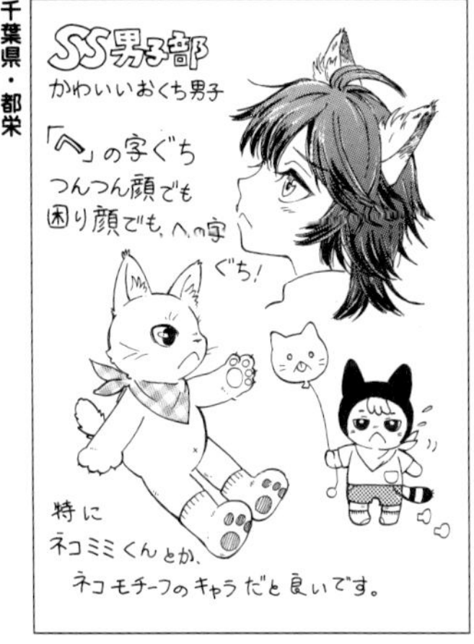

◇ 女子部

新潟県・真継

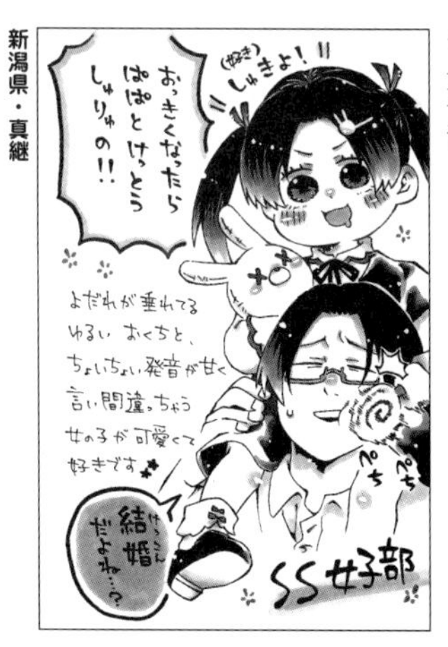

愛知県・いいづきにか

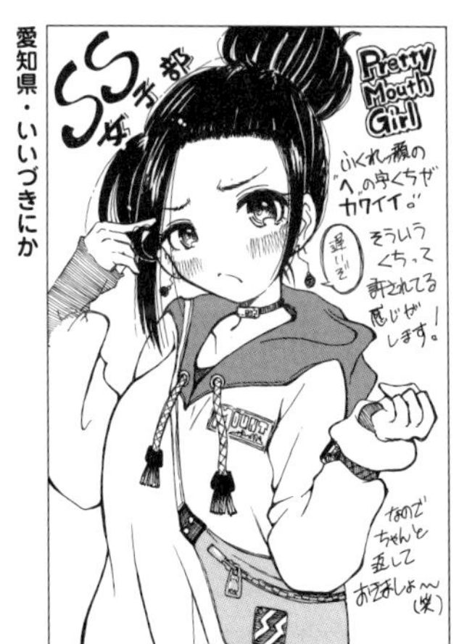

埼玉県・セコイ也

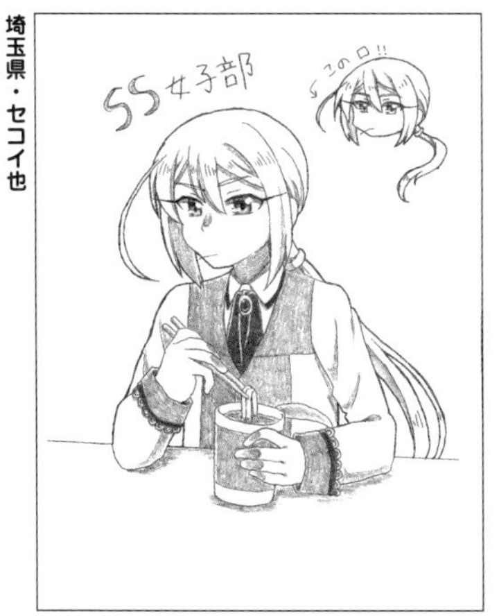

岩手県・あひるフロスト

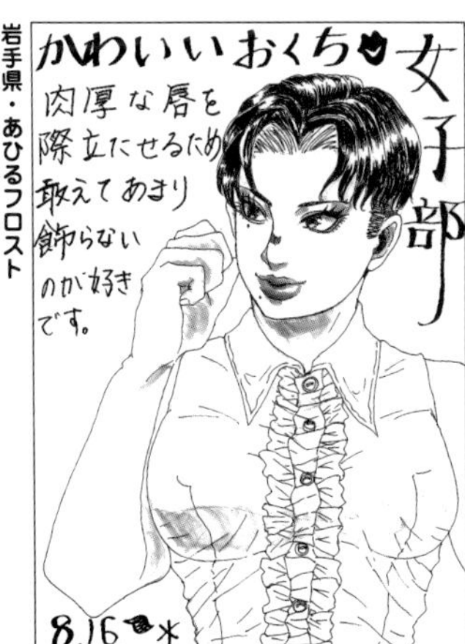

今号も素敵なモノクロイラストを投稿ありがとうございます！
これからもたくさんの投稿をお待ちしております!!

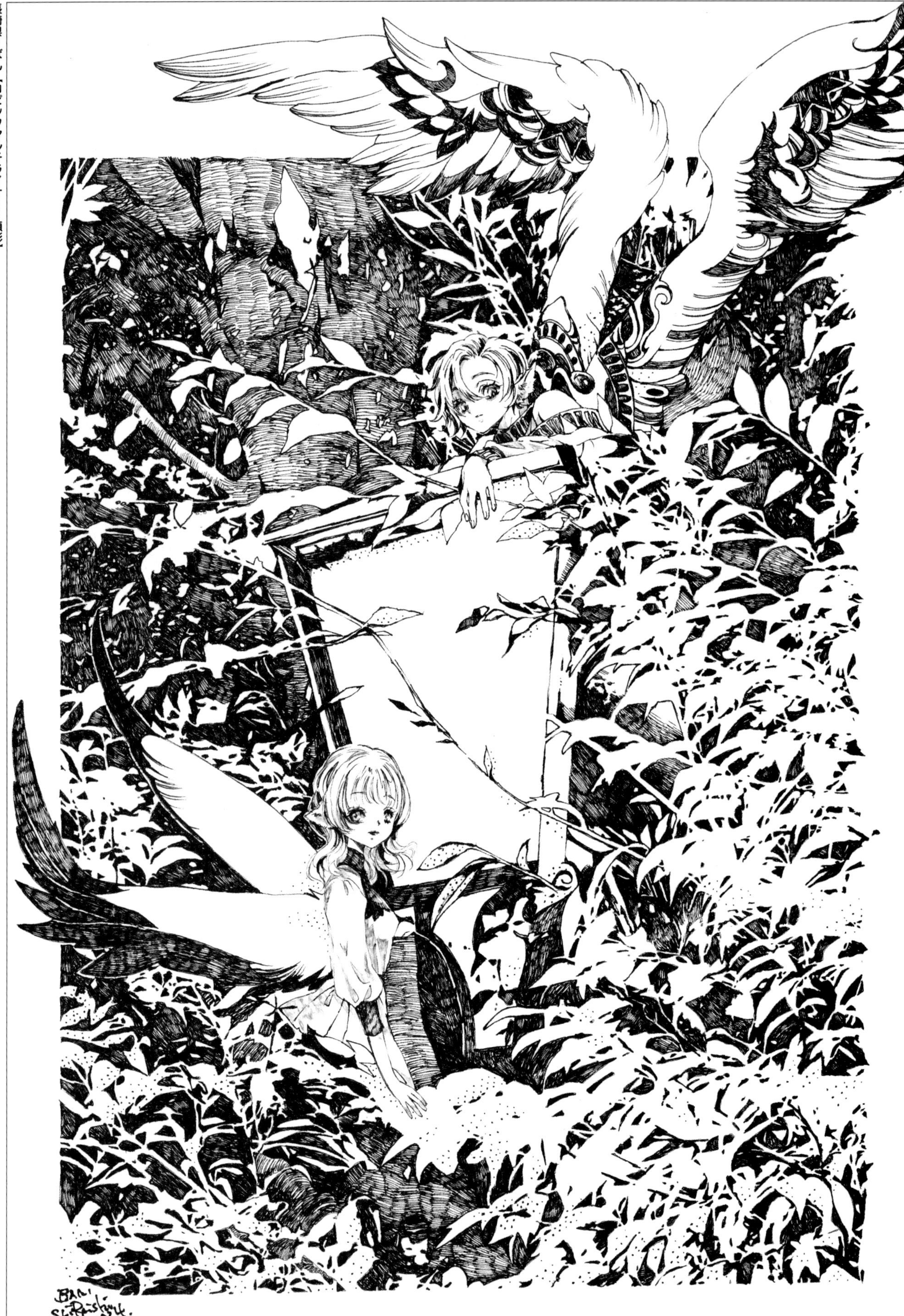

長崎県・ばん【コピックマルチライナー・顔彩】

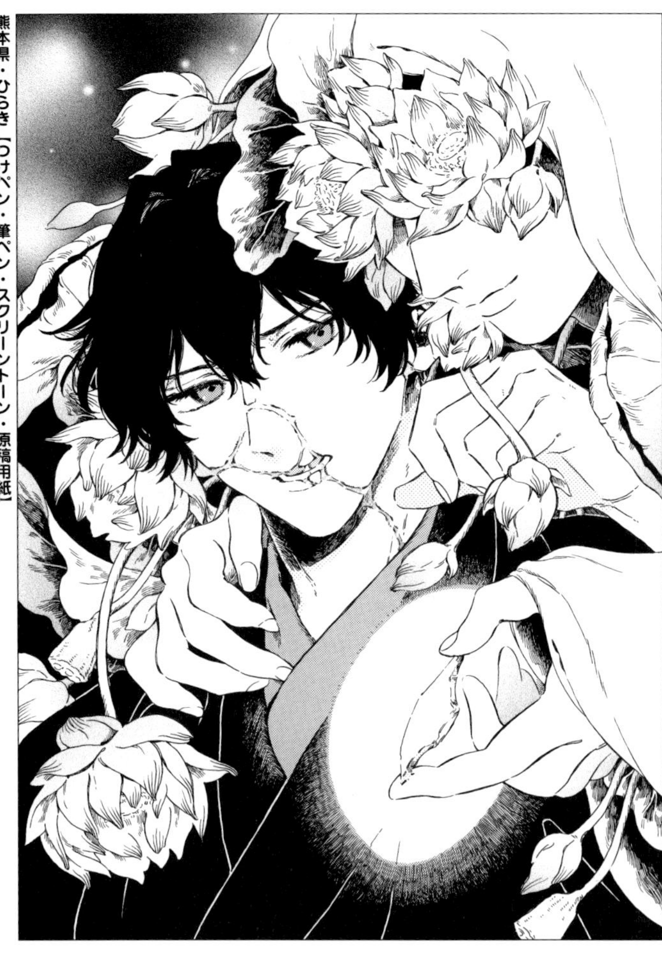

熊本県・ひろき【つけペン・筆ペン・スクリーントーン・原稿用紙】

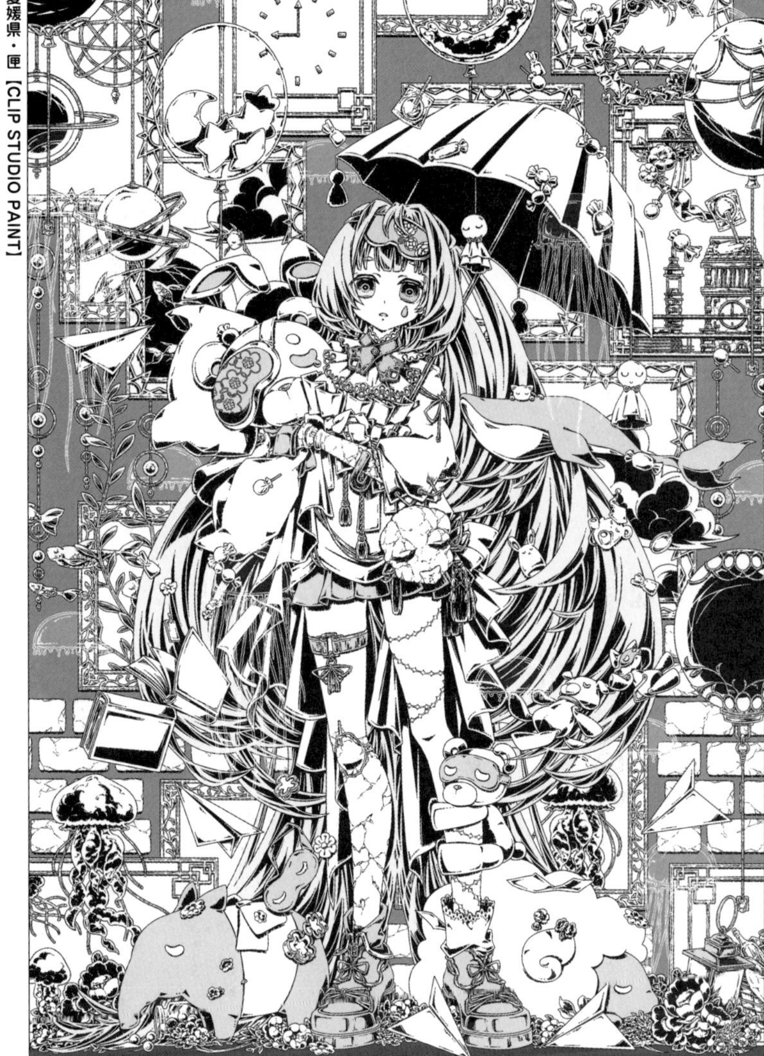

愛媛県・匣【CLIP STUDIO PAINT】

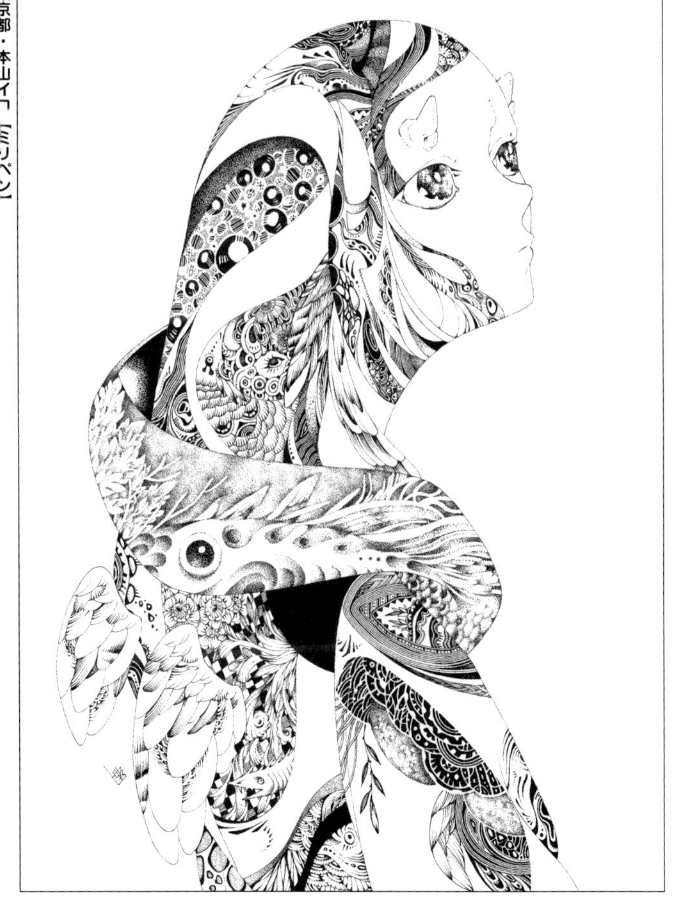

東京都・本山イ「【ミリペン】

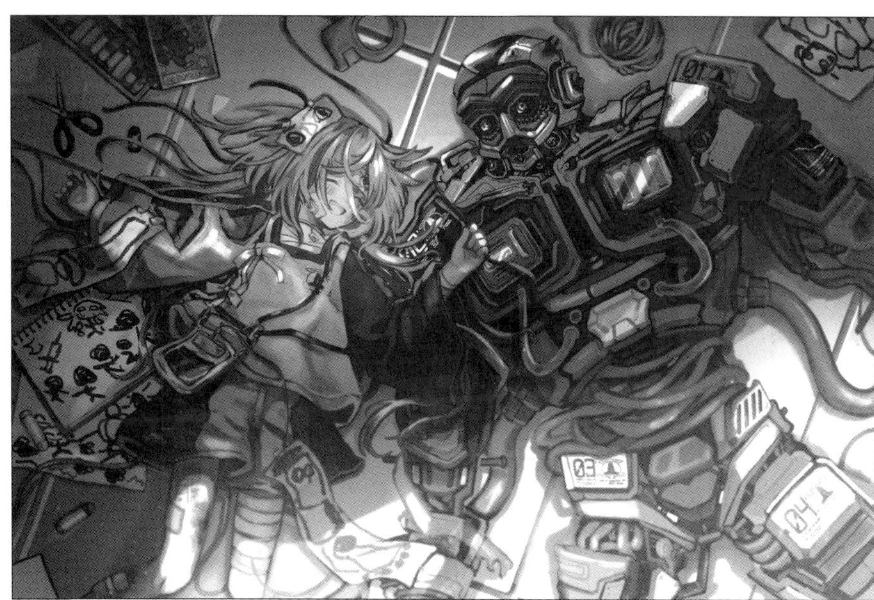

新潟県・竜みそ【Procreate・CLIP STUDIO PAINT】

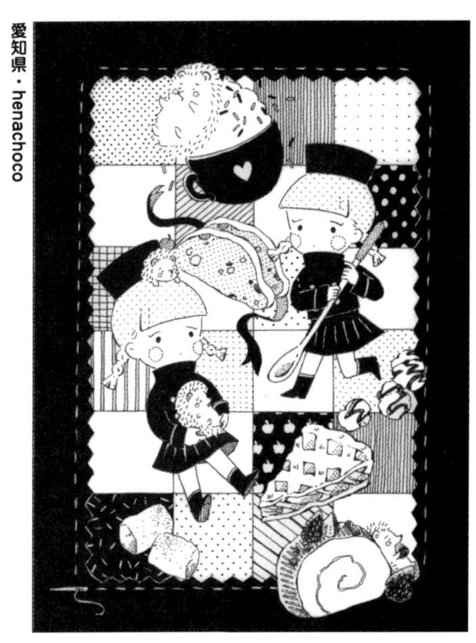
愛知県・henachoco

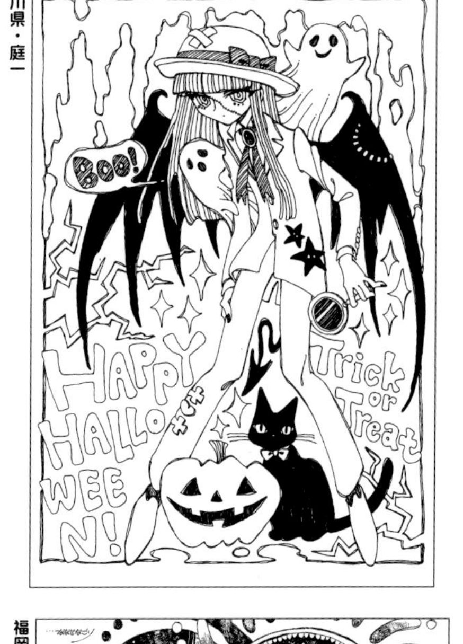

石川県・庭一

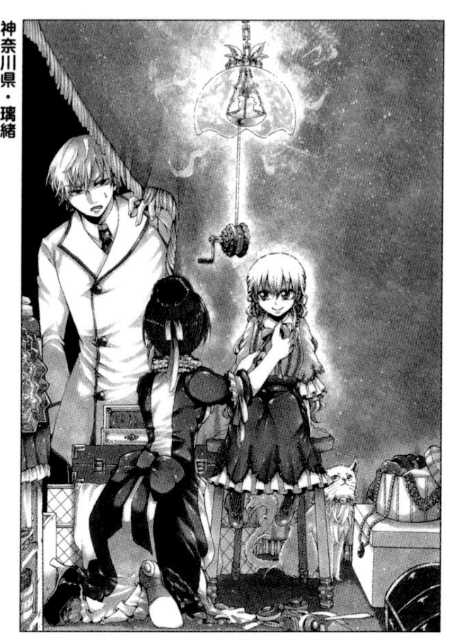
神奈川県・璃緒

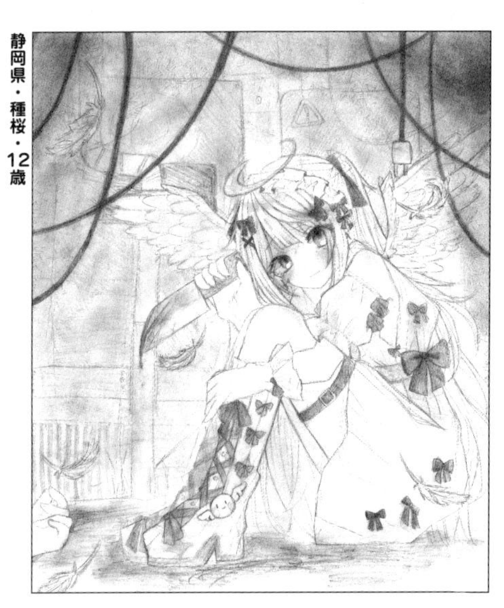
静岡県・種桜・12歳

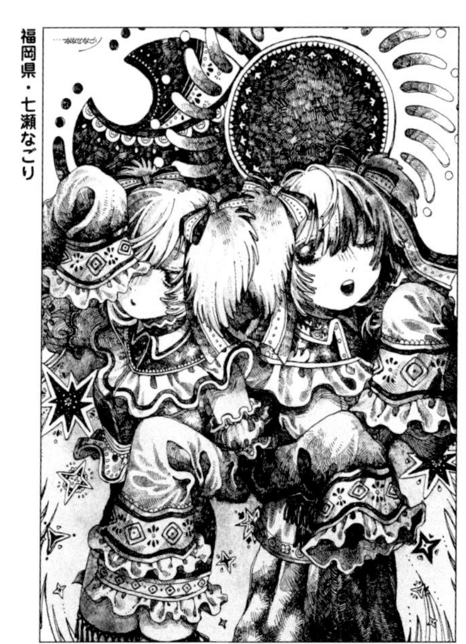
福岡県・七瀬なごり

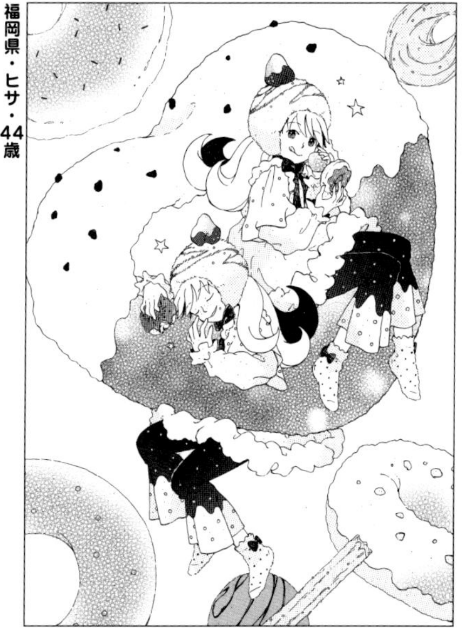
福岡県・ヒサ・44歳

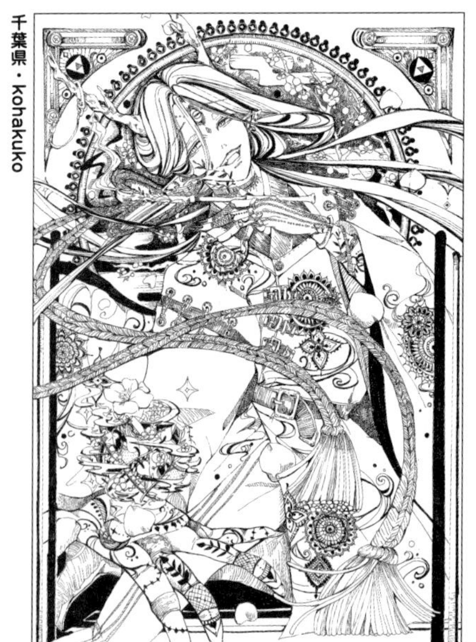
千葉県・kohakuko

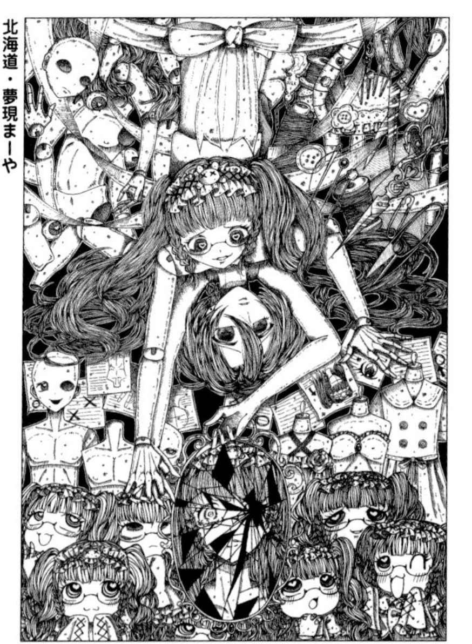
北海道・夢現まーや

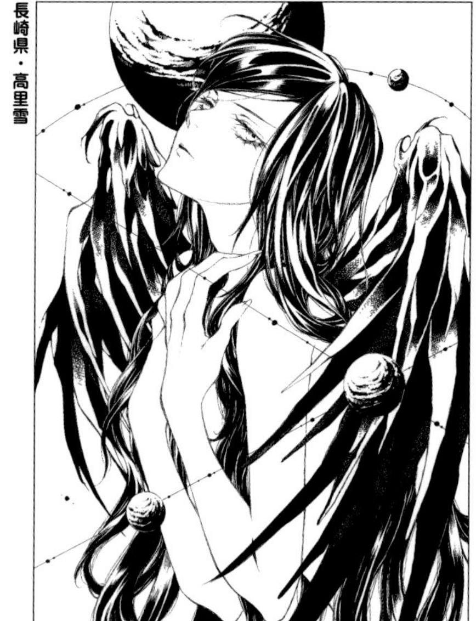
長崎県・高里雪

青森県・アオイサイダー

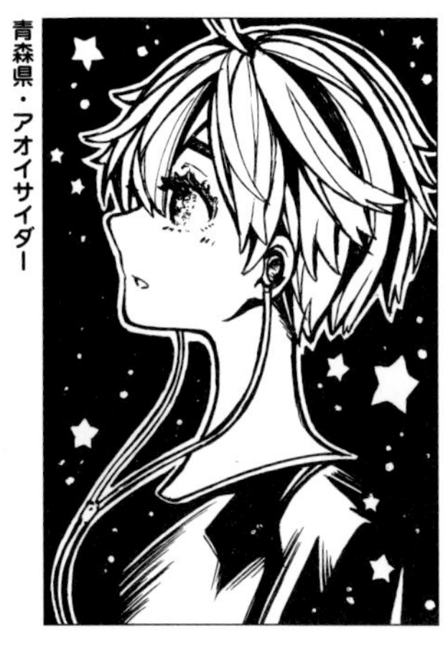

兵庫県・ひろやん

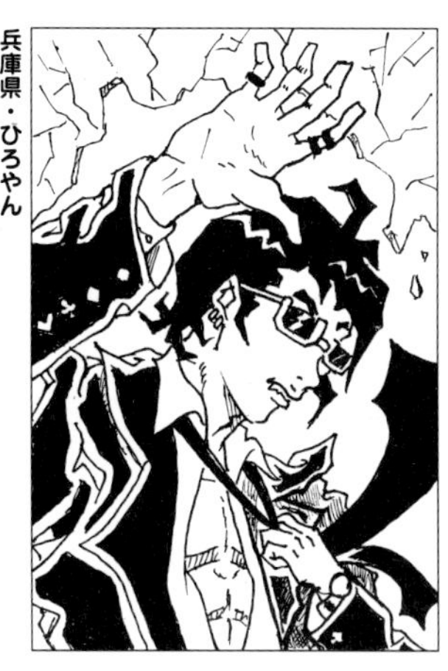

北海道・error

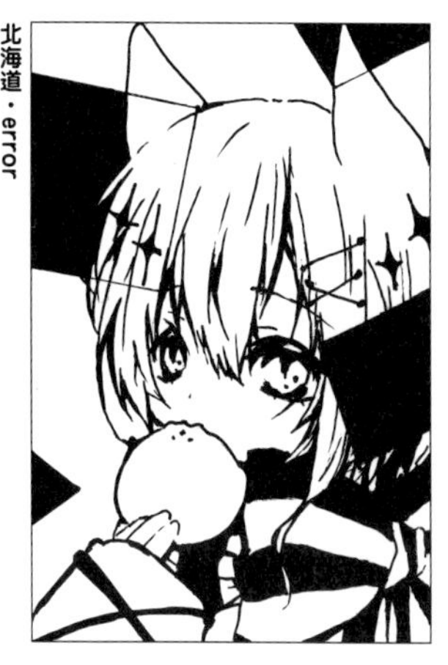

群馬県・マユリ

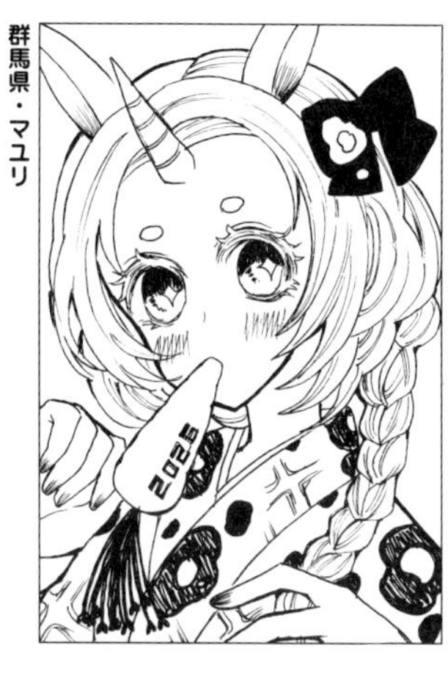

高知県・柴イヌ

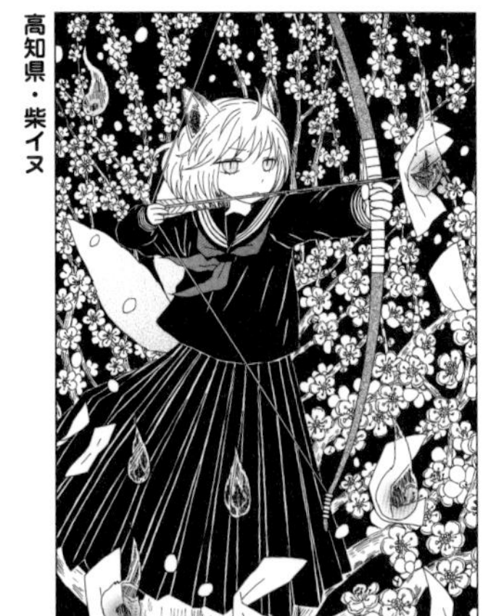

千葉県・まき・44歳

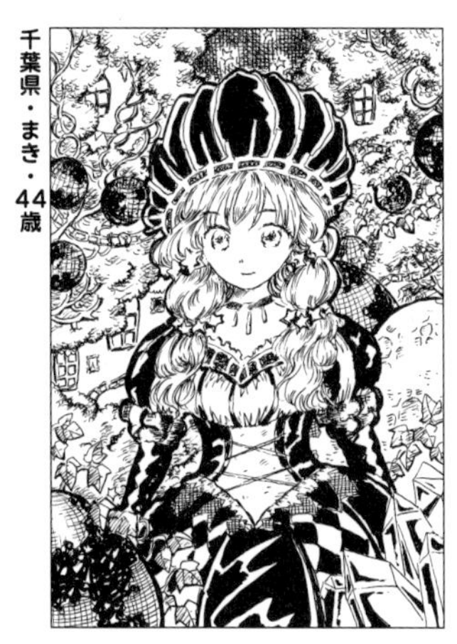

熊本県・真宵ゆづき

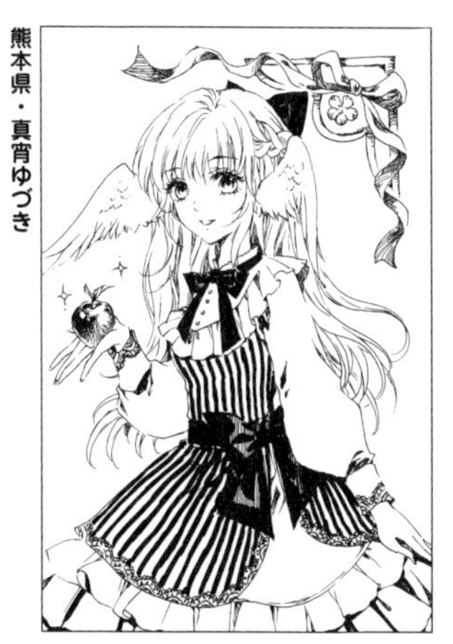

岡山県・のりあき・18歳

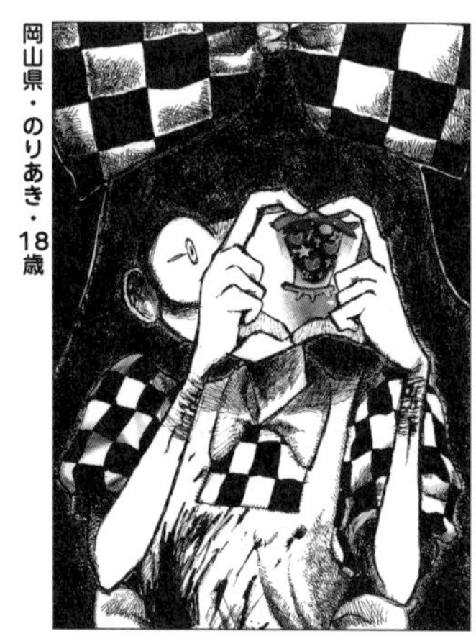

茨城県・千地さくり

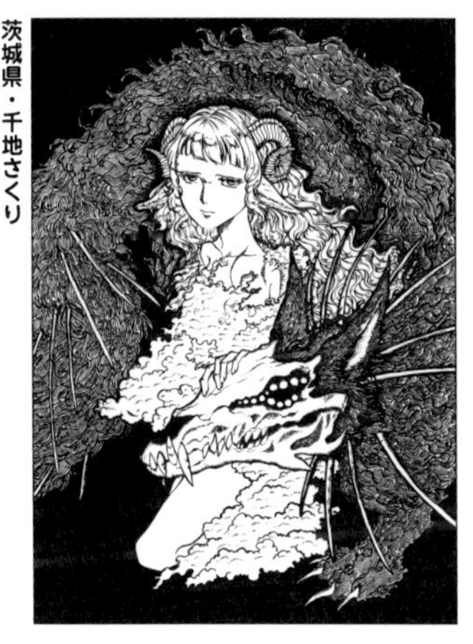

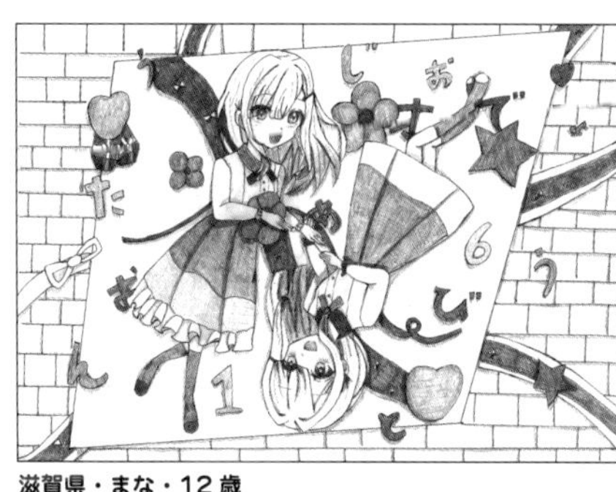

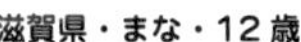
滋賀県・まな・12歳

宮城県・ぽてち

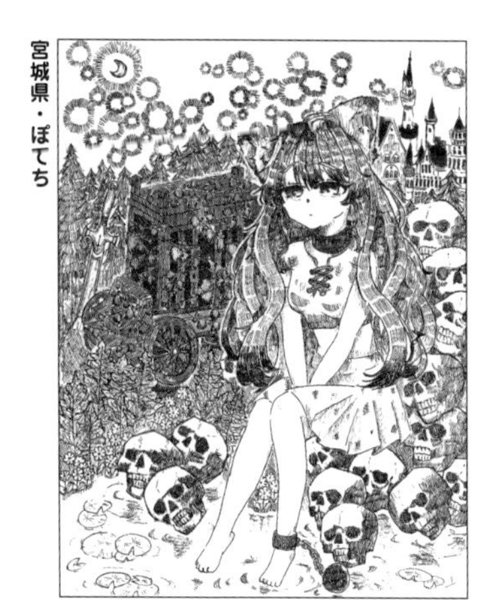

大阪府・ラブバード

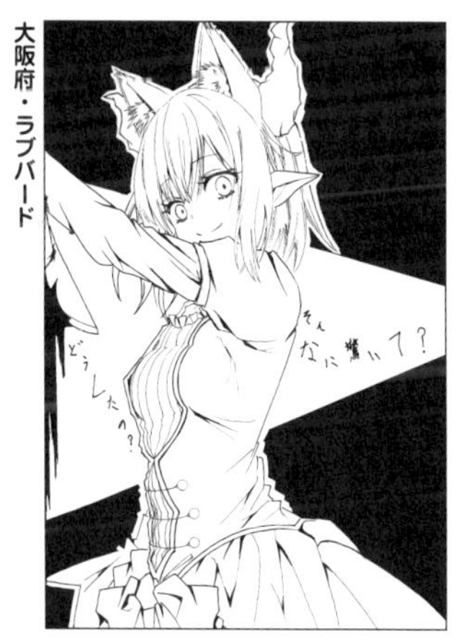

大阪府・和桜恋・13歳

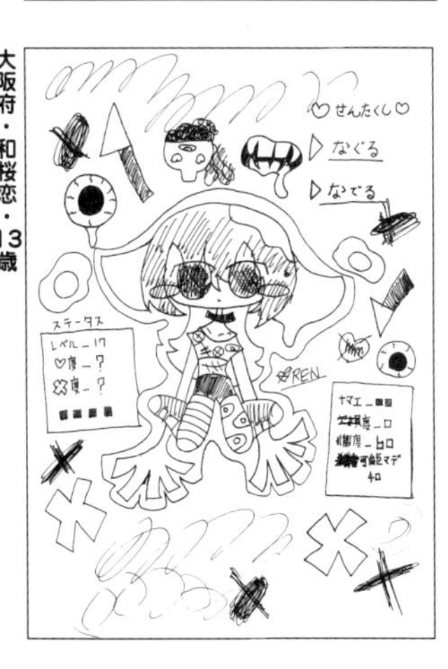

埼玉県・胡桃ここあ（ジョーカー改め）・12歳

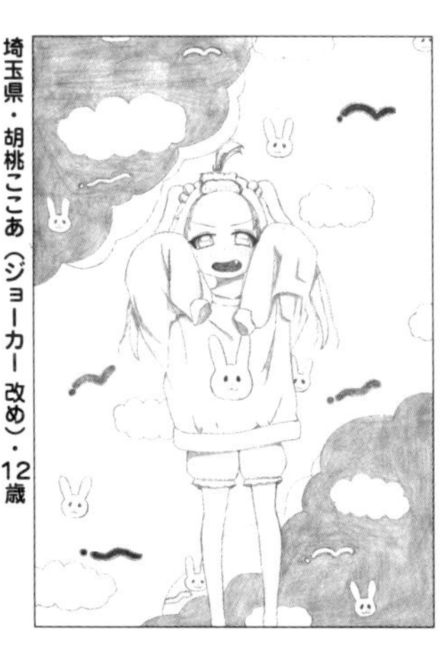

兵庫県・羊兎苺和

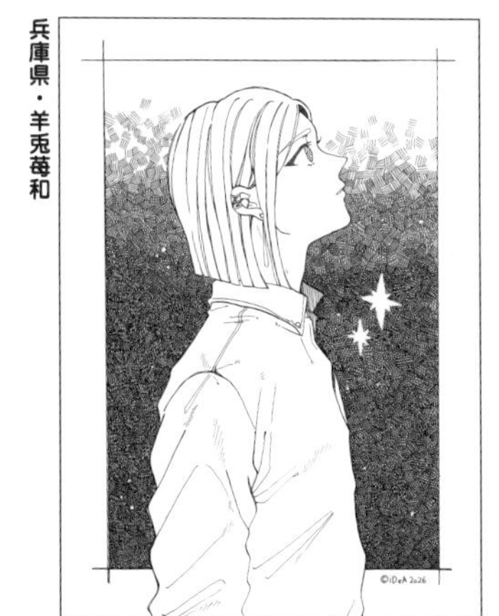

北海道・水穂晶

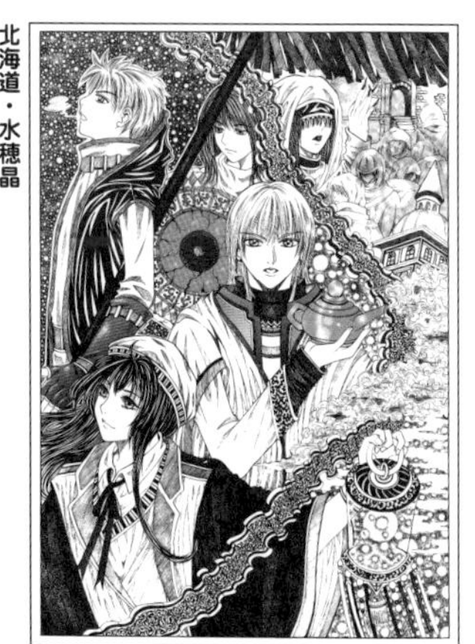

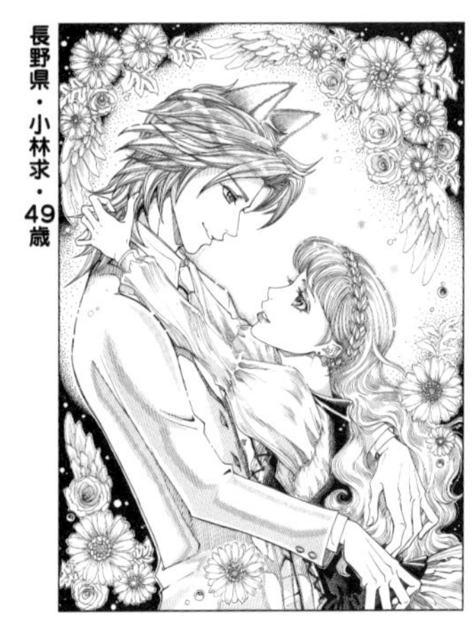
長野県・小林求・49歳

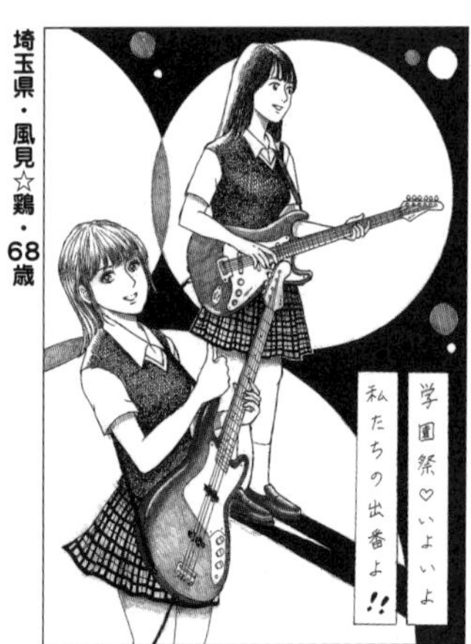

埼玉県・風見☆鶏・68歳

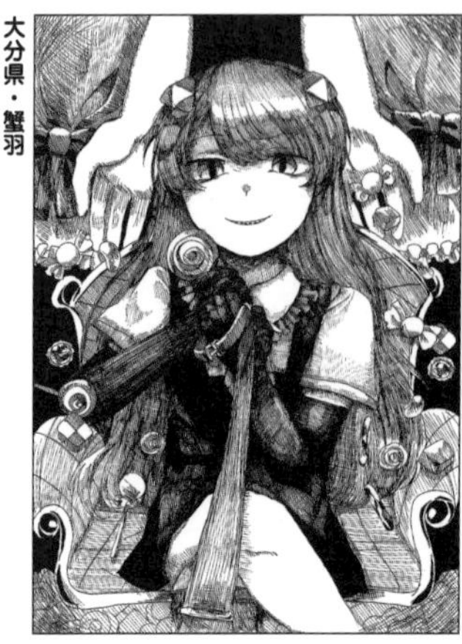
大分県・蟹羽

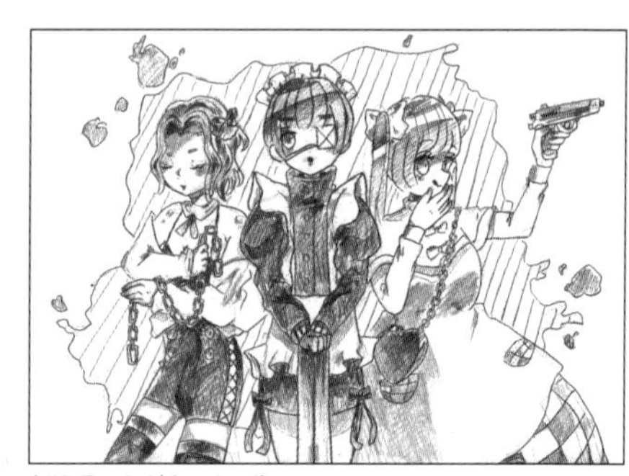
新潟県・ふぶき・23歳

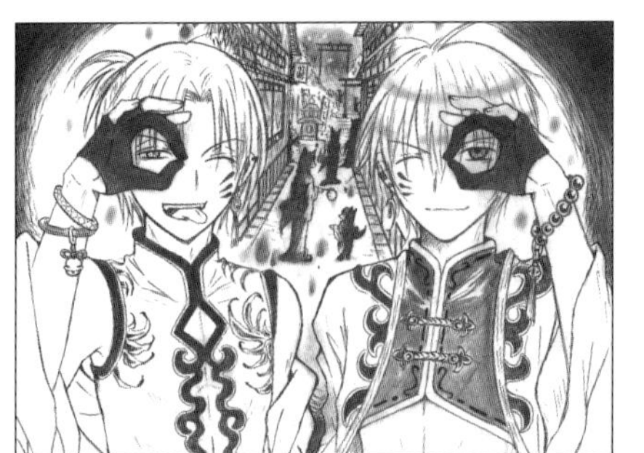
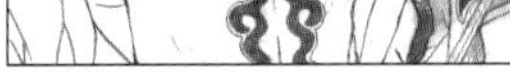
茨城県・あおいみう

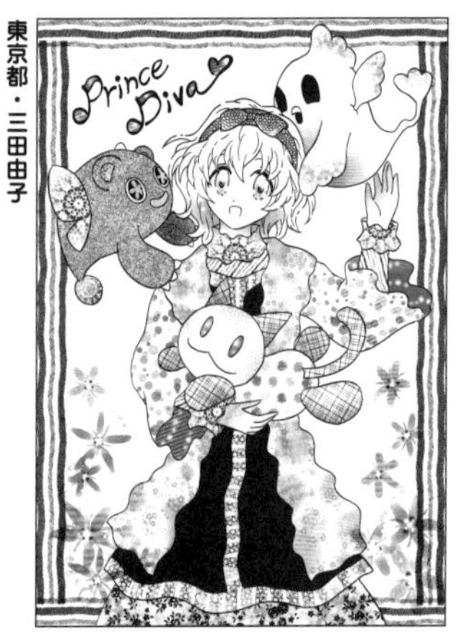

東京都・三田由子

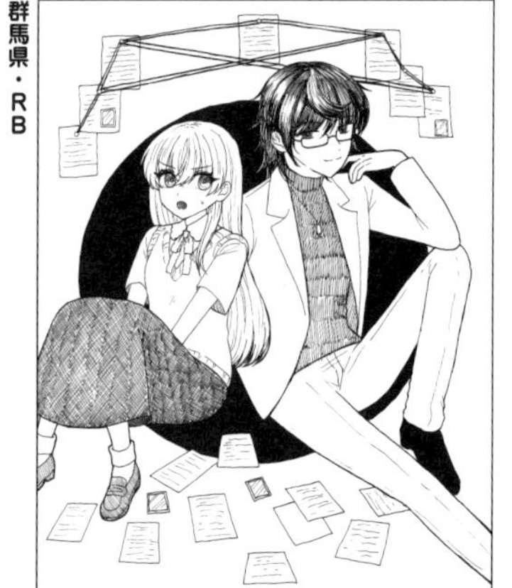
群馬県・RB

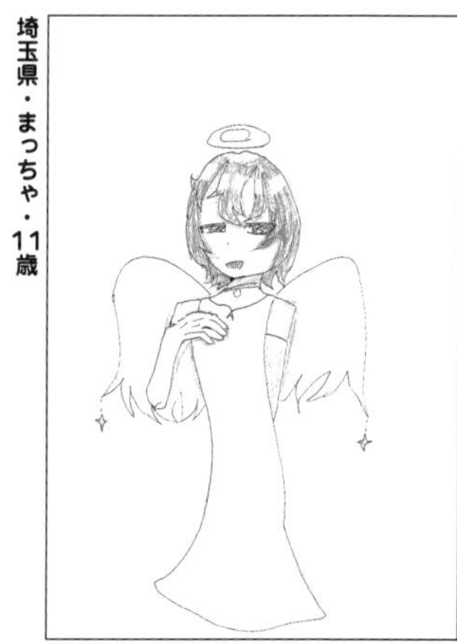
埼玉県・まっちゃ・11歳

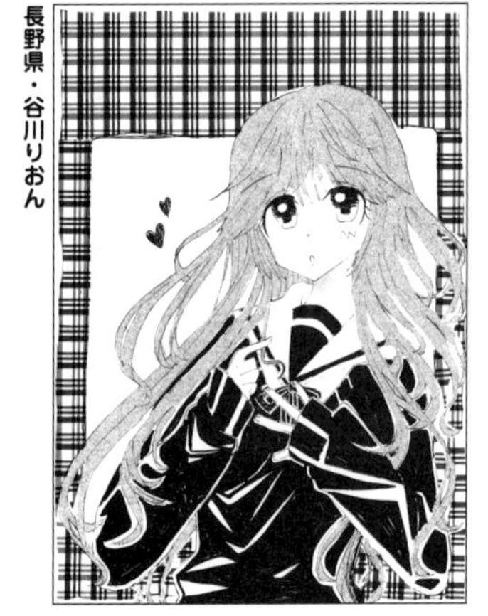
長野県・谷川りおん

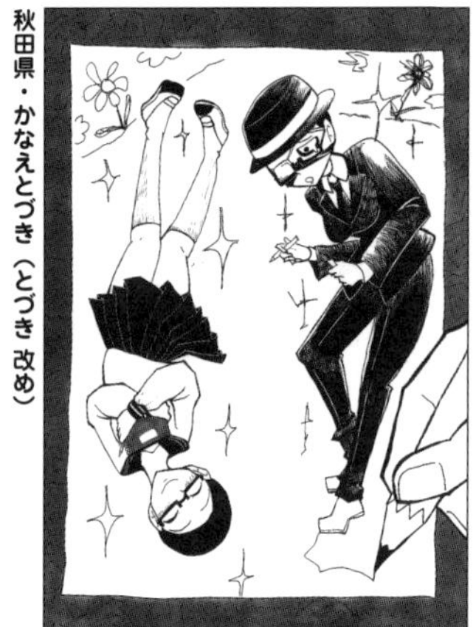
秋田県・かなえとづき（とづき改め）

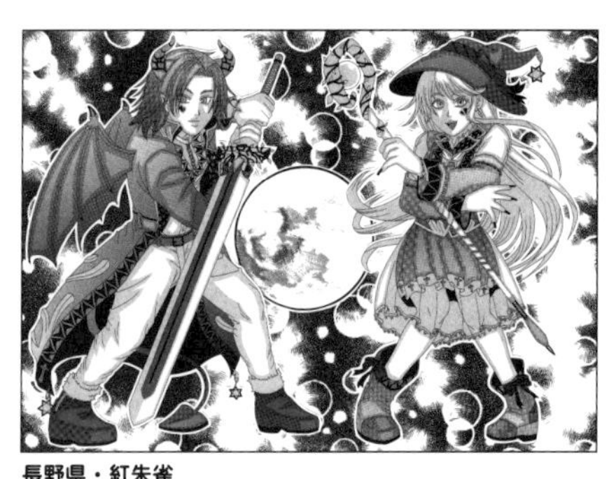
長野県・紅朱雀

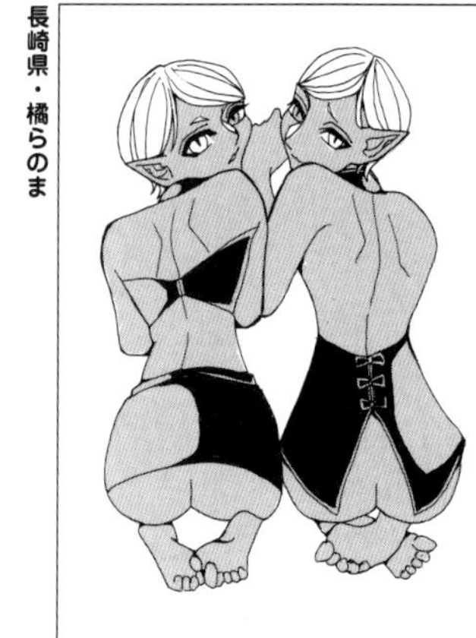
長崎県・橘らのま

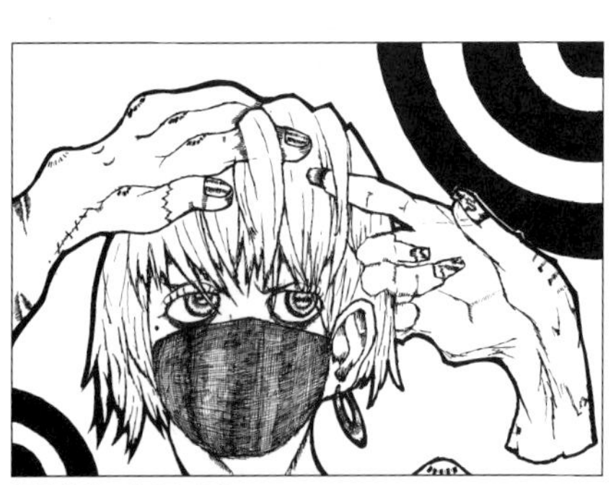
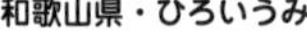
和歌山県・ひろいうみ

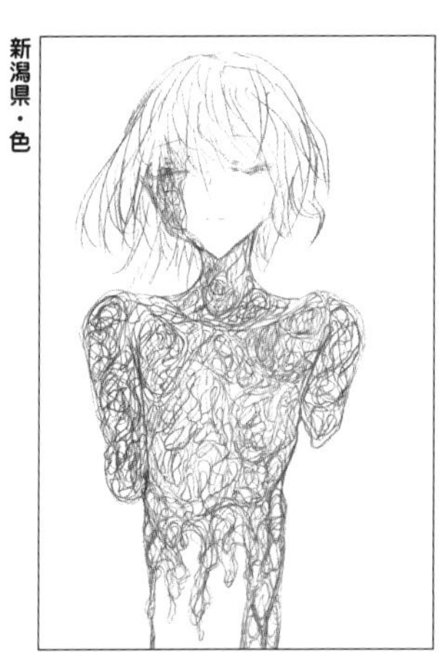
新潟県・色

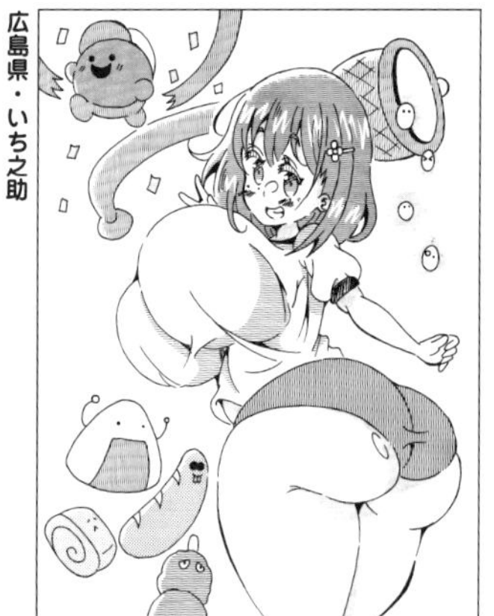
広島県・いち之助

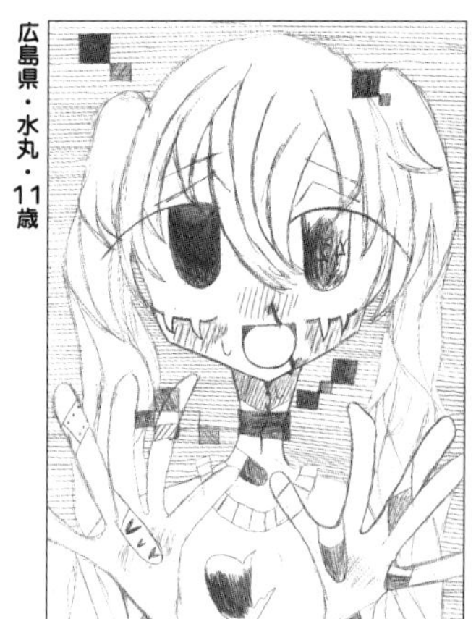
広島県・水丸・11歳

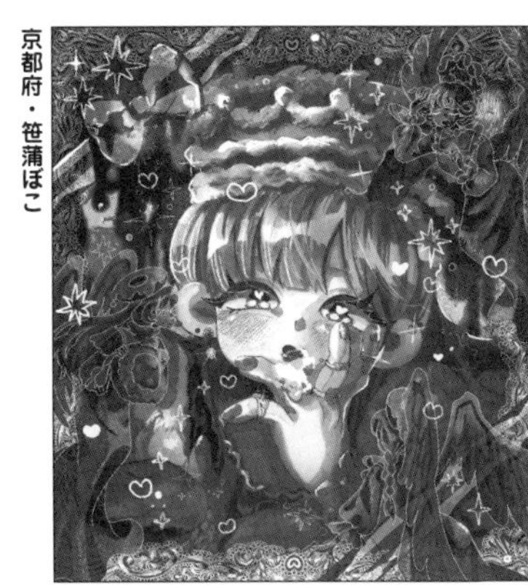
京都府・笹蒲ぼこ

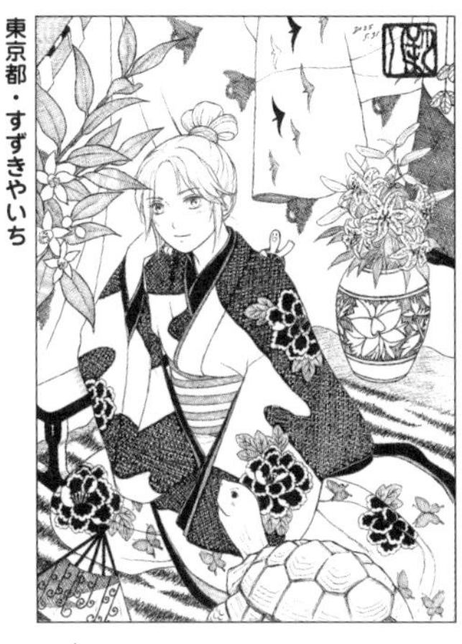
東京都・すずきやいち

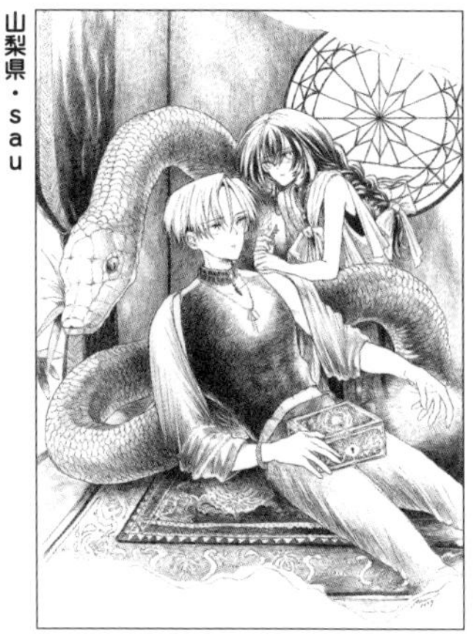
山梨県・sau

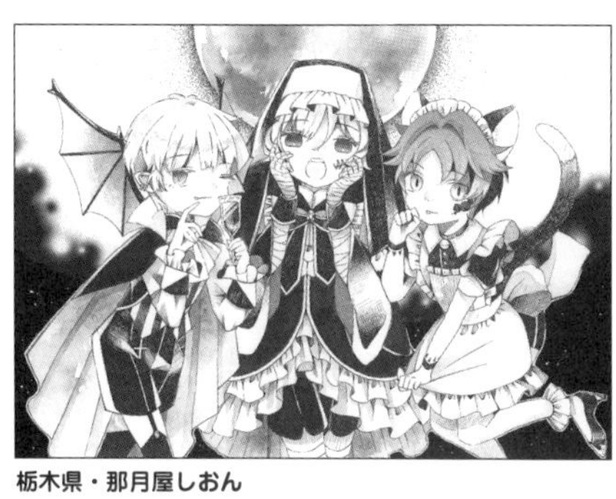
栃木県・那月屋しおん

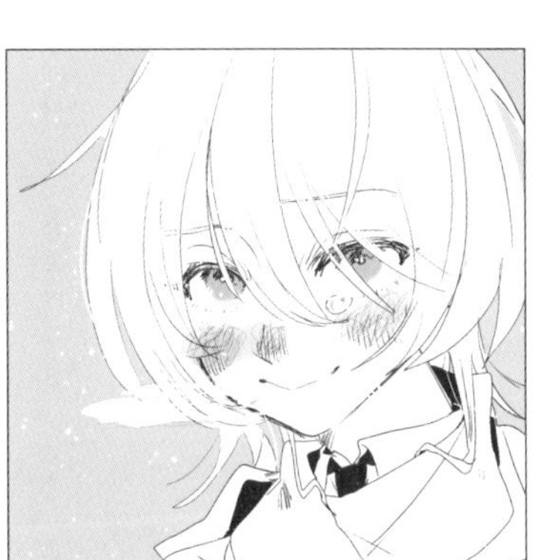
宮城県・ハムスター・17歳

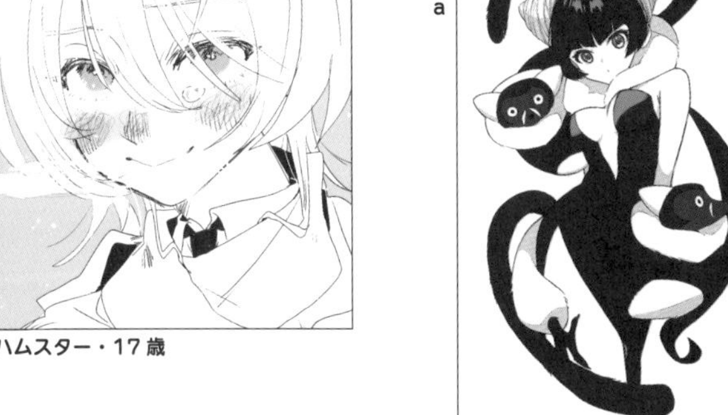
福岡県・Kia

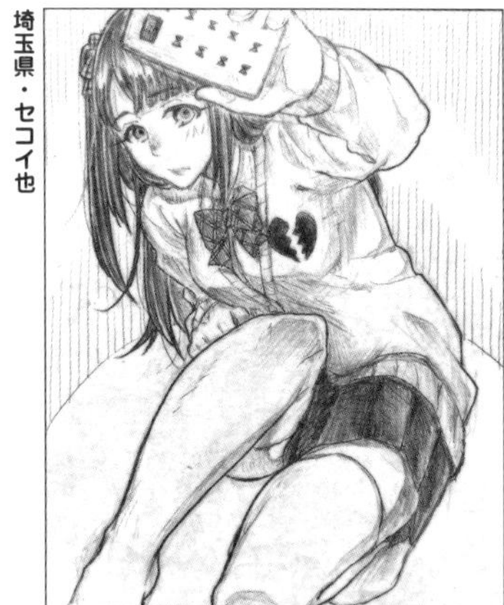
埼玉県・セコイ也

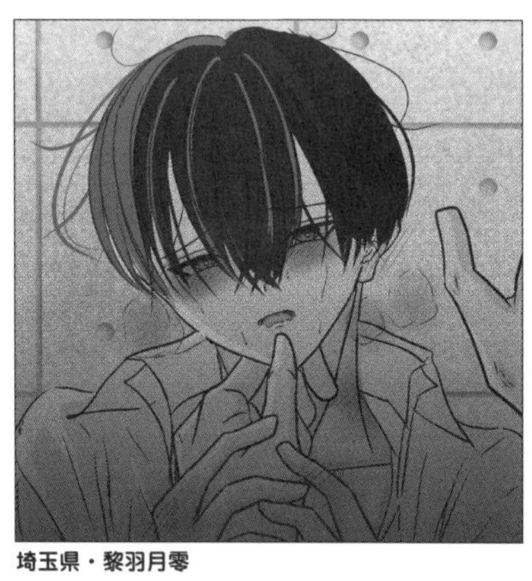
埼玉県・黎羽月零

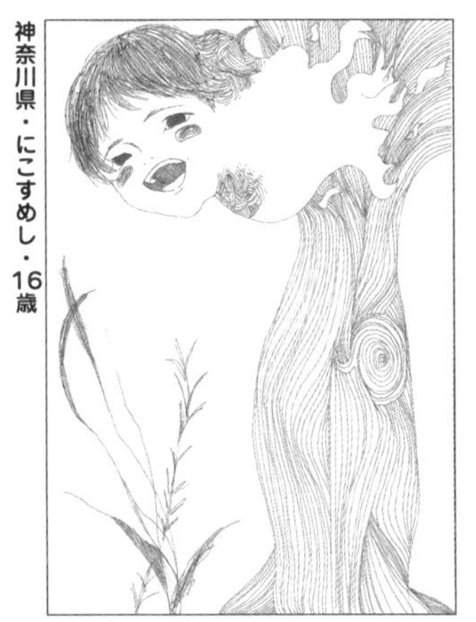
神奈川県・にこすめし・16歳

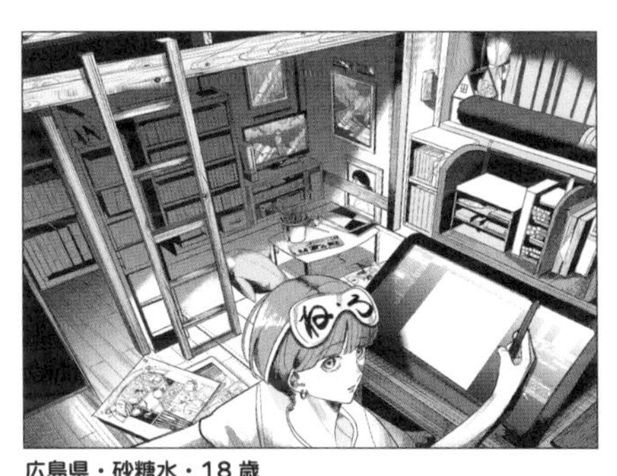
広島県・砂糖水・18歳

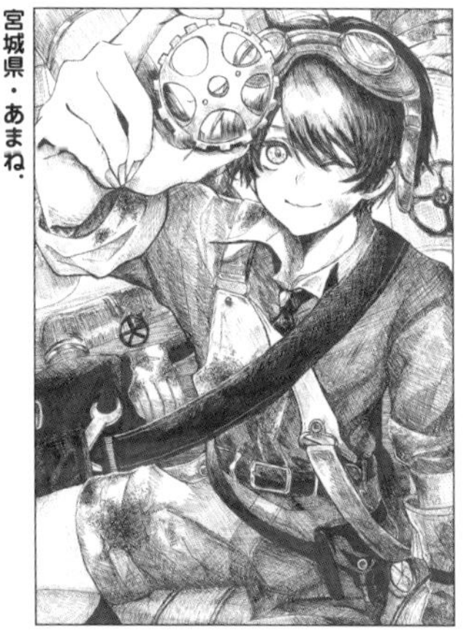
宮城県・あまね.

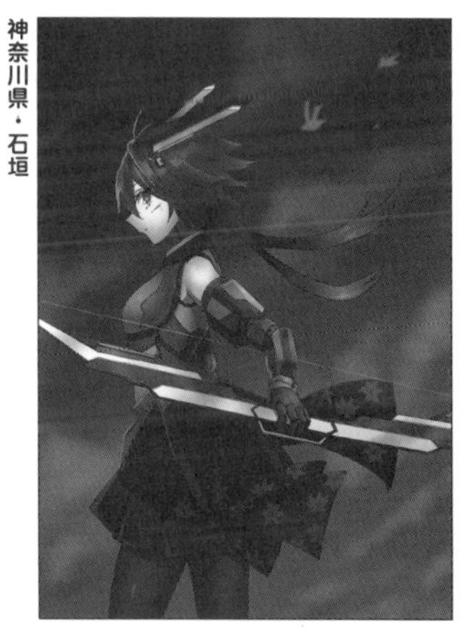
神奈川県・石垣

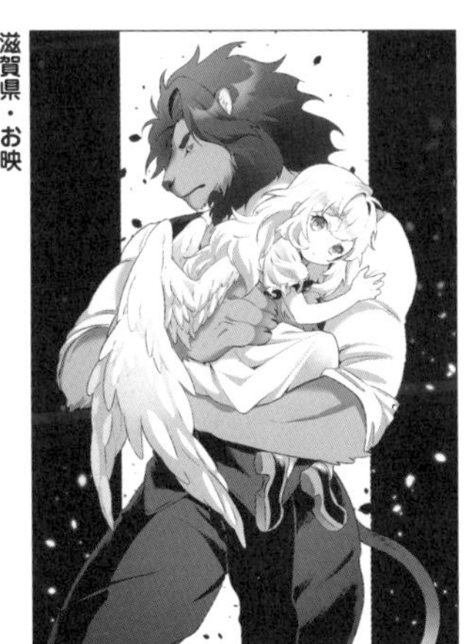
滋賀県・お映

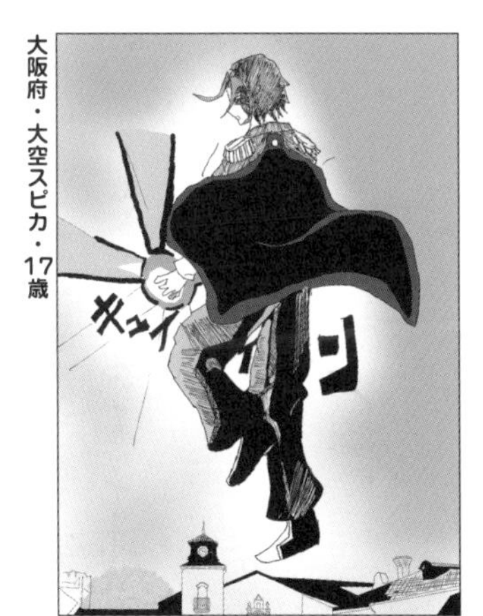

大阪府・大空スピカ・17歳

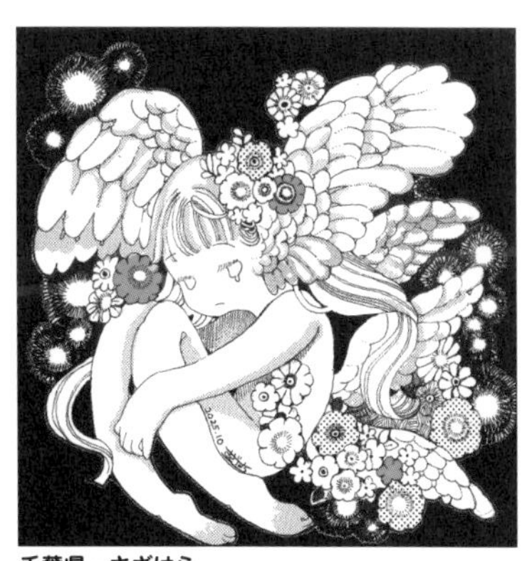
千葉県・さざはら

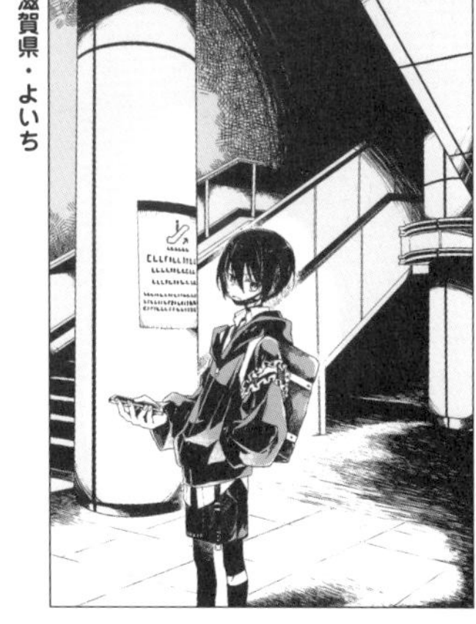
滋賀県・よいち

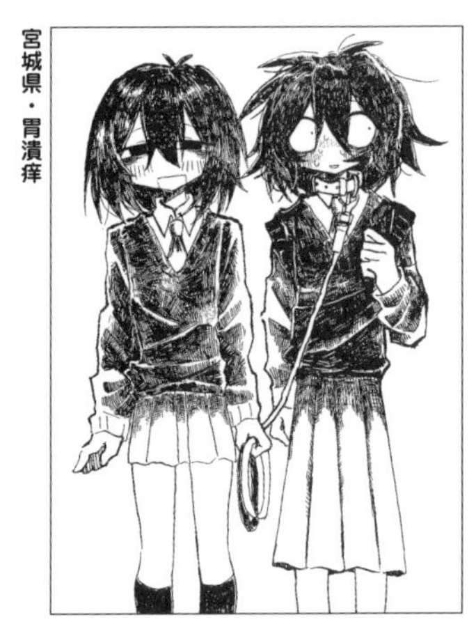
宮城県・胃潰痒

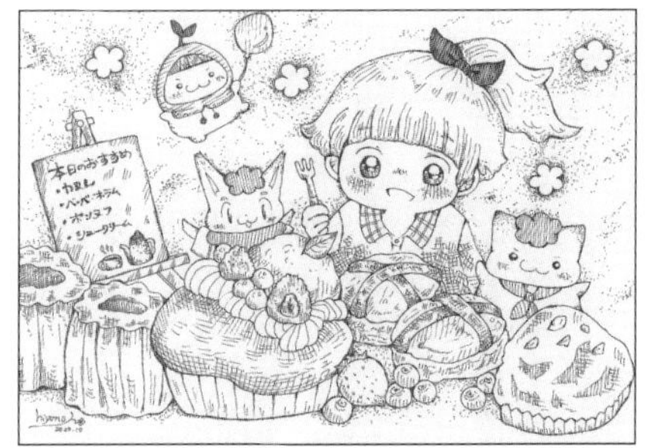
神奈川県・はなのひよの

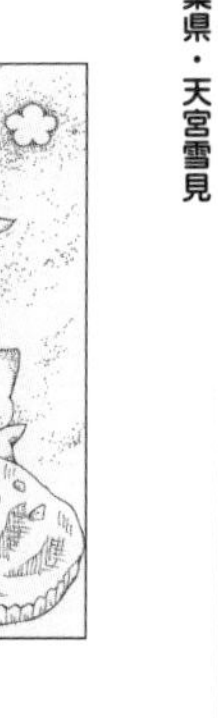

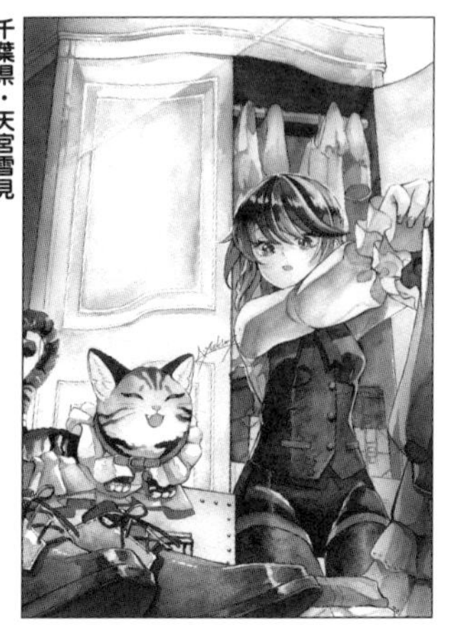
千葉県・天宮雪見

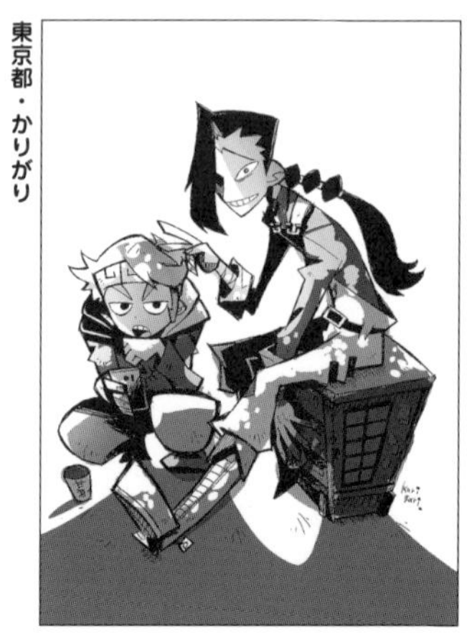
東京都・かりがり

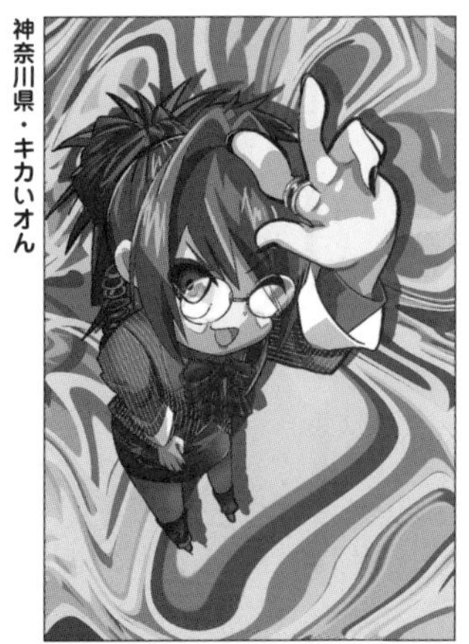
神奈川県・キカいオん

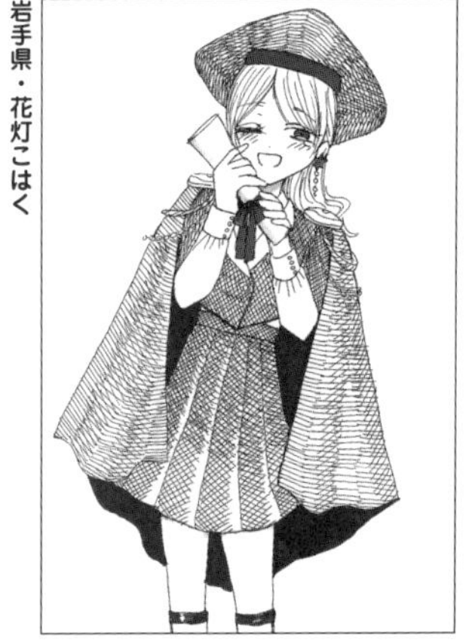
岩手県・花灯こはく

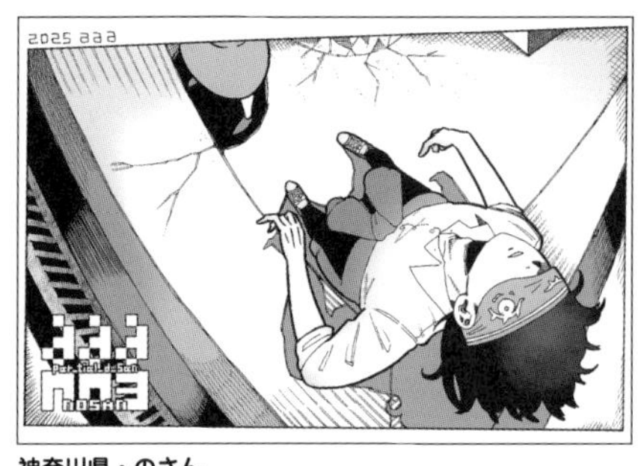
神奈川県・のさん

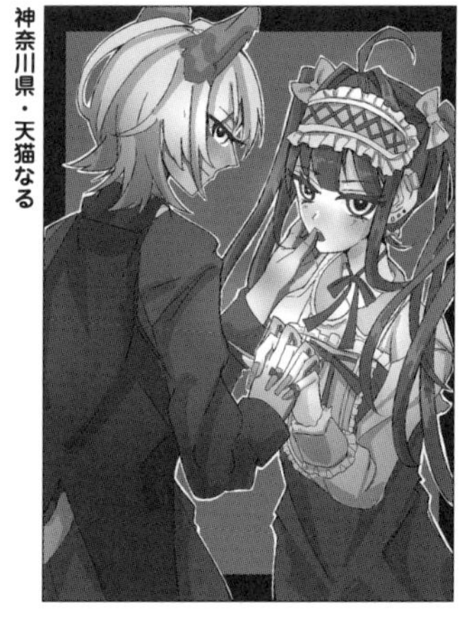
神奈川県・天猫なる

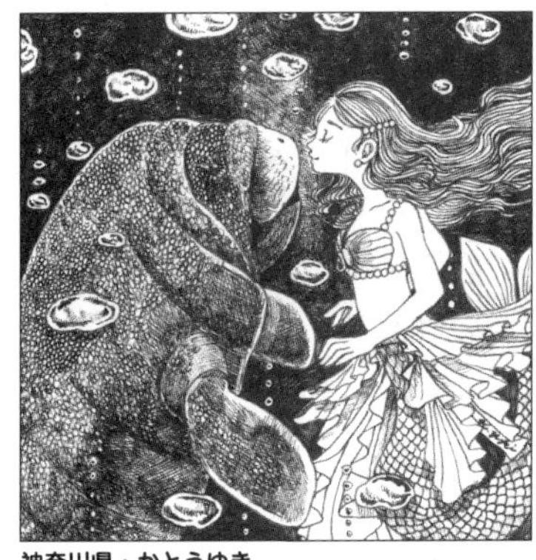
神奈川県・かとうゆき

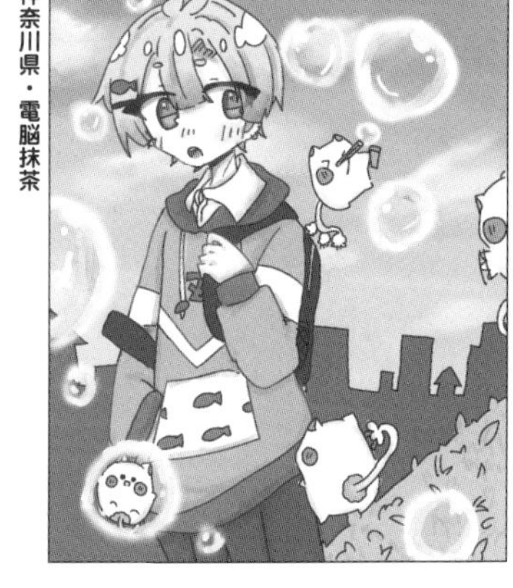
神奈川県・電脳抹茶

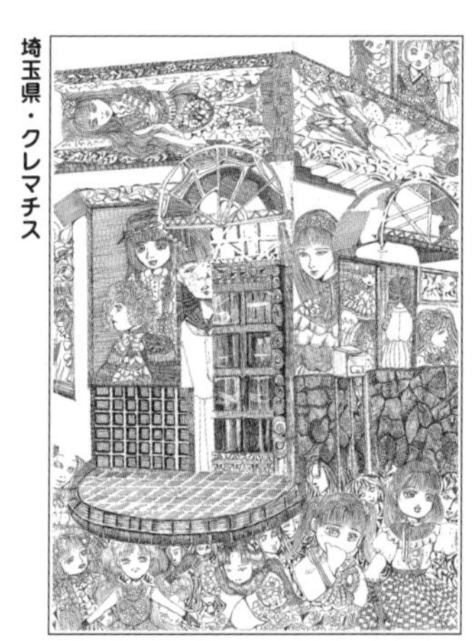
埼玉県・クレマチス

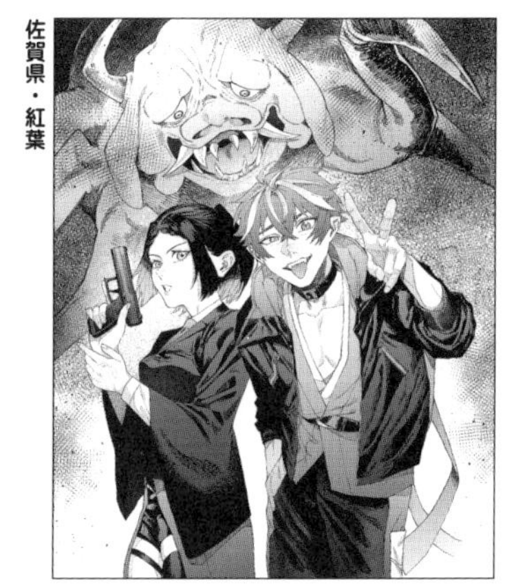
佐賀県・紅葉

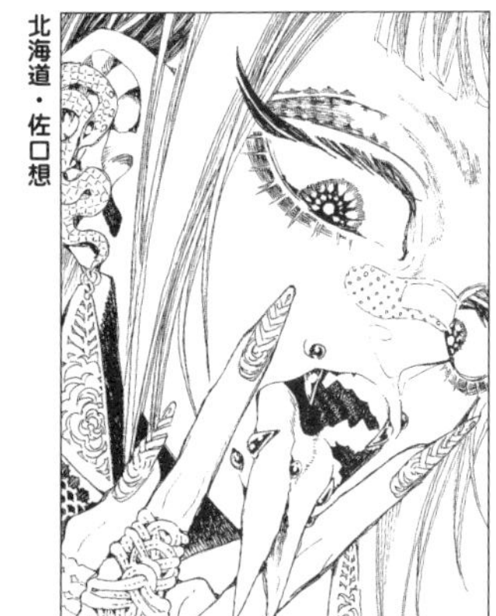
北海道・佐口想

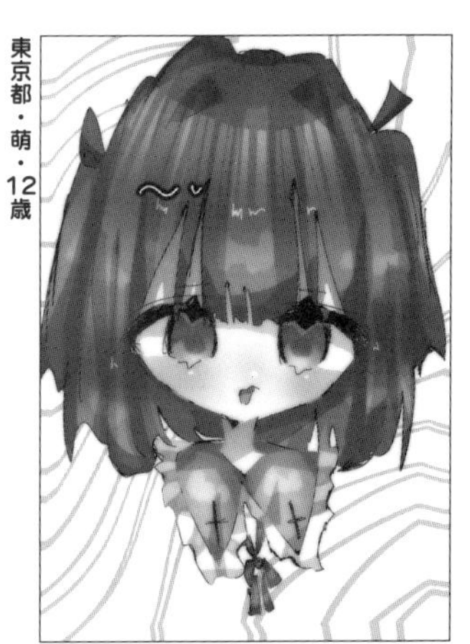
東京都・萌・12歳

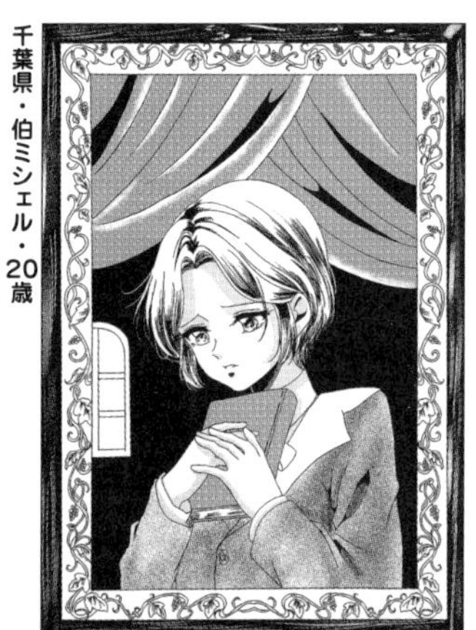
千葉県・伯ミシェル・20歳

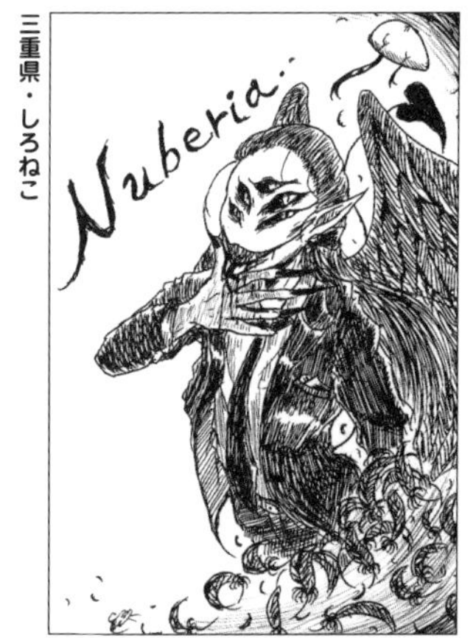

三重県・しろねこ

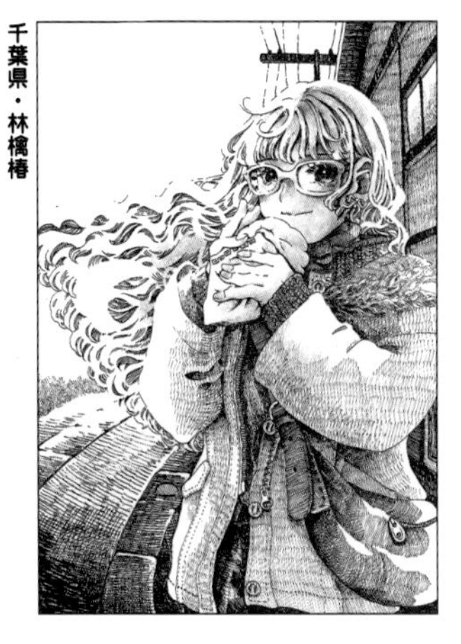
千葉県・林檎椿

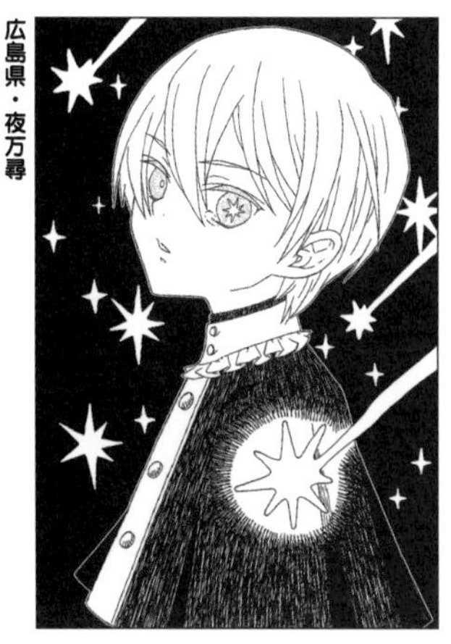
広島県・夜万尋

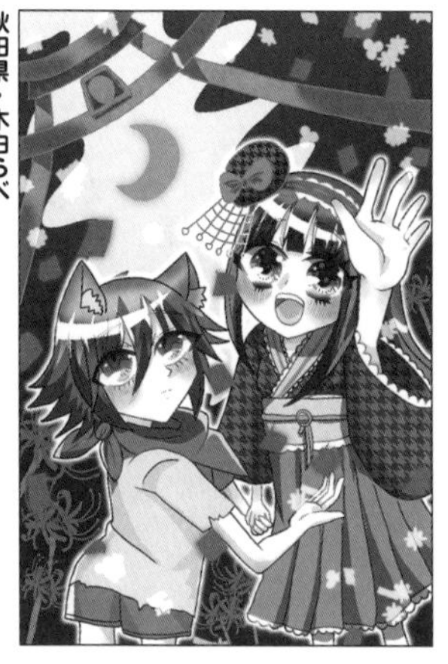
秋田県・木白らべ

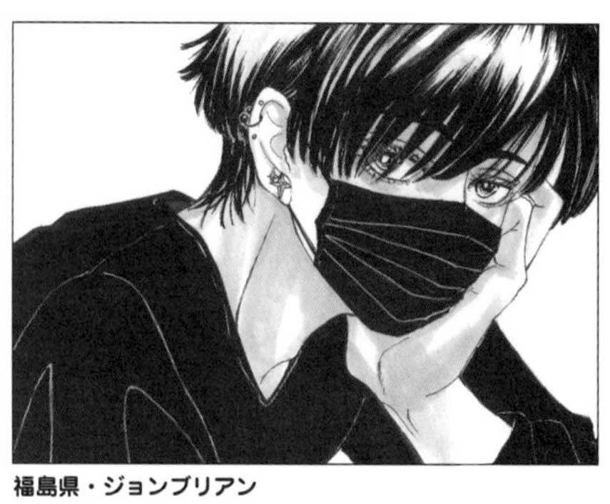
福島県・ジョンブリアン

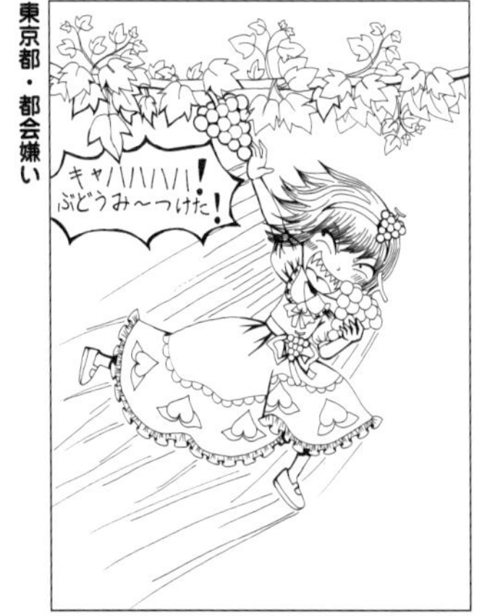

東京都・都会嫌い

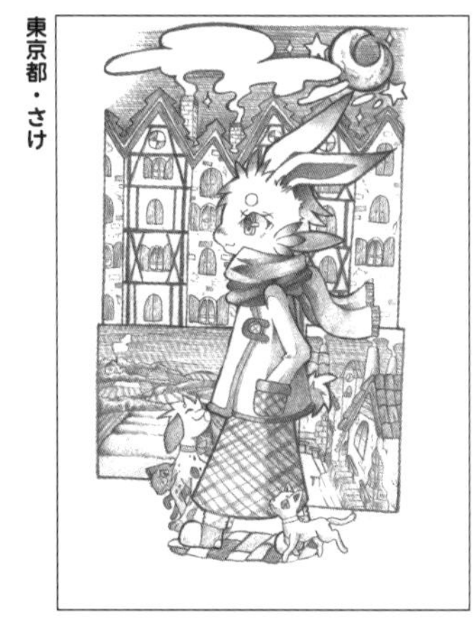
東京都・さけ

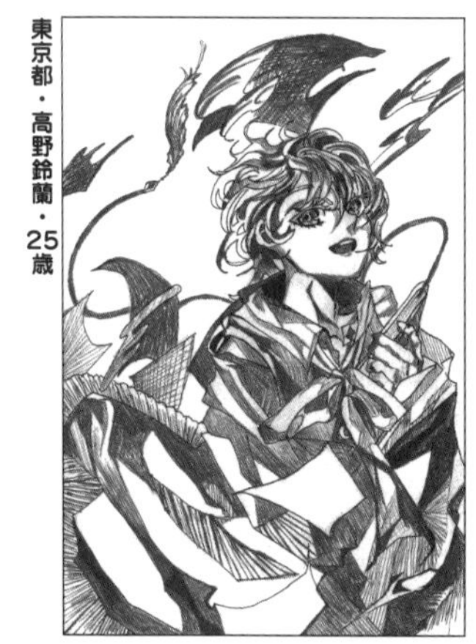
東京都・高野鈴蘭・25歳

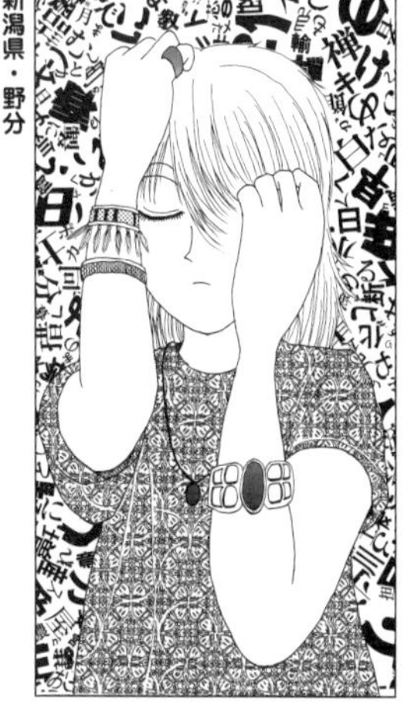
新潟県・野分

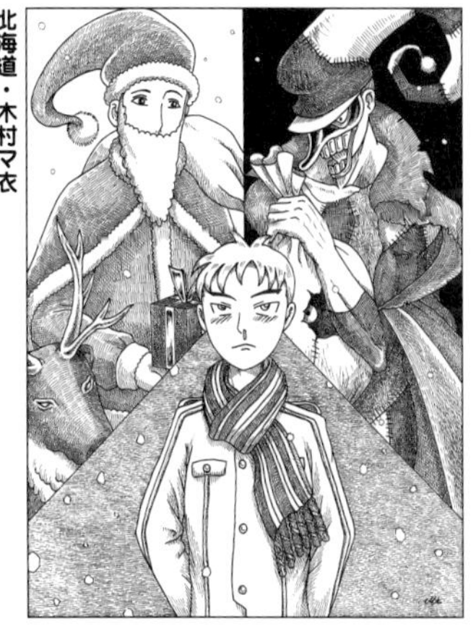
北海道・木村マ衣

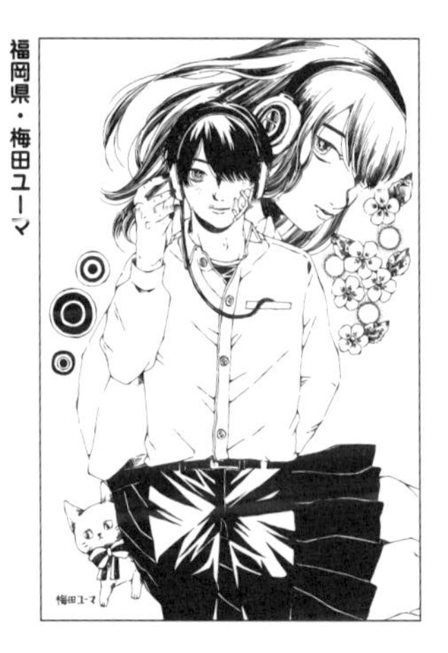
福岡県・梅田ユーマ

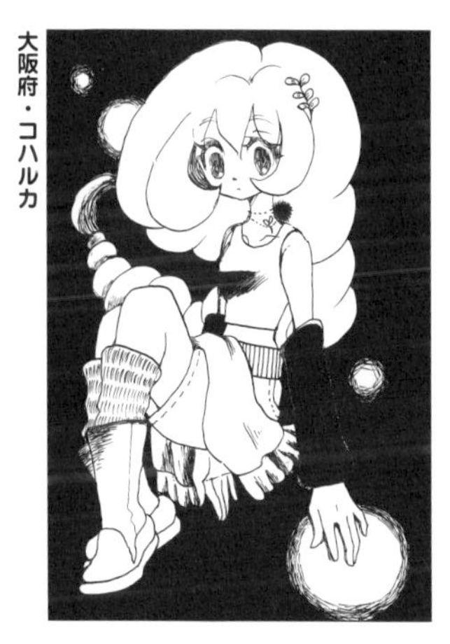
大阪府・コハルカ

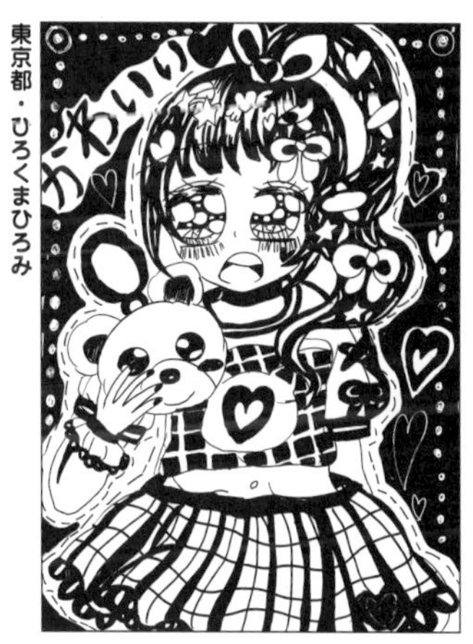
東京都・ひろくまひろみ

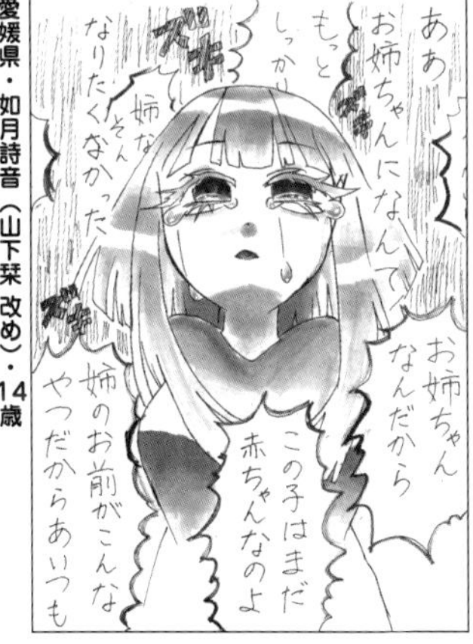

愛媛県・如月詩音（山下栞 改め）・14歳

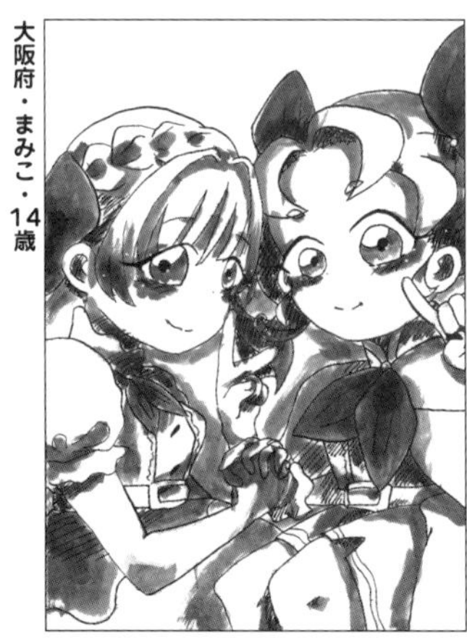
大阪府・まみこ・14歳

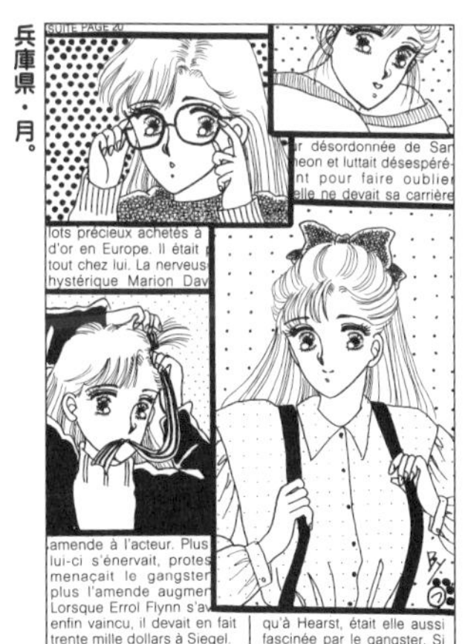

兵庫県・月。

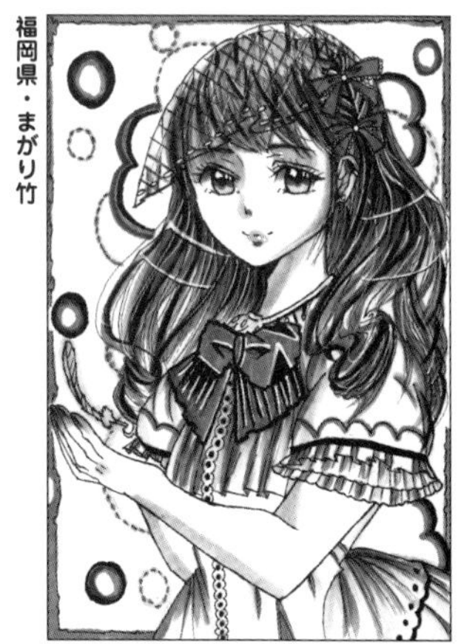
福岡県・まがり竹

クンストカマー
KUNSTKAMMER SS B&W

84号テーマ「食べ物の擬人化」

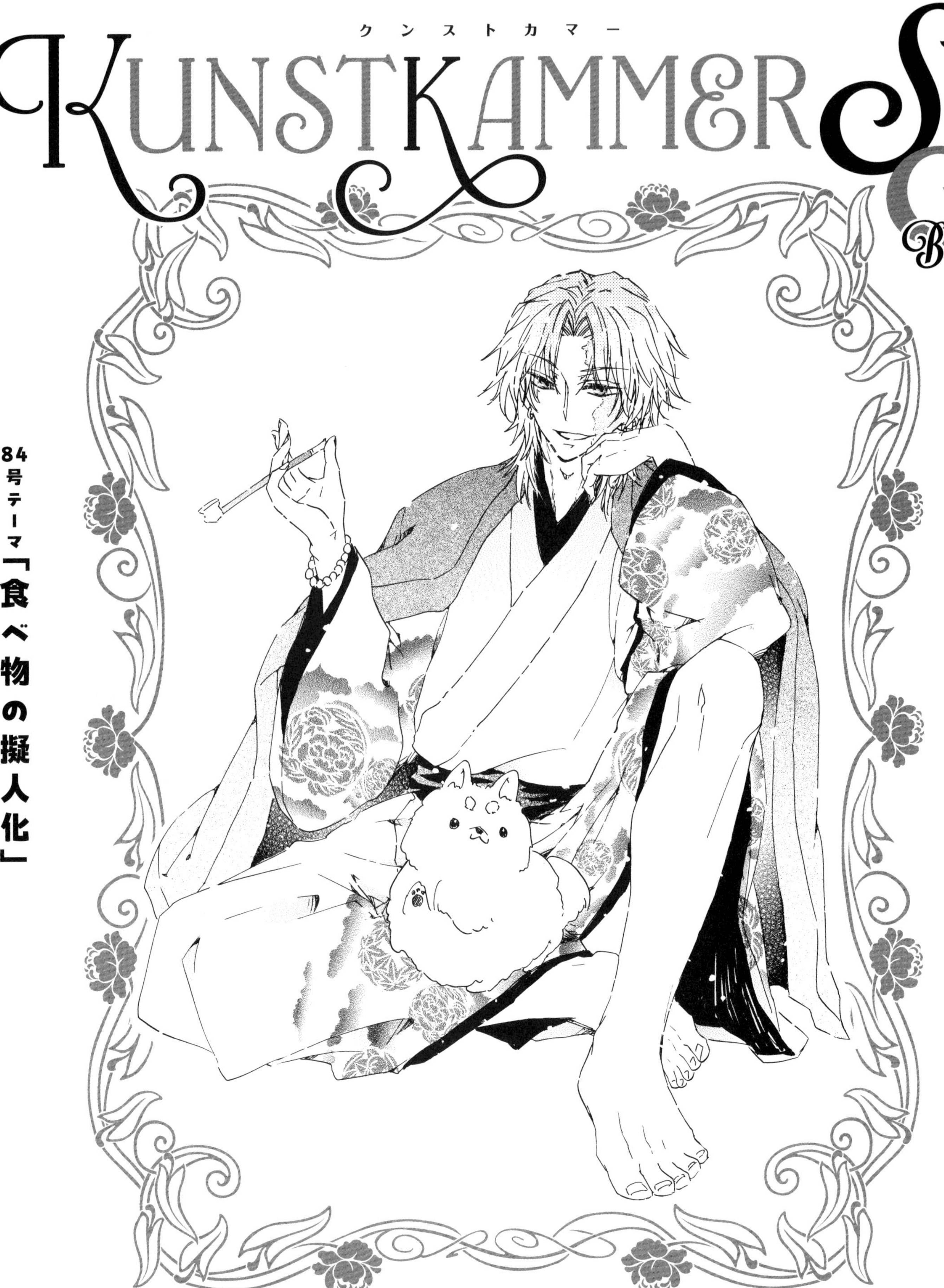

みたらし団子の擬人化。
幼少時、顔に火傷を負うも全然気にしてない優男の遊び人。
あん団子は義兄、愛犬の名はモチ。
千葉県・前川泉【つけペン（丸ペン）・筆ペン・スクリーントーン・ホワイト】

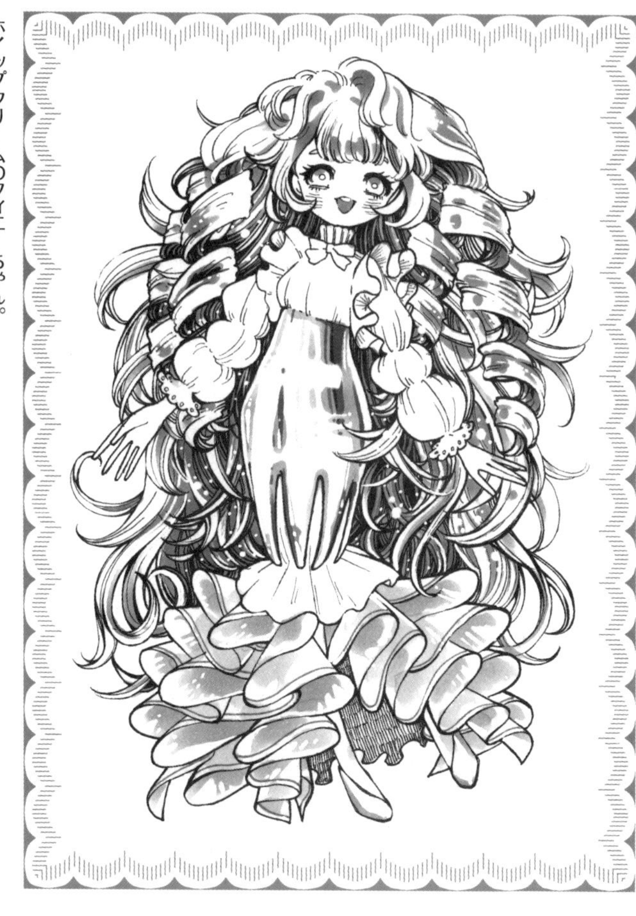

ホイップクリームのフィニーちゃん。
「あなたはどんな私がほしいの?」
福岡県・無月

消費期限切れのミートソースパスタ。食べたら腹痛じゃすまないやつ。
大阪府・ラブバード

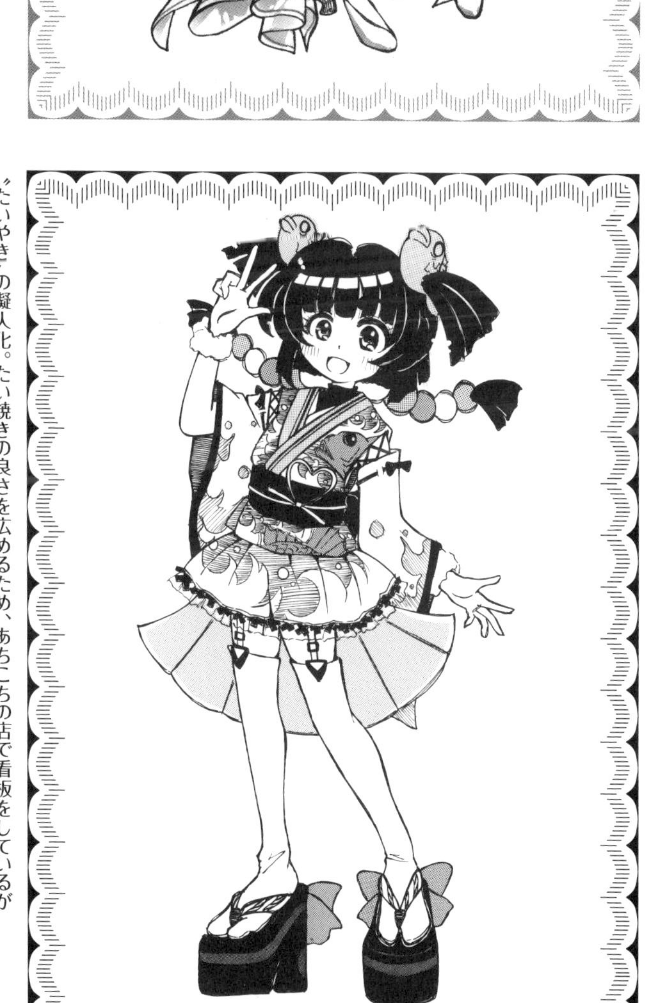

〝たいやき〟の擬人化。たい焼きの良さを広めるため、あちこちの店で看板をしているが
本人は三色だんご好き。なので髪を三色だんごの様にまとめているw
愛知県・いいづきにか

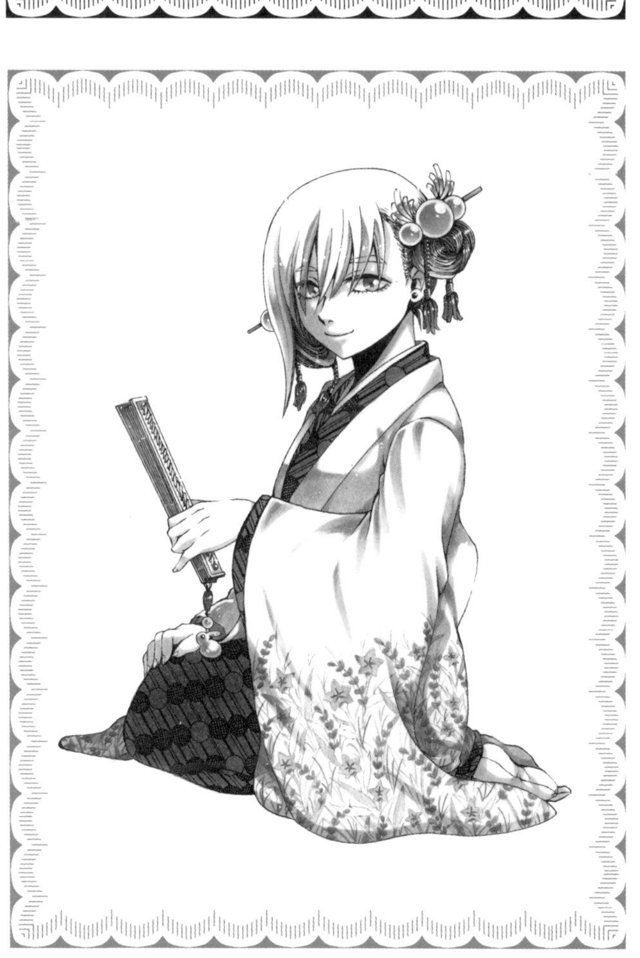

『白玉団子』
団子一家を束ねる姐さん。柔和で包容力がある御方です。
神奈川県・璃緒

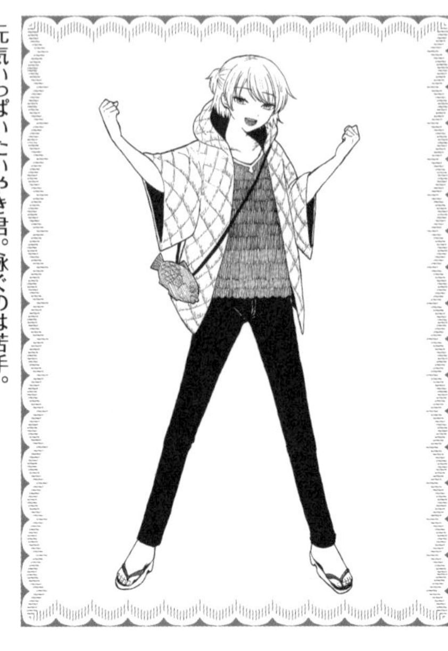

元気いっぱいたいやき君。泳ぐのは苦手。あんこのパワー!! たまに甘える(好きな子相手限定)。
群馬県・RB

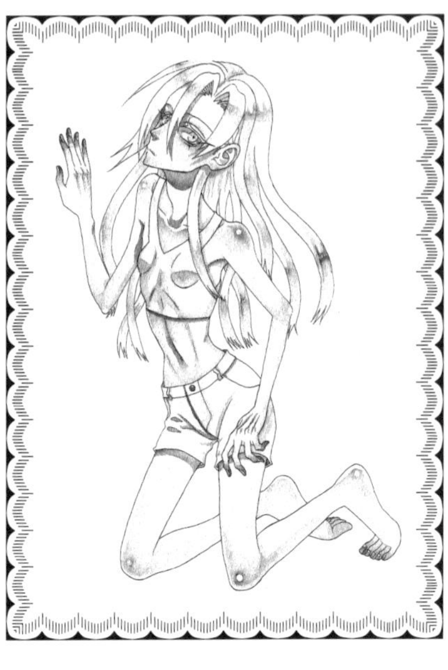

ホワイトチョコレートの擬人化。クールでミステリアスに見えるが好きな子には甘々な態度をとる。
兵庫県・タロ・35歳

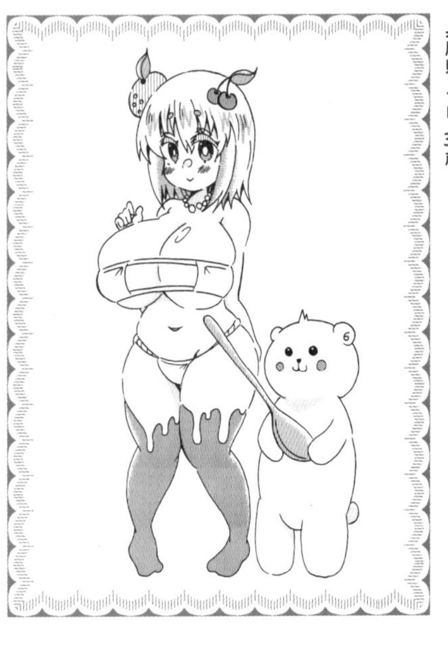

「白玉あんみつ」の擬人化イラストを描いてみました。キャラ名は「白蜜(シラミツ)ちゃん」と、友達のシロクマの「コサジ」 白肌のムッチリボディです。
広島県・いち之助

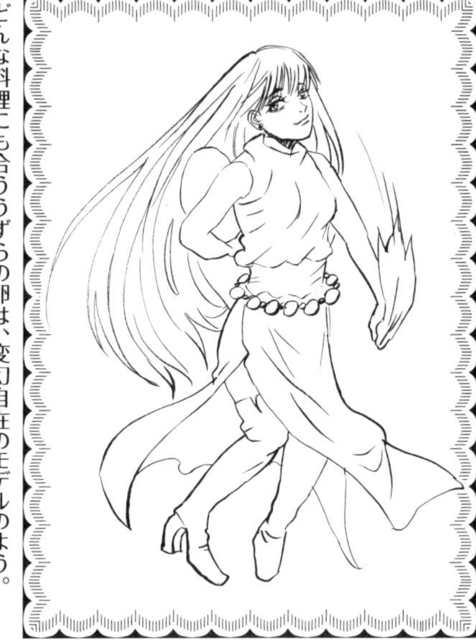

どんな料理にも合ううずらの卵は、変幻自在のモデルのよう。大好物。
岩手県・あひるフロスト

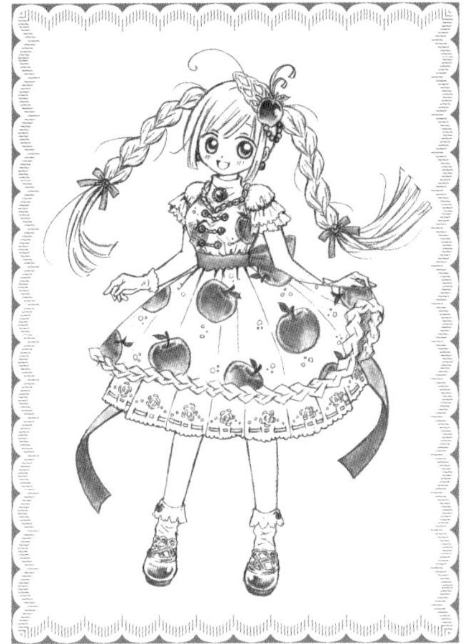

アップルパイの女の子。今日は、同じパイの仲間のピーチ・レモンちゃん達とお茶会なので、おめかししてます。
茨城県・あおいみう

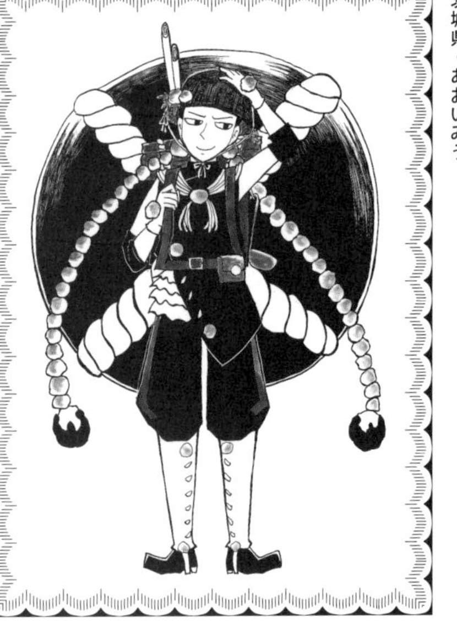

だまこ鍋の軍人。通常の日に着る「ケ」の日の軍衣。彼は兵のなべっこを作る職に就いているようだ。
秋田県・かなえとづき(とづき 改め)

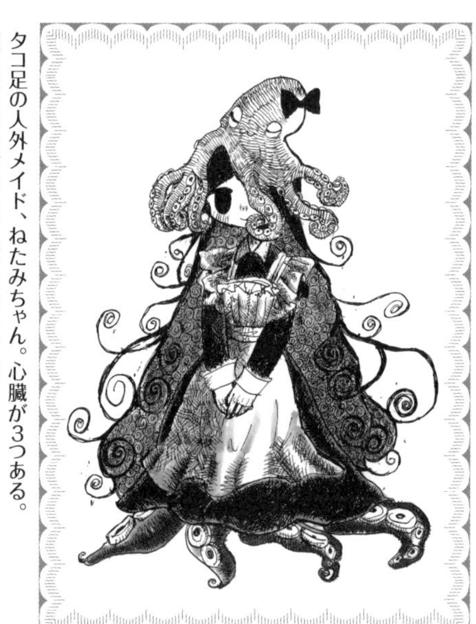

タコ足の人外メイド、ねたみちゃん。心臓が3つある。頭に居るのはお姉ちゃんのはなちゃん。
岡山県・のりあき・18歳

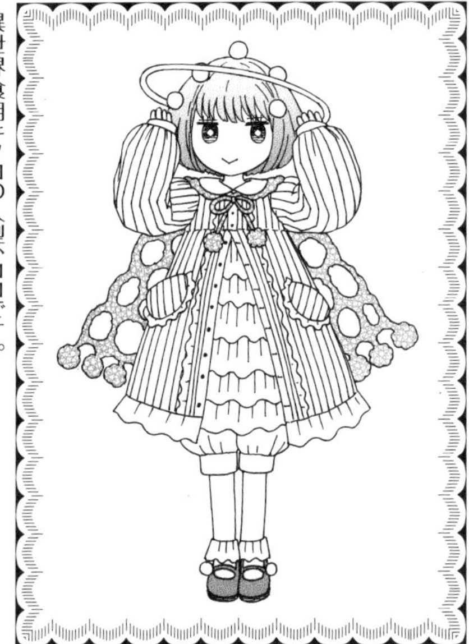

異世界食用キノコの人型、ココです。まだ人に変身するのが上手にできません。
高知県・柴イヌ

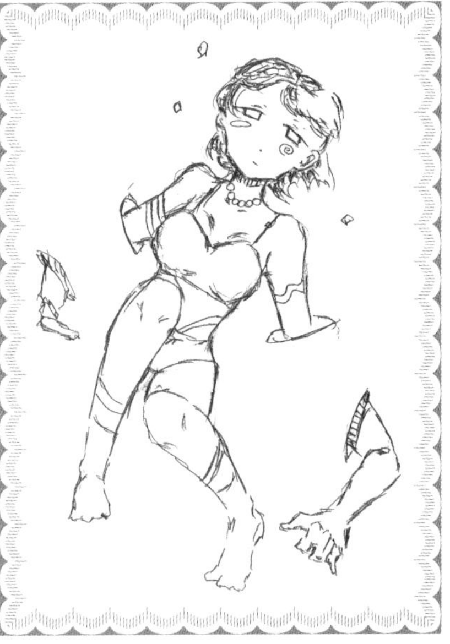

人形クッキーの女の子。うでがワープできる。よく頭から食べられる。
長崎県・め

中華まんの女の子、包(パオ)です。
8歳で、食べる時以外はほぼ寝ています。
長野県・谷川りおん

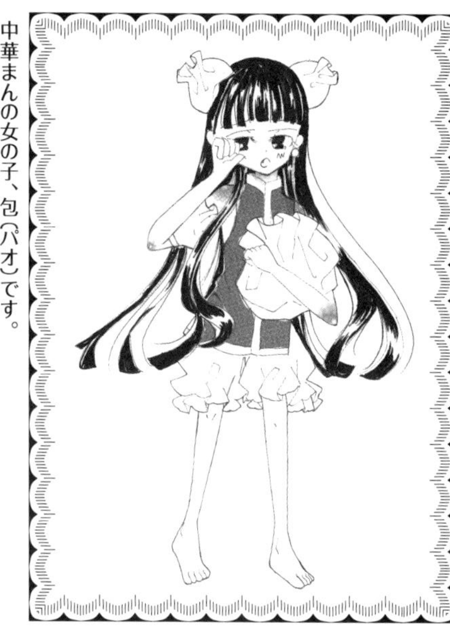

ぜんざいの擬人化です。出会った人にぜんざいを振る舞います。
広島県・はせただし

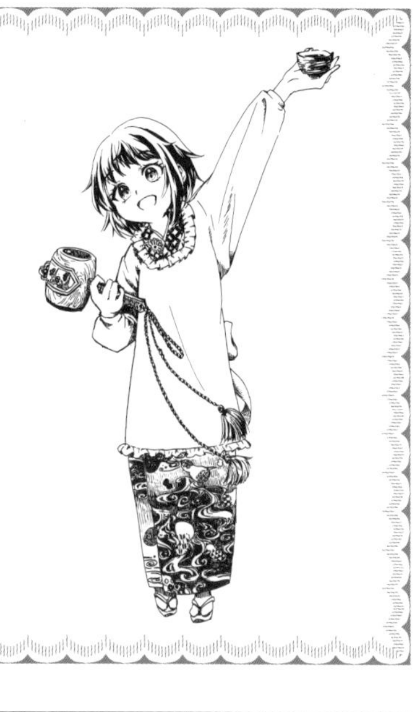

うさぎスイーツの擬人化。
東京都・ひろくまひろみ

ナスの擬人化、ナス子。傷があるのでスーパーで訳あり野菜として売られており未だ売れ残っている。
大阪府・山崎純・32歳

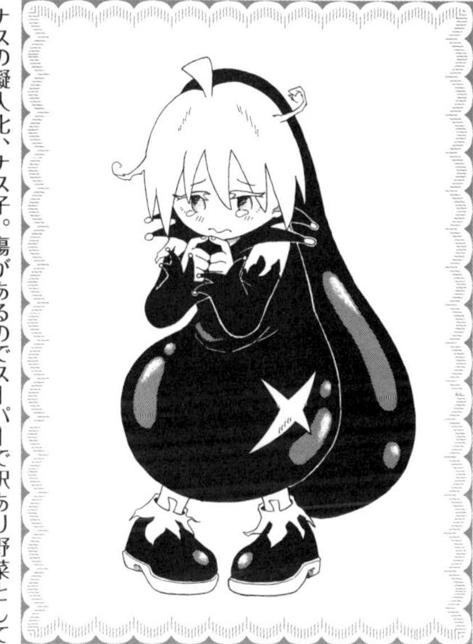

一言「失敗作だから」と捨てられたバレンタインのチョコレートちゃん。
女子部のテーマも取り入れました。
東京都・高野鈴蘭・25歳

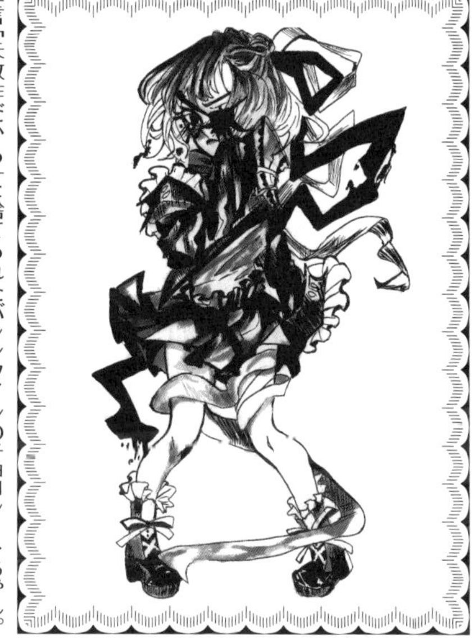

ホットドッグちゃん。ソーセージが大好きで挟んで食べたくなってしまう。どんなソーセージも大好き♥
鳥取県・rosyemu

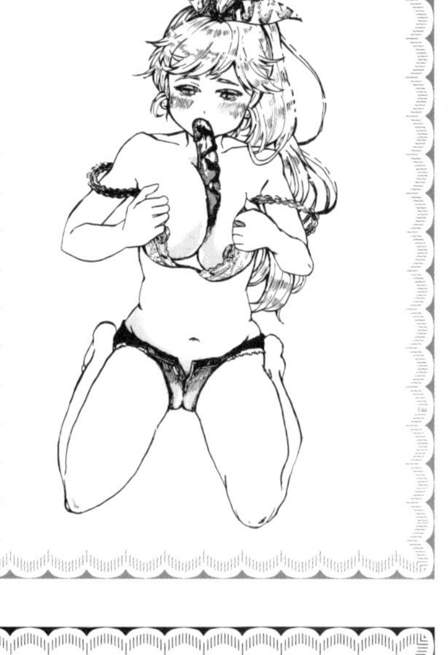

6つの食品群の3群のみさとちゃんです。
みんなに野菜をたべてもらいたいと思っています。
大阪府・まみこ・14歳

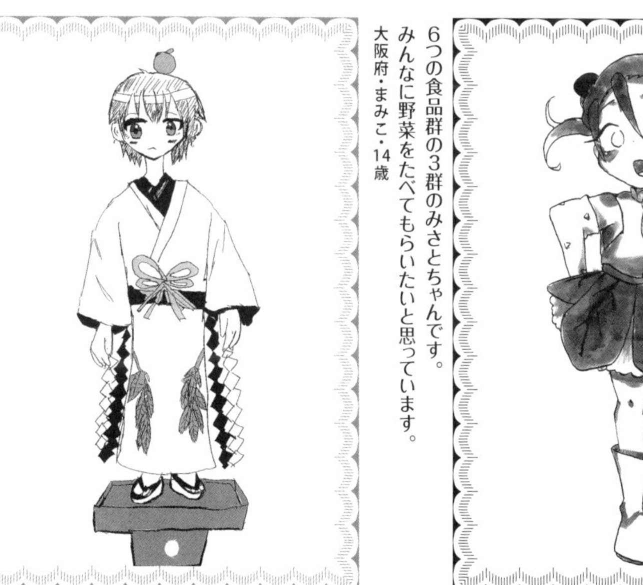

「鏡もち君」
お正月大活躍する彼は縁起の良い男の子。色白でイケメン。
兵庫県・もちづき。36歳

キノコの妖精ピコ。
キノコをよく仲間に配るが中には毒キノコも混じっている。
福岡県・まがり竹

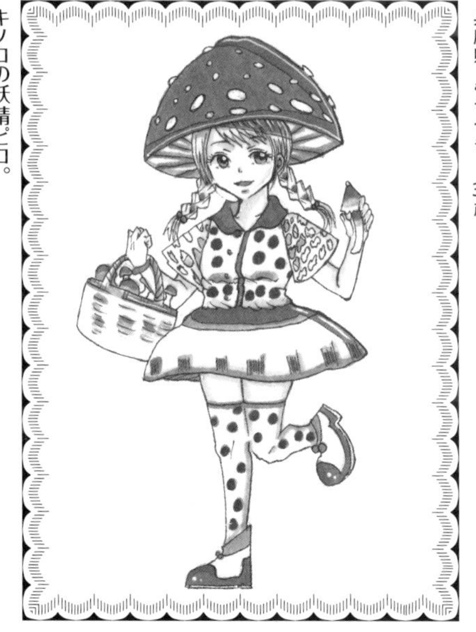

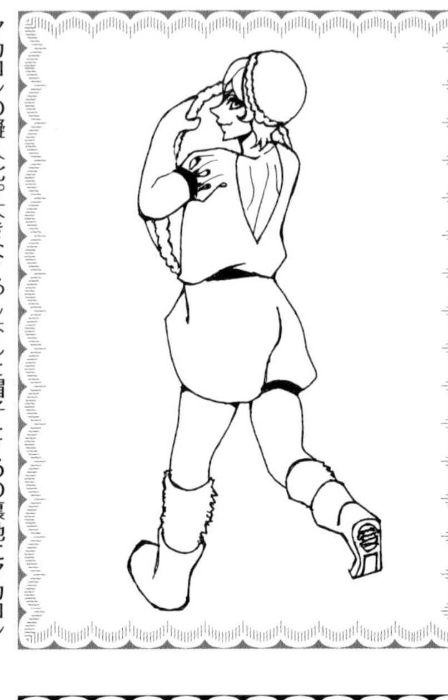

マカロンの擬人化。大きなくっしょんと帽子とくつの裏地にマカロンがある。かわいい男の子。
長崎県・橘らのま

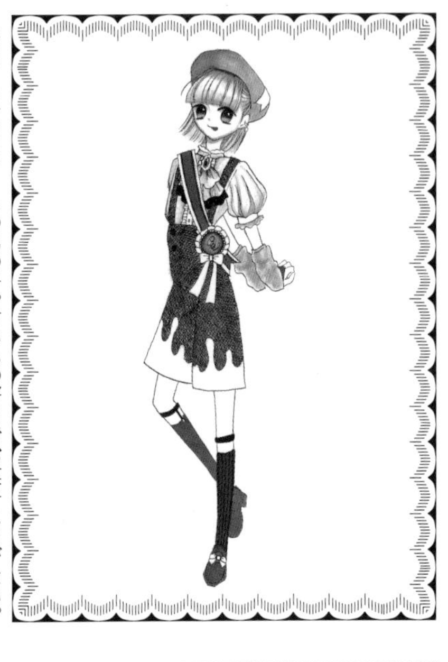

ホワイトチョコレートの男の子。甘いもの好きでお菓子に目がない。
岩手県・花灯こはく

瓶ラムネの擬人(メカ)化。いつもけだるげだが頭上のビー玉の話になると活発に話し始める。
神奈川県・石垣

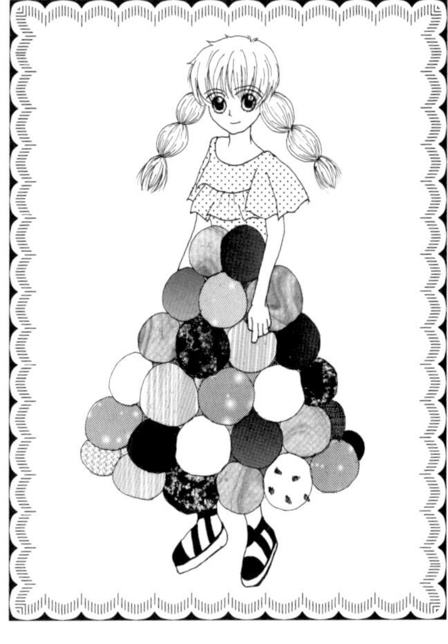

ドルチェはいかが？　スカートの部分がいろいろなアイスクリームな女の子。いろいろな種類のアイスクリームがあって1つにえらべない。少し、優柔不断な所がある。
新潟県・野分

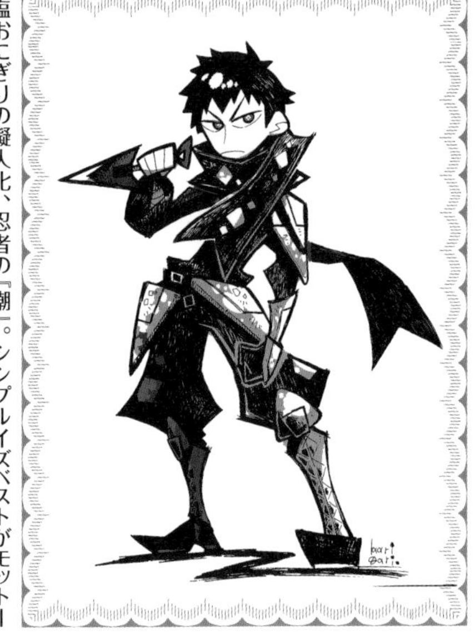

塩おにぎりの擬人化、忍者の『潮』。シンプルイズベストがモットーでクールな性格。誰にでも塩対応。
東京都・かりがり

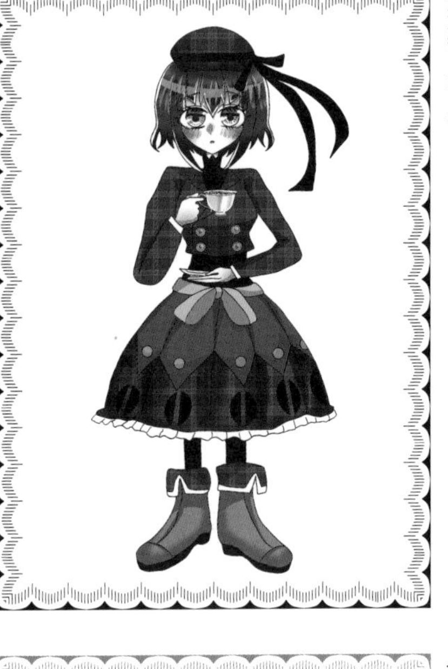

珈琲ちゃん。朝一にコーヒーを入れてくれる。
秋田県・木白らべ

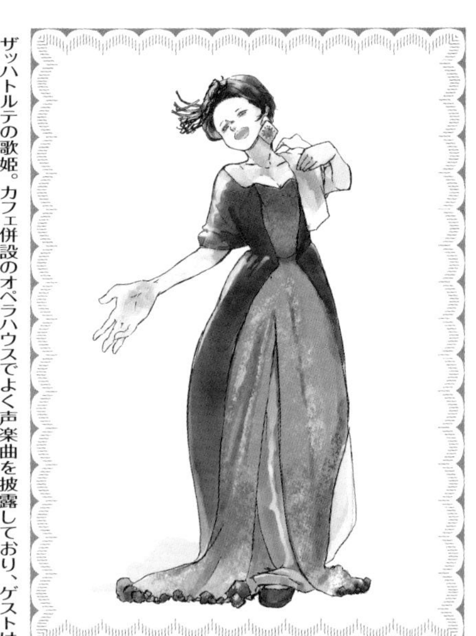

ザッハトルテの歌姫。カフェ併設のオペラハウスでよく声楽曲を披露しており、ゲストは歌声とケーキを楽しむことができる。彼女の淹れる紅茶はとてもいい香りなんだとか。
兵庫県・戎井幸一

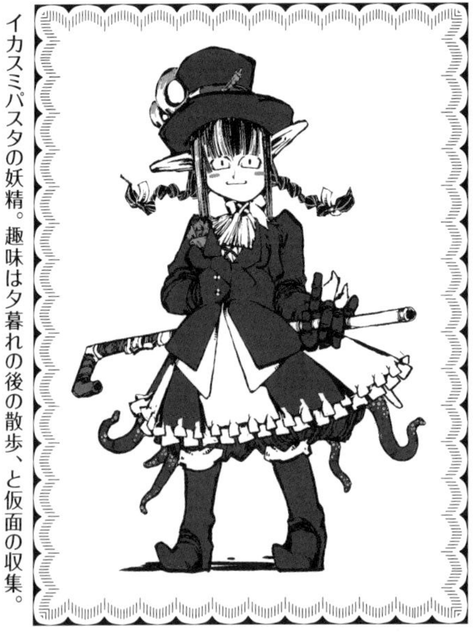

イカスミパスタの妖精。趣味は夕暮れの後の散歩、と仮面の収集。イカダを繋いで作ったこの街がだいすきだ。
神奈川県・青雀

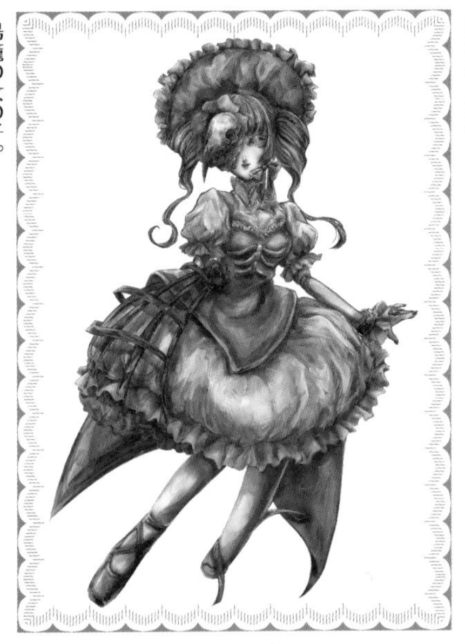

鳥籠の女の子。
もういなくなってしまった鳥たちをいつまでも待ち続ける。
京都府・哺乳瓶紅茶。

Story

絵と文字
～セリフや詩やモノローグetc.で綴る絵物語のコーナー

岡山県・のりあき・18歳

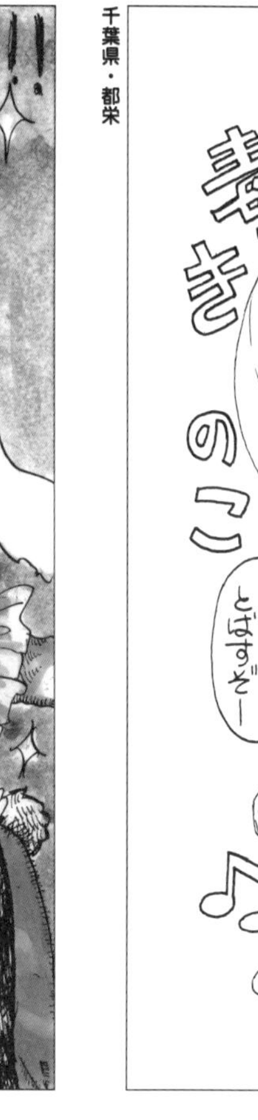

千葉県・都栄

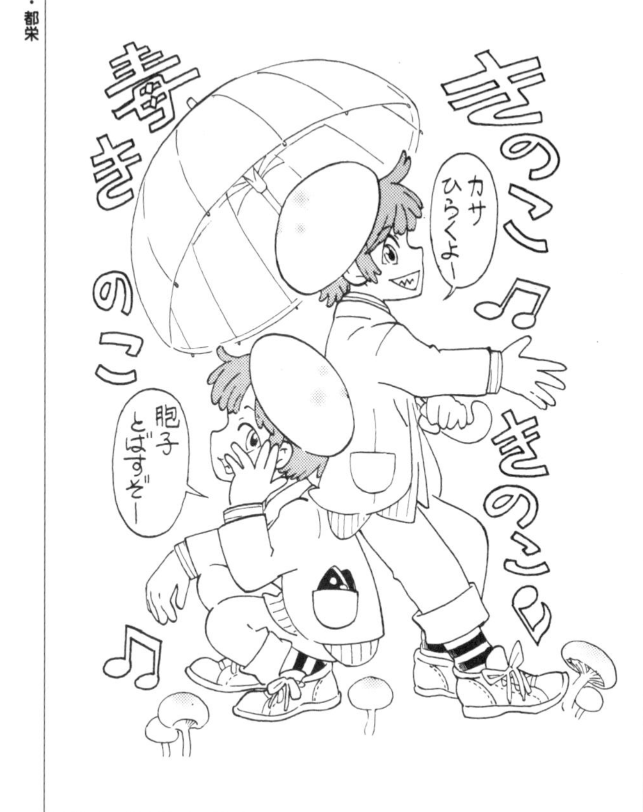

埼玉県・参崎シュリ

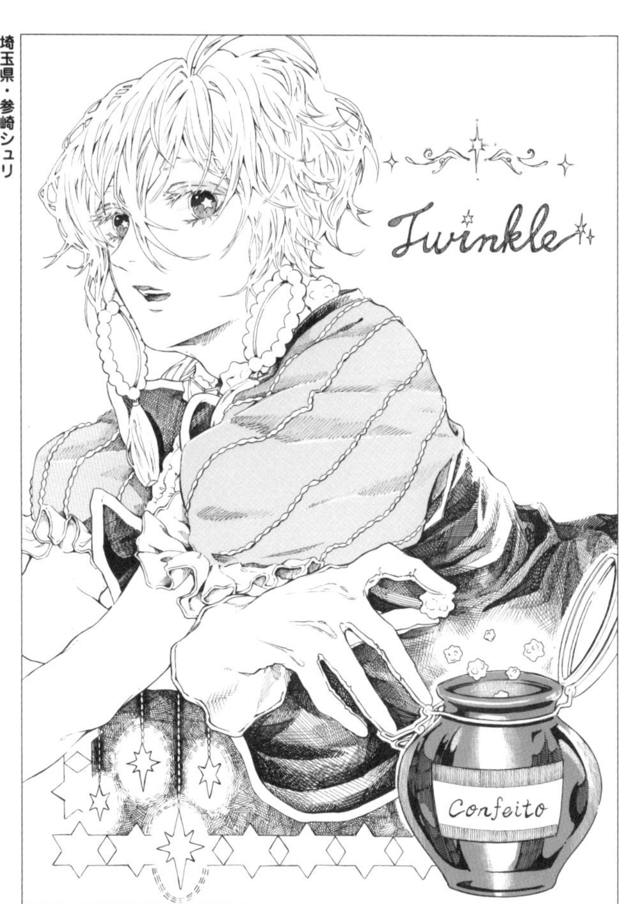

北海道・シズ

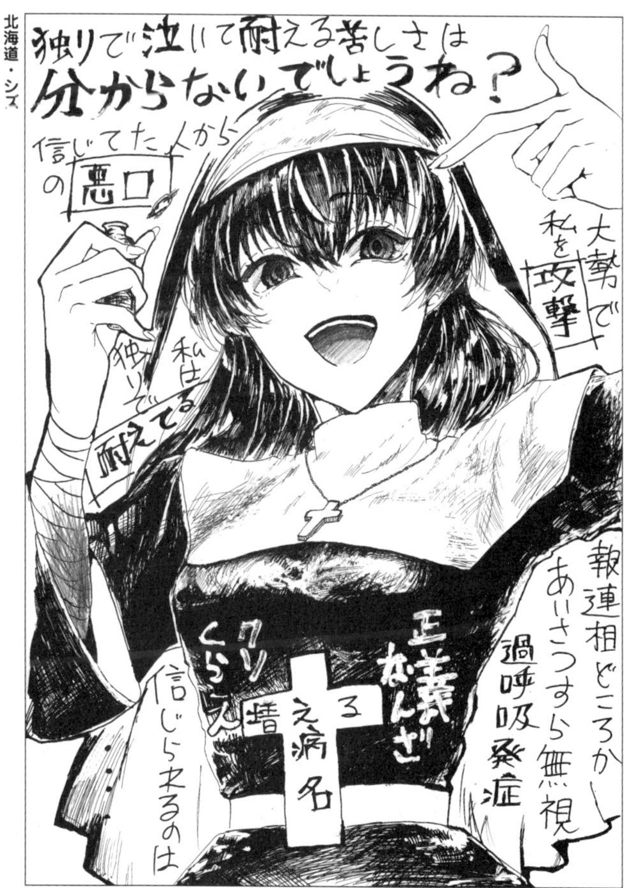

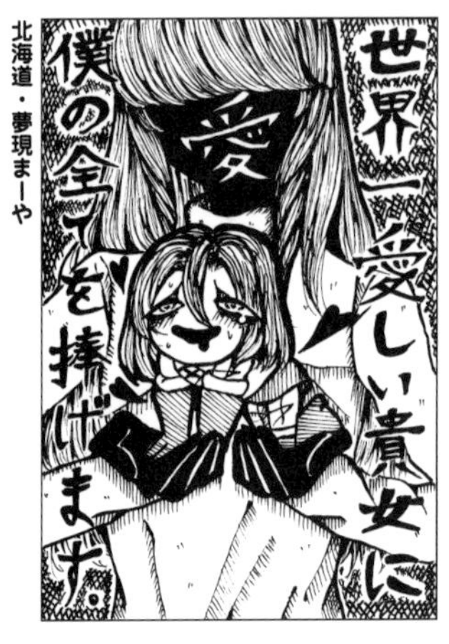

北海道・夢現まーや

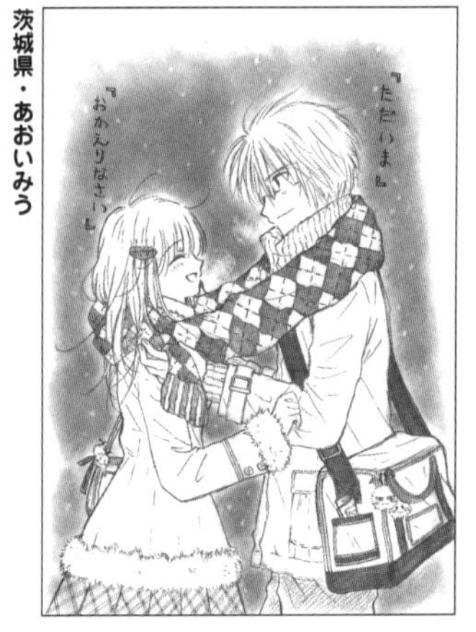

茨城県・あおいみう

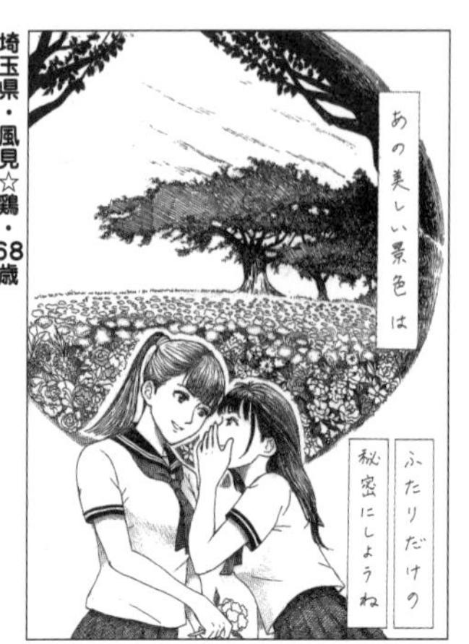

埼玉県・風見☆鶏・68歳

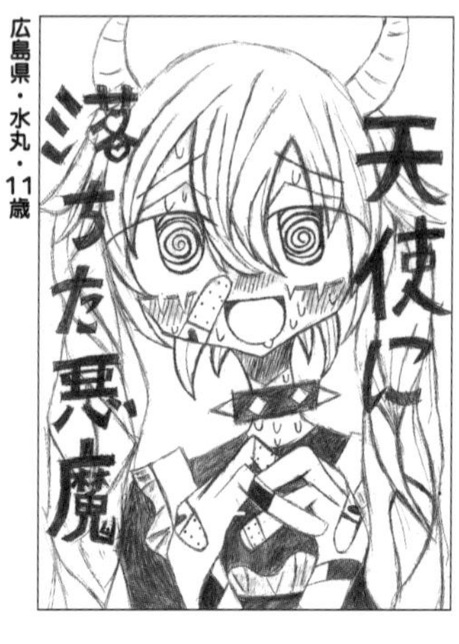

広島県・水丸・11歳

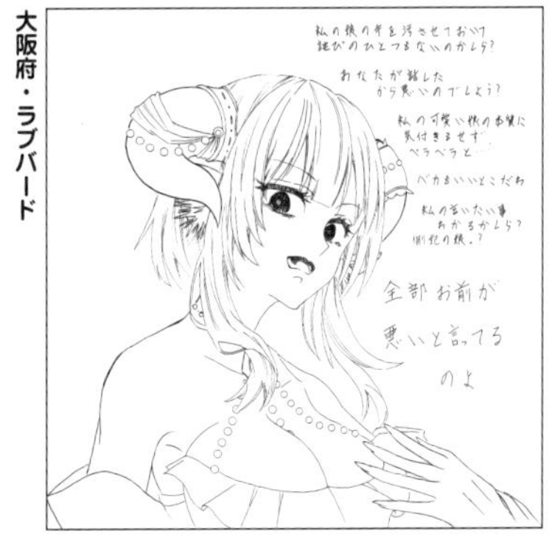

大阪府・ラブバード

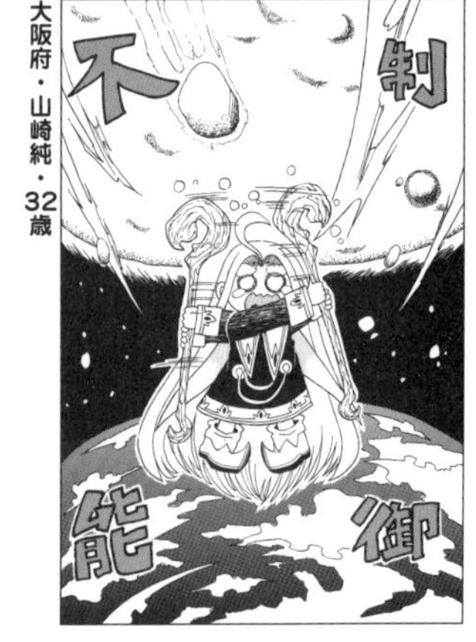

大阪府・山崎純・32歳

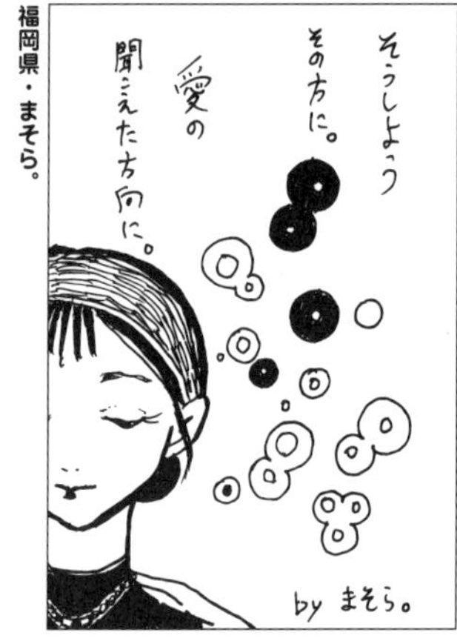

福岡県・まそら。

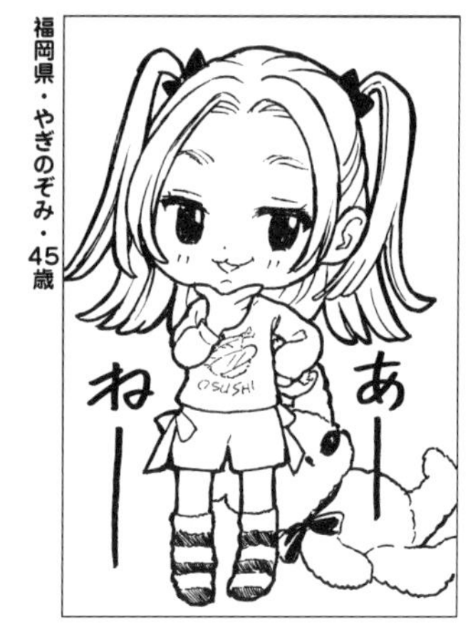

福岡県・やぎのぞみ・45歳

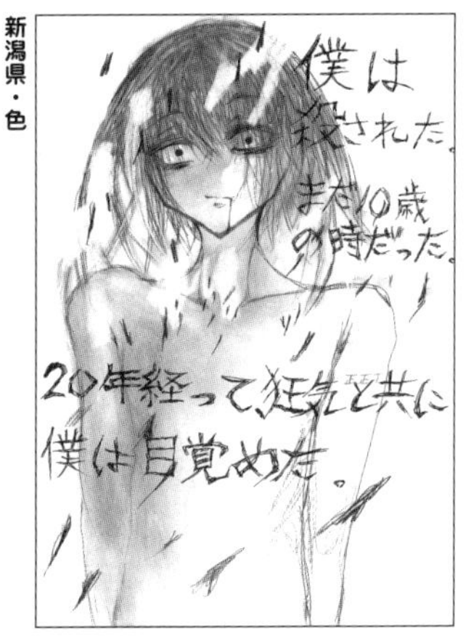

新潟県・色

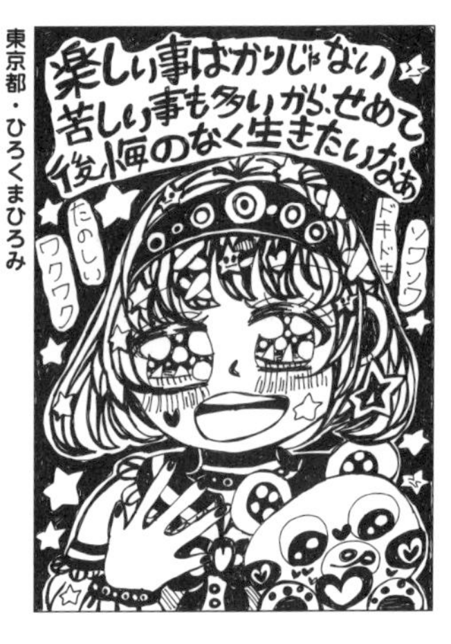

東京都・ひろくまひろみ

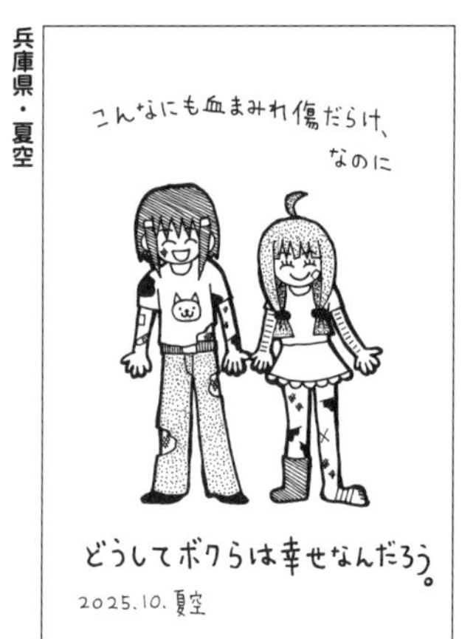

兵庫県・夏空

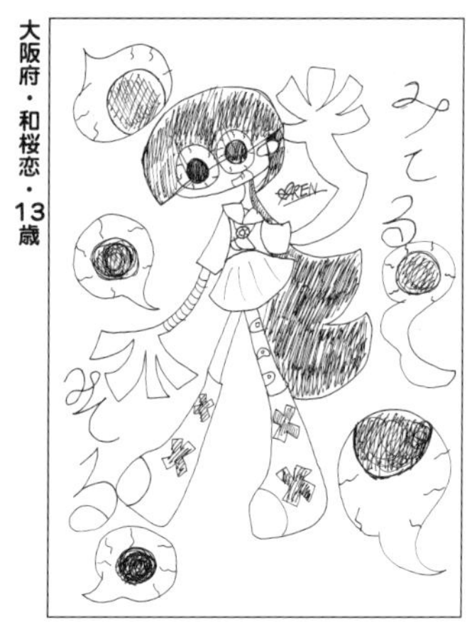

大阪府・和桜恋・13歳

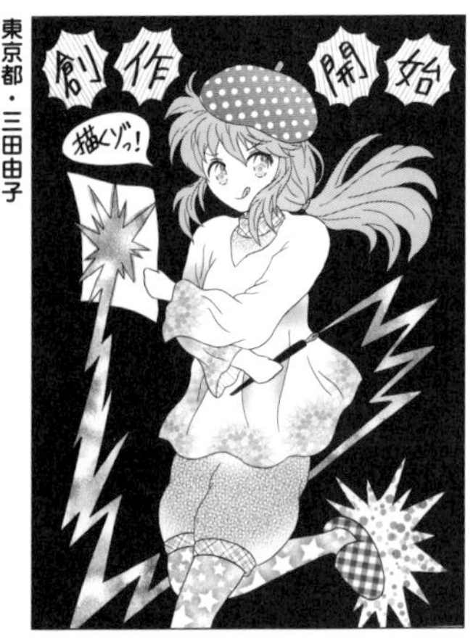

東京都・三田由子

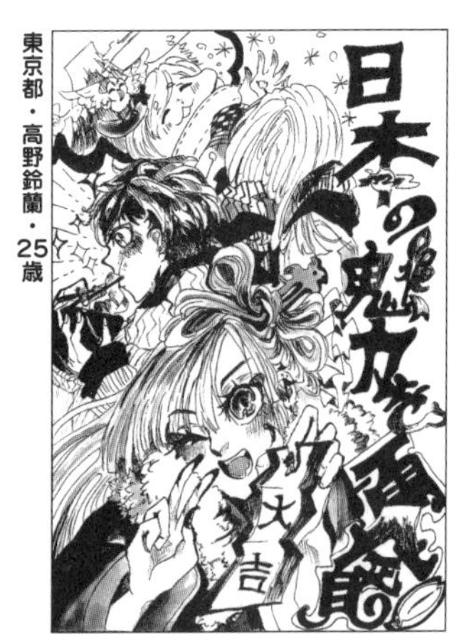

東京都・高野鈴蘭・25歳

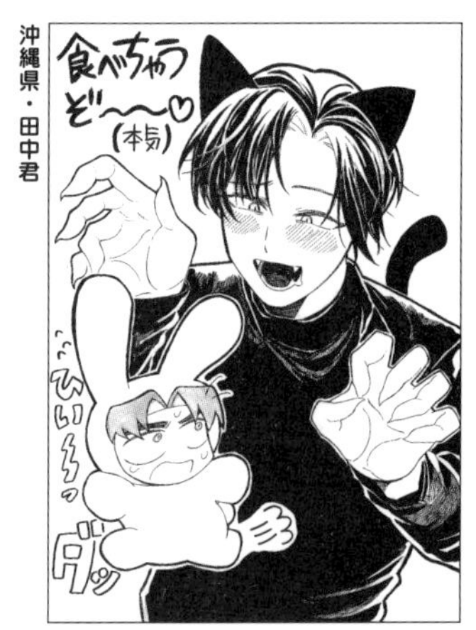

沖縄県・田中君

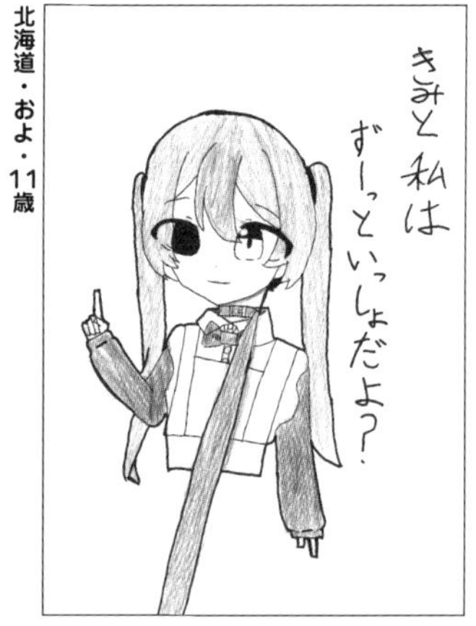

北海道・およ・11歳

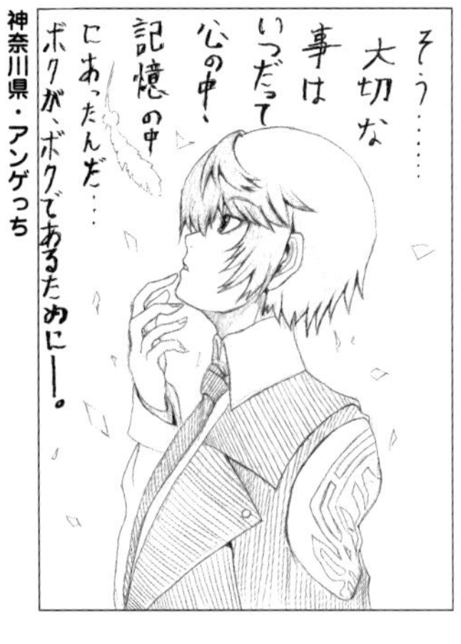

神奈川県・アンゲっち

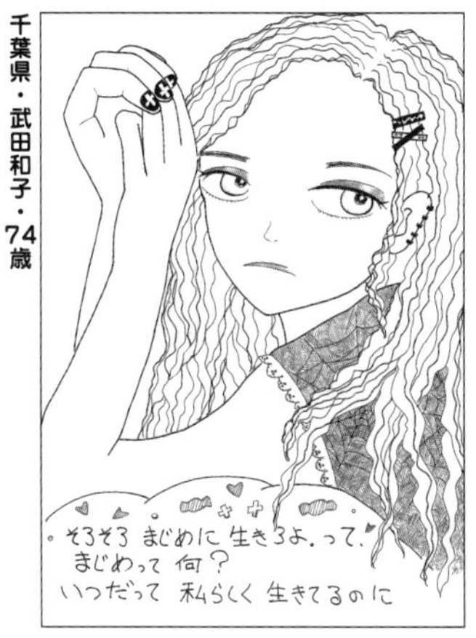

千葉県・武田和子・74歳

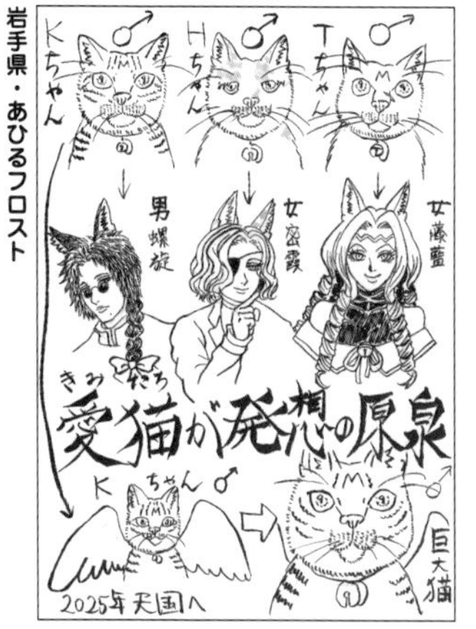

岩手県・あひるフロスト

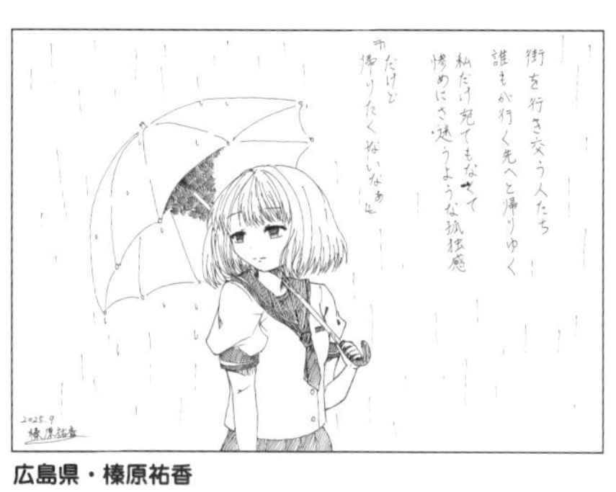

広島県・榛原祐香

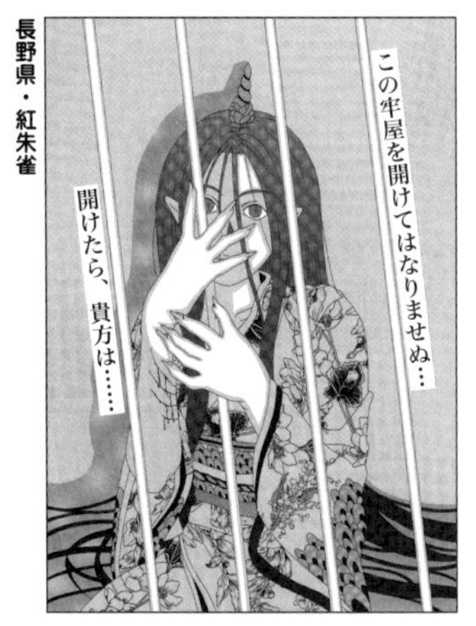

長野県・紅朱雀

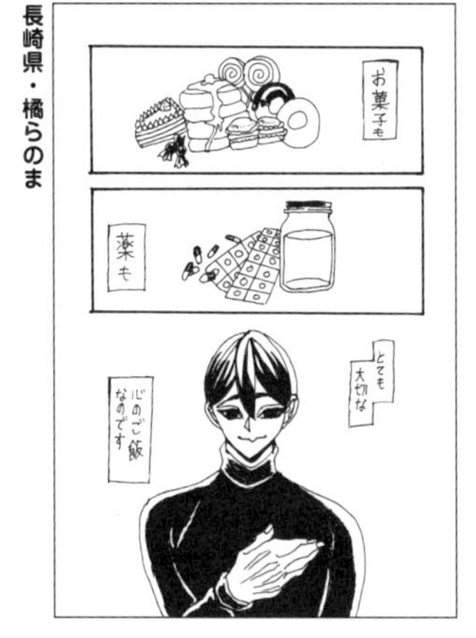

長崎県・橘らのま

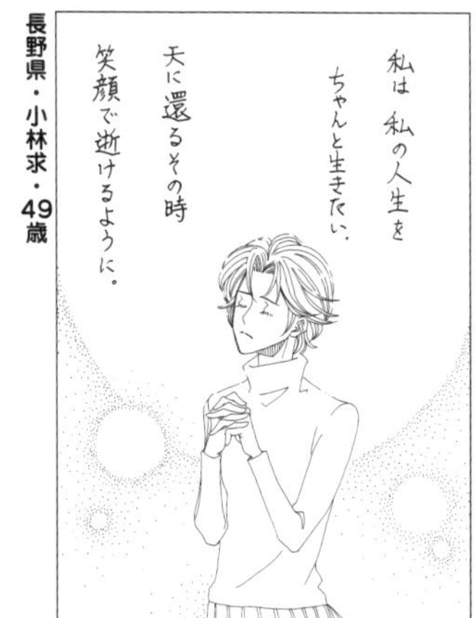

長野県・小林求・49歳

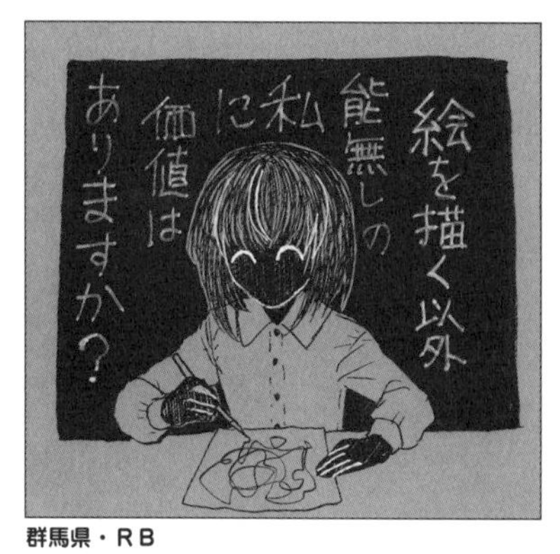

群馬県・RB

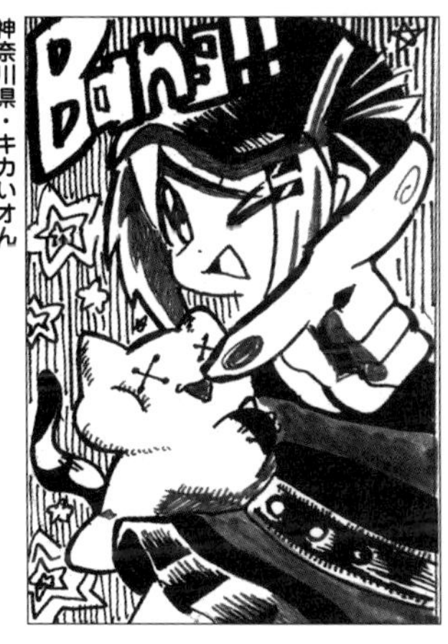

神奈川県・キカイオン

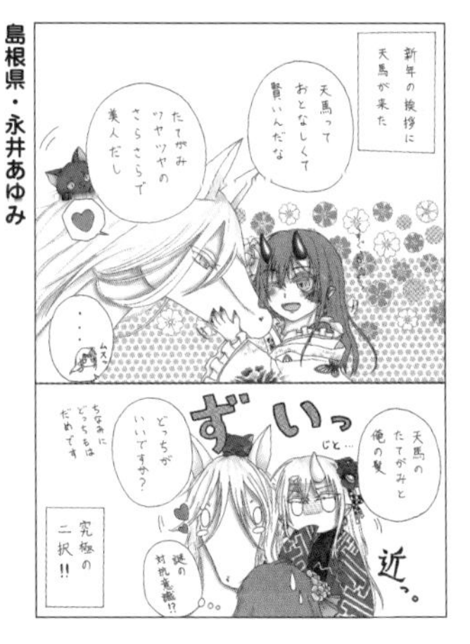

島根県・永井あゆみ

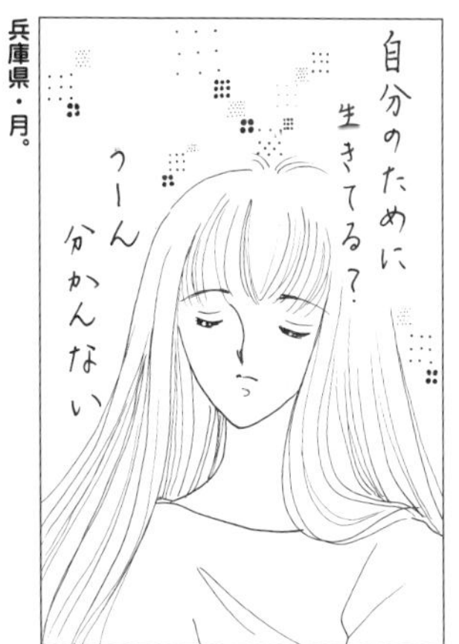

兵庫県・月。

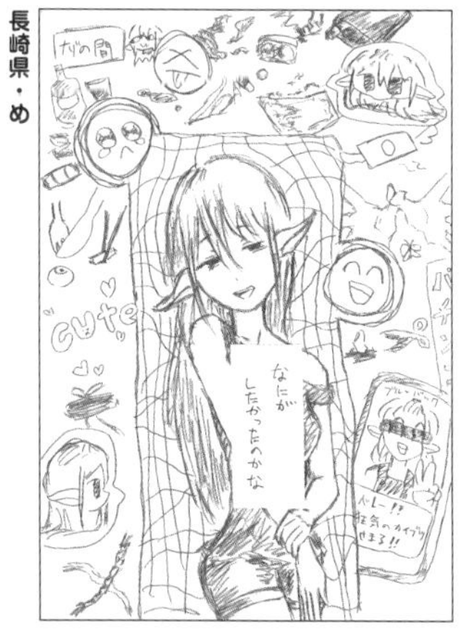

長崎県・め

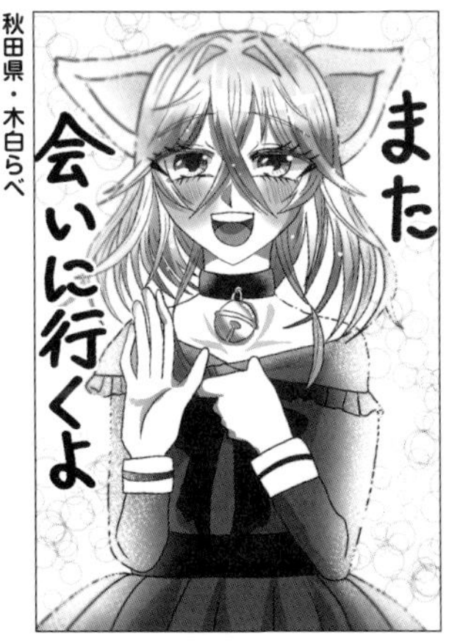

秋田県・木白らべ

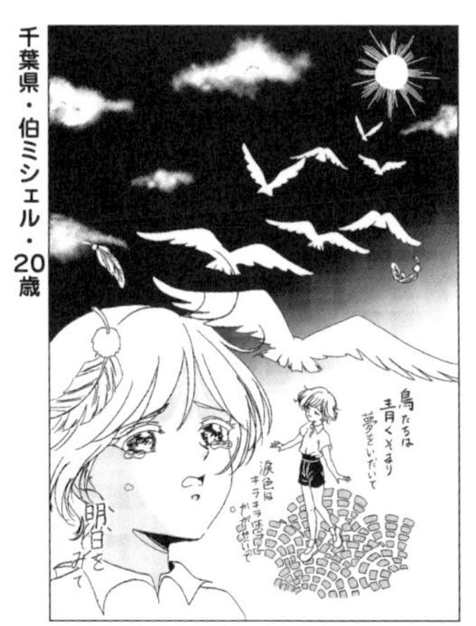

千葉県・伯ミシェル・20歳

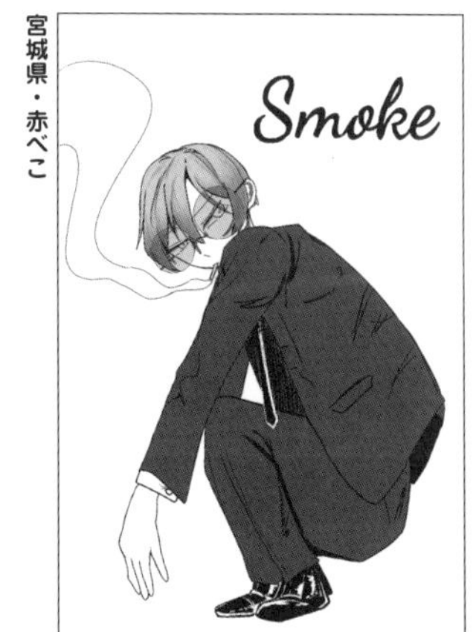

宮城県・赤べこ

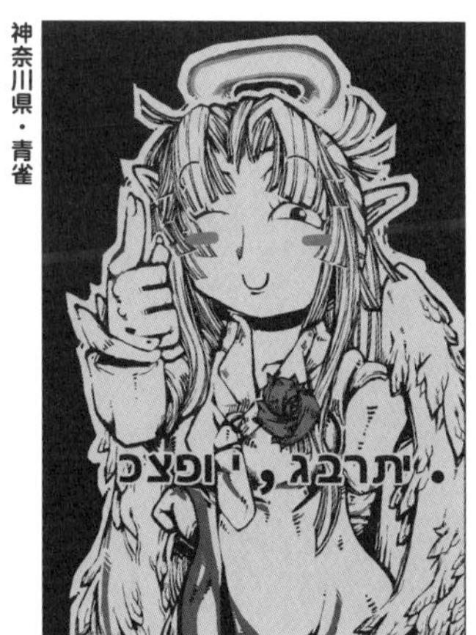

神奈川県・青雀

Stage

群馬県・RB

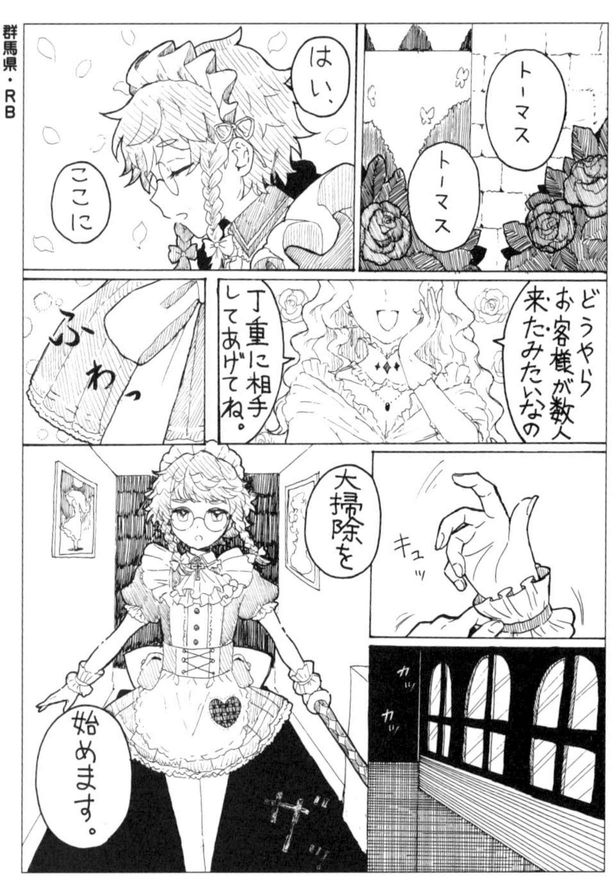

大阪府・ラブバード

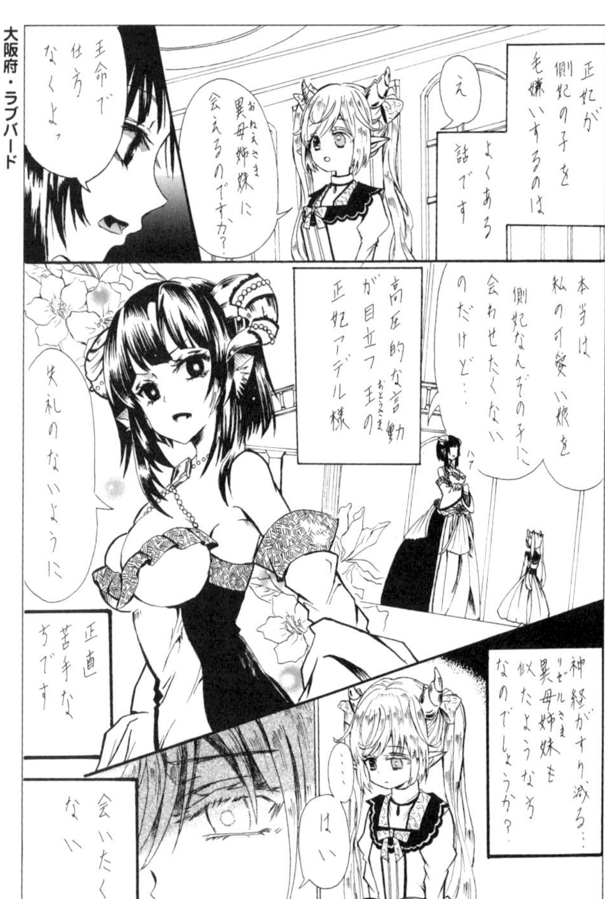

沖縄県・すきっぱねずみ

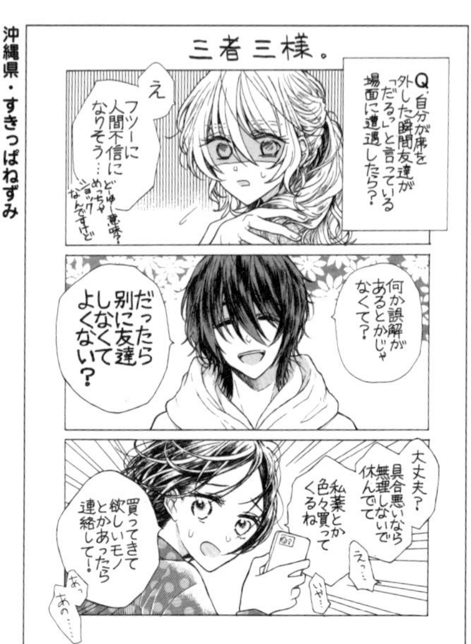

千葉県・前川泉

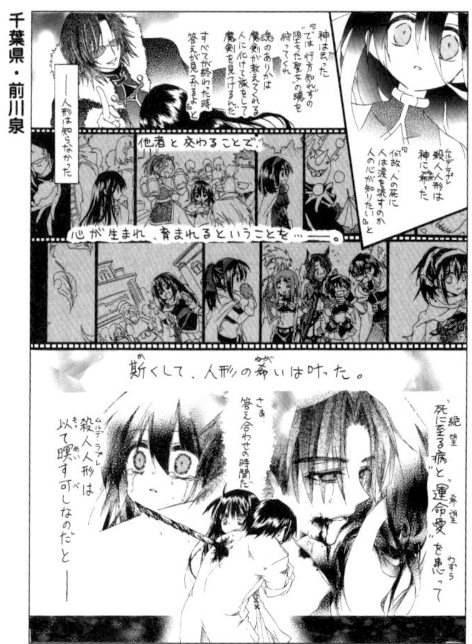

神奈川県・るりるり・40歳

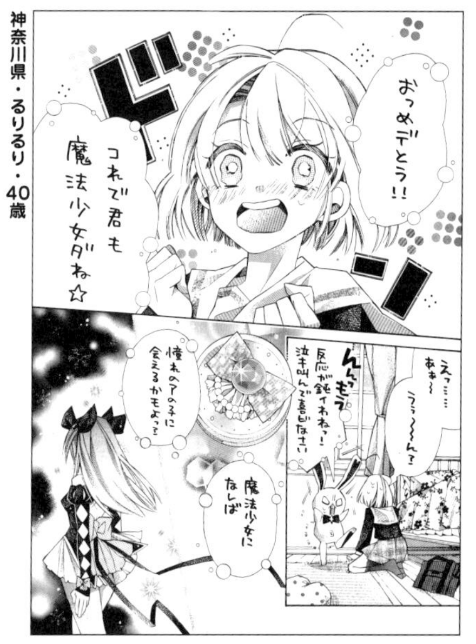

宮城県・秋津捨博・44歳

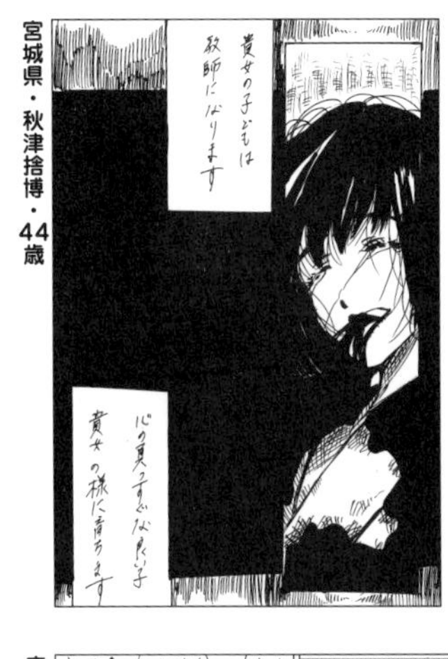

秋田県・鈴河馬

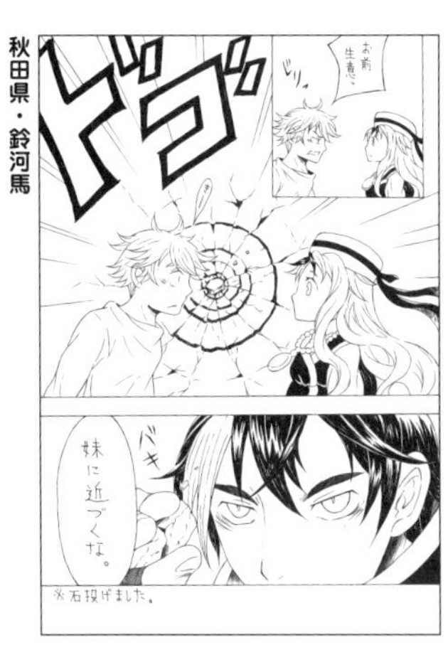

福岡県・梅田ユーマ

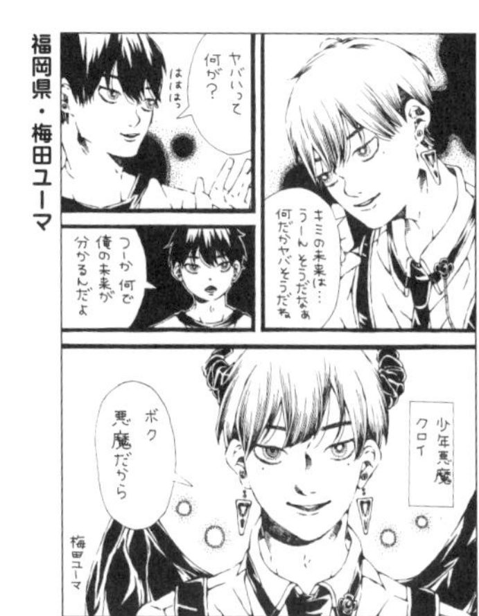

岡山県・のりあき・18歳

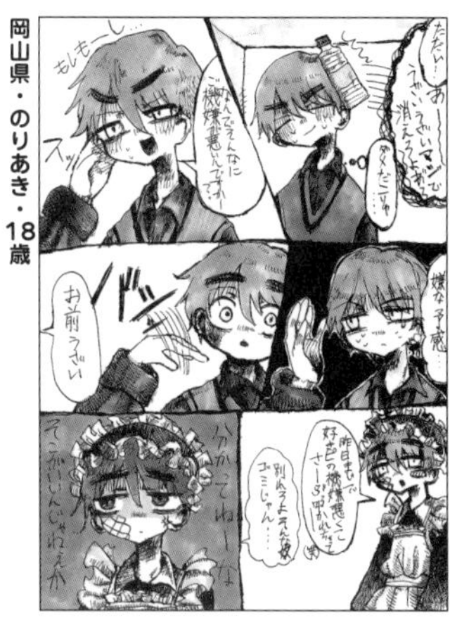

東京都・三田由子

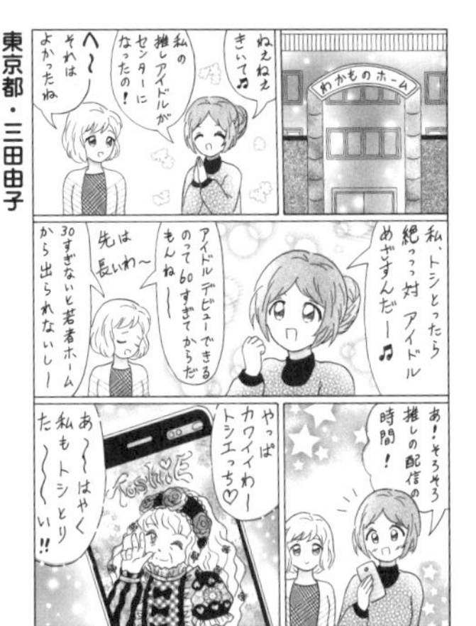

広島県・いち之助

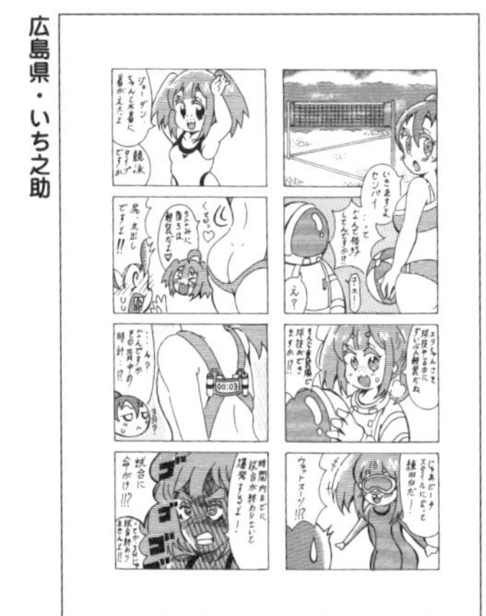

長崎県・め

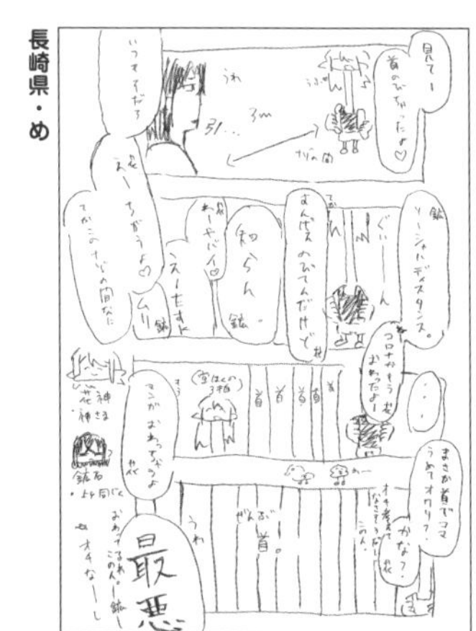

高知県・柴イヌ

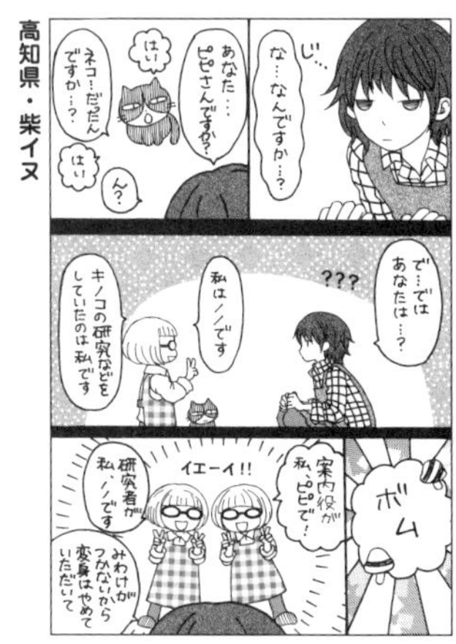

大阪府・時田夏名

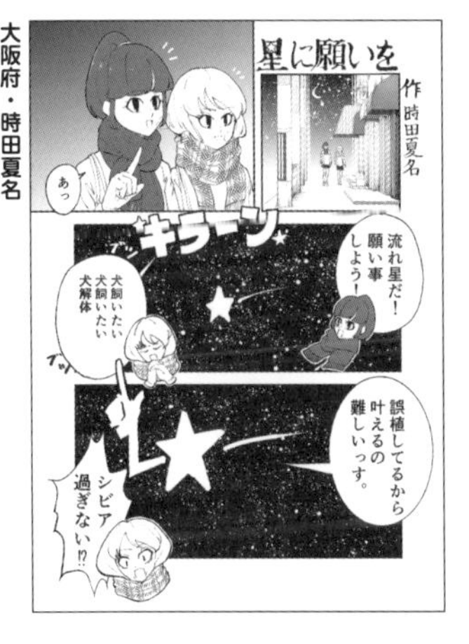

東京都・りわ

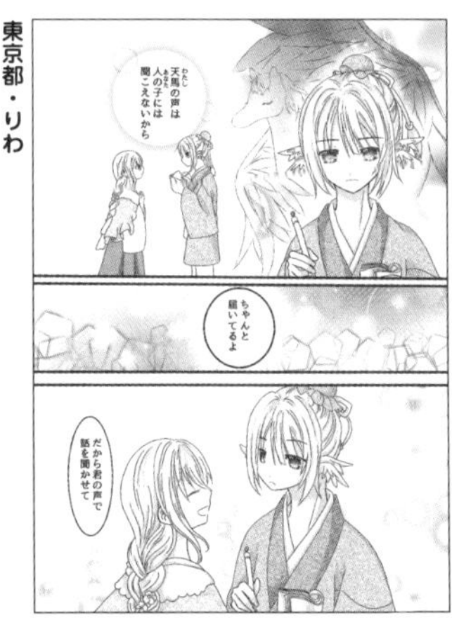

群馬県・ユキガト

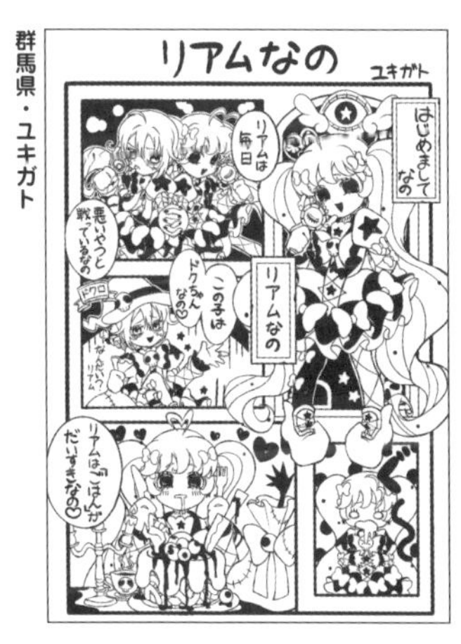

鳥取県・rosyemu

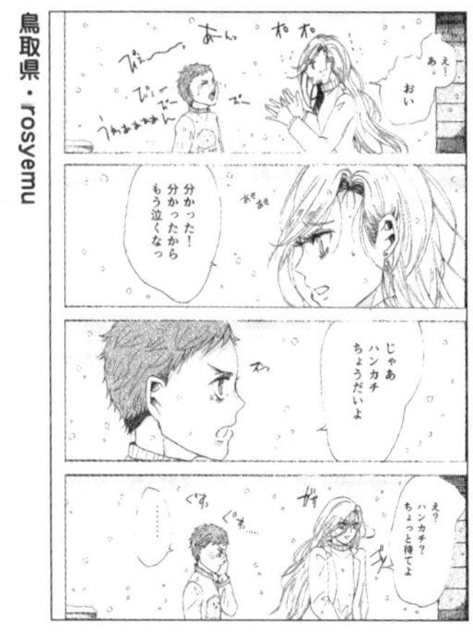

福岡県・まそら。

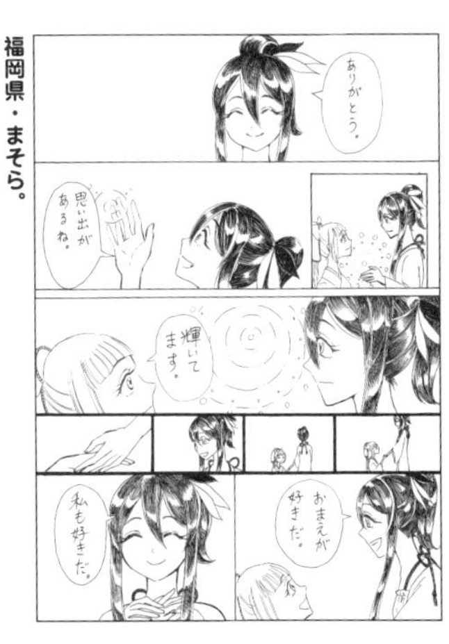

北海道・シズ

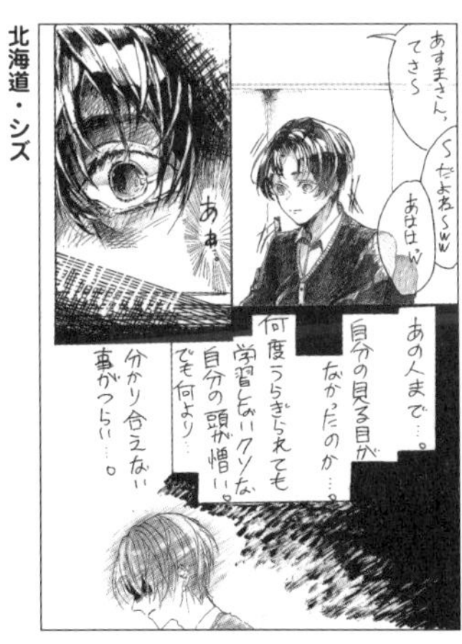

埼玉県・風見☆鶏・68歳

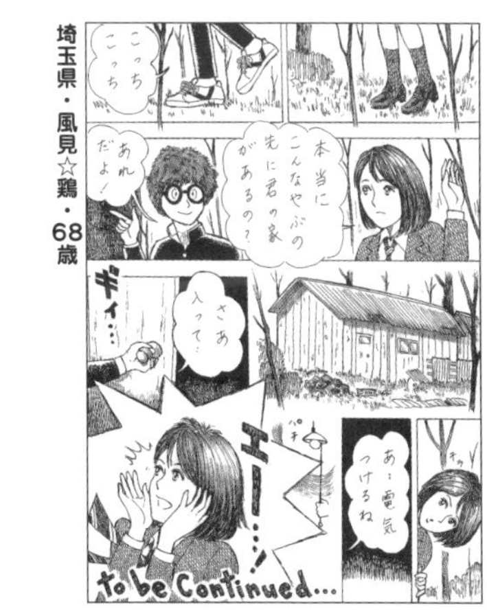

茨城県・あおいみう

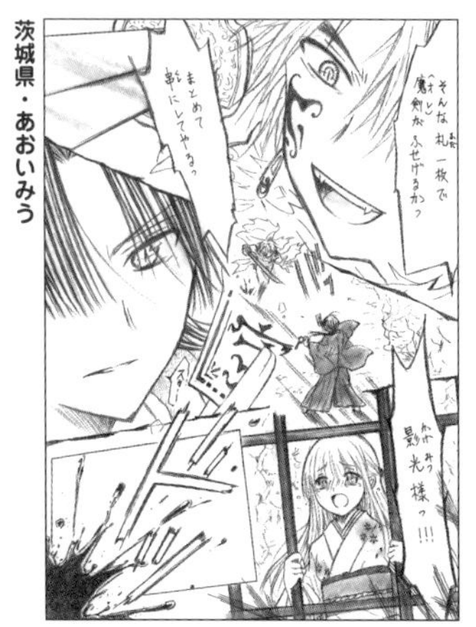

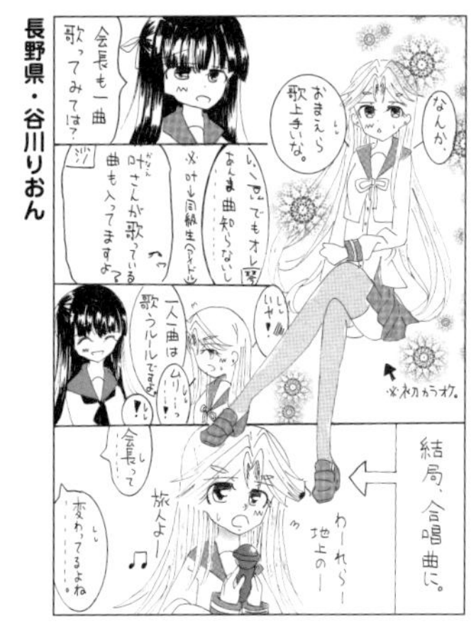

長野県・谷川りおん

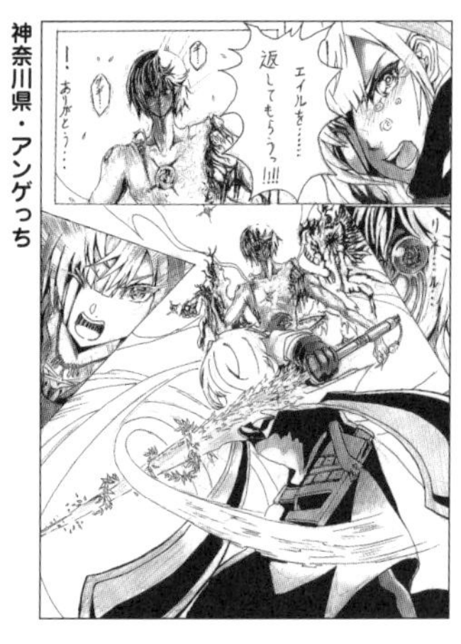

神奈川県・アンゲっち

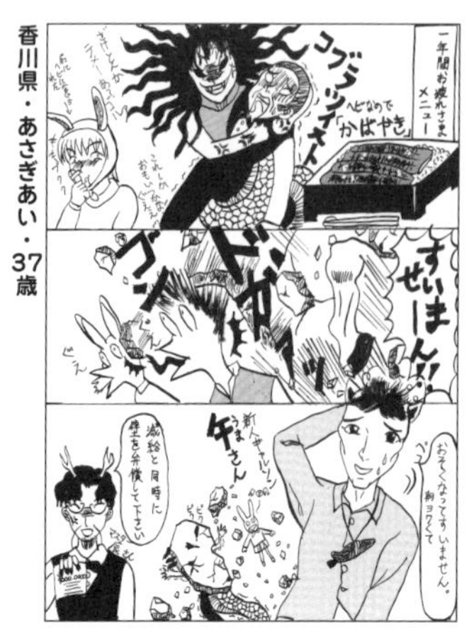

香川県・あさぎあい・37歳

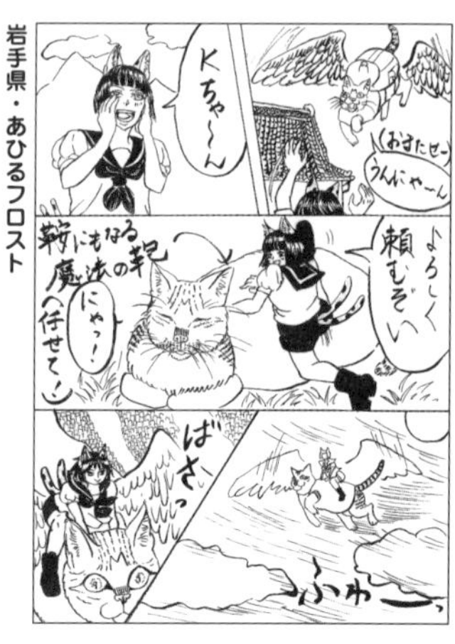

岩手県・あひるフロスト

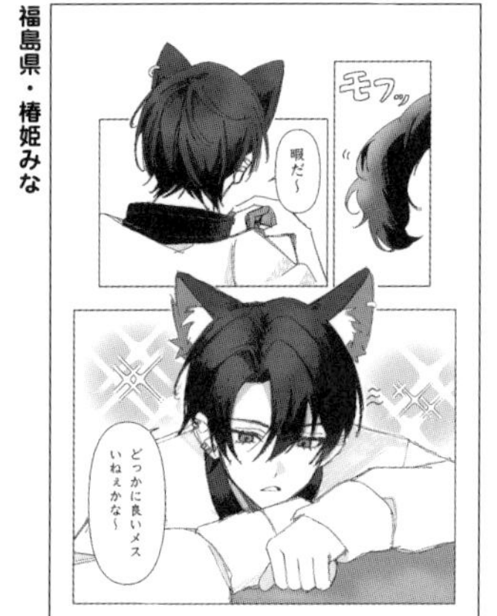

福島県・椿姫みな

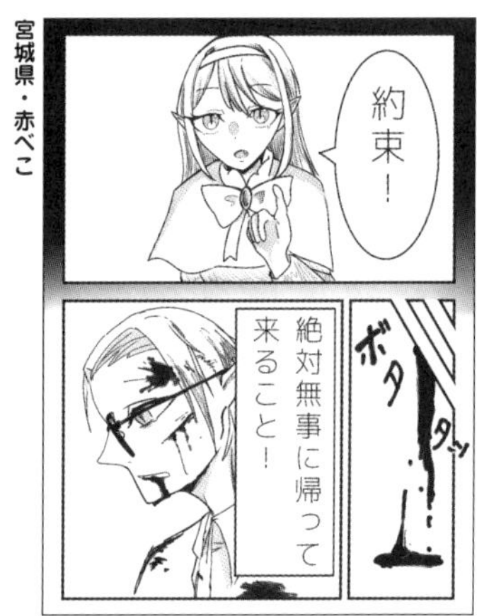

宮城県・赤べこ

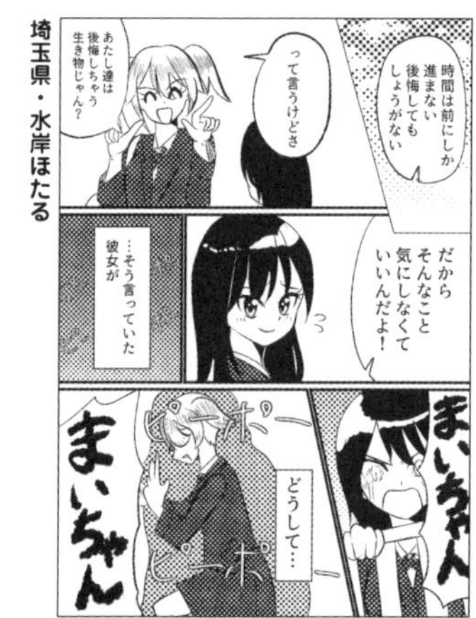

埼玉県・水岸ほたる

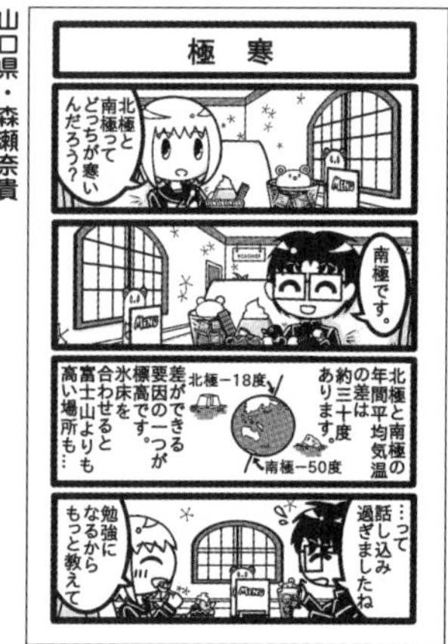

山口県・森瀬奈貴

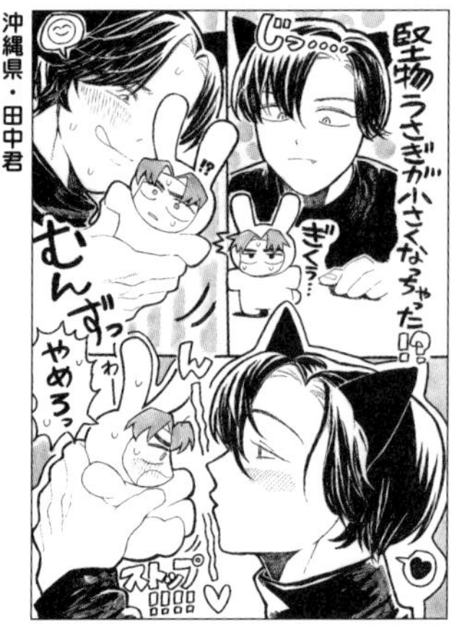

沖縄県・田中君

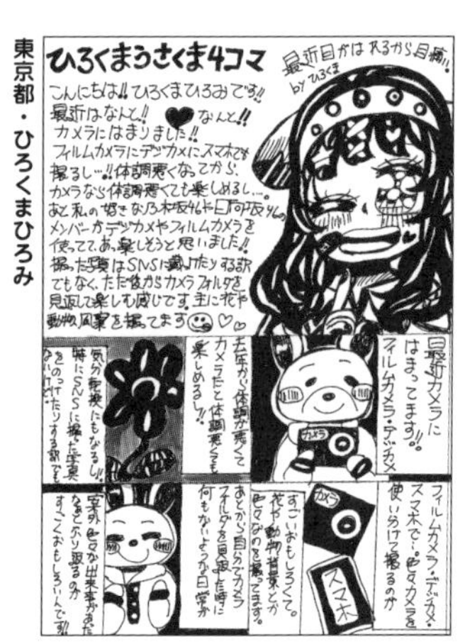

東京都・ひろくまひろみ

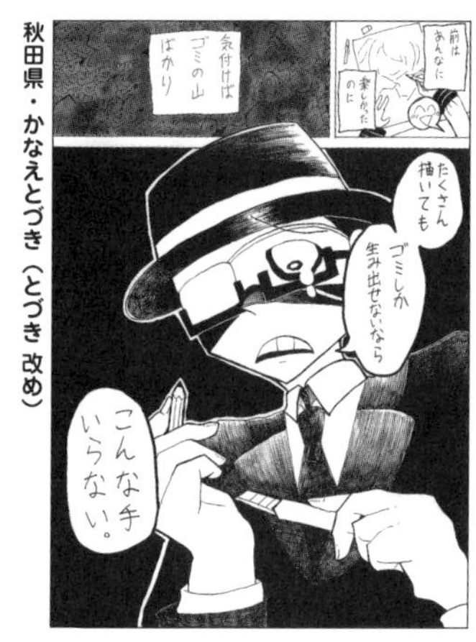

秋田県・かなえとづき（とづき 改め）

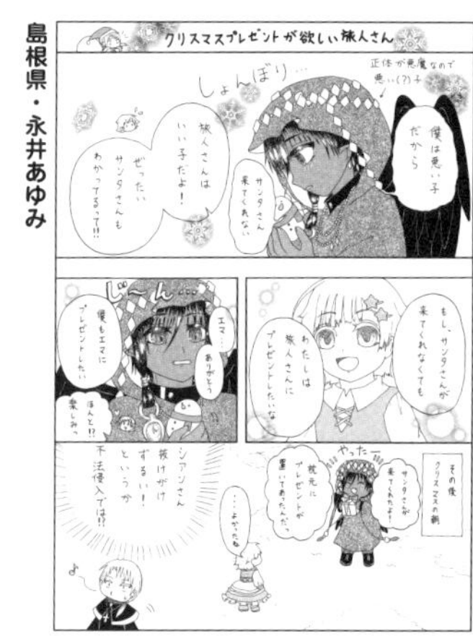

島根県・永井あゆみ

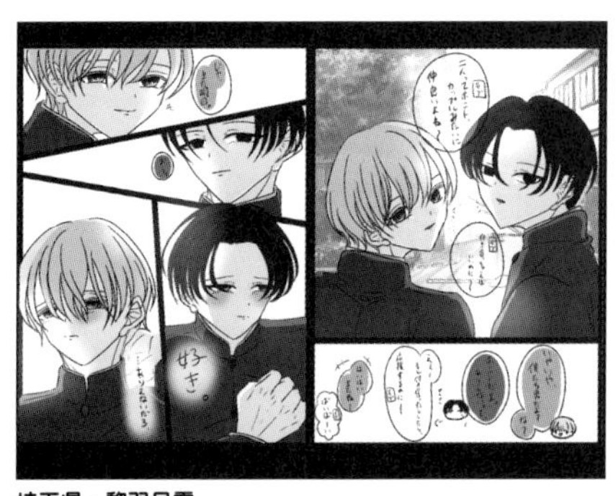
埼玉県・黎羽月零

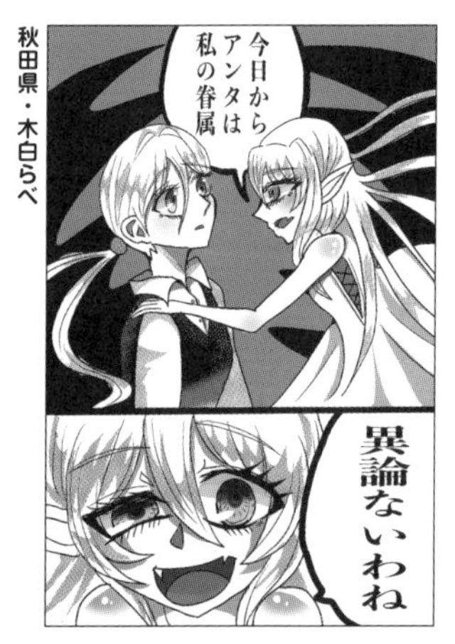

秋田県・木白らべ

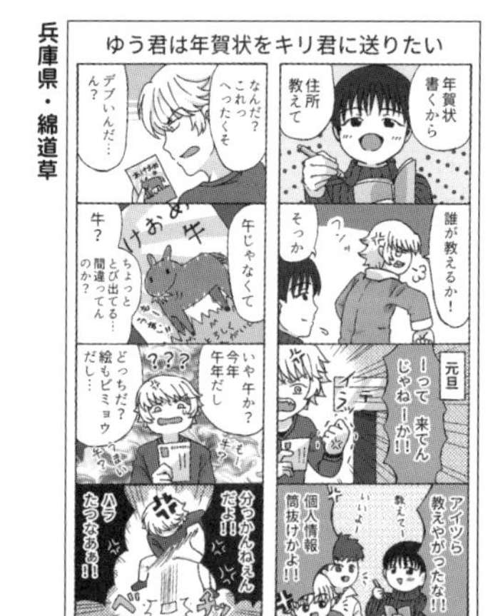

兵庫県・綿道草

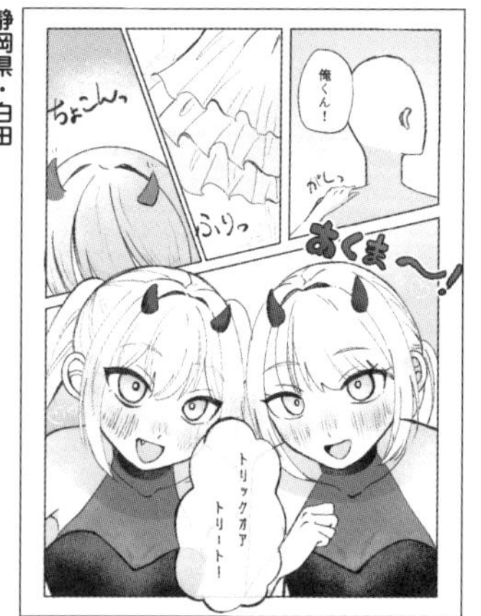

静岡県・白田

Ssomething

みんなの近況などを描いた四コマ漫画を紹介！

毎号、楽しい四コマをありがとうございます。みなさんの近況などを知ることができてとてもうれしいコーナーです！

長崎県・め

広島県・いち之助

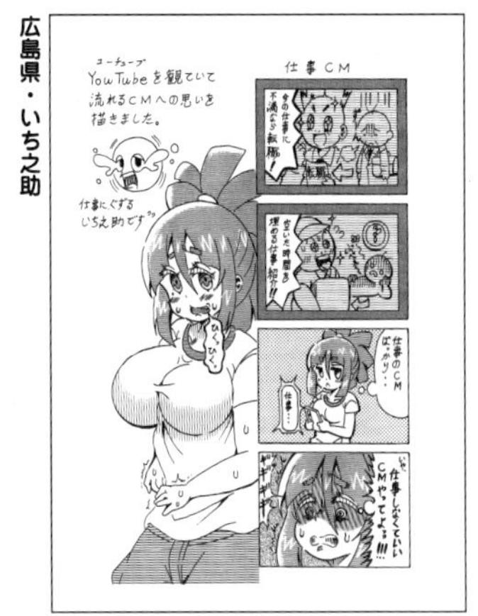

大阪府・ラブバード

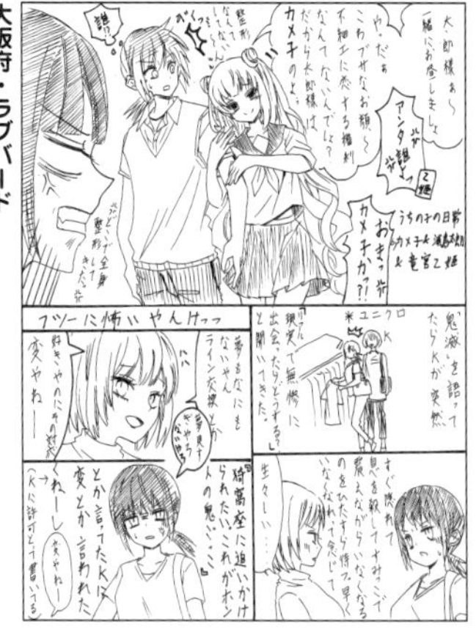

秋田県・かなえとづき（とづき 改め）

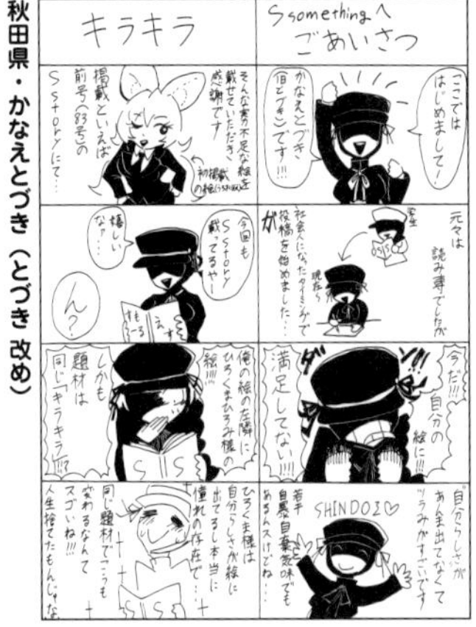

東京都・高野鈴蘭・25歳

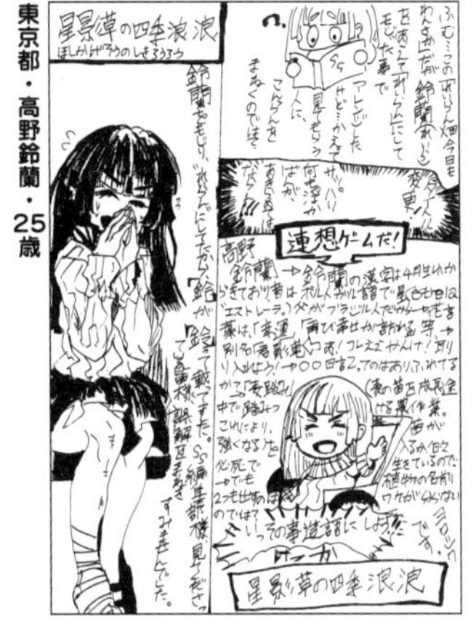

東京都・ひろくまひろみ

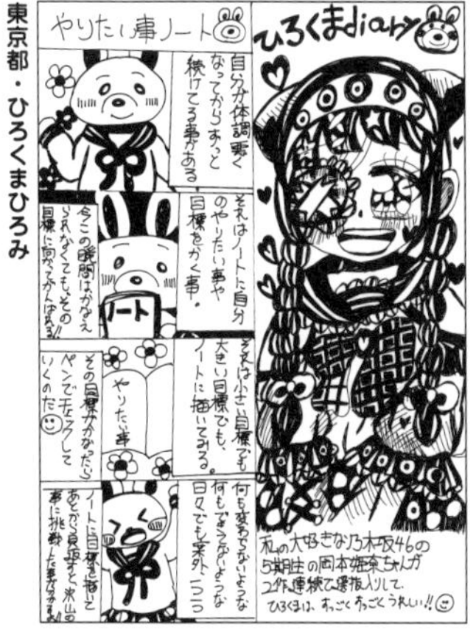

愛媛県・如月詩音（山下栞 改め）・14歳

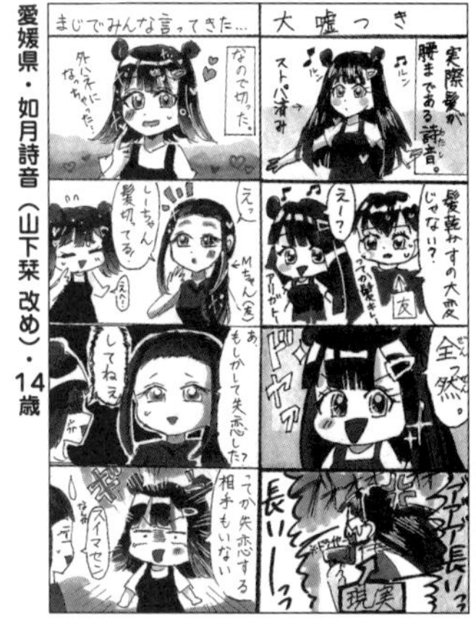

神奈川県・猫野ミミ

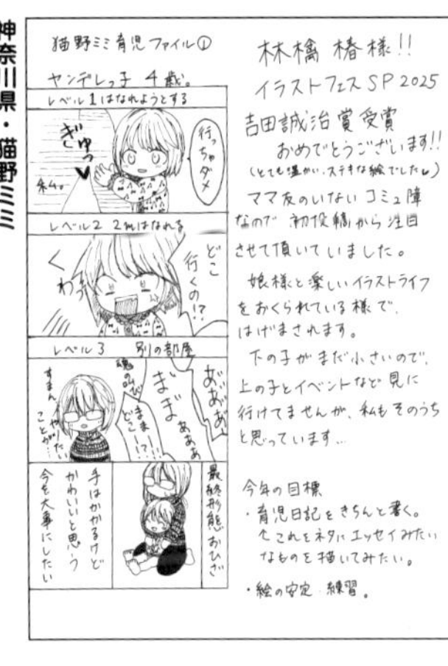

大阪府・まみこ・14歳

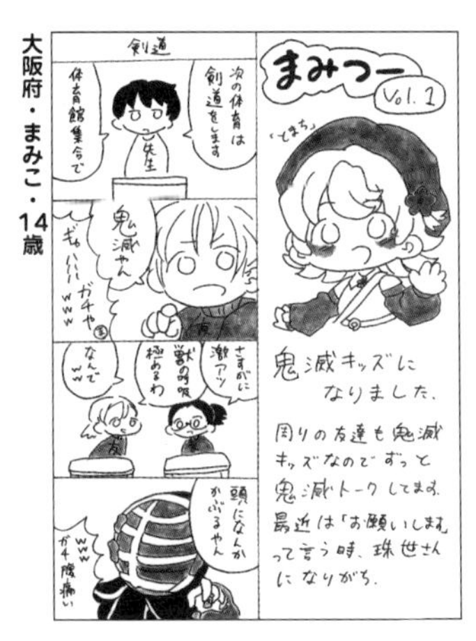

長野県・小林求・49歳

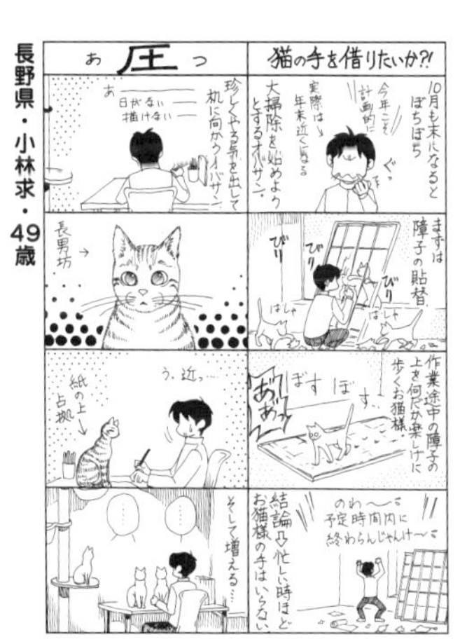

群馬県・RB

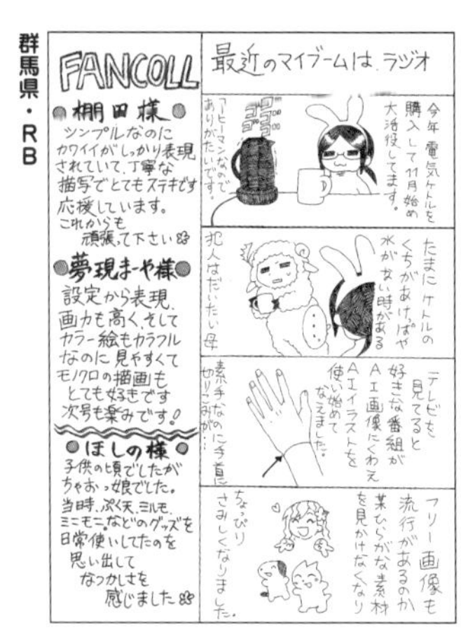

埼玉県・黎羽月零

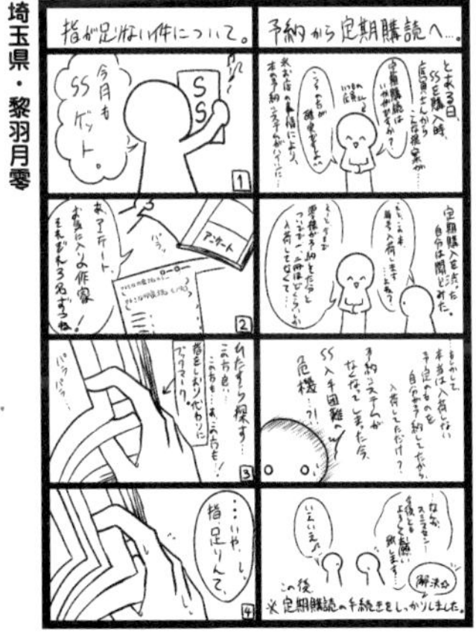

茨城県・みね

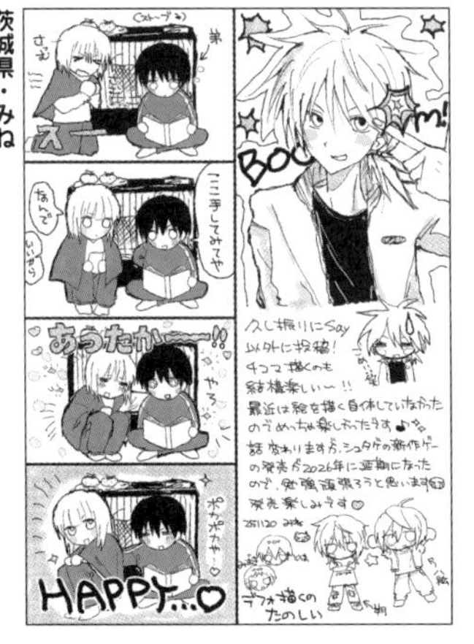

岩手県・あひるフロスト

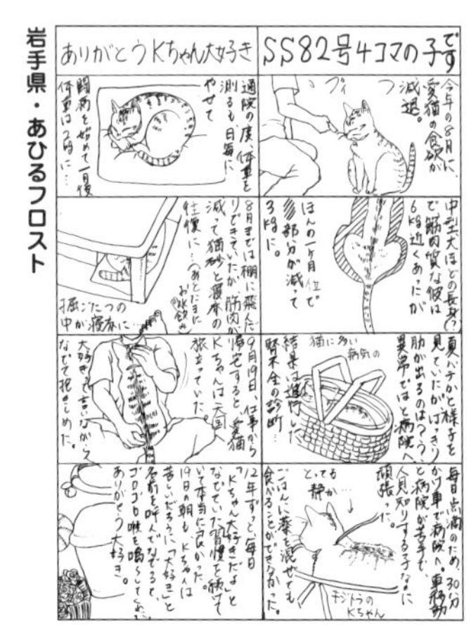

兵庫県・羊兎苺和

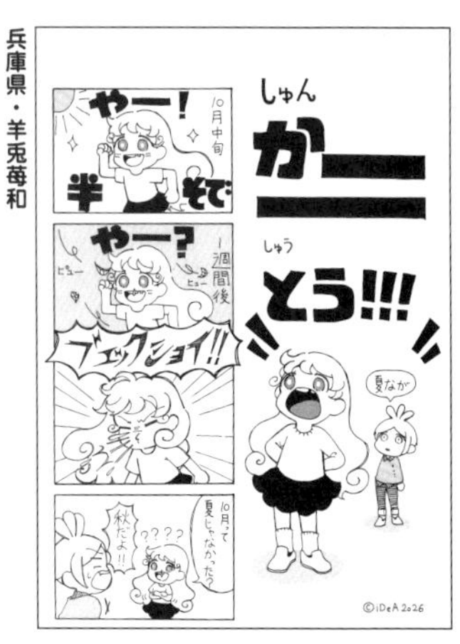

静岡県・種桜・12歳

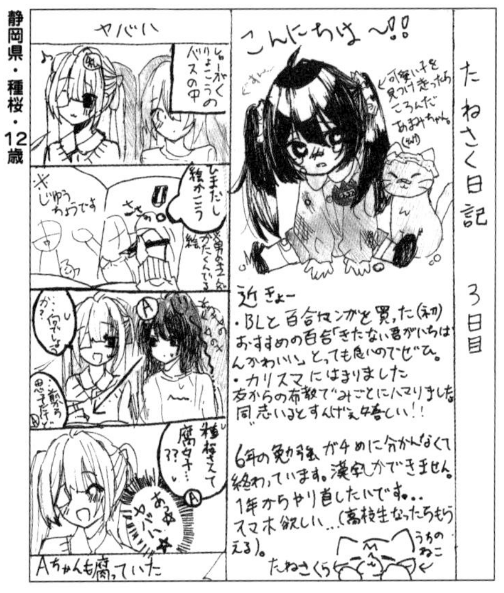

岡山県・のりあき・18歳

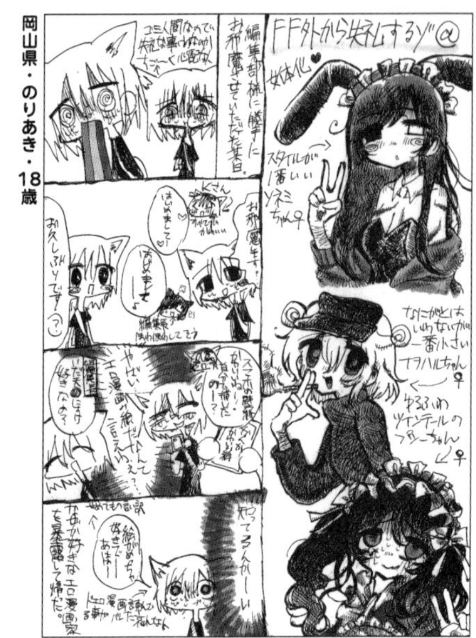

茨城県・めーたん・16歳

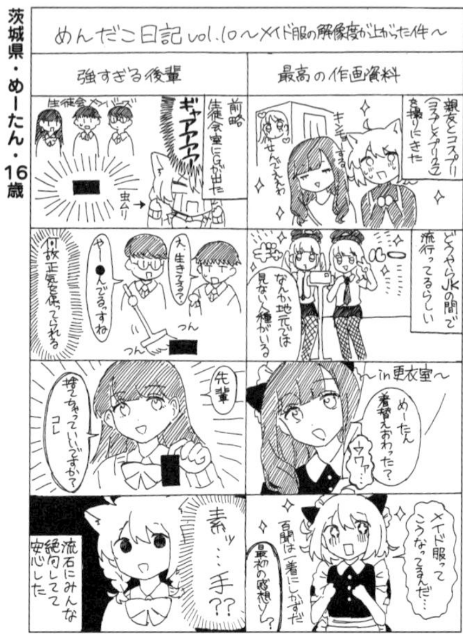

神奈川県・るりるり・40歳

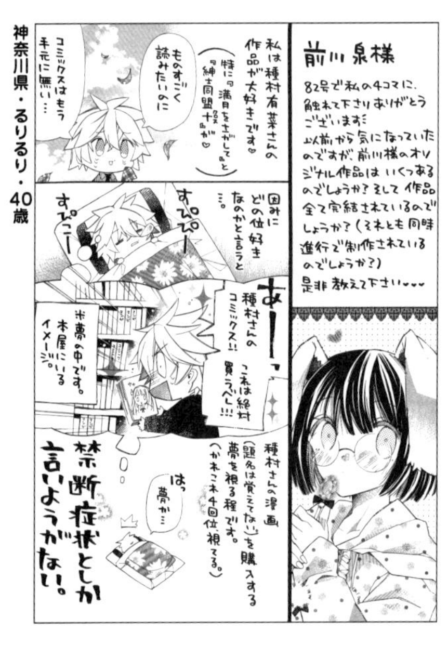

神奈川県・ゆるゆる・10歳

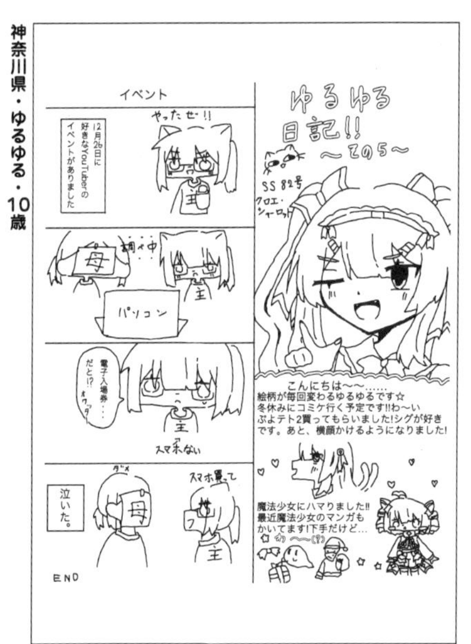

神奈川県・りすりす・11歳

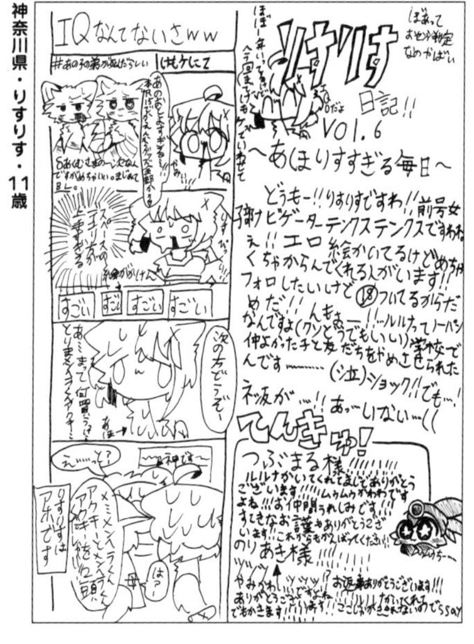

鹿児島県・白恋ももこ

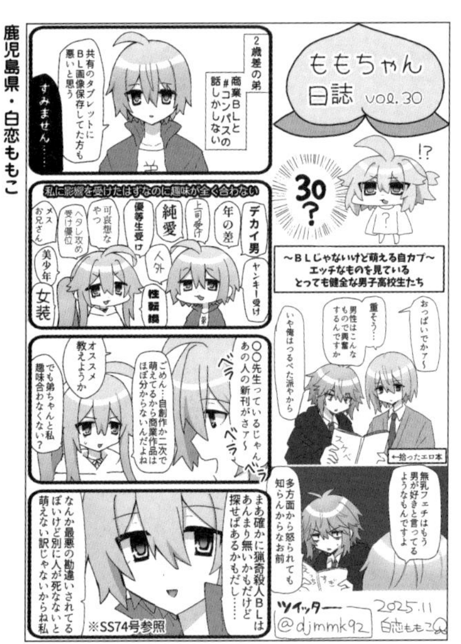

広島県・貴希

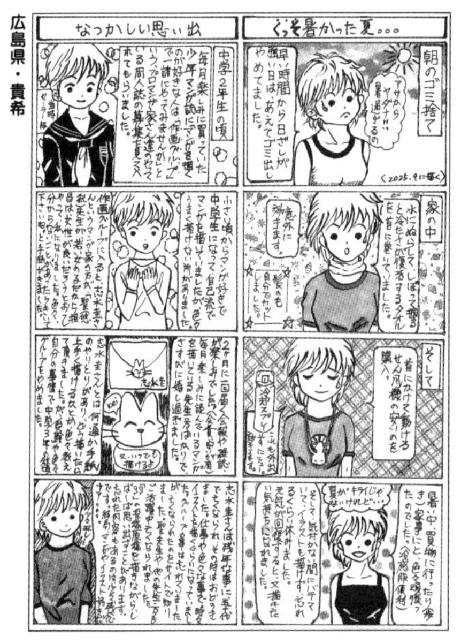

広島県・榛原祐香

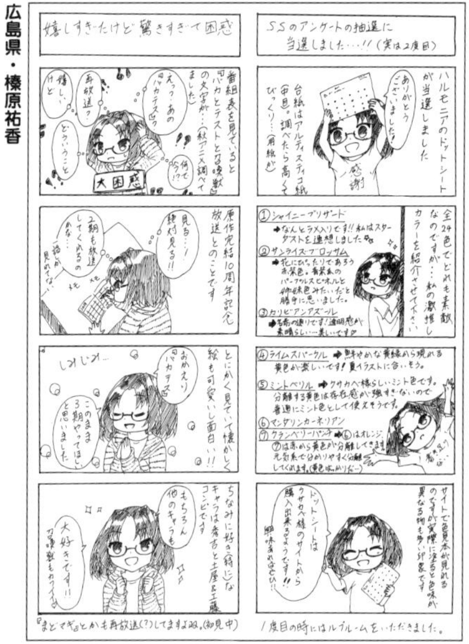

S say

フリートーク的な文字投稿コーナー。
近況や、みんなへの報告など
いろんな話題を紹介するよ！

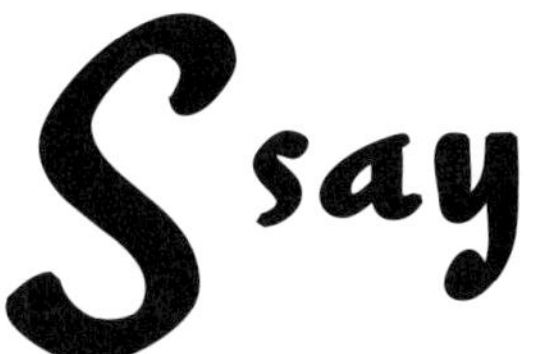

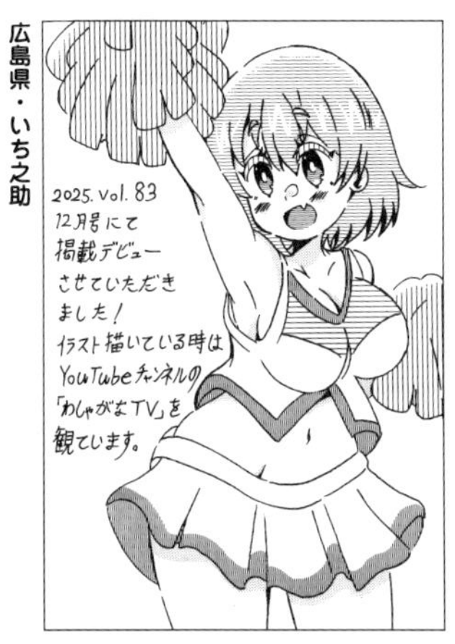

広島県・いち之助

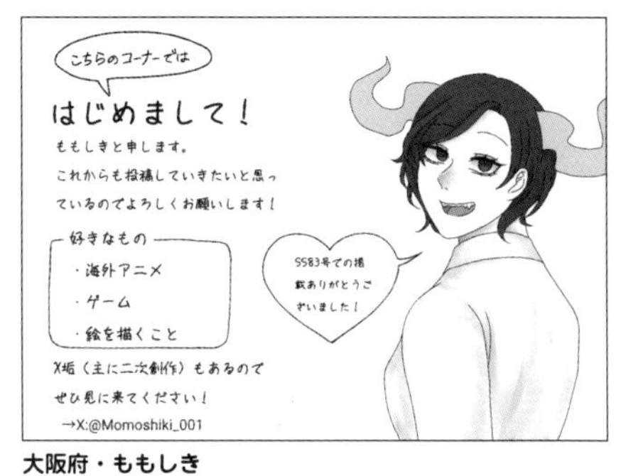

大阪府・ももしき

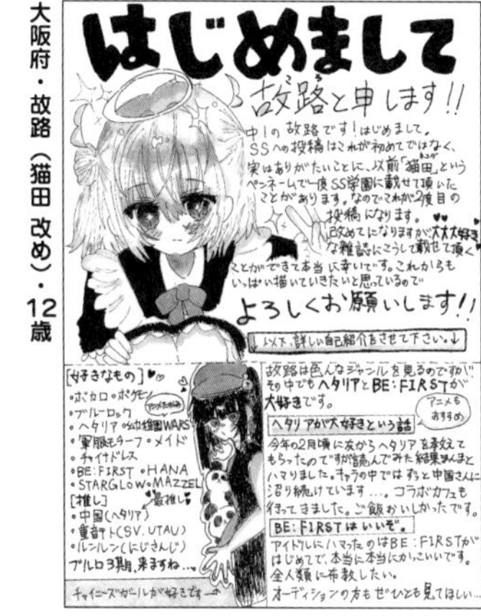

大阪府・故路（猫田 改め）・12歳

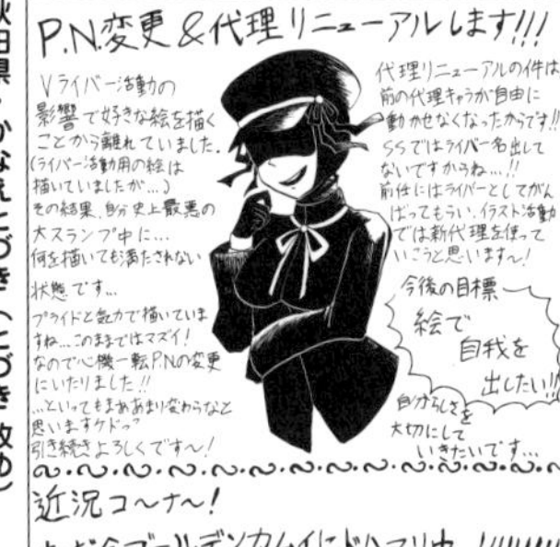

秋田県・かなえとづき（とづき 改め）

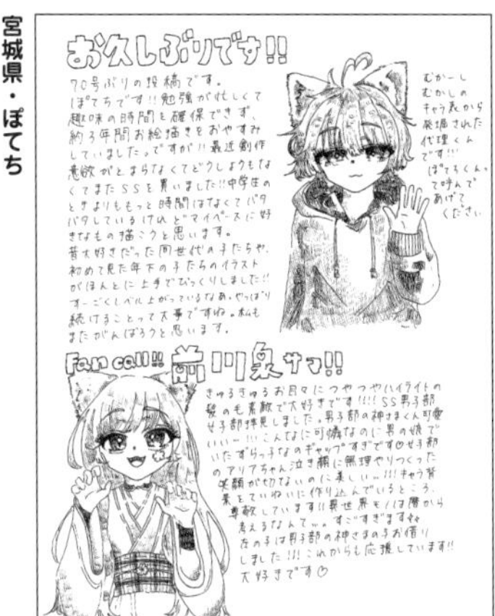

宮城県・ぽてち

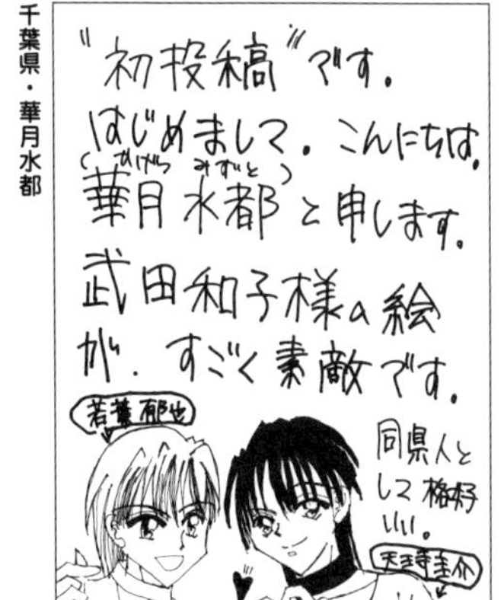

千葉県・華月水都

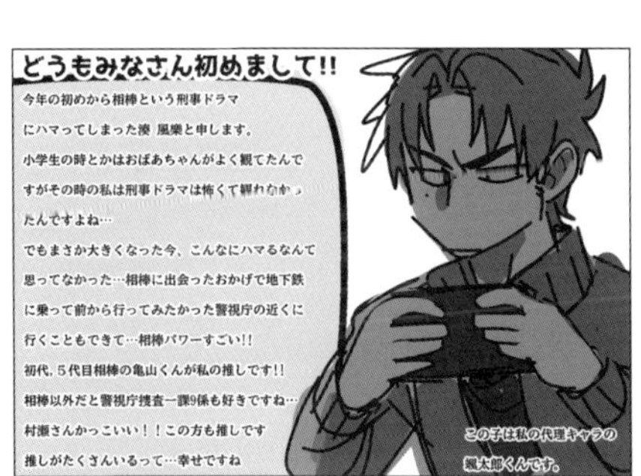

東京都・湊風樂・23歳

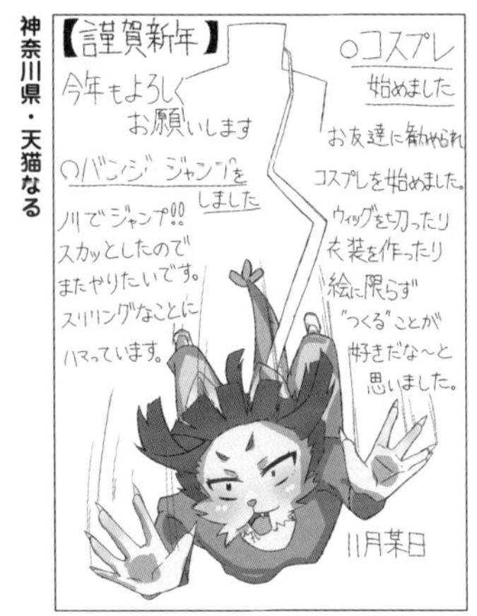

神奈川県・天猫なる

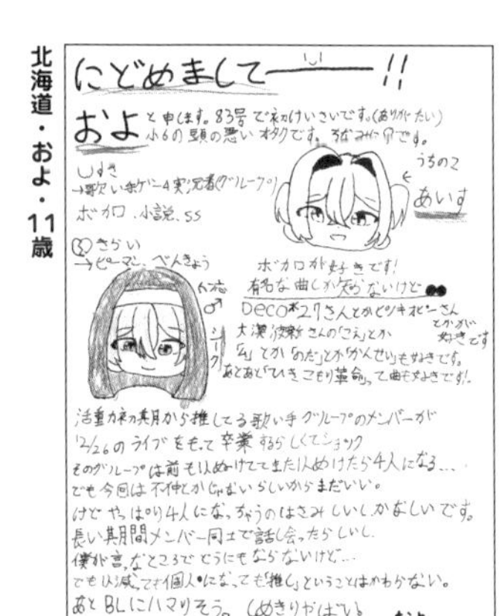

北海道・およ・11歳

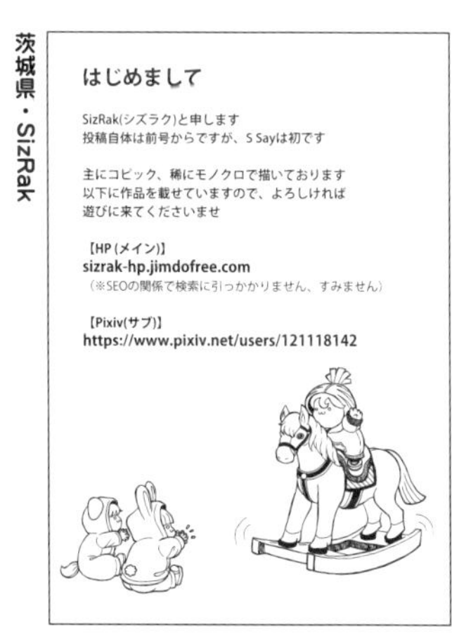

茨城県・SizRak

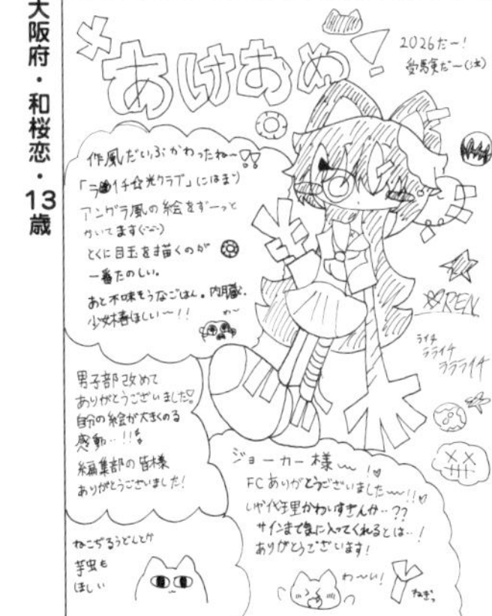

大阪府・和桜恋・13歳

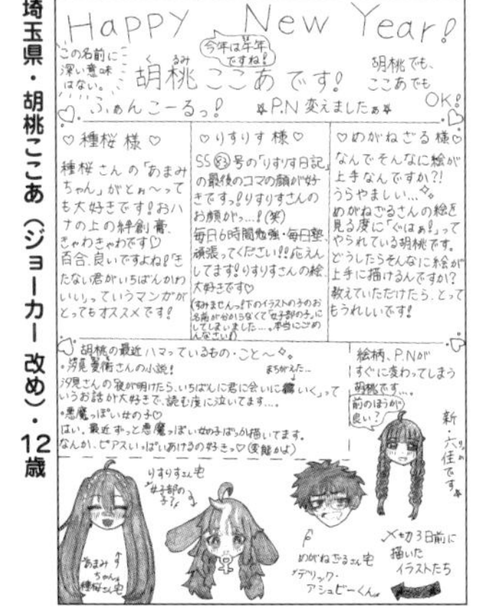

埼玉県・胡桃ここあ（ジョーカー 改め）・12歳

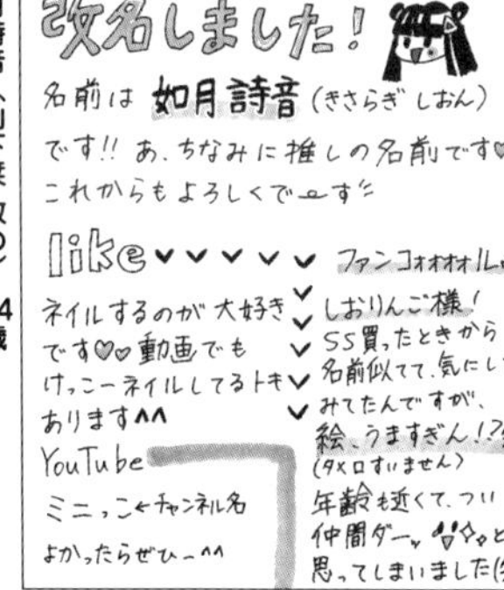

愛媛県・如月詩音（山下栞 改め）・14歳

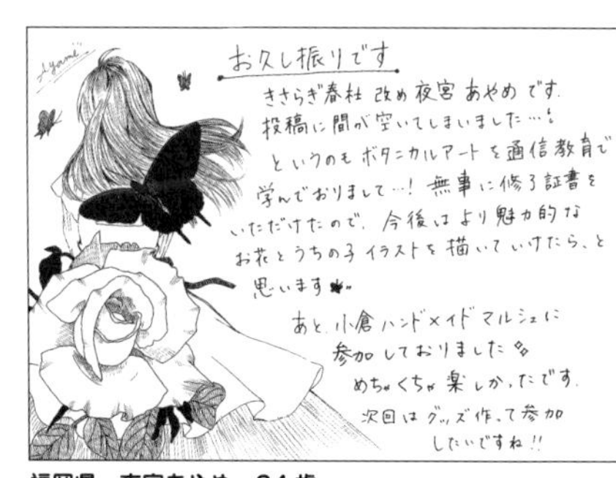

福岡県・夜宮あやめ・34歳

大阪府・ほしおり￥

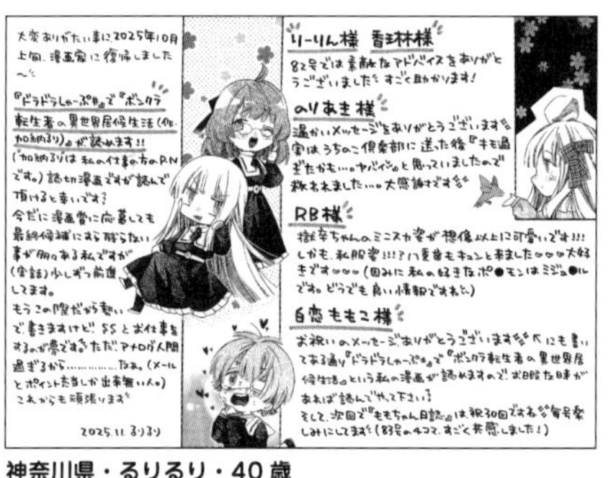

神奈川県・るりるり・40歳

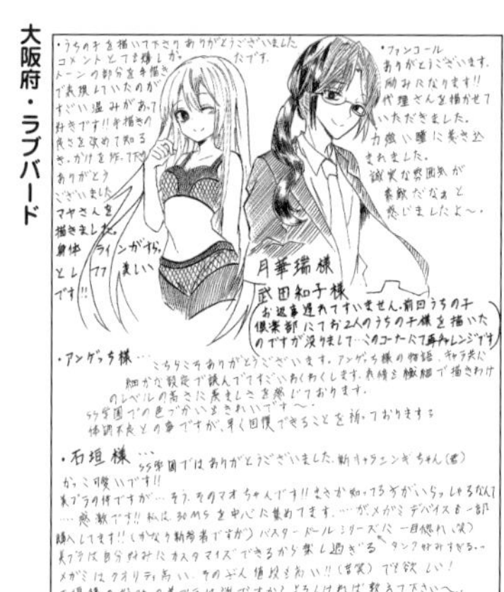

大阪府・ラブバード

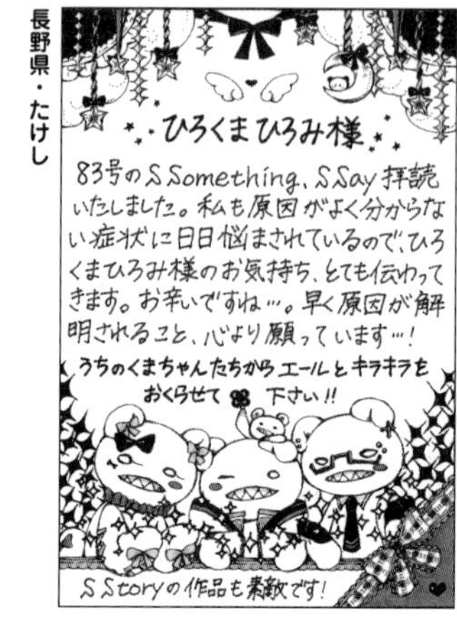

長野県・たけし

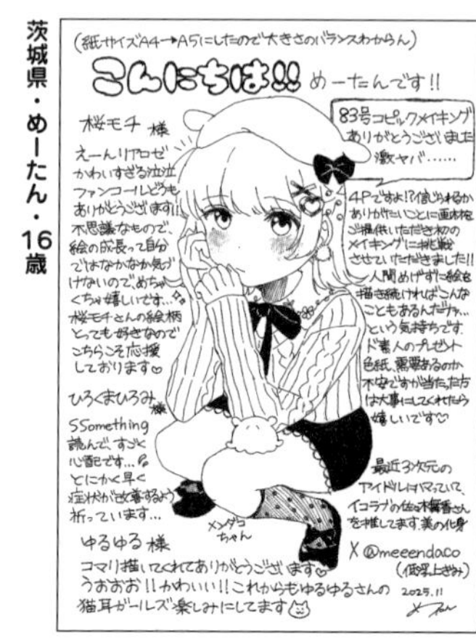

茨城県・めーたん・16歳

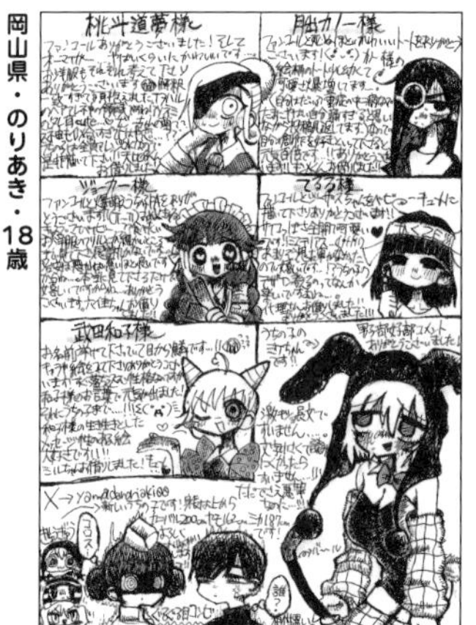

岡山県・のりあき・18歳

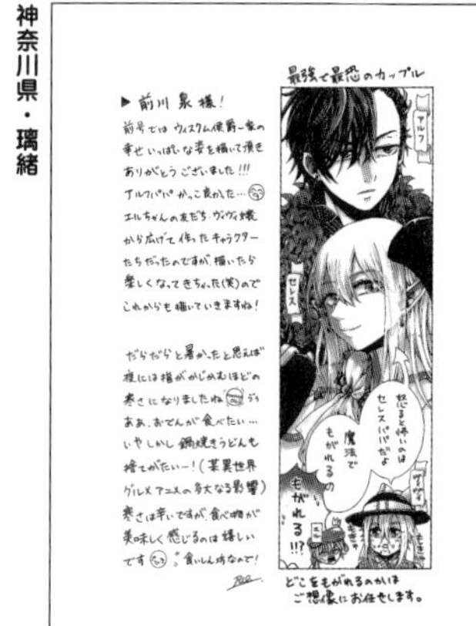

神奈川県・璃緒

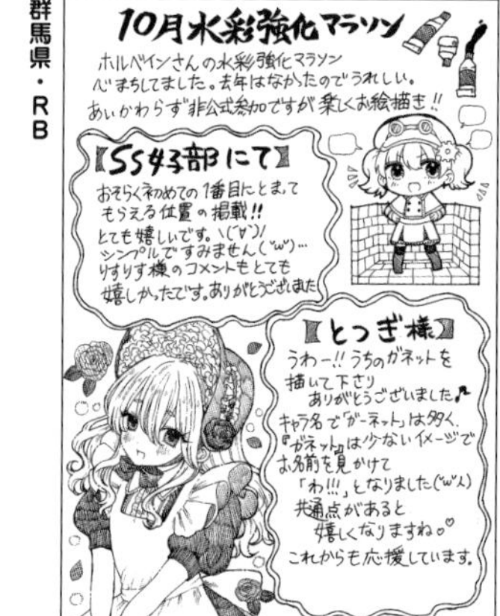

群馬県・RB

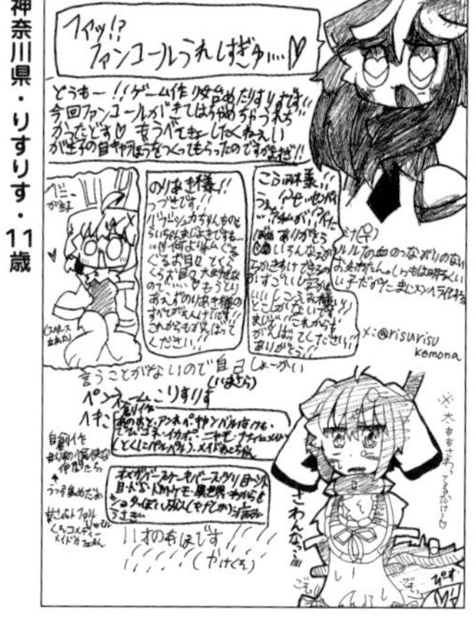

神奈川県・りすりす・11歳

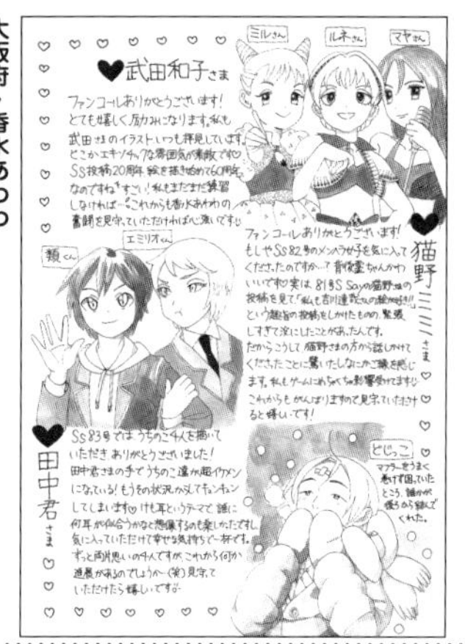

大阪府・香水あわわ

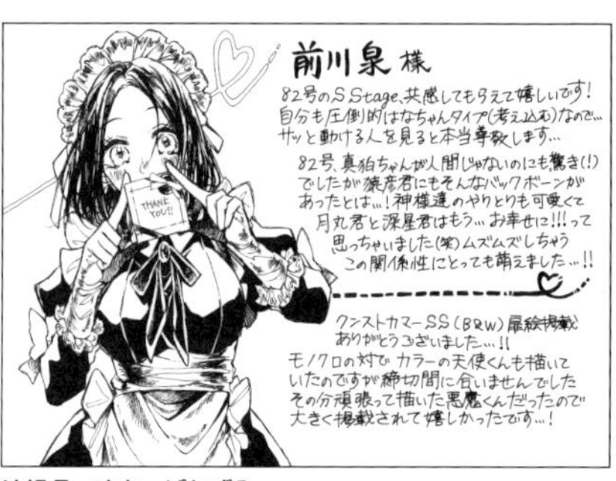

沖縄県・すきっぱねずみ

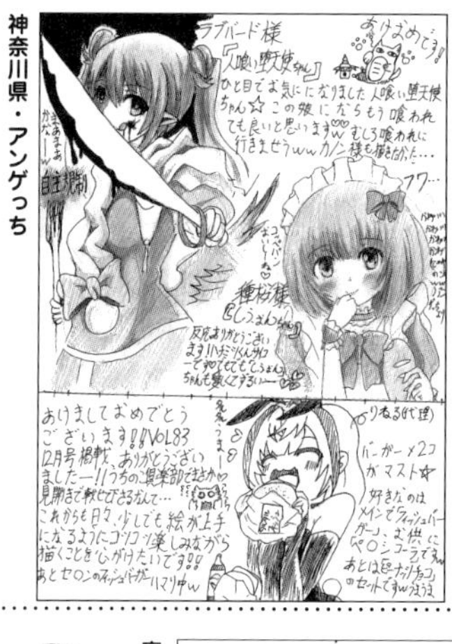

神奈川県・アンゲっち

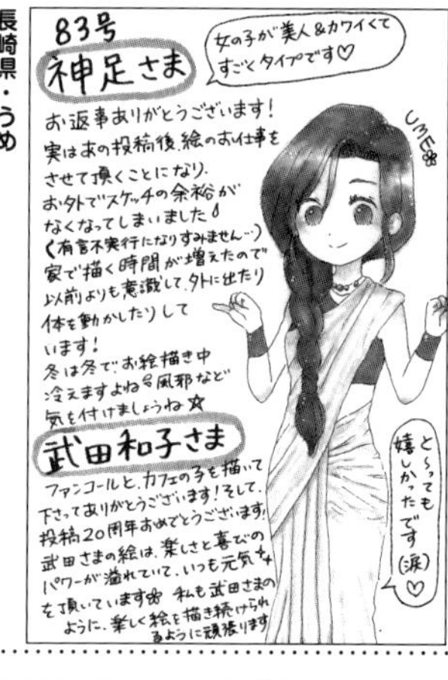

長崎県・うめ

皆さん、こんにちは～。SSナビゲーターの絵澄えすです。

えす丸です。みなさんのお便りを紹介する「SS say」のコーナーです。テクニックに関する質問から、近況報告、進路や絵柄についてのお悩みなど、文字投稿もぜひお送りくださいませ。

そうですね。気になることはメイキングでも取り入れて行きたいと思っています! それでは今回も早速オハガキをご紹介しましょう～。

京都府・あはちゃ

アイビスペイントって、キャンバスを大きくしすぎると落ちてしまいませんか? ゑいたさんのような細やかな絵はどのくらいのサイズで描いていらっしゃるのでしょうか!!

アイビスが落ちてしまう。サイズが大きいと大変なのですかね。

ゑいたさんは実際には、どれくらいのサイズで描いていますか?

ゑいた 初期の頃は1500×2000とかのかなり小さいキャンバスで描いていたんですけど、iPadを高いのに買い換えてから、「2196×3073」というキャンバスサイズで描くことがほとんどです! このサイズだと描く時もストレスがあまり無くて、特に重くなったりしないのでこうしています。とはいえ、レイヤーが200ぐらいになってきたら、重いから動作がおかしくなりますね…。道具に少しお金をかけて、良いiPadなどを使うと、解像度も高くできて、いいかもしれないです。

キャンバスサイズやレイヤー数が多いと、メモリ不足となり、落ちてしまいますよね。これは使用する機器の問題なので難しいですね。レイヤーをこまめに統合して数が増えないように気をつけることも出来ますが、サイズは仕方ないですもんね。

岩手県・まわるそら

絵を描きたい!けど集中力が続かない時があります。集中力を保つ方法はありますか?

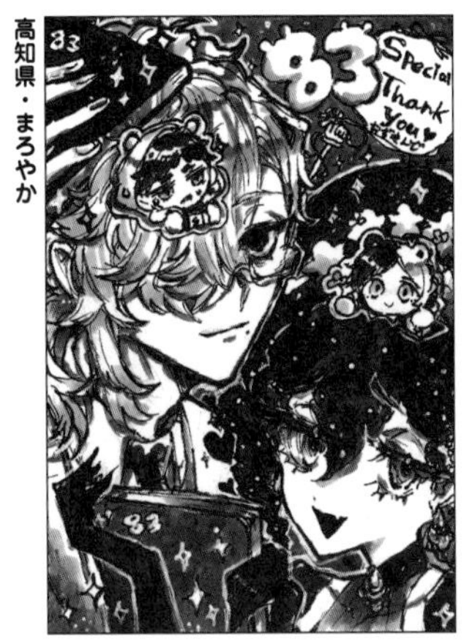

高知県・まろやか

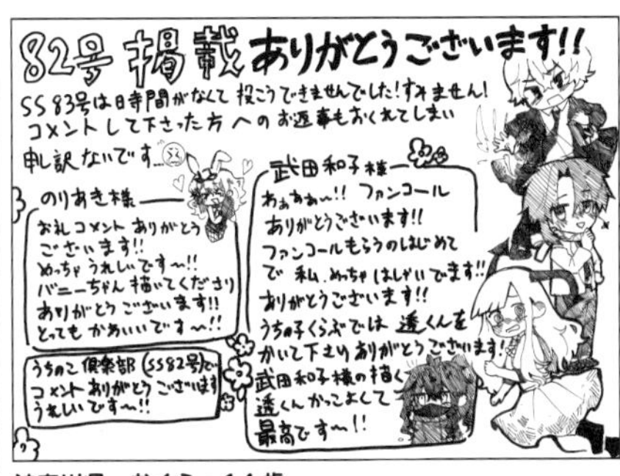

神奈川県・おくら・14歳

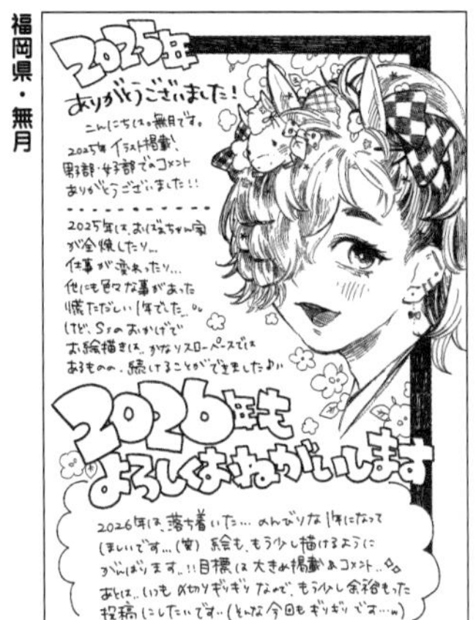

福岡県・無月

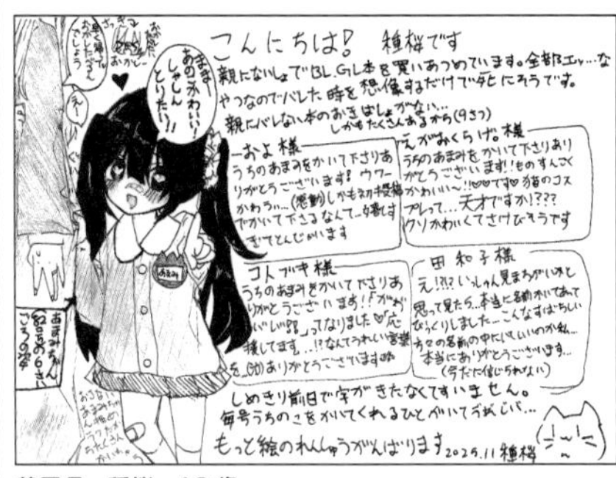

静岡県・種桜・12歳

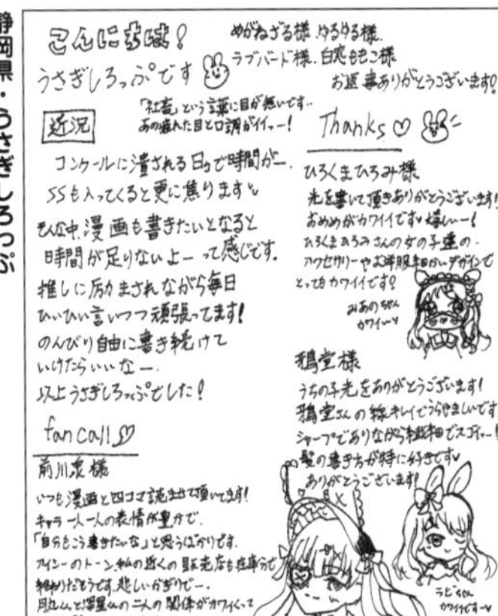

静岡県・うさぎしろっぷ

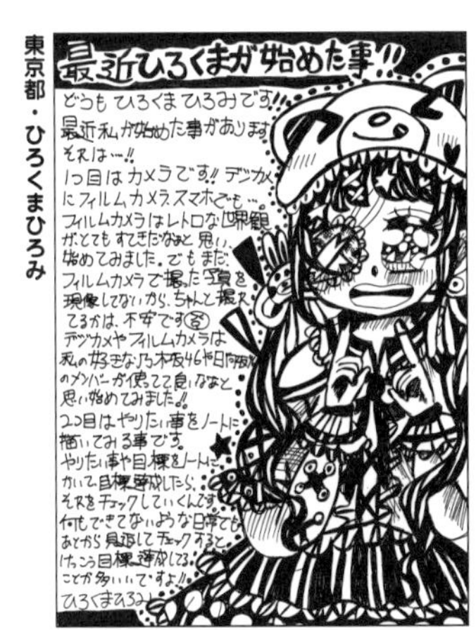

東京都・ひろくまひろみ

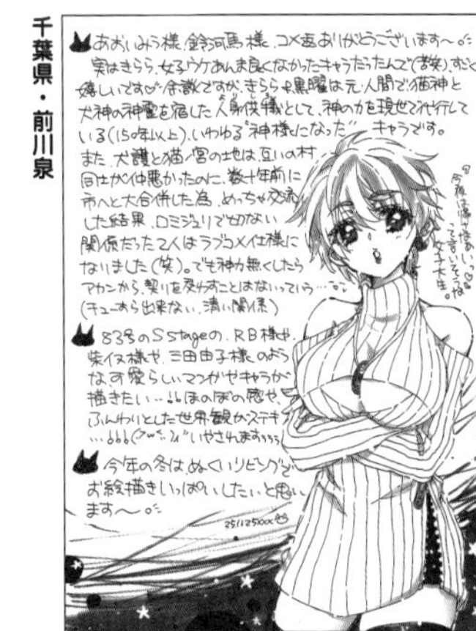
千葉県・前川泉

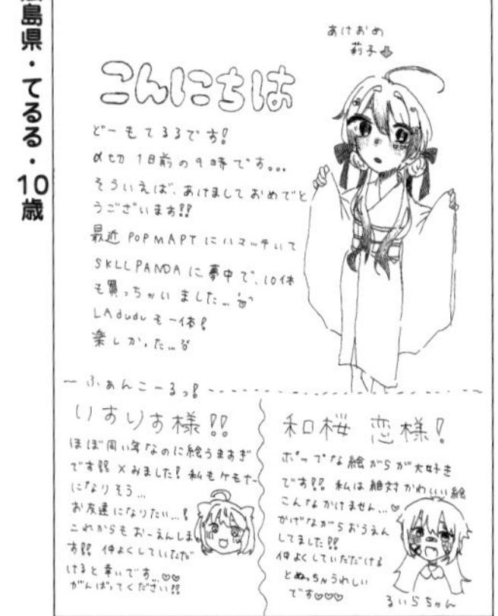

広島県・てるる・10歳

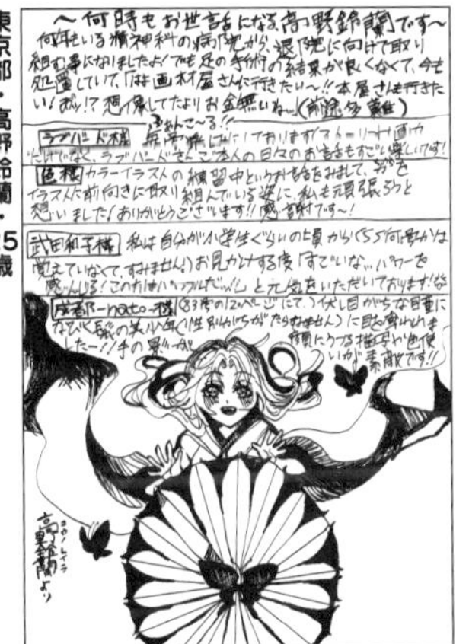
東京都・高野鈴蘭・25歳

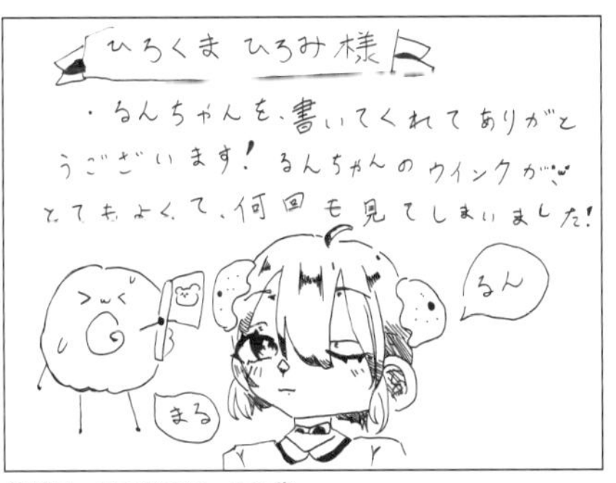

静岡県・ひつじまる・11歳

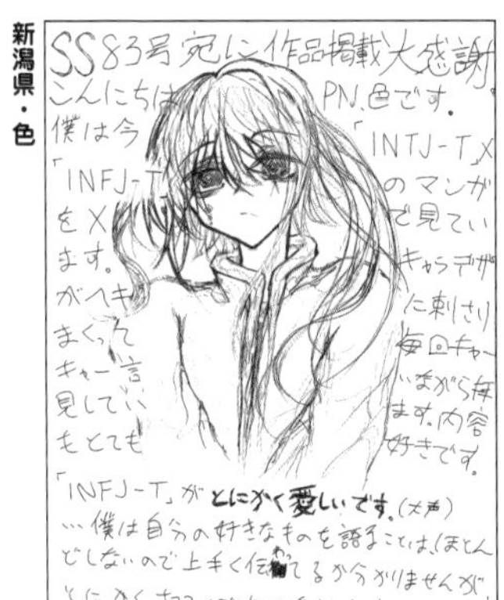

新潟県・色

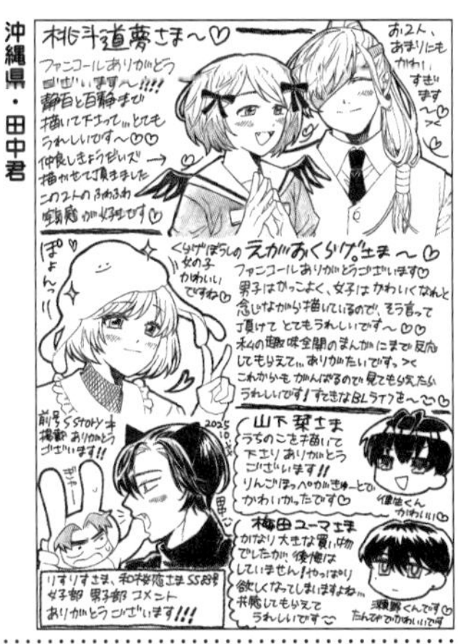
沖縄県・田中君

集中力を保つ方法ですか。スマホで何でも気軽に見られる状況で、一つのことに集中するのは難しくもあり…。壱太助丸さんに聞いてみましょう。

壱太助丸　わかります。ゾーンに入るまでは集中力が出ないので、意図的に締切を自分でつくっています。イベントや展示などを入れて目的を設定して、集中せざるを得ない状況をつくります。あとは毎日作業を続けたいと思っているなら、通話をしたり、配信を聞いたりすると良いかもしれません。例えばSSの投稿を目標にして頑張るというのも良い方法だと思います。

ありがとうございます！　確かに締切のあるものを目標にして、そこに合わせて創作するのは良いですね。作業中の集中といえば、ヘッドフォンで音楽を流して。周りの状況を遮断する人がいますね。耳を遮断されると気配が消えるから、日常から別世界に行くような感じになり、それで集中できると聞きます。皆さんも自分の集中方法を教えてください〜。

みなさんは、絵を描いていて行きづまってしまったとき、どのように解決していますか？
私はゲームをしたり動画をみたりするのですが、最終的にその絵から気持ちが離れてしまいやる気がなくなって別の絵を描きたくなってしまいます…

茨城県・櫻花あさひ

絵を描いていて、行き詰まったときにどうするか…。櫻花あさひさんは、一度その絵から離れると戻ってこれないのですね。

確かにその場合は絵が完成しないから、もったいないですよね…。壱太助丸さんに聞いてみましょう。

壱太助丸　並行して複数の絵を描く方法もあると思います。今の絵が飽きたら別の絵を描いていき、上手く進む絵があれば乗ってくるので、その勢いで描けなかった絵に戻ると、仕上げられる場合があるんです。これはファンアートや落書きでも同じで、気分を変えた流れに乗るという感じですね。確かに自分も描き切っていない絵が多くて、「いつか描く絵」ということでまとめて置いています。久しぶりに見ると、「けっこういいな」と思える作品もあるので、途中段階のものを残していくのは良いと思います。あとは、作業通話もオススメです。誰かと一緒に作業していると、「監視してもらう」みたいな感じにもなるので、その間は絵を描くから、頑張れたりしますね。動画配信やテレビだとそっちに目が行って

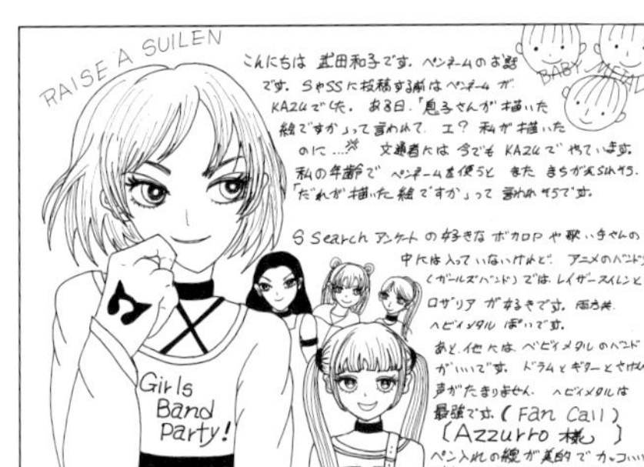

千葉県・武田和子・74歳

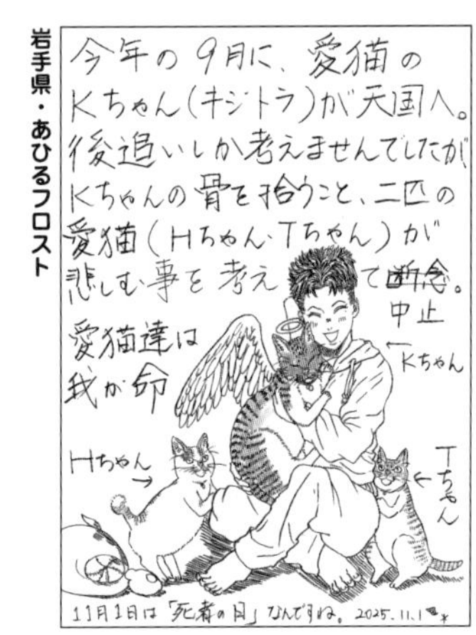

岩手県・あひるフロスト

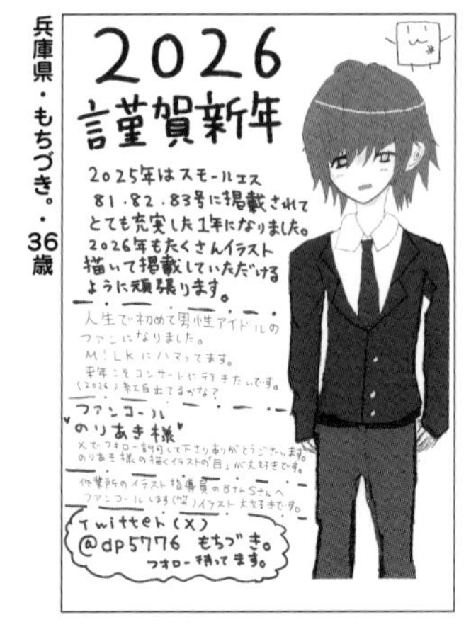

兵庫県・もちづき。・36歳

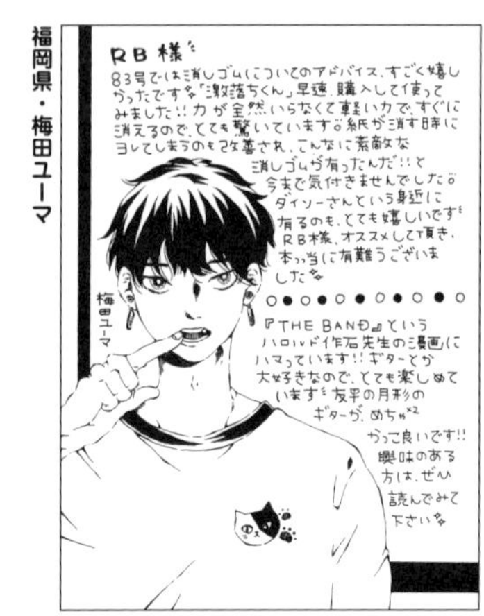

福岡県・梅田ユーマ

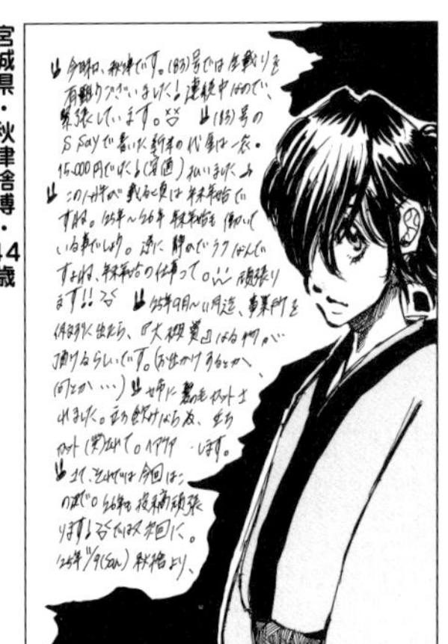
宮城県・秋津捨博・44歳

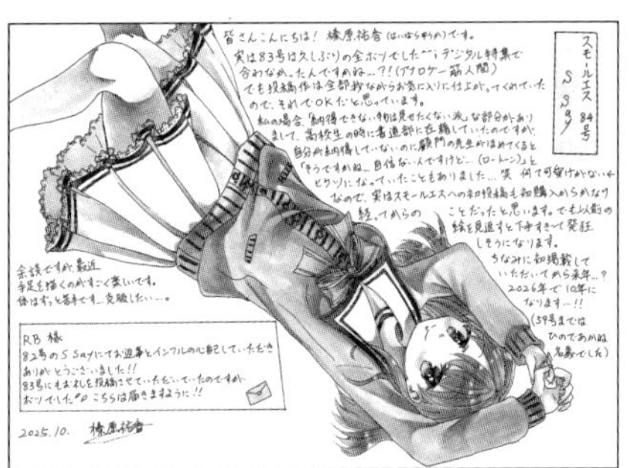
広島県・榛原祐香

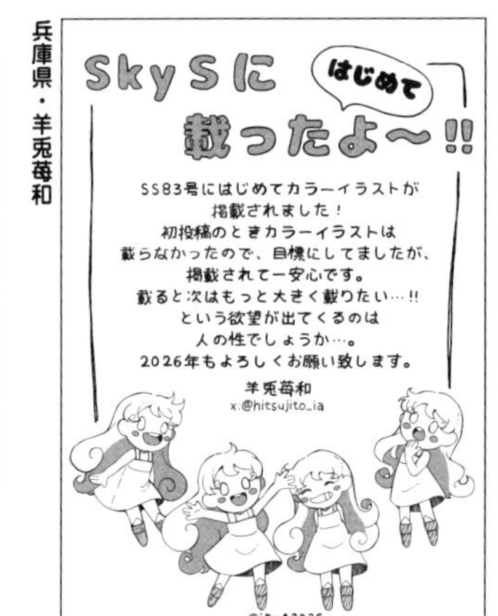

兵庫県・羊兎苺和

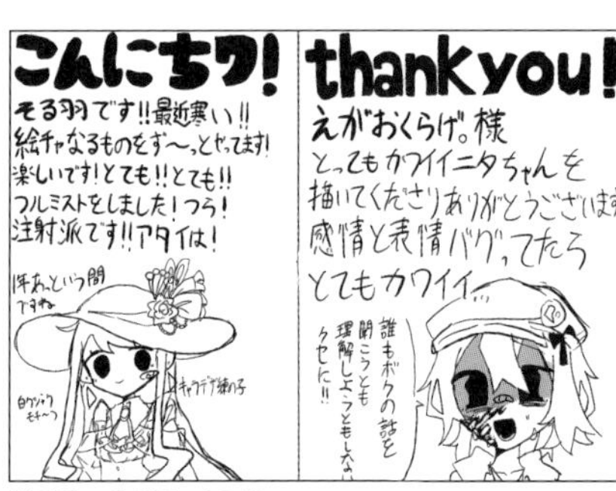

岩手県・そる羽・13歳

近況。

長崎県・め

こんにちは。秋がすっとんで、いきなり冬が来てしまった様で、秋好きな私は悲しいです。83号では、はじめてカラーが載って、とても嬉しかったです。載ったり休んだりの繰り返しで、仲々載せていただけないのが現状ですが「いつか大きく載る。」ことを目標に頑張ります。あと、カラーは同じページに前川泉さんの絵もあってHappyでした。他誌とはP.Nが微妙に違うのですが、気づいていただけたら、嬉しい。Fanでっす!

兵庫県・月。

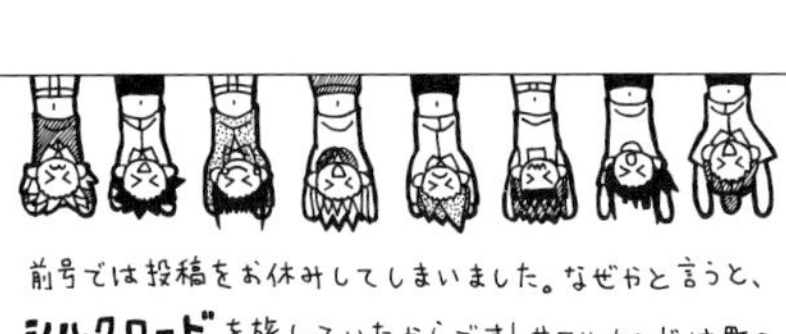

兵庫県・夏空

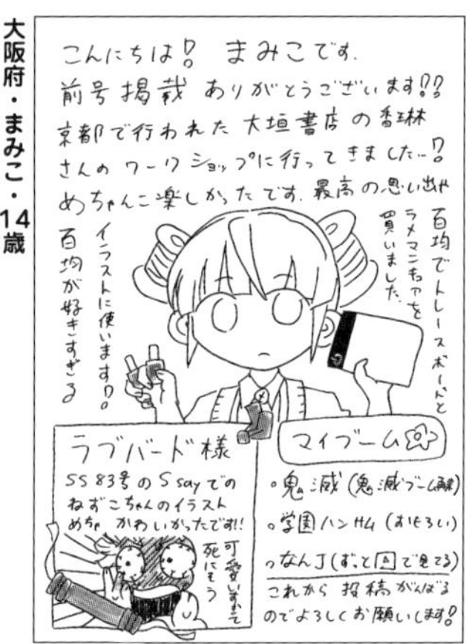

大阪府・まみこ・14歳

しまうので、通話のほうが進められました。

ありがとうございます！ 乗って絵が描けたときに、その勢いを利用するというのは良いアイディアですね！ 無理に描き続けるよりも、気分転換して描く気持ちを上げれば、戻ってこれるかもしれませんね。

デッサン苦手な人でも
続けられる練習法
知ってたら教えてください！

ラフ→下描き→クリスタで狂いとか直し→線画作成……
↑コレなくしたい!!

デッサンがあまりにも苦手でいつもイラスト1つ描くのが遅いです……。速くしたい……。
でもデッサンに対する苦手意識のせいで練習が続けられない……。どうにかしたい!!!

北海道・緑虎

デッサンに苦手意識があるから、練習も続けられない。良い練習法を知りたいというオハガキです。デッサンは難しいですよね…。

練習法は気になりますね。これは夏目レモンさんと、なつきさんに聞いてみましょう。

夏目レモン　デッサンが上手くなるための有効な練習方法は模写だと思いますが、実写を模写しようとすると、どうしてもモチベーションを上げづらいときもありますよね。そういう場合は、自分の好きなイラストレーターさんや、自分とテイストが近いと感じるイラストを模写するなどして、上手なデフォルメの仕方、魅力的に見せる「嘘のつき方」を覚えるイメージで練習するといいかもしれません。私自身は会社員時代に毎月百枚のクロッキーを描くことでだいぶ鍛えられましたが、その時も無闇に描くのではなく、毎月ごとに具体的な目標を立てていました。例えば「今月は手をうまく描けるようになろう」などの明確な目標です。それがあると、ただ描き続けるよりはハードルが下がる気がします。

具体的な目標は確かに大事なのでしょうね…。なつきさんはどう思われますか？

なつき　確かに緑虎さんのオハガキのように、練習だと思って人体をいっぱい描いても、上手くなれないこともあると思います。必要なときに練習するほうが頭に入ってくる気がします。

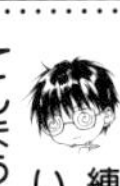

練習したことが、完成させる絵に結びついていないと、結果を見れないから学んでも流れてしまうんですかね…。

なつき　本当は毎日やるのが良いと思いますが、それは継続意志がないと難しいですよね。なので、描きたいポーズが出たときに、それに合ったデッサンの練習をすると良いかもしれません。推しを描いて練習のモチベーションを高めるのもありでしょうね。とにかく、自分が必要だと思ったときに一生懸命頑張る。また、練習としてのデッサンではなく、模写

京都府・あはちゃ

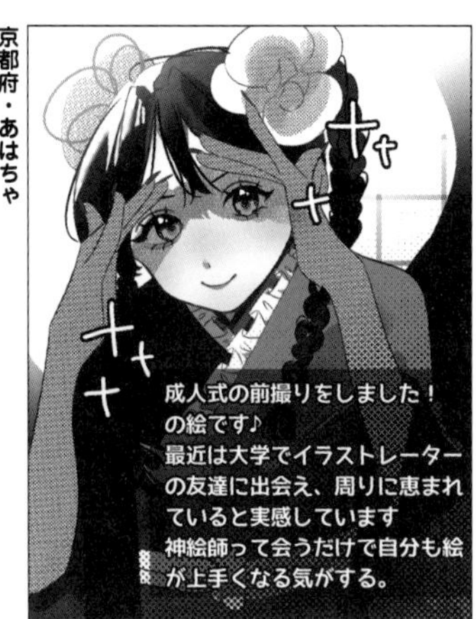

埼玉県・M

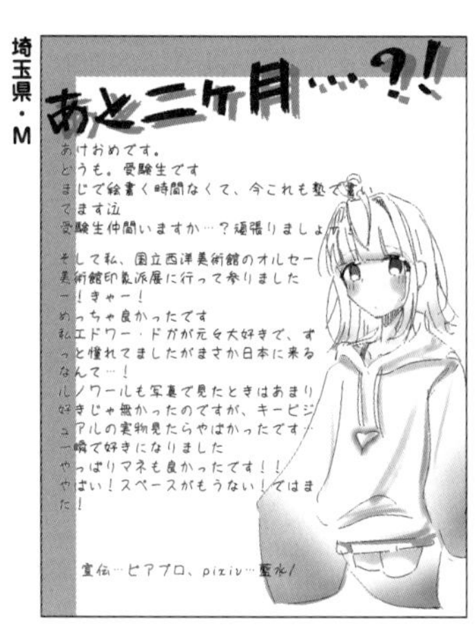

埼玉県・82

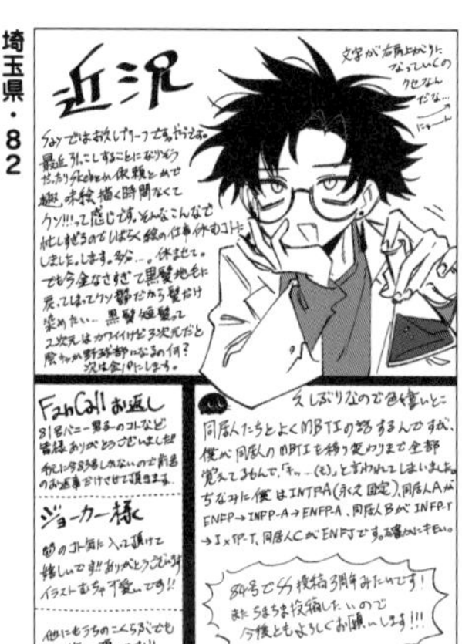

鹿児島県・まごたな・16歳

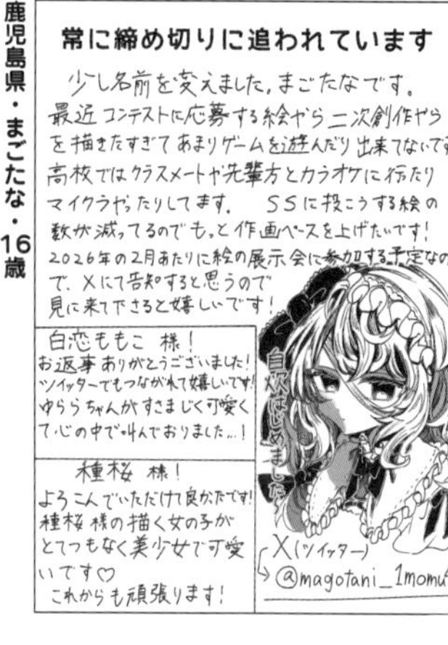

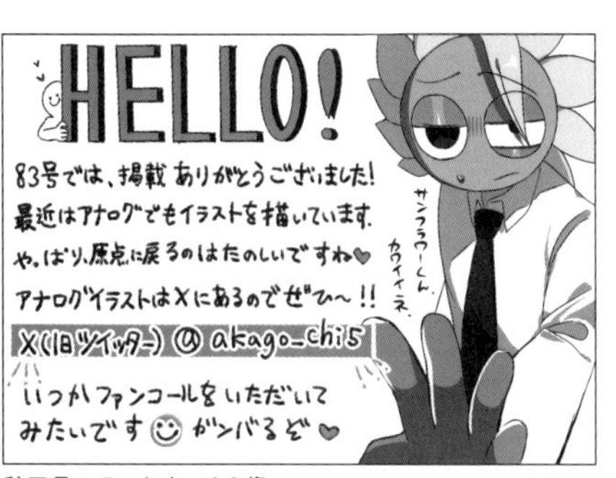

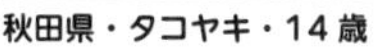
秋田県・タコヤキ・14歳

静岡県・コトブキ・14歳

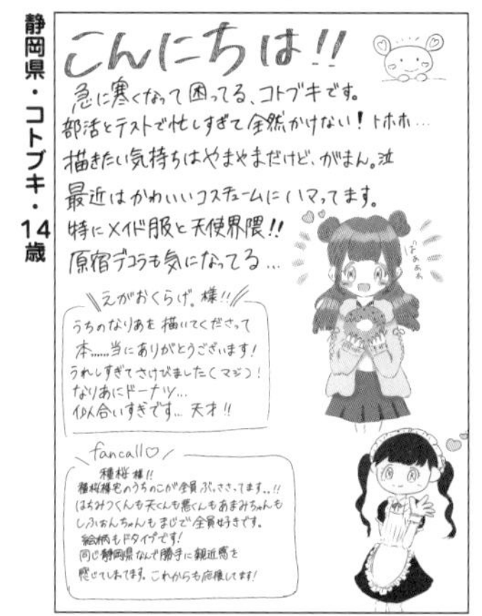

東京都・かりがり

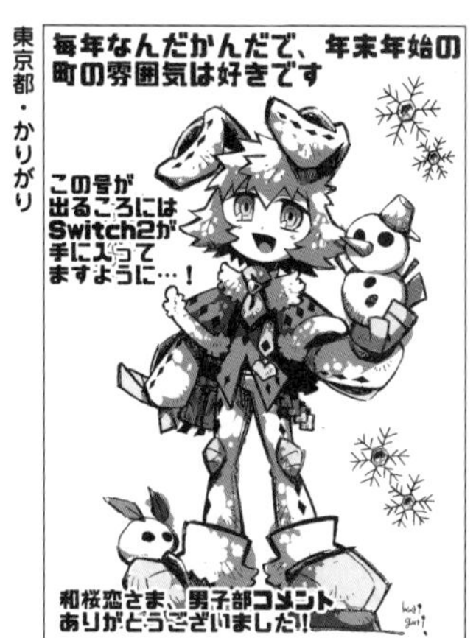

鹿児島県・いさな

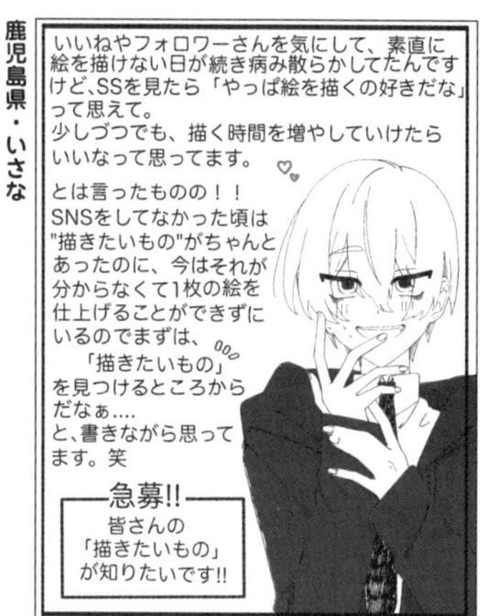

鹿児島県・ミセト

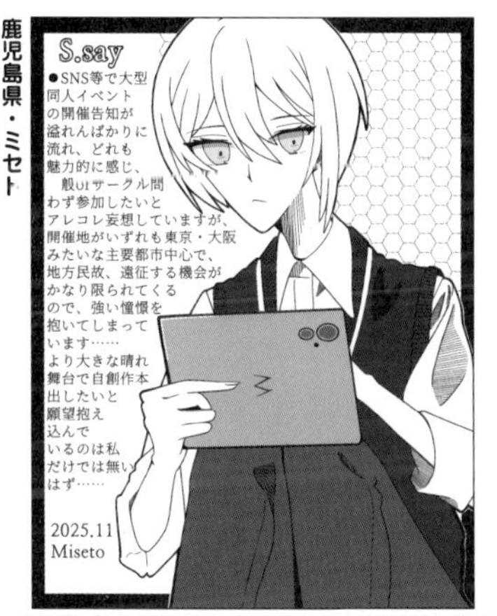

宮城県・まめもひ

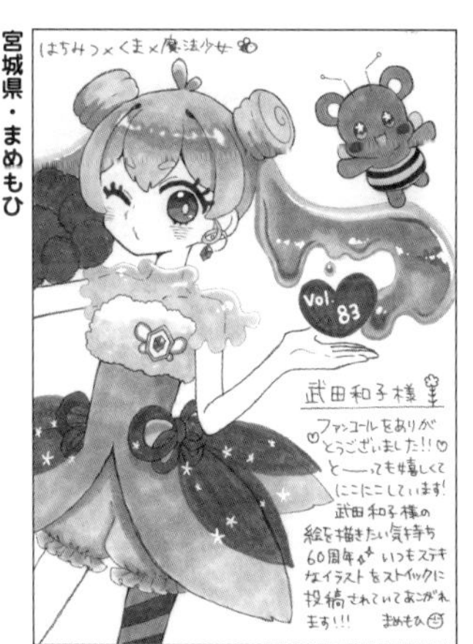

新潟県・ちぃちゃん・12歳

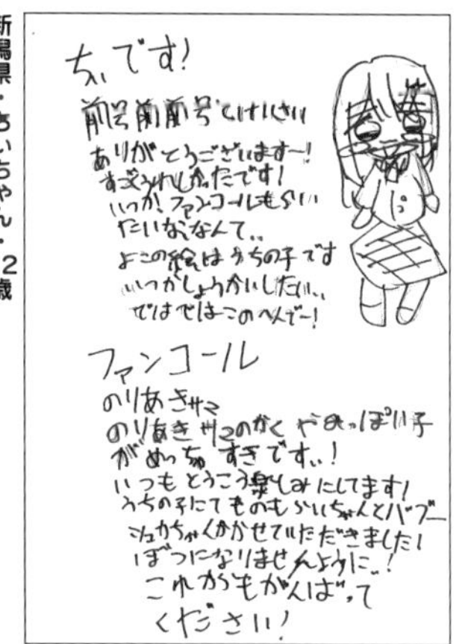

神奈川県・のさん

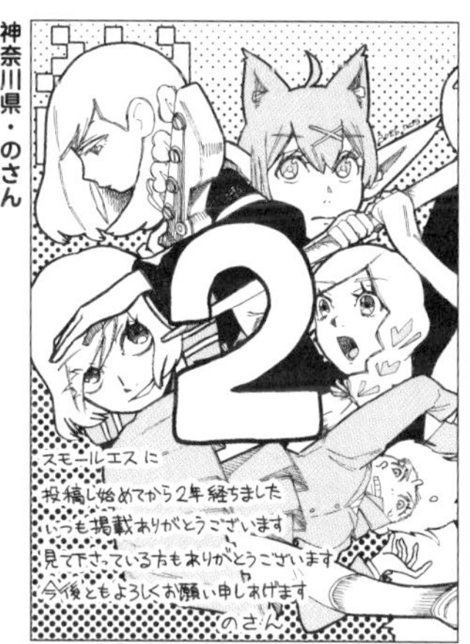

をするのも良いかもしれません。人物のシルエットやアタリを取る模写で、構図などを観察する時間という意味での練習も良いと思います。

ありがとうございます〜。緑虎さんは練習が続けられないということですから、正攻法の地道な練習はモチベーションが続きにくいのかもしれないですね。そう感じる人は他にもいると思います。ただ、デッサンは手を動かすのではなく、ものを見ることだ、とも言いますから、じっくりと観察して、ものの構造を理解する時間も大事なのでしょうね。好きな動画を見るときに、遠近や画角に焦点を当ててみるとか。例えば顔を斜めから見ると、奥の目は手前よりも小さく見えますよね。遠近法で奥の風景が小さく見えるのと同じ現象が顔でも起こっている。そんな風に、どう見えるものなのかを観察することも良いと思います。

イラストの上達が遅いのが悩みです（泣）。具体的に意識すると良い事を知りたいです。皆様のイラストが最初からすごいのに更にすごくなっているのを見ていると（どれだけ努力されたんだ!?）と少しアセります（苦笑）。

長野県・谷川りおん

イラストの上達が遅いのが悩み……。私も以前にSSの講座ページで初心者として絵を描いていたとき、教わっても身に付かず、元に戻っているとよく言われていました。

難しいところですよね。皆さんは、どのように変化して上達するのでしょうね。なつきさんに聞いてみましょう。

なつき 100パーセントじゃなくて良いので、絵を完成させること、描き切ることが大切だと思います。一つのチャレンジを加えるのも良いですね。今までやってこなかったことを全力でやってみるんです。そこに今までやってきたことも加える。それで上手になることがあります。私はこれまで赤色をあまりつかってこなかったのですが、今回のメイキングイラストでチャレンジしようと思って、赤色を入れてみました。ほかにも、単行本の表紙で、背景を線画なしで描いたこともあります。こういうチャレンジはオススメです。

ありがとうございます〜！　上達することを考えた際に、地道に基本をコツコツやりましょう、と言っても、実際にやる気が起きにくいものですよね。そんなときに、なつきさんの言うように、「やってこなかったことを入れて頑張る」という方法だと、新鮮だし、絵を描く気持ちも湧きそうです。新しいタイプの絵を描くときは、視点が違ってくるから、研究したり絵柄を変えたりしますよね。それが上達に

大阪府・塩田恋

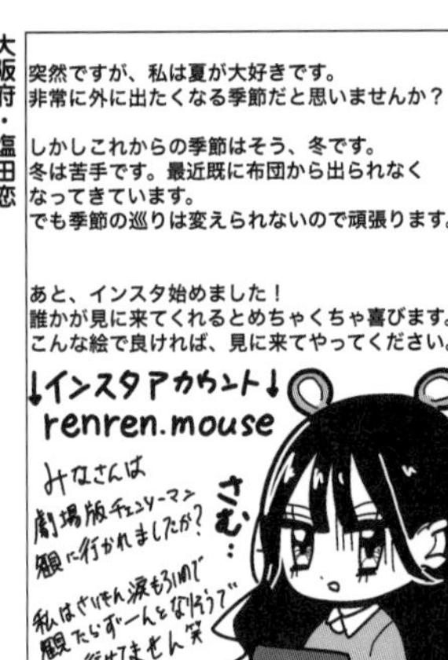

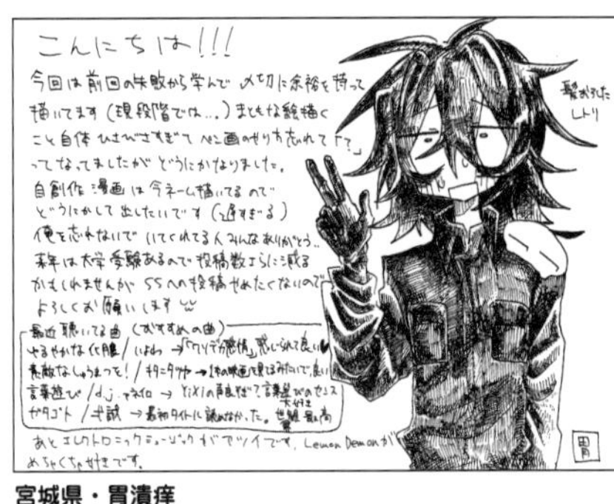

宮城県・胃潰痒

大阪府・みまち

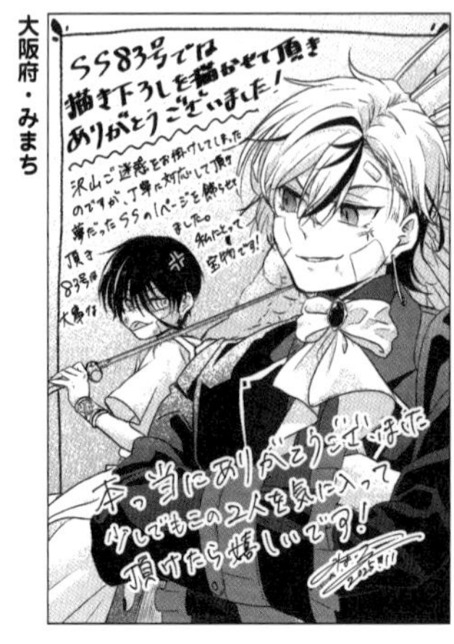

神奈川県・電脳抹茶

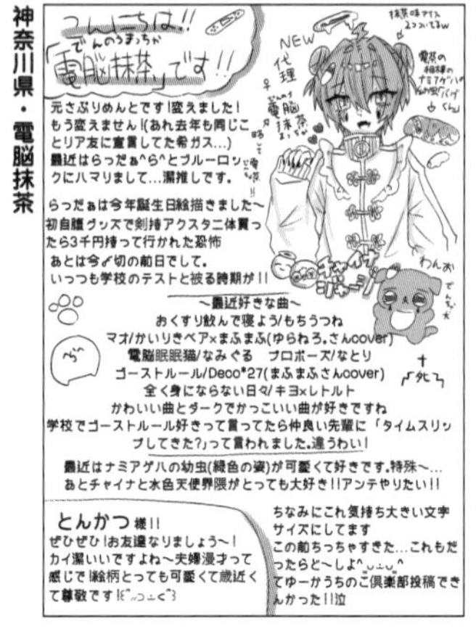

福岡県・若林燎里（御月華狩 改め）

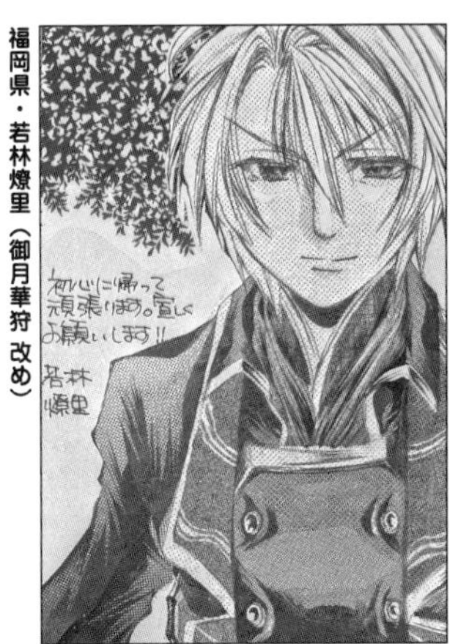

福岡県・七瀬なごり

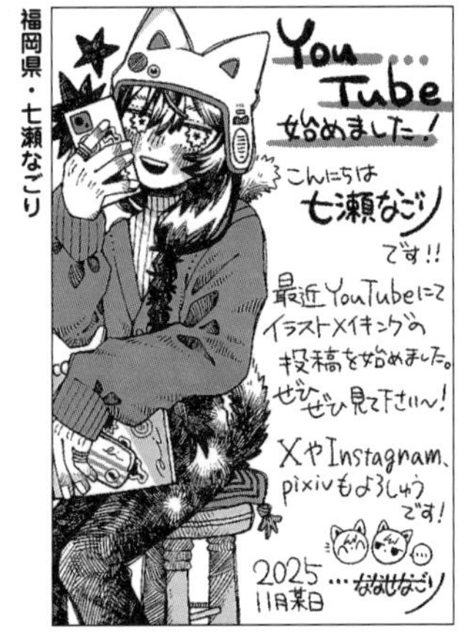

京都府・笹蒲ぼこ

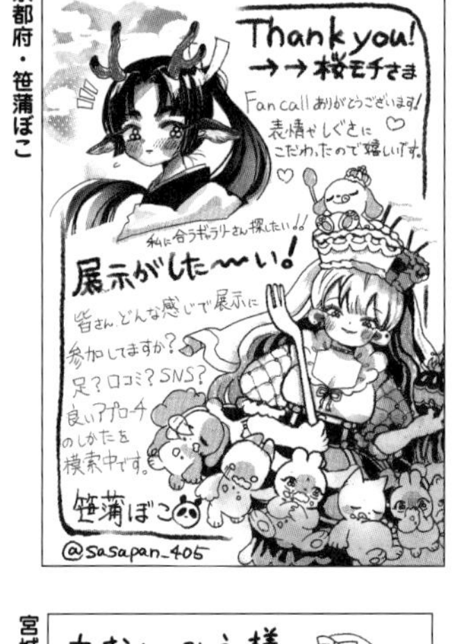

佐賀県・紅葉

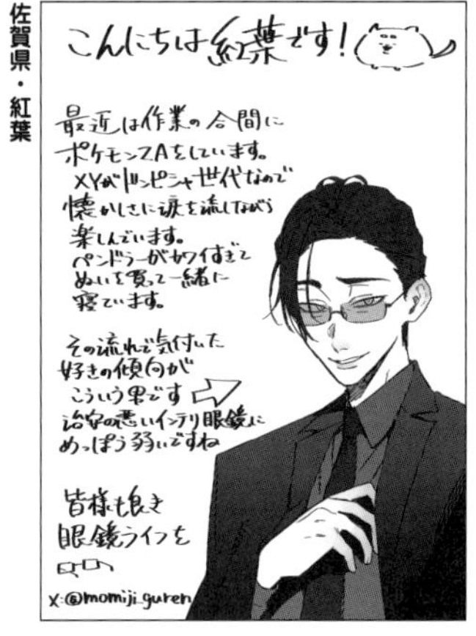

東京都・萌・12歳

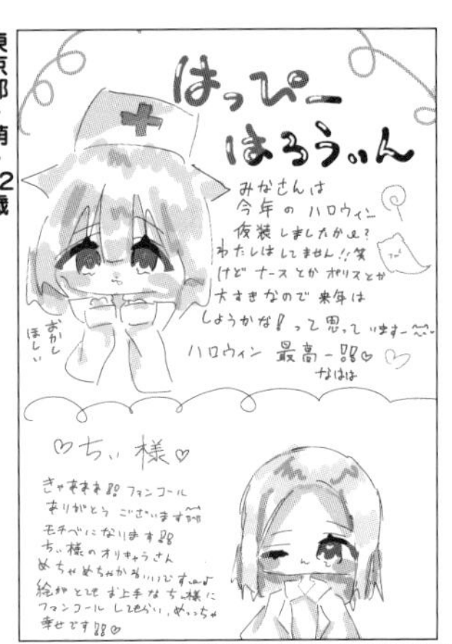

茨城県・みね

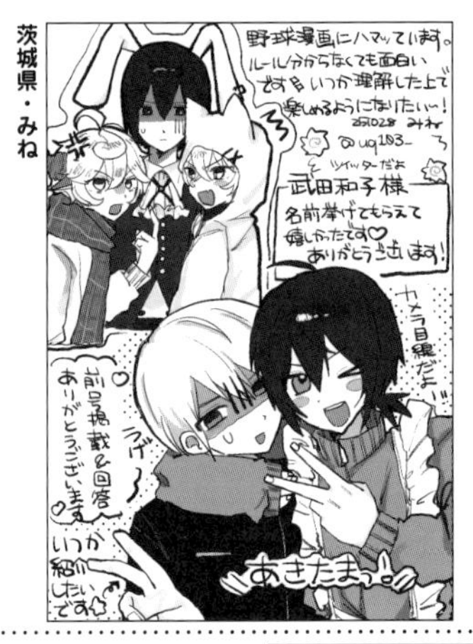

宮城県・赤べこ

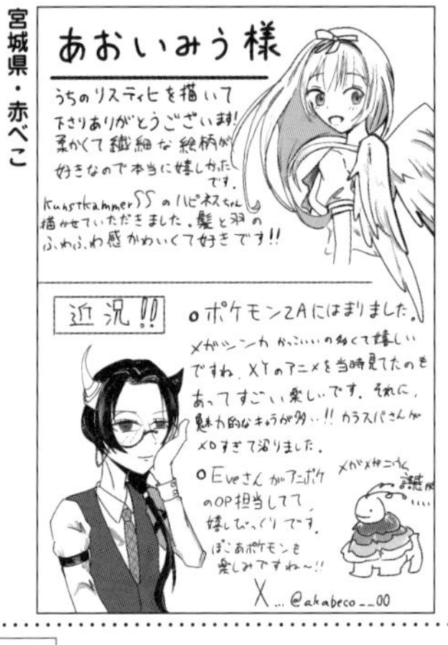

滋賀県・真田しろ

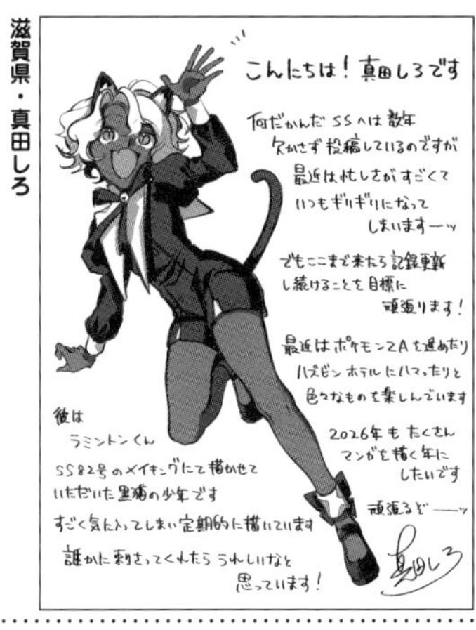

つながるというのは、よく聞きます。いつもと違う絵を描くことは良い効果があるようです。

耳の描き方が知りたい！
いつもカンタンな耳しか描けないから かっこいい耳の描き方が知りたいです
こんなかんじです…

香川県・mizuka

耳の描き方ですね。正直、私はあまり意識したことがないです…。そこまで細かく描いていなくて…。

人物をアップで描くと、耳がよく見えたりしますから、コツを知れると良いですよね。夏目レモンさんに聞いてみましょう。

夏目レモン 耳についてですが、中にYと▶を入れるイメージで描いています。また正面で見た時は少し奥行きをつけて描写すると、自然な立体感が生まれると思います。作例を描いてみますね。

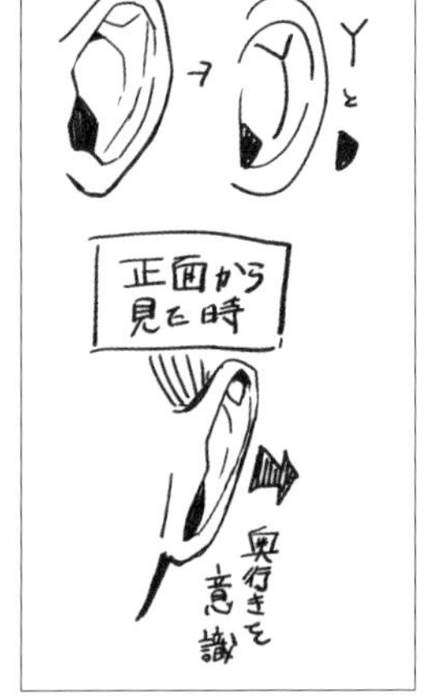

ありがとうございます！ なるほど～。耳の中には、いくつかの線がありますが、それはYと▶という形だと考えると良いのですね。その形が浮き出るように描いていけば、耳らしく見える。そして、正面からみたときなどは、遠近感がつくのですね。奥に見える耳のフチがすぼまるように圧縮されています。これは難しい表現ですが、奥にあるものほど、風景でも圧縮されますから、耳もそう見えるということですね。あと、耳の全体のフォルムも、夏目レモンさんの作例を見ますと、単純な楕円形ではなくて、上部がすこしとんがって、下部分も少し飛び出ていますね。この形を意識するのも大切ですね。図解までしていただき、ありがとうございました～！

参考にしていただけると嬉しいです。他にもいろんな話題をオハガキでお寄せくださいませ。絵についての質問や気になる話題、今号のハガキへの御返事もお待ちしております～。

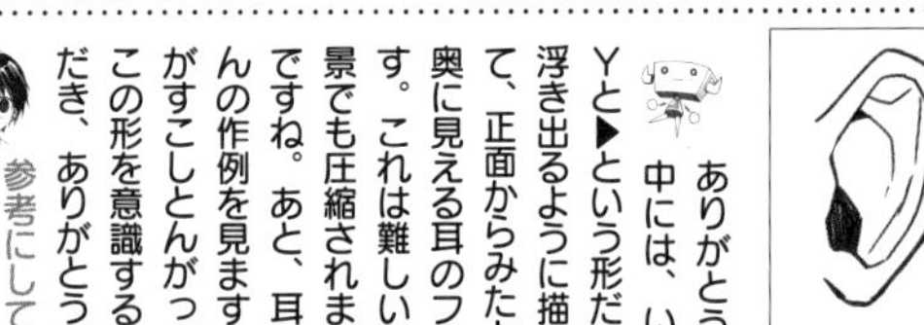

次回も、どうぞよろしくお願いいたします～。オハガキお待ちしております。

自分のオリジナルキャラクター、つまり「うちのこ」を発表して交流する投稿コーナーです！ 皆さんの「うちのこ」のキャラクターイラストを描いて、その紹介文章も同じ画面のなかに描いて下さい。そして、さらに交流ができたら楽しいのではないかと思い、その「うちのこ」は基本的に「ＳＳ」を見ている他の投稿者さん、読者さんに描いてもらってＯＫとします。このコーナーは、自分の「うちのこ」を描いて送るだけでなく、誌面に掲載された他の絵描きさんの「うちのこ」を描くことでも楽しめます。自分の「うちのこ」と、他の投稿者さんの「うちのこ」を共演させて描くのもＯＫ！ 皆さんのオリキャラを紹介しあって、描きあって遊びましょう！ 掲載イラストにはSS編集部でコメントを入れさせていただきます～！ また、新コーナー『うちのこ生誕祭』(通称:『うちたん』)では、毎号3ヶ月ごとに誕生日をお祝いします！ うちのこやよそのこが誕生日をむかえてどんなリアクションや表情をするのかを募集します～！

うちのこ倶楽部（くらぶ）

「うちのこ倶楽部」&
「うちのこ生誕祭」の作品を募集中！
今号は1、2、3月生まれの子だよ♡

「うちのこ倶楽部」応募ガイド

１枚の紙に自分のオリジナルキャラクターの絵、その名前、キャラ紹介文を描いてください。

オリキャラは人間以外でもＯＫ。動物や架空の生き物、ミニキャラも自由に描いて下さい。

東京都・すもこ

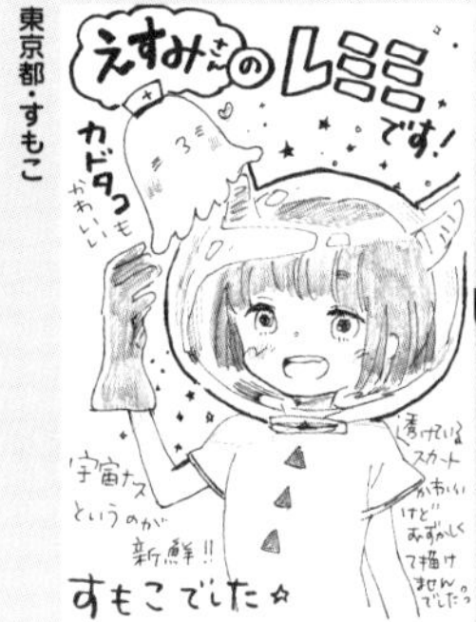

他の投稿者さんのオリキャラを描く場合は、その人のペンネームとキャラ名もわかるように描いてあげて下さい。(左図はその作例です)

※人物紹介の文体は自由。セリフを言わせても良いです。
※複数のキャラを描いても良いですが、それぞれの名前がわかるようにして下さい。※自分のうちのこが掲載されていても、他人のうちのこを描いた作品なら、複数掲載されます。

☆投稿内企画☆ 「うちのこ生誕祭！」

『うちのこ生誕祭』(通称:うちたん)は、誕生日をむかえたうちのこのリアクションや表情、セリフなどを描いてください(下図はその作例です)！

東京都・えすみ
※作例は「レミミ&カドタコの誕生日お祝い」です！

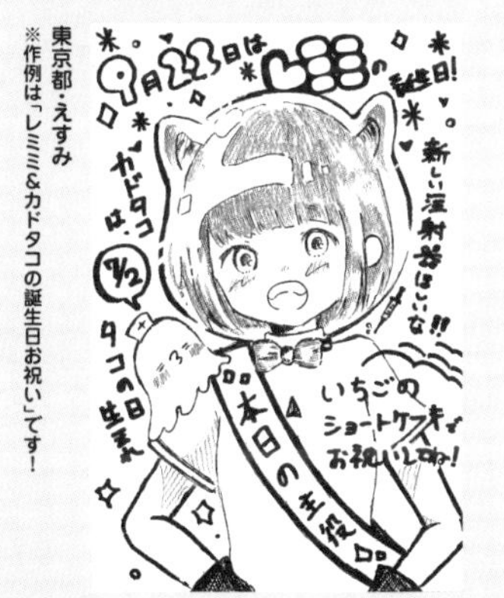

次号で募集するお誕生月は…「4月、5月、6月」生まれの子♡
3ヶ月ごとに誕生日をお祝いしていくよ！
うちのこ&よそのこのお誕生日をみんなでお祝いしよう～♪♪♪

京都府・harvey_onion!
フランケンやミイラの従業員が働くアザーズホテル。怖いけど遊びに行ってみたいワクワクな気持ち…！

クライムヒルという町にあるアザーズホテル。
そこには人以外の者たちが宿泊する。
従業員 ミイラの鈴魔
従業員 フランケンの千階堂
harvey_onion!

大阪府・ほしおり¥
ほしおり¥さんちの代理。ツートーンのヘアスタイルが素敵！ 期末テストの結果も気になる…。

うちのこ倶楽部 関係なしにとかりてる
ほしおり¥(代理です)
プロセカ、復刻で50連の爆死した…あぁ～～ 無課金勢はツライヨ(泣) お仲間さん、語りましょ!!
誕生日：5月2日
星座：おうし座
血液型：不明
一人称：自分
好きなfood フルーツ・パン 梅昆布茶
苦てなfood きのこ・たけのこ らっきょう など
クンストカマーに出したのと同じポーズです。
ボールドかロブラかザップ。
近況 期末テストがもうそろそろ始まるのに、VTuberばっかり見てるwやべぇ、勉強しないといけないのに…ハハ… たぶん(たぶん?)大丈夫だよ。きっとね☆
スプラ3 最高でS+ バイトは達人+3くらい。名前は違う。
プロセカ ほしおり¥ EXPERTで29まで、MASTERで29まではフルコン。フレンドは、送ってもらえた場合なります。なんか、目印あると助かります。(違そうでごめんなさい)

大阪府・ラブバード
ケルベロスとサキュバスのハーフ・アデル。ラグジュアリーな衣装に笑顔が眩しい～！

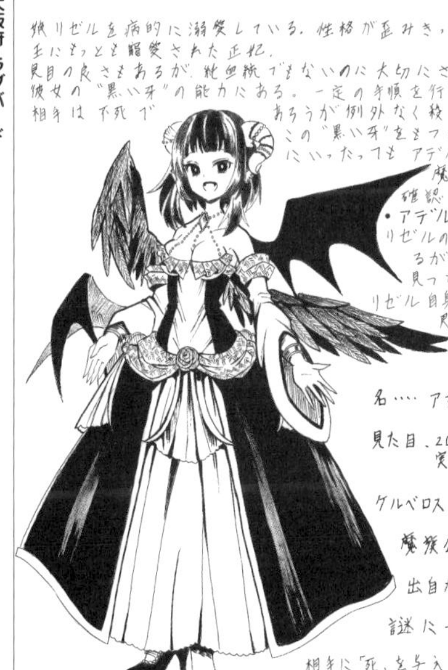
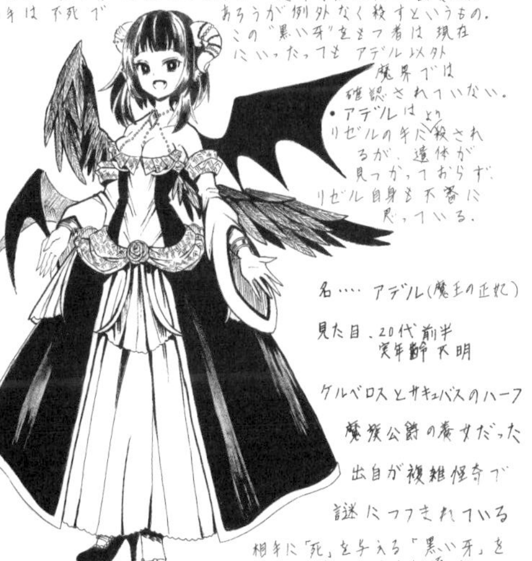

滋賀県・真田しろ
SS82号のメイキングでも登場したラミントンと先生。ふたりの物語をもっとみたいな～！

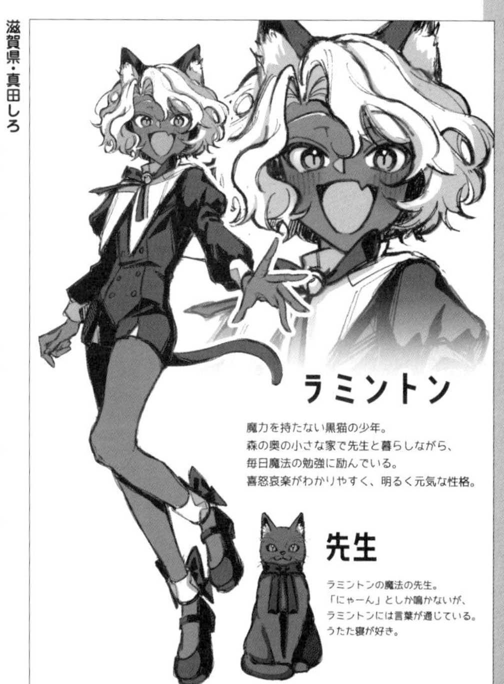

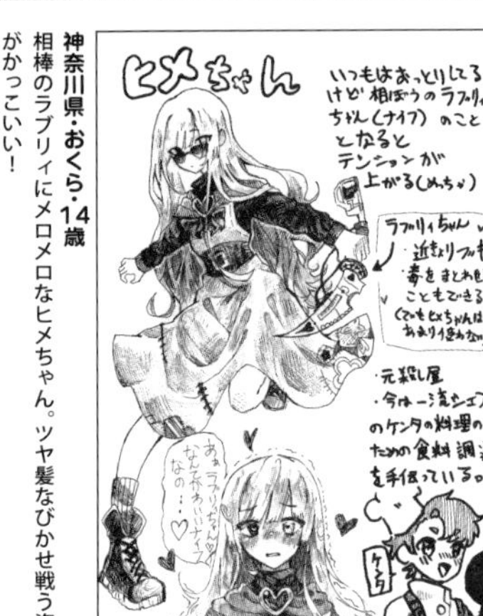

神奈川県・おくら・14歳
相棒のラブリィにメロメロなヒメちゃん。ツヤ髪なびかせ戦う姿がかっこいい！

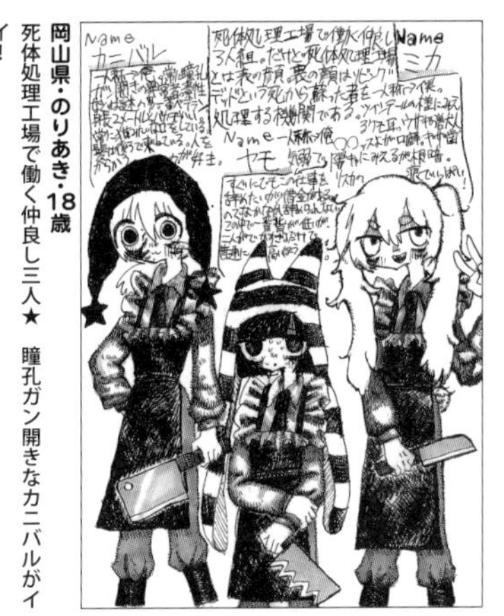

岡山県・のりあき・18歳
死体処理工場で働く仲良し三人★ 瞳孔ガン開きなカニバルがイイ！

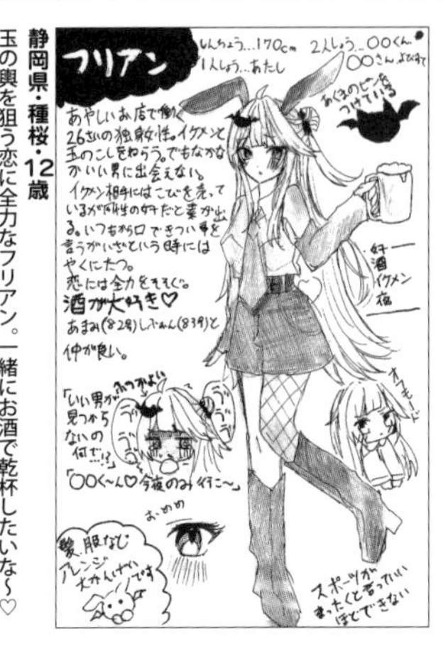

静岡県・種桜・12歳
玉の輿を狙う恋に全力なフリアン。一緒にお酒で乾杯したいな～♡

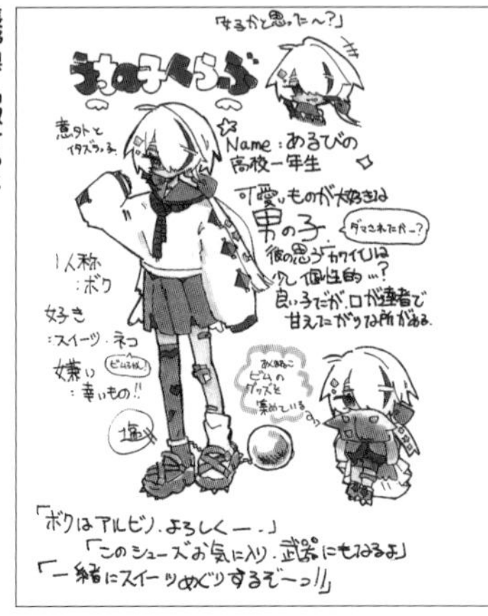

長野県・名取そると
可愛いものが大好きなキュートボーイあるぴの。お洋服まで愛らしい！

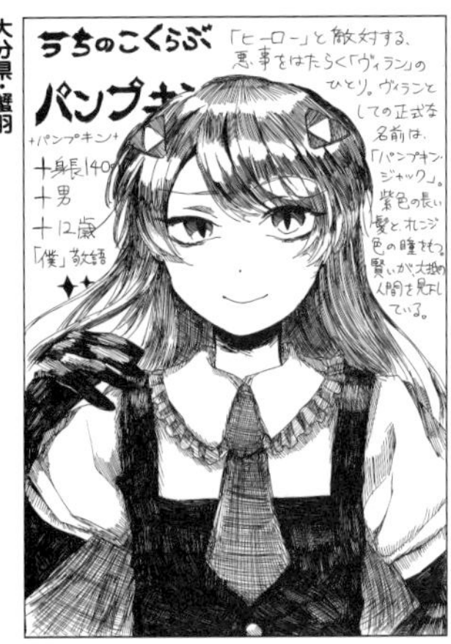

大分県・蟹羽
高圧的ショタヴィランのパンプキン。ニヒルな笑みもクール☆

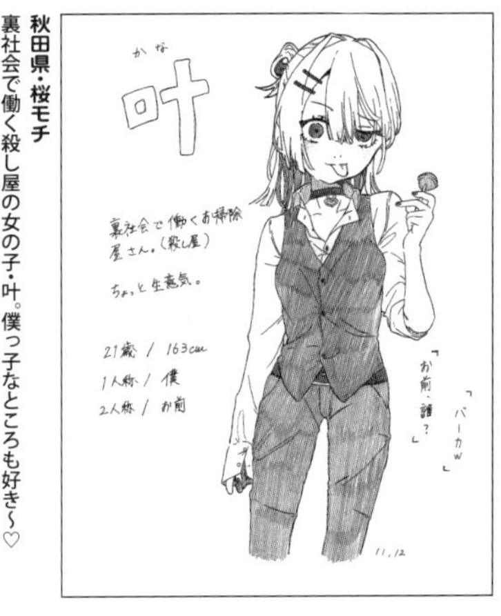

秋田県・桜モチ
裏社会で働く殺し屋の女の子・叶。僕っ子なところも好き～♡

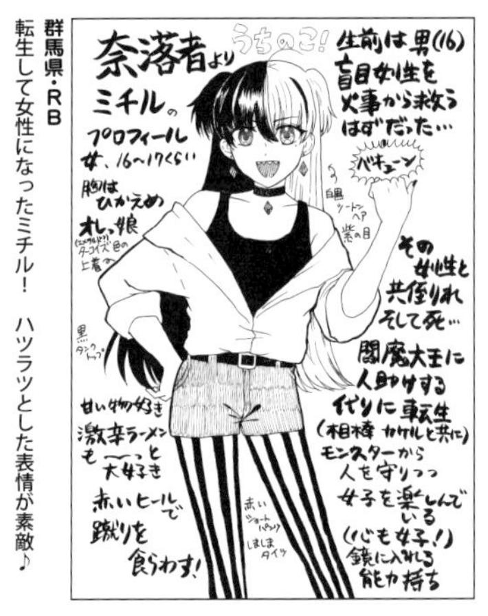

群馬県・RB
転生して女性になったミチル！ ハツラツとした表情が素敵♪

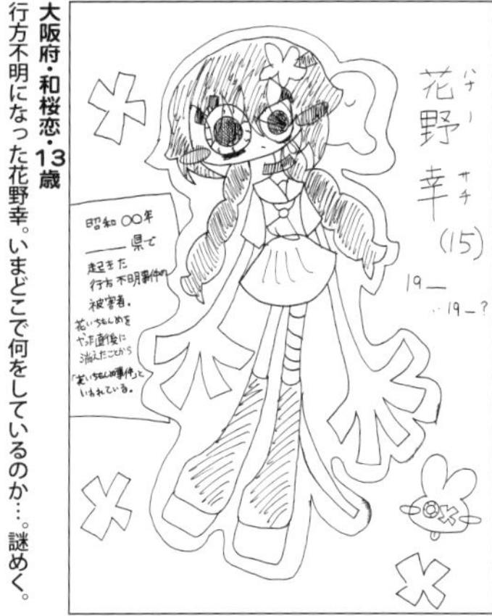

大阪府・和桜恋・13歳
行方不明になった花野幸。いまどこで何をしているのか…。謎めく。

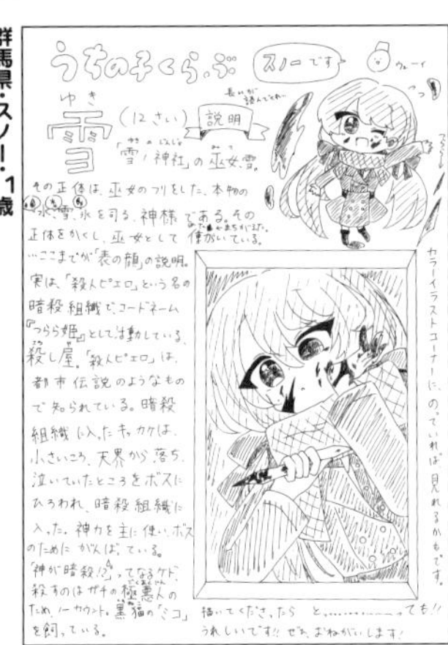

群馬県・スノー・11歳
本物の神様としての雪。殺し屋としてのつらら姫。二面性にドキッ…。

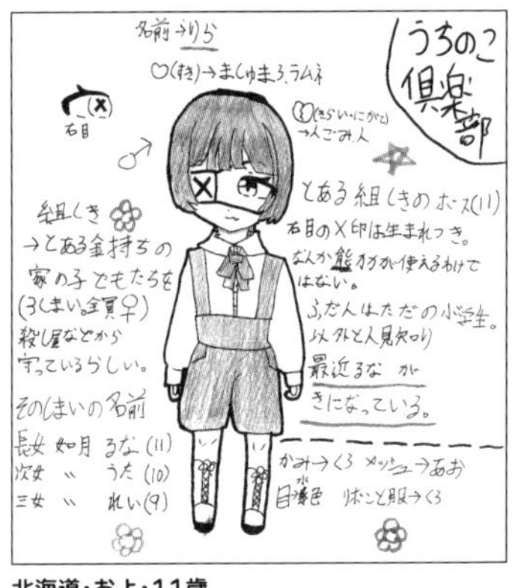

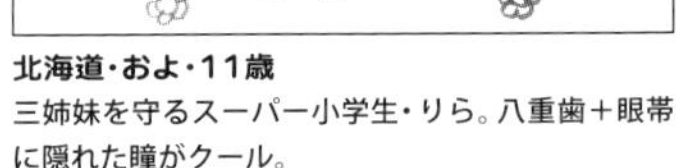

北海道・およ・11歳
三姉妹を守るスーパー小学生・りら。八重歯＋眼帯に隠れた瞳がクール。

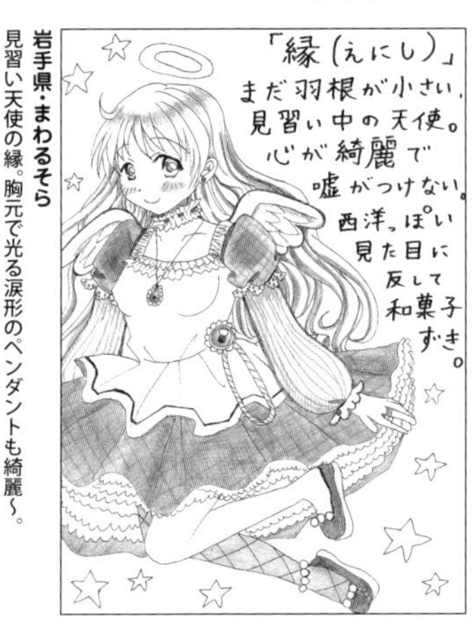

岩手県・まわるそら
見習い天使の縁。胸元で光る涙形のペンダントも綺麗～。

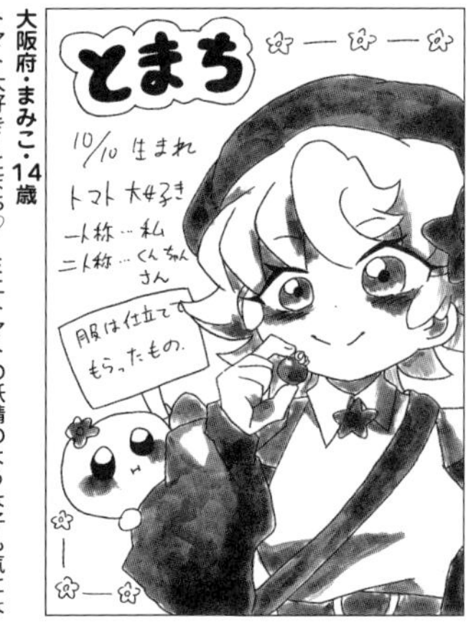

大阪府・まみこ・14歳
トマト大好き・とまち♡ ミニトマトの妖精のような子も気になる…。

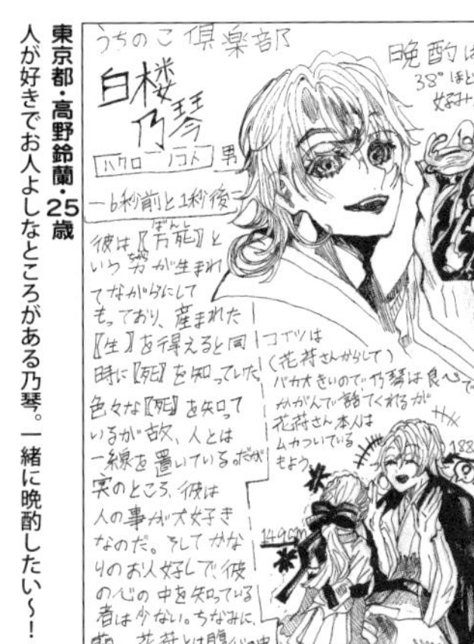

東京都・高野鈴蘭・25歳
人が好きでお人よしなところがある乃琴。一緒に晩酌したい～！

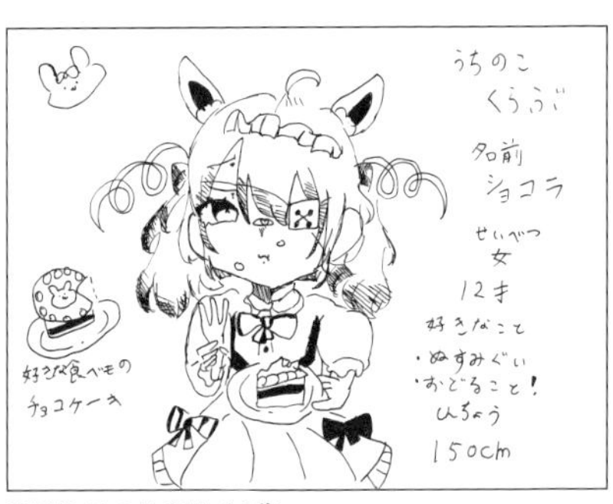

静岡県・ひつじまる・11歳
ぬすみぐいをするショコラのおくちがキュート♡ 一緒にチョコケーキ食べたい～！

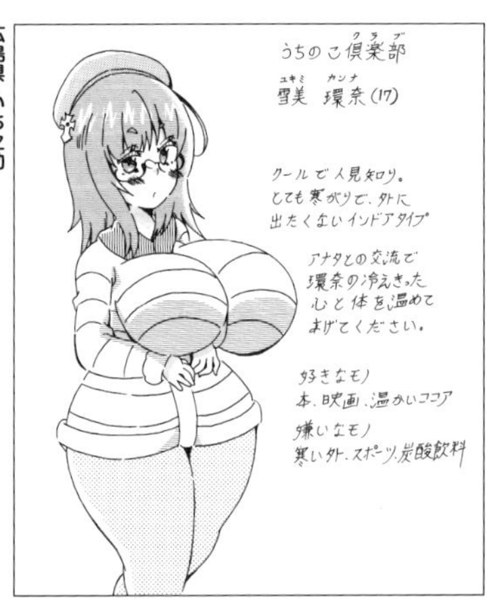

広島県・いち之助
豊満なボディにメガネ姿の環奈。心と体、あたため合いたいっ♡

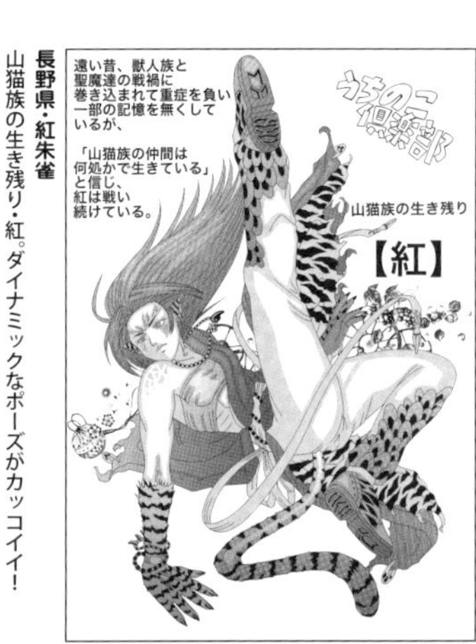

長野県・紅朱雀
山猫族の生き残り・紅。ダイナミックなポーズがカッコイイ！

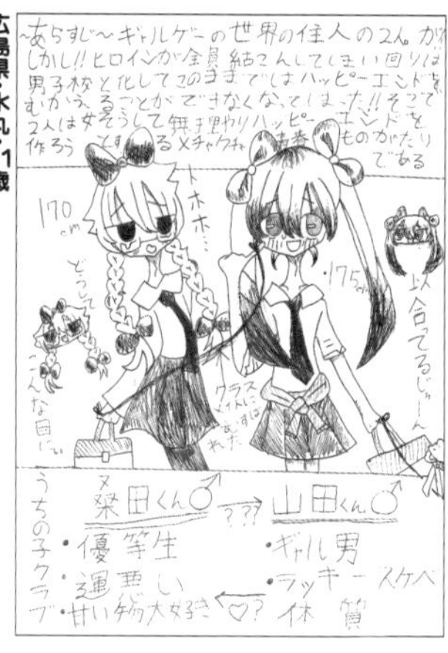

広島県・水丸・11歳
このギャルゲーやりたすぎる（笑）。桑田のトホホ顔と満更でもなさげな山田…。ﾄﾞｳﾅｯﾁｬｳﾉ〜!?

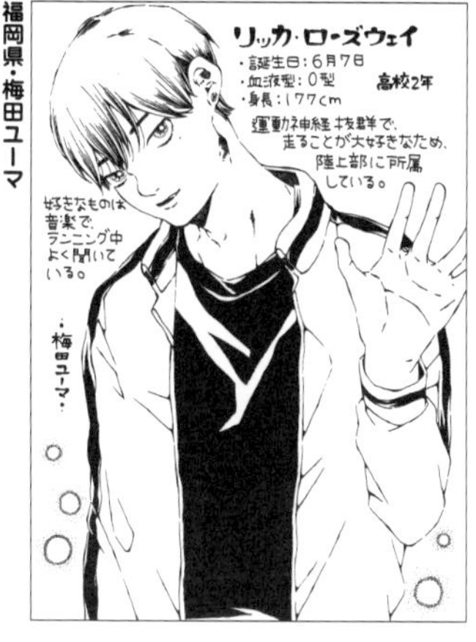

福岡県・梅田ユーマ
その傾げたお顔が好きすぎるッ…。ジャージ姿ってなんだかときめいちゃうんですッ！

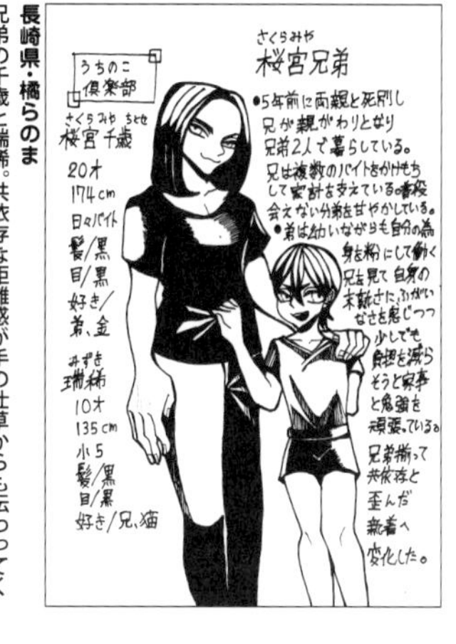

長崎県・橘らのま
兄弟の千歳と瑞稀。共依存な距離感が手の仕草からも伝わってくる♡

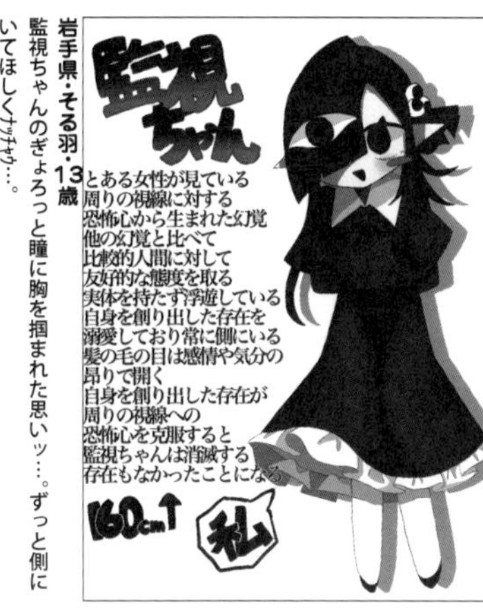

岩手県・そる羽・13歳
監視ちゃんのぎょろっと瞳に胸を掴まれた思いッ…。ずっと側にいてほしくﾅｯﾁｬｳ…。

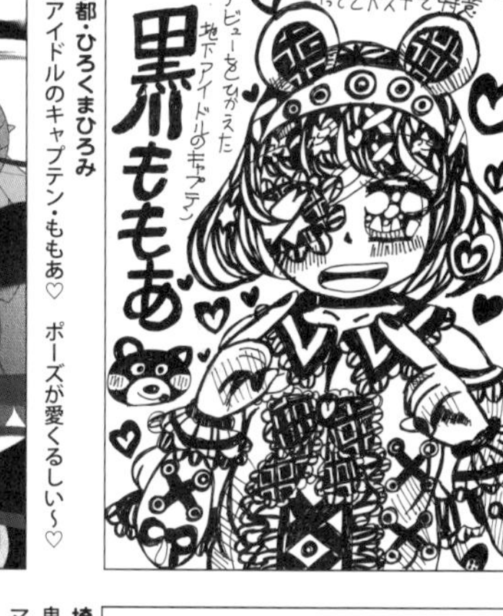

東京都・ひろくまひろみ
地下アイドルのキャプテン・ももあ♡　ポーズが愛くるしい〜♡

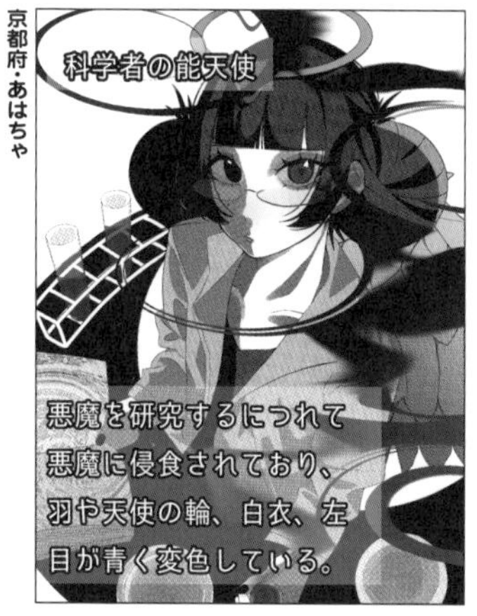

京都府・あはちゃ
悪魔を研究するにつれて悪魔に侵食されてく仄暗さがたまらなく好き〜〜〜…!!

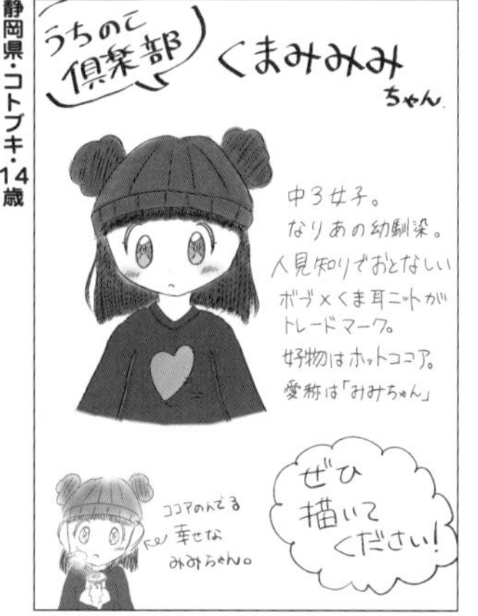

静岡県・コトブキ・14歳
内気なみみちゃん♡　クマ耳ニットが似合いすぎる愛らしきフェイス♡　ココア飲も〜！

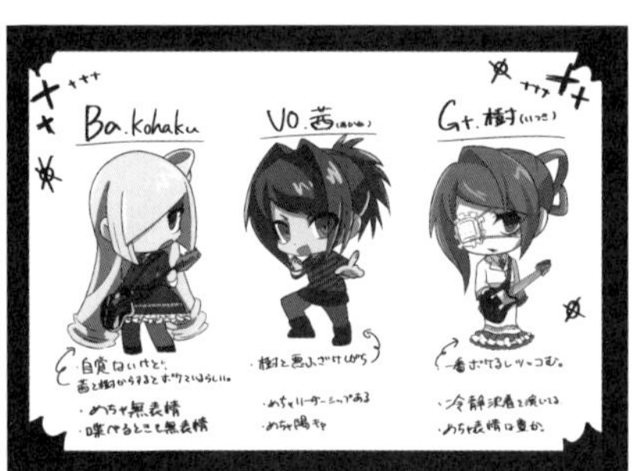

神奈川県・キカいオん
kohakuの縦長ロールと重め前髪が好き♡　3ピースのバンド名や音楽性が気になる〜♪

埼玉県・シュガ
鬼と人間の間に生まれた青年・鬼野。小さなツノと照れ屋な表情のマリアージュ…♡

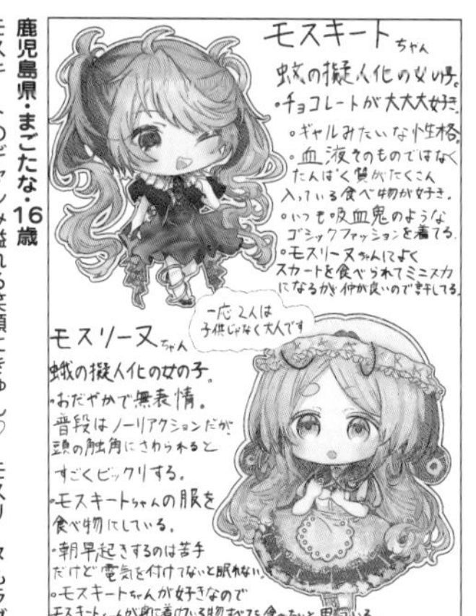

鹿児島県・まこたな・16歳
モスキートのギャルみ溢れる笑顔にきゅん♡　モスリーヌもラブ♡

宮城県・青濱痒
人間に擬態しているシウム。半崩れ気味なボディや、能天気そーな表情に惹きつけられる〜。

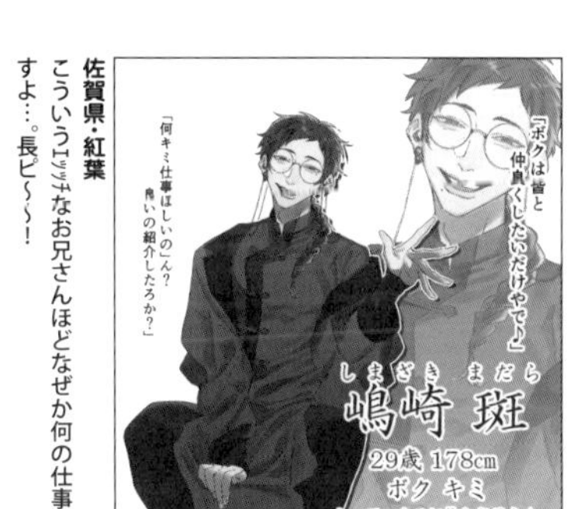

佐賀県・紅葉
こういうｴｯﾁなお兄さんほどなぜか何の仕事してるか分からんですよ…。長ピ〜〜！

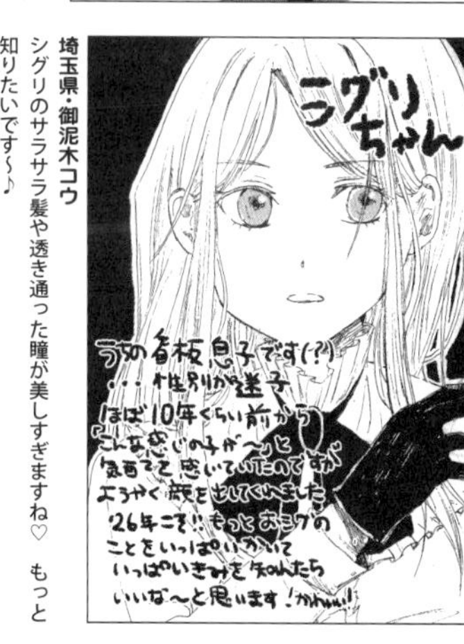

埼玉県・御泥木コウ
シグリのサラサラ髪や透き通った瞳が美しすぎますね♡　もっと知りたいです〜♪

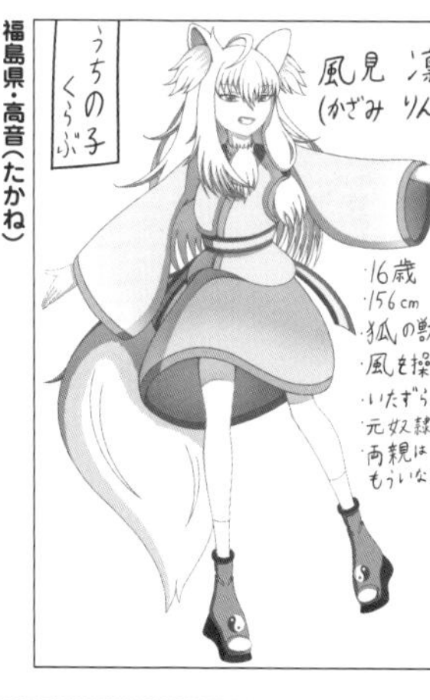

福島県・高音（たかね）
風を操ることができる狐の獣人・凛。お耳と尻尾を揺らして…可愛すぎるッ♡

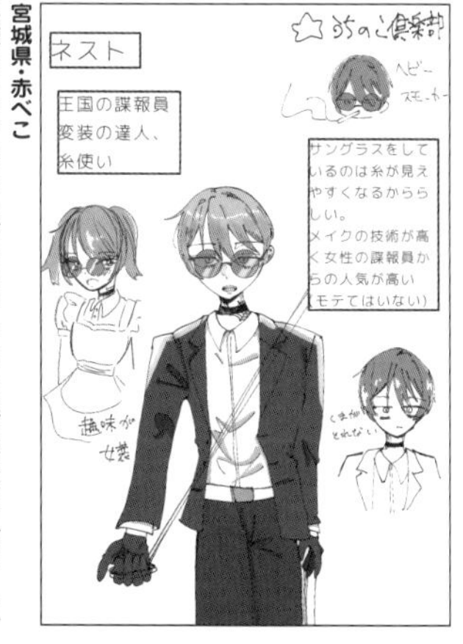

宮城県・赤べこ
糸使いのネストがサングラスをしている理由が最高すぎる…ッ。クマでやつれた眼差しも♡

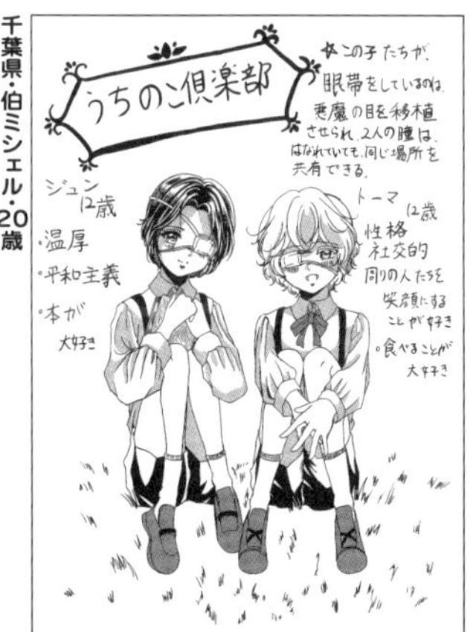

千葉県・伯ミシェル・20歳
悪魔の目を移植させられたジュンとトーマ。二人の関係性が尊い…。

千葉県・武田和子・74歳
真剣にアイドルを目指す・真理亜！ 大きな狐耳がトレードマーク!? 猫の日が誕生日だよ☆

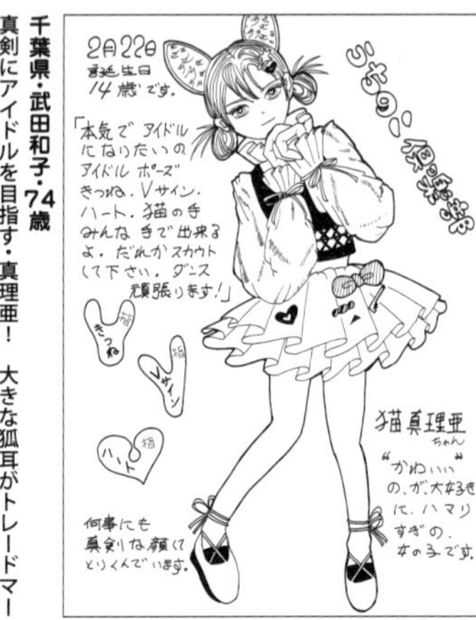

神奈川県・りすりす・11歳
なんて罪深いボディをしたラディファル（♂）ッ！ ぬいぐるみが無いと寝れないとか可愛すぎるッツ。

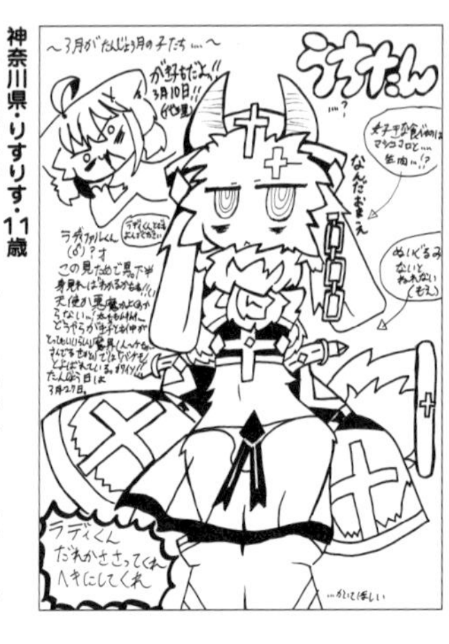

長野県・谷川りおん
血のつながらない双子が仲良くお祝いで心がほっこり♪ 私も暮葉とおんなじ表情ですわ…（しみじみ）。

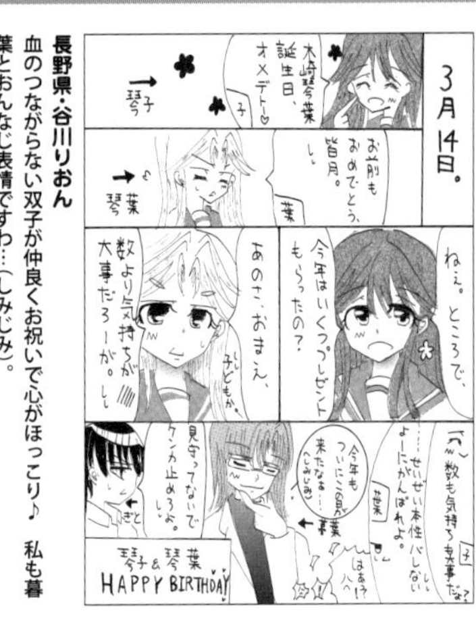

広島県・榛原祐香
16歳になったシャロン！ くりっとつぶらな瞳と明るい笑顔にニッコニコ♪ お誕生日おめでとう！

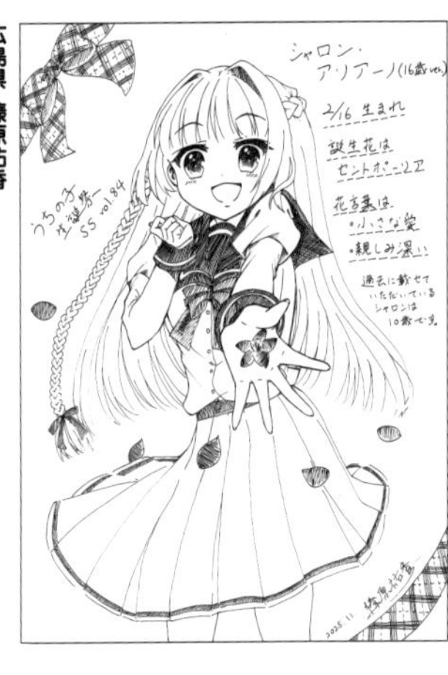

埼玉県・月出カノ・12歳
誕生日会を成功させたいコオのアツい表情！ そして着替えさせられたキンメが素敵すぎる♡

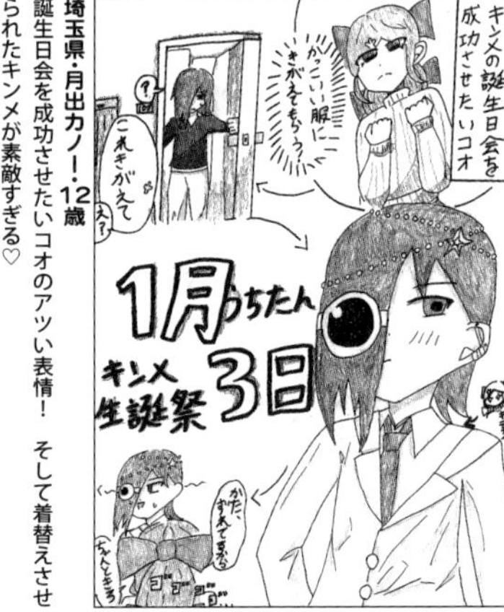

兵庫県・羊兎苺和
三人みんなで誕生日をお祝いだあ！ nosの被るケーキハットがとっても似合ってる〜☆

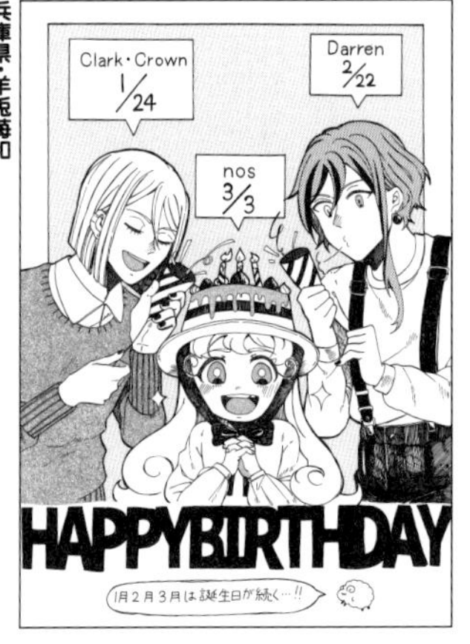

東京都・かりがり
アルレシャの心優しげな眼差しに見ているだけで幸せだね♡ 素敵なお誕生日になりますように！

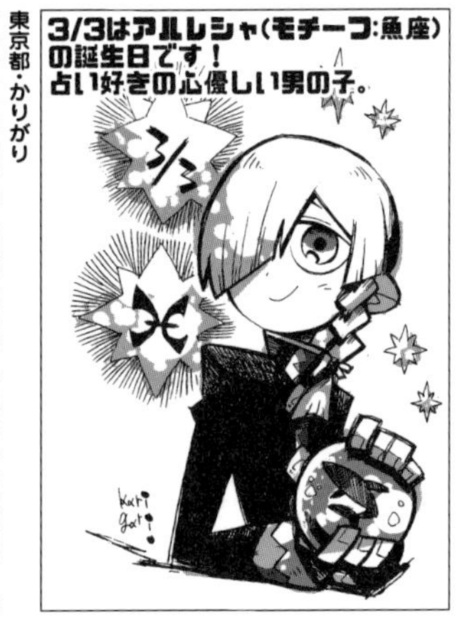

長崎県・とり
可愛いぬいぐるみが大好きな32歳、だと…!?（性癖）いろんな可愛いものを貢がせてくださいッッ!!!

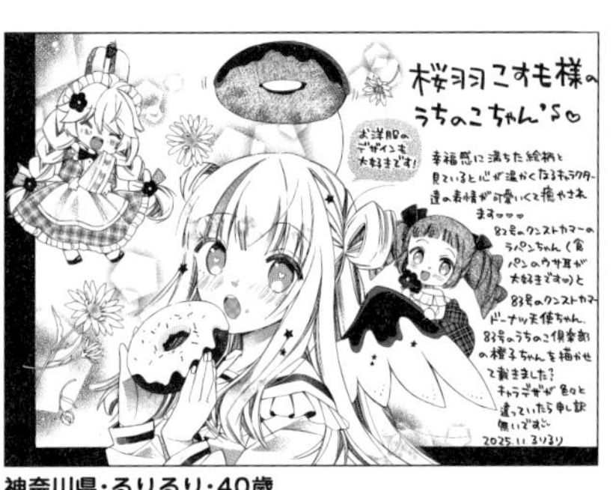

神奈川県・るりるり・40歳
ドーナツ天使ちゃんが輪っかをゆらしながらパクッとする表情にメロメロ〜♡ 可愛すぎますぅ！

群馬県・RB
きつねメイドのガマンしてるキラキラフェイスがたまらん〜♡

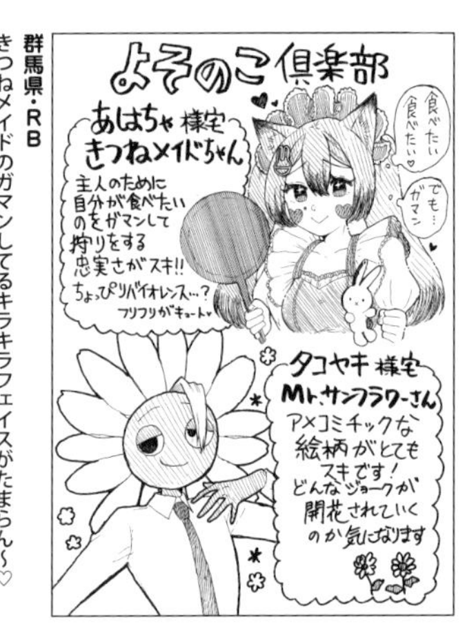

新潟県・ちいちゃん・12歳
ものもらいのアブナイ雰囲気がたまらなくグッときた〜！

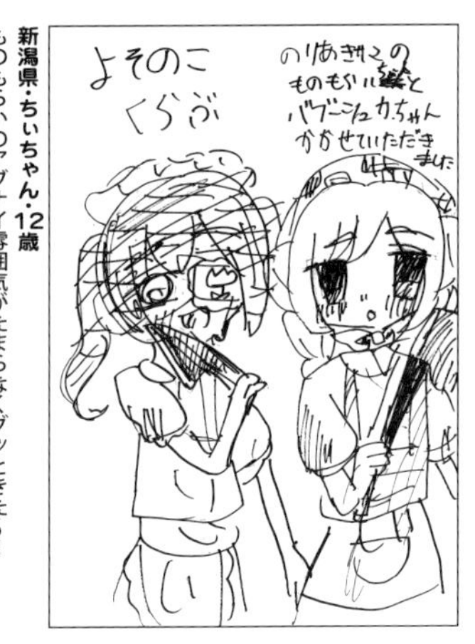

愛知県・秋歌
双子の弟の影武者である周桜。いつか本当の名前でお祝いしようね…！

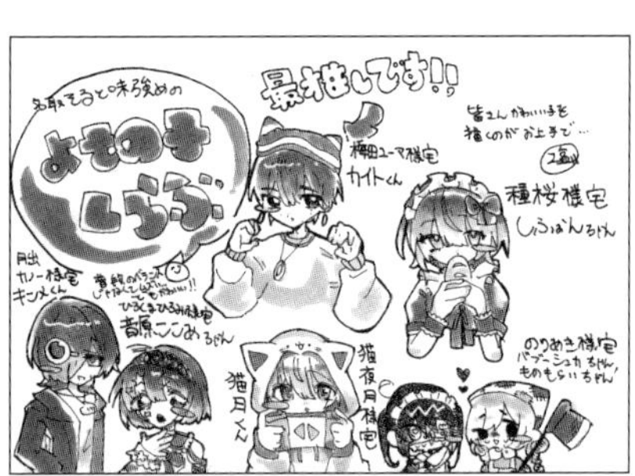

長野県・名取そると
名取さん推しのメロいよそのこたち♡ みんな可愛すぎてニヤニヤしちゃいますねえ…。

茨城県・あおいみう
ここあに寄り添うウサぬいも可愛い♡ 若猫丸の眼差しも素敵！

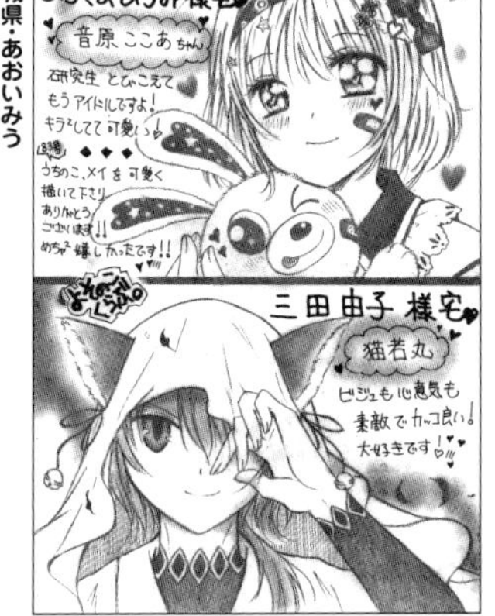

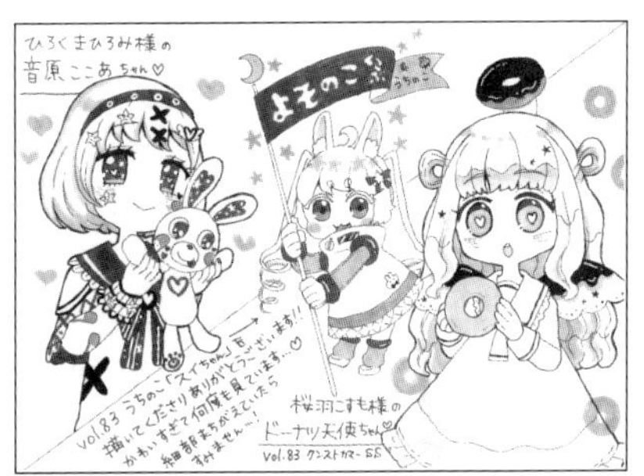

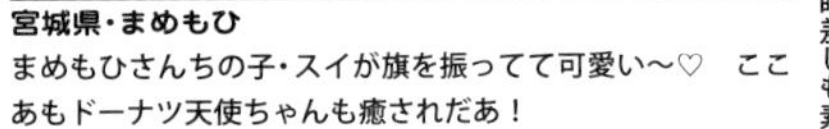

宮城県・まめもひ
まめもひさんちの子・スイが旗を振ってて可愛い〜♡ ここあもドーナツ天使ちゃんも癒されだあ！

茨城県・みね
ふたりのピッタリ距離感と湿度を感じる表情が大好きッ……♡

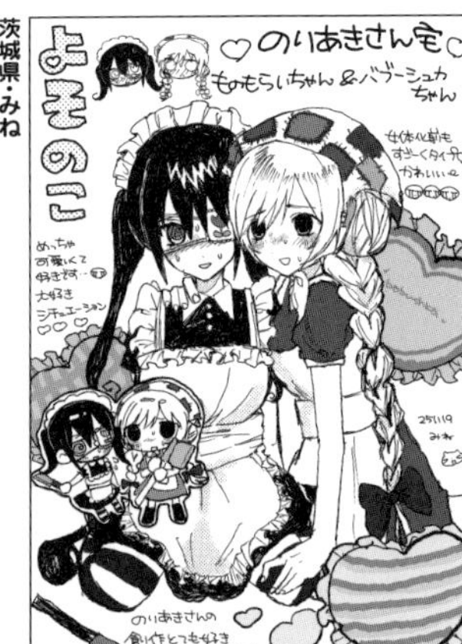

SS男子部

～男子の魅力をマニアックに特集～

男子部のテーマ大募集!!

巻末にあるアンケートハガキの「フリースペース」に「男子部リクエスト宛て」と書き、あなたが描いて欲しいテーマと熱い想いを記入してください!! 皆さんのご応募お待ちしています。

「SS男子部」では、「男子のこんなトコがたまらない！」という思いを皆で発表していけたらと思います。
そこで、毎回異なるテーマを設けてイラストを募集しています。
第54回目は、ナビゲーターの眠夜トーカ。さんと一緒にお送りする「眼帯男子」特集です！

第54回「眼帯男子」特集

眠夜トーカ。さんのコメントと一緒にお送りします！

眠夜トーカ。さんコメント

眼帯って色々な種類がありますよね！ 今回は彼岸花に侵食された眼帯男子を描きました！ 美人な男が好きでして…。あなたのお好きな眼帯男子はどんなでしょうか。皆様と盛り上がれたら嬉しいです！

次回は「アホ毛男子」を募集

クールに見えて実は感情がアホ毛に出ちゃっているシャイな年下くん、マイワールド炸裂な鬼才系男子、触覚のような2本のアホ毛を揺らしながら駆け寄るショタっ子などなど、アホ毛男子に関する皆さんのあらゆるツボをお寄せください～！ **次回のナビゲーターは、練乳。さんです！**

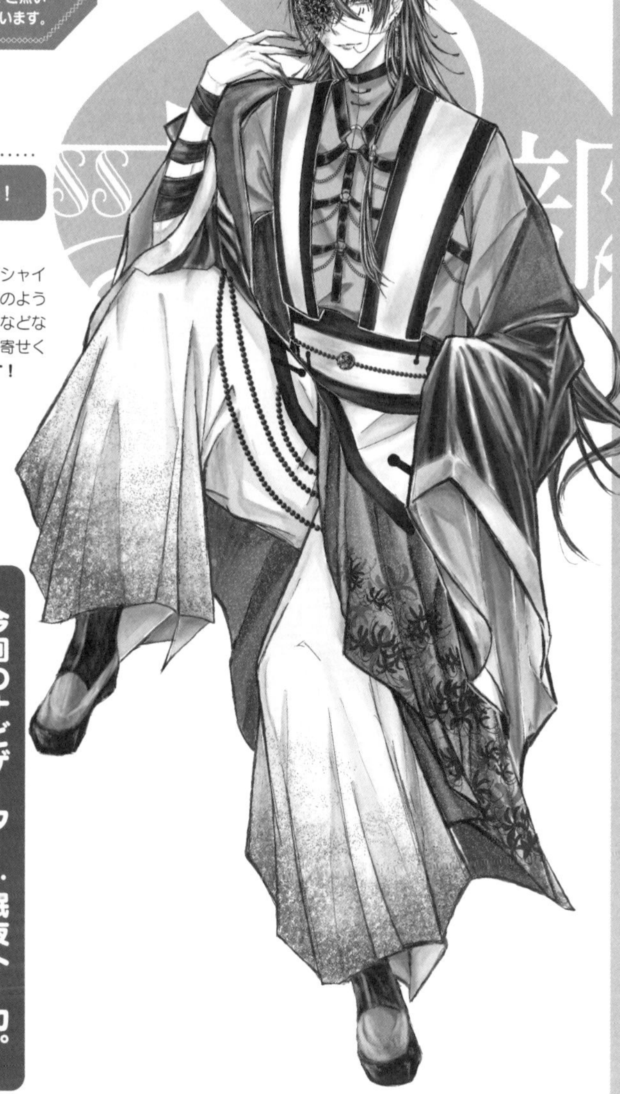

今回のナビゲーター：眠夜トーカ。

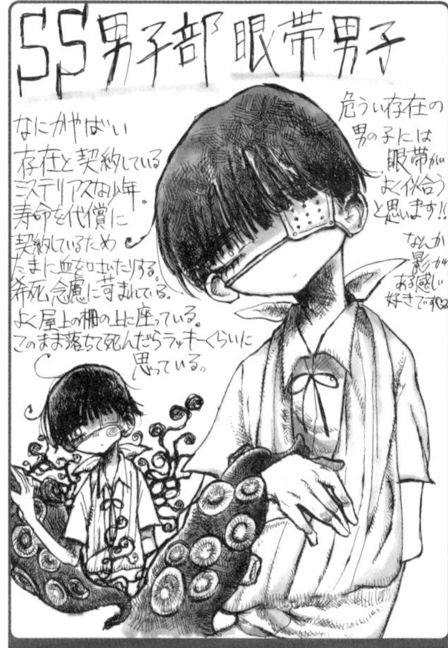

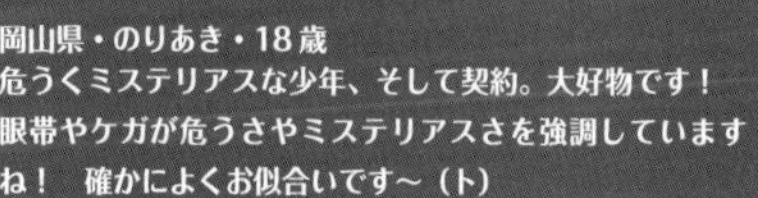

岡山県・のりあき・18歳
危うくミステリアスな少年、そして契約。大好物です！ 眼帯やケガが危うさやミステリアスさを強調していますね！ 確かによくお似合いです～（ト）

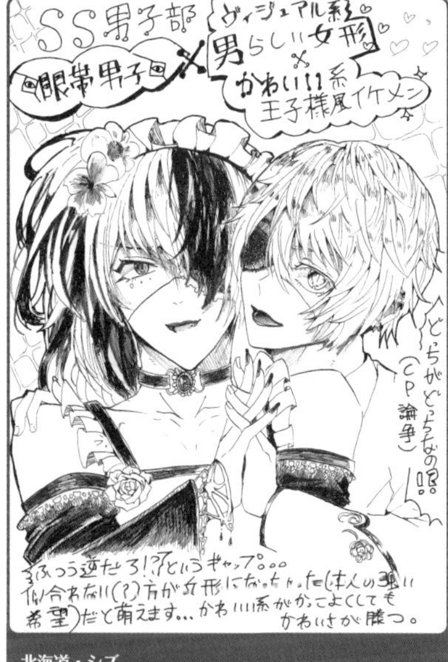

北海道・シズ
左右逆で着けている眼帯がCP感ありますね！ 形が違っていて素敵です！ というか全然似合っております女形さん。決めたときの場面も気になるところです～（ト）

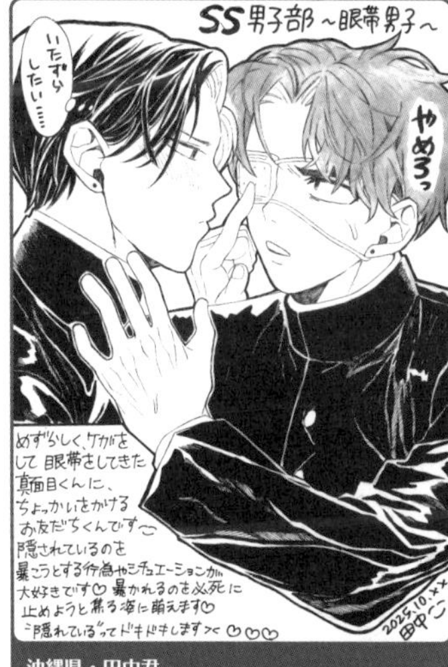

沖縄県・田中君
わわっなんて尊いシチュ!! 隠されていると暴きたくなるんですよね。それを必死に止めようとしている堅物くん…これは萌えますねぇ。いたずらしたい…（ト）

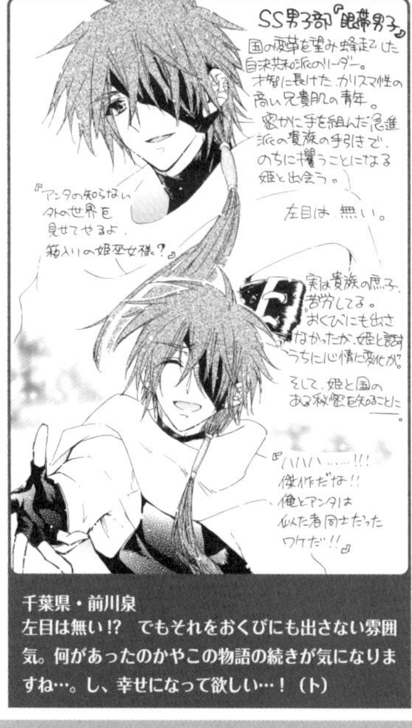

千葉県・前川泉
左目は無い!? でもそれをおくびにも出さない雰囲気。何があったのかやこの物語の続きが気になりますね…。し、幸せになって欲しい…！（ト）

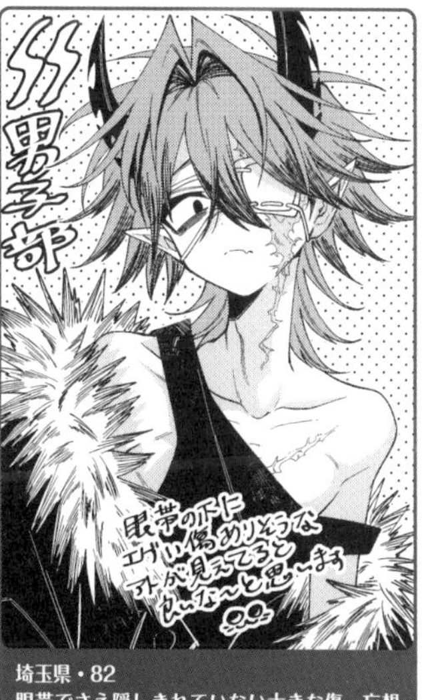

埼玉県・82
眼帯でさえ隠しきれていない大きな傷…妄想が捗りますね！ すべて隠れていないからこそ気になるという。お上手です。角や尖った耳も魅力的です！（ト）

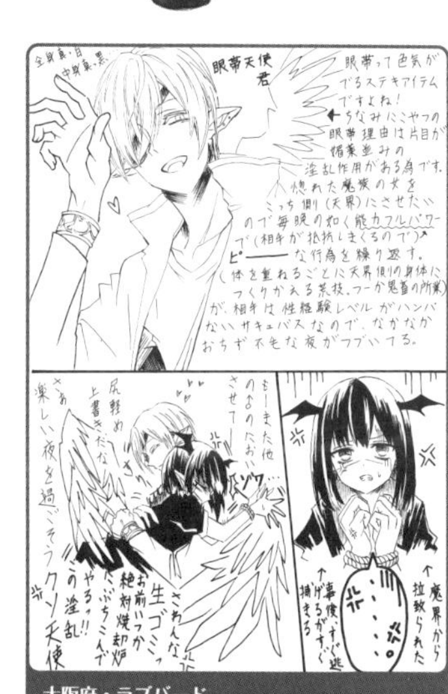

大阪府・ラブバード
わぁ、なんて素敵な眼帯理由！ 腹黒天使というだけでも最高ですが、能力の為とはいえ色気がプラスされてしまうなんてこの男性ズルすぎます！ 二人の関係も良きです（ト）

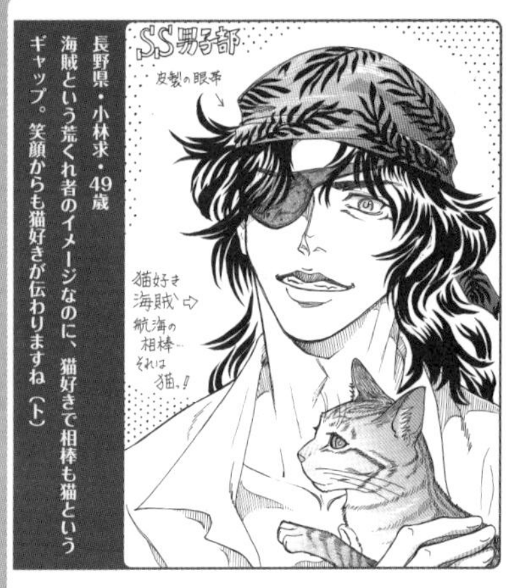

長野県・小林求・49歳
海賊という荒くれ者のイメージなのに、猫好きで相棒も猫というギャップ。笑顔からも猫好きが伝わりますね（ト）

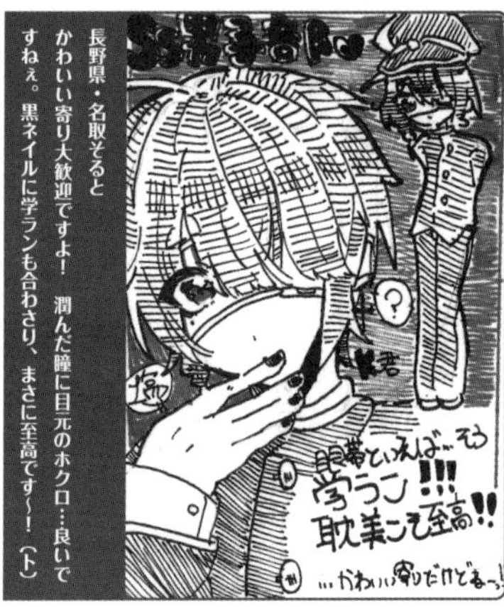

長野県・名取るると
かわいい寄り大歓迎ですよ！ 潤んだ瞳に目元のホクロ…良いですねぇ。黒ネイルに学ランも合わさり、まさに至高です〜！（ト）

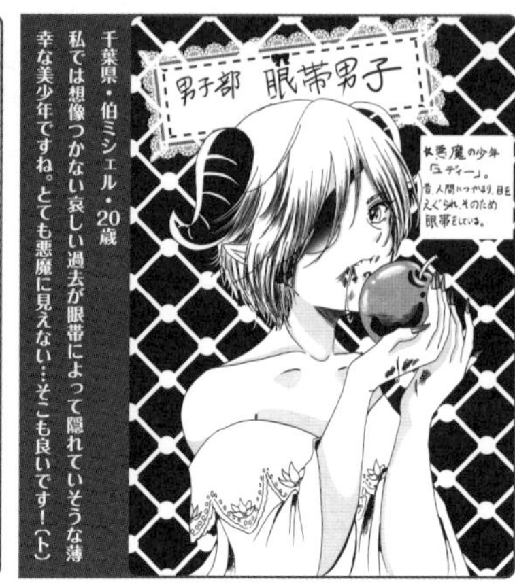

千葉県・伯ミシェル・20歳
私では想像つかない哀しい過去が眼帯によって隠れていそうな薄幸な美少年ですね。とても悪魔に見えない…そこも良いです！（ト）

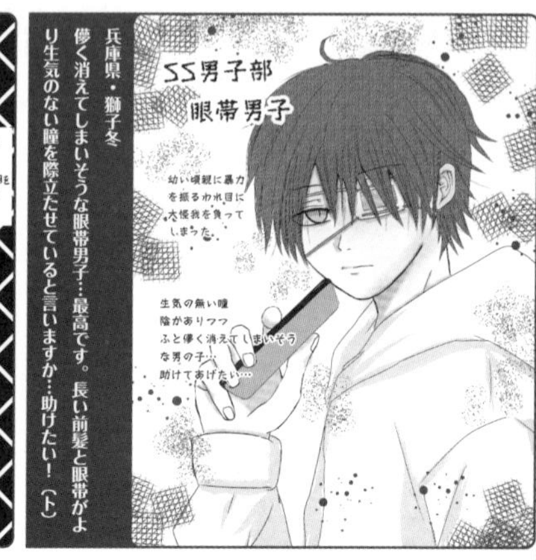

兵庫県・獅子冬
儚く消えてしまいそうな眼帯男子…最高です。長い前髪と眼帯がより生気のない瞳を際立たせていると言いますか…助けたい！（ト）

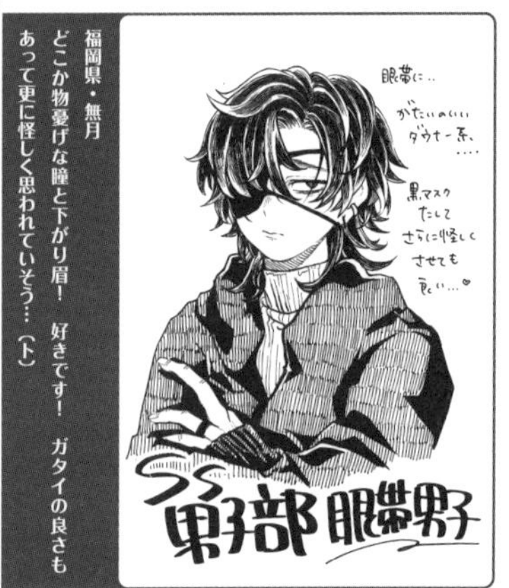

福岡県・無月
どこか物憂げな瞳と下がり眉！ 好きです！ ガタイの良さもあって更に怪しく思われていそう…（ト）

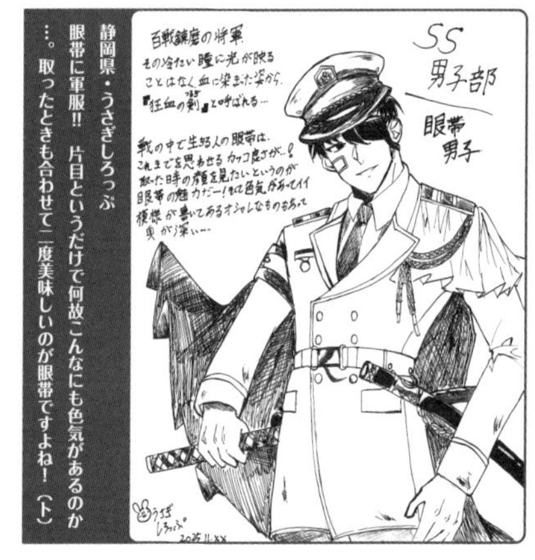

静岡県・うさぎしろっぷ
眼帯に軍服!! 片目というだけで何故こんなにも色気があるのか…。取ったときも合わせて二度美味しいのが眼帯ですよね！（ト）

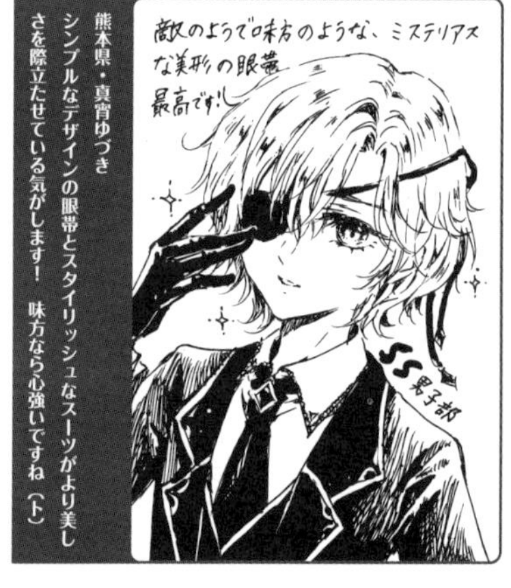

熊本県・真宵ゆづき
シンプルなデザインの眼帯とスタイリッシュなスーツがより美しさを際立たせている気がします！ 味方なら心強いですね（ト）

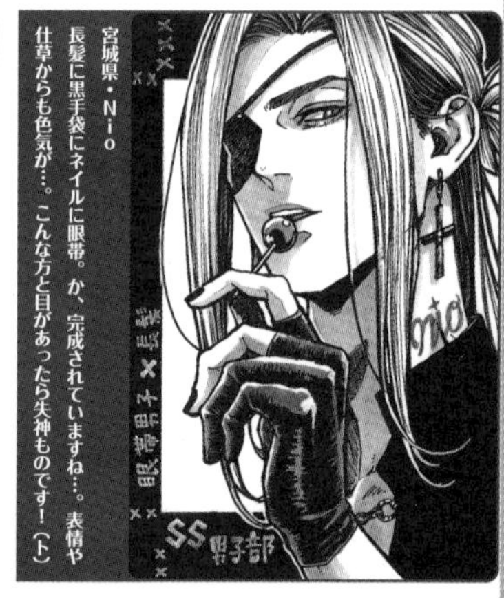

宮城県・Nio
長髪に黒手袋にネイルに眼帯。か、完成されていますね…。表情や仕草からも色気が…。こんな方と目があったら失神ものです！（ト）

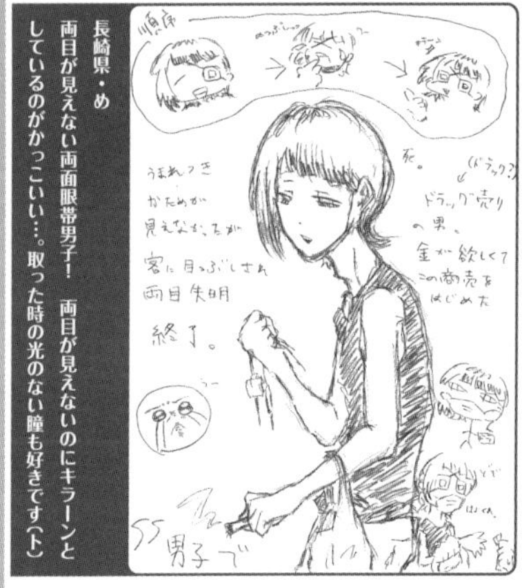

長崎県・め
両目が見えない両面眼帯男子！ 両目が見えないのにキラーンとしているのがかっこいい…。取った時の光のない瞳も好きです（ト）

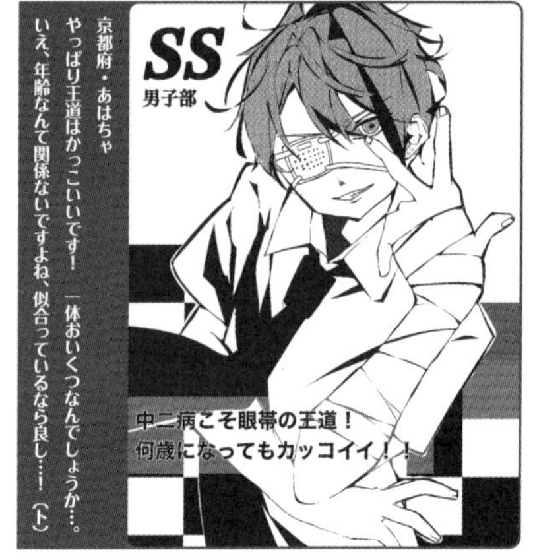

京都府・あはちゃ
やっぱり王道はかっこいいです！ 一体おいくつなんでしょうか…。いえ、年齢なんて関係ないですよね、似合っているなら良し…（ト）

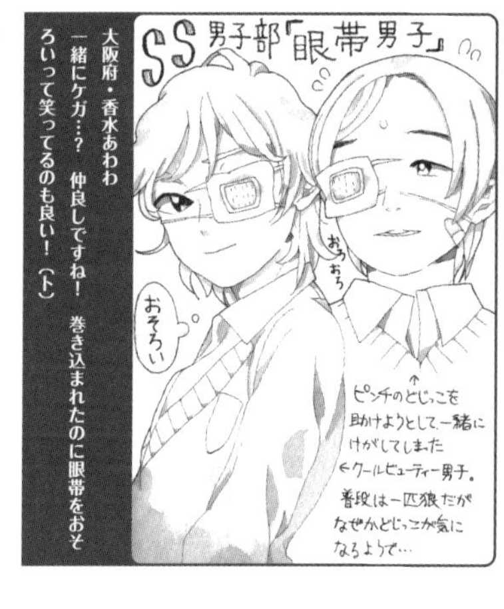

大阪府・香水あわわ
一緒にケガ…？ 仲良しですね！ 巻き込まれたのに眼帯をおそろいって笑ってるのも良い！（ト）

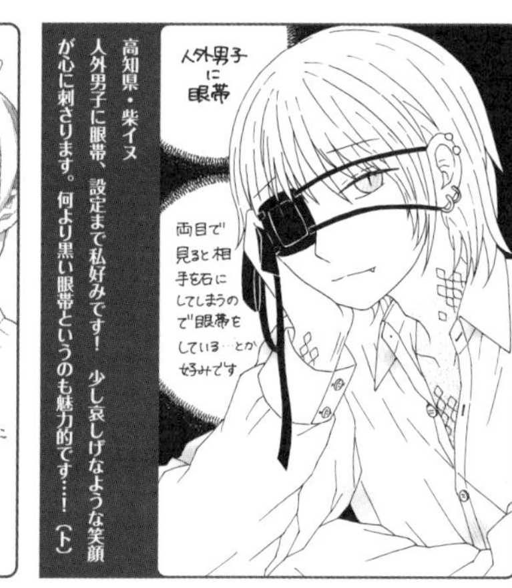

高知県・柴イヌ
人外男子に眼帯、設定まで私好みです！ 少し哀しげなような笑顔が心に刺さります。何より黒い眼帯というのも魅力的です…！（ト）

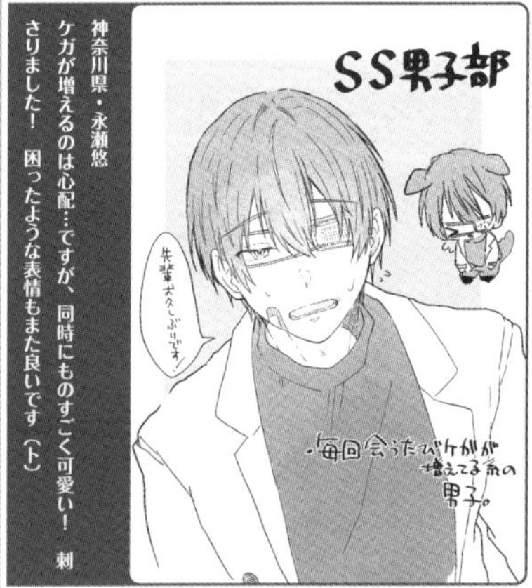

神奈川県・永瀬悠
ケガが増えるのは心配…ですが、同時にものすごく可愛い！ 刺さりました！ 困ったような表情もまた良いです（ト）

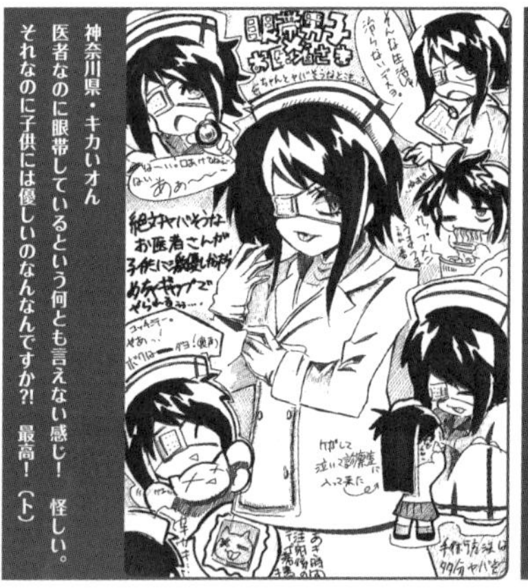

神奈川県・キカいおん
医者なのに眼帯しているという何とも言えない感じ！ 怪しい。それなのに子供には優しいのなんなんですか?! 最高！（ト）

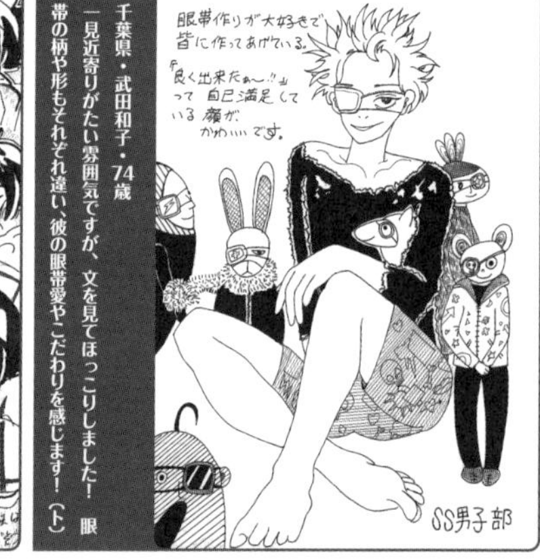

千葉県・武田和子・74歳
一見近寄りがたい雰囲気ですが、文を見てほっこりしました！ 眼帯の柄や形もそれぞれ違い、彼の眼帯愛やこだわりを感じます！（ト）

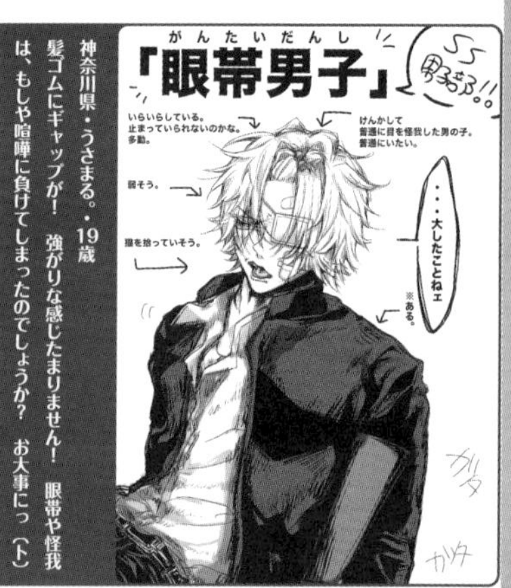

神奈川県・うさまる。・19歳
髪ゴムにギャップが！ 強がりな感じたまりません！ 眼帯や怪我は、もしや喧嘩に負けてしまったのでしょうか？ お大事にっ（ト）

北海道・およ・11歳

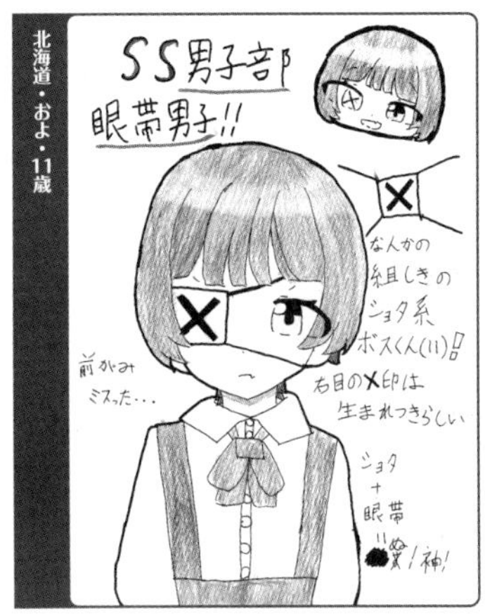

兵庫県・もちづき。・36歳

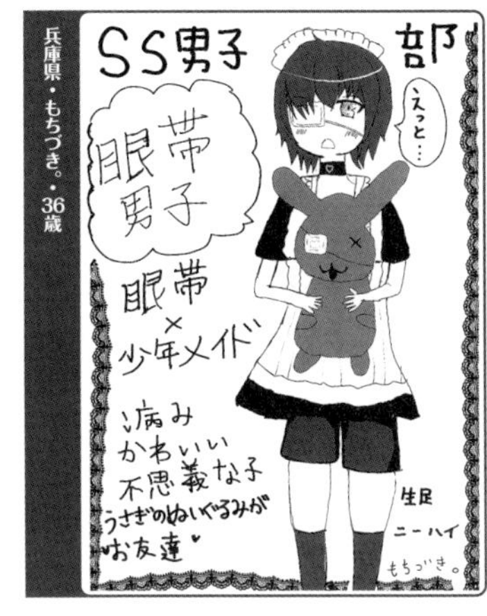

長崎県・橘らのま

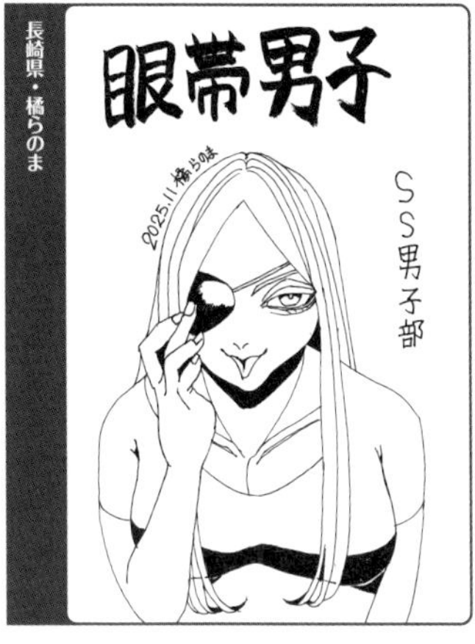

神奈川県・アンゲっち

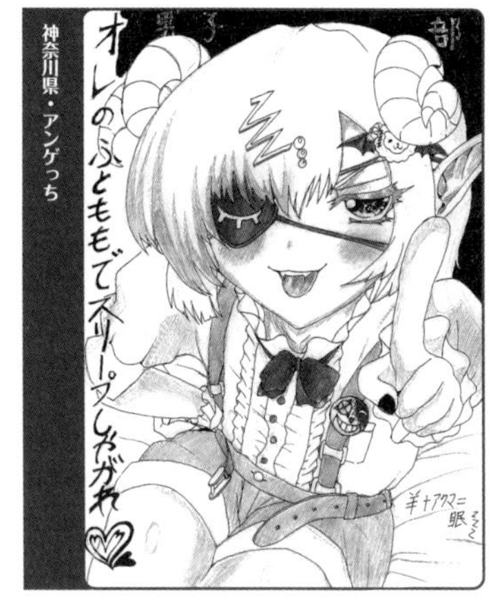

東京都・高野鈴蘭・25歳

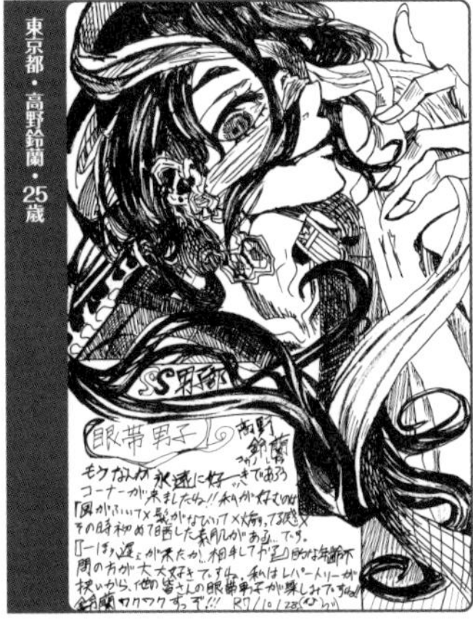

群馬県・RB

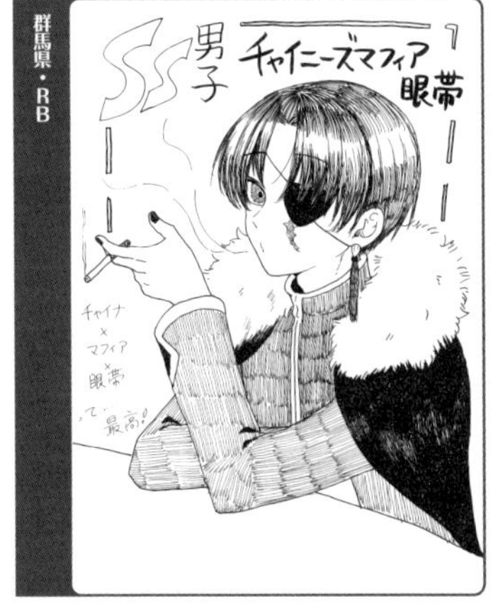

秋田県・かなえとづき（とづき 改め）

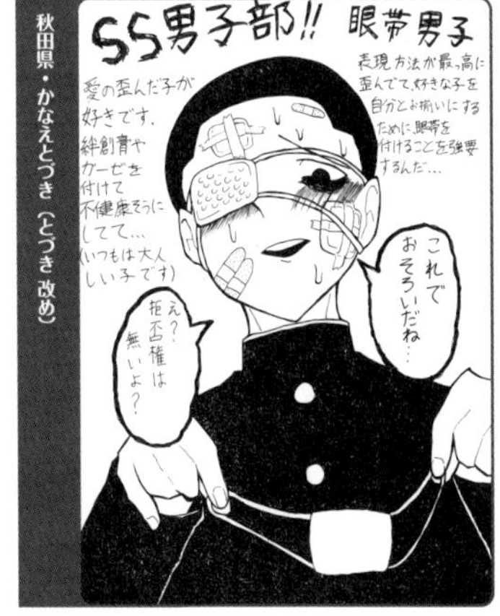

埼玉県・月出カノー・12歳

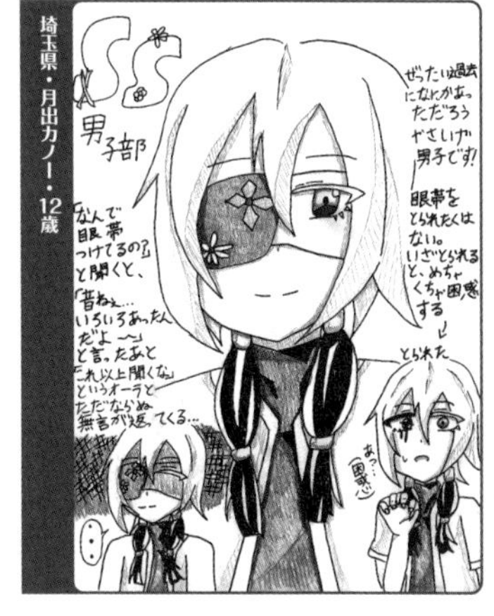

秋田県・木白らべ

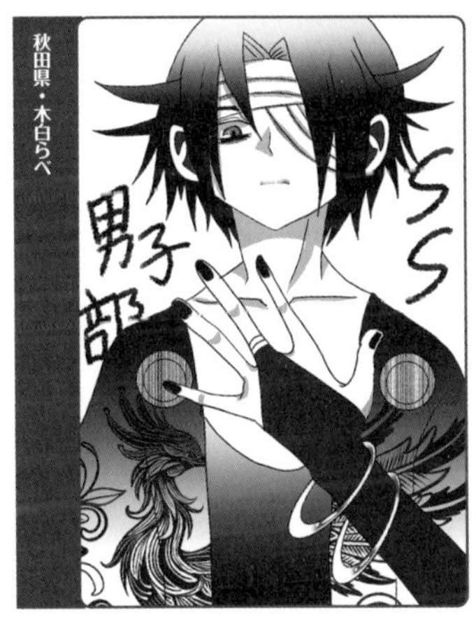

鹿児島県・いさな

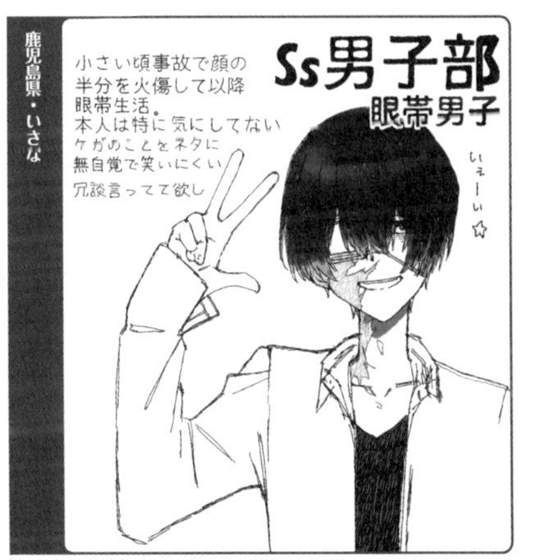

兵庫県・タロ・35歳

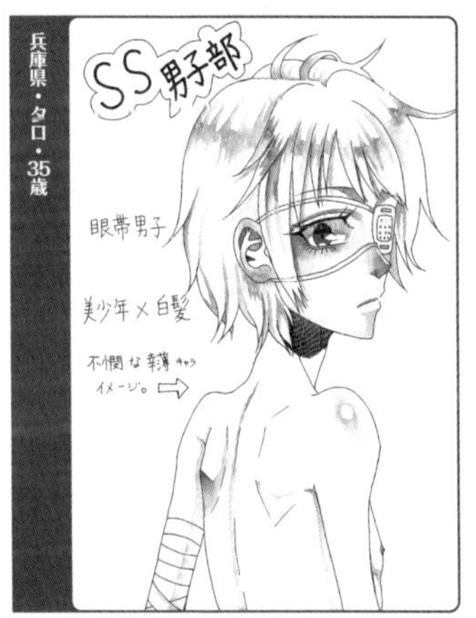

長野県・谷川りおん

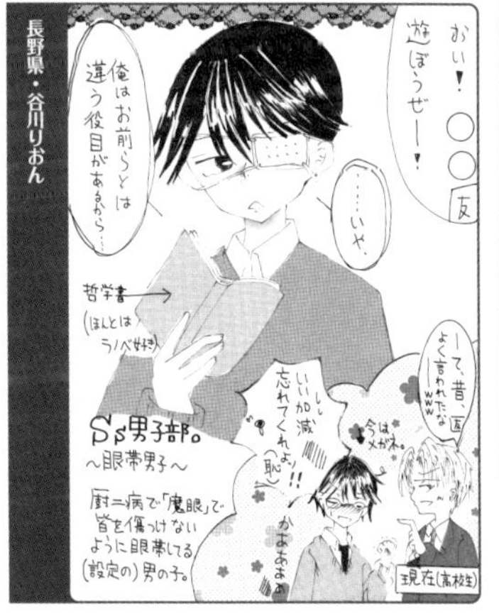

山形県・こんたろう

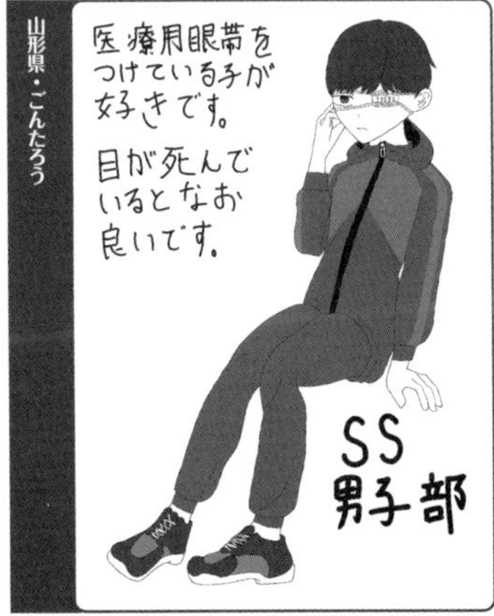

神奈川県・電脳抹茶（さぶりめんと 改め）

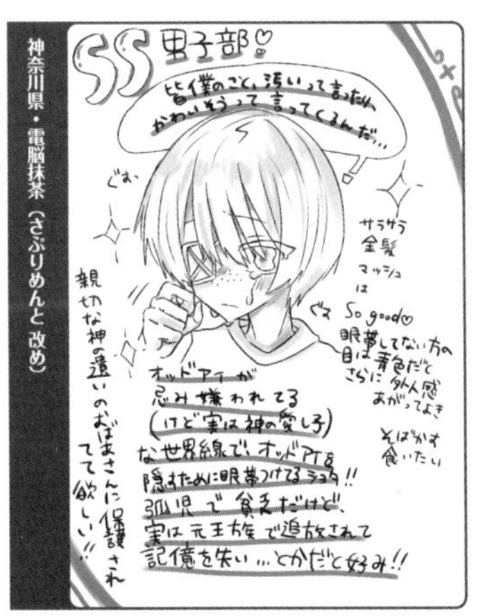

鹿児島県・猫と手・44歳

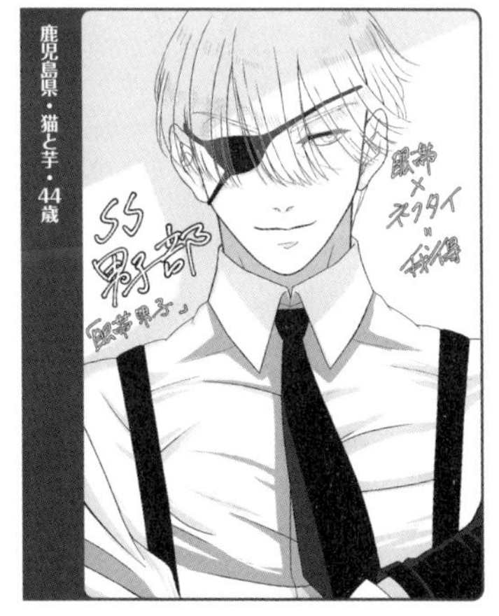

茨城県・あおいみう

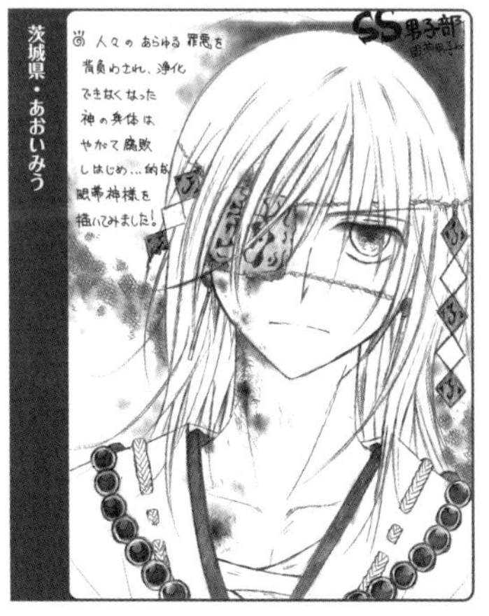

SS女子部

〜女子の魅力をマニアックに特集〜

女子部のテーマ大募集 !!

巻末にあるアンケートハガキの「フリースペース」に「女子部リクエスト宛て」と書き、あなたが描いて欲しいテーマと熱い想いを記入してください !!　皆さんのご応募お待ちしています。

「SS 女子部」では、「女子のこんなトコがたまらない！」という思いを皆で発表していけたらと思います。
そこで、毎回異なるテーマを設けてイラストを募集しています。
第 54 回目は、ナビゲーターのひろくまひろみさんと一緒にお送りする「眼帯女子特集」です！

第54回「眼帯女子」特集　ひろくまひろみさんのコメントと一緒にお送りします！

ひろくまひろみさんコメント

うさぎのぬいぐるみを持ったゆめかわ眼帯女子です !!　皆さんはどんな眼帯女子が好きですか？

次回は「アホ毛女子」を募集！

感情でピョコピョコとアホ毛が動く元気で明るいドラム女子、アホ毛で何かを受信している白衣萌え袖・丸メガネの天才科学者、転んだ拍子にアホ毛を道端に落とす天然ドジっ子などなど…、皆さんのあらゆる「アホ毛女子」に対するツボをお寄せください〜！　また、次号のナビゲーターはめーたんさんです！めーたんさんと一緒に「アホ毛女子」を盛り上げましょう〜！

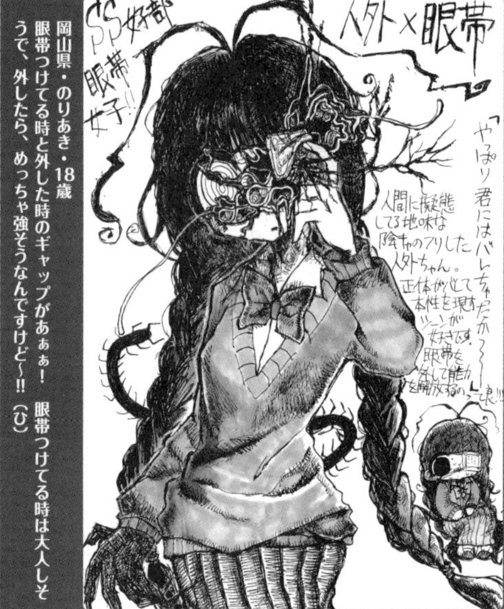

岡山県・のりあき・18歳
眼帯つけてる時と外した時のギャップがあぁぁ！　眼帯つけてる時は大人しそうで、外したら、めっちゃ強そうなんですけど〜!!（ひ）

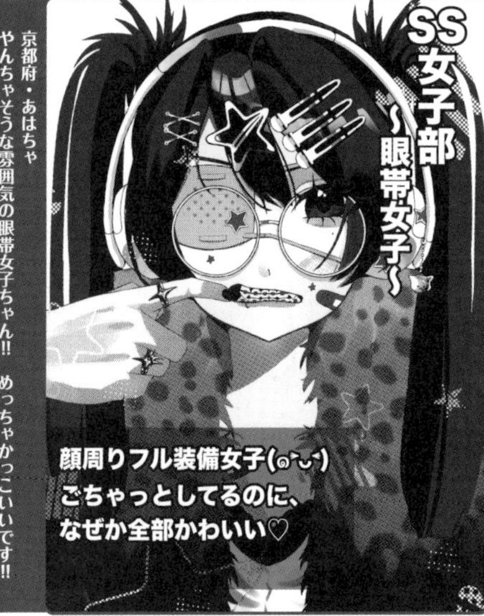

京都府・あはちゃ
やんちゃそうな雰囲気の眼帯女子ちゃん!!　めっちゃかっこいいです!!
めっちゃ好き〜!!（ひ）

今回のナビゲーター
ひろくまひろみ

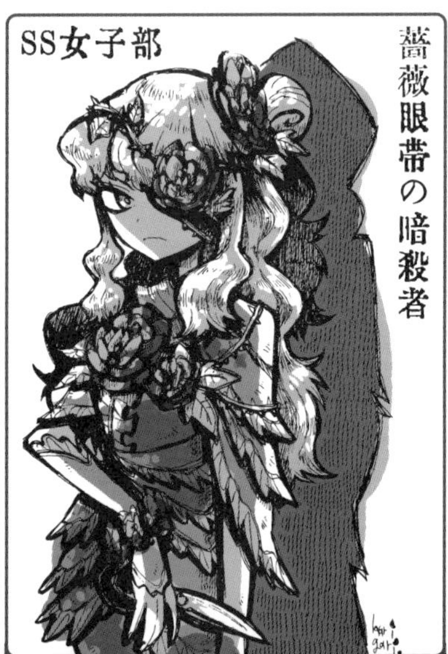

東京都・かりがり
あっ〜!!　かっこよき薔薇の眼帯!!　世界観も表情もかっこよくて、惚れますね！（ひ）

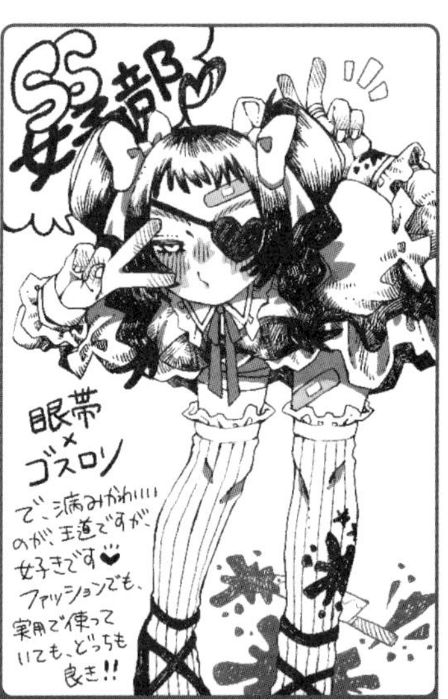

福岡県・七瀬なごり
わぁ〜!!　ハートの眼帯わたしも好きです！　こんな可愛い服の女の子がピースしてたら、ドキドキしますね!!（ひ）

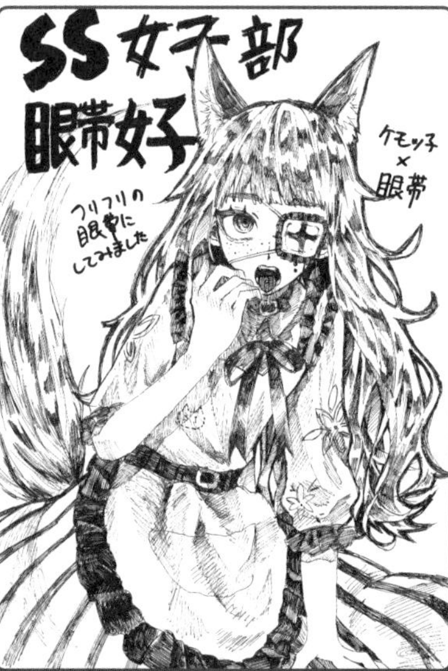

神奈川県・おくら・14歳
ケモッ子に眼帯って最高の組み合わせですよね！　私もこの組み合わせ好きですー！（ひ）

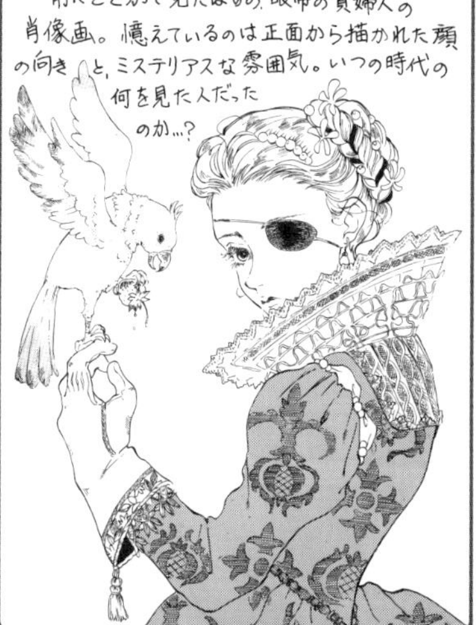

千葉県・都栄
美しき顔に眼帯でどこか切ない顔の貴婦人〜!!　謎に包まれた雰囲気でどんな人なのか気になります!!!（ひ）

愛知県・いいづきにか
眼帯聖女っていいですね！ 意外な組み合わせですね!!（ひ）

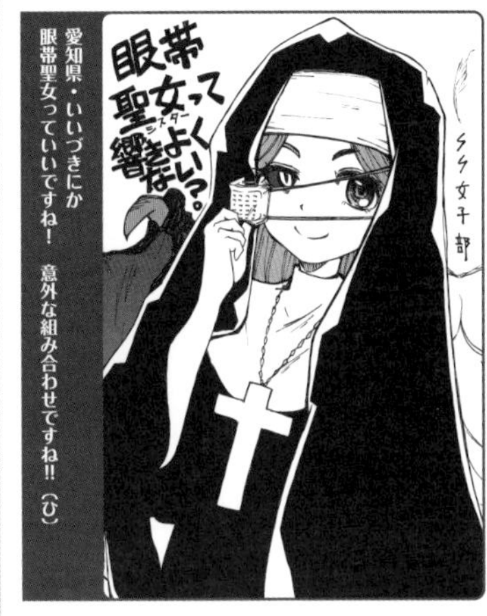

群馬県・RB
厨二病女子の眼帯!! セーラー服と包帯に眼帯ってめっちゃいい組み合わせですよね！（ひ）

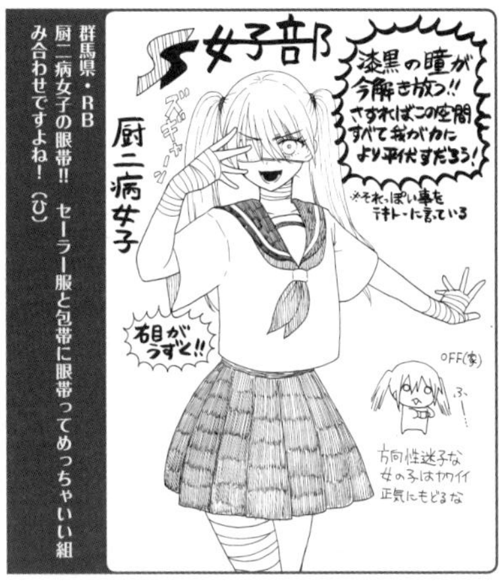

千葉県・前川泉
眼帯がお花の模様になってて、可愛いです！ 身バレ防止の眼帯なんて、最高です!!（ひ）

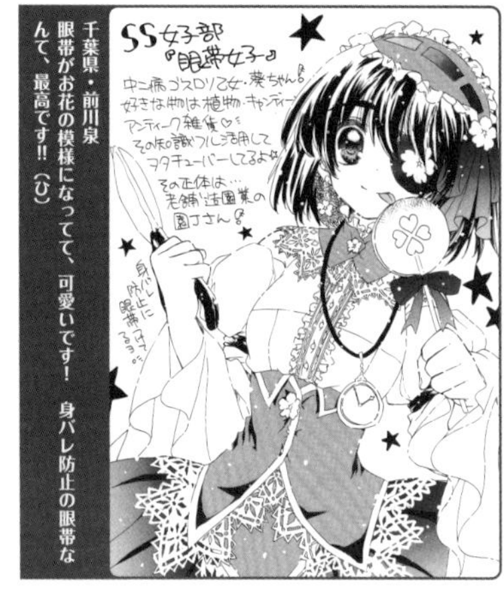

神奈川県・梨玖
綺麗な瞳に吸い込まれます！ ゴスロリと眼帯って最高の組み合わせですよね！（ひ）

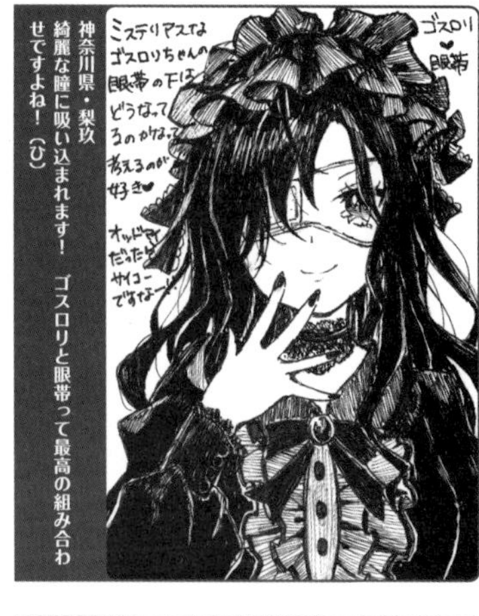

大分県・蟹羽
眼帯が宝石のようにキラキラしてて惹かれます!! とっても魅力的で美しいです!!（ひ）

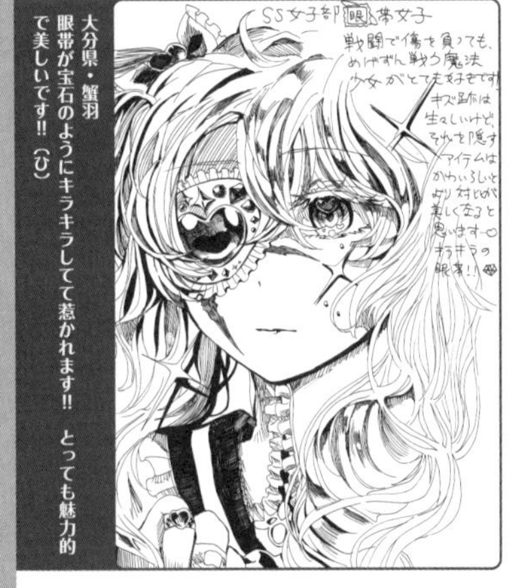

静岡県・うさぎしろっぷ
美しきをまとった姫！ リボンの眼帯は可愛すぎて、天才です〜♡♡（ひ）

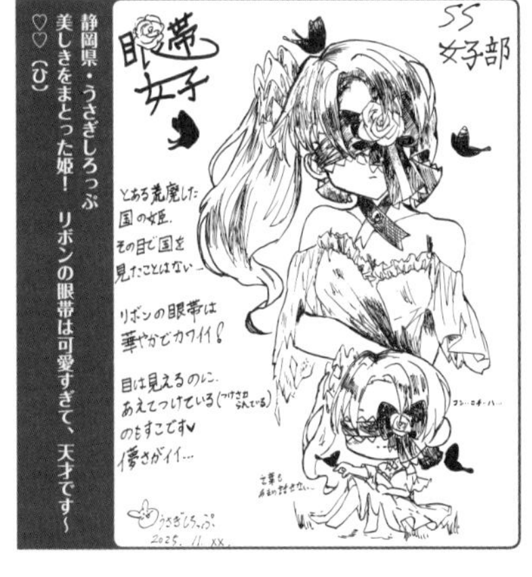

沖縄県・田中君
メガネと眼帯!! ゆるっとした服も可愛い！ ゆるゆるした雰囲気の眼帯女子、可愛い〜！ 癒されます!!（ひ）

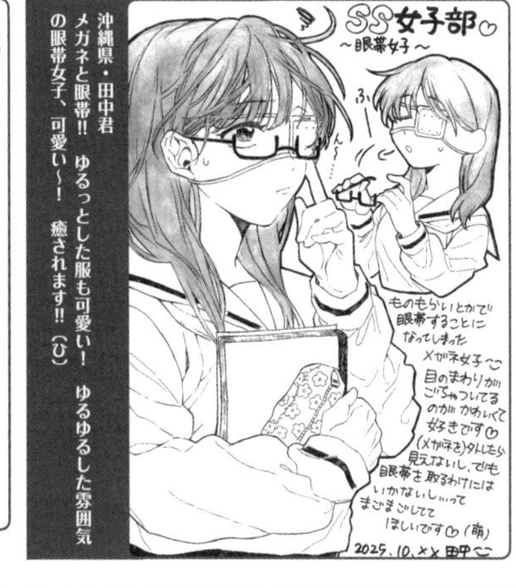

大阪府・ラブバード
庇って目を失うなんて切ない！ でも眼帯をつけたことでかっこよさ倍増です！（ひ）

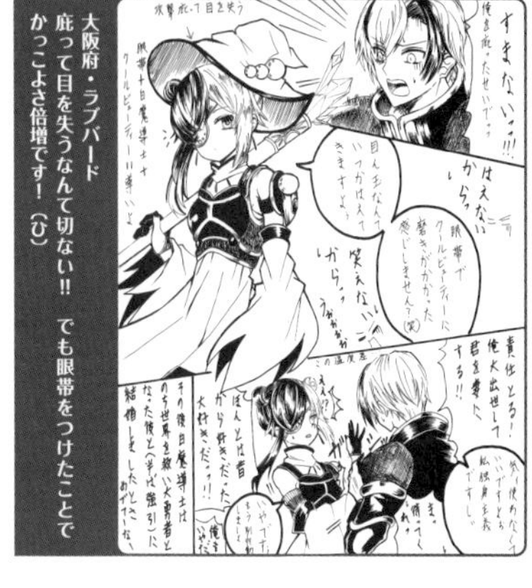

神奈川県・うさまる。・19歳
髪の毛サラサラだし、片目でもこんな綺麗なおめめで見られたら、まもりたくなる見た目の眼帯女子ですね！（ひ）

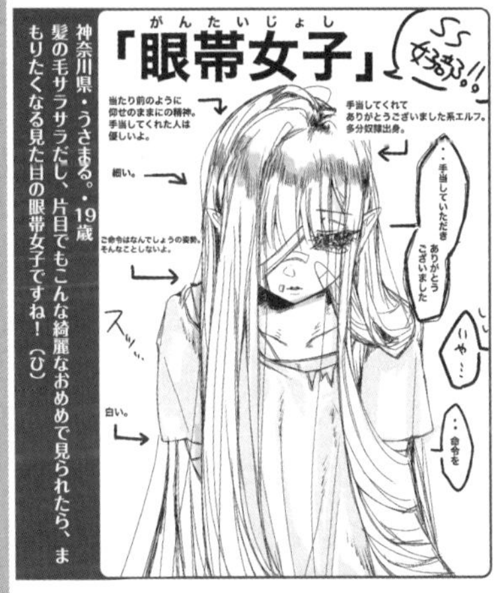

東京都・かほらま・10歳
体が弱くて大変な生活だった女の子の笑顔に眼帯。とっても純粋そうな雰囲気の女の子ですね！（ひ）

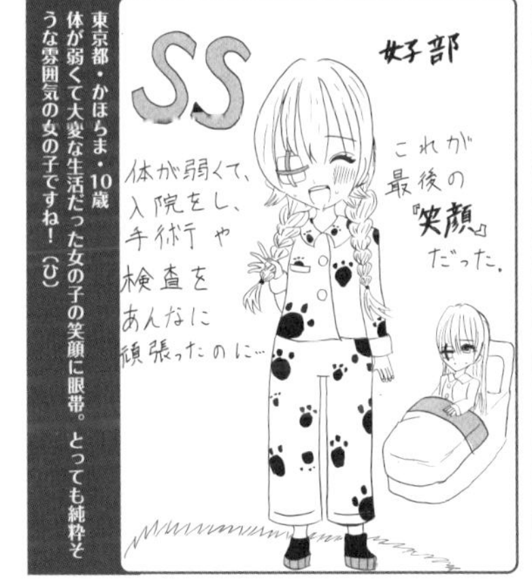

千葉県・武田和子・74歳
眼帯から透ける綺麗な瞳が美しい!! めっちゃ美人!! 薔薇のチョーカーも可愛いです!!（ひ）

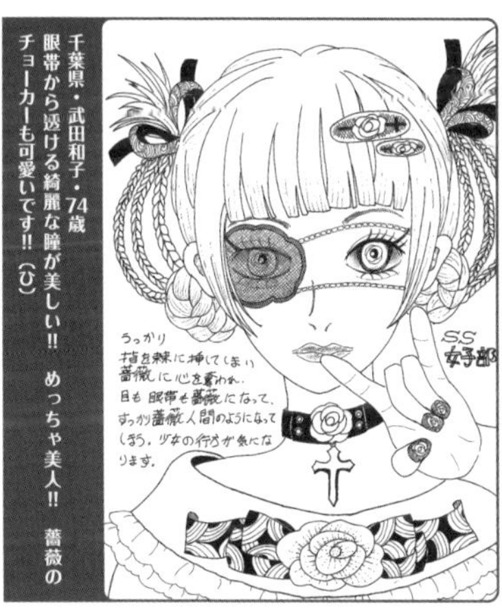

広島県・てるる・10歳
ピアスにゆるっと服に眼帯!! 病みかわ系ですね！ とっても可愛いです!!（ひ）

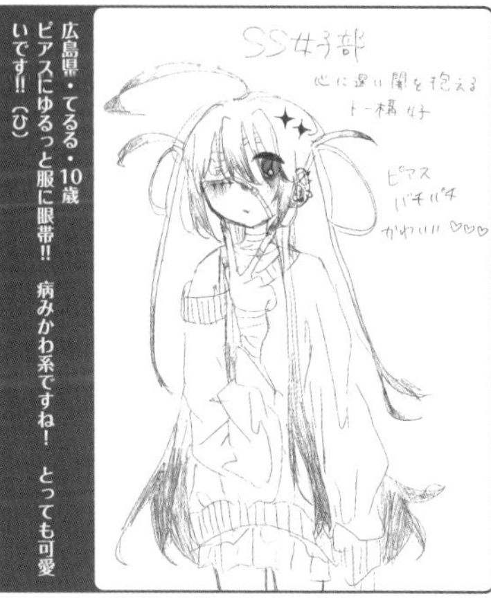

長野県・雫臥
美しきビューティー眼帯女子だぁー!! やば!! 美しすぎて惚れますね!!（ひ）

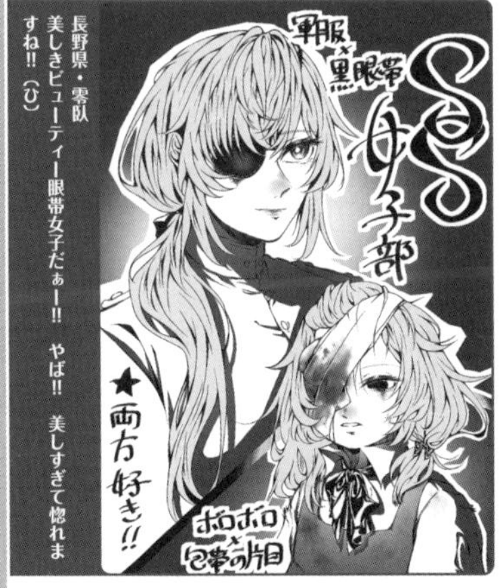

神奈川県・電脳抹茶（さぶりめんと改め）
一見見るとちょい病みで付けてるのかと思う眼帯ですが、実は本当のケガでつけてるなんてギャップ萌えですね！（ひ）

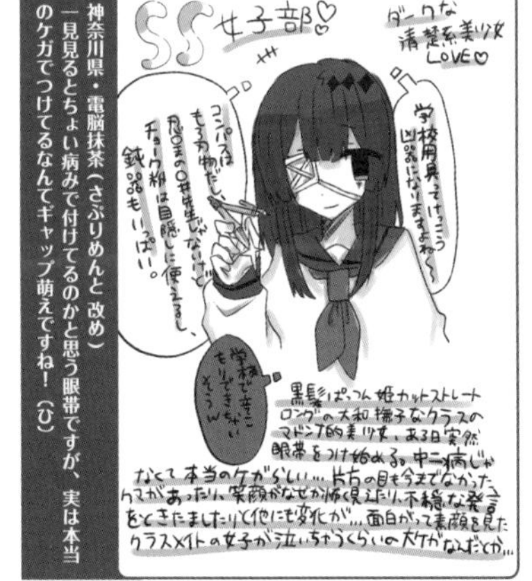

群馬県・ユキガト
病みかわ系の眼帯女子いいですよね!! この二人の眼帯女子の関係性が気になります!!（ひ）

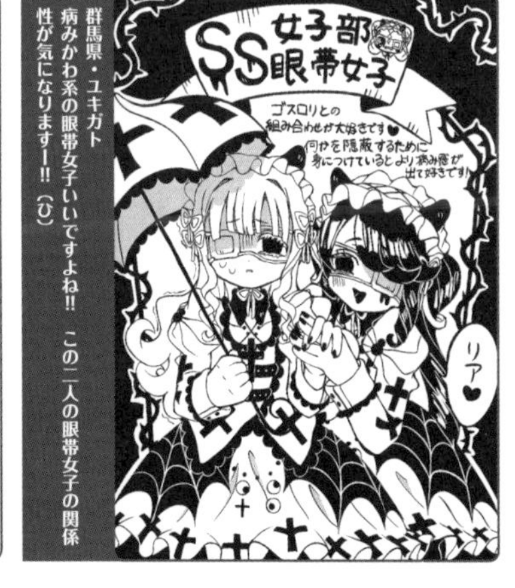

神奈川県・さくらぎちりこ
きゃー！ 可愛い！ 付ける眼帯によってこんなに雰囲気かわりますね！ どの眼帯女子も可愛いです♡（ひ）

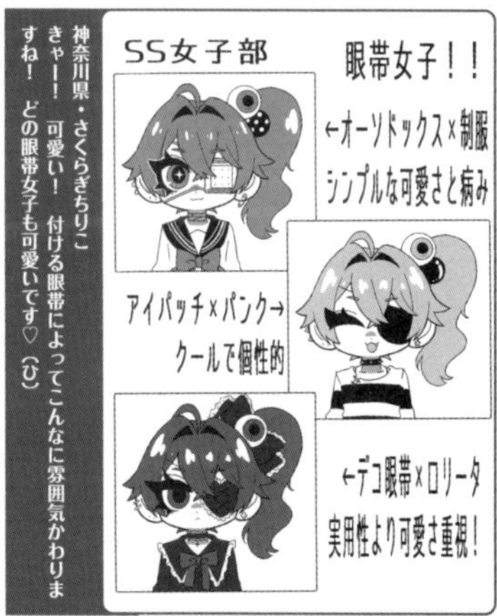

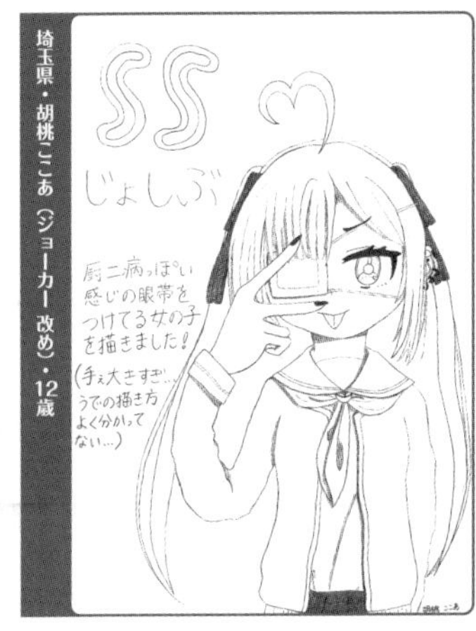

埼玉県・胡桃ここあ（ジョーカー改め）・12歳

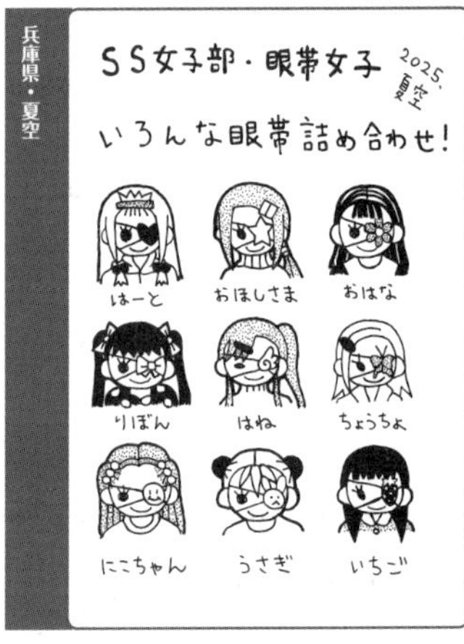

兵庫県・夏空

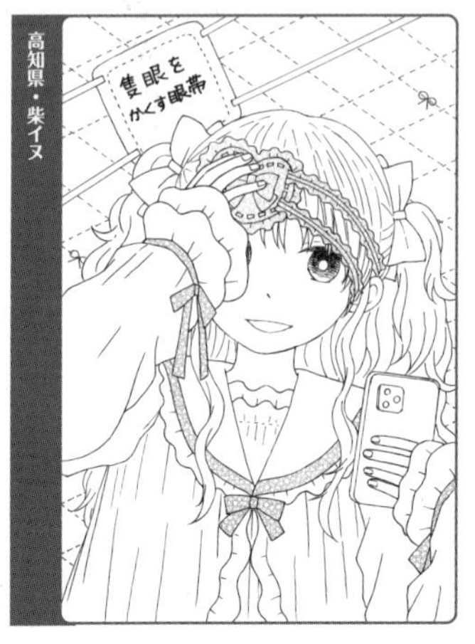

高知県・柴イヌ

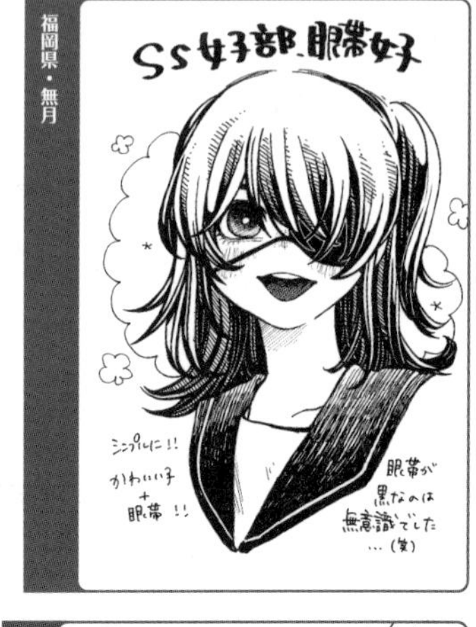

福岡県・無月

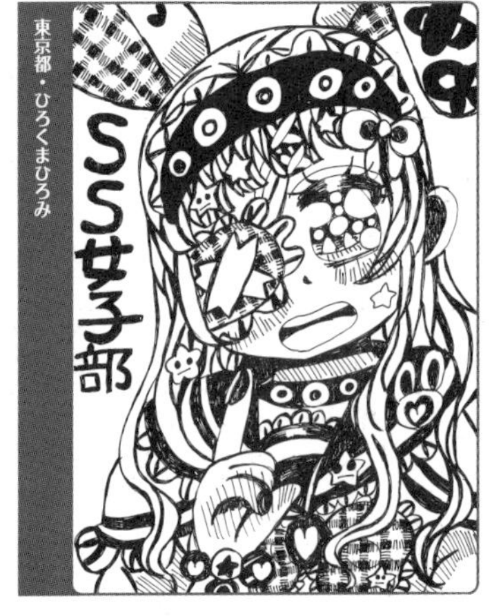

東京都・ひろくまひろみ

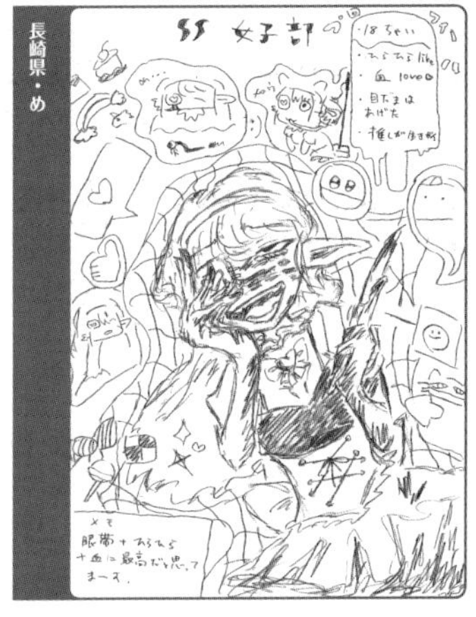

長崎県・め

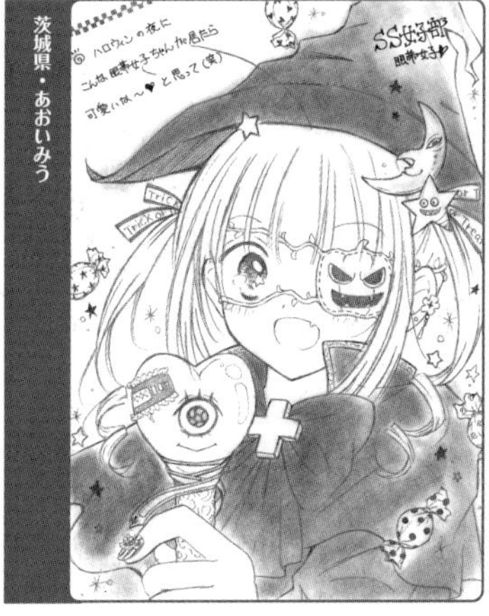

茨城県・あおいみう

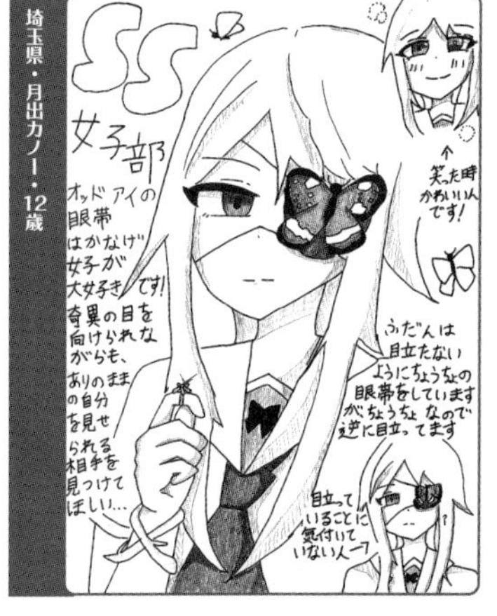

埼玉県・月出カノー・12歳

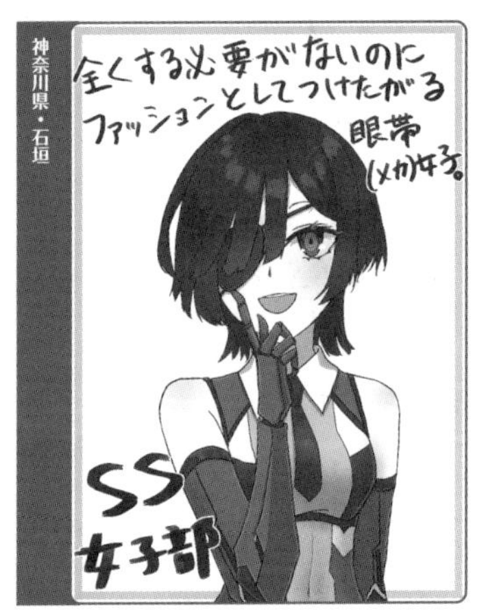

神奈川県・石垣

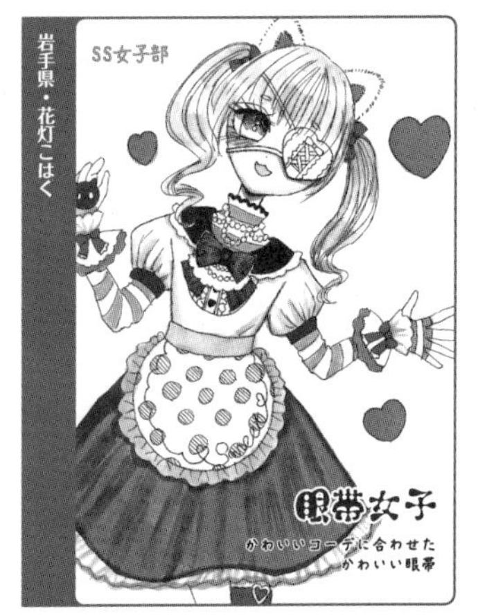

岩手県・花灯こはく

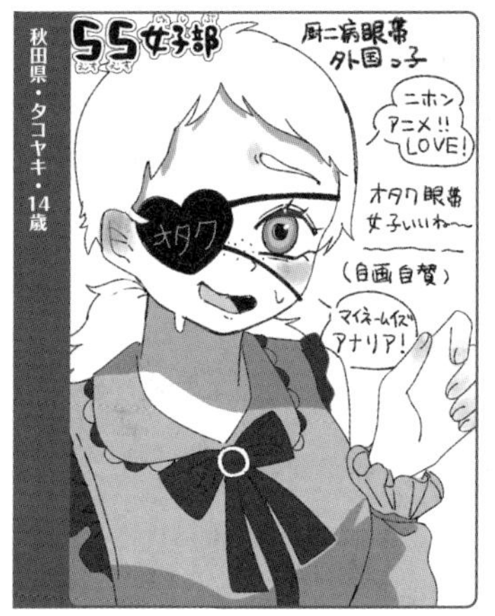

秋田県・タコヤキ・14歳

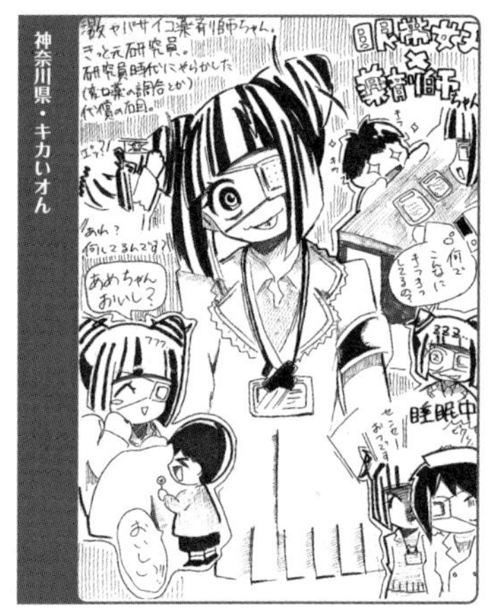

神奈川県・キカいオん

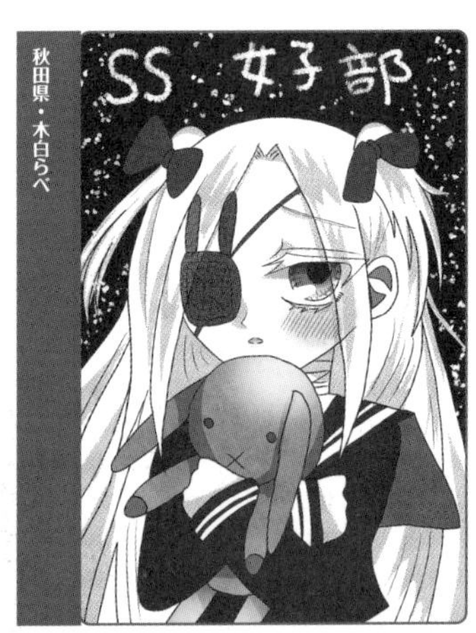

秋田県・木白らべ

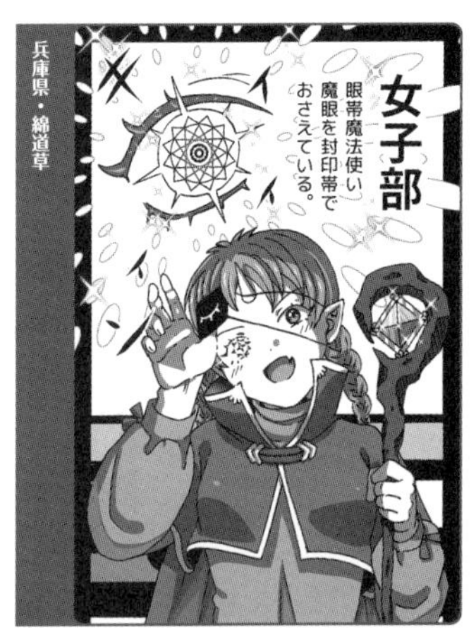

兵庫県・綿道草

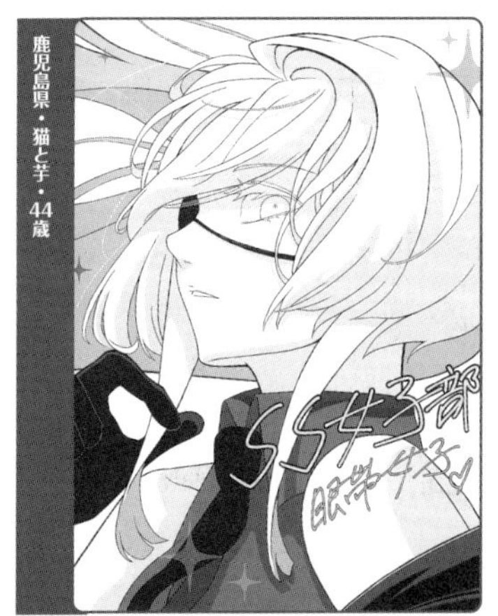

鹿児島県・猫と芋・44歳

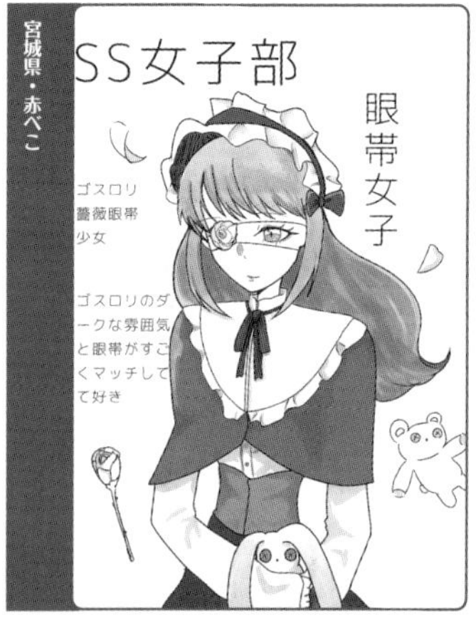

宮城県・赤べこ

恋愛や性についての話題は、身の回りの友人とは話しにくいもの。でも他の人はどうなのか気になりませんか？　だから「SS」誌上で自分の考えや体験を話し合ってみましょう。初恋の話題、告白の仕方、実際の恋愛体験談、好きな人の間に起きたトラブル、同性を好きな気持ち、恋愛には興味がない、自分は男でも女でもない。幅広い話題もしていきたいです。今号で最終回でございます～！

SS恋愛部

～絵を描くみんなの恋愛を考えてみる～

「SS恋愛部」は皆さんの恋愛体験談や感じたことを話し合うページ。ナビゲーターのピノです！　「SS恋愛部」は、雑誌の誌面ですから、直接、身の周りの人になにか言われることもない。SNSのように悪口や茶化すコメントがくる心配もない。自由に、気軽に感じていることをオープンにできる場です。今回で最終回の恋愛部ですが、皆さんのオハガキを紹介して、トークしていきます！

兵庫県・もちづき・36歳

MiLKのおすすめ曲
祝紅白出場!!
1「コーヒーが飲めません」
デビュー曲 恋愛ソングかわいい
2「新学期アラカルト」
学生さんに聴いてほしい。
きゅんきゅんする。
3「チラチラLOVE」
「テレパシー」
運命的な恋したい方に
おすすめ!!
初めて男性アイドルの
ファンになりました。

ピノ　前号に引き続き、恋愛ソングの話題です～。もちづきさんは、MiLKさんの楽曲を聞いているのですね～。「コーヒーが飲めません」は、好きなあの子とデートのとき、かっこいいところを見せたくて、苦くて飲めないという楽曲ですよね。男の子はコーヒーを飲もうとするんだけど、苦くて飲めないという楽曲ですよね。ピュアな心情がつづられる可愛い歌詞です～。「新学期アラカルト」は、恋愛ソングではないけれど、学校生活で感じることが散りばめられていて、青春のきらめきに満ちていますね。「チラチラLOVE」と「テレパシー」もときめく恋愛ソングですよね！

神奈川県・キカいオン

キカいオン的、好きしくて以外の
ゴールデンボンバー
金爆の"恋愛曲"
みんな「女々しくて」は知っていると思うので、それ以外の恋愛曲をあげてみました!!!
あげきれないけど
愛してると言えなくて
Sick Lady などなど
etc…
あります。
◦元カレ殺ス
→まさかの一途すぎる曲。
◦また君に番号を聞けなかった
→歌詞だけ見るとめちゃ青春恋愛ソング。ぜひMVも一緒に。
◦もうバンドマンに恋なんてしない
→MVがとにかくカワイイデス♡
◦デートプラン
→とにかく中央線→京葉線で舞浜に行きたくなります。
◦ごめんね、愛してる
→本当に本当に…良いです…。

ピノ　キカいオンさんはゴールデンボンバーさんが好きなのですね！　「元カレ殺ス」はすごい歌詞ですよね～　驚いちゃいます。そして、「また君に番号を聞けなかった」は、ラストの絶叫のようなセリフ部分がすごいです～。ゴールデンボンバーさんはテンションが上がっていく勢いがすごいですよね。でも純愛だったり、切ない恋心が歌われていて素敵です。

東京都・ひろくまひろみ

私の好きなアーティストさんの恋愛系の曲
SEKINO OWARI…Diary
けやき坂46…沈黙した恋人よ
日向坂46…ってか
ソンナコトナイヨ
恋は逃げ足が早い
One choice
乃木坂46…
ありがちな恋愛
ガールズルール
欅坂46…
また会ってください
手を繋いで帰ろうか
微笑みが悲しい

ピノ　ひろくまひろみさん、前号でも坂道の楽曲を紹介してくれましたが、今回もいろんな曲をありがとうございます！　けやき坂46の「沈黙した恋人よ」は、思いはあるけれども、言葉にすることがなく、沈黙してしまった二人が、そばにいるのにかかわらず、終わってしまうかもしれないという切ない楽曲ですよね…。夏のおわりの喪失感と、恋心の絶妙な世界観…。そして、日向坂46の「恋は逃げ足が早い」は、勇気が出ないうちに、好きな人と会える機会がなくなってしまったという楽曲ですね。眺めることしかできなかったという淡い恋です…。乃木坂46の「ガールズルール」や「ありがちな恋愛」は、恋愛模様を直接的に描くのではなく、女の子の心情にフォーカスした楽曲ですね。「ガールズルール」はもう十年も前の発表なので、ひろくまひろみさんは、けっこう前の曲までさかのぼって聞いているのですね～。

神奈川県・電脳抹茶

SS恋愛部。
同志の方と話したい!!
世の中には色々な人間が居るんですよ…
こんにちは、初めまして。電脳抹茶(でんのうまっちゃ)と申します。
自分も性自認であったり恋愛の部分で色々思うことがあって…

まず、①性自認について。
現在身体の性別は女性となっておりますが望む身体の性別は男性です。しかし心の性自認は男性寄りのXジェンダー中性、となります。
一人称は僕で、言葉遣いが荒かったり、女子と話すより男子とわいわいやる方が楽しかったり。(まぁまずぼっちなんですけど)
というのも、僕めちゃくちゃに可愛いもの・甘いものが大好きで！！おしゃれのためだったら全然スカートに抵抗はありません。
という、まぁ俗に言う「可愛い男の子」のような感じの人間でして。昔クラスメイトにそう言われた時も嬉しかったのを思い出しました。ただしすごく混乱させがちな性自認で…ですがこういう人も居る、ということも知っておいて欲しいな、と。
18歳過ぎたら性転換手術も考えていたり。
色々性別について情報や意見交換出来たら良いなと思います。

②恋愛について
これが本題なんです。というのも自分現在恋愛中でして、お相手様は男性です。自分は男性として関わっている気持ちなのでゲイ…なのか…？
普通の恋愛じゃないんです。オリキャラに恋していて。
あ、うちのご倶楽部でいつか投稿します。
手繋ぐ想像したらドキドキする、でも嬉しい。これは恋以外の何者でもないのかな…と。
ただしかなり重症で。いつも、彼と一緒に暮らせたら良いのに、みたいな思考になってて。すごくしんどいです。
この気持ち自体他人にすごく言い辛いし、もうなんせ特殊なのでどうしたら良いかも分からず。
でもずっと好きでずっとしんどいっていうのだけは分かってます。
共感してくださる方、アドバイスしてくださる方いらっしゃいましたらお願い致します…！！
やっぱり大人の意見も聞きたいですしね。

ピノ　電脳抹茶さん、なかなか人に言えなかった話題を話してくれてありがとうございます！　性自認や恋愛が人とは違うかもしれないと気づくとき、しんどくなってしまいますよね。電脳抹茶さんは望む身体の性別は男性で、内面的には男性寄りの中性なのですね。以前に「SS」のお姉さん雑誌の『季刊エス』編集部でつくった単行本で、『TOKYO BOIS!』というものがあります。BOI（ボイ）とは、少年のような女の子やFtMを指す言葉で、書籍では、たくさんのインタビューと写真で、BOIの人たちを紹介しました。見た目は中性的で、可愛いめの男の子、ボーイズグループのような姿になりたい人たちです。BOIはレズビアンの間で出来た言葉で、レズビアンのイベントがある際は、パフォーマーとして登場したり、素敵なダンサーさんもいらっしゃいます。でも、電脳抹茶さんの恋愛は、女性が相手ではないから、違ってきますね…。好きなお相手は男性なのですね。そしてオリキャラということで、手をつなぐ想像をしたりして、ドキドキしているのですね～、ぜひ、うちのご倶楽部に送ってくださいませ！　恋愛部は今回で終わってしまいますが、うちのご倶楽部で、彼の魅力を伝えてくれたら嬉しいです。

愛媛県・如月詩音（山下栞 改め）・14歳

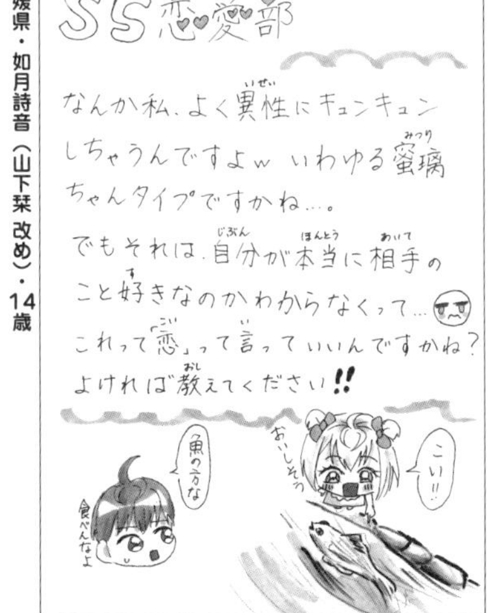

ピノ　如月詩音さんは、よく異性にキュンキュンしちゃうということで良いですね～。恋柱の蜜璃ちゃんタイプということなのですね。蜜璃ちゃんは惚れっぽいというか、いつもときめいてましたよね。如月詩音さんも、周りの男子を見て、キュンキュンしちゃうんでしょうか。どういうときですかね。純粋にビジュが良いとか、スポーツや学校のイベントなんかで頑張ってる姿を見たときとか、自分に優しくしてくれたり、人のことを気遣ってあげている様子を見たとか…。いろいろありますよね。複数の人にキュンキュンしているときは、恋のはじまりの感じですよね。そして、いろんな人にそう思っているうちに、誰か一人のことが特に気になって、家に帰って寝る前とかに、なんかその人のことを思い出してしまうとか、学校でも目で追ってしまうとか、特別に一人が抜き出てきたら、本格的な恋だと思います！　恋心が深まるのは、自分の側だけがキュンキュンしているだけではなくて、「希望を感じる」ときだと言われています。仲良くなれるかもしれない、という風に、相手と自分の関係に希望を感じたり、二人の関係に希望が見えると、本格的に恋が深まっていくと言いますね～。如月詩音さんもぜひいろいろ想像を広げて、恋を深めてみてください～。

大阪府・You&You・11歳

世の中、2次元3次元ですが……私は…
その上を行く「恋愛」も面白いかも知れないなと、
最近思い……思って行くうちに…頭の中が…
宇宙にまで、行ってしまってます。そう!!!宇宙
と言えば「宇宙人」しかし!!!!グレイタイプ
しか頭に出てこないのです。だんだん怖く
なってきました。このまま
連れさら
れてしまうのでは
ないかと、やっぱ地球人♡

ピノ　You&Youさんは、みんなが言う恋愛が、三次元の人間や二次元のキャラクターだけれども、それだけでは物足りず、もっと面白い出会いがあるのではないかと思って、宇宙にまで意識が飛んでしまったのですね。宇宙人と出会って恋愛をするというのは、ロマンのあるお話ですね～。そして確かに宇宙人のイメージといえばグレイタイプ。ちょっと感情移入しにくいビジュアルかもしれませんね…。漫画やアニメでは、『うる星やつら』のラムちゃんや、『スター☆トゥインクルプリキュア』の羽衣ララ、ユニが人型の宇宙人として登場しますね。映画だと、『地球に落ちて来た男』の宇宙人を美形のミュージシャンであるデヴィッド・ボウイが演じました。宇宙人はグレイタイプの場合も多いですが、物語では、美形のキャラクターも登場しますね～。あと、海外の宇宙人遭遇体験でも、美しい宇宙人と出会ったという話があります。宇宙人形は人間と似ていながら、全く違う文明や文化を持った存在というのも、面白そうですね～。

真希

SS恋愛部

前号も掲載ありがとう
ございました！
今号で、恋愛部が一旦、最終回…と
前号で知って、正直少しさみしい気持ちです。
自分は、自分の性別について主に悩みを
書かせてもらっていて、この話をリアルで
相談できる人は正直まだ出会えていません。
でも、そんな中、こういった素敵なコーナーに
出会うことができて、少しの間でしたが、
居場所ができたようでうれしかったです。
温かいお言葉を下さった方、
本当にありがとうございました
また、誌面でお会いできることを
祈って……。

真希

ピノ　真希さん、いつも恋愛部に投稿をありがとうございます。真希さんは前号で、胸オペをしたと報告してくれて、平になった胸を見た時の感動や、固定していた胸バンドも取れて、普段通りの生活ができるようになったと伝えてくれました。とても勇気のある決断だったと思います。今号で掲載されたオハガキで、電脳抹茶さんも将来的に性転換手術を考えていると書いていましたが、現在は、日本GI学会の認定するジェンダークリニックも出来ていますね。GIとは、Gender Incongruence（性別不合）という意味で、心と体の性が一致していない人のことを指します。気になる人はじっくり相談することが望ましいでしょうね。生物学的な女性がおこなう「胸オペ」は、国際的には十八歳をすぎて施術するケースが多く、若い場合も十六歳以降が望ましいとされています。また男性の体になりたいというFtMではなく、ノンバイナリージェンダー（日本でだけXジェンダーという用語がありますが国際的にはノンバイナリーが一般的）で中性的な自覚のある人も、胸オペをするケースがあるそうですね。SSのお姉さん雑誌の「季刊エス」は、こういった分野の記事をよく作っていて、女性でモデルの仕事をしていた人が男性の体になってから、自身がかつて女性の姿で撮影した場所に出向き、現在の本当の自分の姿で写真を取り直していくというプロジェクトを紹介したりしました。また、男性の場合は、第二次性徴とともに、体が節張ってゴツゴツしてきますから、そうなる前にボディメイクをしたほうがスムーズということで、十代のうちに女性ホルモンを投与する人がいて、早期におこなった人は、かなり女性らしいボディラインを身につけることが出来たと聞きます。女性らしくありたいという願いが叶えられる傾向が増えているそうですね。この恋愛部では、人間関係上の恋愛だけでなく、こういった性自認についてもご紹介してきました。もともとはSsayコーナーにそういった話題があったからなので、この恋愛部のコーナーがなくなっても、以前のように、Ssayコーナーに投稿してくれたら嬉しいです。

匿名希望

SS恋愛部、いよいよ最終回なのですね。
今まで10枚以上も載せて下さって、心やさしい
前向きになれる言葉をその都度に下さって本当に
感謝しています。ありがとうございました。
私の手紙に不快感を感じる方も
居られたかもって思います。貴方以上に大変な
目にあった方も居るって。私の過去については
SS恋愛部と仕事先の方々にしか話していま
せん。ありの儘に受けとめてくれて
感謝しています。
好きな人の事は今も好きです。
ハッキリ言うと。今も仕事以外話せてなくて、
残念！付き合いたいとか恋人になりたい
等はありません。只、好きなだけ。
それだけの気持ちです。
それでは この辺で失礼します。SS恋愛部、
ごくろう様でした。

ピノ　職場にいた好きな男性について、いろいろとお話してくれた匿名希望さんありがとうございました！　退職したけれど戻ってきた方でしたよね。恋人がいるお相手とのことで、今号でも「ただ好きなだけ」と言っておられますが、ずっと自分の「好き」という思いを大事にしてきた匿名希望さんは素敵だと思います。純粋にその気持ちに向き合うことは良いことですよね。すべての恋愛は好きという気持ちにはじまり、その「好き」とどう付き合っていくかとも言えると思います。関係を持っていくなかで、好きが深まることもあれば、薄れることもあり、突然に消えることもある。相手と直接に関係はしなくても、遠くから見て、好きを深めることもあるし、忘れてしまうこともある。でも日々の生活のなかで、誰かを好きでいることは、活力にもなるし、癒しにもなったりする。人の歴史のなかで、数々の物語が生まれて、形を変えたり、バリエーションが増えたりしながらも、ずっと語り続けられているものですよね。匿名希望さんも好きな気持ちを大切になさってくださいませ～。

さて、二〇二二年より四年間にわたって連載してきたSS恋愛部、参加いただいた皆さんありがとうございました。おハガキをご紹介するとともに、ゲストの方にも出ていただきました。生物学的に女性であるということに違和感のある方たちの対談をしたり、学校で恋愛をしている人にお話を聞いたり、十数人の人とお付き合いをしてきた人に体験談を聞いたり、どのように告白して付き合い、恋愛の日々を過ごしたのかを細かく聞いたり、性的な好奇心や欲望についてのお話を聞いたり、これまでいろんな方々のお話を聞かせてもらいました。身の回りでは、なかなか恋愛の話をじっくり出来る機会もなく、ましてや、性自認や、性の欲望については話しにくい。女子高生たちが明るく話す恋バナや恋愛リアリティショーのときめきとは別のところにある、リアルな本音、自分の本性に近い部分だからだと思います。ここは、そういった言いにくいことを打ち明ける場ともなって、とても良かったと思います。性の話題は避けがちなことでもありますが、皆さんが「自分はどうだろうな？」と考えるきっかけになってくれたらと思ってきました。自分に思い当たる体験があったときは、じっくりと恋愛や性について考えてください。これまでありがとうございました～。

SS恋愛部ありがとうございました

皆さんが恋愛や性について感じていること、恋愛体験談をオハガキでお寄せいただくページ。人にはなかなか話せないし、聞けないこと。ここで皆さんが話してくれたら、知らなかったこと、聞けなかったことにふれることができます。特別なことでなくて大丈夫。自分では何でもないと思うことでも、他の人にとっては新鮮です。SS編集部も相談のお答えをしますし、ゲストも迎えながら、皆さんのお話を一緒に考えていく企画でした。これまでご応募ありがとうございました～！

（これまで以下のような話題を募集して掲載してきました）
- 恋愛をする機会がないので、皆がどうしているのか知りたい。
- 告白した、告白された。そのときどうしたか、という体験談。
- いま恋愛が楽しい！　素敵な体験をした、という自分の恋愛報告。
- いま交際中の相手がいるけれど、うまくいかないから相談したい。
- 自分は女性ではなく、無性／男性であると感じる。同じ人はいますか？
- 同性を好きな気持ちがある。思いを伝えるべきか悩んでいる。
- 性欲はあるが、自分が性体験をする想像がつかない。どうしたらいいか。
- 皆が恋愛前提なのが困る。自分は一人で生きたい。同じ人はいますか？

「SS」投稿の応募要項

特別企画！ 「SS表紙イラスト」コンテスト投稿！ 副賞の賞金もあります

※サイズ：縦 263mm× 横 231mm（「スモールエス」表紙サイズ想定） サイズ参考となるテンプレートはここから→

あなたの作品がSSの表紙になります！ 採用は、表紙用に描き下ろしてくれた作品が優先されますが、間に合わないという方は、最近描いた絵を上記サイズにアレンジしてもOK。自分のオリジナルでSS表紙を飾ってください。詳細は61ページにて！

表紙イラスト
コンテスト
案内ページ

カラーイラスト投稿コーナー

※サイズ：ハガキ～Ａ４サイズまでなら大きさは自由。

Sky S

●Sky Sは自由に描いたカラーイラストと、新コーナーである「Kunstkammer SS」の、２コーナーを大募集！

1、「Sky S フリー」自由に描いてもらったカラーイラスト。

2、「Kunstkammer SS」～美術蒐集室の新企画～ 背景無しで、キャラの立ち絵を全身で描く！ SS編集部が作品を額縁に入れてデザインします。次回テーマは「ヴァンパイア」。50文字以内のキャラ説明（キャラ名あれば、それを含めて50文字）を、絵の裏の応募要項に明記。原則は1人のキャラで！ 【注意！：企業権利ものは題材にしないこと！】
※背景は色も無しです。データに詳しい人は「背景透過のpsd形式」で投稿ください。

●「SS学園」 あなたの描いたSS学園の生徒を募集！ 絵の中に必ずキャラ名と説明を明記。詳しくはSS学園ページを見てね！

カラーイラストのサイズは
ハガキから A4 まで
※これより小さいと絵が小さくしか掲載できません。

横幅 100 ミリ
縦幅 148 ミリ
ハガキのサイズ
横幅 210 ミリ
縦幅 297 ミリ
A4 サイズ

モノクロイラスト投稿コーナー

※サイズ：ハガキ～Ａ４サイズまでなら大きさは自由／★封筒の表にコーナー名を明記

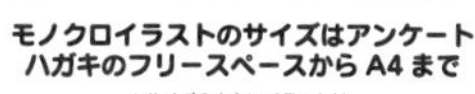
モノクロイラストのサイズはアンケートハガキのフリースペースから A4 まで
※サイズの小さいイラストは、小さくしか掲載できませんのでご了承下さい。

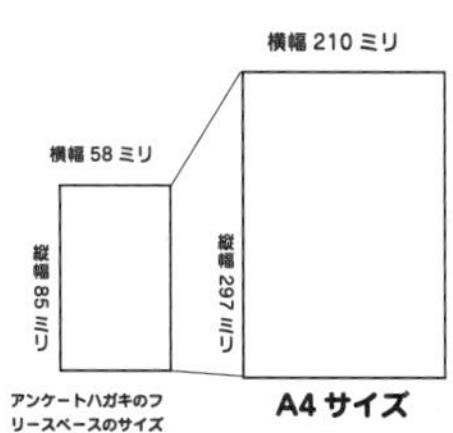

Sea S

●Sea Sは8個のコーナーで、イラストや文章、漫画を大募集！
巻末ハガキは、切手を貼らずに無料で出せるので、そちらでの投稿も大歓迎！

1、「Sea S Sense」自分のセンスで自由に描いてもらった白黒イラスト。

2、「Kunstkammer SS（B&W）」 カラーと同じく、テーマを決めた絵を、美麗な額縁に入れて見せる「美術蒐集室」の白黒版。
次号のテーマは「ヴァンパイア（企業の商品は権利問題のため避けて下さい）（キャラ名を含む説明文を50文字で応募要項に明記）

3、「S Stage」自由に描いた１ページ漫画劇場。１枚で１ページマンガを描いてください。

4、「S Something」近況や好きなものを題材にした４コマ漫画。エッセイ漫画のように自分の体験したことを描く漫画です！

5、「S Story」絵と文で綴る作品。１枚のなかに絵と詩やモノローグ、セリフを配してください。

6、「S Say」フリートーク文字投稿。近況や好きなものを語ったり、絵についてのお悩みなども待っています。

7、「女子部」「男子部」女子＆男子の「ココが好き！」「グッとくる」というポイントを描いて送ってね。毎回違うナビゲーターが登場します！

8、「うちのこ倶楽部」自分のオリジナルキャラクター、「うちの子」を絵と文で描こう！詳細はうちのこの最初のページ！

※「S Say」「SS学園」「うちのこ倶楽部」の文字は小さいと読めないので、ご注意を！

「S Stage」１ページマンガの原稿例

「S Stage」もハガキ～ A4 サイズまでの大きさで応募下さい。１ページ漫画を１枚の中でコマ割りして描いていただければオッケー。

「S Something」４コママンガの原稿例

「S Something」もハガキ～ A4 サイズまでの大きさで応募下さい。サイズは自由ですが、コマを４つに割った漫画でお願いします。一枚の紙に２本描いてくださっても大丈夫です。

「S Story」絵と文の原稿例

「S Story」もハガキ～ A4 サイズまでの大きさで応募下さい。形式は自由です。左図のように上に絵、下に文字というもののほか、全面に絵を描いて、その背景として文字を並べてもらっても良いです。

注意！ イラストの裏面に必要な応募事項（住所や氏名など）の記載がない場合、イラストを載せられないことがあります。

★応募要項

以下の要項を作品の裏面に記入し、各コーナー宛にお送りください（複数作品応募される場合も必ず全部の絵に書いて下さい）

1、SS何号の、どのコーナー宛のイラストなのか明記

2、郵便番号、住所、氏名、ペンネーム、年齢（非公開希望の方は「非公開」と明記。年齢は郵送時のもの。掲載時の年齢を気にする必要は無し）
電話番号またはメールアドレス（原稿依頼のための連絡先。連絡がつかない時はお手紙で連絡させていただきます）

3、作品に関して一言（クンストカマーの場合は、キャラ設定文と、絵についてのコメントは、区別してお書きください）

4、使用画材（Ssayのコーナーで集計を取るので、お書き下さいませ。アナログ投稿は、用紙の種類、メーカーも書いてくれると嬉しいです）

5、SNSの活動歴（XやInstagramのアカウント。例【@esuesu】）、「ＳＳ」への掲載歴（初投稿の人は特に明記してください）。

※ネットの投稿サイト（Pixiv等）や自分のHPなど、過去どこかに発表したことのあるイラストも、SSに投稿可能です。

★注意事項

1、作品の天地左右がわかりにくいイラストは裏に明記すること。

2、返却希望の人は投稿時と同額の切手を貼った自分の住所氏名を書いた封筒を同封し、作品の裏に赤で「要返却」と書くこと。

3、投稿イラストには、全部で何枚あるか全てコーナーを通して全部のイラストの裏面に番記する。※封筒は１つにまとめて入れて大丈夫です。
（例えばSkySに１枚、SeaSに２枚の計３枚を投稿した場合、原稿の裏に１／３、２／３、３／３と書いて下さい。1枚の場合は、1／1）

4、イラストのサイズは、ハガキ～Ａ４サイズまでなら自由。規定より大きいと印刷所で扱えず、破損する恐れもあるのでお止めください。

5、郵送時に雨に濡れる恐れがあるので、気になる人はビニールなどに入れて投稿ください。封筒サイズが窮屈だったり、テープが絵についていると開封時に破損するので注意！

※返却を希望される方は、必ず「要返却」と書いて返却用封筒を同封してください。
不足していると、返却に時間がかかる場合があります。どうぞよろしくお願いします。

この号に掲載されているイラストの返却時期について

SS84号に掲載された作品、投稿したイラストの返却時期は、SS86号の発売日（2026年7月21日）前後となります。返却を希望されている方は、お待ち下さい。よろしくお願い致します。

電子版も発売開始！

SSの72号の内容から、電子書籍の発売がスタート！
掲載されたイラストは電子版にも掲載されます！ 両方同じ内容です！
よろしくお願いします！

〒150-0041 東京都渋谷区神南1丁目13-3 アーク神南ビル2F
SS編集部「（宛名に、投稿するコーナー名を書いてください）』係

※「SS」のお姉さん雑誌「季刊エス」の投稿コーナー「Star S」や「Space S」への投稿と同じ封筒でも受け付けます。
その場合は、両方の投稿が入っている事がわかるように封筒に明記してください。（例：Star S＆SkySフリーあて）
また、「SS」投稿用の絵の裏に「SS」係宛と書いてください。複数枚での投稿の方は、その中からどれかを「SS」宛にしてくださればオッケー。

SS85号に投稿するイラストの返却時期は、SS87号が発売される前後（2026年10月）になります。

●ネットワーク投稿も受け付けます。
季刊エスのサイト【http://s-ss-s.com/】に設置しているメールフォームから送ってください。
サイトにネットワークで投稿する際の注意事項も掲載しています。クンストカマーのキャラ設定はメッセージ欄に記入。
※解像度はサイズ原寸で300dpiが理想です。それより低い解像度の場合は、掲載サイズが小さくなる恐れがあります。ご了承ください。

● 締切：2026年2月19日（木）※当日消印有効（ネットワーク投稿は当日送信有効）
● 発表：「SS」第85号 発売日 2026年4月22日予定

投稿フォームはこちら